Kaspar Löffler

Geschichte des Verkehrs in Baden

Verlag
der
Wissenschaften

Kaspar Löffler

Geschichte des Verkehrs in Baden

ISBN/EAN: 9783957007490

Auflage: 1

Erscheinungsjahr: 2016

Erscheinungsort: Norderstedt, Deutschland

Hergestellt in Europa, USA, Kanada, Australien, Japan
Verlag der Wissenschaften in Hansebooks GmbH, Norderstedt

Verlag
der
Wissenschaften

Geschichte

des

Verkehrs in Baden,

insbesondere der Nachrichten- und Personenbeförderung
(Boten-, Post- und Telegraphenverkehr)
von der Römerzeit bis 1872

Von

K. Löffler
Postinspektor

Mit 5 Beilagen, 7 Karten und 4 Tafeln

Heidelberg 1910
Carl Winter's Universitätsbuchhandlung

Verlags-Nr. 513.

Vorwort.

In den Stürmen der Völkerwanderung sind die altrömischen Posteinrichtungen diesseits des Rheines, sofern man die mansiones und mutationes des cursus publicus zu diesen rechnen kann, endgültig begraben worden. Mit dem Übergange der einzelnen deutschen Stämme zu dauernden Ansiedelungen führte wie anderwärts, so auch in den zum Großherzogtum Baden vereinigten Gebietsteilen die zunehmende Gesittung von selbst wieder zur Schaffung von Beförderungsgelegenheiten. An staatliche Anstalten ist hierbei allerdings nicht zu denken; auch noch nicht im Zeitalter Karls des Großen. Hierzu fehlten auch lange die Grundbedingungen wie Völkerfriede und Rechtssicherheit, Pflege gegenseitiger Bekanntschaft und regen Meinungsaustausches, Städte, Handel und Verkehr sowie ein gutes Straßennetz und Brückenbauten. Beim Mangel staatlicher bzw. überhaupt organisierter Verkehrs- und Beförderungsanstalten waren Fürst und Untertan gleicherweise auf expresse Boten für den Einzelfall und auf gelegentliche Besorgung durch den Klosterboten und Handelsmann angewiesen. In der Folge wetteiferten mit diesen die Botenzüge der Hansa, die Posten der deutschen Ordensritter, die Metzgerposten, die Universitäts- und Gelehrtenboten, die Kanzlei- und Amtsboten, die Gerichts- und Hofboten sowie endlich insbesondere die Städteboten, die alle sozusagen nebenamtlich den Privatbriefverkehr vermitteln halfen, sich teilweise die Hand reichten, um lose aneinander anschließende Botenverbindungen herzustellen, teilweise auch zum Schaden der Allgemeinheit sich gegenseitig bekämpften. Der Staat war ausgeschaltet; er hatte weder die oberste Leitung in Händen, noch hatte er Einfluß auf das Taxwesen.

Die Träger und Vermittler des Verkehrs hatten ihm nichts zu leisten noch etwas von ihm zu empfangen. Damit war man am Höhepunkte des Gegensatzes zu den Posteinrichtungen der römischen Kaiser, dem cursus publicus[1] angekommen; hier eine bunte Vielheit der verschiedenartigsten Botenanstalten, deren Wirksamkeit meist nur von Stadt zu Stadt oder von einem Stande bis zum andern reichte, dort eine vollkommen zentralisierte Staatspost für das ganze gewaltige Reich, geschützt durch einen „umfangreichen Kodex strafgesetzlicher Bestimmungen".[2] Selbst nicht die den Eintritt der neuen Zeit einleitenden weltbewegenden Erfindungen und Entdeckungen, nicht Volksaufklärung und Welthandel vermochten in unserem unsäglich zersplitterten deutschen Vaterlande dem Gedanken einer einheitlich geleiteten Staatspost zum Siege zu verhelfen, wozu Frankreich durch die berühmte Verordnung Ludwigs XI. vom 19. Juni 1464 den ersten Anlauf genommen hatte.[3] Es tauchten zwar bald darauf vereinzelt in Deutschland die ersten landesherrlichen Posten auf[4]; bei der sprichwörtlich gewordenen Befolgung selbstsüchtiger Interessen seitens der kleinen und kleinsten Gebietsherren wie der bekannten Eifersucht der größeren Staaten war indes die Hoffnung auf eine einheitliche deutsch-nationale Staatsverkehrsanstalt vergeblich. Dem nichtdeutschen Geschlechte derer de la Tour-Tassis war es zwar vorbehalten, am Wendepunkte des Mittelalters internationale Reichsposten — wenn wir den niederländisch-spanischen Stafettendienst schon so benennen dürfen — im dynastischen Interesse der Habsburger ins Leben zu rufen und, worauf Nachdruck

[1] Man vergesse aber nicht, daß dieser der privaten Korrespondenz verschlossen blieb, statt Staatspost daher richtiger: staatlicher Staffettendienst.

[2] Prof. Kirchenheim. Universität und Post. Archiv f. P. u. Tel. 1886, S. 547.

[3] Das dürfen wir wohl sagen, auch wenn wir mit Huber die Posten Ludwigs XI. und Karls VIII. (Patent v. 27. Januar 1487) nur als „Alarmposten mit Pferdewechsel" ansehen, als sog. ständigen „Feld-Relaisdienst".

[4] In Brandenburg-Preußen sollte nach einem Beschlusse des Geheimen Staatsrats von 1649 Verwaltung und Betrieb des Postwesens vom Staate ganz übernommen werden, nachdem die Regierung 1646 zunächst nur die Aufsicht und obere Leitung des Hauptpostkurses Memel—Cleve beansprucht hatte. Im Jahre 1682 war „der große Postcours-Plan" ausgeführt. Die Postverbindung erstreckte sich über alle Teile des kurfürstlichen Staatsgebiets. Stephan, a. a. O., S. 16—38.

zu legen ist, der Allgemeinheit später zugänglich zu machen. Diese Posten blieben indes ein verbrieftes Erbstück der Taxisschen Familie, der allein die ungeheuren Erträgnisse zufielen; das Reich hatte sie nur zu schützen, aber im Grunde weder Einfluß auf die Organisation noch irgendwelche Einnahmen aus den gewaltigen Überschüssen. In einem zweihundertjährigen Kampfe gegen die vorderösterreichischen Posten, die ungefähr gleichzeitig ihre Wirksamkeit begonnen hatten, gegen die Nebenboten wie gegen die Bestrebungen der Landesherren, auf Grund ihrer oft betonten Posthoheit eigene Posten anzulegen, in Süd- und Mitteldeutschland als Sieger hervorgegangen, standen die Thurn und Taxisschen (Reichs-)Posten im letzten Viertel des 18. Jahrhunderts auf dem Höhepunkte ihrer Macht und Bedeutung. Unter den Trümmern des tausendjährigen römisch-deutschen Kaiserreichs drohte auch die altdeutsche, die Thurn und Taxissche Reichspost zusammenzubrechen; doch wußte sie sich unerwartet in Gestalt von Lehensposten usw. teils kürzer, teils länger in einzelnen Bundesstaaten zu erhalten — in Baden bis 1811 —, bis die letzten Thurn und Taxisschen Postgerechtsame mittels Vertrags vom 28. Januar 1867 auf den preußischen Staat übergingen.

Damit ist die Geschichte der altdeutschen Reichspost, die in ihren Anfängen völlig international gewesen ist, zu Ende und der Flug des neudeutschen Reichspostaars beginnt!

Wenn Baden heute nach seiner Lage, seinem Verkehrsumfang und den Reinerträgnissen des Postwesens ein geschätzter Teil des Reichspostgebiets ist, so war andrerseits die Zugehörigkeit der zum heutigen Großherzogtum Baden vereinigten Landesteile zum Gebiete der altdeutschen Reichspost von ganz erheblicherer Bedeutung für die Verkehrsleitung, insbesondere soweit die Stellung als Grenzland gegen Frankreich und die Schweiz sowie der internationale Durchgangsverkehr überhaupt in Frage kam.

Am Rheine mit seinen vielen Bischofssitzen, Handelsplätzen und Gelehrtenschulen, gleichsam den Brennpunkten, in denen die Strahlen des Verkehrslebens von allen Richtungen her sich trafen, war sehr früh ein regelmäßiger Boten- und Postverkehr zu verzeichnen und insbesondere in den ehemals getrennten Gebietsteilen des heutigen Baden läßt sich die allmähliche Entwickelung des Kloster- und Städtebotenwesens, der Metzgerposten, der Hof-, Amts- und Gerichtsboten, ebenso des vorderösterreichischen sowie des markgräflichen und pfälzischen Staatspostwesens neben den Reichsposten, endlich der Kampf dieser mit ihren Wettbewerbern in ganz einzig dastehender Weise verfolgen. Wenn gleichwohl eine Geschichte des Verkehrswesens für das Gebiet des heutigen Großherzogtums Baden noch nicht geschrieben ist, so liegt dies zweifelsohne an der Schwierigkeit, das Quellenmaterial einzusehen. Denn dieses ist in einer Reihe von Archiven zerstreut, von denen in erster Linie das Großh. Generallandesarchiv in Karlsruhe, das Fürstlich Thurn und Taxissche Zentralarchiv in Regensburg, das Gräflich Taxissche sowie das Statthaltereiarchiv in Innsbruck, das Fürstlich Fürstenbergische Archiv in Donaueschingen sowie die städtischen Archive in Konstanz, Freiburg, Überlingen u. a. zu nennen sind, und vieles ist nachweisbar in den Kriegswirren verloren gegangen oder sonst der Vernichtung anheimgefallen.

Der Kaiserliche Oberpostdirektor, Geheime Oberpostrat Heß bemerkt im Vorworte seiner Denkschrift: Die Post und Telegraphie in Baden-Baden: „. . . Die Geschichte des Postwesens ist ein Stück Kulturgeschichte und sollte daher nicht verloren gehen". In diesem Sinne halte ich eine Geschichte des Boten-, Post- und Telegraphenwesens im Gebiete des heutigen Baden für berechtigt, auch wenn sie auf Vollständigkeit keinen Anspruch erheben kann.

Mit dem ehrerbietigsten Danke an meine Oberste Behörde, das Reichspostamt in Berlin sowie das Großh. Badische Ministerium der Justiz, des Kultus und Unterrichts für die hochherzige finanzielle Unterstützung, an die Herren Archivrat Dr. Rübsam Regensburg, Dr. Tumbült Donaueschingen, die Herren Leiner Konstanz, Graf Taxis Innsbruck für erteilte Auskunft usw. verbinde ich die Bitte um wohlwollende Beurteilung meines Versuchs.

Karlsruhe (Baden), Dezember 1908.

Löffler, Postinspektor.

Inhaltsangabe.

Erster Teil.

Zweiter Teil.

Das Postwesen bis zur Übernahme durch den Badischen Staat, 1500 bis 1811.

Entstehen der Posten (Reitposten).

Fahrpostwesen.

Personal- und Betriebsverhältnisse. Taxwesen und gesetzliche Bestimmungen des alten Reichspostwesens. Reiseverkehr.

Boten- und Postwesen im einzelnen. Verschiedene Versuche zur Errichtung von Landesposten. Das Schicksal dieser in den einzelnen Gebietsteilen.

Dritter Teil.

Übernahme des Postwesens in Staatsverwaltung. Das Badische Post- und Telegraphenwesen bis zum Übergang auf das Deutsche Reich 1811 bis 1872.

Bis zum Regierungsantritt Großherzogs Friedrich I.

Das Badische Post- und Telegraphenwesen unter der Regierung Friedrichs I. bis zum Übergang auf das Reich.

Postwesen.

Anlagen.

Postpatent Kaiser Joseph II. 1768.

Tafeln.

Beilagen.

Karten.

Benutzte Archivalien.

Akten des Großh. General-Landesarchivs Karlsruhe unter Hauptrubrik „Boten- und Postwesen". 54 geschlossene Konvolute, 270 Einzelfaszikel.

Akten des Fürstlich Thurn- und Taxisschen Zentralarchivs Regensburg unter den Rubriken „Courswesen, Postkourse, Posttaxwesen, Zeitungswesen, Poststationen", zusammen 99 Aktenbände.

Akten des Fürstlich Fürstenbergischen Archivs Donaueschingen unter Rubrik „Boten und Postwesen", 12 Konvolute mit 47 Faszikeln.

Akten des Taxisschen Archivs zu Innsbruck nach Abschriften der Urkunden durch Graf Taxis-Innsbruck im Zentralarchiv Regensburg über vorderösterreichische Posten und Postleger.

Akten des Stadtarchivs Konstanz:

1 Faszikel Postamt 1634—1748,
1 „ „ 1797—1812,
1 Heft Rittgelt und Bottenlöhne 1439—1444.

Akten des Stadtarchivs Freiburg. 2 Faszikel „Postwesen".

Literaturverzeichnis.

Almanach Electoral Palatinat Année MDCCL

Anmerkungen über die Geschichte der vormals schwäbischen Reichsstädte. Ulm 1775 (ohne Verfasser).

Anordnung, Großh., bei den Postanstalten betr. Karlsruhe 1807.

Archiv für Post und Telegraphie, Beihefte zum Amtsblatt der deutschen Reichspost- und Telegraphenverwaltung 1873—1909.

Aus dem Badischen. Einrichtung eines Eilwagenverkehrs Frankfurt—Basel—Stuttgart Beil. zur Allg. Ztg. vom 27. Juli 1822.

Bader, Jos., Badische Landesgeschichte von der ältesten bis auf unsere Zeiten. Freiburg (Br.) 1834.

Baer, Chronik über Straßenbau und Straßenverkehr im Großh. Baden. Berlin 1878

— Die Wasser- und Straßenbauverwaltung im Großh. Baden. Karlsruhe 1870.

Beiträge über den Einfluß der Handelsstädte. Hb. 1798 (ohne Verf.).

Bemerkungen eines Reisenden durch Deutschland. Altenburg 1775.

Beust, Joachim Ernst von, Versuch einer ausführlichen Erklärung des Postregals usw. Jena 1747 u. 1748.

Biörnstahl, Reisen durch g. Deutschland 1777—83.

Brandi, Karl, Quellen und Forschungen zur Geschichte der Abtei Reichenau, herausgeg. von der Bad. Hist. Kommission.

Briefpostfreiheit der Kammergerichtsassessoren. Regensburg 1805 (ohne Verf.).

Brieftaxordnung bei dem Reichs-Oberpostamt Frankfurt 1783.

Brunner, Johann, Das Postwesen in Bayern in seiner geschichtlichen Entwicklung von den Anfängen bis zur Gegenwart. 1900.

Codex Laureshamensis. Mannheim 1768.

Cohn, Professor Gustav, Zur Geschichte und Politik des Verkehrswesens. 1900.

Dahl, Beschreibung des Fürstentums Lorsch. Darmstadt 1812.

Dambach, Dr. Otto, Das Gesetz über das Postwesen des Deutschen Reichs vom 28. Oktober 1871. Berlin 1892. (Einleitung.)

Denkschriften zur Einweihung der neuen Reichspostgebäude in Baden-Baden, Konstanz, an der Zeil Frankfurt (Main), Karlsruhe (Baden).

Der Übergang des badischen Postwesens an das Deutsche Reich. Grenzboten XXXI, S. 396 ff.

Die vier ältesten Stundenpässe, in „Führer durch das K. K. Postmuseum". Wien 1894.

Die badische Feldpost, in „Karlsruher Zeitung" Nr. 177 v. 20. Juli 1871.

Die badischen Telegraphen. Beil. z. Allg. Zeitung 1864, Nr. 65.

Die Wasserstraßen (Baudirektor M. Honsell), in „Das Großherzogtum Baden". Karlsruhe 1885.

Dieckmann, Carl, Postgeschichte deutscher Staaten. Leipzig 1896.

Dienstinstruktion für die badischen Landpostboten. Karlsruhe 1859.

Diez, Allg. Postbuch und Postkarten von Deutschland 1795.

Dümmler, Ernst, Das Formelbuch Bischofs Salomo III. von Konstanz 1857.

Ehrenberg, Dr. Richard, Das Zeitalter der Fugger. Jena 1896.

Engelmann, Dr. J., Geschichte des Handels und Weltverkehrs usw. Leipzig 1884.

Ennen, L., Geschichte des Postwesens in der Reichsstadt Köln, in „Zeitschrift für deutsche Kulturgeschichte". Neue Folge 1783. J. II, Hannover.

Extrapostordnung für das Großh. Baden. Karlsruhe 1818. 15 S.

Falk, Franz, Geschichte des ehemaligen Klosters Lorsch nach den Quellen. Mainz 1866.

Falke, Die Geschichte des deutschen Handels. 2 Teile. Leipzig 1859 u. 1860.

Fabricius, Ernst, Die Besitznahme Badens durch die Römer. Heidelberg 1905.

Faulhaber, Bernhard, Geschichte des Postwesens in Frankfurt am Main. Nach archivalischen Quellen. Frankfurt (Main) 1883.

Fecht, Geschichte der Haupt- und Residenzstadt Karlsruhe. 1887.

Fischer, F. C. J., Geschichte des teutschen Handels. Hv. 1785.

Flegler, Alexander, Zur Geschichte der Posten. Nürnberg 1858.

Freiburger Diözesan-Archiv.

Fuchs, Beiträge zur Geschichte des bad. Postwesens bis 1811. Archiv für Post und Telegraphie XVII. 1889. 30 S.

Geiger, Ludwig, Johann Reuchlins Briefwechsel. Tübingen 1875.

Geistbeck, Dr. Michael, Der Weltverkehr, Telegraphie und Post, Eisenbahnen und Schiffahrt, in ihrer Entwicklung dargestellt. Freiburg (Breisgau) 1895. 2. Auflage.

Gerbert, Iter Alemannicum. St. Blasien 1763.

— Reisen durch Alemannien. 1767.

Gercken, Reisen. 1783.

Gesetzes- und Verordnungsblatt für das Großh. Baden. Karlsruhe 1869—71.

Geschichte der Handlung und Schiffahrt. Breslau 1751 (ohne Verf.).

Geschichte des deutschen Kunstgewerbes, von Direktor Jakob von Falke. Berlin 1888.

Geschichte der Dampfschiffahrt auf dem Bodensee 1824—84. Eberhard Graf Zeppelin in Schriften des V. f. G. des Bodensees, 14. Heft.

Gold, Friedrich Johann, Geschichte des deutschen Buchhandels. Leipzig 1908. (Siehe auch unter Kapp.)

Gothein, E., Zur Geschichte der Rheinschiffahrt, in „Westdeutsche Zeitschrift für Geschichte und Kunst". Jahrgang XIV. Trier 1895.

— Wirtschaftsgeschichte des Schwarzwalds und der angrenzenden Landschaften. Straßburg 1892.

Götz, Dr. Wilhelm, Die Verkehrswege im Dienste des Welthandels. Stuttgart 1888.

Große, R., Das Postwesen in der Kurpfalz im 17. u. 18. Jahrhundert. 1902.

Große, Oskar, Die Beseitigung des Thurn- und Taxisschen Postwesens in Deutschland durch Heinrich Stephan. Minden (Westfalen) 1898.

Großh. Badisches Regierungsblatt. Karlsruhe 1807—1816. 1845—1868.

Großh. Badisches Staats- und Regierungsblatt. Karlsruhe 1817—1844.

Grundlagen der Postkunst. Bayreuth 1808 (ohne Verf.).

Häbler, Conrad, Peter Tafurs Reisen im deutschen Reich in den Jahren 1438—39, in „Zeitschr. f. allg. Geschichte" 4. S. 502—29. Stuttgart 1887.

Hagelstange, Alfr., Süddeutsches Bauernleben im Mittelalter. Leipzig 1898.

Haller, Helvetien unter den Römern. 1812.

Handelbuch. Nürnberg 1558.

Hartmann, Eugen, Entwicklungsgeschichte der Posten von den ältesten Zeiten bis zur Gegenwart, mit besonderer Beziehung auf Deutschland. Leipzig 1868.

Haus und Postbuch geogr. 1779.

Hautz, Geschichte der Universität Heidelberg. 1. 2.

Häusser, Dr. Ludwig, Geschichte der rheinischen Pfalz usw. Heidelberg 1856.

Heger, Tablettes des postes. Mainz 1863.

Henne am Rhyn, Dr. Otto, Kulturgeschichte des deutschen Volkes. 1897.

Herba, Giovanni, da l'Itinerario delle poste per diverse parte del mondo. Roma 1563.

Herrfeld, Joh. von, Postreform in Deutschland. Frankfurt (Main) 1839. 1 Heft.

Herz, J., Die Postreform im Deutsch-Österreichischen Postverein. Wien 1851.
H(eß), Die Entwicklung des Landpostdienstes im Großh. Baden. Karlsruher Zeitung 1885, Nr. 154, Beil. 160, II.
Heunisch, Stundenstraßen und Postkarte von Baden. Heidelberg (ohne Jahreszahl).
Heyd, Dr. Wilhelm, Geschichte des Levantehandels im Mittelalter. Stuttgart 1879.
Heyd, W., Die große Ravensburger Gesellschaft, Beiträge zur Geschichte des deutschen Handels, I. Stuttgart 1890.
— Das Haus der deutschen Kaufleute in Venedig in v. Sybels „Historische Zeitschrift" 32. S. 193—220.
— Schwaben auf den Messen von Genf und Lyon. Württ. Vierteljahrshefte. Neue Folge 1. S. 373—385.
— Der Verkehr süddeutscher Städte mit Genua während des Mittelalters. Forschungen zur deutschen Geschichte, Bd. 24 (1884). S. 213—230.
Hoernigk, Ludovicus von, De regali postarum iure. Franckfurt 1638.
Hof- und Staatskalender, Markgräflich Baden-Durlachischer, Baden-Badischer 1768.
Hoffmann, E., Ein Stück nationaler Arbeit im deutschen Verkehrswesen. Berlin 1882.
Huber, Dr. F. K., Die geschichtliche Entwicklung des modernen Verkehrs. Tübingen 1893.
Hüttner, C. F., Das Postwesen unserer Zeit. Leipzig 1855, 1856, 1860.
Kalchschmidt, Geschichte des Klosters St. Georgen. 1895.
Katalog des Reichspostmuseums. Berlin 1897 (Springer).
Keesbacher, Karl, Beitrag zur Geschichte des Verkehrs bzw. Postwesens des Hoch- und Erzstiftes Salzburg. Salzburg 1886. 8⁰.
Kipp, B., Das deutsche Postwesen. Patriotische Wünsche und Bemerkungen. Wiesbaden 1836.
Kirchenheim, A. von, Die Universitätsbotenanstalten des Mittelalters. Altenburg 1886.
Klüber, Das Postwesen in Teutschland, wie es war, ist und sein könnte. Erlangen 1811.
Knackfuß, Deutsche Kunstgeschichte. Bielefeld und Leipzig 1888.
Lexikon, Geographisches (Reise-Post-Zeitung). 1756.
Lindenberg, Die Marken von Baden, in „Deutsche Briefmarkenzeitung", IV. Jahrg., Nr. 5, 1894.
Löper, Karl, Zur Geschichte des Verkehrs in Elsaß-Lothringen mit bes. Berücksichtigung der Schiffahrt, des Post-, Eisenbahn- und Telegraphenwesens. Straßburg 1873.
Lünig, J. Ch., Das teutsche Reichs-Archiv. Pars generalis. Vol. I. Leipzig 1713. 2⁰.
Mabillon, J., Annales Ordinis Sancti Benedicti Patris 703—739.
— Ordo Sancti Benedicti Luc. 739—745.
Matthias, Wilhelm Heinrich, Über Posten und Postregale mit Hinsicht auf Volksgeschichte usw. Berlin, Posen und Bromberg 1832.
— Darstellung des Postwesens in den Königlich preußischen Staaten. Berlin 1812, 1816 und 1817.

Meiners, Geschichte der Universitäten II. S. 354 ff.

Mone, F. J., Die Rheinschiffahrt vom 13. bis 15. Jahrh. Z. Oberrhein IX (1858). S. 1—44. 385—431.

— Die Flözerei am Oberrhein vom 14. bis 18. Jahrh. Z. Oberrhein XI (1860). S. 257—280.

— Urgeschichte des badischen Landes bis zu Ende des 7. Jahrhunderts. Karlsruhe 1845.

— Verkehrswesen vom 15. bis 17. Jahrh. Z. Oberrhein XII (1861). S. 129 bis 141.

Moser, J. J., Teutsches Staatsrecht. Fünfter Teil. Leipzig 1742. 4⁰.

Müller, L., Badische Landtagsgeschichte 1819—1825. Berlin 1900 u. 1901.

Naeher, Die römischen Militärstraßen und Handelswege in der Schweiz und in Südwestdeutschland, insbes. in Elsaß-Lothringen. Straßburg 1888.

Oberleitner, Karl, Österreichs Finanzen und Kriegswesen unter Ferdinand I., in „Archiv für Kunde österr. Geschichtsquellen", Bd. XXII. 1860.

Oberrheinische Stadtrechte, fränkische und schwäbische Rechte, 1—6 und VII.

Obser, Karl, Die ältesten Zeitungen in Baden, in „Neues Archiv für Heidelberg und Pfalz".

— Zur Geschichte des St. Jakobskollegiums, in „Z. f. G. des Oberrheins". N. F. Bd. XVIII. S. 434—450.

Ohmann, Die Anfänge des Postwesens und die Taxis. Leipzig 1909. (Leider dem Verfasser erst nach Fertigstellung der Reinschrift zugegangen.)

Ottavio Codogno oder die Corrieri ordinarii in „Nuovo Itinerario delle poste per tutto il mundo". Milano 1608.

Pfaff, Friedrich, Der Minnegesang im Lande Baden. Heidelberg 1908.

Poppele, E., Eilwagen-Course zwischen Frankfurt, Leipzig Karlsruhe, Basel usw. Frankfurt, Wilmanns 1831.

Post, Die, Aufsatz von Dr. P. D. Fischer, Abdruck aus dem Handwörterbuch der Staatswissenschaften.

Post und Telegraphie im Königreich Württemberg. Denkschrift aus Anlaß des Ablaufs der fünfzigjährigen Verwaltung des württembergischen Post- und Telegraphenwesens durch den Staat. 1901.

Postprojekte des Beat Fischer von Graf Taxis-Innsbruck, in „Österr. Verkehrszeitung , XXIII. Jahrgang, Nr. 31—44. 1893.

Postverträge, Die neuen. 1868.

Postvertrag zwischen Baden und Thurn und Taxis. 1805.

Postvertrag zwischen Baden, dem Norddeutschen Bunde, Bayern und Württemberg vom Jahre 1867.

Protokolle der fünf Konferenzen des Deutsch-Österreichischen Postvereins usw.

Pütter, Erörterungen des Teutschen Staatsrechts.

Quad, Itinerarium Germaniae. 1602.

Quetsch, Franz H., Das Verkehrswesen am Mittelrhein im Altertum. Mainz 1887.

— Geschichte des Verkehrswesens am Mittelrhein. Freiburg (Br.) 1891.

Redlich, Oswald, Vier Stundenpässe aus den Jahren 1496—1500, in „Mitteilungen des Instituts für österr. Geschichtsforschung" 12. S. 494—501.

Réglement du service de la poste aux chevaux du Gr. D. de Bade. Carlsr. 1820

Regula S. Benedicti Ratisb. 1892.

Reise auf dem Rhein. 1789. 1790.

Reisebuch der Familie Rieter in Bibliothek des Lit. Vereins Stuttgart. 1884. CLXVIII.

Ringholz, Odilo, Pater, Geschichte des fürstlichen Benediktinerstifts U. L. Frau von Einsiedeln.

Rübsam, Dr. J., Etwas über den Brief und seine Geschichte, im „Deutschen Hausschatz", Jahrg. XV, Nr. 19 und 20. Regensburg 1889. 4°.

— Nikolaus Mameranus und sein Büchlein über den Reichstag zu Augsburg im Jahre 1566, im „Hist. Jahrb. X. München 1889. 8°.

— Aus der Urzeit der Taxisschen Posten, in „Johann Baptista von Taxis, ein Staatsmann und Militär". Freiburg (Br.) 1889.

— Zur Geschichte des internationalen Postwesens im 16. u. 17. Jahrhundert. München 1892.

— Ein internationales Postkursbuch, in „Union Postale" XIV (1889). Mai-Juniheft.

— Postgeschichte von Elsaß usw., in „Archiv für Post u. Tel." 1893. S. 537ff.

— Biographische Skizzen über Taxissche Postmeister in der „Allgemeinen deutschen Biographie", Band XXVII, S. 477ff.

— Portofreitum des Postamts Rheinhausen, in „Archiv für Post u. Tel." 1896. Heft 9.

— Augsburger Postwesen, in „Union Postale" XXVIII (1903). Heft 12 (Dezember).

Ruppert, Ph., Die Chroniken der Stadt Konstanz. Konstanz 1891.

— Konstanzer Handel im Mittelalter, in „Konstanzer Gesch.-Beiträge", Heft 4, 1895.

— Postwesen zu Konstanz vor 100 Jahren. Konstanzer Beiträge II, 9 (1889).

Salomon, Dr. Ludwig, Allgemeine Geschichte des Zeitungswesens. Leipzig 1907.

— Geschichte des deutschen Zeitungswesens. Oldenburg 1900—1906.

Schäfer, Gustav, Ursprung und Entwicklung der Verkehrsmittel. Nach geschichtlichen Quellen dargestellt. Dresden 1890.

Schauinsland, 13. Jahrgang. Fuchs, Das alte breisgauische Postwesen.

Schmid, H., Die sog. Postreformation am Ende des XVI. Jahrhunderts, im „Deutschen Hausschatz" X (1883—1884). Regensburg. 4°.

Schneider, Professor Dr. J., Die alten Heer- und Handelswege der Germanen, Römer und Franken im Deutschen Reich. Leipzig 1885.

Schneider, Heinrich, Die badische Militärpaket-Beförderungsanstalt im Deutsch-Französischen Kriege. Karlsruhe 1872.

Schulte, Geschichte des mittelalterlichen Handels und Verkehrs, I. II. 1900.

Schwarz, Rudolf Johannes, Calvins Lebenswerk in seinen Briefen. Tübingen 1909.

Sevin, Hermann, Eine Verkehrsumwälzung vor siebenhundert Jahren. Sonderabdruck aus dem Überlinger Boten. Überlingen 1902.

Simonsfeld, Henry, Der Fondako dei Tedeschi und die deutsch-venetianischen Handelsbeziehungen. Stuttgart 1887.

— Ein venetianischer Reisebericht über Süddeutschland aus 1492. Zeitschrift für Kulturgeschichte, Band 2, S. 241—283.

Spaun, D. von, Verkehrsmittel unserer Gegenden in früheren Jahrhunderten. Linz 1848.

Stängel, Karl, Das deutsche Postwesen in geschichtlicher und rechtlicher Beziehung, von seinem Ursprung bis auf die neueste Zeit usw. Stuttgart 1844.

Steinhausen, Der Kaufmann in der deutschen Vergangenheit. Leipzig 1899.

— Deutsche Privatbriefe des Mittelalters 1. Berlin 1898.

Steinhausen, Dr. G., Geschichte des deutschen Briefes. Berlin 1889—91.

Stephan, H., Geschichte der preußischen Post von ihrem Ursprunge bis auf die Gegenwart. Berlin 1859.

— 1. Das Verkehrsleben im Altertum. 2. Das Verkehrsleben im Mittelalter. In Fr. v. Raumers „Historischem Taschenbuch". 9., 10. Jahrg. Leipzig 1868 u. 1869.

Stetten, Paul von, Geschichte der Heil. Röm. Reichs Freyen Stadt Augsburg. Franckfurt und Leipzig 1743 bis 1758. 4°.

Tariffa von allen Waaren in Venedig. Nürnberg 1572.

Turrianus, Caesareus, glorwürdiger Adler, das ist: Gründliche Vorstell und Unterscheidung der kayserl. Reservaten und Hochheiten . . . absonderlich aber von dem J. K. Majestat reservirten Postregal. 1694. Ohne Druckort. 4°.

Vadianische Briefsammlung, in „Mitteil. zur vaterländ. Geschichte" in St. Gallen.

Veredarius, O., Das Buch von der Weltpost, Entwicklung und Wirken der Post und Telegraphie im Weltverkehr. Berlin 1894.

Verhandlungen der 2. Kammer 1819—1873, insbesondere die Berichte der Budget-Komm. über den Postetat und die vergleichende Darstellung der Postverwaltung.

Verordnungsblatt der Großh. Oberpostdirektion. Karlsruhe 1837—1842.

Verordnungsblatt der Direktion der Großh. Posten und Eisenbahnen. Karlsruhe 1843—1853.

Verordnungsblatt der Direktion der Großh. Badischen Verkehrsanstalten. Karlsruhe 1854—1871.

Verzeichnis des Abgangs und der Ankunft der Briefposten und Postwägen in Karlsruhe 1820.

Vetter, Schiffahrt, Flößerei und Fischerei auf dem Oberrhein. Karlsruhe 1864.

Volz, Dr. Robert, Das Spitalwesen und die Spitäler des Großh. Baden. Karlsruhe 1861.

Weller, Emil, Die ersten deutschen Zeitungen. In der Bibliothek des Literarischen Vereins in Stuttgart, Band 111. Tübingen 1872. 8°.

Westdeutsche Zeitschrift für Geschichte und Kunst, Jahrg. XXV, Heft II, 1906.

Wolkem, Briefwechsel des Eneas Silvius Piccolomini, I (1431—1445). Wien 1909.

Zeiller, Itinerarium Germaniae. Straßburg 1632 und 1674.

Zeitschrift für die Geschichte des Oberrheins unter Verkehrswesen usw.

Zeller, J. F., Die Neckar-, Rhein- und Mainschiffahrt. Heilbronn, Class. 1809.

Zeitungspreise bei dem Ober-Postamt in Karlsruhe. 1812.

Zum fünfzigjährigen Bestehen der Ober-Postdirektionen, 1850—1900.

Zusammenstellung über das badische Telegraphenwesen aus den Akten der Generaldirektion der Großh. Staatseisenbahnen.

Einleitung.

Vorrömische Zeit.

Nach dem Ergebnis scharfsinniger Forschungen kann als erwiesen gelten, daß linksrheinisch an der badischen Landesgrenze entlang und ebenso rechtsrheinisch[1] durch das Gebiet des Großherzogtums Baden bereits vor der Römerzeit gebahnte Wege hauptsächlich zu Handelszwecken vorhanden gewesen sind.[2] Von der alten Phokäerkolonie[3] am Mittelmeer führte ein Handelsweg über die Alpen bis zum Rheine (Augusta Raurica), wo er sich in die beiden erwähnten Straßen verzweigte, von denen die linksrheinische durch die elsässische Ebene, die Pfalz, über das Gebirge nach der alten Phokäeransiedelung zu Mainz, die rechtsrheinische durch Baden nach Speyer[4], von da über Schwetzingen, Mannheim, durch Hessen bis Kastel geführt hat.[5] Überhaupt führte der Handel von den

---

[1] Schneider, Düsseldorf 1882. Die alten Heer- und Handelswege der Germanen, Römer und Franken. Nacher, Die römischen Militärstraßen und Handelswege, 1882[2].

[2] „Die Untersuchungen über das römische Straßennetz in Deutschland haben zu dem . . . Ergebnis geführt, daß die Römer in zahlreichen Fällen längst vorhandene prähistorische Wege für ihre Zwecke benutzt haben.“ Fabricius, Besitznahme Badens durch die Römer, Neujahrsblätter 1905, S. 2.

[3] Vor den griechischen Kolonien waren an dem Handel Süden — Norden die Phöniker und Etrusker beteiligt.

[4] „Der rechtsrheinische Römerweg bestand aus einem Erddamm von denselben Größenverhältnissen wie die Römerstraßen des linken Rheinufers, begleitet an jeder Seite von einem Graben und darauffolgenden Walle.“ Schneider, a. a. O., S. 10.

Die wahrscheinlich älteste, nahe am rechten Rheinufer hinziehende Landstraße — im Mittelalter als Reichsstraße bezeichnet — ist vorrömischen Ursprungs und führte von Basel über Schlingen, Altbreisach, Rust, Ottenheim, Ichenheim, Kehl, Schwarzach, Rastatt, Durmersheim, Mühlburg, Graben, Udenheim (Philippsburg), Rheinhausen, Speyer. Vgl. ausführlicher bei Baer, Chronik über Straßenbau und Straßenverkehr, S. 80.

[5] Von welcher Bedeutung insbesondere die Bergstraße für die Römer

technisch hochgebildeten Mittelmeerländern, soweit er sich nicht um Westeuropa herumbewegte[6], teils zu Lande auf den verschiedenen Alpenstraßen, teils über die Schweizerseen und Flüsse an Bodensee und Rhein, wo sich die Handelszüge aus Italien mit denen aus Massilia trafen, von hier den Rhein hinunter in die inneren deutschen Länder, um Bernstein und Zinn, Silber und Gold gegen Schmucksachen und Waffen auszutauschen. Lange bevor die Römer Herren von Helvetien und Gallien wurden, waren sie Herr dieses Handels, der anscheinend beim Übergang von einem Volksstamm zum andern keine Unterbrechung erfahren hat. Und als sie die Lande zwischen Rhein und Donau besetzten, folgten den Legionen die Handwerker, den Garnisonen die Städte und mit diesen — im Laufe einiger Jahrhunderte — römische Industrie. Die Handelszüge, die sich in vorrömischer und römischer Zeit auf Rheinstrom und den Rheinstraßen bewegt haben, sind aber, um mit Flegler zu reden, ebensoviele Postzüge im Gewande jener Zeiten gewesen, wenn wir nämlich unter „Post" lediglich Verkehrsvermittelung überhaupt verstehen.

Verkehr mittels des cursus publicus.

Ausweislich der römischen Itinerarien waren die rheinischen Straßenzüge samt den Entfernungen der einzelnen Orte von den Römern bereits kartographisch festgelegt, zweifellos zunächst lediglich für die Zwecke der Heermärsche, in zweiter Linie wohl auch im Interesse des Handels und Reiseverkehrs damaliger Zeit überhaupt. Daß mittels des cursus publicus die Personen- und Postbeförderung in dem bekannten beschränkten Umfange dieses Verkehrsmittels[7] am Rheine stattgefunden haben muß, ergibt die auf

---

war, beweisen die durch Ausgrabungen festgestellten Niederlassungen, die Leuken- und Meilenzeiger, namentlich letztere von Bühl und Offenburg, die ab Mog. (Mainz) und ab Arg. (Straßburg) rechnen und aus den Jahren 100 und 70 n. Chr. stammen. Der älteste Leukenzeiger rechnet ab Aquis (Baden-Baden). Die Übergangsstellen von der gallischen linksrheinischen Römerstraße (Augusta Rauracorum—Moguntiacum) zur Bergstraße suchen wir in den Straßen Kehl—Offenburg, Iffezheim—Sinzheim—Oos—Baden-Baden, Mörsch (Bickesheim, Au)—Ettlingen (Pforzheim, Cannstatt), Speyer—Wiesloch—Stettfeld—Heidelberg.

Naeher, Die römischen Verkehrsmittel in der Rheintalebene zwischen Straßburg und Mainz. Karlsruher Ztg., Nr. 149 u. 150, Beil.

[6] Vgl. auch Geschichte des deutschen Kunstgewerbes von Direktor Jakob von Falke. Berlin 1888.

[7] Der cursus publicus war eine Staatsverkehrsanstalt, welche die Beförderung stationsweise mit Wechsel der Transportmittel zu Fuß, zu Pferd

uns gekommene Kenntnis der Beförderungsdauer von Rom nach Köln, die bei gewöhnlichen Reisen 10½, bei Depeschenbeförderung fünf Tage betragen hat. Es ist nicht von der Hand zu weisen, daß der Kurs von Rom nach Köln, der auf der geradesten Linie durch Baden hindurchgeführt hätte, die Rheinstraße an der badischen Landesgrenze entlang eingeschlagen hat. Auch sonst fehlt es nicht an Merkzeichen dafür, daß an den Grenzen des heutigen Baden und in den damals am meisten bevölkerten Teilen des Landes der cursus publicus verkehrt und Nachrichtenaustausch stattgefunden haben muß. In dem auf der überaus wichtigen Heerstraße Mediolanum—Moguntiacum gelegenen Mons Brisiacus (Altbreisach) war eine Mansio und gegen das Ende der römischen Herrschaft eine kaiserliche Residenz, von der aus einige Verordnungen der Kaiser Valentinian und Gratian erlassen worden sind.[8] Daß bis hierher — an den kaiserlichen Hof — und von hier aus Staatsposten damals verkehrt haben müssen, leuchtet ohne weitere urkundliche Nachweise ein. In Aquae Aureliae (Baden-Baden) weilte oftmals Kaiser Caracalla (Marcus Aurelius Antoninus 197—218); auch hierhin wird der cursus publicus zeitweise seinen Lauf genommen haben. Sodann sind in Stettfeld[9], Dietenhausen[10], Siblingen am Fuße des Randen[11], Tarodunum (Zarten)[12], in Säckingen, in der Altstadt bei Meßkirch, soweit die Forschungen als abge-

oder Wagen sowohl für Versendungen als auch für Reisen wahrzunehmen hatte. Die Einrichtung war bestimmt für die Reisen des Kaisers und seines Hofes, der hohen Militärpersonen und sonstigen Staatsbeamten im Dienste, der Gesandten und der zur Benutzung im einzelnen Falle besonders ermächtigten Personen; ferner zur Beförderung der Depeschen, Akten . . . . und der Staatsgelder, sowie zum Transport von Proviant, Armatur- und Montierungsstücken . . . . Den Unterhalt für den kostspieligen cursus publicus hatten die Provinzen zu bestreiten, was für diese in der späteren Zeit eine endlose Plage wurde. Vgl. Stephan, Verkehrsleben im Altertum, S. 83—88 ff.

[8] Naeher, a. a. O.

[9] Naeher, Jahrbücher, S. 75: „Stettfeld, wo ein Rasthaus mit Poststation errichtet war".

[10] Desgleichen S. 45: „Dietenhausen, die wichtigste römische Raststation an der Heerstraße von Ettlingen nach Pforzheim; . . . in Dietenhausen dürften römische Unterkunftsräume gestanden haben . . .".

[11] Desgleichen S. 21: „Siblingen, woselbst eine mansio, auch mutatio der Römer war" (zum Transport der Wagen wurden Maultiere aus Italien mitgebracht).

[12] Siehe Schreibers Taschenbuch für Geschichte und Altertum. IV, S. 236 ff.

schlossen gelten können, Mansionen aufgedeckt worden, die als Raststationen des cursus publicus sowie der privaten Reisenden gedient haben mögen. Endlich ist es nur natürlich, daß die militärische Oberleitung in Rom auf so bedeutenden Heerstraßen wie die erwähnte Mediolanum-Moguntiacum, an Mons Brisiacus vorbei[13], Vindonissa—Reginum über Juliomagus und Brigobanne, Argentorate—Arae Flaviae, ebenso die Heerführer an der Spitze so vieler Legionen und Kohorten freiwilliger Bürger, wie sie damals im heutigen Baden oder an dessen Grenzen aufgestellt waren, oftmals in die Lage kamen, Depeschen in Staats- und Heeresangelegenheiten mittels des cursus publicus wechseln zu müssen.[14] Im weiteren bestanden schon zu den Zeiten der Römer neben den Militärstraßen einige Handelswege in den Zehntlanden, von denen

[13] Von der linksrheinischen Straße Augusta Rauracorum—Moguntiacum sagt Nacher in Jahrbüchern, S. 13: „sie wurde von den Römern als Militärstraße verbessert und mit Logierhäusern (mansiones) versehen". Vgl. auch Schuhmacher, Allg. Zeitung, Beil. Nr. 204, S. 67, 1898: „Da wo die römische Straße Vindonissa—Tenedo aus dem Hügellande in die Klettgauebene heraustritt, liegen beiderseits größere römische Baulichkeiten, die westliche wohl nur eine villa rustica . . ., die andere östliche der Straße vielleicht eine mutatio oder mansio für den Pferdewechsel, in der letzteren kamen mehrere Ziegel der 26. Kohorte zum Vorschein"; und Römische Kastelle am Oberrhein aus der Zeit Diocletians in Westd. Zeitschrift f. G. u. K., Jahrg. XXV, Heft II, 1906: „Vindonissa war Hauptwaffenplatz des Landes (1. Jahrhundert) und am Ende des 3. Jahrhunderts wieder ein fester Platz; weitere Kastelle bei Breisach (Horburg), bei Augst und Mumpf, Zurzach (Tenedo); für Kaiseraugst und Horburg nimmt Burckhardt-Biedermann je eine Truppenzahl von 500 Mann an"; ferner: Über Römerstraßen in Baden und Württemberg, Jahrb. d. Vereins v. Altertumsfr. in Bonn, Heft 68, S. 13, 1880: „Die wirklich römische Militärstraße Zurzach—Thiengen—Donaueschingen—Rottweil hat nur geringe Römerspuren neben der Straße, z. B. das sogenannte Schlößchen von Geißlingen, wahrscheinlich eine Poststation"; ferner Fuchs: „Das alte Breisgauische Postwesen", in Schauinsland, 13. Jahrg. Dr. Schreiber erbringt den Beweis, daß am Oberrhein zu Tenedo (Heidenschlößchen) eine mansio für die von Augusta Rauracorum (Baselaugst) kommende nach Vindonissa (Windisch), Juliomagus (Stühlingen) und über den Randen nach Brigobanne (Hüfingen) ziehende und in die obere Donaustraße einmündende Staatsstraße gewesen sei. Auch an der von der oberen Donau kommenden nach Mons Brisiacus ziehenden Schwarzwaldstraße befand sich eine mansio in Tarodunum (Zarten), welche in Anbetracht der bedeutenden Steigung der Schwarzwaldstraße einen sehr großen Pferdebestand hatte.

[14] Bei den Ausgrabungen fanden sich teilweise noch Eindrücke römischer Wagengeleise auf dem Straßendamm vor.

die wichtigsten Straßburg—Ettlingen—Cannstatt[15], Worms—Ladenburg—Heidelberg—Stettfeld, Heidelberg—Neckarburken u. a. gewesen sind, auf denen der private Reise- und Postverkehr in damaligem Sinne sich bewegt haben muß. Nachgewiesen ist ferner, daß zahlreiche Villen diesseits des Rheins — in den meisten Fällen ein wenig abseits von der Haupt(Militär-)straße gelegen — von Römern bewohnt waren, die ohne Zweifel mit ihrem Vaterlande in Verkehr bleiben wollten. Die schönen Bäder von Badenweiler und Baden-Baden waren schon damals sehr geschätzt und die großen Töpfereien von Riegel wären undenkbar gewesen ohne Nachrichtenaustausch und Geschäftsverkehr. Nimmt doch Naeher an, daß Riegel seine Fabrikate bis in die Schweiz und in das rätische Gebiet hinein versandt habe.[16] Auch erforderte der Luxus[17] der nach dem Norden verschlagenen Römer die Beförderung der Dinge, die ihnen in der Heimat ein Bedürfnis gewesen, an den Rhein, und andrerseits verlangte der Römer die Waren, die er während seines Aufenthaltes am Rheine liebgewonnen hatte, auch in Rom und bürgerte sie dort ein.[18] Endlich ist nicht zu übersehen, daß schon vor der Eroberung Südgermaniens durch die Römer Waffen und Schmucksachen aus Italien und den etruskischen Städten nachweisbar dahin eingeführt worden sind und daß von der Kaiserzeit an mit dem Aufblühen der linksrheinischen Städte sowie derjenigen südlich des großen vom Mittelrhein zur Donau ziehenden Limes römische Industrie, römische Kunst und Kultur, römischer Luxus namentlich in den Rhein- und Donaugegenden entstanden ist, wie die reichlich vorhandenen Töpfereien, Geräte aus edlem und unedlem Metall, Mosaiken, Bäder, Bauanlagen und Bauwerke dieses Zeitab-

[15] „Zu allen Zeiten hat hier ein lebhafter Verkehr geherrscht." Fabricius, a. a. O., S. 43.

[16] Naeher, „Jahrb. d. Vereins v. Altertumsfr. im Rheinlande." Bonn 1881. Heft LXXI, S. 86.

[17] Beispielsweise bezogen die römischen Einwohner von Baden-Baden, das schon unter Kaiser Claudius (etwa 40 n. Chr.) im Interessenkreis der Römer gelegen haben muß, ihr feines Tafelgeschirr aus sogenannter Terra Sigillata von den blühenden Fabriken in Südfrankreich. Hauptfabrikort war La Graufesenque. In lückenloser Reihenfolge finden sich die Produkte dieser Fabriken, dann derjenigen von Lezoux in der Auvergne in der Badener Sammlung römischer Tongefäße. O. Fritsch, Vortrag im Karlsruher Altertumsverein, 1. April 1909.

[18] Schulte, Gesch. des mittelalterl. Handels. Bd. I, S. 53.

schnitts beweisen. Mit Handel und Industrie, mit dem Erwachen von Kultur und Luxus erwächst auch der Verkehr mit Nachrichtenvermittelung und Beförderungswesen — damals noch der allereinfachsten Art — von selbst. Man berücksichtige noch, daß die Römer nicht nur linksrheinisch, sondern auch tiefer in den deutschen Rhein- und Donauländern Märkte errichtet haben.[19]

Alemannisch-fränkische Zeit.

Die Ereignisse der nahezu zwei Jahrhunderte ausfüllenden Völkerwanderungen mußten im heutigen Baden, das längere Zeit unter römischer Herrschaft gestanden hatte, die Verhältnisse von Grund aus umstürzen, wodurch die römischen Postanstalten,[20] die mansiones und mutationes von selbst von der Bildfläche verschwun-

---

[19] Man denke an die Hauptstädte ꝛc. der Provinzen Belgica prima, Germania prima, secunda, Helvetia, Gallia, Vindelicia, Noricum usw. wie Trier, Mainz, Worms, Speyer, Straßburg, Köln, Augst, Zürich, Augsburg usw. Sämtliche Städte von Carnuntum und Vindobona bis nach Straßburg, von Straßburg bis Xanten, insbesondere Augsburg, Mainz, Köln, Trier, blühten in den ersten Jahrhunderten der römischen Kaiserherrschaft als Römerstädte empor. Von Falke, a. a. O., S. 10.

„Marbod, König der Markomannen hatte auf seinem Schlosse verschiedene römische Kaufleute wohnen, Tacit. Ann. LII C. 62 und Keyßler (Antiquit Septentr. et celt., p. 236, 282) fand in Deutschland eine große Anzahl römischer Grabsteine, worauf Negotiatores Frumentarii, Sagarii, Aerarii et Ferrarii, Lintearii, Olearii, Vinarii, Materiarii, Artismacellariae, Brassariae, Cretariae vorkommen. Jedoch einige handelten bloß im römischen Winterlager." Fr. Chr. J. Fischers Gesch. des t. Handels. Hannover 1785. 1. Teil, S. 153.

In festen Lagern hausten hier (Zehntland) wirkliche und gewesene Soldaten der römischen Truppen und der Hilfsvölker . . . Diese Lager erhielten römische Tempel, Bäder, Wasserleitungen, Zirkusse usw. und wurden hierdurch nach und nach zu Städten. Die Bäderstädte Aurela Aquensis (Baden-Baden) und Aquae Mattiacae (Wiesbaden), geschmückt mit Palästen und umgeben von Villen, waren die bedeutendsten dieses Gebiets . . . . Bald waltete friedlicher Verkehr; Krämer und allerlei Volk wanderten zu den Germanen, um bei ihnen mit den Erzeugnissen der römischen Kultur Geschäfte zu machen, während Germanen herüberpilgerten, um . . . zu kaufen, was sie brauchten oder was sie anlockte, und den Römern ihre eigenen Produkte anzubieten. Dr. Otto Henne am Rhyn, a. a. O., 3. Aufl., I., S. 48. Als Handelsgegenstände kamen im Zeitalter der Völkerwanderung in Betracht: Waffen, eherne und goldene Ringe, römisches Gold, römischer Wein, allerlei Tand, germanischerseits Zuckerrüben, Gänsefedern, Laugenseife, blondes Haar, deutsches Vieh, deutsche Pferde, köstliche Pelze, lebende Tiere, Perlen, besonders aber Bernstein.

[20] Besser und richtiger: „Rast- und Umspannstationen".

den sind. Überdies siedelten sich die freien Alemanen gerne auf einsam gelegenen Weilern an und hatten in ihrem Urzustande ein Bedürfnis nach postmäßigem Nachrichtenaustausch überhaupt nicht.[21] Auch noch längere Zeit nach ihrem Eintritt in die Geschichte fehlten ebenso die kulturellen und politischen Voraussetzungen wie die wirtschaftlichen Beziehungen zur Unterhaltung eines öffentlichen Nachrichtendienstes. Gegen Ende des vierten Jahrhunderts war zwar das ganze Rheintal von dem Einfluß der Römer völlig und für immer befreit; im Gebiete des heutigen Baden kamen indes die deutschen Stämme noch nicht zur Ruhe. Zu Anfang des fünften Jahrhunderts begannen neue Völkerverschiebungen am Oberrhein, denen die erbitterten Kämpfe zwischen Alemannen und Franken folgten. Es ist daher nicht zu verwundern, daß Nachrichten über die Verkehrsverhältnisse aus jener Zeit nicht vorhanden sind. Überhaupt sind Urkunden aus der Zeit der ersten fünf Jahrhunderte nach dem Abgange der Römer über die Verkehrslage nicht auf uns gekommen, auch die meist in Chroniken bestehende Geschichtschreibung beginnt erst im neunten Jahrhundert.

Und doch muß in jenen Jahrhunderten (6. u. 7.), als die systematische Christianisierung der widerspenstigen Alemannen durch die irischen und angelsächsischen Glaubensboten in Baden unter dem Schutze und mit Beihilfe der fränkischen Kaiser begann, ein lebhafter Meinungsaustausch zwischen dem Hofe, den Kammerboten, den Missionaren und Bischöfen sowie zwischen den missionierenden Iren und Angelsachsen untereinander bestanden haben. Hierzu hatten die Führer der letzteren, sofern sie die Aufträge nicht in eigener Person erledigten, in ihren Genossen geeignete Boten. Denn die bekannten Glaubenshelden, wie Fridolin, Kolumban, Offo, Landolin, Trudbert, St. Gallus, müssen wohl in Begleitung zahlreicher Ordensbrüder erschienen sein, sonst wäre es ihnen nicht

[21] Die deutschen über Donau und Rhein in Gallien, Panonien, Vindelizien, Rhätien usw. sich ausbreitenden Stämme zerstörten oder verwüsteten bei ihren Kämpfen die vorhandenen Städte. Die Merovinger waren aber später nicht imstande, sie wieder aufzubauen oder in früheren Stand zu setzen. Manche, die nicht zugrundegegangen waren, sanken zu verkehrslosen Dörfern herab (wie z. B. Augusta Rauracorum — Dorf Augst, Vindonissa — Windisch), andere am Rheine scheinen sich zwar einigermaßen aufrechterhalten zu haben, zu Handelsverkehr konnten sie aber erst gelangen, nachdem sie Residenzen der Bischöfe geworden usw. Neue Städte wurden von den Merovingern nicht erbaut. Vgl. Anmerkungen über die Geschichte der Reichsstädte. Ulm 1775.

möglich gewesen, so viele Klöster wie Säckingen, Offonszell (Schuttern), St. Gallen, St. Trudbert bei Staufen, Ettenheimmünster rc. zu gründen, um so weniger, als die Alemannen mit zäher Ausdauer gegen die religiöse Neuerung ankämpften und den Missionaren feindlich in den Weg traten.[22] Dagegen fanden die Missionare ihre natürliche Stütze bei den bereits der ältesten Periode der christlichen Geschichte angehörenden Bischofssitzen in Windisch — seit der zweiten Hälfte des sechsten Jahrhunderts nach Konstanz verlegt — Straßburg, Speyer, Worms, Mainz und Würzburg, deren Diözesen Teile des heutigen Baden umfaßten und zu denen die aus der Römerzeit bekannten Hauptstraßen führten. In der Nähe dieser, vielfach auf den Trümmern zerstörter Römerniederlassungen, finden wir die ersten Klostergründungen, zweifelsohne nicht zufällig, sondern weil ihre Gründer die Bedeutung der Verkehrsverbindungen für ihre Kolonien zu schätzen wußten.[23] Da wir ferner nirgends lesen, daß den Missionaren bei ihren vielfachen Wanderungen auf weite Strecken die Wegeverhältnisse Schwierigkeiten boten, dürfen wir annehmen, daß die Straßen im heutigen Baden die Völkerwanderungen leidlich überstanden hatten. Im achten Jahrhundert traten an die Stelle der Iren angelsächsische und fränkische Missionare mit Bonifatius und Pirmin als glanzvollsten Vertretern, von denen der erstere im nördlichen fränkischen Teile Badens von Worms und Mainz aus erfolgreich wirkte, während der zweite in der Südostecke Badens, im alemannischen Teile, die Gründung des bald Weltruf erlangenden und für die Verkehrsgeschichte überaus wichtigen Klosters Reichenau (Sintlosau), später die der Klöster Schwarzach und Gengenbach u. a. vollzogen hat. Hiermit treten wir auf verkehrsgeschichtlich-historischen Boden. Von Bonifatius steht einmal fest, daß er einen regen Briefwechsel nicht nur nach England, sondern ebenso an seine missionierenden Landsleute in Deutschland, wovon sich eine große Anzahl in Baden befand, unterhalten — u. a. ist sein Briefwechsel mit der Äbtissin Lioba in Tauberbischofsheim, der

[22] So mußte sich beispielsweise Fridolin zuerst eine schützende Geleitschaft und eine Schenkungsurkunde seitens des Frankenkönigs Theutberts beschaffen, als er am Rhein seine Tätigkeit aufnehmen wollte; der alemannische zu Überlingen Hof haltende Herzog Gunzo hob die von Kolumban gegründete Kolonie auf, Landolin und Trudbert wurden erschlagen usw.

[23] Fridolin auf Sanktio, Kolumban-Brigantium, Offo-Morodunum, Landolin-Giesenburg auf den Trümmern eines Römerkastells.

er wahrscheinlich auch seine Enigmata widmete und übersandte, nachgewiesen —, ferner daß er selbst wiederholt Reisen nach Rom gemacht hat, ebenso daß seine Jünger Dennhard und Sturm mit Briefen von ihm nach Rom gereist und daß von Papst Zacharias Briefe an Bonifatius überbracht worden sind.[24] Es erscheint durchaus wahrscheinlich, daß Bonifatius wie seine Abgesandten ihren Weg nach Italien rechtsrheinisch durch das heutige Baden auf der Strecke Mainz—Worms—Augst oder Straßburg—Konstanz genommen haben, wo irische und angelsächsische Gründungen zur Besichtigung einluden.

Mit dem Wachstum und dem Rufe des Klosters Reichenau innerhalb des außerordentlich umfangreichen Bischofsprengels Konstanz, an dem Schnittpunkte der Hauptstraßen nach Rom, Basel, Straßburg und Augsburg wurde dem Reise- und Botenverkehr in dieser damals überaus entwickelten Südostecke die Richtung vorgezeichnet. Nehmen wir noch die ungefähr gleichzeitige Gründung der ebenfalls weltberühmt gewordenen Klöster Lorsch auf der Straße Frankfurt—Heidelberg und Hirsau unweit der Straße Ettlingen—Pforzheim, also an der Nord- und Ostseite unseres heutigen Badnerlandes, hinzu, so haben wir das Ergebnis, daß im sechsten bis achten Jahrhundert auf den ehemaligen Heerstraßen Augst—Mainz, Augst—Konstanz, Konstanz—Straßburg, auf denen sich zuvor die römischen Legionen nach ihren Rasten und Kastellen bewegten, die Pioniere christlicher Gesittung zwischen ihren Gründungen und weiterhin gewandert sind und den Reise- und Wallfahrerverkehr auf denselben Wegen nach sich gezogen haben. Die Zahl der Klöster im alemannischen Teile Badens, in dem Dreieck Oos—Basel—Konstanz, gestattet insbesondere einen Schluß auf die Größe des damaligen Reise- und Botenverkehrs in dieser Gegend.

Im weiteren beginnt schon vom sechsten Jahrhundert ab, als die germanischen Eroberer seßhaft geworden waren, eine eigene deutsche Goldschmiedekunst — wenn auch zunächst ganz in Anlehnung an römische und griechische Auffassung — der barbari aurifices, die an den Kunstschätze sammelnden und sich mit Prunk umgebenden Merovingern und Karolingern sowie den Kirchenfürsten kaufkräftige Abnehmer fanden. Daß die erwachende Kunstliebhaberei, insbesondere aber die Kunstbestrebungen Karls des

[24] Freiburger Diözesenarchiv, 3. Bd., S. 240—251: „Eine Reliquie des Apostels der Deutschen" von C. P. Bock.

Großen, die sich in der Bevorzugung der die Kunstfertigkeit pflegenden Klöster, in den Bemühungen, Vorbilder, antike Säulen und Kapitäle, altchristliche Mosaiken aus Italien an den Rhein zu verpflanzen, in der Anlegung von Schatzkammern, der Verbreitung der Goldschmiedekunst durch das ganze Reich äußerten, das Verkehrswesen namentlich in der Richtung Rhein—Italien—Rhein förderten, bedarf keines weiteren Nachweises. Ebenso trifft dies hinsichtlich der vielfachen Benediktinergründungen im achten, neunten und den folgenden Jahrhunderten zu[25], die das Handwerk pflegten, nach edlen Geräten, schön geschriebenen und reich verzierten Büchern trachteten, Lehrlingswerkstätten gründeten, zwischen denen auszubildende Schüler ausgetauscht wurden.

Verkehr des Klosters Reichenau.

So wirkte insbesondere das Benediktinerkloster Reichenau in seiner doppelten Eigenschaft als religiös-klösterliche Niederlassung und als hochadelige Gelehrtenanstalt frühzeitig hebend und belebend auf die Entwickelung des Verkehrs. Nach Gallus Oheim sind viele Ablässe für diejenigen erteilt worden, die auf bestimmte Tage nach der Klosterkirche wallfahrteten. Auch Karl der Große soll im Jahre 781 mit seiner Gemahlin auf einer Wallfahrt nach Rom über Reichenau gekommen sein. Das Konfraternitätsbuch enthält über vierhundert Namen sogar von Isländern und Skandinaviern, die die Klosterkirche, wahrscheinlich auf ihren Wallfahrten nach Rom, besucht haben. Als Mutterkloster zahlreicher auswärtiger Niederlassungen, die nach klösterlichem Brauche in steter Verbindung mit ihrer Pflanzstätte geblieben sind, insbesondere solcher in Bayern[26], Elsaß und der Schweiz, dürfen wir uns den Brief- und Botenverkehr nach und von der Reichenau sehr lebhaft vorstellen. Dies beweist auch das vermutlich unter Abt Erlebald

---

[25] St. Denys (hl. Eligius), Fontenelle, St. Martin in Tours (Alkuin), Riquier bei Abbeville, Fulda (Einhart), Reichenau, St. Gallen (Tutilo), Lorsch u. a. Vgl. auch J. v. Falke, a. a. O., und Knackfuß, Deutsche Kunstgeschichte. Bielefeld und Leipzig 1888.

[26] „Um 727 schickten ihre Boten ein Herzog vom oberen Rieß, einer von Bayern und einer vom Elsaß, um Überlassung von Mönchen zu bitten. Etto schickte je 12 Brüder unter einem Abte nach Pfäffers (Rieß), Altaheim (Bayern) und Morbach (Elsaß). Etto wurde später Bischof von Straßburg, wohin er ebenfalls Brüder von der Reichenau mit sich nahm, Vadilleoz ist in das Kloster St. Martins kommen" usw. Gallus Oheim.

(823 ?) begonnene liber fratrum conscriptorum (Brüderschaftsbuch); nach einer in der Großh. Landesbibliothek befindlichen Abschrift dehnte sich die Confraternitas[27] schon sehr frühe über Deutschland, Frankreich, Italien aus und erstreckte sich schließlich sogar bis Island, es enthält nach Mones Schätzung gegen vierzigtausend Namen von Personen, Klöstern, Städten und Kirchen, die alle mit Reichenau verbrüdert waren. Von den badischen Confratres seien nur erwähnt die Konstanzer Domherren, die Klosterinsassen von Schienen, Salem, Güntersthal, Ettenheimmünster, Schuttern, Schwarzach, Mosbach, Gengenbach und Hohentwiel, was den Beweis liefert, daß der Verkehr der Reichenau sich durch das ganze heutige Baden erstreckt haben muß. Im weiteren stand Reichenau in lebhafter Verbindung mit den Klöstern in Tours, Anagny (Aniane) und St. Denis bei Paris, mit dem Bischofssitze in Straßburg, dem kaiserlichen Hof und naturgemäß mit Rom. Gegen Ende des achten Jahrhunderts bestand in Reichenau bereits eine nach außen berühmte Schule, die einzige hervorragende Anstalt in Alemannien[28], deren Verbindungen nach allen Kulturstaaten Europas reichten. Mit dem Ruhme der Lehrer steigerte sich auch der Andrang der Schüler und damit der Reise- wie der Versendungsverkehr von und nach der Insel, letzterer nach damaligen Verhältnissen mittels gelegentlicher oder expresser Boten, die in den Laienbrüdern und Hörigen des Klosters in ausreichender Zahl zur Verfügung gestanden haben. Zur Beurteilung des Verkehrs ist insbesondere zu beachten, daß Reichenau „die Ritterakademie des schwäbischen Adels“ bis 1436 nur hochadelige Mönche aufgenommen hat[29] und daß aus diesen vielfach die höchsten kaiser-

---

[27] Zweck der Konfraternitas: „Videlicet ut quandocumque de uno istorum monasterio ad aliud monasterium nomina defunctorum pervenerint, ... commemoratio peragatur sicuti solent in utraque parte pro suo proprio agere fratre.“ Mit der sogenannten Totenrodel (rotulus auch rotula) wanderten die Mönche von Kloster zu Kloster und boten so willkommene Gelegenheit zur Briefmitgabe usw.

[28] Die Konstanzer Domschule gewann erst gegen Anfang des 10. Jahrhunderts Bedeutung. Die St. Galler Schule war erst im Werden.

[29] „Estote demenso et diario vestro contenti, non pro vobis e plebe natis, sed pro nobilibus Augia condita fuit“ wurde nachmals den nichtadeligen Mönchen ins Gedächtnis gerufen; ferner „Reichenau . . . war ein freiherrliches Kloster, d. i. ein solches, in das nur die Söhne der Fürsten und Grafen oder solche aus dem Kreise edler freigeborener Geschlechter auf-

lichen Beamten hervorgegangen sind. So sandte beispielsweise Karl der Große den Abt Hatto mit einer Gesandtschaft an den byzantinischen Hof, Abt Erlebald wird als Beschwerdeführer auf dem Reichstage zu Worms erwähnt und von Abt Witegow heißt es, er sei selten in der Ow gewesen, bald sei er nach Rom geritten, bald an den kaiserlichen Hof (Otto III.), wo er sich im übrigen die meiste Zeit aufgehalten habe.

Kloster Lorsch.

Ganz ähnlich machte sich am entgegengesetzten Ende des heutigen Baden der Einfluß des gleichfalls weltberühmt gewordenen Lorsch geltend. Das in der zweiten Hälfte des achten Jahrhunderts (764) unweit der heutigen badischen Landesgrenze an überaus günstigem und leicht zugänglichem Platze gegründete und von Mönchen aus dem hinter Metz gelegenen Benediktinerkloster Gorz (Gorgonius) besiedelte Kloster hat bei seinen regen Beziehungen zu Kaisern und Päpsten, zum hohen Adel und zur Geistlichkeit von Anfang an Reise- und Botenverkehr hervorrufen müssen. Sollen ja schon der Einweihung der Klosterkirche (774) Kaiser Karl d. Gr. nebst Gemahlin und Sohn sowie andere Edle des Reichs, Erzbischof Lullus von Mainz, die Bischöfe von Würzburg, Passau, Metz und Trier beigewohnt haben. Die Sagen von den durch den Schutzpatron Nazarius, dessen Gebeine von Rom über Gorz nach Lorsch gebracht worden waren, gewirkten Wundern, der Ruf des Klosters und der Wallfahrtskirche zogen Massen der Wallfahrer an, zweifellos in erster Linie aus den Rhein- und Maingegenden sowie dem heutigen Baden. In letzterem gehörten zum Besitze des Klosters schon Ende des achten Jahrhunderts die Gegenden in der Richtung Weinheim—Heidelberg, Mannheim—Schwetzingen—Wiesloch und Mannheim—Heidelberg. Um das Jahr 900 reichten seine Besitzungen von den Niederlanden bis in die Schweiz, vom Elsaß bis nach Thüringen, und umfaßten ungefähr 1180 Güter[30], die, soweit das heutige Baden in Frage kommt,

— —

genommen wurden". Vgl. bei Schulte: War Werden ein freiherrliches Kloster? Westd. Ztschr. XXV, Heft II, 1906, S. 179; ferner Schulte: Über freiherrliche Klöster, Festprogramm der Universität Freiburg. Freiburg 1896.

[30] Vgl. Geschichte des ehemaligen Klosters Lorsch an der Bergstraße. Nach den Quellen von Franz Falk. Mainz, bei Giani, 1866.

hauptsächlich im Kraichgau[31], Breisgau[32], Alemannien[33] rc. gelegen waren. Dazu die bedeutenden Klosterhöfe und Gutsverwaltungen in Mainz, Worms, Bensheim, Handschuhsheim bei Heidelberg, Chur, Gent, die vielen Beziehungen zu allen bedeutenden Bischofssitzen[34] und Rom[35], die oftmalige Hofhaltung der Kaiser in dem unmittelbar benachbarten Bürstadt, Tribur, Worms und ihre Besuche in Lorsch[36], das seit 858 erhaltene Vorrecht, zu jeder Zeit zollfrei im Wormser Hafen landen und mit einem Schiff frei auf dem Rhein ab- und anfahren zu dürfen, der Aufenthalt hoher Persönlichkeiten in Lorsch und Umgegend nach Aufgabe der Staats- und Regierungsgeschäfte[37], des Klosters Marktrechte zu Wiesloch (965) und Weinheim[38] (1000), Bensheim, Oppenheim und Stein am Rhein, sein

---

[31] Nebst Elsenzgau, Lobdengau und Neckargau, aus denen 80 Orte (Herrschaften, Ämter) wie Menzingen, Bretten, Odenheim, Neckarsulm, Schlüchtern, Gemmingen, Michelfeld, Meckesheim u. a. im Cod. Laur. aufgeführt sind, in welchen Lorsch begütert war. Vom Wingarteibagau sind 25 Orte aufgeführt, darunter Buchheim, Hardheim, Scheflenz, Seckach, Neckarelz usw.

[32] In dem entlegenen Breisgau die Gegenden von Müllheim, Staufen, Kandern, ungefähr 40 Orte mit den elsässischen.

[33] Aus Alemannien kommen 60 Orte vor, zum Teil hohenzollernsche und württembergische, d. h. die nördliche Hälfte des heutigen Baden bis Bruchsal—Bretten gehörte zu einem großen Teile zum Kloster Lorsch und in den übrigen Teilen Badens hatte es einen sehr ansehnlichen Güterstand, der zu Verkehr nach und von dem Kloster Anlaß gab.

[34] 1. Abt Chrodegang, zugleich Bischof von Metz und Pipins Vertrauter (764—766); 6. Abt Samuel, Bischof von Worms (838—857); 14. Abt Liuthar (914—931), Bischof von Minden (Westf.); ebenso Ebergis, 15. Abt (931—948); Bruno, 16. Abt (948—951), Erzbischof von Köln und Reichskanzler Ottos I., dessen Bruder er war; Poppo, 22. Abt (1005—1018), Abt von Fulda; Mönch Drutmar, Abt zu Corvey; Reginbald, 23. Abt, Bischof von Speyer (1018—1033): Arnold, 27. Abt (1052—1055) desgl.; Winther, 30. Abt (1077—1088), Bischof von Worms; Mönch Bruno, Bischof von Speyer usw.

[35] Die Päpste nehmen das Kloster in ihren Schutz 982, Papst Leo IX. weiht persönlich 25. Okt. 1052 die bunte Kirche, der oftmalige Briefwechsel zwischen Päpsten und dem Kloster usw.

[36] König Arnulfs Besuch 894 nach der Fürstenversammlung zu Worms, Zusammenkunft mit Königin Erminhard, der Mutter Königs Ludwig von der Provence, König Konrads I. Besuch 912, König Ottos d. Gr. zweimaliger Besuch 956, Königin Bertha in Lorsch, Abt Heinrichs Freundschaft mit Kaiser Barbarossa usw.

[37] Bayernherzog Tassilo, Staatsmann (K. d. Gr.) Einhart zu Michelstadt, Ottos d. Gr. Gemahlin Editha usw.

[38] „Alle Händler und Käufer mögen beim Hin- und Wegreisen Frieden

Münzrecht, die Konfraternitäten mit Reichenau, Rheinau usw., die Zugehörigkeit u. a. der Propsteien Heiligenberg bei Heidelberg mit Michaelskloster, wohin gleichfalls gewallfahrtet wurde, der Nonnenklöster Neuburg (bei Heidelberg) und Handschuhsheim sowie einer Reihe außerbadischer Klöster zu Lorsch, die besondere Stellung der dem hohen Adel angehörenden Äbte als Diplomaten und Gesandte der Kaiser, die Klosterschule[39], die hochberühmte Bibliothek (zugleich Archiv)[40] — und wir können mit gutem Grunde folgern, daß nach und von dem Kloster und seiner berühmten Kirche ein reger Reise- und Wallfahrtsverkehr schon zu Ende des achten Jahrhunderts stattgefunden hat, daß nicht nur die Äbte selbst[41] bald

haben und der Markt so gehalten werden, wie es bei anderen öffentlichen Märkten des Reichs Gebrauch sei." Falk, a. a. O.

Heinrici de mercato et moneta in Winenheim donavimus, ut in loco quodam suae ecclesiae Winenheim publicum sit mercatum, ita ut omnes negociatores, id ipsum mercatum incuntes negociantes, ineundo et redeundo pacem obtineant, atque id ipsum mercatum semper in omni quarta feria frequentetur, cum omni theloneo et banno, sicut in caeteris civitatibus et villis colitur, firma praecipimus auctoritate. 5. April 1005. Cod. Laur. pag. 192.

[39] Die sich allerdings mit denen zu Reichenau, St. Gallen, Fulda, Corvey nicht messen konnte.

[40] Lorsch habuit olim instructissimam et celeberrimam bibliothecam totius Germaniae, Hospinian, De orig. mon. fol. 162 bei Falk, a. a. O., S. 179. „Im Nekrolog werden auch die Wohltäter genannt, welche durch Überlassung wertvoller Bücher ihre Liebe zum Kloster bekundeten"; daß an andere oberrheinische Klöster Bücher abgegeben und von diesen solche mit Lorsch ausgetauscht worden sind, ist sicher. Vgl. Belegstelle bei Falk. Der dadurch hervorgerufene Versendungsverkehr wie unter Reichenau. Man beachte, die Lorscher standen im Gegensatze zu der Clugny-, Hirsauer-, St. Blasianer-Kongregation auf seiten Kaisers Heinrich V.; vgl. Spottgedicht auf die Hirsauer. Vidimus epistolas et carmina plura per eos (i. e. Monachos Laureshamenses) ad Henricum V in depravationem hujus sanctae reformationis Hirsaugiensis missa, Chron. Hirs. bei Falk, a. a. O., S. 205.

[41] „Als unmittelbarer Reichsfürst und exemter Prälat der Kirche gehörte der Abt zu Lorsch mit seinem Kloster den die Geschicke eines Volkes leitenden Ständen an . . . Das Kloster lebte nicht einseitig für die Wissenschaft, sondern griff . . . in alle Verhältnisse des Lebens ein . . . Dabei blieb das Kloster immerfort mit dem Volke verwachsen und trug dessen vielfachen Anforderungen Rechnung; denn viele Pfarrgemeinden erhielten ihre Seelsorger vom Kloster und nicht weniger als fünf Mannsklöster und fünf Nonnenklöster standen durch Stiftung oder Verwaltung mit Lorsch in Beziehung." Falk, S. 163. Den Reiseverkehr nach und über Lorsch beweisen auch die Existenz der Klosterherberge, des Lorscher Spitals (1147 zum erstenmal genannt) usw.

nach Rom und an die Bischofssitze, bald an den kaiserlichen Hof, zu Fürstenversammlungen, Konzilien und Synoden gereist sind, sondern daß klösterlicher Botenverkehr nach allen Richtungen geherrscht haben muß, nicht an der letzten Stelle nach dem heutigen Baden und durch dieses hindurch auf Rhein- und Bergstraße. Im besonderen ist zu beachten, daß das Botenamt (missaticum) den Hübnern von Nierstein als Frondleistung oblag.[42] Für die Verkehrsgeschichte kommt weiter in Betracht, daß die Hübner (jeweils die achten) zu Mainz dem Kloster zu Schiffe dienen, die zu Frankfurt von einem Hof zum andern ein Laufpferd halten, die zu Eschelbach des Klosters Früchte und Wein auf Neckar und Rhein fahren, die zu Eßlingen zu Schiff dienen sollten usw., so oft es ihnen befohlen wurde. Aus den Klostergütern zu Brumath kamen jährlich ein auf Martinstag 300 Malter Haber, 300 Simmern Weizen und Korn, vom Zehnten 1000 Simmern, von 60 Huben 15 Talente (= 495 fl.) und von der Münzstätte 10 Talente (= 330 fl.), so daß Wagen- und Frachtverkehr Brumath—Lorsch feststeht. Die Gerichtsherrlichkeit brachte mit sich, daß das Kloster dreimal jährlich auf badischem Boden zu Leutershausen Hauptgericht zu halten hatte. Man berücksichtige ferner die Menge der Vasallen und Dienstmannen, der freien und leibeigenen Leute des Klosters, der adeligen Offiziale, denen es oblag, ihren Dienstherrn (Abt) zu Hause wie auf Reisen nach dem Hofzeremoniell zu bedienen[43], und worauf ich Nachdruck lege, dessen Staatsaufträge und Befehle zu besorgen sowie den öffentlichen Landtagen beizuwohnen.[44] Das Kloster hatte also dreierlei Boten, die Hübner von Nierstein, nach Bedarf aus anderen Orten, zu gewöhnlichen Botenleistungen, die adeligen Offizialen zur Besorgung der Regierungsdepeschen und zur Vertretung des

---

[42] De Nersten. Donat parafredum (Laufpferd), vadit in hostem .... facit missaticum infra regnum, ubicumque ei praecipitur. — Dazu die Anm. hoc est legationem, ut eundum fuerit in regno quocumque mitteretur. Tom III, S. 212, Cod. Laur.

[43] Lorsch hatte vier Oberhofämter (Truchseß, Schenken, Marschall und Kämmerer).

[44] Bei feierlichen Anlässen, Königsmahlen, Reichsversammlungen, Kirchenfestlichkeiten usw. erschien der Abt von Lorsch als Reichsfürst mit zahlreichem Gefolge. Der Heerschild des Abtes Ulrich umfaßte, als er dem König Heinrich IV. auf dem Reichstag von Tribur entgegenzog (1066), 1200 Reiter. Die Menge der Vasallen und Ministerialen siehe im Cod. Laur. und bei Dahl, a. a. O.

Abtes in Person und die Mönche selbst zur Erledigung kirchlicher Sendungen.

Unter den Versendungsgegenständen haben wir uns außer den wohl ausschließlich in lateinischer Sprache abgefaßten Briefen in den privaten Angelegenheiten der Herrenmönche, gelehrte Disputationes und Streitschriften in Vermögensangelegenheiten des Klosters wie der einzelnen Ordensmitglieder, poetisch gehaltene Sendschreiben an hohe Kirchenfürsten[45], Bestätigungsbriefe der Freiheiten (Vorrechte) durch Papst und Kaiser, sodann Empfehlungen, Einladungen, Bitten um gastliche Aufnahme usw., endlich Bücher[46] in allen Sprachen sowie Wert- und Luxusgegenstände der Mönche und Geschenke für Kloster und Klosterkirche zu denken. Auch wurden aus den berühmt gewesenen Bibliotheken vielfach Bücher zum Abschreiben entlehnt, wovon manche nicht mehr zurückgegeben worden sind.

Verkehrsverhältnisse im Karolingischen Zeitalter.

Spuren römischer Posteinrichtungen.

Die Frage, ob die römischen Posteinrichtungen in Deutschland sich wenigstens trümmerweise[47] forterhalten haben, ist wohl zu verneinen. Daß solche Anstalten in den ersten Jahren der Regierung Karls des Großen, dessen Pfalzen bekanntlich am Rheine

---

[45] Walafried richtete ein poetisches Sendschreiben an den Erzbischof Ebbo von Rheims, ein anderes an den Chorbischof Regen von Trier. Gallus Oheim, a. a. O.

[46] „Vadilleoz schickte durch seinen Bruder Nunonem einen großen und schweren Knollen Silber, auch sandte er viel Bücher. Bischof Hartrichus kam aus Sachsen mit viel Büchern und anderen Schätzen, Lampertus, ein Bischoff von welschen Landen kam in die Ow, braucht (brachte) mit im vil bücher." Gallus Oheim, a. a. O., S. 355. Unter den von Gallus Oheim verzeichneten Namen der um den Anfang des 9. Jahrhunderts eingetretenen Mönche, von denen fast alle Bücher mitbrachten, fanden sich solche aus verschiedenen Ländern, insbesondere Sachsen, Frankreich, Italien, Britanien und Island. „Edelfridus aus Saxen kam in die Ow und der brachte Bücher in säxischer Zungen geschrieben" ꝛc. Ebenda. Vgl. auch das Lorscher Briefbuch (liber epistolarum Laureshamensis) Falk, a. a. O., S. 173—174.

[47] Vgl. Untersuchung und Quellenangaben hierüber bei Hartmann, Entwicklungsgeschichte der Posten, S. 127—135.

nicht fern vom heutigen Baden sich befanden, nicht bestanden haben, ist durch sein Kapitulare vom Jahre 802 geschichtlich erwiesen, durch das die Grafen und Zentenarien zur unverzüglichen Weiterbeförderung der in Aachen gefaßten Beschlüsse angehalten werden.[48] Dagegen entstammt die in den Darstellungen der Geschichte des Postwesens wiederkehrende Angabe von der Errichtung dreier Postkurse durch Karl den Großen — nach Italien, Deutschland und Spanien[49] — dem sechzehnten Jahrhundert. Wie Hartmann annimmt, sind die vermeintlichen Postanstalten an diesen Kursen Stationen zur Aufnahme und Weiterbeförderung der mit Freibriefen (Tractorien)[50] versehenen Beamten, Gesandten usw. gewesen, die sich von dem schon im Merovingischen Zeitalter wichtigen Knotenpunkte Auxerre (Autissiodunum) aus verzweigten, über Nevers—Limoges, das südliche Gallien nach Spanien, über Lyon, St. Bernhard oder Mont-Cenis nach Italien, über Paris nach Aachen an den Niederrhein, von da zu den inneren Ländern Deutschlands. Daß Karl d. Gr. bei seinen vielfachen Kriegszügen, Organisationsbestrebungen und bei der ungewöhnlichen Ausdehnung seines Reichs Kuriere und Ordonnanzen mit mündlicher oder schriftlicher Botschaft häufig abgesandt und empfangen hat, ist einleuchtend, ohne daß wir im einzelnen nach urkundlichen Beweisen zu suchen brauchen; ebenso ist erwiesen, daß unter ihm Straßenbauten und

---

[48] Caroli M. capit. pag. 94: „de legationinibus a domino imperatore venientibus missis directis, ut comites et centenarii praevideant . . . . ., ut absque ulla mora eant per ministeria eorum omnibusque omnino praecepit . . . ., sed cum omni festinatione eos faciant ire viam suam etc." Pertz, Monum. Germ. histor. Leges tom. I bei Hartmann, S. 137.

[49] Taboetius in Paradoxis Regum Lugduni 1560, S. 112. Hartmann, a. a. O., S. 141; ferner Le Quieu de la Neufville, Beust und Matthias, Rotschild (Histoire de la poste), Belluc Delmati in Legislacione postale interna et internazionale Napoli 1890. Dagegen Huber: (in „Geschichtl. Entwicklung des modernen Verkehrs") „Postähnliche Einrichtungen können nicht in Zeiten existiert haben, in welchen wie z. B. unter den Karolingern noch die erforderlichen wirtschaftlichen und politischen Voraussetzungen und ein intensiveres Bedürfnis ermangelten".

[50] Tractoriae oder Evectiones. Gregor von Tours erzählt Historia Francorum IX, 9, wie König Childebert, als sich Herzog Rauching wider ihn verschworen, Briefe ausgefertigt und Staatskuriere ausgestattet mit der evectio publica ausgesandt habe, um die Güter der Verschwörer in Beschlag nehmen zu lassen. Buch von der Weltpost. Veredarius, III. Berlin 1894.

Straßenverbesserungen zu verzeichnen sind. Wir dürfen aber aus diesen beiden Tatsachen nicht ohne urkundliche Belege folgern, daß Karl d. Gr. Postkurse hergestellt oder den cursus publicus wieder ins Leben zurückgerufen habe. Dieser war überhaupt in seiner Eigenschaft als cursus fiscalis, in den ihn die Kaiser Nerva, Hadrian, Severus, Julian durch Ablösung der Fronpflicht der Provinzialen umgewandelt hatten, mangels der erforderlichen Mittel bereits im 6./7. Jahrhundert eingegangen[51], während sich allerdings seine ursprüngliche Eigenschaft als Reallast der Provinzialen (evectio publica-Verpflichtung für Vorspann und Beherbergung königlicher Kuriere) bei den Vandalen, Merovingern und Langobarden erhalten hatte. „All die Schilderungen der Postzüge Karls d. Gr. sind haltlose Phantasien, insbesondere ermangelten für eine so kostspielige Organisation, wie der spätrömische[52a] cursus publicus mit seinen Mansionen, Beamten und Postpferden darstellte, in dem Frankenreiche die finanziellen Mittel. Überdies war auch ein Bedürfnis nicht vorhanden; für beide Institutionen (Münzregal und Postorganisation) war das junge Reich zu wenig zentralisiert und zu wenig ausgebildet."[52b]

Verkehrsverhältnisse im Zeitalter Karls des Großen.

Im wesentlichen scheinen sich die Verkehrsverhältnisse im Zeitalter Karls des Großen unter den Stämmen seines Reichs, zu denen auch die Alemannen und Franken im Gebiete des heutigen Baden gehörten, folgendermaßen entwickelt zu haben: Der altrömischen Verpflichtung zu Vorspannleistungen und zur Bestreitung des Lebensunterhaltes für König und Gefolge war die freiwillige und unentgeltliche Beherbergung[53] und Verköstigung des Königs sowie der königlichen Beamten (missi) und Diener gefolgt. Daraus entwickelte sich allmählich die Verpflichtung zur Hoffolge (sequela aulica), d. i. zur Gepäckbeförderung des Reisezuges bis zum nächsten

---

[51] Huber, a. a. O.

[52a b] Vorher war es ein nur im Bedarfsfalle eingerichteter berittener Botendienst unter teilweiser Benutzung von Relais (dispositi equi). Kaiser Augustus erhob den Pferdewechsel zur Regel, indem er nach bestimmtem Plan und System Relais für die Hofkuriere legte. Vgl. Huber, a. a. O., S. 34 u. 48/49.

[53] Auf Grund der bei dem unentwickelten Gasthauswesen selbstverständlichen Herbergspflicht.

Quartiere und zur Herbeischaffung von Lebensmitteln.[54] [55] Auch wurden damals noch Reisefreischeine ausgestellt[56] und die Verpflichtung zu derartigen Frondiensten[57] in die älteste fränkische Staatsverfassung aufgenommen.[58] Karl d. Gr.[59] stellte die Orte und Personen fest, die diese Frondienste zu leisten hatten und verbot deren Mißbrauch.[60] Unter Bezugnahme auf diese Bestimmungen traf Ludwig der Fromme Anordnungen zur Unterhaltung und raschen Beförderung der reisenden Staatsbeamten[61] und kirchlichen Würden-

---

[54] Ebenso bei Reisen fremder Gesandter, geistlicher und weltlicher Würdenträger. Ein Bischof z. B. erhielt, wenn er sich aus seiner Diözese entfernte, täglich 10 Brote, 3 Frischlinge, 1 Schwein, 3 Hühner, 15 Eier, 3 Tonnen Getränk und 4 Scheffel Hafer. Es gab Herbergen für diese Reisenden, welche die Anwohner unterhalten mußten. Doch durften die Pferde der ersteren nicht auf Äckern und Wiesen weiden. Dr. Otto Henne, a. a. O., 3. Aufl., I, S. 108. Vgl. hierzu die Angabe in Einhards Lebensbeschreibung Karls des Großen: Amabat peregrinos et in eis suscipiendis magnam habebat curam, adeo ut eorum multitudo non solum palatio, uerum etiam regno non inmerito uideretur onerosa.

[55] Erlebald, Abt von Reichenau, ließ auf dem Reichstage zu Worms dem Kaiser (Ludwig) vorstellen, „wie das aine alte gewonhait were, das sy (dem Kaiser und seinen Söhnen) uff den weg durch Costenz und Chur mit Spis und anderem dienen söllten". Gallus Oheim in Martini Gerberti Iter alemanicum S. Blas. 1773, S. 368. Vgl. noch die allgemeinen Beweisstücke bei Flegler, S. 24: Rechnung des Klosters Aldersbach 1305/06: Regine Romanorum apud nos pernoctanti pro vino IX minus XXXVI; familie ejus et ducis Stephani et ad mensam necessariis XXII sol. et XI den. Rechnung 1314/5. Domino Ludovico regi Romanorum Lantshut venienti II tal. rat. cum bursa honesta. Rechnung 1334/6. Imperatori et duci et aliis multis nobilibus per nos transeuntibus pro expensa et honoratione XV A. VII den. Quellen zur bayerischen und deutschen Geschichte. München 1856. I., S. 450, 460 u. 472. Flegler, a. a. O., S. 24.

[56] Gregor Turon, Hist. Frank. IX, 9. Bei Quetsch, a. a. O.

[57] Diese Frondienste blieben auch in den späteren fränkischen Zeiten gemeine Last, die man Angariae und Pargariae nannte.

[58] Otto III. befreite nach einer Urkunde das Kloster Reichenau „von allen rusten und raisen und ziehen den römischen Zug ausgenommen; sollte aber ein Kaiser oder König von Ulm auf Zürich ziehen, dann sollte der Abt in dem Dorfe Mündersdorff (bei Stockach) liffrung und Dienst, wie man es dann zumal haben möcht, beraitten und fürsehen". Gallus Oheim, a. a. O., S. 93 u. 94.

[59] Quetsch, a. a. O.

[60] Guérard Polyptique de l'abbée Irminon, I, § 428, bei Quetsch.

[61] Pertz Monum. Germ. hist. Leges, I, 245.

träger, ebenso später Karl der Kahle.[62] Diese Bestimmungen galten naturgemäß auch für das Gebiet des heutigen Baden, in dem bis zur Linie Oos—Baden-Baden die Franken vorherrschten. Aus den mittelrheinischen den badischen Landesgrenzen benachbarten Pfalzen und Palästen Karls des Großen — Mainz, Ingelheim, Worms, Kostheim — ritten fortwährend Expreßboten in das Reich[63]; im übrigen klagte Alkuin in einem Briefe an den Kaiser, daß es schwer halte, zuverlässige Briefboten — zweifelsohne zu expressen Leistungen — zu finden.

Nach allem hat es somit staatlich organisierte Botenanstalten im Zeitalter Karls des Großen auch im heutigen Baden nicht gegeben. Neben den kaiserlichen Kurieren und den wandernden Mönchen waren es vielmehr die Kaufleute, die auf ihren Reisen und Meßzügen Briefverkehr und Nachrichtenaustausch zwischen Einzelnen vermitteln halfen. Bekannt ist, daß schwäbische Große in Pavia[64] schon zu Lebzeiten Karls des Großen feines Pelzwerk und seidene mit Purpur verbrämte Kleider von venetianischen Kaufleuten eingehandelt haben und in solcher Tracht neben dem einfach gekleideten Kaiser erschienen sind. Die Venetier[65] wiederum waren die geeignetsten Gelegenheitsvermittler von Nachrichten nach den entlegensten Gegenden.[66]

---

[62] Baluze Dipl. Carol. II. 27.

[63] Diesen, so führt Quetsch aus, konnten auch die Untertanen gegen eine kleine Vergütung ihre Schreiben mitgeben. Urkundliche Beweise führt er hierfür nicht an, auch sind mir solche nicht bekannt geworden; in ihrer allgemeinen Fassung kann diese Behauptung wohl nicht zutreffen; denn da die Kenntnis des Lesens und Schreibens wie überhaupt die Pflege wissenschaftlicher Bildung nur von wenigen Bevorzugten (Diplomaten, höheren Geistlichen 2c.) geübt wurde, hatten weitere Kreise noch gar kein Bedürfnis nach Nachrichtenvermittlung.

[64] Schulte, a. a. O., Bd. I, S. 31.

[65] Desgleichen S. 71: „die de transmarinis partibus omnes orientalium divitias herbeischafften".

[66] „Für die Häufigkeit, ja Regelmäßigkeit der venetianischen Handelsfahrten nach Griechenland spricht u. a. der Umstand, daß die Venetianer den Briefverkehr von Oberitalien und Deutschland nach jenem Reiche vermittelten. Diese Briefe aus Bayern, Sachsen, Longobardien waren natürlich politischen Inhalts. Um 960 erregten gewisse auf dem Wege nach Konstantinopel gelangte Briefe bei dem Hofe großes Mißfallen, das sich auch auf die Überbringer erstreckte, so daß der Doge Pietro Candiano IV. jene Briefbeförderung verbot. Nur Schreiben des Dogen selbst sollten fortan mit venetianischen Schiffen nach Konstantinopel gehen." Vgl. Heyd, Geschichte des Levantehandels im Mittelalter. Stuttgart 1879, I, S. 125.

Reise- und Handelsverkehr.

Über den Reiseverkehr in den ersten Jahrhunderten nach dem Abgang der Römer haben wir ebenfalls wenig urkundliche Belege. Abgesehen von den Gelegenheits- und Expreßreisen wird sich ein gewisser regelmäßiger Reiseverkehr hauptsächlich zwischen den Klöstern, den Wallfahrtsorten und Bischofssitzen sowie nach den kaiserlichen Pfalzen abgespielt haben. Schon zu Bonifatius Zeiten wurde allgemein von Mönchen und Nonnen nach Rom gewallfahrtet und zwar nicht nur aus Deutschland und Frankreich, sondern selbst aus England, Schottland und Irland.[67] Beim Fehlen der Gasthäuser waren die Reisenden auf Unterkunft und Bewirtung in den immer zahlreicher erstehenden Klöstern und den mit diesen verbundenen Xenodochien angewiesen, an denen es, wie schon erwähnt, innerhalb sowie an den Grenzen des heutigen Großherzogtums nicht gefehlt hat. Bei Anlage der Klöster wurde hierauf durch Erstellung besonderer Aufnahmeräume für Mönche, Reisende von Stand und Pilger gerücksichtigt, wie aus dem noch erhaltenen Originalplan zur Erweiterung des Klosters St. Gallen unter Abt Gozbert (816—837) hervorgeht. Hier fanden die Pilger auch Arzt und Apotheke, Handwerker (Schuster, Sattler, Schneider), sowie Rat, Reisegenossen und die notwendigen Lebensmittel bis zum nächsten Unterkunftsort.[68]

[67] Quae res . . animis imprimebant desiderium orbis dominam petendi Romam . . . . maxime ut delictorum suorum veniam illic impetrarent. Sed quia multi eiusmodi peregrinationes improbabant, respondit Bonifatius, se hoc iter peregrinum nec interdicere nec suadere audere. Postea sententiam mutavit B. de illis peregrinationibus quas valde improbat in epistola ad Cuthbertum episcopum Cantuariensem. In diesem Briefe vom Jahre 747 heißt es: Opportunum videri consilium, si synodus et principes mulieribus et velatis feminis interdicerent frequentes illas ad Romam urbem concursationes propterea quod magna ex parte earum pudicitia periret paucis remanentibus integris: adeo ut in plerisque civitatibus Langobardiae, Franciae et Galliae eiusmodi prostibula ex gente Anglorum cernantur in maximum scandalum et propudium totius ecclesiae. Ann. Ben. Tom II, S. 135/6 u. a., aus denen weiter hervorgeht, daß auch viele Mönche selbst gegen den Willen ihrer Oberen nach Rom pilgerten.

[68] In dem Bauriß für St. Gallen waren im ganzen 40 Gebäude vorgesehen, von denen zu erwähnen sind Susceptio fratrum supervenientium (Wohnhaus für ankommende Brüder), Dormitorium pp. (ihr Schlafzimmer), dormus peregrinorum et pauperum (Gasthaus für Pilger und Arme), domus hospitum ad prandendum, culina hospitum, conficiendae celiae, pistrinum (Speisehaus der Gäste, Küche, Brauerei, Bäckerei), caminatae hospitum cum lectis (Kammern mit Betten), domus medicorum, infirmorum (Ärzte- und Krankenhaus), armarium

Nach Mabillon haben schon vor der Mitte des achten Jahrhunderts fast in allen Klöstern (auch Frauenklöstern) nach der Klosterregel Pilger- und Krankenhäuser bestanden[69] und in den verschiedensten Synoden ist den Mönchen immer wieder die altherkömmliche Gastfreundschaft als selbstverständliche Pflicht ins Gedächtnis gerufen worden.[70]

Im einzelnen wissen wir ferner, daß auf der von dem Metropoliten Rhabanus Maurus einberufenen Synode in Mainz (847) sich auch die alemannischen Suffragane — darunter Konstanz — eingefunden haben. Ebenso nahm der Bischof von Konstanz (852) am deutschen Nationalkonzil in Mainz teil und war auf der Kirchenversammlung von Ingelheim (948) sowie dem Generalkonzil zu Mainz (963) anwesend. Überhaupt ist geschichtlich erwiesen, daß der Verkehr zwischen Mainz und den alemannischen Suffraganstühlen — darunter an erster Stelle Konstanz — ein sehr reger[71] gewesen ist. Auch reisten schon im neunten Jahrhundert Mönche im Auftrage des Abtes von St. Gallen nach Mainz, um hier für das Kloster Tuchstoffe zu kaufen. Auf dem Aachener Konzil in den Jahren 816 und 817 war allem Anscheine nach Abt Beretrich von Schuttern anwesend, wenigstens ist das Kloster Offonisweiler unter denjenigen aufgeführt, quae dona et militiam facere possent. Auch hat das Kloster auf dem Konzil zu Worms (868)

pigmentorum (Apotheke), stabula caballorum (Reitpferdställe) usw. (vgl. bei Dr. Otto Henne, a. a. O. Verkleinerte Faksimile des Originals).

69 Vgl. Mabillon, Ann. Ben. Tom I, S. 109, Ann. Chr. 742: Ad xenodochia quod attinet observandum est in omnibus fere monasteriis utriusque sexus exstitisse tunc temporis (742) eiusmodi hospitia ex regulae praescripto . . . . alia ad infirmos, alia ad peregrinos excipiendos quorum cura et solicitudo penes solos monasteriorum ministros erat. Haec itaque xenodochia secundum regulam S. Benedicti non secus ac monasteria ipsa gubernari synodus statuit (in Deutschland, Ort der Verhandlung unbekannt).

70 Quod hospitalitas antiqua non obliviscatur, sed omnibus hospitibus congruus honor et omnis humanitas exhibeatur . . . . Quod peregrinorum susceptio non negligatur (vom Jahre 811) siehe Tom I, S. 369.

71 Dümmlers: Salomon, III, Formelbch. 1857. Inniger geistiger Verkehr, der im 9. Jahrhundert zwischen Mainz und Fulda einer- und Konstanz mit seinen Klöstern andererseits geherrscht haben muß, S. 137. Der Bischof von Straßburg erbittet auf seiner Romreise (877) vom Bischof von Konstanz Herberge und Verpflegung, S. 42—44. Einladung an Bischof Salomon (II?) von Konstanz zu einer Provinzialsynode nach Mainz.

— jedenfalls mündlich durch seinen Abt Engilbert — Klage geführt.[72] Auf dem gleichen Konzile war wiederum der Bischof von Konstanz anwesend. Außerdem entstand naturgemäß ein gewisser regelmäßiger Reiseverkehr zwischen den Klöstern und den Heimatsorten der Ordensangehörigen, die wohl in regelmäßiger Wiederkehr Urlaub zum Besuche ihrer Familienangehörigen erhielten, zu denen sie die Reise meistens in Gesellschaft eines bejahrten Mitgliedes auszuführen hatten.[73] Welcher Reiseverkehr und damit auch Gelegenheit zur Nachrichtenübermittelung dadurch in der Folgezeit entstanden ist, läßt sich annähernd daraus ermessen, daß beispielsweise Zisterzienserklöster von mittlerem Reichtum wie Bronnbach bei Wertheim ungefähr 36 Mönche, größere Klöster wie Salem mindestens 60 Mönche gehabt haben.[74] Das Kloster Lorsch baute ferner ausweislich einer im Jahre 777 zu Heristal ausgestellten Urkunde mit Erlaubnis des Kaisers einen Fahrweg — via ad carreandum sive itinerandum. Im weiteren bestand schon zur Zeit der fränkischen Könige eine für den internationalen Güterverkehr überaus wichtige Straße durch heute badisches Gebiet, nämlich von Mainz über Tauberbischofsheim nach Nürnberg—Augsburg, durch das Land der Avaren[75] nach Konstantinopel. Die im Mittelalter „freie Kaiserstraße (strata regia)" genannte Bergstraße muß schon in der ersten Zeit des im Jahre 764 gegründeten Klosters Lorsch bestanden und vorzugsweise bis zum 12. Jahrhundert den Verkehr mit Straßburg und Speyer vermittelt haben. Der uralte Handelsweg: Sachsenstraße — Magdeburg — Würzburg — Bruchsal über die heute badischen Orte Distelhausen, Königshofen[76], Boxberg,

---

[72] Mone, Quellensammlung, 3. Bd., S. 52 u. 53.

[73] Desgleichen S. 36: Et haec quidem licentia (ergänze parentes suos visitare) non nisi ad certum terminum dabatur limitata, videlicet ad partes remotiores, utpote (von Salem aus) in Esslingen, in Ulmam duae septimanae, in Biberach et in Rudlingen seu ad alia loca simili distantia X tantum dies, in Constantiam vero et in Ueberlingen VI aut VIII dies, nisi forte exiger et amplius necessitas aut utilitas monasterii evidens et approbata, et hoc cum maturo socio.

[74] Salem hatte später — zwischen 1284 und 1311 — sogar 310 Religiosen, darunter 130 Priester.

[75] Auf diesem beförderten die seit der zweiten Hälfte des 6. Jahrhunderts an der Mitteldonau herrschenden Avaren die über Konstantinopel kommenden Waren durch Ungarn nach Deutschland.

[76] Urkundlich schon 823 nachgewiesen; sehr altes Privilegium, alljährlich im September drei Tage Markt halten zu dürfen.

Adelsheim, Mosbach[77], Neckarelz, Sinsheim scheint ebenfalls schon damals benutzt worden zu sein. Nehmen wir hinzu, daß sich die alten Rhein- und Bischofsstädte Konstanz, Basel, Straßburg, Speyer, Worms und Mainz allmählich zu Stapel- und Handelsplätzen erhoben, daß unter Karl dem Großen Schiffahrt und Flößerei wie auf Rhein und Main, so auch auf dem Neckar[78] betrieben worden ist, so können wir sagen, daß schon im Zeitalter Karls des Großen Handels- und Reiseverkehr innerhalb des heutigen Baden und durch dieses hindurch, trotz des offenbaren Mangels jeglicher postmäßigen Einrichtungen, vorhanden gewesen ist.[79] Allerdings kann dieser nach dem Innern des Schwaben- und Frankenlandes nicht bedeutend gewesen sein, weil bei der Einfachheit der Lebensweise kein besonderes Verlangen nach Luxusartikeln, ebensowenig auch die erforderliche Zahlungsfähigkeit bestand. Die allgemeine Handelstätigkeit beschränkte sich damals im Innern auf die der Messen und Jahrmärkte besuchenden Krämer (Syrer, Juden, Venetianer). Immerhin begegnen uns am Anfang der Karolingerzeit bereits einheimische, christliche Kaufleute am Oberrhein, und wenn auch der gelegentliche Besuch des Jahrmarkts noch immer die Hauptform des Handels blieb, so entwickelte sich doch schon in der Karolingerzeit ein regelmäßiger Handelsverkehr zwischen dem Ober- und Niederrhein, mittelst dessen die Erzeugnisse beider Landschaften ausgetauscht wurden.[80] Dies reichte naturgemäß zur Erzeugung eines regelmäßigen Reise- und Nachrichtenverkehrs lange nicht hin; es fehlten vor allem gegenüber den linksrheinischen Bischofssitzen als Pflanzstätten eines städtischen Bürgertums damals noch die rechtsrheinischen Städte, wofür die vereinzelten Marktprivilegien keinen Ersatz boten. Erst seit dem zwölften Jahrhundert wurde linksrheinisch planmäßig die Gründung von Städten in Angriff genommen, so daß nunmehr die Vorbedingungen für

[77] Otto II. schenkte die Abtei Mosbach 976 dem Domstift Worms.

[78] Durch eine Urkunde vom Jahre 830 ist erwiesen, daß damals kaiserlicher Wasserzoll in Wimpfen und Ladenburg erhoben worden ist. Wimpfen insbesondere hatte Handelsbeziehungen mit Rothenburg (Tauber), mit Nürnberg und den Rheinstädten, namentlich Speyer, Worms und Straßburg. Bär, a. a. O.

[79] „Der Handel war (schon) unter den Merovingern lebhaft, besonders auf den natürlichen Straßen des Rheins und der Donau und in den Städten, welchen ihre Märkte die Einbuße ihrer politischen Vorrechte ersetzten.“ Heune am Rhyn, I., S. 89.

[80] Gothein, a. a. O.

einen regelmäßigen Austausch, für das Aufkommen der Wochenmärkte neben den Jahrmärkten, für einen mehr regelmäßigen Reiseverkehr nach und von diesen Städten als Kauf- (Verkauf-), Gerichts- und Festungsplätzen, wohl auch für gelegentliche Entsendung von Boten mit mündlicher oder schriftlicher Mitteilung zwischen den Städten gegeben waren. Mit der Zunahme der Bevölkerung, insbesondere aber mit dem Aufkommen kaufmännischer leistungsfähiger Organisationen mit weitreichenden Verbindungen, mit der Entwickelung der Kaufmannsgemeinde zum Stadtstaate ergab sich alsdann das Bedürfnis zur häufigen Botenentsendung und Nachrichtenübermittelung nach nah und fern von selbst.

Auch hat schon von der Karolingerzeit an Durchgangsverkehr in doppelter Richtung einzusetzen begonnen, einmal Konstantinopel—Donau—Rhein und weiter Troyes—St. Denys sowie Rhein—Genf—Arles (Marseille) zur Beförderung der über Wien — Passau — Regensburg — Ulm kommenden orientalischen Güter, die gegen Bernstein schon vom achten Jahrhundert ab ausgetauscht wurden, Kunstgegenstände, Schmucksachen, überhaupt Werke der vielgerühmten griechischen Goldschmiedekunst, die später unter dem Einfluß der Kaiserin Theophanu noch reichlicher nach Deutschland, über dieses nach Frankreich kamen; sodann Italien—Rhein—Mitteldeutschland infolge der steten Verbindungen Karls d. Gr., der folgenden deutschen Kaiser mit Italien, ihrer vielfachen Züge nach dem Süden von den mittelrheinischen Gegenden ab, der vielfachen Reisen der hohen Geistlichkeit nach Rom, der Bemühungen, Reliquien und Kunstgegenstände aller Art nach Deutschland — hauptsächlich wieder nach den Rheingegenden — zu bringen.

Näheres festzustellen ist auf Grund der bisher zur allgemeinen Veröffentlichung gekommenen Verkehrsurkunden nicht möglich und auch für die Verkehrsverhältnisse der Folgezeit, von den Karolingern ab über die Hohenstaufen bis zu den Habsburgern in ihrem mächtigsten Vertreter Karl V., unter dem sich der epochemachende Wandel der Nachrichtenvermittelung angebahnt hat, können wir nur dann ein der Wirklichkeit näher kommendes Bild gewinnen, wenn wir zuerst die Verkehrsmöglichkeiten — Verkehrsmittel, -förder- und -hindernisse kurz ins Auge fassen.

Verkehrsmittel. — Wasser- und Landstraßen in Baden bis zum 15. Jahrhundert.

Verkehrsförder- und -hindernisse.

Wasserstraßen; Verkehr auf Rhein und Neckar.

Als die besuchtesten Handelsstraßen nach und in Baden finden wir die Wasserstraßen des Rheins, Mains und Neckars schon im Karolingischen Zeitalter sowie das ganze Mittelalter hindurch. Der Rheinverkehr muß schon zur Zeit der Römer unter dem Schutze der bekannten Rheinvesten und einer Kriegsflotte recht lebhaft gewesen sein.[81] Feststeht, daß die Flößerei auf dem Oberrheine bei den Römern ein gesellschaftliches Gewerbe (contubernium nautarum) gewesen ist. Die Nachfolger der Römer brauchten das Gewerbe auch; denn der Mangel an guten Straßen nötigte zu dessen Fortsetzung und so ist es durch das ganze Mittelalter beibehalten worden.[82] Die große Ausdehnung des Rheinhandels im achten Jahrhundert beweist die Urkunde Karls d. Gr. vom Jahre 775, worin er die Diözesanen des Bischofs Heddo von Straßburg[83] von allen kaiserlichen Handelszöllen, mit Ausnahme der Hafenzölle zu Etaples an der Mündung der Canche, zu Wijk te Duerstede und zu Sluis[84] befreit. Durch eine Urkunde Kaisers Ludwig des Frommen und seines Sohnes Lothar vom 11. September 830

---

[81] Handel und Gewerbe der Römer am Oberrhein wurden insbesondere durch die bedeutende Augusta Rauracorum begünstigt. Von Vindonissa wird behauptet, daß sie nicht bloß einer von den Hauptplätzen in Gallien, sondern auch ein zum auswärtigen und inländischen Handel wohlgelegener Ort gewesen sei. „Vindonissa blieb als Waffen- und Stapelplatz auf der Tafel des Agrippa, welche alle wichtigen Orte im ganzen römischen Reiche enthielt, nicht vergessen." Haller, Helvetien unter den Römern. 1812, II, 377. Vetter, Die Schiffahrt, Flößerei und Fischerei auf dem Oberrhein. Karlsruhe 1864, S. 2 u. 8.

[82] Die urkundlichen Nachweise gehen allerdings nur bis in das 13. Jahrhundert zurück, da sich anscheinend die Rechte und Pflichten dieses Gewerbes lange nur mündlich fortgepflanzt haben. Vgl. Vetter, a. a. O.

[83] Zu den Herrschaften der Bischöfe von Straßburg, Speyer und Worms gehörten auch rechtsrheinische, d. h. jetzt badische Gebietsteile.

[84] Die Straßburger Schiffahrt dehnte sich also bis an die Mündungen des Rheins (Wijk am Lech) und die Ausflüsse der Schelde (Sluis am Zwin), durch den Kanal bis Etaples (südlich von Boulogne sur mer) aus. Vgl. auch Z. O., Bd. 9.

wird ferner die Zollfreiheit der Gewerbs- und Handelsleute von Wimpfen und Ladenburg auf dem Rheine bestätigt. Die Gründung des Rheinischen Städtebundes (1254), der seinen Mitgliedern bedeutende Opfer auferlegte, wäre ohne die große Wichtigkeit des Rheinhandels zweifelsohne nicht erfolgt. Für die Größe des Verkehrs geben die Schulden, wofür die Rheinzölle oftmals versetzt wurden, einen beweiskräftigen Anhaltspunkt, ebenso die Tatsache, daß die Städte die Kriegskosten gegen die Raubritter geringer anschlugen als die Störung der Schiffahrt.[85] Auch erklären sich die Maßregeln der rheinischen Kurfürsten zum Schutze der Rheinschiffahrt aus den bedeutenden Zolleinnahmen, die wiederum einen Rückschluß auf die Größe des Rheinhandels gestatten.[86]

„Hett ich den Zol an dem Rein
Wer mecht mir gelich sein?"

Zwischen Konstanz und Schaffhausen (1390—1413)[87], ebenso für die Strecke Basel—Straßburg (1416 und 1449) mußte sogar eine Art Rangschiffahrt eingeführt werden. Im übrigen wurde von Basel aus die Schiffahrt auch bis an die Stromschnellen von Laufenburg ausgedehnt. Hier mußten andrerseits auch alle den Rhein herunterkommenden Schiffe und Flöße oberhalb des Laufens anhalten, um zu dem zweiten Landungsplatze unterhalb des Laufens

---

[85] Die Städte Rheinfelden, Neuenburg, Breisach und Straßburg brachen wegen Störung ihrer Schiffahrt die Burg Schwanau und später die Burg bei Schuttern des Grafen von Geroldseck. Im Streite des Grafen Bernhard I. von Baden mit den Breisgaustädten erscheint als Beschwerdepunkt, daß er den Rheinzoll zu Weisweil wieder eingeführt habe (1424).

[86] Zoll zu Speyer von Karl IV. an Bischof von Speyer verpfändet gegen 45000 fl., „welches eine erstaunende Geldsumme für die damalige Zeit ausmacht und auf die Einträglichkeit des Zolles schließen läßt". Fischer, a. a. O., Bd. 2, S. 161 (1369).

Zu Udenheim (Philippsburg) mußte 1369 vom Faß Wein und anderen Gütern sechs Groschen Tournois entrichtet werden. Auf dem Rhein war die Schiffahrt im 14. Jahrhundert ganz außerordentlich.

[87] „Auf dem Bodensee und den Rhein hinab bis Schaffhausen fand früher ein lebhafter Verkehr mit Segelschiffen statt, an dem auch die badischen Uferorte einen wesentlichen Anteil hatten. An den wöchentlichen Markttagen fuhren zahlreiche Schiffe aus der benachbarten Schweiz nach Überlingen und Radolfzell und bei der jährlichen Messe sah man in Konstanz einen Wald von Masten in dem Hafen." Die Wasserstraßen (Baudirektor M. Honsell) in „Das Großherzogtum Baden". Karlsruhe 1885.

verbracht zu werden. Zur Besorgung des Verkehrs auf diesem Teile des Rheins bestand in Laufenburg die Schifferzunft der „Louffenknechte", die diesen Namen bis in die Neuzeit beibehalten haben; aus den ältesten Urkunden erhellt schon, daß diese nicht bloß Schiffer waren, sondern auch einen starken Handel, insbesondere mit Holz, betrieben haben müssen. Sie verkauften zuweilen auch Schiffe an die Basler Schifferschaft zum Besuch der Frankfurter Messe und kauften andrerseits die rheinabwärts und aus der Schweiz kommenden an. Während der Konstanzer Schifferzunft das Fahrrecht bis Schaffhausen zustand, beanspruchten dies von da bis Laufenburg und Basel die Laufenknechte und Rheingenossen.[88] Im besonderen verlangten diese den Verkehr von und nach den Jahrmärkten zu Zurzach sowie das Verschiffen von „Leut und Gütern", die von den Flüssen Rhein, Ar, Limat und Reuß kamen und weiter die Beförderung der Wallfahrer von Laufenburg bis Basel und Straßburg.[89] Wegen des Durchlassens der Pilgerschiffe von und nach Einsiedeln mußten besondere Übereinkommen mit ihnen getroffen werden. Auf der Strecke Straßburg—Frankfurt behauptete Straßburg das ausgesprochenste Schiffahrtsmonopol.

Der Main, an dessen Verkehr in Baden die Städte Wertheim und Freudenberg hauptsächlich beteiligt sind, war schon im zwölften Jahrhundert eine wichtige Wasserstraße. Sie hat diesen Rang behauptet, bis die durch die Eisenbahnen geänderten Verhältnisse den Verkehr vom Fluß abzogen.[90]

---

[88] Vgl. der Lauffenknechte Ordnung von 1401, bei Vetter, a. a. O., S. 109 u. Z. O. Bd. IX, S. 395. Vgl. ferner: „Die Zunftgenossenschaft «Rheingenossen», der der Flößereibetrieb von unterhalb Laufenburg bis zur französischen Grenze unterhalb Basel bis 1879 ausschließlich zustand, war von hohem Alter. Aus ihren Urkunden, die bis ins 15. Jahrhundert zurückreichen, ist zu entnehmen, daß die Rheingenossen schon lange zuvor im Besitz ihrer Schiffer-, Flößerei- und Fischerrechte gewesen waren. Berechtigt zur Zunft waren einzelne Familien in Säckingen, Wallbach, Wehr, Schwörstadt, Riedmatt mit Karsau, Warmbach, Grenzach, Kaiseraugst, Rheinfelden, Ryburg, Oberwallbach und Mumpf." Honsell, a. a. O.

[89] Vgl. Vertrag von 1438 zwischen den Schifferschaften von Laufenburg und Basel. Urkunde im G. L. A. und Vertrag von 1450 zwischen den Schiffleuten von Luzern und Laufenburg, zwischen den Schiffern von Laufenburg und denen von Rhina, Murg und Obersäckingen.

[90] Vgl. Honsell, a. a. O.

Die Neckarschiffahrt war schon sehr früh auf der Strecke Heilbronn—Mannheim in Blüte; an den Kranen von Heilbronn wurden seit den ältesten Zeiten Berg- und Talgüter verladen. Ursprünglich war die Neckarschiffahrt für jeden Schiffer freigegeben, so daß auch Speyerer Schiffleute den Neckar befuhren. Als sich aber die Neckarschiffer zu einer besonderen Bruderschaft in Heidelberg vereinigt hatten, schlossen sie nach und nach alle Schiffer, die nicht zu ihrer Zunft hielten, davon aus. Daher gliederten sich auch die Heilbronner, Neckarsulmer und andere Nichtpfälzer der Zunft an und verstärkten ihren Einfluß. Bis zum Jahre 1753 befuhren die Neckarschiffer Neckar, Rhein und Main.

Rheinhandel und Rheinschiffahrt betrieben naturgemäß in erster Linie die Städte, die Kaufmanns- und Schiffergilden, sodann auch die Klöster, wenn vielfach auch nur zur Deckung ihres eigenen Bedarfs. Ihre Zollfreiheit wurde meist auf ein (oder auch ein halbes) Schiff beschränkt[91], wodurch man zugleich die Kontrolle an den Zollämtern erleichterte. Noch 1515 beförderte man die Waren von Heidelberg zur Frankfurter Messe auf dem Wasserwege. Vom vierzehnten bis siebzehnten Jahrhundert benutzten insbesondere zahlreiche Wallfahrer (nach Aachen) die Wasserstraße des Rheins. Herrschaften, Pilgrime und Städtebotschaften hatten vielfach ihre eigenen Schiffe. Im fünfzehnten Jahrhundert kamen sodann die ersten Marktschiffe auf, die besonders zur Zeit der Messen sehr beschäftigt waren. Aus einem Vertrage zwischen Basel und Laufenburg ergibt sich ferner, daß der Holz- und Eisenhandel des südlichen Schwarzwaldes (Eisenwerke zu Wehr und Albbruck) unabhängig vom Meßverkehr die Schiffahrt benutzt hat.

Richtung des Rheinverkehrs.

Vor der Entdeckung Amerikas und des Seeweges um Afrika hatte der große Handelszug aus der Levante nach Nordeuropa seine Richtung nach dem Bodensee und dem Rheine zu genommen; überhaupt war der überseeische Handel bis zu diesem Zeitabschnitt mehr auf den Rhein angewiesen, der dem Frachtführer den Vorteil

---

[91] Das Kloster Schönau besaß auf dem Neckar „ein halb Schiff", wahrscheinlich die Hälfte eines Marktschiffes für Heidelberg (1217). Im Jahre 1361 gewährte Kaiser Karl IV. dem Kloster Lichtental die Zollfreiheit auf dem Rheine für 50 Fuder Wein „zolfri vor alle zolle, die itzunt vff dem Rine sin oder noch da uffe werdent . . . .". Z. O. Bd. 8 und 9.

einer beladenen Talfahrt bot, während der Handelsverkehr später die umgekehrte Richtung einschlug. Die Reisenden benutzten gleichfalls den Schiffsverkehr meist nur rheinabwärts, da die Fahrten in der anderen Richtung ungewöhnlich langsam vor sich gingen. Zwischen Mainz und Speyer wurden die Schiffe rheinaufwärts durch Pferde, zwischen Speyer und Straßburg durch Schiffsknechte gezogen. Wenn auch vor dem siebzehnten Jahrhundert auf der ganzen die badische Landesgrenze bildenden Strecke eine regelmäßige Rheinschiffahrt nicht bestanden hat, so erhellt doch andrerseits, daß für den gelegentlichen Nachrichtenaustausch mittels der Rhein- (Main- und Neckar-)schiffer und Reisenden reichlich Gelegenheit geboten war.

Verkehrshindernisse.

Zu den natürlichen Hindernissen in der Wasserstraße selbst und den mangelhaften Leinpfaden, die insbesondere die Bergschiffahrt sehr erschwerten, traten als wesentliche weitere Hemmnisse das Bestreben der vielen Gebietsherren, möglichst viel Abgaben aus dem Verkehrswesen zu ziehen, das zu der Unsitte der Grundruhrerhebung, zu einer großen Anzahl von Zwangsstapelplätzen und Zollstationen führte, sowie endlich die Auswüchse des Schiffahrtsmonopols einzelner Städte und Schiffergilden.

Grundruhr.[92]

Wenn gestrandete Waren oder Schiffe das Ufer berührten, so erhob der Grundherr[93] Anspruch darauf, bis Kaiser Ludwig

---

[92] Grundruhr wurde vielfach gleichbedeutend mit Strandrecht gebraucht, es wurde darunter die Befugnis zur Aneignung von Gegenständen verstanden, die von einem Schiffe aus an das Ufer geschwemmt waren, ohne vom Eigentümer aufgegeben zu sein. Der wahre Ursprung des Grundruhrrechts ist in der Ansicht des alten deutschen Rechts zu suchen, daß Fremde auf Schutz keinen Anspruch hatten, daher rechtlos waren (Grimm, D. R.-Altert., S. 397). Man sah Fremde für Feinde an und machte sie zu Hörigen, sogar selbst die Schiffbrüchigen. Gestrandete Fremde und deren Sachen verfielen dem Grundherrn oder dem Eigentümer des Bodens, an den sie angetrieben wurden. Kaiser und Landesherren sind diesem barbarischen Raubrecht frühzeitig entgegengetreten, so zuerst Friedrich I. im Jahre 1196 in seiner constitutio pro mercatoribus . . . ., bis es allmählich durch eigene Gesetze, die sogenannten Strandordnungen, geregelt wurde. (Allg. Enzyklopädie. Ersch und Gruber. Leipzig 1875.)

[93] Die Rechte von Istein und Huttingen: 5. Item auch hat ein herr das recht, wan ein Schiff gelege in Vnserem zwing vnd ban vff ein grien, so soll jnen nieman helffen, wan sy jnen selben. Ligen sy do von einer vesper zu der

d. B. die Grundruhr überhaupt und besonders am Rhein und Main mit der Maßgabe aufhob (1336), daß der Grundherr mit zwölf Hellern vom Fuder Wein zufrieden sein mußte. Am Niederrhein dehnte man das Recht der Grundruhrerhebung sogar auf die Fuhrwerke aus, die beim Ausladen eines Schiffes zerbrachen, wie aus einem Verbot Karls IV. vom Jahre 1372 gegen diese heillose Ausbeutung hervorgeht.

Zwangsstapel.[94] — Zollstationen. — Schiffahrtsmonopol.

Im weiteren bestand in Basel, Straßburg, Speyer, Worms, Mainz, Köln u. a. sogenannter Zwangsstapel, d. h. die Kaufleute mußten die verschifften Waren ausladen und während bestimmter Fristen am Platze feilbieten, so daß die angeführten Städte erzwungene Marktplätze wurden. Konnten die Waren in der zugelassenen Frist nicht verkauft werden, so mußten sie einem Bürger in Kommission gegeben oder im Lagerhaus untergebracht werden, bis der Kaufmann in der nächsten Frist wiederkam, wenn er es nicht vorzog, in der nächsten Stadt sein Glück zu versuchen. Endlich sind am Rheine auf der Strecke von Laufenburg bis Mainz dreißig[95a] Orte als Zollstationen aufgeführt; wenn diese naturgemäß auch nicht alle gleichzeitig bestanden haben, so war ihre große Anzahl noch immerhin geeignet, die dem stolzen Flusse innewohnende Verkehrsader zu unterbinden.[95b] Im Jahre 1393 sind von Straßburg bis Mainz zehn Zölle aufgeführt, und um 1450

---

andern, so synd sy verfallen einem Herrn (zu Istein und Huttingen) die grundruri. Z. O., Bd. 19.

[94] Das Stapelrecht bestand allgemein darin, daß an einer Stadt keine Ware vorübergeführt werden durfte, ohne eine gewisse Zeit zum öffentlichen Verkaufe an den zu diesem Zweck bestimmten Plätzen (Gredhaus) zum Verkaufe ausgelegen zu haben. Der Stapelzwang erstreckte sich gewöhnlich nur auf die als Stapelgüter gekennzeichneten Waren. Im Gebiete des Rheins dürften die ältesten Stapelrechte Speyer, Worms, Mainz und Köln besessen haben; das Stapelrecht widersprach in allen seinen Erscheinungen den Grundsätzen der Handels- und Verkehrsfreiheit. (Vgl. Handwörterbuch der Staatsw. von Dr. J. Conrad. Jena 1901.)

[95a b] Nämlich: Laufenburg, Säckingen, Rheinfelden, Basel, Istein, Kems, Neuenburg, Breisach, Biesheim, Limburg, Weisweil, Straßburg, Lichtenau-Gauelsbaum, Söllingen, Beinheim, Selz, Merfeld (abgegangen), Lauterburg, Neuburg, Stülen bei Mühlburg, Schreck (Leopoldshafen), Germersheim, Udenheim (Philippsburg), Speyer, Hausen (aufgegangen in Mannheim), Mannheim, Worms, Gernsheim, Oppenheim und Mainz. (Schulte, a. a. O., S. 431/32 ff.)

dürfte der Schiffer von Laufenburg bis Mainz mehr als zwanzigmal haben beidrehen müssen, um Zoll zu bezahlen. Im Zusammenhange damit stand das ausschließliche Recht des gesamten Schiffahrtsbetriebs einzelner Städte oder mächtig gewordener Schiffergilden unter städtischem Schutze auf wichtigen Strecken, so insbesondere das Vorrecht der Straßburger Schifferzunft auf der Strecke Straßburg—Frankfurt. Es durfte beispielsweise die nicht unbedeutende Breisacher Schiffergesellschaft[96] kein Schiff auf die Frankfurter Messe führen, auch hatte diese hinsichtlich der Personenbeförderung nur in einigen im Vertrage genau bestimmten Fällen das Recht der zollfreien Vorbeifahrt an Straßburg.[97] Wenn gleichwohl der Rhein eine belebte Haupt- und Handelsstraße blieb, so geschah es, weil seine Mängel noch erträglicher waren als die vielfachen Gebrechen und Schäden des Landverkehrs; insbesondere wurde die größere Sicherheit der Rheinstraße von der Kaufmannschaft hoch angeschlagen, und man muß den Fürsten und Bischöfen des Rheingebiets wie den Rheinstädten das Zeugnis ausstellen, daß sie sich zur Förderung des Rheinverkehrs wie auch zweifelsohne ihrer Zolleinnahmen wegen redlich bemüht haben, den Reisenden und Warenverfrachtern Sicherheit und Schutz zu verschaffen.[98] Es wurden, um die Schiffahrtsstraße des Rheins gegen

[96] „Der Stadt Breisach ist von Rudolf von Habsburg das Stapelrecht verliehen, und von Heinrich VII. ist zugunsten Breisachs bestimmt worden, daß zwischen Straßburg und Breisach kein Anlandeplatz bestehen dürfe. Der Verkehr verlor hier zu Anfang der 1850er Jahre alle Bedeutung." Honsell, a. a. O.

[97] „Die Breisacher Schiffleute dürfen zollfrei an Straßburg vorbeiführen Fürsten, Grafen ꝛc.; dagegen Fürsten- und Städtebotschaften nur 6—8 Personen jeweils und nur dreimal im Jahre, wenn diese zu Land nach Breisach kommen und zu Wasser weiterreisen wollen, und endlich Breisacher Bürger in die Bäder von Baden-Baden und Aachen."

[98] Zu vgl. Vertr. über die Neutralität der Rheinschiffahrt zwischen Baden, Speyer und Pfalz vom 27. Juli 1413, dessen Bestimmungen, falls sie Geltung erlangt haben, geradezu idealen Verkehrserfordernissen entsprochen haben würden. „Zum ersten söllent alle kaufleute u auch bilgerin u ander erbern lüte, die den Rine uff und abefarend, ob sie auch unsere fiende werend .... sicher sin .... Wer' ez auch, daz ein kaufman mit sinem schiffe uff einen sant füre, oder wie er grundrurede te, so soll man nichts von ime nemen dann den gewönlichen zoll" .... Ferner den 20jährigen Vertrag der rheinischen Kurfürsten über die Rheinschiffahrt vom 29. Oktober 1464: „Zum ersten .... allen .... kaufleuten .... alle zyt ir sicher und fry gleyt geben .... 4. .... durch amptlute bestellen, welcher Kaufman, der uff der ersten gemeynen

geradezu unsinnige Abgaben einzelner Stände zu schützen, von den anderen Interessenten selbst Gewaltmaßregeln angewendet. So kam es schließlich soweit, daß Straßburg im Jahre 1351 den Rhein mit Ketten und Palisaden als Gegendruck gegen die vielen landesherrlichen Rheinzölle sperrte und zwei Jahre lang kein Schiff — weder aufwärts noch abwärts — fahren ließ, und daß die oberrheinischen Kurfürsten — darunter der Pfalzgraf — den Niederrhein gegen den neuen Kölner Zoll sperrten (30. X. 1489).

Landstraßen. Die wichtigsten Straßenzüge durch Baden. — Zustand des Straßennetzes.

Auch die im Mittelalter und bis auf die neuere Zeit durch Baden führenden wichtigeren Landstraßenzüge sind teilweise vorrömischen Datums und größtenteils von den Römern eingehalten worden. Es sind dies neben den links- und rechtsrheinischen Straßen Basel—Frankfurt hauptsächlich die für den Handelsverkehr in Frage kommenden Baden berührenden Seitenverbindungen Ulm—Schaffhausen—Basel auf dem rechten und linken Rheinufer, Schaffhausen—Rottweil—Pforzheim—Heilbronn, Straßburg—Kniebis—Stuttgart, Straßburg—Offenburg—Villingen—Schaffhausen, Breisach—Freiburg—Villingen—Stockach—Ulm, Ettlingen—Pforzheim—Stuttgart, Speyer—Wimpfen—Heilbronn—Nürnberg, Speyer—Würzburg, Konstanz—Zürich und Konstanz—Meersburg—Ravensburg—Augsburg. Außerdem wurde noch heute badisches Gebiet von den Hauptstraßen Würzburg—Tauberbischofsheim—Frankfurt und Frankfurt—Mergentheim—Nürnberg durchschnitten. Leider fielen diese teils von den Römern erbauten, teils von ihnen oder unter der Aufsicht römischer Straßenmeister von den germanischen Einwohnern[99] unterhaltenen und verbesserten

landstrassen neben dem Rine .... wandern wollt .... ein gleitsknecht oder me .... gegeben werde". Ferner gaben die rheinischen Kurfürsten den welschen Kaufleuten Geleit zu Wasser und zu Lande (14. Aug. 1469): „als die kauflute der Genfer, Venediger und Meylaner kaufmanschaft etliche zyt durch unsicherheit und ander beswerunge den Rinstraume und unser straßen by dem Rhyne gemyden ...., so geben wir allen .... kaufluten, die den Rinstraum, sinen lymphat .... daby buwen (frequentieren) und wandern .... unser uffrichtig geleyt zu wasser und zu lande". (Lehmann, Speir. Chron., S. 310 in Z. O., Bd. 9.)

[99] Die Römer, namentlich Kaiser Hadrian (117—138 n. Chr.), verwendeten allerdings zu dem Bau von Militärstraßen Soldaten; allein die im Zehntland angesessenen Kelten und Germanen mußten ebenso wie für die Beförderung

Straßen trotz ihrer dauerhaften Anlage dem Zerstörungswerk allmählich zum Opfer, das Natur und Menschenhand gemeinsam vollbrachten. Die um die Wiederherstellung guter Straßen urkundlich nachgewiesenen Bemühungen Karls d. Gr. hatten keinen dauernden Erfolg. Was in der Folgezeit in Baden für den Straßenbau bis zum fünfzehnten Jahrhundert geschehen ist, bestand im wesentlichen in Brückenbauten, im Streben nach Ermäßigung der Zölle und Straßengelder, in der Sorge für die Sicherheit des Verkehrs und die allernötigste Unterhaltung der alten Straßenzüge[100], während von Straßenverbesserungen aus jener Zeit Nachrichten nicht vorliegen. Man ließ sich damals in Baden wie anderwärts Wegeverbesserungen nicht eher gefallen, als bis in den Ortschaften Fuhrwerke und Zugtiere im Moraste steckengeblieben oder verunglückt waren.[101] Außerdem vereitelten die vielen kirchlichen

der Posten mit ihren eigenen Pferden und Fuhrwerken Frondienste leisten. Man wird ihnen also den Bau der untergeordneten Wege überlassen haben, da sie die erforderlichen Kenntnisse dazu besaßen. Gewiß ist, daß zur Römerzeit die Einwohner des Landes die Straßen unterhalten mußten, und wahrscheinlich, daß römische Straßenmeister dabei die Aufsicht führten. Baer, Chronik über Straßenbau.

[100] Die Ausbesserung der Straßen lag im alten deutschen Reich demjenigen ob, der die Zölle und Mauten zu genießen hatte, dem Staatsschatze, Grundobrigkeiten, Städten, Märkten innerhalb ihres Burgfriedens (Patent Rudolph II. 1594, Ferdinand II. 1630). War nun Handel und Wandel zu gering oder wurden Zölle und Maut zu sehr nur als Rente betrachtet, so war das Ergebnis Verfall der Straßen und Wege. Im Patent Rudolph II. von 1594 heißt es: „Wie übel es an vielen Orten mit Landstraßen und Brücken stehe, also daß viele Reisende . . . zumalen wenn ein Ungewitter einfallt ohne sonderer Leibs- und Lebensgefahr nicht wandeln können". Man ging über Felder und Grundstücke, was zur Folge hatte, daß die Reisenden durch den gerechten Widerstand der Beeinträchtigten oft in gefährliche Raufhändel und Schlägereien verwickelt wurden. Die Hinwegräumung der natürlichen Hindernisse der Schiffahrt begann erst unter Maria Theresia. Früher blieben Baumstämme, Klötze usw. . . . . im Fahrwasser liegen, verursachten nicht selten Untergang der Schiffe mit Menschen und Waren und zerstörten, von höheren Wassern fortgewälzt, die schlecht gebauten Brücken. Verordnungen hierwegen 1531, 1540, 1541, 1549, 1559, 1562, 1573. Vgl. auch die Verkehrswege unserer Gegenden in früheren Jahren von Anton Ritter von Spaun. Linz 1848, bei Wimmer.

[101] Alsdann wurden die Löcher mit Steinen, Reisigbündeln und Sand ausgefüllt. Die Verwendung von Reisigbündeln war noch im 14. Jahrhundert allgemein in Gebrauch. Zur Ausbesserung der Straßen und öffentlichen Plätze der größeren Städte, in denen es vor dem 13. Jahrhundert kein Straßenpflaster gab, benutzte man Stroh, Schutt und Steine. Bei nassem Wetter durchwatete

und politischen Kämpfe, ebenso die sich widersprechenden Interessen der Landesherren die bestgemeinten Absichten und Anordnungen der Kaiser, die in richtiger Erkenntnis der vielen Mißstände zur Abhilfe bereit waren.[102] Diese Mißstände bestanden in der mangelhaften Beschaffenheit und Unsicherheit der Landstraßen, in der Unsitte der Grundruhrerhebung[103], dem Straßenzwang[104], in den übermäßigen und zahlreichen, den Verkehr mit Naturnotwendigkeit lahmlegenden Zöllen[105] sowie in der ungenügenden Breite der meisten Handelswege in Baden; diese waren durchschnittlich nicht mehr als 8—14 Fuß breit, weshalb auch im Mittelalter und bis gegen das achtzehnte Jahrhundert das sogenannte Gabel- oder Lannenfuhrwerk üblich war, bei dem die Zugtiere nicht neben-, sondern einzeln bis zu zehn und mehr Pferden voreinandergespannt wurden.[106] Im weiteren unterschieden sich die Landstraßen in ihrem Äußern nur wenig von den Gemeindewegen, so daß bei

das Volk und die Geistlichkeit den Straßenschlamm mit Holzschuhen, Vornehme ritten. Quetsch, Gesch. des Verkehrs am Mittelrhein. 1891.

[102] Es versuchte schon Friedrich II. in der Konstitution von Udine (1232) den Verkehrshemmnissen Einhalt zu tun. Stephan, a. a. O. Kaiser Karl IV. ernannte seinen Bruder Wenzel zum Straßenaufseher von ganz Deutschland, um den kaiserlichen Anordnungen Nachdruck zu verschaffen. Baer, a. a. O.

[103] Wenn ein Warenballen infolge Radbruchs zu Boden fiel, so war er nach dem Grundruhrrecht dem Gebietsherrn verfallen.

[104] Man mußte die alten Straßen (stratae antiquae) fahren und wenn diese auch noch so herabgekommen waren. „Wir gebieten, daß man die recht Straß far" — d. h. die von altersher dem Verkehre dienten — Reichstagsabschied 1235.

[105] Die Zölle, ursprünglich eine Gegenleistung für Beseitigung von Verkehrshemmnissen darstellend, wurden allmählich zu einer ungeheuren Verkehrsbelastung, indem sie den Charakter von Steuern annahmen, unter deren Druck wenigstens der Großhandel des Deutschen Reichs zu ersterben drohte. Vgl. OPJ. Dr. Schmid, „Die ältesten deutschen Verkehrsabgaben". A. f. P. u. T. 1906, Nr. 5, S. 140ff. Um 1400 gab es in der Nähe von Nürnberg 24 Zollstätten, an der Donau in Unterösterreich 77 (Stephan, Verkehrsleben im Mittelalter), am Rhein zwischen Basel und Mainz über 20. Außer den Zöllen die Menge von Nebenabgaben als Lagergeld, Kranengeld, Visiergeld, Stichgeld, Flaschengeld, Bendergeld, Wachtgeld, Altgeld, Pflastergeld, Brückengeld usw. Vgl. Stephan, a. a. O.

[106] Die Straßen lagen vielfach in tiefen, teils von der Natur durch Wasserabläufe gebildeten, teils von Menschenhand ausgehobenen Einschnitten, die bei Regen Bachbetten darstellten. Auch waren die Waldungen neben den Straßen nicht zurückgehauen, weshalb diese Waldstraßen im Winter und bei Regenwetter kaum zu begehen waren. Vgl. Baer, a. a. O.

dem allgemeinen Mangel an Wegweisern nur übrigblieb, Führer zu nehmen. Manche Straßen wurden sogar absichtlich in schlechtem Zustande erhalten, um die Märsche der Kriegsvölker abzulenken, auf anderen wurde der Straßenverkehr zugunsten der Rheinstraße gewaltsam zurückgehalten.[107] Hierzu kam noch der Mangel eines geordneten und einheitlichen Münzwesens[108] und das Raubritterunwesen. Schon seit den nachkarolingischen Zeiten lebten die meisten Adeligen vom Raube[109] im großen Stil, während das Räubern im kleineren Maße die Landstreicher besorgten; seit dem zwölften Jahrhundert hatte der mittelrheinische Handel schwer und unausgesetzt unter diesem allgemein verbreiteten Übel zu leiden. Als besonders unsicher galten Schwarz- und Odenwald sowie ein Teil der Bergstraße. Erst der rheinische Städtebund sowie Rudolf von Habsburg räumten unter den Raubrittern energisch auf.[110]

Gegenüber diesen Verkehrshemmnissen machte sich in erster Linie das an und für sich zweischneidige[111] Geleitsrecht der Kaiser, Landesherren[112] und Städte geltend. Unter kaiserlichem Geleite

[107] Noch im Jahre 1349 einigten sich die vier Kurfürsten am Rhein dahin, daß die Benützung der Landstraßen neben dem Rhein von den Niederlanden auf- und abwärts nicht zu gestatten sei.

[108] Im Jahre 1240 gab es beispielsweise allein im Bistum Konstanz sechs Münzstätten, Konstanz, St. Gallen, Radolfzell, Überlingen, Ravensburg und Lindau. Münzverein zwischen Pfalz, Baden und Speyer kam erst 1409 (12. Juni) zustande.

[109] Trithem. ad. a. 1366: His temporibus magna et prius non visa seu audita Confoederatio seu Liga .... facta est contra raptores et latrones, qui militiam simul et genus Nobilitatis suae pravis moribus deturbantes, mercatores et alios itinerantes spoliare, capere et ad latibula praedonum abducere consueverunt, exigentes ab eis cum tortura pecuniam, quam non debebant. Fischer, a. a. O., Bd. 2, S. 233.

[110] Zwei besonders gefährliche Raubritter, die Kaufleute, Pilger und Boten ausraubten, waren die von Falkenstein und von Stoffeln. Burg Falkenstein 1388 deshalb zerstört.

[111] So wurde beispielsweise Geleitsgeld in der kleinen Landgrafschaft Nellenburg erhoben „von jedermann, der durchzieht seit langer Zeit zu Stockach, Radolfzell, Sernatingen, Neuhausen auf der Egg und Liptingen". Schulte, I, S. 216.

[112] So gab Graf Egon von Fürstenberg 1301/2 und Pfalzgraf Ludwig IV. den Konstanzer Kaufleuten 1425 einen Geleitsbrief zum Besuche der Frankfurter Messen. Nach dem Geleitsbrief des Herzogs Christoph von Württemberg vom 14. Febr. 1459 erhielten die Kaufleute zur Reise nach oder von Frankfurt drei Tage freies Geleit für ihre Wagen und Güter, wenn sie sich zur bestimmten Zeit an einem Ort sammelten und vorher anmeldeten. Die Reichsstadt Heilbronn

reisten Kaufleute bereits im neunten Jahrhundert; sie erhielten Geleitsbriefe und sichere Bedeckung, wofür sie eine gewisse Gebühr zu entrichten hatten. Außerdem schaffte sich der Handelsstand insofern eine Gegenwehr gegen die Straßenunsicherheit, als die Kaufleute in größeren Zügen reisten, denen sich die sonstigen Reisenden und Pilger gerne anschlossen. Bei der geringen Anzahl gehbarer Straßen waren diese, da jedermann seine Geschäfte außerhalb in Person wahrnehmen mußte, übrigens nicht unbelebt[113]; es wurden sogar viele Handwerke im Umherziehen betrieben. Außerdem lagen die Verkehrsverhältnisse für das Gebiet des heutigen Baden noch insofern recht günstig, als die verkehrsbeherrschenden Straßenrichtungen des Durchgangsverkehrs aus dem Süden auf seine Grenzen mündeten, so die Straße aus Mailand über die grachischen Alpen nach Altbreisach—Straßburg, über die penninischen nach Augst und weiter am Rhein, über den Splügen nach Bregenz—Augst, aus Verona über den Brenner nach Augsburg und dem Neckar, sodann auch, wie schon erwähnt, die Hauptstraße Regensburg—Würzburg für den Verkehr zwischen Byzanz und dem Abendlande auf der Donau und weiter auf dem Landwege nach Rhein und Main.[114] Ferner waren nach dem Aufkommen der Frankfurter und Speyerer Messen die bedeutenden Handelszüge von Augsburg her gezwungen, badisches Gebiet zu durchschneiden, und zwar diejenigen nach Frankfurt über (Augsburg — Cannstatt — Heilbronn —)Sinsheim — Wiesloch oder von Sinsheim aus über Neckargemünd—Heidelberg und weiter auf der Bergstraße, diejenigen nach Speyer von Cannstatt aus über Bretten—Bruchsal. Von Konstanz aus führte eine gangbare Handelsstraße nach dem Elsaß und Frankreich über Donaueschingen—

---

errichtete 1524 ein Schützenkorps zum Schutze der Kaufleute und ihrer Waren für die Strecke Heilbronn—Frankfurt und zurück (durch Baden).

[113] Stephan (Verkehrsleben im Mittelalter) führt u. a. an: Ritter zur Fehde oder zum Tornen, Landsknechte, Kreuzfahrer, Geißelbrüder, Gaukler, Musikanten, Handwerksgesellen, Bettelmönche, Hausierjuden, fahrende Schüler, Zigeuner, Wagen der Fronbauern mit Baumaterial zu den Burgen und Schlössern usw.

[114] Dieser Verkehr bewegte sich vom siebenten bis elften Jahrhundert hauptsächlich auf der Donau und dem Dniepr mit den Haupthandelsplätzen: Hainburg, Enns, Passau und Regensburg, von wo die eine Richtung über Bamberg—Magdeburg—Braunschweig, die andere über Würzburg—Tauberbischofsheim nach dem Rhein und Maine führte. Stephan, a. a. O.; Huber, a. a. O.; Engelmann (Dr. Böttger), Geschichte für Handel und Verkehr. Leipzig 1884 usw.

Villingen—Offenburg—Straßburg[115] sowie ein westlicher Zweig dieses Straßenzuges durch das Höllental nach Burgund. Im weiteren hat der überaus wichtige Verkehr Nürnberg—Speyer in der Hauptsache seinen Lauf durch Baden genommen.[116] Insbesondere war die Straße Wimpfen—Wiesloch—Speyer, solange dieses ein Hauptstapelplatz am Rheine war, als die kürzeste Verbindung nach dem überaus bedeutenden Nürnberg wichtig. Ob in der Folge dieser Verkehr Nürnberg—Speyer die **untere Nürnbergerstraße** (Bretten—Eppingen—Heilbronn—Ansbach) oder die **obere** (Durlach—Pforzheim—Ellwangen—Ansbach) benützte, er ging in beiden Fällen durch pfälzisch-badisches Gebiet, insbesondere durch die Stadt Bretten, die darum einst ein bedeutender Platz und Knotenpunkt war. Der Straßenzug Straßburg—Freudenstadt[117] über Renchen—Oppenau—Oberkirch[118] — im Mittelalter „Heergäßli" und „alte Straße" genannt — wurde in seiner Hauptrichtung für den Handelsverkehr Stuttgart—Straßburg beibehalten und so ein Glied des kürzesten Verbindungsweges Wien—Paris. Die Tauberstraße erhielt in ihrer Abteilung Mergentheim—Tauberbischofsheim den bedeutenden Durchgangsverkehr von Regensburg, München, Augsburg und Ulm[119] nach Frankfurt und dem Niederrhein, der zeitweise fast ausschließlich die Richtung

---

[115] Eine kunstgemäß ausgebaute Straße durch den Schwarzwald von Konstanz her hat es im Mittelalter allerdings nicht gegeben; immerhin wurde der Weg über Radolfzell, Engen, Villingen, Hornberg und Offenburg benutzt. Beweise aus 1298 und 1384 siehe bei Schulte, I, 391. Vgl. Wallfahrtsbuch in Archiv f. Post u. T., XIV, S. 428. „Jedenfalls haben auch die Italiener lang von dieser Straße Gebrauch gemacht, aber auch das Höllental sah Lombarden." Schulte, a. a. O., ferner: Iter prosecuturus (von Gengenbach) in societatem mercatorum Constantiensium ad Offenburgum pervenio et comitatum, cumque iis Argentoratum pervenio. 8. Juli 1625. Gaißers Tagebücher, in Mone, Quellens. II.

[116] Der im Mittelalter unter dem Namen „alte Heilbronnerstraße" bekannte Straßenzug führte von Heilbronn aus über Neckargartach, Wimpfen, Rohrbach, Sinsheim, Wiesloch, Walldorf nach Speyer. Bär, a. a. O.

[117] Auf dem Kniebis bestand 1271—1513 ein von Reisenden stark besuchtes Kloster regulierter Chorherren.

[118] Im Jahre 1464 schloß Graf Eberhard von Württemberg mit dem Probste zu Allerheiligen und einigen Edelleuten eine Vereinbarung ab, nach der die Straße Dornstetten—Oppenau—Oberkirch für die nächsten zwölf Jahre zu räumen und sauber zu halten sei. Bär, a. a. O.

[119] Vgl. Schulte, I, S. 389.

über Mergentheim—Tauberbischofsheim—Külsheim—Neukirchen—Miltenberg einhielt.[120] Endlich sind noch aus dem fränkischen und karolingischen Zeitalter der uralte als „Sachsen"- oder „Leipzigerstraße" bekannte Handelsweg Magdeburg(—Leipzig—Dresden)—Bruchsal[121] und die Bergstraße Frankfurt—Basel, bzw. Frankfurt—Straßburg anzuführen, welch letztere mit dem Aufschwunge der Frankfurter Messen einen nennenswerten Teil des Verkehrs aus Italien, der Ostschweiz und Frankreich nach dem Niederrheine erhielt, nachdem sie bis ins zwölfte Jahrhundert hauptsächlich den Verkehr mit Straßburg und Speyer sowie mit den in das Rheintal einmündenden Seitentälern vermittelt hatte. —

Aus dieser unabhängig von unserer Aufgabe gehaltenen Darstellung der Beförderungsmöglichkeiten ist die Folgerung gegründet, daß eine regelmäßige, der Allgemeinheit dienende Nachrichten- und Personenbeförderung bis zum Ausgang des Mittelalters schon deshalb nicht bestanden haben kann, weil es die vorhandenen Land- und Wasserstraßen an den Grundbedingungen hierfür fehlen ließen, da sie nicht ungehindert, rasch und ohne große Zugkraft zu passieren waren. Das Verkehrswesen lag nach Fahrgeschwindigkeit, Beförderungsmenge und Beförderungsaufwand noch zu sehr im Argen, als daß sich regel- und gewerbsmäßiger Nachrichten- und Reiseverkehr bilden und seine Vermittelung sich rentieren konnte. Der Wassertransport gestattete im allgemeinen nur beladene Talfahrten und der Landtransport blieb hinter den Errungenschaften der römischen Kaiserzeit nachweisbar bedeutend zurück.

Die Allgemeinheit hatte aber auch aus den nachher angeführten Gründen noch kein Bedürfnis nach einem regelmäßigen schriftlichen Nachrichtenaustausch, ebensowenig nach einer regelmäßigen Reisegelegenheit. Diese Tatsache hinderte nicht, daß sich eine **nicht** gewerbsmäßige, gelegentliche Nachrichtenvermittelung zwischen bestimmten aus der Allgemeinheit herausragenden Kreisen gebildet hat, die sich gerade durch das Bedürfnis nach Beförderungsgelegenheiten von ihr unterschieden haben. Es waren dies

[120] Selbst die Nürnberger und Rothenburger benützten diese Straße, weil der Main mit Zöllen überlastet, oftmals auch wegen Wassermangels nicht benutzbar war und der Weg über Heidelberg—Frankfurt wegen der vielen Plackereien gemieden wurde.

[121] über die heute badischen Orte Distelhausen—Königshofen—Boxberg—Adelsheim—Neckarelz—Obrigheim—Sinsheim—Bruchsal.

in erster Linie die Klöster[122] und Stammsitze der verschiedenen Orden, die Träger frühester Kultur, nach diesen die zu Bedeutung gekommenen Städte und Kaufmannsgilden, die Residenzen, Universitäten und Gerichtshöfe. Naturgemäß ist es nicht so zu verstehen, wie es nach verschiedenen Darstellungen den Anschein gewinnt, als ob derartige Kreise mit dem Plane umgegangen wären, eine Art von Postorganisation aus mehr oder weniger selbstlosen Gefühlen heraus für sich selbst und andere zu schaffen, sondern die eigensten Bedürfnisse dieser Kreise — die religiös-wissenschaftlichen, die herrschafts- und finanzpolitischen der Klöster und Abteien, die stadtdynastischen, militärisch-politischen der Stadtrepubliken, handelspolitische der Kaufmannsgilden und Handelshäuser, diplomatische wie militärische und private der Fürstenhöfe und Residenzen — haben zu den Einrichtungen des **einfachsten** Beförderungsdienstes geführt, aus denen sich später bei steigendem Verkehr teilweise Botenanstalten entwickelt haben. Weiter sind diese Kreise in Verkehrseinrichtungen auch nicht fortgeschritten, als bis wohin die eigenen Bedürfnisse gedrängt haben. So ist es den Klöstern niemals eingefallen, im Interesse umliegender Stadt- und Dorfgemeinden Botengänge ins Leben zu rufen, oder den Kaufmannsgilden, bei Einrichtung ihrer Botenrouten auf die Verhältnisse ihrer Mitbürger zu rücksichtigen, ebensowenig wie die Fürstenhöfe bei Absendung ihrer Expreßläufer und Reiter an die Verkehrshebung ihrer Untertanen gedacht haben. Die Befriedigung einmaliger oder wiederkehrender eigener Bedürfnisse war Anlaß, Ziel und Umfang der Einrichtung, die

---

[122] Die Klöster unterhielten einen lebhaften Briefwechsel, der meist geistliche oder geschäftliche Dinge, auch Übersendung von Reliquien oder politische Nachrichten betraf; einzelne Äbte oder Äbtissinnen begleiteten gegenseitige Geschenke mit schmeichelhaften Briefen; der gelehrte Mönch übersandte einem fernen Mitstrebenden eine gelehrte Arbeit oder eine Handschrift oder disputierte mit ihm über eine theologische Streitfrage. Nicht immer waren diese Briefe in klassischem Latein abgefaßt; aber im 9. und 10. Jahrhundert bestrebte man sich noch eifrig, römischen Mustern nachzueifern . . . . In den Klosterschulen wurde die Briefschreibekunst eifrig gepflegt. . . . Die Sprache der Briefe aber blieb die lateinische. . . . Geistliche waren allein fähig, auch die Geschäfte der Welt zu besorgen; der Geistliche mußte in der Kirche so gut wie in der Kanzlei der Großen . . . . Urkunden ausfertigen, Briefe für alle denkbaren Fälle verfassen, clericus bedeutete geradezu Schreiber. Steinhausen, ebenda S. 5.

von der Bildfläche verschwand, sobald ihr Sonderzweck erreicht war. Es war also Zufall, wenn andere gelegentlich davon Nutzen hatten. Dabei ging es auf eigene Gefahr des Absenders. Nur die städtischen Boteneinrichtungen gediehen bis zu dem Grade allgemeiner Zugänglichkeit seitens der Städte, zwischen denen sie verkehrten. Hierzu hat wesentlich beigetragen, daß später Stadt- und Kaufmannsboten vielfach zusammenfielen, was nicht verwundern kann, wenn wir beobachten, daß in den bedeutenderen oberdeutschen Stadt- und Handelsrepubliken die einflußreichsten Handelsherren Leiter des Gemeinwesens geworden, bzw. in den Stadtmagistraten vertreten gewesen sind oder wenigstens nachhaltigen Einfluß auf diese gehabt haben.[123]

Botenverkehr.

Klosterboten.

Verbrüderungs-Verträge. — Reichenau—St. Gallen. — Einsiedeln. — St. Blasien. — St. Georgen (Schwarzwald). — Salem. — Deutsch-Orden.

Vom neunten Jahrhundert ab zeitigte das nach den Regeln des hl. Benediktus mächtig emporblühende Mönchtum zahlreiche Verbrüderungsverträge (Confraternitäten) der Klöster und Ordensgesellschaften und rief dadurch den gelegentlichen Botenverkehr durch Mönche[124] und Klosterbrüder zwischen teilweise recht weit vonein-

[123] So beispielsweise die berühmten Großhandelsherren Anton Tucher (1457 bis 1524), seit 1505 erster Bürgermeister (Losunger) in Nürnberg, später sein Sohn Lienhard Tucher, Endres Imhof, der 56 Jahre im Nürnberger Rate saß, die Fugger und Welser in Augsburg, Im Steinhause von Ulm, Fry in Konstanz, die Muntprat in Ravensburg-Konstanz usw.

[124] Die Mönche reisten auf größeren Strecken wohl meist zu Pferde. Auch Klosterfrauen reisten später zu Pferd, z. B. die von Amtenhausen nach Baden-Baden, Rippoldsau zu Wallfahrten unter Begleitung eines nuncius. Mone, Quellens. II. 967 (Concordia monasteriorum in Auglia) . . . Octavo ut iter agentes non otiosis fabulis vacent . . . . horas autem regulares **non equitando,** sed de equis desiliendo genu flectentes nisi dies festiva fuerit, convenienter, ut potuerint, ... compleant. Ceterum in itinere non juvenculos, sed adultos . . . . secum ducant: Mabillon. An anderer Stelle: (Petri venerabilis statuta 1353) Mabillon, Tom VI, S. 199: ut fratres equitantes froccum simul et cappam ferre non compellantur, sed aut frocco simplia, aut cappa, id est pallio viatorio, cui caputium assutum

ander gelegenen klösterlichen Niederlassungen hervor.[125] „Die politische Auflösung des Karolingischen Reiches[126] beförderte die Assoziation auf dem Gebiete des Geistes (Gebete, Verbrüderungen) sehr; es geschah dies nach dem Naturgesetze: aus dem Untergang und der scheinbaren Auflösung eines materiellen Gutes (hier des Staates) geht ein immaterielles Gut (die allgemeine Bruderliebe) hervor." In späteren Zeiten, insbesondere während der Kämpfe zwischen Kaiser und Papst, dürften indes auch wesentlich politische Momente die Verbrüderung der Klöster befördert haben. Der im Dienste der Verbrüderungen erwachsende Nachrichtenaustausch erfolgte vermittelst der rotuli, das sind lange, an einem Wickelholz befestigte Pergamentstreifen, die die wichtigeren Nachrichten über den Tod von Mitgliedern und Gönnern der verbrüderten Konvente, vorgenommene Bauten, eingetretene Unglücksfälle enthielten und durch besondere Boten (terminierende Klosterbrüder) von einem Kloster zum anderen getragen wurden, wo weitere Nachrichten hinzugefügt wurden. Solche Boten hatten zuweilen einige hundert Klöster zu besuchen und somit die beste Gelegenheit, nebenbei der privaten Nachrichtenbeförderung zu dienen.[127] Die Klosterboten

erat induti iter faciant .... ut nullus priorum aliorumve iter faciens, ducat secum plus quam tres equitaturas, vel si prior ordinis fuerit, quatuor aut summum quinque.

[125] Mabillon führt die Sitte der fratres conscripti ab ineunte Ordine, id est a saeculo sexto zurück. Immerhin handelte es sich zunächst nur um societates singulorum hominum. Die societates generales et perpetuae, congregationum seu monasteriorum führt er bis auf Bonifatius zurück. Nempe in epistola XXIV ad Adherium abbatem, in qua Bonifatius ipse petit orari pro dormientium fratrum animabus, quorum nomina gerulus harum, inquit, litterarum demonstrabit, et in duabus aliis aliorum epistolis, quae exstant inter Bonifacianas .... (S. 77). — Weiter berichtet er: In ultimo capitulo synodi Tullensis (apud Saponarias) vicarias inter se se preces condixerunt, episcopi et abbates .... (ut) obitus porro cujusque litteris encyclicis innotesceret S. 79 (859).

[126] So Mone, Quellen, III, S. 50.

[127] Das Kloster Admont in Steiermark besitzt aus dem Jahre 1485 einen 9 m langen Rotulus; vgl. A. f. P. u. T. 1884, S. 276 ff., Reise eines terminierenden Klosterbruders nach einer im Landesarchiv zu Graz befindlichen Rotel — Kopie im Reichs-Postmuseum. — Die aus sechs Pergamentstreifen zusammengesetzte Rolle mißt 5 m in der Länge und $12^1/_2$ cm in der Breite; sie war aber ursprünglich noch länger, wie die durchschnittene Schrift am unteren Rande und mehrere Unterbrechungen des Zusammenhanges in den Eintragungen, im ganzen 240, hinlänglich beweisen. Das Schriftstück beginnt mit den in sauberen gotischen

galten als besonders zuverlässig und als unverletzlich.[128] Nach Einführung der Hirsauer Regel in Deutschland um 1100 wurde die Verbrüderung der Klöster neu belebt.[129] Wie schon erwähnt, sind als die ältesten und weithin verbrüderten Klosterniederlassungen diejenigen von Reichenau und St. Gallen hervorzuheben. Im zehnten und elften Jahrhundert treten diese beiden in den

---

Buchstaben geschriebenen Worten: „Lator presentis Rotulae iter arripuit .. ex nostro monasterio Sancti Lamberti . . . die octava mensis Julij Anno . . . Millesimo quingentesimo et primo" und enthält vom Juli 1501 bis April 1502 94 Reise- und Raststationen. Die Sprache ist die lateinische; nur drei elsässische Klöster, Straßburg, Mülhausen und Niedermünster, bedienen sich der deutschen Mundart. Als Proben der Eintragungen, wie sie im allgemeinen schematisch lauteten, seien angeführt: „Cartigerus presentium comparuit nostro in Monasterio Sanctae Trinitatis in Novacivitate Cistercien*(sium)* Ordinis Salisburgen*(sis)* dioc*(esis)* Anno 1501 IIII° nonas Augusti"; sowie „Baiulus presentis rotulae comparuit in Ecclesia Moguntina in die Sancti Brictii Anno quingentesimo primo in quo obierunt Rupertus Custus Erhardus Scolasticus Sacerdotes Spech . . . . . et alii quamplures orate pro nostris et orabimus pro vestris". Mone, Quellen, Bd. III, S. 47.

Wegen weiterer Botenzettel aus den Jahren 1522 und 1583, der Nachbildungen von Wickelhölzern für Pergament-Roteln aus dem Kloster Admont von 1442, 1485, aus dem Kloster St. Lambrecht von 1547 vgl. Katalog des Reichs-Postmuseums Berlin 1897, S. 97/98 und 52.

Über die Rotuli mortuorum sagt Mabillon (Annales Benedictini, Tom III, S. 76/77): Sic ergo mos tum (859) ferebat. Post mortem abbatis vel insigniorum monachorum rotulus, id est encyglica de eius morte epistola, per singulas ecclesias sive monasteria, quibuscum inita erat societas, per cursorem seu nuntium mittebatur; ac mors defuncti abbati, praeposito vel decano loci significabatur. Huic rotulo inscripta erant etiam nomina aliorum, qui ab ultima significatione decesserant; unde rotuli vocabulum haec scheda obtinebat, Qui vero ejusmodi rotulos deferebat, rotliger vocabatur. Ne autem cursor eos, qui ipsum mittebant, falleret, dies adventus eius in singulis, ad quae mittebatur, locis in certa schedula, quam ille in testimonium referebat, adscribebatur, cum nominibus cuiusque loci mortuorum: qui in catalogo seu necrologio, suo quisque die, in omnibus locis confoederatis notabantur. In his porro schedulis versus lugubres de morte insigniorum personarum scribebantur quos versus titulos appellabant.

[128] „Vnd schicketen die selbe zwene briefe, ... zuvorderst mit geistlichen luten, wond su mit gewöhnlichen botten die briefe nit gedürstent senden, 1339 Factum et tractatus von des Bischofes . . . . . krieg wider die von Hagenowe", in Z. O., Bd. 5, S. 121.

[129] Mone, Quellens., Bd. III, S. 47.

Hintergrund, Einsiedeln[130] übernimmt die Führung und sendet seine Mönche nach Dissentis, Pfäffers, St. Blasien, Hohentwiel, Muri und Hirsau, um neues Leben in diese Klöster zu verpflanzen. Auch auf den Bischofstühlen von Konstanz und Chur finden wir Einsiedlermönche; dazu die Beziehungen des Stiftes zu den Herzögen von Schwaben, den Ottonen und Kaiser Konrad II., das Eingreifen der Einsiedleräbte in die Politik dieser Kaiser — und wir können folgern, daß von diesen Zeiten ab ein reger Boten- und Briefverkehr von und nach Einsiedeln — sicherlich zum Teil durch Baden — stattgefunden hat. Die ältesten Verbrüderungsverträge des Klosters St. Blasien[131], nämlich diejenigen mit den Klöstern St. Viktor in Marseille[132], mit Frudelle[133] (Diözese Turin) und Hirsau[134] (Württemberg) gehen ebenfalls unzweifelhaft bis in die Jahre 1050—1091 zurück, die größere Zahl der übrigen fällt in die Jahre 1077—1090. Die Zahl der verbrüderten Klöster und Kollegiatstifte betrug ungefähr sechzig, darunter Reichenau, Rheinau, Schaffhausen, St. Georgen, Petershausen, Waldkirch, Wagenhausen (bei Stein a. Rh.), Lautenbach (bei Gebweiler), Muri, Göttreich O.-Ö., Wiblingen (Ulm), Zwiefalten, Alpirsbach, St. Leo in Toul, St. Märgen, Altorf (Els.), Bregenz, Isny, Zürich, Augsburg, Mainz usw., wohl auch Schuttern, Ettenheimmünster, Hanau und Schwarzach. Der Rotulus, durch den von St. Blasien aus

130 Z. O. Bd. 18, S. 178 und Odilo Ringholz, Die Geschichte des Benedikt. Stifts Einsiedeln; ferner: Mabillon: Societas precum inter Sancti Gallenses et Augienses habe im Jahre 800 begonnen, in der Weise, ut pro cunque fratre mortuo singuli presbyteri ipso die, quo contigerit obitus vel significatus fuerit, tres missas . . . . persolvant. Annales Tom II, S. 327.

131 Nekrologische Annalen von St. Blasien in Quellens. der Bad. Landesgeschichte, 3. Bd., 1863, Karlsruhe.

132 Im Vertrage mit dem Kloster von Marseille (vom 6. Oktober 1077) heißt es . . . . et quando venerint litterae pro defunctis eorum (Massiliensium fratrum) ad nos (St. Blasien) . . . . Quicumque autem ex monachis utriusque praefatae congregationis alteram harum congregationum visitaverint, ita in ea post obitum quasi professi ejusdem loci deinceps habeantur. Bad. Landesgesch., a. a. O., S. 614/5.

133 Im Vertrage mit Frudelle (1068—1077): „ut quando altera alteri breves pro defunctis suis fratribus miserit, ea faciat una quaeque in . . . orationibus . . . ."

134 Im Vertrage mit Hirsau: „Quandocumque ex aliquo praedictorum monasteriorum ad quodcumque ipsorum brevis pro defuncto fratre interiori vel exteriori mittitur . . ."

den mitverbrüderten Klöstern der Heimgang der angehörigen Genossen mitgeteilt wurde, ist in seinem ersten Teile, d. i. von der Stiftung der Ensiedelei bis 3. Mai 1356, nur in Abschrift[135] vorhanden[136]; es ist eine Pergamentrolle, die aus sechs zusammengehefteten Streifen besteht, die eine Breite von 0,102 m und zusammen eine Länge von 2,504 m haben. Da die rotuli von allen Klöstern der Verbrüderungsgemeinschaft zu überbringen waren, damit die Namen der Verstorbenen in das Totenbuch — Nekrologium — aufgenommen werden konnten, so erhellt hieraus, welch reger Botenverkehr aus dieser Verbrüderung erwachsen mußte. Mit Beginn des zwölften Jahrhunderts wurde das Kloster St. Georgen (Schwarzwald) der Mittelpunkt des kirchlichen Lebens auf dem Schwarzwald und weiterhin. Insbesondere übte der Abt Theoger (1091—1118) als das Haupt der Hirsauer und infolge Berufung auf den Metzer Bischofsstuhl einen weithin bestimmenden Einfluß aus.[137] Er bemühte sich um die Klöster Gengenbach und Hugshofen (Elsaß), setzte den Klöstern Ottobeuren (Schwaben), St. Ulrich zu Augsburg sowie Admont (in Steiermark) aus seinen Schülern Äbte und gründete die Klöster Amtenhausen bei Donaueschingen, St. Marx bei Gebweiler (Elsaß) sowie Luxhain bei Saarburg, die alle von St. Georgen aus visitiert wurden. Sein Nachfolger (1118—1134) stellte aus seinen Mönchen die Äbte von Gengenbach, Prüflingen (Bayern) und Wattersdorf, gründete die Klöster Friedenweiler bei Neustadt (Schwarzwald), St. Johann bei Zabern (Elsaß) und Urspringen bei Schelklingen (Schwaben) und nahm die Klöster

---

[135] Wegen Nachbildung der Originalbriefe, Schrift- und Druckproben, wegen geschriebener und gedruckter Zeitungen, der Darstellung schreibender Personen (Mönche, Klosterbrüder, Bischöfe, Kaufherren), der Schreib- und Lesepulte, von Schreibgeräten, der Abbildung von Boten, Botenzetteln aus dem Mittelalter, wie aller auf das Verkehrswesen vom 16. Jahrhundert ab Bezug habender Beförderungsgegenstände und -Mittel, Einrichtungen usw. vgl. Katalog des Reichs-Postmuseums, ferner O. Veredarius, Das Buch von der Weltpost, Berlin 1885 und 1894, F. Hennicke, Das Reichs-Postmuseum, Braunschweig 1884 und Berlin 1889, sowie die besonders angezogenen Werke der deutschen Literatur-Kultur-Geschichte von R. König, Otto Henne am Rhyn, Knackfuß usw.

[136] Und zwar im Benediktinerkloster St. Paul im Lavanitale (in Kärnten), wohin er im Jahre 1811 infolge Auswanderung der St. Blasianer gekommen ist. Der Bote ist vielfach ohne Angabe seines Namens als lator praesentium bezeichnet. Bad. Landesgeschichte, a. a. O., S. 594/5.

[137] Kalchschmidt, Geschichte des Klosters St. Georgen. 1895.

von Krauchthal (Elsaß) und Widersdorf (Lothringen) unter die Aufsicht St. Georgens. Ein weiterer Nachfolger — Abt Mangold — wurde Abt in Tegernsee und Kremsmünster und im Jahre 1206 Bischof von Passau. Nehmen wir hinzu, daß sich St. Georgen und Zwiefalten in dem Bruderbunde vom Jahre 1283 Sitz und Stimme in den Kapiteln zusicherten, daß bis gegen Ende des 14. Jahrhunderts nur adelige Personen aufgenommen werden durften, daß das Kloster nach dem Chronisten allmählich in rund 210 Ortschaften begütert gewesen ist, so daß sich sein Besitz vom Schwarzwald bis an den Bodensee, von Württemberg bis in das Elsaß hinein erstreckte, daß ferner St. Georgen in Villingen, Rottweil und Straßburg je einen eigenen Pfleghof besaß, so können wir daraus auf die Ausdehnung des Boten- und Reiseverkehrs von und nach St. Georgen, der sich in jenen Jahrhunderten auf den größten Teil Süddeutschlands erstreckt haben muß, einen gegründeten Schluß ziehen.

Mit dem Emporblühen des Zisterzienserklosters Salem — Tochterniederlassung von Citeaux-Claireveaux-Lützel — und seinen vielfachen Beziehungen zu den Päpsten, den Staufen und Habsburgern entwickelte sich in der Bodenseegegend ein weiterer Knotenpunkt des regsten Boten- und Reiseverkehrs. So werden in der Chronik (tractatus super statu monasterii Salem) die famuli videlicet equitantes seu currentes und ceterique cursores monasterii erwähnt, so daß also auf eine größere Anzahl berittener und zu Fuß gehender Eilboten zu schließen ist. Außerdem waren die Mönche stiftungsgemäßig verpflichtet, allen Rittern und Wanderern eine Nacht unentgeltlich Herberge zu gewähren; es scheinen auch zwei magistri hospitum (Gast-Patres), der inferiorum et honestiorum hospitum vorhanden gewesen sein[138], was auf die Größe des Reise- und Wallfahrtsverkehrs zurückschließen läßt. Sodann wurden die Äbte[139] und einzelne Mönche von den Päpsten und den Häusern Staufen und Habsburg im zwölften bis vierzehnten Jahrhundert häufig zu diplomatischen Aufträgen verwendet, wodurch das Kloster naturgemäß mit Rom wie mit den einzelnen Höfen in regere Beziehung trat. Dazu kommt, daß Salem die Klöster Raithaslach (1146), Thennenbach (1179), Wettingen (1227) und Königsbronn (1302) mit den ersten Mönchen

[138] Mone, a. a. O., S. 31 Anm.

[139] Siehe Nachweis in Mone, Quellens., 3. Bd., S. 24ff. Anm.

versorgt hat, wodurch diese in engerer Fühlung mit Salem als Mutterkloster verblieben. Im weiteren erhellt aus den Befehlen König Heinrichs (1229 u. 1230) an die Schultheißen und Bürger der Städte Konstanz, Zürich, Lindau, Überlingen, Schaffhausen, Rottweil, Ravensburg und Pfullendorf, das Kloster Salem im Besitze seiner Güter zu schützen, ebenso aus der Verordnung von 1231, wodurch er dessen Pfleghöfe in Eßlingen, Überlingen und Ulm von allen Zöllen und vom Umgeld befreit, endlich aber aus dem Urkundenbuch der Abtei, wie ungewöhnlich vielgestaltig die Beziehungen dieses Klosters zu fast allen einflußreichen geistlichen und weltlichen Personen und Behörden gewesen sind, die zu Boten- und Briefverkehr Anlaß geben mußten. Das Gleiche gilt von den vielfachen Gründungen der im elften und zwölften Jahrhundert infolge ihrer kirchlich-politischen Agitation in den Vordergrund tretenden Cluniazenser - Clugny[140], Hirsau-St. Blasien — und ihren Mutteranstalten. So wurden die Klöster von Gottsau (Karlsruhe) und Odenheim mit hirsanischen Mönchen besetzt, die Klöster in Rotsweil und St. Ulrich (an der Möhlin) standen unter Clugny, und St. Blasien zählte sieben Tochterkirchen. Die Zisterzienser waren mit Bronnbach, Schönau, Herrenalb außer Salem vertreten. Im weiteren bestanden noch nachweisbar Verbrüderungsverträge zwischen Kloster Schuttern (urspr. „Offonisvillare") und Reichenau im neunten Jahrhundert, im elften zwischen Schuttern, Gengenbach, Schwarzach, Stein am Rhein, St. Blasien und St. Michael bei Bamberg. In dem Vertrage vom Jahre 1235 zwischen dem Abte von Schuttern und dem Kastenvogt (advocatus) Heinrich von Diersburg

---

[140] Die äußeren Verbindungen der berühmten Benediktinerabtei Clugny reichten bis in das Innere von Spanien und bis zu den Grenzen Ungarns und Polens; einzelne der zugehörigen Klöster unterhielten heilig gehaltene Bündnisse und häufigen Briefwechsel, den die Mönche selbst oder andere Klosterdiener besorgten. Diese reisten nicht selten zu Pferde. Vgl. Quellen bei Flegler, a. a. O., S. 17.

Ad hunc annum (Ann. Chr. 1132) Odericus tradit, Petrum Cluniacensem abbatem veredarios et epistolas per omnes cellas suas et omnes cellarum priores non modo Galliae, sed etiam Angliae et Italiae aliorumque regnorum misisse, dato mandato ut tertia quadragesimae dominica Cluniaci adessent. Hoc mandato accepto . . . . ducenti priores Cluniacum convenere et cum illis mille ducenti-duodecim adfuere fratres (Annales Benedictini Lib. LXXV, Mabillon, Tom VI, S. 197).

ist als ein abgabenfreier Klosterdiener der baiulus deferens literas fratrum defunctorum angeführt, was zu der Annahme berechtigt, daß jedes bedeutendere Kloster einen ständigen Boten — oder auch mehrere — zur Briefbeförderung unterhalten haben wird. Jedenfalls kommen wir im Hinblick auf die vielfachen und weitreichenden Beziehungen der zahlreichen, zum Teil ungewöhnliche Bedeutung besitzenden Klöster im Gebiete des heutigen Großherzogtums Baden zu dem gegründeten Schlusse, daß in und durch Baden ein überaus reger Klosterbotenverkehr jahrhundertelang bestanden haben muß, der auch gelegentlich der privaten Nachrichtenvermittelung nutzbar gemacht wurde, so daß man von diesem Teile Deutschlands in Wahrheit sagen konnte: „selten sah man einen wandernden Mönch ohne Briefsack".

Es scheinen auch in manchen Klöstern zur Bestellung der weniger wichtigen Aufträge Knechte ausdrücklich gedungen worden zu sein; so heißt es im Zinsbuch der Teutschherren zu Weinheim (1505): „Leonharten Cappan son zu eynem wingertknecht gedingt; er soll auch Botschaft laufen, so es weit ist, darzu sol man im zymliche zerung geben".[141] Ebenso heißt es in einer anderen gemeinen Ordnung für Knechte aus dem fünfzehnten Jahrhundert: „so einer entweg ist in geschesten des klosters ... hat er gelt, brief oder anders, soll er von stundt an überliffern und sagen, was er ußgeben hat, es sie zerung oder anders, damit es nit vergessen wert".[142] Andererseits hielt man es auch für geraten, in die Ordnung der Knechte das ausdrückliche Verbot der Nachrichtenübermittelung und -beförderung zwischen den Klosterinsassen und der Außenwelt aufzunehmen.[143] Ebenso war es den Klosterbrüdern (fratres) selbst nach den Ordensstatuten strengstens untersagt, ohne Erlaubnis des Abtes Briefe auf der Reise anzunehmen oder zu schreiben.[144] Im besonderen ist noch zu erwähnen, daß reichere Klöster, wie manche Benediktiner- und

---

[141] Z. O. Bd. 1, S. 192 und 184/6.

[142] Die Entschädigung dieser Botenknechte scheint lediglich im Ersatz der Zehrkosten bestanden zu haben.

[143] Vgl. Z. O. Bd. 1, S. 184/6. 19. auch keiner schwester kein botschaft nirgendshin senden (?) oder botschaft bringen.

[144] Regula S. P. Benedicti, a. a. O., S. 90: nullatenus liceat monacho neque a parentibus suis neque a quoquam hominum nec sibi invicem literas eulogias vel quaelibet munuscula accipere aut dare sine praecepto abbatis.

Zisterzienserklöster, zur Verwaltung ihrer Güter Höfe, in den Dörfern eigentliche Bauhöfe (grangiae), in den Städten Geschäftsstuben, Gefällverwaltungen und Absteigequartiere unterhalten haben, zwischen denen selbst und den Klöstern Botenverkehr bestanden haben muß. Beispielsweise unterhielt das Zisterzienserkloster Schönau (Amt Heidelberg) in Frankfurt eine Geschäftsstube, weil die Kaiser oft dahin kamen und die Mönche Gelegenheit haben wollten, deren Hilfe in ihren Bedrängnissen anzurufen, zugleich benutzten sie den Meßverkehr zur Deckung ihres Bedarfs an Kleidungsstoffen und Kirchengeräten. Zu Worms hatten sie einen Hof, weil sie zu diesem Bistum gehörten und in vielen Verhältnissen zu der dortigen Geistlichkeit standen. Der Hof zu Speyer war notwendig, weil Schönau auch in diesem Bistum Gefälle und einige Besitzungen hatte, derjenige zu Heidelberg endlich wegen der Residenz der Pfalzgrafen und der bequemen Oberaufsicht über die Bauhöfe des Klosters an der Bergstraße.[145] Das Bestreben der Ordensoberen endlich, den begabten Ordensgenossen den Besuch der Universitäten zu ermöglichen, führte zur Errichtung von Studienhäusern[146] und Vergünstigungen aller Art an den Hochschulen und dadurch zu näheren Beziehungen zwischen diesen und den Klöstern. Bis gegen Ende des vierzehnten Jahrhunderts blieb Paris[147] im wesentlichen die hohe Schule für den Zisterzienserorden. So waren nach dem Erlaß des Generalkapitels von Citeaux (1322) sämtliche eine eigene Schule unterhaltenden Zisterzienserklöster verpflichtet, zwei Religiosen nach Paris[148] zu entsenden. Nach Errichtung des Jakobskollegiums wurden sie veranlaßt (1387), wenigstens je einen Religiosen nach Heidelberg zu entsenden. Als die Reformation in Heidelberg Boden gewann, wurde die Universität den Zisterziensern im Jahre 1523 verboten. Im ganzen haben 442 Angehörige der

[145] Z. O. Bd. 7, S. 30 u. 31. Auch Kloster Salem hatte eine Reihe von Pfleghöfen in Dorf und Stadt. Ebenso St. Georgen, Lorsch usw.

[146] Zur Gesch. des St. Jakobskoll. v. K. Obser. Z. O., N. F., Bd. XVIII, S. 434/450.

[147] Kollegium St. Bernhard, das den Mönchen Unterkunft in klösterlicher Gemeinschaft gewährte. Obser.

[148] Abt Jodokus von Salem erklärt 18. Juni 1518, daß die Salemer Mönche von altersher in Paris zu studieren gewohnt seien und appelliert gegen die Überweisung von zwei Religiosen nach Heidelberg an das Generalkapitel. Siehe Urkunde bei Obser, a. a. O.

badischen Zisterzienserklöster Salem, Schönau[149], Eberbach, Bronnbach, Tennenbach und Raithaslach ihre wissenschaftliche Ausbildung im Jakobsstift erhalten, wodurch naturgemäß Boten- und Reiseverkehr zwischen den angeführten Orten und Heidelberg hervorgerufen worden ist. Von 1560 bis 1622 entsandte Salem sodann seine Religiosen an das Gymnasium und die Universität Dillingen, die einen regen Briefwechsel nachweisbar mit Salem unterhalten haben. [150] Die jungen Domherren gingen im allgemeinen ebenfalls fünf Jahre nach Paris, während die Konstanzer Stiftsherren sowie die Studierenden anderer Klöster italienische Universitäten besucht haben. Schließlich sind noch die regen Beziehungen des badischen Adels zum deutschen Orden in Ost- und Westpreußen zu erwähnen, die vom Ende des dreizehnten Jahrhunderts ab zu vielfachem Brief- und Botenverkehr Anlaß gegeben haben. Eine Reihe junger Edelleute aus den Geschlechtern von Falkenstein, von Tettingen[151], von Helmstadt, von Gemmingen, von Eppingen, von Remchingen, von Baden, von Landenberg, von Mentzingen, von Hausen — auch ein

---

[149] Das Aufforderungsschreiben des Abtes von Schönau (26. 4. 1518), die Scholaren binnen 30 Tagen in das Jakobskolleg zu schicken, wird „per cursores nostros" überbracht, in betreff deren es sodann heißt: „uxta laudabilem consuetudinem hactenus introductam provideant stipendiis secundum quantitatem itineris a viciniori monasterio, secundum cursus exigentiam ad vos usque confecti, sommam insuper stipendii, precii seu vie confecte per leucarum numerum registro siue matricule dicti cursoris fideliter assignando, quamquidem matriculam seu caucionem cursor ipse omnibus vobis et singulis ob iuramentum prestitutum fideliter exhibere debet et tenetur, ne vel ipse vel collegium prefatum . . . . damna perpeti cogantur. Obser, a. a. O., S. 447.

[150] Bez. des Kl. Salem zur Universität Dillingen. Z. O., N. F., 59, 1905. S. 273.

[151] Zu bemerken die weitverzweigte Korrespondenz Werners von Tettingen, obersten Komturs und Spittlers zu Elbing; ferner Brief des Deutschmeisters von Horneck aus an den Hochmeister, woraus hervorgeht, daß er einen vom Hochmeister empfangenen Brief dem pfälzischen Rat Weyprecht von Helmstadt übergeben hat. Sendung des Johann von Remchingen (1455), um für den Hochmeister Geld aufzutreiben. 5. 10. 1455 bevollmächtigt der Hochmeister den Hans von Remchingen usw., die Balleien an der Etsch und zu Österreich zu verpfänden. Am 19. April (1456) schrieb der Komtur zu Freiburg (Breisgau) an den Hochmeister wegen der Entsendung der beiden Grafen von Tübingen nach Preußen. Vgl. Z. O., N. F., Bd. XVIII, S. 252 ff.

[152] Voigt, Gesch. Preußens, V, S. 359.

[153] Wenn der Orden für deutsche Fürsten Falken als Geschenke sandte,

Markgraf von Baden wird genannt — zogen als Streiter an die Grenze von Litauen dem Orden zu Hilfe (1381).[152] Niemals, wenn der Orden in Gefahr war, fehlten unter den Ordensstreitern die Söhne aus dem Bereiche des heutigen Baden. Ohne ausführliche Einzelnachweise dürfte diese Tatsache den Botenverkehr zwischen Baden und dem Ordenslande bestätigen.[153] Ebenso hat zwischen den Komturen der Deutsch-Ordensballei Elsaß-Burgund[154] untereinander sowie zwischen ihnen und den Landkomtur in Altshausen sowie dem Deutschmeister erwiesenermaßen ein reger Briefwechsel in den Angelegenheiten ihres Ordens, der Verwaltung ihrer einzelnen Häuser, der Beisteuer an die Ordenskasse, der dem Kaiser zu leistenden Kriegszüge usw. stattgefunden. Einen Beweis hierfür bietet die Angelegenheit des widerspenstigen Komturs von Homburg (1530—44) auf der Mainau und nachmals in Beuggen, wegen dessen Aufnahme und Auszugs in den Krieg gegen dreißig zwischen ihm und dem Landkomtur gewechselte Briefe erhalten sind.[155] Als Beförderer der Briefe sind genannt: einfach „botten", wahrscheinlich der jedem Ordensritter zustehende besondere Diener, „hoffmaister und schreiber", einmal ein Leutnant und Ordensbruder als „zaiger diß brieffs", der mündlich dem Landkomtur jedenfalls wichtige Nachrichten überbringen sollte. Es bestand im Deutschorden ebenfalls die Sitte, den Tod von Mitgliedern durch den „Totenbrief"[156] den Ordensangehörigen mitzuteilen, wobei der Beförderer vom Sitze des Landkomturs die einzelnen Ordenshäuser der Reihe nach zu besuchen hatte.[157]

---

so fehlten darunter die Falken für den Markgrafen von Baden nicht. Zwei badische Geschlechter Eppingen und Hausen haben durch Jahrhunderte in einem Zweige in Preußen fortgeblüht. Z. O., a. a. O.

154 Im Jahre 1331 sind als Kommenden aufgeführt: Beuggen, Suntheim, Köniz, Summiswald, Bern, Altshausen, Mainau, Hitzkirch, Basel, Freiburg, Mülhausen (Els.), Gebweiler, Kaysersberg, Andlaw und Straßburg. Roth von Schreckenstein in Z. O.

155 Z. O., Bd. 27, S. 349—382.

156 „Ich hab auch, als ich ihres absterbens bericht worden bin, meinen vogt nit bey mir gehapt vnnd bin darneben also betriebt gewesen, das ich den todtenbrieff nit hab thünden schreiben." 4. 12. 1542. Z. O., Bd. 27, S. 360.

157 Die Ballei Elsaß-Burgund war an Umfang und Güterbesitz eine der bedeutenderen; zehn Komture standen unter dem Landkomtur (in Altshausen). Betreffs der Botenleistungen zu vergleichen Schreiben des Hochmeisters datiert von Marienburg (1400). In der Rechnung des Hauses Beuggen 1593/94 ist vermerkt für: „Gemeine zörung und botenlohn 225 ℔ 3 β 8 ₰", was eine sehr beträchtliche Summe darstellt.

Weitere Entwicklung des Botenverkehrs.

Im weiteren wetteiferten schon seit dem neunten Jahrhundert ab mit den reichen Klöstern die zu bedeutender Macht gelangten Kirchenfürsten in der Entfaltung künstlerischen Aufwandes bei Herstellung und Ausschmückung ihrer Dome und Palais. Es genügt, daran zu erinnern, daß die sieben[158] Kirchenfürsten am Rheine, bzw. an den Grenzen des heutigen Baden, deren Diözesen Teile unseres Landes umfaßten, Landesfürsten wurden, daß ihre Macht unter den ersten Sachsenkaisern sich immer mehr ausdehnte und sie selbst im zehnten bis dreizehnten Jahrhundert eine führende Rolle in der Geschichte des deutschen Reiches spielten. Ich erinnere ferner an die berühmten Baudenkmäler aus jenen Jahrhunderten, an die Klosterkirchen zu Reichenau-Oberzell, Petershausen, Hirsau, an die Dome von Konstanz und Speyer, an die Münster von Freiburg, Überlingen, Straßburg, Worms, die Klosterkirchen von Tennenbach und Bronnbach u. a., an die weit über Schwaben hinaus bekannte Malerschule in Reichenau, an die vielfachen Aufträge der Kirche an die Goldschmiedekunst, Glasmalerei, Stickerei, Weberei, Holzschnitzerei, und es erhellt von selbst, welche Förderung hieraus dem Verkehr erwachsen ist, in erster Linie demjenigen innerhalb der Rhein- und Donaugegenden sowie nach und von Italien.

Daneben darf nicht unerwähnt bleiben, daß innerhalb der heute badischen Grenzen der unter den Hohenstaufen die Dichtkunst pflegende Adel lebhaften Anteil an den Kulturarbeiten genommen, und wenn die Schlachten geschlagen waren, an den zahlreichen Höfen sich zu Sang und Sage versammelte. Ist ja doch die Große Heidelberger Liederhandschrift (Manessische) wahrscheinlich am Hofe des sangesfrohen Bischofs von Konstanz (v. Klingenberg 1293—1306) entstanden, und mit Minnesang ist Wander- und Reiselust unzertrennlich verbunden gewesen. Dagegen hat die breite Masse des Bürgertums in Stadt und Land wie in Politik und Kunst, so auch im Verkehrswesen vor Beginn des vierzehnten Jahrhunderts im Verhältnis zu Adel und Geistlichkeit keine Bedeutung erlangt. Es lag dies unter anderem auch daran, daß es an einer allgemeinen Volksschulbildung gefehlt hat, die wenig-

---

[158] Nämlich Konstanz, Basel, Straßburg, Speyer, Worms, Mainz, Würzburg.

stens der großen Masse die Kenntnis des Lesens und Schreibens vermittelt hätte. Soweit ein Schuldienst (abgesehen von den Gelehrtenschulen) überhaupt bestand, so war er vielfach auf dem Lande wie auch in den kleinen Flecken und Städtchen nur ein Nebendienst[159], den irgendein Bürger oder Handwerker neben seinen eigentlichen Berufsgeschäften übernahm. Da überdies die Urkunden und wichtigeren Schriftstücke bis Mitte des dreizehnten Jahrhunderts, wo allmählich die deutsche Sprache in Aufnahme kam[160], lateinisch abgefaßt wurden, die

[159] In Grötzingen (Amt Durlach) klagte man beispielsweise noch um 1700, der Schullehrer könne nicht rechnen und die lateinische Schrift nicht lesen. Von Rußheim heißt es: es sei zweifelhaft, ob der Lehrer alle geschriebenen Briefe lesen könne. Von Spöck dagegen: Schulmeister muß Alles schreiben, was in Fleckens Sachen zu schreiben ist. Kirchenvis. Akten. Z. O., Bd. 23, S. 218.

[160] Die erste und nächstliegende Form, in welcher der schriftliche Gebrauch des Deutschen allgemein wurde, war die des Briefes. Der Briefverkehr in deutscher Sprache begann in der Mitte des vierzehnten Jahrhunderts, und schon am Ende desselben hatte er über das Lateinische den Sieg davongetragen. Die Bildung hatte sich durch die Entwicklung des Verkehrs weiter ausgebreitet .... Die ersten deutschen Briefe waren von den Urkunden nicht scharf unterschieden. Daher bewegten sich die Briefe auch sehr lange in steifen geschäftlichen Formen; und wie die deutschen Urkunden aus dem Lateinischen, so entwickelten sich auch die deutschen Briefe aus denen in der Gelehrtensprache. Kommen ja die Wörter „schreiben" (scribere) und Brief (brevis) aus der Sprache Roms. Langsamer als im privaten siegte die deutsche Zunge im öffentlichen (amtlichen) Briefverkehr; im Süden langsamer als im Norden. Lateinische Formen und Floskeln blieben noch lange an den Briefen hängen. Früher wurden sie nur auf Pergament geschrieben, später auf das billigere Papier. Dr. Otto Henne am Rhyn, a. a. O. „Frauenbriefe und Liebesbriefe sind es, in denen zum erstenmal deutsche Sprache leise anklingt, beides höchst wichtig und bedeutsam." Die ersten Spuren siehe in Briefsammlung Wernhers von Tegernsee (12. Jahrh.). Sodann hat sich „die Minnepoesie — als Kunstdichtung — früh der Briefform bemächtigt, welche sehr geeignet war, die wechselnden Liebes-Themata darin zu behandeln". Aber wie die Liebe eine deutsche Briefpoesie schuf, so entsteht durch die Mystiker (am Anfang des 14. Jahrh.) oder besser leuchtet auf, um fast spurlos zu verschwinden, eine gute deutsche Briefprosa. ... Es waren ziemlich weite Kreise, Laien und Geistliche, Frauen und Männer, die von dem neuen Geiste beseelt waren. ... Man kann fast von einer **Organisation** des mystischen Briefverkehrs sprechen, schon aus dem Grunde, weil nicht jeder Bote sein durfte. Mit der Mitte des 14. Jahrhunderts beginnt der **allgemeine** Briefverkehr allmählich in **deutscher** Sprache geführt zu werden. 1421 schreibt der Rat von Nürnberg an die Stadt Tachau: „Ewr lateynischer brief usw. ist vns keglich zu hören". Steinhausen, ebenda S. 6/26.

sich der Mann aus dem Volke ohnehin vorlesen und erklären lassen mußte, so hatte er zunächst auch kein besonderes Interesse daran, schreiben und lesen zu lernen.[161] Außerdem herrschte vielfach Abneigung gegen das Lernen wie gegen die Schulen. Die Ärmeren sahen beides als zeitraubend und überflüssig an, die Ritter betrachteten es als Beschimpfung ihrer Standesehre und die Geistlichen als Wegweiser zum Unglauben. Erst der Humanismus half den Widerwillen gegen den Schulbesuch brechen. Bei der infolgedessen gering entwickelten und nur einseitig in den Studierstuben der Mönche und Gelehrten geübten Schreibkunst ist es nicht zu verwundern, daß bis in das Mittelalter hinein organisierte Briefbeförderungsanstalten für die Allgemeinheit in Baden wie anderwärts mangels eines ausgesprochenen Bedürfnisses nicht aufgekommen sind. Der gemeine Mann bediente sich bis zum vierzehnten Jahrhundert der allerdings unzuverlässigen, aber einfachen und billigeren mündlichen[162] Bestellung mittels der allzeit vorsprechenden Handwerksburschen, der fahrenden Schüler, der von Haus zu Haus sammelnden[163] Wallfahrer, der hausierenden Juden und der ungemein zahlreichen Fuhrleute. Die Ritter dagegen hatten ihre Knappen, die Bistümer und Abteien ihre Mönche und Laienbrüder zur Nachrichtenbeförderung. Man schrieb damals auch nur, wenn etwas Wichtiges vorlag, das die Aufwendung für die Absendung eines Boten lohnte.[164] Manchmal wurde dieser nur

[161] „Man hat zwar wohl Schulen für den niedrigen Stand, wo ihm die Religion eingebläuet wird und er kümmerlich lesen und schreiben lernet: aber zu seinem bevorstehenden bürgerlichen Leben bekommt er gar keine Anweisung. Und der gesittete Stand muß sich entweder gelehrt erziehen lassen, oder er muß ganz roh und unbearbeitet die Geschäfte selbst antretten und durch die Erfahrung späth klug werden", heißt es noch im Beitrag zur Geschichte der Reichsstädte. Ulm 1775. S. 389/99.

[162] Das niedere Volk setzte noch lange in die mündliche Bestellung größeres Vertrauen als auf das mit Zeichen bedeckte Pergament oder Papier; noch im 14. Jahrhundert sah es mit Scheu darauf. Steinhausen, Geschichte des deutschen Briefes.

[163] Ordnung des Bettelvogts in Baden um 1528: „Er soll auch dheinem frembden Jakobs- oder Michelsbruder (Wallfahrer nach S. Jago de Compostella u. Mont S. Michel in der Normandie) nit mer dann einen tag allhie zu samlen gestatten". Z. O., I, S. 158.

[164] . . . . hab ich dozumoll nichts sonders zu schreiben gewußt, das einer bottschaft wert were. Jakob Sturm an Philipp von Helmstadt. 3. Jan. 1546. Z. O., N. F., Bd. 57, XVIII, S. 79/80. Man benutzte nicht Bogen,

mit einem mündlichen Auftrage bedacht, falls die Natur der Mitteilung oder die Stellung des Absenders oder Empfängers dies ratsam erscheinen ließ. So empfiehlt Erasmus dem Reichsvizekanzler Merklin (später Bistumsverweser zu Hildesheim) in einem kurzen Schreiben aus Basel (vom 15. III. 1529) nach Konstanz einen jungen Mann, der ihm über seine — des Erasmus — Angelegenheiten Mitteilungen machen werde, da es nicht geraten sei, solche der Feder anzuvertrauen.[165] Die Gelehrten insbesondere, die weitreichende Beziehungen, aber nicht die Mittel hatten, sich eigene Boten zu halten, waren in der Hauptsache auf den Gelegenheitsverkehr angewiesen.[166] Die vielen Gebietsherren und Städte[167], nicht selten auch begüterte Privatleute, wählten sich bei

sondern Blätter, die nur auf einer Seite beschrieben und in ein Rechteck zusammengefaltet wurden, die unbeschriebene Seite nach außen, die vorne mit der Adresse und hinten mit dem Siegel, das man gerne mit einem Faden befestigte, versehen wurde. Nachschriften wurden meist auf kleinen Zetteln angebracht, die man in den Brief einlegte. Der Stil der Briefe war schwerfällig und oft weitschweifig; die Satzbildung war mangelhaft, Flickwörter waren sehr gebräuchlich. Große Fortschritte machte der Briefstil im 15. Jahrhundert. Ein Brief mit Nachrichten über wichtige Ereignisse war oft an mehrere Empfänger gerichtet und wurde dann von einem zum andern weitergegeben. Henne, a. a. O. Vgl. ausführlicher hierüber Steinhausen, a. a. O.

[165] Die Briefe bedeutender Persönlichkeiten zu sammeln, wurde schon sehr frühe üblich; so sammelte die Schwester Heinrich Susos (Predigerorden) die von ihrem Bruder an sie und andere gerichteten Briefe und gab sie heraus (1362 oder 1363. Freib. Diözes., Bd. 3, S. 15). Die erste Briefsammlung in deutscher Sprache besitzen wir von Heinrich von Nördlingen (Weltpriester in Basel, um den sich ein großer Kreis namentlich von Frauen wie um einen Propheten geschart hatte), Margarethe Ebner, Nonne in Medingen und ihrem Kreise.

[166] So schreibt Joh. Heysterbach an Peter Luder unterm 10. Juli 1462: adhuc alia volui vobis etiam scripsisse, sed quia hospes vester immediate fuit recessurus, tempus non patiebatur. In einem Briefe Luders vom 5. und 6. Sept. 1460 heißt es: Nudius tertius ad te scripsi litteras quibus et carmina cum certis signis a me composita una mittere pollicebar, sed quod lator earundem neglexit, per presentem adimplere curavi. In einem Briefe des Jo. Albertus v. 7. XII. 1457 heißt es Eingangs: Cum celeriter hinc nuncius abire decrevisset seque illam petiturum civitatem dixisset, arrepto quam primum calamo has ad te scriptitavi litteras. Mat. berichtet an Arriginus aus Heidelberg (1457 März oder Ende Februar): Cum nuper Heydelberga (?) me recepissem, nihil habui antiquius quam litteras tuas Petro Luder nostro a te missas perferre . . . . usw. usw.

[167] Im Jahre 1432 suchte man in Frankfurt (Main) einen Boten, der

Reisen auf weite Entfernungen einen geeigneten, des Wegs kundigen Mann aus, der die geschriebene Botschaft wohl meistens zu Pferd zu übermitteln hatte, nicht ohne daß ausdrücklich an den Adressaten die Bitte in dem Schreibebrief gerichtet war, die Antwort „bey disem potten"[168] zu erteilen. Es ist klar, daß bei solchen „Posten" von einer Regelmäßigkeit des Abgangs oder des Kurses keine Rede sein konnte, während die Ausgaben bei weiteren Strecken erheblich waren. Die vielfachen Mängel der Wege, ebenso das Fehlen der Wegweiser verhinderten ohnedies das rasche Vorwärtskommen, und je nach Lage der Sache mußte der Bote am Bestimmungsorte bis zum Empfange der Antwort tagelang stillliegen, was weitere Zehrkosten für Mann und Pferd mit sich brachte. Die Ziele solcher Expreßreisen waren naturgemäß sehr verschieden; vielfach waren es das oftmals wechselnde Hoflager und die Absteigequartiere des Kaisers, der Landesfürsten, die Aufenthaltsorte der Bischöfe und Äbte, der Sitz der Hof- und anderen Gerichte sowie Rom, bzw. Avignon. Welche nach damaligen Verhältnissen bedeutenden Wegestrecken von den Boten zurückzulegen waren, zeigen nachstehende Auszüge. Unter dem 28. März 1388 gebietet König Wenzel von Amberg aus, auf Ansuchen des Johann von Krenkingen, diesen in dem neuerteilten Münzschlagungsrechte nicht zu hindern, also Wegestrecke Thiengen—Amberg—Thiengen. Unter dem 12. März 1426 bekennt König Sigmund in einer von Wien aus datierten Urkunde, daß die Botschaft des Bischofs Otto von Konstanz vor ihm erschienen sei, also Wegestrecke Konstanz—Wien—Konstanz. Am 27. März 1452 bestätigt König Friedrich III. die Privilegien der Stadt Thiengen mit Urkunde aus Rom „Daz für vns kumen ist vnser vnd des Reichs lieber getreur Bilgrin von Heudorff zu Tungen". Also Wegestrecke

im Odenwald, Schwaben, Franken und im Elsaß Bescheid wisse; ein solcher fand sich in der Person des Cuntz Mul von Meckesheim (Baden). Faulhaber, a. a. O. Erasmus von Rotterdam hielt sich seinen eigenen Boten, den er mit der verhältnismäßig hohen Summe von jährlich sechzig Goldgulden bezahlte.

[168] Oder „wollen mir by dem botten zue wissen tun"; „davon wellet mir solch ewern brief bey disem meinen diener zuschickhen". Ebenso in dem Schreiben der vier rheinischen Waldstädte an Herzog Sigmund von Österreich (1463) „hierumb uwer furstlich gnade wir demüticlich mit sonderm ernst pittende, dieselben potten in vnsern anligen gnediclich zehören 2c. vnd mitsonder solich potten fürderlich von statt zevertigen, als wir ein unzwinklich getrewen vnd hoffen haben". Z. O., Bd. 5, S. 488ff.

Thiengen—Rom—Thiengen. Endlich schickte das Kloster Salem den Mönch Konrat nach Sizilien, um für Salem und Thennenbach die Bestätigung der Besitzungen zu erwirken. Die Urkunde wurde von Friedrich II. in Catanea (Sizilien) ausgestellt und später (13. VII. 1216) in Konstanz bestätigt. Also Wegestrecke Salem—Catanea—Salem, und zahllose andere.

Mit dem Aufkommen der Märkte und Messen änderte sich die Sachlage wesentlich zugunsten eines mehr regelmäßigen und billigeren Gelegenheitsverkehrs. Die feststehenden Zeiten der Märkte und Messen, die mit solchen bevorzugten Städte[169], der Aus- und Durchzug der karawanenartig reisenden Kaufleute und ebenso die einzuschlagenden Wegerichtungen waren bekannt, und da die Nachrichtenübermittelung nur nebenbei erfolgte[170], so konnte sich die in jedem einzelnen Fall zu vereinbarende Beförderungs-

---

[169] Wir dürfen bei der Nachforschung nach dem Entstehen und Anwachsen des Verkehrs (in Baden) nicht in den Fehler verfallen, diesen, solange wenigstens der Meßhandel allein oder vorwiegend herrschte, lediglich nach der Größe oder dem Wachstum der Städte schätzen zu wollen. Der Meßhandel hat oftmals nicht den Anlaß zum Entstehen oder Wachstum von Städten gegeben. Beispielsweise ist die „Baie", das Ziel der Hanseaten, nie über ein Zelt- und Budenlager hinausgediehen (Hirsch, Danzigs Handelsgeschichte). Die so berühmt gewesenen Meßorte der Champagne (Bar, Troyes, Provins, Lagny) sind nicht zu großen Handelsstädten erstarkt, noch heute ist Nischnei-Nowgorod außerhalb der Meßzeit eine verlassene Stadt. Der kleine Flecken Zurzach ist bis zum Beginn des 19. Jahrhunderts vorzugsweise der Vermittlungsort des oberrheinischen und schweizerischen Verkehrs gewesen. Villingen ist noch über hundert Jahre ein Dorf geblieben, trotzdem es (999 von Kaiser Otto III.) ein kaiserliches Marktprivileg erhalten hatte (Gothein, Wirtschaftsgeschichte des Schwarzwalds).

[170] Besonders vermittelten nachweisbar die **Buchhändler**, die ebenso wie die übrige Kaufmannschaft die Messen besuchen und dort ihre Geschäfte abschließen mußten, den brieflichen Verkehr der Gelehrtenwelt auf den Messen wie auf ihren größeren Geschäftsreisen, vielleicht wurden die Briefe auch wohl von persönlich anwesenden Gelehrten bei den Überbringern abgeholt. „Bis in die neueste Zeit hat dieser Postdienst des Buchhandels gedauert; erst das billige Porto hat ihm ein Ende bereitet." Vgl. Knapp, a. a. O.: „Unzählig sind die Notizen darüber in den gedruckten Briefwechseln des 16. und 17. Jahrhunderts; der Jenaer Buchhändler Konrad König sagt 1558, daß «er viel briev die messe pflege hinabzuführen» (nach Frankfurt a. Main) und «wan es messe Zeit ime von vilen orthenn briebe hinabzuführen zugeschickt wurden». Der Wittenberger Buchführer Jost Sturtzkopff z. B., der von 1545 bis 1555 regelmäßig Dänemark mit einem Bücherlager besuchte, besorgte dabei die Korrespondenz und die Geschäfte zwischen Bugenhagen und Christian III."

gebühr in mäßigen Grenzen halten. Das heutige Baden war in dieser Hinsicht günstig daran. Die Handelszüge zu den bedeutenden Messen in Straßburg, Speyer und Frankfurt führten durch Baden hindurch oder am Rheine entlang, und auf den Messen der Schweiz, Frankreichs, der Niederlande und von Italien (Troyes, Lyon, Gent, Brügge, Antwerpen usw.) waren die „Schwaben" bekannte Besucher; dazu kamen die vielen Märkte in Baden selbst, von denen manche mit der Zeit eine achtungswerte Bedeutung erhielten, wenn sie sich auch mit den obenerwähnten Weltmärkten natürlich nicht messen konnten.[171]

Sodann führten teils das wachsende Verkehrsbedürfnis, teils die stadtpolitischen Verhältnisse in einer Reihe von Städten (Stadtrepubliken) zur Einrichtung **städtischer Botenanstalten**, nach dem Vorgange der großen Reichs- und Handelsstädte Augsburg, Nürnberg, Köln, Straßburg[172] und Frankfurt[173], in denen sich das städtische Botenwesen, entsprechend ihrer Bedeutung auf dem Gebiete des gewerblichen und kaufmännischen Verkehrs, zur höchsten Blüte entfaltete. In den städtischen Boteneinrichtungen tritt uns zum erstenmal eine neuzeitliche Auffassung von der Wichtigkeit des Beförderungsvertrags sowie des zu befördernden Gegenstandes, ebenso von der Verantwortlichkeit der Beförderer entgegen. Diese wurden unter obrigkeitliche Aufsicht gestellt, **in Eid**[174] und **Pflicht** genommen und

[171] Die ältesten badischen Städte (wie Konstanz, Rinka [bei Sulzburg], Valletor [bei Schwarzach] — beide ausgegangen — Allensbach, Radolfzell, Villingen, Freiburg, Breisach, Neuenburg, Fürstenberg [Neudingen], Geisingen, Hüfingen, Bräunlingen, Vöhrenbach, Löffingen, Neustadt, Waldshut, Ettenheim, Kenzingen, Endingen, Sulzburg, Waldkirch, Malberg, Lahr, Oberkirch, Oppenau, Steinbach, Baden, Pforzheim) sind teils als Kauf-, teils als Burg- und Marktstädte gegründet worden. Der Handel ist ursprünglich die maßgebende Tätigkeit in diesen Städten gewesen. Zu den Kaufleuten zählten damals auch die Handwerker. Vgl. ausführlich bei Gothein, a. a. O.

[172] In der Ordnung der Stadt Straßburg aus dem 12. Jahrhundert wird die Verpflichtung der Stadt, dem Bischof 24 Boten zu stellen (das feudum portandi litteras) genau erwähnt (v. Kirchenhain, a. a. O.).

[173] In Frankfurt (Main) gab es städtische Boten seit 1385; wenigstens sind von diesem Jahre ab sogenannte Botenbücher vorhanden, in denen gewissenhaft die Botenlöhne verzeichnet sind (Faulhaber, a. a. O.).

[174] Potten aidt: die potten sollen schwören ainen aidt leiblich zu gott und den hailigen, daß sie **brief, schreiben, zins und gelt**, so inen übergeben werden, an endt und orten, dahin sie gehörig, ohn allen ufhalt getrewlich

für die anvertrauten Gegenstände **haftbar** gemacht; außerdem wurde die Benutzung der Botenanstalt — und das war der wichtigste und wesentlichste Fortschritt in der Verkehrsfrage — in der Folgezeit **jedermann** gegen Zahlung **der amtlich festgesetzten Gebühren** freigestellt, während allerdings zunächst die Gemeindeverwaltung die Boten ausschließlich für sich beansprucht hatte.

Städtische Boten.

Wir machen hinsichtlich der Einführung der städtischen Boten die gleiche Erfahrung wie später bei den Taxisschen Posten, daß sie nämlich nicht Rücksichten auf Verkehrsbedürfnisse, sondern dem Zwange der politischen Lage ihre Entstehung verdanken. In den unruhigen Zeiten des zwölften und dreizehnten Jahrhunderts, in denen die besten Kräfte der deutschen Kaiser und Stämme durch die vielen Kriegszüge nach Italien, die Kreuzzüge, die Streitigkeiten mit den Päpsten usw. verzehrt wurden, schien die Gelegenheit für die Landvögte, für Fürsten und Adel besonders günstig, die Hand nach den namentlich seit Beginn der Kreuzzüge zu größerem Wohlstand gelangten Städten auszustrecken. Diese wurden somit zu ihrer Selbsterhaltung, zur Wahrung ihrer unmittelbaren Reichsfreiheit wie zur Abwehr drohender Angriffe genötigt, Bündnisse einzugehen, um in Ermangelung anderer Hilfe sich selbst zu helfen. Diese Bündnisse zeitigten von selbst Botenverkehr zur Übermittelung der gegenseitigen Anliegen, Anfragen, Ratschläge, Einladungen zu Zusammenkünften, der Beschlüsse wegen Kostenverteilung, Bevollmächtigungen usw. Im weiteren Verlaufe dienten die Städtebündnisse dem allgemeinen Verkehre insofern, als sie sich zur Aufgabe machten, die Durchgangsstraßen von den adeligen Wegelagerern, „die sich aus Straßenraub ein Lust- und Ritterspiel machten“, „deren Schlösser Verwahrungsorte öffentlich geplünderter Kaufmannsgüter wurden“, zu reinigen und die Straßensicherheit im Interesse des Transportverkehrs wiederherzustellen. Besonders schlimm stand es in diesen Zeiten in Schwaben. Da niemand seines Lebens sicher war, so waren die Kauf- und Fuhr-

uberandt worten und nichts underschlagen oder in iren nutz verwenden sollen. Si sollen auch in gehaimen sachen verschwigen sein und der statt glait (Geleitsbriefe) fleißig verwahren und niemandts anderem übergeben, alles erbarlich, getrewlich und ungefahrlich. Oberrh. Stadtrechte, II. Villingen, S. 156.

leute genötigt, sich des Geleits[175] zu bedienen, und die Städte, solches zu geben[176], wodurch sie für erlittenen Schaden haftbar wurden. Hierdurch entstand von selbst Geleits- und Botenverkehr. Welcher gemeindeamtliche Nachrichten- und Reiseverkehr sich hieraus ergeben haben muß, ersehen wir aus dem Umfang der Städteverbindungen, im Norden die Hanseaten, im Süden der rheinische und schwäbische Städtebund[177], der Anzahl der Bündnisse und den vielfachen Vorschriften für nach auswärts entsandte Botschafter.[178] Die Verkehrsrichtung innerhalb unseres Landes ergibt sich aus der Lage der beigetretenen Städte, von denen innerhalb des heutigen Baden vor allen Konstanz, Überlingen, Pfullendorf, Breisach, Freiburg, Wimpfen, Offenburg, Gengenbach, Zell (Harmersbach), Mosbach, Heidelberg zu nennen sind, zur Gesamtheit und den Vororten des Bundes sowie den ausschreibenden Städten[179], so daß wir einen Botenverkehr innerhalb der Bodenseestädte, zwischen diesen und den Hauptstädten von Schwaben und Franken Augsburg—Ulm—Nürnberg sowie den Rheinstädten Basel—Straßburg—Worms—Mainz—Frankfurt annehmen müssen.

Die nach zweihundertjährigen, ungeheure Opfer erfordernden Kämpfen erfolglos verlaufenden Kreuzzüge haben die unterbrochene Verbindung zwischen Abendland und Morgenland wiederhergestellt

---

[175] Wie das Stadtrecht so ist das Geleitsrecht (sowie die daraus entspringenden Pflichten) aus dem alten „Marktfrieden", der den zum Markte wandernden Kaufmann begleitete, hervorgegangen. Gothein, a. a. O.

[176] Anm. über die Gesch. der Reichsstädte, a. a. O., S. 169. Zu dem Zwecke sind in vielen Städten bis ins 18. und 19. Jahrhundert hinein besoldete Reiter, Einspännige und Ausreiter gehalten worden.

[177] Von den Bündnissen der Städte am Rhein und in Schwaben seien kurz erwähnt 1254 das berühmte Bündnis zwischen Mainz, Worms, Speyer, Frankfurt und mehr als 60 anderen, diejenigen von 1327, 31, 53, 56, 66, 70, 1, 3, 4, 6, 9, 81, 2, 4, großer Städtetag zu Konstanz, Vereinigung der Bodenseestädte Ulm, Konstanz, Überlingen, Ravensburg, Lindau, St. Gallen, Wangen, Buchhorn, Reutlingen, Rottweil, 87, 8, 1395, 7, 1400, 6, 9, 10, 31, 34, 39, 43, 46, 55, 59, 88, 90, 6, 1500 usw., an denen jeweils die schwäbischen oder rheinischen Städte oder beide zusammen beteiligt waren.

[178] Vor allem daß sie nicht allzu ungebührlich auf Stadtkosten zechen und zehren sollten.

[179] Zu denen in Oberdeutschland Straßburg, Nürnberg, Frankfurt, Ulm gehörten, die das Recht hatten, Zusammenkünfte auszuschreiben, andere Städte zusammenzuberufen, Beschlüsse zu vollziehen, Klagen entgegenzunehmen, Ratschläge zu erteilen usw.

und in Süddeutschland jenen ungeahnten Aufschwung des **Verkehrslebens**, somit die Grundbedingungen der Nachrichten- und Personenbeförderung herbeigeführt, dessen Rückwirkungen im heutigen Baden nachweisbar waren.[180] Dem Kreuzfahrer folgte der Kaufmann und die von den ausziehenden Kreuzfahrern entleerten Schiffe füllten sich mit den Erzeugnissen des Orients, nach denen sich die Zurückgekehrten sehnten und die den Zurückgebliebenen bald ebenso unentbehrlich wurden. Waffen und Harnische wurden die wichtigsten Ausfuhrgegenstände, das Waffenschmiedehandwerk wie andere Gewerbe kamen zu Bedeutung und die bisher verachteten Kaufleute und Geldwechsler stiegen in dem Maße an Ansehen, als sie wohlhabender wurden und man ihrer bedurfte. Wo aber Gewerbe und Kunstfertigkeit blühen, wo Geld- und Kaufmannsgeschäfte gedeihen, ist Nachrichtenaustausch und Reiseverkehr unausbleiblich, namentlich von dem Zeitpunkt ab, von dem an die Einrichtungen der festen kaufmännischen Genossenschaften (Hansen) es ermöglichten, daß der Kaufmann nicht mehr **in Person** den Waren-

[180] „In materieller und wirtschaftlicher Beziehung drängt sich Reichtum und Überfluß zusammen, das geistige Leben blüht herrlich empor, Erfindungen und kühne Unternehmungen folgen einander in raschem Wechsel, man strebt hinaus über das Gewöhnliche und Hergebrachte, das Bürgertum sucht tiefere Bildung, während der Klerus immer entsetzlicher verrohte und verkam .... Der Aufschwung machte sich auch im Briefe geltend, der getreu die Entwicklung unseres Volkes ausdrückt .... Der deutsche Brief um 1500 trägt einen freien, lebhaften und beweglichen Charakter, der sich auch in der besseren Beherrschung der Sprache, in Stil und Ausdruck zeigt .... Der deutsche Brief beginnt sich zu voller Blüte um diese Zeit zu entwickeln .... Während der private Briefverkehr hinter dem öffentlichen (politischen) und geschäftlichen (kaufmännischen) Verkehr weit zurückstand, macht sich das neue bürgerliche und politische Leben des 14. und namentlich des 15. Jahrhunderts auch hier geltend, und um 1500 ist ein außerordentlich reger brieflicher Verkehr bei Fürsten, Adligen und vor allem bei Bürgerlichen erblüht. Steinhausen, ebenda. Es wurden Ulm, Augsburg, Nürnberg, Bremen, Breslau, Leipzig, Danzig, beide Frankfurt und noch andere Städte Welthandelsplätze. ... Gegen Ende des 15. Jahrhunderts galt Deutschland sogar den Franzosen als der Mittelpunkt des Welthandels. Henne, a. a. O., I, 3. Aufl., S. 389. Ferner ist zu beachten: das Aufleben der Kunst am Oberrhein und in Schwaben (Ulm) im 15. Jahrhundert: Malerei, Bildschnitzerei, Kupferstechkunst. Von 1505 wird berichtet, daß die Bilder des berühmten Martin Schongauer nach Italien, Spanien, Frankreich, England und anderen Weltgegenden ausgeführt wurden; wir finden jetzt die Zunft der Maler, Bildschnitzer, Glaser und Briefdrucker.

zug zu begleiten, den Verkauf und Eintausch von Waren abzuwarten brauchte, sondern seinen Faktor senden und das Ganze **von Hause** aus leiten konnte, das ist ungefähr von der Zeit der Kreuzzüge an. Auch trat an die Stelle der bis dahin vorherrschend gewesenen Landweberei die Stadtweberei, wodurch der indirekte Bezug der Kleidungsstoffe eintrat.[181] Die Manufakturstädte konnten bei der starken Wollenweberei des Mittelalters ihren Bedarf an Rohstoffen aus der Nähe nicht mehr decken. Man bezog deshalb in Schwaben die Baumwolle aus Cypern über Venedig. Hierher (Venedig) wie nach dem Adriatischen Meere überhaupt[182] drängten aber ohnehin die Handelsbeziehungen Schwabens seit langem.[183]

Nachdem nämlich Konstantinopel seine Bedeutung als erster Stapelplatz der indischen und mittelasiatischen Waren verloren hatte, fanden es die oberdeutschen Städte geratener, den alten Handelsweg Rhein—Donau—Konstantinopel mit dem Handelsweg Rhein—Alpen—Italien zu vertauschen, um die indischen Gewürze, die arabischen Spezereien, Seiden, Sammet, Goldstoffe auf den neu aufgekommenen Weltmärkten Venedigs und Genuas gegen feine Leinwand (tela di Costanza), Wollengewebe, gegen Eisen und Silber einzutauschen. In Venedig stand am Rialto das berühmte Lager- und Kaufhaus der Deutschen (fonticum Theotonicorum — fondego(-fondago) dei Tedeschi)[184], **der Mittelpunkt des deutsch-venetianischen Handels**, in dem die schwäbischen

[181] Aus den Verboten der Magistrate in Speyer und Konstanz über Tragen „hochvertiger kleider und geziere" im 14. Jahrhundert sieht man, daß manche Kleidermode schon damals aus Frankreich kam.

[182] Der süddeutsche Handel an das Adriatische und Mittelmeer war so frühe oder noch früher von Bedeutung als jener der Hansa in der Ost- und Nordsee. Z. O., Bd. V.

[183] Für das Alter des Verkehrs Rhein—Schwaben—Venedig spricht die Tatsache, daß die Kölner Mark zu Venedig seit 1123 als Münzgewicht gesetzliche Geltung hatte. Engelmann, a. a. O., S. 89.

[184] Fondako vom arab. Fonduk, das mit dem griech. πανδοχεῖον, πανδοχος oder πανδοκος zusammenhängt = Magazin, Bude, Gasthaus. Solche Fondachi hatten zuvor die Handelsnationen (Venetier, Genuesen, Franzosen usw.) in der Levante; es waren dies mehrstöckige Gebäude, burgartig, im Viereck gebaut, so daß sie einen inneren Hof umschlossen, in dem das Aus- und Einpacken der Waren vorgenommen werden konnte. Im Erdgeschoß gewölbte Warenmagazine, in den oberen Stockwerken zahlreiche Wohnungen für die Kaufleute. Vgl. bei Heyd, Gesch. des Lev. Handels. I, S. 430/1.

und fränkischen Kaufleute ihre Handelsbeziehungen abzuwickeln hatten.[185] Nach hier richtete sich demgemäß der Boten- und Postverkehr der schwäbischen Städte, darunter nicht an letzter Stelle der Stadt Konstanz, über Augsburg—Füßen—Innsbruck[186], den Brenner und Verona, daneben über Basel—Chur durch das Engadin und Etschtal, den St. Gotthard oder Splügen.[187] Andererseits erfolgte in jenen Jahrhunderten, ungefähr gleichzeitig in den Rhein- und Bodenseestädten, die Ansiedelung der **Lombarden**, von denen unsere Kaufmannschaft das Wechselrecht kennen lernte. Wir haben somit gleichzeitig auch einen Boten- und Postverkehr in der umgekehrten Richtung, Italien—Rhein und Bodensee.[188] Von hier fand dieser Verkehr seine **naturgemäße** Fortsetzung nach dem Niederrhein und Flandern

---

[185] Das ausführliche Statut über das Lager- und Kaufhaus vom Jahre 1268 setzt einen umfangreichen Handel von langem Bestand voraus. Zu vgl. auch die Verordnung über den deutschen Pelzhandel von 1242 zu Venedig. Den Venetianern war verboten, ihre Ware zu den Deutschen zu bringen; diese mußten sie in Venedig holen. Obschon der Fondako bis zur napoleonischen Zeit fortbestand, trat doch bereits mit dem Ausgang des 15. Jahrhunderts ein Verfall ein, so daß nur noch spärliche Reste des früheren Glanzes übrigblieben. Während in der Glanzzeit stets nahezu 100 deutsche Kaufleute im Fondako gleichzeitig Herberge genommen hatten, waren es um 1700 noch 40, um 1800 gar nur 12. (Christian Meyer, D. V. Handelsbez. im Mittelalter. Z. f. D. Kulturgesch., Bd. 2, 1892.)

[186] Auf dieser Straße Kaufbeuren—Füßen—Innsbruck lief nachweisbar schon seit Beginn des 14. Jahrhunderts ein regelmäßiger Postverkehr nebenher, der durch Ordinari-Postboten unterhalten wurde, die sich wahrscheinlich ihrer Sicherheit halber an die reisenden Kaufleute anschlossen, die stets von „Geleitsreutern" begleitet wurden.

[187] Das „Handels-Buch Nürnberg 1558", das sich über Venediger Handlung, Englische, Spanische, Lissabonner, Antorffer, Nürnberger, Augsburger, Botzener usw. nebst Märkten und Messen ausführlich verbreitet, ebenso über Maß, Gewicht, Währung, Münzen usw., enthält nichts über die einzuschlagenden Routen außer den Weg Antwerpen—England, obgleich es viel über Versendung der Waren Italien—Niederland, England—Italien, über Zoll und sonstige Ausgaben, Fuhrlohn, Trinkgelder usw. berichtet. Die Wegerichtungen müssen also damals so allgemein und bekannt feststehend gewesen sein, daß es jede Bemerkung hierüber für überflüssig angesehen hat.

[188] „Der diesseitige Warenzug vermehrte sich wegen der großen Menge Gold- und Silberarbeiten, Seidenwaren, die aus Italien nicht zu Wasser versendet werden konnten, sondern auf Maultieren über die Alpen geschafft wurden, und dann auf Frachtwagen in alle Gegenden Deutschlands gingen." Fischer, Bd. 2, S. 448.

wiederum gleichzeitig in beiden Richtungen, da ja bekanntlich die Handelsbeziehungen unserer süddeutschen Städte (darunter in erster Linie Konstanz) nach Köln und weiter reichten, bis nach den Niederlanden, während umgekehrt die Kölner Handelsherren in Konstanz rc. Niederlassungen hatten, und erreichte seinen Höhepunkt im fünfzehnten und sechzehnten Jahrhundert.

Im weiteren blieb der Verkehr von Süddeutschland auf die berühmten Messen von Troyes, Bar sur Aube, Lagni u. a. bis zum fünfzehnten Jahrhundert bestehen, in dessen Mitte er sich auf die Messen von Lyon, dem Knotenpunkte des Verkehrs Frankreich—Italien—Oberdeutschland, zog; auf diesen Messen waren die Schwaben (darunter die Konstanzer) nachweisbar vertreten. Mit den direkten Fahrten der Venediger nach Brügge, Antwerpen, der Entdeckung des Seewegs nach Indien usw. hörten allmählich die Süddeutschen auf, Vermittler des Levantehandels Italien—Niederlande zu sein. Die Warenzüge Italien—Deutschland verkleinerten sich; um so lebhafter wurde der Verkehr nach dem Weltplatz Antwerpen. Wir haben somit einen von dem kaufmännischen Großbetriebe unzertrennlichen **internationalen** Botenverkehr mit Nachrichtenbeförderung in den Richtungen Rhein (Schwaben)—Italien—Troyes—Lyon—Brügge, Antwerpen neben dem bereits erwähnten städtischen Botenverkehr zwischen den Rhein-, Main-, Donaustädten.

Die Größe des internationalen Nachrichtenverkehrs, namentlich nach Entstehung der Börsen, dürfen wir nicht unterschätzen. In jenen post- und telegraphielosen Jahrhunderten war es Sache des Kaufmanns, sich durch eigene Einrichtungen[189] die Kenntnis von all den Dingen zu verschaffen, die ausschlaggebend waren für die seine geschäftlichen Maßnahmen bedingende politische Lage. Dies geschah durch die Kaufmannsbriefe[190] der Gesellschafter, Faktoren, Agenten, in denen ausführlich auf politische Verhältnisse eingegangen wurde. So kam es, daß man auf den Messen und Börsen am besten über die Weltereignisse unterrichtet war. Selbst die Diplomatie benützte ausgiebig diesen **Nachrichtendienst** der

[189] Hierzu gehörte die Verschickung der Kurszettel (Lauf- oder Läufzettel, ital. listo).

[190] „Dies waren die ersten Zeitungen“, die später von berufsmäßigen Unternehmern zusammengestellt, dann bald auch — gegen Ende des 16. Jahrhunderts — gedruckt wurden. R. Ehrenberg, II, S. 76 u. 122.

Kaufmannschaft, solange sie selbst einen solchen nicht organisiert hatte. Die Bedeutung des kaufmännischen Nachrichtenverkehrs der oberdeutschen, ganz Süddeutschland umschließenden Großfirmen erhellt aus der Größe und Vielseitigkeit der abgeschlossenen Geschäfte, der großen Zahl der oberdeutschen Handelshäuser und ihrer zahlreichen Faktoreien in ganz Europa[191], aus dem Übergang der Fugger und anderer vom Warenhandel zur Ausbeutung der Bergwerke[192] in den verschiedensten Ländern, sowie zu Wechsel- und Spekulationsgeschäften usw. Wegen des Reiseverkehrs beachte man noch, daß die Söhne der Großkaufleute damals ihre kaufmännische Ausbildung in Venedig[193], später vielfach in Lyon und Antwerpen erhielten, daß viele oberdeutsche Kaufleute als Faktoren oder „auf ihr eigenes Abenteuer" nach den Niederlanden und weiter reisten, daß die Zweiggeschäfte von einzelnen Teilhabern oder Faktoren regelmäßig zwecks Revisionen besucht wurden usw., und man hat ein schwaches Bild von dem lebhaften kaufmännischen Verkehr[194] von Oberdeutschland, vom Rhein und aus Schwaben nach allen Richtungen.

Als Eigenart des damaligen städtischen Botenverkehrs ist zu

[191] Außer den Fuggern, die Menting, Gossenbrot, Paumgartner, Welser, Höchstetter, Herwart, Seiler, Maulich, Adler, Rem, Haug, Herbrot, Tucher Imhof in Antwerpen hauptsächlich, Hans Kleberg, der „gute Deutsche", Ebner Freihamer, Weikman, Obrecht, Winkel, Herwart in Lyon. Die Welser hatten gegen 1525 feste Faktoreien in Nürnberg, Danzig, Venedig, Mailand, Rom, Genf, Freiburg, Bern, Zürich, Lyon, Saragossa, Lissabon, Antwerpen u. a. In Barcelona bestanden zu Anfang des 15. Jahrhunderts 15 deutsche Häuser. Vgl. Ehrenberg, II, S. 197. Engelmann, a. a. O., S. 99.

[192] Schwazer Silbergruben (Österreich), Neusohler Kupferbergwerke (Ungarn), Almadener Quecksilberbergwerke usw. Die Geschäftsbeziehungen der Fugger reichten von Ungarn und Polen bis Spanien, von Antwerpen bis Neapel.

[193] Ad . . . supplicationem mercatorum Theotonicorum . . . quod . . . habeant in fontico Theotonicorum aliquos adolescentes Theotonicos tenere etatis missos per parentes eorum ad hanc urbem nostram, ut discant linguam nostram et abbachum (Rechnen) sicut ab antiquo hic conservari consuevit . . . . Venetianisches Coll. vom 4. Nov. 1472 bei Jansen, Jakob Fugger der Reiche.

[194] Das äußere Zeichen für das Gedeihen und die steigende Bedeutung des kaufmännischen Nachrichtenverkehrs sind der Erlaß der Botenordnungen in den bedeutenderen Kaufmannsstädten und die Verstadtlichung der Botenanstalten (Augsburger Magistrats-Botenordnung 1555, Nürnberger 1570, Breslauer 1573). Nürnberg hatte besondere Boten nach Wien, Hamburg, Lyon, Brüssel, Antorf (Antwerpen). Vgl. Huber, a. a. O., S. 58.

erwähnen, daß wichtigere Nachrichten bis in die nächste größere Stadt befördert wurden, der es nun oblag, durch ihre Boten und auf eigene Kosten einer anscheinend bestimmten Zahl nahgelegener kleinerer Städte die Nachricht zuzustellen, beispielsweise Freiburg den Städtchen Breisach, Kenzingen und Endingen gleichwie Kolmar den benachbarten Städten des Elsaß.[195] Allerdings verwahrte sich die nämliche Stadt Freiburg im Ratsprotokoll vom 20. Januar 1496 ausdrücklich gegen die Zumutung[196], eine Reihe kaiserlicher Schreiben auf eigene Kosten an die bezeichneten Stadtmagistrate zu bestellen, sowie gegen die Verpflichtung, für die Zustellung von Empfangsurkunden an den Kaiser besorgt zu sein. Immerhin bestellten sie etliche durch ihre geschworenen Boten und schickten die anderen dem Landschreiber nach Ensisheim, der sie auf Freiburgs Kosten bestellen lassen sollte.[197]

[195] So wird in einem Schreiben der Stadt Basel über die Eigenmächtigkeit der Seilergesellen vom 4. Nov. 1425 die Stadt Freiburg ersucht: „und unsern guten frunden von Brisach, Kenczingen und Endingen zu verschribende und sie ze bittende, den sachen .... nachzegonde .... vnd wir den von Colmar ouch geschriben und die gebetten hand, daz andern uwern und unsern guten frunden den richsstetten in Elsaz ze schribende und sy ze bittende, dem ouch also nach ze gonde". Z. O., Bd. 18, S. 26 u. 27.

[196] „Ein gesessene rat sind in die ratstuben etlich zusammen gebunden kunglich missiven geantwortet worden mitsampt einer kungklichen schrift, die hielt inn, wir solten sölich missiven von stund an abvertigen an die rät, da hin sie stunden und bi ieder stat verschaffen, das uns urkund wurd der empfangener schrift. Ward ein rat in im selbs widersässig, vermeinende, das sölichs ein nüwerung, ze schwär und nit ze tun wär, jedoch im besten uff dismal haben sie etlich brief gevertigt bi irm geswororn poten cost 1 Pfd. d, die übrigen den lantschriber gen Ensheim gesandt mit beger, die ze vertigen, welten wir den botenlon darlihen. Das tet der landschriber und hiesch uns 5½ Pfd. stebler, 15 schill. den. het er vor ingnomt.

Uff das wart mit einhelligem rat erkennt, das man dis usgebens angedenk sin und das inschriben söll, ob es immer dar zu kem, sölich summ wisser abzeziehen.

Es ist och weiter erkent, ob iemer mer sölich oder der glich kunglich schriften füro, wie ietz geschehen ist, uns úffgeschoben wurden, nach dem ein rat vermeint, das nit schuldig sin, darin ze handlen nach gepür.

Actum uff mitwoch nach Antonij 1496. Und ist der rate meinung, man söll das nit beladen das man nit schuldig sin." Archiv f. P. u. Tel. 1886, Nr. 13, S. 426.

[197] Welche Botengänge eine Umlaufsverfügung der Regierung notwendig machte, ist aus dem Ausschreiben des Markgrafen Karl von Baden, v. ö. Landvogts, an „die Prelaten, Grawen, Herren, Ritter, Knechte vnd Stette" im Elsaß, Sundgau, Breisgau und auf dem Schwarzwald zu ersehen mit der

Im einzelnen ist über die städtischen Boteneinrichtungen noch anzuführen:

Freiburg.

In Freiburg waren zu Anfang des vierzehnten Jahrhunderts bereits lombardische Kaufleute und Wechsler angesiedelt, deren man in Freiburg wie in Konstanz zufolge der Ausdehnung der Handelsgeschäfte nach Italien und Frankreich bedurfte[198]; auch waren daselbst in demselben Jahrhundert Tücher von Mecheln, Brügge, London, Friedberg sowie rheinische Tücher (von Köln) im Handel, was am besten seine Bedeutung für den Handelsverkehr und die Richtung seiner damaligen Handelsbeziehungen nachweist. Außerdem war Freiburg Oberhof für eine große Anzahl der Breisgau- und Schwarzwaldstädte und -flecken.[199] Es darf daher nicht wundernehmen, daß sich die Stadt schon sehr frühe vertragsmäßig Botenverbindungen sicherte. In den Übereinkommen mit den in städtische Dienste tretenden Edeln von Unsenberg (1325), von Schwarzenberg (1366) sowie von Tanegg war u. a. festgesetzt, daß „jeglicher soll reiten tags oder nachts, wenn des Rats Botschaft heißt reiten." Auch finden wir im Urkundenbuch Bestimmungen darüber, wie sich zu verhalten hat, wer von Freiburg ausgesendet wird. Aus dem Verzeichnisse der Rechtlosen in Freiburg (um 1350) geht ferner hervor, daß es damals in der Stadt schon „Briefträger"[200]

Aufforderung, auf 14. März zu Neuenburg auf dem Landtag zu erscheinen. Es waren nicht weniger als 81 Ständeglieder aufgeführt (14 Prälaten, 28 Städte, 39 sonstige Glieder), denen die Verfügung vorzuzeigen war. Allerdings ist das Ausschreiben teilweise erst nach Eröffnung des Landtags angekommen, wie das Entschuldigungsschreiben des Bürgermeisters und Rats zu Breisach vom 21. März 1469 beweist: „Des welle uwer fürstlich gnade wissen, daz unser guten frund von Fryburg erbere Botten erst uff hynacht zu angonder nacht zu uns komen sint, uns ouch erzalt, daz sie nit ee haben mögen komen sachen halb, so uwer fürstlich gnad wol vernemen wurt".

[198] In Freiburg schenkte bereits 1304 der lombardische Handelsmann Franz. von Asti der Stadt die ihm schuldigen 350 Mark Silber. Schulte, a. a. O.

[199] Freiburg war im Jahre 1403 Oberhof von: „Endingen, Kentzingen, Lar, Malberg, Rynow, Hasela, Wolfa, Rymfelden, Waltzhuot, Munderchingen, Horenberg, Sultze am Neckar, Mengen, Rüdlingen, Oberndorf, Dornstetten, Brülingen, Vilingen, Kilchhein, Tüwingen, Überlingen, Offenburg, Ehingen, Brenebach;, Enselingen, das Dorf ze Mülebach, die von Fürstenberg, die von Eltzach, die von Waldkirch, das Dorf Stetten zuo Kaltenmarkt usw." Dr. Schreiber, Urkundenbuch 1829, S. 182.

[200] Verzeichnis der Rechtlosen in Freiburg um 1350: „Bechtolde von Kylzarten ein schuoler, von Heinrichen dem Bätscher dem briefstrager, an die hant. Claus Brisach der briefsträger von Johannes von Altkilich ouch einem briefstrager, umb das mort. Clewi Sasse von Biberach, des Sassen des briefstragers bruoder . . . . umb das mort. Heinrice Sasse und Heinrice Blenkli beide briefstrager, von Bartholome ouch eine briefstrager, umb das

gegeben hat. Wie sich ferner aus dem Besoldungsaufwand der Stadt vom Jahre 1390 ergibt, war der Botendienst damals bereits als städtisches Amt organisiert, zu dem vier reitende und zwei laufende Knechte gehörten.[201] Die städtischen Boten waren zusammen mit den Richtern und anderen städtischen Beamten von der Verpflichtung zum Wachdienst befreit, jedenfalls in der Erwägung, daß sie jederzeit zum Ausreiten bereit sein mußten.[202] In schwierigen Zeiten, wo das Breisgau-Kontingent im Felde stand, lag den Freiburger Boten die Besorgung des Feldpostdienstes zwischen den Truppen und Freiburg als dem Hauptgestellungsorte ob. Die Stadt handelte auch hierbei im Auftrage der übrigen Gestellungsorte des Breisgau-Kontingents, die ihre Anfragen über die im Felde stehende Mannschaft hierher richteten und hierher auch den Sold zur Weiterbeförderung ins Feldlager zu senden hatten. Deutlich veranschaulicht derartige Vorgänge der Schriftwechsel zwischen Freiburg, den übrigen Gestellungsorten und dem Feldlager des Breisgau-Kontingents im venetianischen Kriege von 1509/11. Der Sold für die Mannschaft mußte auf weite Entfernung in bar gesandt werden, weil Wechselzahlungen sehr schwer oder gar nicht zu erlangen waren, wozu noch kam, daß seitens des Kaisers keine Feldpost errichtet worden war; dadurch erhöhten sich die Unterhaltungskosten für das kleine Kontingent. Unter dem 7. Juli 1509 schrieben nun Bürgermeister und Rat zu Freiburg an ihren Hauptmann Ludwig Horneck von Hornberg „Also kompt Konrat unser bott, der wurt uch von unsern wegen 300 fl. überlieffern." Als der Bote nach fünf Wochen noch nicht zurück war, schickte die Stadt den Ratsdiener Trübelber mit 500. fl. für weitere zwei Monate, nachdem sie zuvor die Städte Breisach, Neuenburg und Endingen eingeladen hatte, das Geld für ihre Leute zu überschicken. Als die benachbarten Städte Nachrichten über ihre Soldaten haben wollten, meldet der Rat, daß ein Bürgerssohn mit einem Briefe von Trübelber gekommen sei, der den ersten Boten im Feldlager

---

mort. Heintzli von Costenz eine brieftrager .... Walther von Berenbach der brieftrager ist rechtlos gemacht vmbe vnzvcht. Schreiber, a. a. O., S. 136—166.

Unter diesem übel berüchtigten Gesellen hat man indes nicht Briefträger im heutigen Sinne zu verstehen, sondern Leute, die Kalender, Gesänge und Gemälde zum Verkauf herumtrugen; „Starteckenträger, Marktsänger und Absinger, nämlich neuer Zeitungen und Mären, die sie meist selber in Lieder brachten; eine Straßburger Polizeiordnung vom Jahre 1628 nennt sie Briefträger, Landfarer und Zeitungssänger". Vgl. Johann Goldfriedrich, Geschichte des Deutschen Buchhandels. Leipzig 1908.

[201] Urkundenbuch der Stadt Freiburg von Dr. Schreiber. 1829. Bd. II, S. 84. A. f. P. u. T. 1886, Nr. 13, S. 421/422.

[202] „Die richter .... boten sollen wachens vertragen sin." Buch der Ratsbeschlüsse, S. 9. Z. O., Bd. 18, S. 51.

gesehen habe. Diesen hielten die Hauptleute solange zurück, bis sie über Padua etwas sicheres schreiben könnten. Am 29. Oktober schickte Freiburg den Trübelber wieder ins Feldlager. Am 1. Dezember forderte der Rat die Nachbarstädte zur Begleichung der Wechselschuld des Hauptmanns auf. Im Jahre 1511 mußte Trübelber wiederholt nach Italien. Am 17. Mai d. J. ersuchte der Rat die Schwarzwald- und Breisgaustädte, den Betrag für ihre Mannschaft bis zum 25. zu übersenden, um ihn durch einen Boten zu Roß oder zu Fuß, wie es am sichersten scheine, nach Verona abzufertigen usw.

Im weiteren haben vom 15. Jahrhundert die Arbeiten der Freiburger Bohrer und Balierer in Granaten, Achat und Kristall eine überaus weite Verbreitung gefunden und zur Hebung des Reise- und Versendungsverkehres von und nach Freiburg beigetragen. Die Richtung dieses Verkehres geben uns die im 16. Jahrhundert angeknüpften wichtigsten Handelsverbindungen — Schweiz für die Kristalle, Böhmen für die Granaten — an. Zum Verkehre nach Freiburg trug die Ordnung von 1544 bei, nach der kein Privatmann innerhalb 20 Meilen Steine kaufen durfte, sondern alles ins Freiburger Kaufhaus kommen lassen mußte. Daß tatsächlich Reisen Freiburger Meister nach den Achat- und Kristallgegenden vorkamen, geht aus der Bestimmung der Ordnung hervor, daß diese in solchen Fällen die Vertrauensmänner der Genossenschaften sein sollten. Später genoß die Freiburger Bruderschaft das Vorrecht, daß böhmische Granaten nur nach Freiburg ausgeführt werden durften; somit auch Fernverkehr Freiburg—Schweiz und Freiburg—Böhmen. Im übrigen stand die Bruderschaft der Bohrer und Balierer noch 1523 in naher Verbindung mit einer gleichgearteten in Saarbrücken. 1530 ist sogar Adam in Saarbrücken oberster Meister der Bruderschaft in Freiburg, so daß wir auch Verkehrsbeziehungen zwischen Freiburg über die elsässischen Städte hinaus bis Saarbrücken annehmen dürfen.

Bodenseestädte außer Konstanz.[203]

Aus der Tatsache, daß frühzeitig ein für den damaligen Ackerbaustaat schwunghafter Handel mit Gewürzen, feinen Waffen, elfenbeinernen Kämmen, Weihrauch und Wachs von Konstantinopel über Italien nach Deutschland betrieben worden ist, an dem unsere badisch-schwäbischen Bodenseestädte ihren Anteil gehabt haben[203a], können wir wenigstens für das neunte und zehnte Jahrhundert einen postähnlichen Fernverkehr, bei dem

[203] Wegen Konstanz siehe unter Boten- und Postwesen im einzelnen.

[203a] Vom Bodensee her bezog ohne Zweifel das Kloster St. Gallen die Spezereien, mit denen die Mönche ihren Wein mischten, den Pfeffer, dessen sie sich bei Bereitung von Fischspeisen oder von Saucen (piperatae, poivrées) bedienten. Ekkehardi benedictiones ad mensas (um 1000 geschrieben) in Mitt. der antiq. Ges. in Zürich, Bd. 3, bei Heyd, a. a. O., S. 91.

allerdings noch vielfach der Kaufmann Briefbote war, vom Bodensee aus nach Italien folgern. Hierfür sprechen auch die Ansiedlungen italienischer Kaufleute in den Bodenseestädten. So ist in Konstanz schon vom Jahre 1282 die Niederlassung des Francesko Sbarata de Aste und drei seiner Genossen als Mitbürger nachgewiesen. Auch war es der Schutz des Verkehrs, der die Städte am Bodensee zu Bündnissen, Münzvereinen und Verträgen zusammenführte.

Überlingen.

Die freie Reichsstadt Überlingen behauptete unter den Reichsstädten, insbesondere unter denen des Seebundes[204], zu dem Konstanz, Überlingen, Ravensburg, Lindau, St. Gallen, Wangen, Buchhorn (Friedrichshafen) und Pfullendorf gehörten, während des ganzen Mittelalters eine sehr achtbare Stellung.[205] Seine Handelsbeziehungen reichten frühzeitig weit. Schon im Jahre 1383 finden wir in Barcelona einen aus Überlingen stammenden Korallenhändler; auch hatte es gleichwie die benachbarten Städte Meersburg und Radolfzell frühzeitig ein städtisches Gredhaus.[206] Vom Jahre 1470—1475 war Überlingen Oberstadt des Seebundes; als solche hatte es die Punkte, über die beschlossen werden sollte, mittels der sogenannten Mahnungsbriefe zur Kenntnis der Bundesmitglieder zu bringen, die sich dieserhalb wiederum schriftlich an die Oberstadt wandten. Dadurch entstand in jener Zeit notwendig ein besonders reger Botenverkehr von und nach Überlingen.[207] Welcher Art dieser Verkehr war, zeigen einige Angaben. Am 26. April 1471 teilt Überlingen mit, daß der vom Kaiser nach Regensburg angesetzte Tag auf fünf Wochen hinausgeschoben sei. Ob es nun seinen Ratsfreund durch einen Boten zurückrufen lassen solle? Unter dem 27. Mai 1471 wird vorgeschlagen, einen „loffenden" Boten nach Regensburg zu senden, der dort liegen bleiben solle, bis er genaue Nachricht geben könne. Unter dem 12. Juni (1471) teilt Überlingen mit, der Kaiser befinde sich auf dem Wege nach Regensburg. Am 22. Juni (1471) benachrichtigt Überlingen die Bundesstädte, der Kaiser sei in Regensburg eingeritten. Die Botschaft der Bundesstädte soll „am Zinstag zu Nacht" (25. Juni) in Ravensburg sein usw. Auch auf dem Städtetag zu Frankfurt war der Seebund durch Überlingen vertreten; auf dem Wege dahin war einem der Begleitknechte sein Pferd abgegangen, wofür nach dem Antrag Überlingens Schadensersatz aus gemeinschaftlicher Kasse zu leisten war. Es kam in der Folge dahin, daß die Pferde der oftmals

---

[204] Seebund war Vorläufer des schwäbischen Städtebundes (1487).

[205] Vgl. Z. O., Bd. 22, S. 228/56. Fuchs, A. f. P. u. T. 1886, Nr. 13, S. 423.

[206] Gredhaus wohl von gradus, Staffel. Schulte, a. a. O.

[207] Es beweist dies auch das Verlangen des Stadtschreibers, für die vielen Schreibereien durch einen Jahressold von 60 fl. entschädigt zu werden.

ausgeschickten Stadtknechte, Söldner, reitenden Boten u. a. abgeschätzt — „gestimirt, gestimpt" — wurden, um einen Anhaltspunkt für die Höhe des zu leistenden Schadensersatzes zu haben.[208] Im weiteren verpflichtete das aus dem Ende des vierzehnten Jahrhunderts stammende Überlinger Stadtrecht die Stadtverwaltung ausdrücklich[209], dem Bürger eine berittene Botschaft (Boten mit zwei Pferden) zur Verfügung zu stellen, wobei vom kleinen Rat mittels Mehrheitsbeschlusses zu entscheiden war, ob der Bürger die Kosten zu tragen habe. Diese Bestimmung ist insofern noch von besonderer Bedeutung, als das Überlinger Stadtrecht wiederholt auf andere Städte übertragen worden ist.[210] Später ist in Überlingen die Tätigkeit des Stadtboten ein ausgeprägtes städtisches Amt. Über die eidliche Verpflichtung des Stadtboten (1), seine Amtspflichten: Beförderung der Ratsbriefe (2[a]) und mündlicher amtlicher Aufträge (2[b]) sowie seine anderweitige Tätigkeit (3), seine Ausrüstung (4, 5), seine lebenslängliche Verpflichtung zur Wahrung des Amtsgeheimnisses (6), sein Einkommen: Wohnung (7), Kleidung (8), seine feste Besoldung (9—10), Lauf- und Überlagergebühren bei Besorgung amtlicher (11, 12) und privater Aufträge (13, 14, 15) gibt das aus dem Anfang des 16. Jahrhunderts stammende Stadtrecht bis ins einzelne genauesten Aufschluß.[211]

---

[208] Vgl. § 111, Überlinger St. II, um 1400. „Wir hand ouch gesetz: Welhem unserm burger sin maiden (Pferd) gebrest hast werdent in der statt dienst, und im ainest gebessret werdent, gänd die fúro in der statt dienst ab, die sol man im nit fúro bessven, man sol im aber sinen rosslon geben", in Oberrh. Stadtr. II, 2. (Der ganze Absatz durchstrichen.)

[209] „Wir haben ouch gesetzet, weller ingesessen burger ainer geritter (berittenen) botschaft bedarff vnd man sie dem schikt, ob sich dann ain klainer raut (Rat) mit dem mereren tail erkennet, daz er des schaden haben sulli, so sol er der botschaft mit zwain pferiden, die nit vber naht uss ist, gebem III β d; belibt aber die botschaft über naht uss, wie dick (oft) das beschähi, so sol er VI β d geben." Z. O., Bd. 29, S. 306. **Fuchs**, a. a. O. und § 47 des Ü. Stadtrechts (St. I), Oberrh. Stadtr. II, 2. (Dr. Fr. **Geier**.)

[210] Auf Buchhorn 1275, auf Kaufbeuren, Memmingen, Ravensburg und Wangen 1286. **Fuchs**, A. f. P. u. T. Nr. 13, S. 423.

[211] Ains stattpotten vertigung. Du würst (1) schweren ainen aid leiblich zů gott und den hailigen, gemainer diser statt Überlingen nutz zů befürdern, schaden ze warnen und zů wenden, sovil dir miglich ist, daz du auch dich meinem herrn burgermeister, so zů weilen am ampt ist, (2) in namen bemelter unser statt tag und nacht, unverhindert deß weters oder anderer ursachen, allain laibskrankhait ausgenomen, (a) mit lousen willig geprauchen lassen, (b) die brief so dir ufgeben, oder ob dir mündlich bevelch beschehen, vleißig vernemen, andtwurten und verrichten, auch wa vonneten, allweg weider andtwurt bringen, und dich nit mer beladen noch annemen wellest, dann dir bevolhen. (3) Wann du dann von gemainer statt wegen zu laufen nit geprаucht, so soltu allweg in der stattfarb (4) auf dem rathaus und der gassen wie ander derselben knecht,

Meersburg.

Die Stadt Meersburg hatte sich schon im Jahre 1423 die Konstanzer „Botschaft“ durch Vertrag sichergestellt, was wiederum einen Rückschluß auf das Ansehen der Stadt Konstanz und deren Boteneinrichtungen gestattet.[212] [213]

Offenburg und Gengenbach. — Villingen. — Haslach und Waldkirch. — Eppingen. — Tauberbischofsheim und Krautheim. — Külsheim. — Heidelberg. — Wimpfen.

Die Städte Offenburg und Gengenbach hatten besondere „Leuferbotten“, um die Briefe des Stadtrats in die Umgebung zu besorgen.[214] Das Stadtrecht von Villingen aus dem Jahre 1371 spricht von berittener Botschaft. In Haslach (Kinzigtal) und Waldkirch waren ebenfalls städtische Boten vorhanden.[215] In Eppingen stand dem Schultheißen und Rat das

---

doch ohn ainen stab, aber mit der silberinen büchs, (5) so man dir züstellen würt oder zügestellt hat, auf ainen burgermaister warten, welch büchs du auch bei disem deinem aid weder hie noch anderschwo versetzen, verkaufen, noch sonst darauf entlehnen solt. Und würde dir von demselben meine herrn burgermaister oder ainen ersamen rath als jemandts von derowegen etwaß in gehaim anvertrawet, und meundtlich auszerichten aufgeladen, daß solt du alles [mit] vleiß thun, biß in dein absterben bei dir behalten und niemand offenbarn (6), sondern dich in disem dienst bewisen, erzaigen und halten, wie ainen getrewen diener gemainer stat wol ansteeht, auch du durch obemellt articell schuldig und verpunden sein würst, alles getrewlich und ungevarlich. Und weurt daz dein underhaltung und besoldung sein: ain behausung (7), item am dritten jar ain lindischen rock meiner herren farb (8), alle quatember und jede insonders zwai pfund pfening (9), mer wochenlich auß der Gräd ain messer thail (10), item von jeder meil ze loffen pottenlon sechs creutzer (11), und so du auß zufallender notturft underwegen stilligen würst, jeden tag drei batzen (12). Würd dich dann ain burger ze loufen brauchen, deß aber unerlaupt ains burgermaisters nit beschehen, so soll derselbig burger dir von jeder meil ze loufen zwen batzen (13) und stilliggelt (14) wie meine herrn ze geben schuldig sein; will er dich dann weiter (15) verehren, daz magst auch nemen, doch soltu für dich selb mit kainem uffsetzen. (Aus dem Anfang des 16. Jahrhunderts zwischen 1504—1513.) Oberrh. Stadtrechte II, 2.

[212] „Wenn die Meersburger der Konstanzer Botschaft oder Briefe von den Räten bedürfen, so sollen die von Konstanz ihnen diese nicht versagen, wohin es auch wäre, jedoch auf jener Kosten.“ Z. O., Bd. 28, S. 64.

[213] Bei der Länge der Tuche (Überlenge der Tuch an mehrerley Orten) führt das Handelsbuch Nürnberg 1558 an erster Stelle neben den bedeutendsten Handelsstädten an „In Merschburgk ist ein Tuch leng . . . . 26 Eln“. Meersburg muß also damals eine bekannte Handelsstadt gewesen sein.

[214] Z. O., Bd. 21, S. 68.

[215] Fuchs, a. a. O., S. 422.

Recht zu, einen beliebigen Bürger zum Botendienst heranzuziehen; diesem wurde besonders verboten, auf die Stadt zu zehren.[216] In Tauberbischofsheim und Krautheim wurde den Boten noch besonders eingeschärft, daß man „sich mit der Atzung, so jemand an frembde Ort geschickt wird, auff das zimlichst halten soll".

In Külsheim setzte die Stadtordnung von 1528 genau fest, wieviel für Mann und Pferd für den Tag verausgabt werden durften. Das Heidelberger Stadtrecht vom 19. August 1465 führt die „Straff der, die auf Befehl des Burgermeisters nicht reisen" wollen, an.[217] In den übrigen Städten sind es die Stadt- und Ratsknechte sowie die Büttel gewesen, denen die Wahrnehmung des städtischen Botendienstes obgelegen hat.[218] Einer besonderen Erwähnung bedarf noch das Wimpfener Stadtrecht, das nach den Abfassungen vom 4. Februar 1404 und 18. Mai 1416 besonders ausführlich vom „Reiten in der Stadt Dienst" handelt. Im einzelnen treten drei Hauptpunkte hervor, die allgemeine Reit- und Reisepflicht der Einwohner, die Regelung der Schadensersatzfrage für abgehende Pferde und die Berechtigung des Bürgers, eine städtische Botschaft für sich zu verlangen. Die Ausführlichkeit berechtigt zu der Annahme, daß die Bestimmungen wohl schon länger geübt wurden, wenn sie auch früher nicht in das Stadtrecht[219] aufgenommen waren.

---

[216] Statutenbuch 1566. Stadtordnungen, Heft 6, Nr. 60, S. 820 u. ff.

[217] „Wer es aber, daß ein burger zu reisen ussgekorne und ungehorsam were und nit ußziehen wolt, so sollen die burgermeistere ein andern an sin statt bestellen, dem solle dann der, der .... ungehorsam gewest ist, lonen und darzu vor zehen phunt heller verfallen sin." Oberrh. Stadtr., I. Abt., Fr. Rechte, 5. Heft, S. 490.

[218] Vgl. Büttelordnung zu Wolfach von 1470, Taxordnung für den Boten des Manngerichts zu Gengenbach vom 22. Mai 1470. Z. O., Bd. 19.

[219] 72. In der stat dienst ze riten. Wir haben ouch gemacht und gesetzt, welchen man erkuset, in der stat dienst und botscheffiten ze ritten, wolt sin der nit tun und welt sich dez widern ane redliche sache, das were, alz ob er siech were oder wallen wolt, oder hemlich redlich sache, der selb, ir were einer oder mer, sol ein gantz jare uss der stat sin, oder er sol der stat geben 10 psd. h. ane alle widerrede. 75. Von ritten in der stat dienst. Wir haben ouch mer gesetzt, ... gingen dem (Reitenden) pherit in demselben dienst ab oder sust schadhaft wurden, so sol der rat drye erber man daruber geben, daran sullen sich die, dez die pherit gewesen sind, laussen beungen ane alle widerrede. 76. von botschaft wegen. Es ist ouch mit namen mer gesetzt, welh unser burger oder burgerin ze schaffen heten oder gewunnen, also daz sie von râts wegen ein botschaft haben muesten, rittent oder gende, so sullen wir in die ersten botschaft lyhen ane ire schaden. ... Z. O., Bd. 15, S. 129.

Universitätsboten. — Heidelberger, Freiburger.

Nach dem berühmten Vorbilde der Pariser Universitätsbotenanstalt[220] hatten die deutschen Universitätsboten zunächst keinen anderen Beruf als den, für ein bestimmtes Briefträgergeld den Briefwechsel zwischen den Lehrern, den Studierenden und ihren Angehörigen zu besorgen.[221] Das Recht, besondere Boten zu halten, erhielten die deutschen Universitäten, zu deren ältesten bekanntlich Heidelberg zählt, im allgemeinen schon bei ihrer Begründung in der Stiftungsurkunde ausdrücklich zugesichert. Wenn die Universitätsbotenanstalten in Deutschland trotz des überaus regen studentischen Lebens und der namhaften Anzahl berühmter Hochschulen[222] keine solche Bedeutung erlangt haben wie diejenigen von Paris, so liegt dies einmal an der großen Zahl deutscher Hochschulen, während sich in Frankreich das studentische Leben in der Sorbonne zentralisierte; sodann ist es der Tatsache zuzuschreiben, daß sich ein großer Teil der studierenden Jugend nach den Hochschulen des Auslands (Sorbonne-Paris, Bologna, Padua[223], Siena, Neapel ꝛc.) wandte, wodurch der Gedanke gemeinsamer Boten von vornherein eine Schwächung erlitt. Endlich liegt es an dem Wettbewerbe eines sich kraftvoll entwickelnden Städtebotenwesens. Andrerseits drängten das Bedürfnis der Gelehrten wie der Lernenden nach Gedankenaustausch mit den Freunden in der Ferne oder mit den Lieben zu Hause, die hohe Ausgabe für Expreßboten, Beraubungen und Unterschlagungen der Privatboten zum gemeinsamen Vorgehen. So besitzen wir vom Jahre 1397 (20. Juni) — im elften Jahre des Bestehens der Universität in Heidelberg — eine Urkunde, die uns über die Leistungen und die Stellung der Heidelberger Universitätsboten Auskunft gibt. Darnach war der

---

[220] Bereits 1297 urkundlich erwähnt.

[221] Vgl. von Kirchenheim „Die Universitätsbotenanstalten d. Mittelalters".

[222] Vor 1348 gab es in Deutschland keine Universität, die deutschen Gelehrten erwarben ihre Grade im Ausland, in Paris die Theologen, in Bologna die Juristen, in Salerno die Mediziner. Auf die erste nach dem Muster der Sorbonne gegründete Universität Prag (1348) folgten bis zur Reformation 15, darunter Heidelberg (1386).

[223] Unter den Oberrheinischen Studenten auf der Universität Padua sind beispielsweise von 1551 bis 1694 190 Badener, Söhne des hohen Adels und der Patrizier, aufgeführt; vorher war hauptsächlich die Universität Bologna besucht, die ihre Führerstellung seit dem 14. Jahrhundert an Padua allmählich abgetreten hatte.

geschworene Universitätsbote, der sich der besonderen Vorrechte der Universität erfreute, insbesondere jeglicher Zoll- und Abgabenfreiheit auf seinen Wanderungen[224] von der Universitätsstadt aus und dahin zurück, für die verschiedenen Aufträge der Lehrer und Studierenden bestimmt. Seine Beschäftigung hat in der Beförderung der Sachen — darunter naturgemäß auch Briefschaften — der Bücher, Kleider und anderer Güter (Monatswechsel) zwischen den Universitätsgenossen und ihren Angehörigen bestanden.[225]

---

[224] „Ein Vorrecht der hohen Schulen war das des sicheren Geleits. Lehrer und Lernende konnten nach den Universitätsstädten hin- und zurückreisen, ohne daß man ihre Personen und Sachen aufhalten oder festhalten durfte. Außerdem waren sie berechtigt, große und kleine privilegierte Boten (magni nuncii, parvi nuncii) zu haben. Unter den ersten verstand man angesehene Bürger, die den Studierenden gegen Pfand oder Bürgschaft Gelder vorstreckten und deshalb auch in Italien foeneratores hießen. Die kleinen Boten besorgten den Briefwechsel und überhaupt den auswärtigen Verkehr der Universitätsangehörigen; sie genossen gleich den Lehrern und Studierenden sicheres Geleit und Freiheit von Zöllen. Die großen wie die kleinen Boten entstanden beinahe mit den hohen Schulen selbst. Vor dem Antritt ihres Amtes mußten die Boten schwören, es treu zu erfüllen, daher wurden sie auch nuncii jurati genannt." Geschichte der Universität Heidelberg von Hautz. Mannheim 1862. I. Vgl. auch Meiners, Bd. II, S. 353 Kopialbuch der Universität und die von Rektor Royt 20. Juni 1397 ausgestellte Urkunde. — Nicolaus Moer: Litera testimonialis, quod aliquis sit nuncius juratus Universitatis nostre. Cop. Univ., F. 391b, 40a.

[225] Cum itaque dilectus nobis in Christo Nycolaus dictus Moer de Trajecto Leodiensis diocesis predicte nostre universitatis nuncius et missagius iuratus quem omnibus et singulis privilegiis . . . . eiusdem universitatis gaudere volumus pleno iure, ad diversas mundi partes pro diversis negociis magistrorum et scolarium . . . peragundis destinatus tam per terram quam per aquam habeat transire . . . . vos omnes et singulos supradictos rogamus et in domino exhortamur quatenus prefatum Nycolaum prelibate nostre universitatis missagium seu nuncium juratum, dum per terras loca civitates ac passus et districtus vestros transierit cum rebus libris vestimentis et aliis bonis predictorum magistrorum et scolarium atque suis eundo et redeundo ad eandem nostram universitatem tociens quociens fuerit opportunum absque thelonii pedagii gwidagii et gabelle ac cuiuscumque alterius exaccionis onere . . . . libere transire permittatis et, si indiguerit, ac vos vel aliquem vestrum super hoc requisiverit sibi de salvo et securo conductu dignemini providere . . . .

Urkunde des Rektors vom 20. Juni 1397, siehe Kirchenheim, a. a. O. Vgl. auch Geleitsbrief der Universität Wien für Vadian v. 9. April 1519:

entbieten allen und jeden mautteren zolneren, aufflegeren und anderen, ... ungezweifelt ir habt gut wissen, wie all und jechlich doctores, magistri, studenten und ingeschriben gelid, so auff oder von der universitet Wien mit

In der Stiftungsurkunde der Universität Freiburg vom 21. September 1457 ist ausdrücklich betont, daß „die neue Hochschule alle die Rechte erhalten solle, die in Paris, Heidelberg und Wien den Lehrern und Studenten gegeben sind".

Auch das berüchtigte zum Schutze des französischen Postregals erlassene Dekret Ludwigs XIV. vom 21. November 1681, das die Benutzung der Ordinari bei der enormen Strafe von dreihundert Pfund oder „Ausstreichung mit Ruthen und Brennung mit der Gilgen" vorschrieb, kannte die Ausnahme, daß „denen Studiosis erlaubt seye, ein oder mehr Recommendations-Schreiben mit sich zu führen," da das Verbot gegen das gewerbsmäßige „Brieftragen" gerichtet sei. „Ingleichen mögen . . . die Nürnberger und Tübinger allhero (Straßburg) gehende Ordinari Botten sich mit den Disputationibus oder auch denjenigen Geldern, welche denen Studiosis zu ihrer Unterhaltung übermacht werden, auch denen darüber besagenden Advis-Brieffen beladen, doch dergestalten, daß solche Brieffe, wann sie von denen Nebens-Orthen, da keine Ordinari Post hingehet, herkommen, zwar wohl verschlossen, diejenige aber, so von denen Orthen, da Ordinari Posten sind, ausgesendet werden, ihnen offen mitgegeben werden sollen."

Briefverkehr der Humanisten.

Sodann ist noch kurz der unglaublich rege Briefwechsel der deutschen Humanisten (etwa von 1460—1520) zu erwähnen, von denen eine große Zahl im heutigen Baden (Heidelberg, Freiburg, Breisach, Pforzheim, Konstanz, Überlingen) gewirkt hat. Am besten gedieh der Humanismus in Südwestdeutschland (Hauptsitz Basel), wo die bedeutendsten und gefeiertsten Vertreter des wissenschaftlichen deutschen Humanismus, Erasmus[226] und Reuchlin[227], dem ganzen Zeitalter den Stempel ihres Genius aufdrückten. Von einer Universität zur andern ziehend, breiteten die Humanisten die neuen Ideen durch ganz Deutschland und weiter aus, fanden in den Studierenden begeisterte Anhänger wie in dem gebildeten

ieren guetern raisen oder ziechen, nach der selben universitet gegeben freyhait und privilegien auffleg, meutte, zinns oder zolle gantz frey syn und in khainem weg etw was davon zu raichen schuldig noch pflichtig . . . . B. Pfs. II.

[226] Erasmus Desiderius lebte von 1513, bzw. 1521—1536 in Basel und Freiburg, stand ebenso wie

[227] Reuchlin Johann mit den Gelehrten man kann sagen von ganz Europa in Briefverkehr.

Bürgertum Bewunderer und Verehrer, und unterhielten in der Folge mit beiden Beziehungen und schriftlichen Verkehr. Bei der Mangelhaftigkeit damaliger Verkehrs- und Beförderungsmittel wie der Unvermöglichkeit des noch zu unbeweglichen Buchhandels, die geistigen Beziehungen zwischen den Gelehrten genügend zu vermitteln, suchten sich die Humanisten dadurch zu helfen, daß sie die großen Gelehrten in Paris, Padua, Bologna, Straßburg, Heidelberg, Freiburg, Pforzheim, Basel[228] u. a., ihre Gesinnungsgenossen an ihren Wohnorten aufsuchten. Aber auch damit war dem ausgesprochenen Bemühen des Einzelnen, mit allen oder wenigstens möglichst vielen Gesinnungsverwandten und Kampfgenossen in geistigem Verkehr zu bleiben, nicht genügt; es konnte nur ein ungewöhnlich ausgedehnter Briefwechsel des Einzelnen möglichst mit allen anderen den Zusammenhalt der Humanistengemeinde in ganz Mitteleuropa herstellen und erhalten. Keine Gelegenheit wurde denn auch vorbeigelassen, ohne Briefe zu schicken, solche zu verlangen, erhaltene Briefe zum Lesen und Weitersenden an andere beizulegen, Bücher, Streitschriften, Ausgaben oder Abschriften von Klassikern, schriftliche Erklärungen schwieriger oder dunkler Stellen zu übersenden, um Ähnliches wieder zu erhalten, mit Geld und Bürgschaft auszuhelfen, mit Bittschriften, Empfehlungen bei Stellenbesetzung usw. für einander einzutreten, sich Warnungen, politische Nachrichten usw. zu übermitteln, überhaupt sich in geistigen und leiblichen Nöten nach Kräften beizuspringen, was die Häufigkeit und den Umfang des Briefwechsels naturgemäß beeinflussen mußte.[229] Bald wurde ein besonderer Bote

---

[228] Kaspar Ursinus schreibt am 3. August 1521 aus Konstanz an Vadian, daß er unter ungewöhnlichen Anstrengungen von Wien über Graz, Villach, Brixen nach Konstanz gereist sei, er wolle nach Basel. Causa profectionis potissima fuit Erasmi desiderium, quem illic rebar me inventurum, et altera editio poematum meorum . . . . (Vadianische Briefs.).

[229] Beispielsweise führt L. Geiger in Joachim Reuchlins Briefwechsel 1477 bis 1522 304 Briefe von und an R. auf, denen mindestens ebensoviele briefliche Anfragen vorhergegangen oder Antworten gefolgt sein müssen. Die Briefe der zeitgenössischen Gelehrten usw. sind datiert aus Basel, Paris, Poitiers, Heidelberg, Orleans, Eichstädt, Meißen, Kolmar, Pavia, Innsbruck, Konstanz, Rom, Mantua, Ellwangen, Florenz, Tübingen, Linz, Wien, Straßburg, Augsburg, Maulbronn, Worms, Ladenburg, Frankfurt, Prag, Regensburg, Backnang, Speyer, Hirsau, Ulm, Venedig, Gotha, Justingen, Pforzheim, Ottobeuren, Schlettstadt, Padua, Füssen, Aschaffenburg, Steinheim, Köln, Weil,

zur Vermittelung der Briefe, Bücher usw. abgesandt, bald erfolgte die Versendung durch Studenten, Geistliche, Gelehrte, Kaufleute, Verwandte, Stadtboten, überhaupt durch jemand, der in der

Erfurt, Mainz, Wittenberg, Fulda, Löwen, Bamberg, Calais, Leipzig, Antwerpen, Zwoll, London, Bologna, Mirandula, Zell (ex Thermis Harciniis Cellae Bacenarum), Ravensburg, Ingolstadt, Hagenau, Ebernburg. Der Bote, sofern es nicht ein Student, Gelehrter, Freund usw. war, ist bei Reuchlin wie Vadian kurzweg als nuncius, baiulus praesentium mearum literarum, tabellarius quidam, tabellio, publicus hic nostrae civitatis tabellio (Vadian) bezeichnet. Wer sich einen annähernden Begriff von der ungewöhnlichen Ergiebigkeit des Briefwechsels bedeutender Persönlichkeiten in der noch postlosen Zeit machen will, lese die Bände der Vadianischen Briefsammlung mit über 1700 Briefen fast alle an Vadian (Joachim von Watt, Humanist, Stadtarzt, später Bürgermeister in St. Gallen), die ebensoviele Schreiben Vadians zur Voraussetzung oder Folge gehabt haben. Dabei hat die räumliche Entfernung kein Hindernis für den Briefwechsel gebildet. Abgesehen von den zahlreichen Orten der Schweiz, Süddeutschlands, Italiens, erhielt Vadian Briefe aus Salzburg, Wien, Krakau, Gran, Mühldorf, Schweidnitz, Neiße, Posen, Frankfurt (Oder), Olmütz, Erfurt, Leipzig, Naumburg, Wittenberg, Melun, Lyon, Paris, Valladolid, Castillejo (Spanien), London usw. Trotzdem die Briefsammlung bis 1551 reicht, finden wir nirgends einen Hinweis auf die inzwischen ins Leben gerufenen Taxisschen Postritte. Die Brief- und Sachenbeförderung geht vielmehr nach alter Sitte vor sich, wie nachstehende Stellen anzeigen: Grebel an Vadian 26. Sept. 1518 cum ad Viennam redieris, libros puto aut cum tuis huc mitti cures aut si Ravensburgenses mercatores abducturi sunt .... Eugentinus aus Konstanz, 17. Juli 1519 an V.: Peto velit cum mercatore aliquo mittere pecuniam. Oporinus aus Basel, 5. August 1542: Curabis huc perferri simulque indicabis quantum mercatoribus pro vectura numerandum sit. Also der Beförderer und Vermittler ist der Kaufmann (gelegentlich des Meßbesuchs). Bedrotus, Straßburg, 30. August 1526, Cura, ut per occasionem istae Waldkirchium mittantur. Oporin aus Naumburg, 9. Februar 1542 Interim te oro, literas illas per Ottomarum Bononiam (Bologna) cures .... Episcopius, 5. Januar 1542: Literas his annexas si commode liceat Venetias transmittere queso imponas baiulo cui si quid numeraris, a me repetito. Negotium non est, quod privatum nuntium requirat .... Ludwig Köl, Konstanz, 19. Januar 1521 Darum kommend selbs oder schickend mir 14 guldin by disem botten .... schickend maister Melchern den brieff gen Rom. Richtend den botten uß und gebend ettwas zu betenbrott (Botenbrot) ain par batzen .... Franz Dryander an V., 19. April 1550 Ex Anglia scripsi ad te literas per manus Saileri ad quas nullum accepi responsum. Der Buchhändler Laurenz Forrentius Bologna schickt wiederholt Bücher an Vadian zur Weitervermittelung nach Basel. Die Adressaten machen es bei Rücksendung ebenso usw. Vadian war eine völlige Sammel- und Umspedierungsstelle für Gelehrtenbriefe Norden—Schweiz—Italien sowie Basel—Italien und umgekehrt.

Richtung nach dem Bestimmungsort reiste, sei es, daß dieser durch Umfragen des Absenders ermittelt wurde, sei es, daß der Reisende selbst sich zur Briefübermittelung anbot[230], um dadurch mit dem Adressaten bekannt, bei ihm gastfreundlich aufgenommen zu werden. Wir sehen ferner, daß der unmittelbare Verkehr zwischen Absender und Empfänger durch direkten Boten für Schreiben und Rückantwort eine Seltenheit bildet und in der Regel nur bei geringeren Entfernungen vorkommt. Befördert dagegen ein Gelegenheitsbote den Brief bis in die Hände des Empfängers, so bringt ein anderer Gelegentlicher die Antwort eben bei sich bietender Gelegenheit (cum forte fortuna tabellarius quidam contigisset accinctus itineri ... Reuchlin 28. 10. 1511, Stuttgart). Sehr oft aber erfolgt die Briefbeförderung stationsweise bis zum nächst erreichbaren Mittelsmann[231], dem es nun obliegt, den Brief gelegentlich dem Empfänger, sei es direkt, sei es durch einen weiteren Mittelsmann, zustellen zu lassen. Daß man bei dieser Art der Beförderung nicht den nächsten Weg wählen konnte, sondern oftmals bedeutende Umwege in den Kauf nehmen mußte, liegt auf der Hand[232]; ebenso, daß oft eine ganze Reihe von Personen (Mittelsmänner und Beförderer) in Tätigkeit treten mußten, zu dem besonderen Zwecke, einen einzigen Brief an den Empfänger zu befördern.[233] Damals wie auch noch lange nach dem Aufkommen

[230] Adolescens iste (mit Briefen an V.) cupit per me tibi commendari .... Cum publicus hic nostrae civitatis (Zürich) tabellio abitum iam maturans me de hoc certiorem faceret (Gwalther 10. 5. 1546 an V.). Monuit me is, qui ad te has literas fert, uti ad te scriberem Seb. Hofmeister (Ref. von Schaffhausen) aus Konstanz 1521.

[231] Vgl. die oben angeführten Beispiele, sowie Brief Oporins, Basel, 2. Juli 1541 an V.: Literas tuis coniunctas quaeso te per certos homines Bononiam (Bologna) deferendas cures: Lucas Alantsee, Nürnberg 2. Febr. 1522, an V.: „Den eingeschlossen brieff schickt dem Cratandro".

[232] Lucas Alantsee, Buchdrucker, Wien, 23. Juli 1520 an V.: „Hab ich kein mugen bekomen, der eß (Ausgaben des Pomponius Mela u. Solinus) hat wellen annemen, dann ir seytt an einem ortt (St. Gallen) do ich gar nichts zu handlen hab .... (an einer anderen Stelle heißt es sogar „er sei bei den Kuhmelkers") wöllet das exemplar meinem diener Jergen gen Frankfortt senden (Messe); also statt des direkten Weges St. Gallen—Wien der Umweg St. Gallen—Frankfurt—Wien.

[233] Kaspar Wanner, Nördlingen schreibt an Bartholome Steck, St. Gallen, sein Vetter Hans Mair habe durch Zunftmeister Rinnell einen Brief an J. Watt, Stadtdokter zu St. Gallen geschickt, er (Steck) möge dem Vetter „ein

der Posten, spielten die beigelegten zum Umlauf bei einer Reihe von Personen bestimmten Briefe eine große Rolle, sie bildeten, soweit sie sich mit den politischen Zuständen befaßten, die Vorläufer der in der Folge aufgekommenen und bis ins siebzehnte Jahrhundert in Schwung bleibenden geschriebenen Zeitungen. Oftmals wurden die empfangenen Briefe Anderen zur Kenntnis der neuesten Begebenheiten übersandt, oftmals wurden nur die wesentlichen Neuigkeiten in den eigenen Brief mit aufgenommen, ohne natürlich in jenen gefährlichen Zeiten die Quelle zu nennen. Das Wort „Zeyttung" bedeutete damals im Briefverkehr nichts anderes als briefliche Nachricht.[234]

---

schriftlich antwurt bringen", wenn er auf die Leipziger Messe gehe; falls ihn der Weg nicht durch Nördlingen führe, solle er den Brief „bey ainer gewissn botschaft senden". Diese Stelle beleuchtet die Umständlichkeit des damaligen Verkehrs ganz besonders. Ebenso folgende Angabe: Kilian Reytwisser, Leipzig, bittet Vadian brieflich, in Rom durch seine Bekannten Nachfrage halten zu lassen nach einem Dr. Boberth, dem Schreiber dieses Briefs im Jahr zuvor durch die Fugger Geld zugeschickt, ohne bislang über die Aushändigung der Summe Nachricht zu erhalten.

[234] Wanner an V. aus Konstanz vom 26. Juli 1526: „Mir seynd uff nächst verschinen sontag neuwe tzeyttung von Speyr (wohl über den Reichstag in Speyer) tzu komenn". Ein anderer: „Mir sind ettlich geschriften nüwer Zittung von dem richstag zu Spir zukomen"; ein andermal: „aus Saxen hat man zytung, daß . . ." oder „hodie legi nonnullas litteras ex Spira quae inter cetera hoc habent . . . ." usw. Die Schreibweise unter den Humanisten war größtenteils sehr umständlich und fast ausschließlich lateinisch. Die Aufschriften waren langatmig: Doctissimo praeclarissimoque viro domino doctori Joachimo Vadiano peritissimo medicinae atque consuli Santgallensi charissimo suo patrono adveniant hae literae 25. Okt. 1541, Bf. oder: Dem hochgelerten fursichtigen, ersamen und wysen herren Joachim von Watt, Doctor, Burgermaister zu Sant Gallen unserm gnädigen lieben herren 1541, Bf. 1198. Manchmal ist noch „zu aigen handen", „adveniant hae literae", „Dem . . . . sol der brieff" oder „soll der brieff in sein handt" der Aufschrift beigesetzt. Auch an den verschiedenartigsten Entschuldigungen fehlt es nicht, wie cursim, raptim, velocissime (ergänze scriptum), Parce brevitati et ineptiis subitariis, festinatissimo calamo, ita ut relegere non quieverim . . . . Libenter ad te plura scriberem, sed ingruit nox et tabellarius abit . . . . Deficit papyrus, quare cesso . . . . Scripturum plura charta me deficit . . . . Nuncius interpellat vale . . Sed pulsat tabellio Duas horas tabellio coactus fuit perdere.

Boten des westfälischen Gerichts.

Es läßt sich endlich urkundlich nachweisen, daß auch — wenigstens das ganze fünfzehnte Jahrhundert hindurch — Verkehr zwischen den westfälischen Gerichten und Orten des heutigen Baden (Überlingen, Konstanz u. a.) stattgefunden hat.[235] Die erste den Oberrhein betreffende Urkunde ist von 1410 datiert. Um 1420 spielte sich der Streit des Pfalzgrafen Ludwig III. mit Horneck von Hornberg (unweit Mosbach gelegen) ab, den Konrad Rübe, waldeckscher Freigraf zu Lichtenfels (bei Sachsenberg-Waldeck) verfehmte. Im Jahre 1438 (11. August) bevollmächtigten mehrere Überlinger Bürger den unter ihnen anwesenden Hans von Schorndorf als Prokurator bei dem Freistuhl zu Volmarstein.[236] In den Jahren 1440—1443 machte ein Bruchsaler Bürger, Peter Klotz, Freischöffe eines westfälischen Gerichts, eine Klage gegen eine Bürgerin zu Speyer vor dem Freistuhl des Hch. von Lynne „frigscheffe zu Waltrop und Bodelschwing" anhängig.[237] Ferner ist ein Schiedspruch zwischen der Stadt Konstanz und Hans Bürk von Waldsee infolge Appellation der Parteien nach Westfalen unter dem 3. Februar 1464 ergangen.[238] Wie schlecht es damals einem Briefboten gehen konnte, zeigt das Verhalten der Stadt Konstanz in diesem Prozesse. Diese warf nämlich den Boten, der ihr die Vorladung vor den Freistuhl überbrachte, ohne den Inhalt des Schreibens zu kennen, ins Gefängnis, worin der unschuldige Mann starb; auch wurden seine Erben nicht entschädigt.[239] Im übrigen verklagte die Stadt selbst einen Goldschmied bei dem Freigerichte. Unter dem 5. Juli 1470 beurkundet sodann der Landrichter Hans Haslach von Semperg in Oberschwaben, daß die Überlinger einem Urteil des Freistuhls zu Arnsberg nachgekommen seien. Daß in der Tat aus Baden Boten mit Schreiben an die westfälischen Gerichte abgegangen sind, beweist folgender Vorgang um 1480.

---

[235] Wegen der Gerichtsboten innerhalb Badens vgl. unter Boten- und Postwesen im einzelnen.

[236] „Wenn man bedenkt, daß Überlingen von Volmarstein in gerader Linie 115 Stunden entfernt liegt, so läßt sich schon daraus bei den damals mühsamen Verkehrsmitteln das Lästige und Kostspielige des westfälischen Gerichtswesens ermessen." Z. O., Bd. 7, S. 418.

[237] Vgl. Z. O., Bd. 7, S. 413ff. Es folgten mehrmalige Vorladungen, sowie Hin- und Herschreiben.

[238] Z. O., Bd. 7, S. 423.

[239] Z. O., Bd. 7, S. 426.

Als sich der Pfalzgraf Philipp mehrerer Beklagten annahm und dem Freigrafen schreiben ließ, die Beklagten säßen unter seinem Schirm, er müsse also die Klage abfordern, erwiderte der Freigraf: Der Kläger säße nicht unter pfälzischem Schirm .... und der pfälzische Bote sei erst nach dem Gerichtstag eingetroffen, weshalb die zweite Ladung nicht rückgängig gemacht werden könne. Hierauf legten sich zwei Ratsherren und der Stadtschreiber von Speyer ins Mittel „alle drye der heyligen heimlichen acht und recht fryscheffen", und schrieben dem Freigrafen, ... daß der Bote nach Valbert statt nach Lüdenscheid gekommen sei, berechtige nicht, mit der Prozedur fortzufahren.[240]

Frondboten.

Zu den aufgeführten Arten der Kloster-, Privat-, Städte-, Universitäts- und Gerichtsboten kamen noch die Frondbotengänge der Untertanen für ihre Lehensherrschaft. Hierzu waren die ersteren nach Herkommen ohne Entgelt verpflichtet und wechselten bei Besorgung des Botendienstes ab, nicht ohne gelegentlich zu versuchen, sich dieser Leistung zu erwehren. So besagten die Verbindlichkeiten (Titel VII) der Untertanen der St. Blasianischen Herrschaft Bonndorf[241] „das Brieftragen ist soweit in Herkommen, daß die Mannspersonen zu Bonndorf, Thauner und Hintersassen, welche kein Roß haben, ihnen aufgebende Briefe .... an die geistliche und weltliche Obrigkeit zu St. Blasien und Bonndorf liefern sollen; hingegen gebührt einem solchen bemeldeter Orte das Essen und zu seiner Wiederankunft allhier ein Viertel Brot. Was aber die Briefe nach den nächsten Orten betrifft, sind die Thauner und Hintersassen der andern Flecken tags und nachts ohne alle Ergötzlichkeit fortzutragen verbunden." Einen deutlichen Einblick in derartige Verhältnisse gibt der Schiedsspruch des Herzogs F. Karl zu Württemberg zwischen der Gräfin von Eberstein und der Gemeinde Gochsheim (Baden) vom 28. Jannar 1678 „das bottengehen betreffend".

„Da die unterthanen sich beschweret, daß von der herrschaft ohne reichung einiger stücklein brodts dero schreiben zu tragen,

---

[240] Z O., Bd. 7, S. 402.

[241] Kürzel, Die ehemalige St. Blasianische Reichsherrschaft Bonndorf, S. 84; bei Fuchs, Schauinsland, a. a. O.

auch .... wöchentlich einer nach Knittlingen (Taxische Posthalterei) ohne entgelt ihre brieff alldorten abzuholen aufgedrungen werde, solle, wann die herrschaft iemanden in ihren privatgeschäfften allein abzuschicken von nöten, dem botten davon der lon gereicht werden; das bottengehen aber nach Knittlingen anreichend, indeme es des jahrs hindurch kaum einmahl an einen bürger kombt und die herrschafft eben nicht einem iedem rechenschafft zu geben ..... hat, lassen wir es bei bisheriger übung und können die unterthanen bevorab bei gegenwerttigen kriegstroublen dieses bottengehen ohne entgelt der herrschafft zu underthaenigen ehren gar wohl verrichten."[242]

Im Jahre 1661 kommt sogar zu Rötteln eine Klage des Lehrers vor „wegen vieler der Brieff zu tragen". Der Generalsuperintendent erwiderte darauf, „was die **Kirchensachen** betreffe, sollen die **Lehrer die Briefe** tragen, von dem Tragen der übrigen Briefe aber sollen sie befreit sein."[243]

Ausrüstung der Boten.[244] — Ruf der Boten.

„Zum Zeichen ihrer Reichsfreiheiten, daß sie auf den Straßen unangetastet bleiben sollen, haben die Boten gemeiniglich auf der linken Brust ein zierlich gemachtes und mit dem Wappen ihrer Landesherrschaft oder ihrer Stadt bezeichnetes Schildlein hängen. Die Boten aber, so zu Fuß gehen, sind insgemein noch über dieses Zeichen mit einem Spieß versehen und bewaffnet, damit sie vermittelst desselben den Anfall der Hunde in Städten und Dörfern von sich abwehren oder auch über Gräben desto füglicher fortkommen können." Die reitenden Boten waren meistens mit einem Schwert bewaffnet. Im allgemeinen trugen alle einen Paß „Patent", nach dem man ihnen überall Fürdernuß und Fürschub beweisen sollte, bei sich. Zur Aufbewahrung der Briefe dienten Büchsen, silberne Kapseln und Taschen. Den Boten der Kaufleute[245] und anderer Privatpersonen war das Tragen der Botenbüchse bei Strafe verboten. Über die Leistungen der Boten wie

[242] Oberrh. Stadtrechte, I, 6. Heft, S. 768.

[243] Z. O., Bd. 23, S. 217.

[244] „Christoph Weigel, Abbildungen derer gemeinnützlichen Hauptstände."

[245] Die Fugger beispielsweise hatten für sich allein einen ausgedehnten Stafettendienst eingerichtet, um eine fortwährende Verbindung mit ihren verschiedenen deutschen und italienischen Niederlassungen zu ermöglichen. Brunner, a. a. O.

über ihre Charaktereigenschaften wurde von ihren Zeitgenossen teilweise ein wenig schmeichelhaftes Bild entworfen. „Die Boten müssen allerhand Beschwerung ausstehen von Banditen, Räubern, Spitzbuben, Mördern, item von Wasserfluten, zerbrochenen Brücken, Ungewitter, Regen, Koth, Hitze, Frost, Schnee, Wind. Im Sommer tausenderley Unfall zu ihrem und der Kaufleute großen Verdruß und Schaden. Doch findet man auch ihr Mängel an etlichen und manchem, der irre gehet, wenn er für einem Galgen fürbei gehet.“[246] Ein gleich hartes Urteil fällt Garzonus über die Moralität der Boten. „Denn beneben anderer Untreue, daß offtermals gespühret wird, daß sie die Brieffe aufbrechen, die Siegel verfälschen, Heimlichkeiten offenbaren, sind sie auch meisterlich abgerichtet, daß sie Päck mit Geld, so ihnen anvertraut, aufmachen, verspielen, versauffen .... rc. und geben hernach für, sie seien angegriffen worden.“[247] Im Interesse einer unparteiischen Wür-

---

[246] Vgl. bei Stephan, Verkehrsleben im Mittelalter.

[247] Es weist auch der berühmte Hofprediger zu Wien Abraham a Santa Clara auf die Unzuverlässigkeit der Postillione und Boten, aber auch auf die vielen Gefahren und Unbilden hin, welchen sie zu seiner Zeit ausgesetzt waren. „Weil diese guten Leut so vielen und schweren Gefahren unterworfen seynd, also ist nichts Rathsamers, als daß sie neben dem Ranzen und Felleisen auch anbey ein gutes Gewissen tragen.“ In einer lateinischen Ausgabe des Narrenschiffs des Freiburger Professors Jacob Locher finden sich die folgenden Verse über die Boten:

„Quidam cursores plus, quam committitur ipsis,
expediunt, nugas concipiuntque meras.
Saepius ex magna tamen ebrietate morantur
officium tardant, expediuntque nihil,
atque vias calcant infidi tempore multo
otia longa terunt, conficiuntque moras:
Caupones omnes lustrant, omnesque tabernas
ut capiant dulci vascula plena mero.
Ter legit atque, quater chartas, manibusque revolvit,
nosse volens quidnam litera missa canat.
Non alia ratione tamen nec scire laborat
scripta, nisi ut valeat dicere multa nova.
Negligit interdum, nec scit commissa referre,
et sine responso perfidus inde redit.“

die Spathe (Kaspar von Stieler) in seinem, im Jahre 1673 erschienenen Werke: „Teutsche Sekretariat-Kunst“ wie folgt frei übersetzt hat:

„Mancher Bohte voll von Gecken richtet weit ein mehrers aus,
Als sein Herr ihm anbefohlen: mancher sitzt im Schwappelhaus,

digung vergangener Zeiten darf man hierbei auch nicht vergessen, daß die Angaben der Zeitgenossen damaliger Boten nicht ganz frei gewesen sein dürften von persönlicher Mißstimmung über das Ausbleiben vermeintlich abgesandter und ungeduldig erwarteter Nachrichten und Sachen, und daß auch für die damaligen Verhältnisse das Wort unseres ersten Generalpostmeisters der neuerstandenen Reichsposten mutatis mutandis gegolten haben mag „die Post bringt es sogar fertig, Briefe zu verlieren, die gar nie geschrieben worden sind.“ Es darf vorausgesetzt werden, daß im allgemeinen nur solche Personen mit Botendiensten betraut worden sind, die ihrer ganzen Führung und Veranlagung nach Gewähr für zuverlässige Ausführung ihrer Aufträge geboten haben. Bei der urkundlich nachgewiesenen Unsicherheit[245] von Weg und Steg wäre es im Gegenteil zu verwundern gewesen, wenn nicht oftmals Anfälle auf die Boten stattgefunden hätten, die bei dem ungebildeten Teile der Bevölkerung im Verdachte gestanden haben, Beförderer ungezählter Summen zu sein. In Ermangelung von

---

Und springt mit den Kannen üm, läßt die Wege selber gehen,
Oder schlendert Fuß für Fuß, bleibt auch in zuweilen stehen,
Sieht sich üm nach Wesp und Fliegen, lüstert auf den nahen Wirt
Lechzet immer nach den Schenken: Seine heiße Leber girrt
Auf das kühle Bachusglas, nimt die Schreiben aus dem Ranzen,
Läßt durch die beschmutzte Hand sie wol drey und viermal tanzen,
Lieset durch zerbrochne Brillen, ob er schon nicht lesen kan,
Die unteutschen Überschriften, meynt, nun wiß' er üm und an
Seiner Schreiben Heimlichkeit, darf auch auf der Bierbank sagen,
Was vor für große Sachen ihm seyn vertraut und aufgetragen,
Neuer Zeitung ist er kundig, schwatzet auf dem Nagel her,
Was sein Fürst hegt vor Gedanken, unterdessen kommt er
Sonder Antwort spät zurück, lahm und unverrichter Sachen,
Und vermag kein Wort von dem, was man ihm vertraut, zu machen.“

In einer anderen Nachbildung des Narrenschiffs von Brant, die Zarncke in seiner Ausgabe anführt, heißt es von den Boten unter anderem:

„Ach mein, wo kommts doch immerher,
daß manchen Boten wächst das Schmeer,
da sie doch vil Strapazzen haben?
Ich will euch sagen, was ich weiß:
es macht, daß sie sich oft mit Speiß
und vielen guten Fläschlein laben.“ A. f. P. u. T. 1880, S. 45/46.

[245] Der Schwarz- und Odenwald waren bei der schlechten Polizei die rechten Schlupfwinkel für das gefährliche Gesindel der Bettler, Keßler, Spangler usw., die überall herumzogen, stahlen, raubten und mordeten.

Briefniederlagen hatten sie die Briefe am Aufgabeorte zunächst selbst einzusammeln, sie zu befördern und am Unterwegs-, bzw. Bestimmungsorte selbst zuzustellen; sie übernahmen auch die Besorgung mündlicher Aufträge, sowie das Überbringen von Deckungen, Kontanten und Wertsachen. Bei Ankunft am Bestimmungsorte hingen sie eine Tafel an ihrem Absteigequartier[249] — in der Regel ein Gasthaus — aus, auf der die Zeit des Abgangs, sowie die Richtung des Reisewegs verzeichnet war.[250]

Geldbeförderung.

Die Beförderung barer Gelder geschah ursprünglich wohl meist durch den Schuldner selbst.[251] Vielfach wurden in den Verträgen und Schuldscheinen Termin, zu dem zu zahlen, sowie Ort, an den das Geld durch den Zahlungspflichtigen kostenfrei zu bringen war, genau festgelegt, ebenso die Zwangsrechte, die dem Gläubiger bei säumiger Zahlung gegen seinen Schuldner zustehen sollten. Insbesondere sicherten sich die Gläubiger den Ersatz etwaiger Unkosten an Botenlohn vertragsmäßig, woraus geschlossen werden darf, daß dieser u. a. nach damaligen Begriffen reichlich hoch war.[252] [253] Später — ungefähr vom dreizehnten und vierzehnten

[249] Vgl. die beiden Abbildungen bei Faulhaber, a. a. O.

[250] Dasselbe Verhältnis bestand damals allgemein; vgl. Augsburger Botenordnung von 1555. (A. f. P. u. T. 1887, S. 198.)

[251] Beispiele: Hermann Barusse zu Bretten erklärt in der Urkunde v. 12. Aug. 1387, den Pachtschilling jährlich auf Mariä Geburt auf seine Kosten und Gefahr nach Speyer liefern zu wollen. Zwischen Thiengen und dem Basler Bürger Konrad zur Rosen wurde am 20. Dez. 1396 beurkundet „der zins soll jährlich auf St. Thomastag dem Käufer nach Basel kostenfrei geliefert werden". In einer andern Urkunde vom 15. März 1398 zwischen der Stadt Thiengen und dem Basler Bürger Henman zem Angen verpflichtete sich die Stadt, dem letzteren 24 Gulden „gütlich und ohn dessen Kosten oder Schaden jährlich auf den Sonntag in der Fasten nach Basel zu entrichten"; und unzählige andere Beispiele.

[252] In einer Urkunde vom 12. Okt. 1413 zwischen dem Hochstift Konstanz und dem Stift St. Felix und Regula heißt es: Sollten die Gläubiger „gen Juden, Kawerschen oder Christan, an wächslen oder an köffen, von zerung, von brieffen, von bottenlon zu Schaden kommen, so wird es solchen bessern".

[253] Unter dem 2. Sept. 1477 beurkundet Bischof Otto von Konstanz, „den Heggenzi ganz schadlos halten zu wollen, ob und wie er mit bezahlung, leistung, brieven, bottenlon, nachraisen . . . . zu schaden käme" usw.

Jahrhundert ab — unternahmen vielfach Kaufleute, und zwar zunächst italienische, die Geldbeförderung, und benutzten zur leichteren Handhabung den Verkehr mittels **Wechsels**[254], den sie in Deutschland im allgemeinen erst bekannt machen mußten. Hierzu gaben ihnen die Einziehung und Beförderung der päpstlichen Steuern aus allen Ländern, darunter vorzugsweise aus Deutschland, reichlich Gelegenheit, da die Gelder in den Händen der Geistlichen, die sich mit dem Sammeln der Diözesanabgaben beschäftigt hatten, während der Beförderung nicht sicher genug schienen[255] oder bedeutende Kosten für sicheres Geleit erfordert hätten. Bei dem mit Wechseln arbeitenden Kaufmann, der heimlich zu reisen vermochte, war das Geld gesicherter und das Risiko geringer. „Die italienischen Kaufleute besorgten damals für sich in sehr hohen Beträgen das Geschäft, das im kleinen im Weltpostverkehr die staatlichen Postanstalten von heute betreiben. Noch besser kann man den Giro- und Clearingverkehr zum Vergleiche heranziehen. Statt der Barsendung fand Abrechnung statt."[256] Daneben waren auch die Fälle nicht selten, in denen die Verpflichtung den Gläubigern auferlegt wurde, das Geld beim Schuldner abzuholen.[257] Die Gebietsherren ließen die schul-

[254] Sie bedienten sich hierbei einer Art Anweisungen, die in Briefform abgefaßt wurden und den Namen Wechselbriefe (Rektawechsel) erhielten. Seit dem 13. Jahrhundert finden sich Beispiele von Wechselbriefen in Barcelona, Troyes, Lyon, England, Flandern usw. In den süddeutschen Städten wurden neben den Lombarden und Walen bald als geschäftige Geldhändler, bald als verrufene Zinswucherer noch genannt die Kahursiner (coarcini, Kauwerzen, Kowertschen — nicht von dem franz. Cahors, sondern dem piemontes. Caorsa oder Cavors herzuleiten —, das ebenso wie Piacenza, Asti, Chieri 2c. Wechsler und Geldhändler in großer Zahl enthielt) und Juden. Judenverfolgungen in Konstanz, Überlingen, Lindau, Meersburg um 1430. Der bedeutendste Wechsler zu Lübeck Gerordo der Wale errichtete während des Basler Konzils eine Kommandite in Basel. Vgl. Engelmann, a. a. O., S. 129/130.

[255] Vgl. Schulte, I, S. 234. Ein Kollektor päpstlicher Steuern — Peter Durandi — wurde 1322 zwischen Konstanz und Basel angefallen.

[256] Ebenda, S. 281. Der Prälat Truchseß von Diessenhofen ließ das Geld von Konstanz aus durch einen deutschen Geistlichen befördern, der Bischof tat das gleiche oder bediente sich seines Küchenmeisters, einmal wurde das Geld von zwei Familiaren des Bischofs — darunter der Küchenmeister — an unbekanntem Orte dem Kaufmann Giorgio Tigrini von Luca überantwortet; 1319 wurde das Geld durch einen Ritter zu Händen der Kollektoren nach Straßburg gebracht.

[257] In einer Urkunde vom 29. August 1389 — datiert aus Waldshut —

digen oder auszuleihenden Gelder durch die zunächst erreichbaren Vögte oder Gefällverwalter[258] begleichen oder bedienten sich zuverlässiger Meßbesucher.[259] Überall sehen wir das Bestreben, die Beförderung barer Gelder auf weite Strecken zur Ersparung reichlicher Botenlöhne wie im Interesse der Sicherheit zu vermeiden. Mone mag daher recht haben, wenn er annimmt, daß auch die Gefährdung der baren Gelder während der Beförderung zur Errichtung so vieler Münzstätten beigetragen habe. Den einkassierenden Boten gegenüber wurde besondere Vorsicht beobachtet; sofern sie nicht unzweifelhaft persönlich bekannt oder mit amtlich bestätigten Vollmachten versehen waren, fanden sie keinen Glauben. Die Gefährlichkeit der Geldbeförderung veranlaßte die Städte, bare Gelder mit aller Heimlichkeit zu versenden und dem Beförderer oftmals einen zweiten Boten zur größeren Sicherheit mitzugeben. Vielfach wurde in unruhigen Zeiten von dem Aushilfsmittel Gebrauch gemacht, eine dem Bestimmungsorte nähergelegene Stadt, namentlich wenn sie nach dem gleichen Orte zu zahlen hatte, um Mitsendung oder Verauslagung der Summe — sei es in bar, sei es in Wechseln — anzugehen.[260] Aber auch abgesehen davon, daß

heißt es: „Wir sollend (die Brüder von Kreuckingen) auch vnsern Botten allweg vff sant Martinstag gen Waltshut nach dem gelt senden". „In der Urkunde vom 27. April 1510 beurkundet Friedrich Moll, Bürger zu Laufenburg, den Empfang von 55 Gulden rheinisch, so ihm der tyrolische Kammermeister Möringer zu Innsbruck baar ausgezahlt . . . . für etlichen Schaden, den er mit Nachraisen, Zerung vnd Potenlon gehapt." Moll hat also sein Geld in Innsbruck holen müssen.

[258] 1. Dez. 1505. Rudolff von Griessen zu Waldshut bekennt, daß ihm Graf Rudolf von Sulz durch seinen kletgauischen Landvogt . . . . die Summe von 160 Gulden rheinisch eingehändigt habe.

[259] Kurfürst Friedrich IV. von der Pfalz weist seinen Kammermeister Andre von Heidelberg an, dem Erzbischof Gebhard von Köln — damals in Straßburg — 1000 Gulden durch einen Besucher der Straßburger Messe gegen eine Bescheinigung über den Empfang des Geldes zustellen zu lassen usw.

[260] 7. April 1515. Magistrat von Überlingen bittet den Magistrat von Ulm, eine Summe von 64 fl. bis zur nächsten Botschaft auslegen zu wollen. Man habe ursprünglich dieses Geld dem Hans Zuckschwert „unserm Diener" mitgeben wollen, da er aber . . . . allein reiten müsse, so habe man „ingestalt der läufe" doch Anstand genommen, ihm das Geld einzuhändigen. 14. Juli 1517. Der Magistrat zu Ravensburg an Überlingen. Falls Ü. durch Wechsel den für K. Mayestät nach Worms geschickten Knechten Geld senden wolle, so möge es auch 100 fl. für die Ravensburger Knechte auf diesem Wege gelangen lassen. Z. O., Bd. 22, S. 121.

die Beförderung barer Gelder umständlich und gefährlich war, es mußten sich die vielen Zahlungen des geschäftlichen Verkehrs notgedrungen in der Hauptsache ohne Versendung von Metallgeld vollziehen, weil dieses auch nach der Entdeckung der neuen Welt trotz deren Gold- und Silberreichtum **sehr knapp**, außerhalb der Messen meist schwer zu erlangen war. Dazu kamen infolge der unglaublichen Münzverschlechterungen und fürstlichen Falschmünzereien hervorgerufene lästige Beschränkungen des Münzwechsels sowie die Bestrebungen, die kirchlichen Zins- und Wucherverbote zu umgehen, die zusammen darauf hindrängten, auf den freier gestalteten Messen[261], wo immer möglich unter Vermeidung von Bargeld zu zahlen. Das Ganze führte, bei Großzahlungen hauptsächlich, zur **Kompensationszahlung**[262], die statutenmäßig der Barzahlung gleichgestellt war, gelegentlich des Meßbesuchs, sowie zur Verbreitung und Entwickelung des **Meßwechselverkehrs**. Wechselzahlungen waren damals naturgemäß nur nach Orten mit Bankplätzen wie Frankfurt (Main), Augsburg, Nürnberg, Wien, Lyon, Antwerpen, Venedig, Genua, Madrid, Barcelona, usw. möglich. Die Unsicherheit der Wege im fünf- und sechzehnten Jahrhundert wird am beweiskräftigsten durch den Rat des Kaisers Maximilian gekennzeichnet, den dieser der Stadt Überlingen von Brüssel aus erteilte.[263] Unter solchen Zeitverhältnissen

---

[261] Von diesen sind vom 15. Jahrhundert an zu nennen diejenigen zu Gent, Brügge, Antwerpen, Lyon, Genf, die Genueser Messen zu Besançon, Poligny, Chambery, Ivrea, Asti, Piacenza und Novi (nacheinander), Augsburg, Nürnberg, Frankfurt a. Main, vom Ende des 16. Jahrhunderts an und später die Fondsbörsen Amsterdam, Paris, London, Hamburg, Lübeck, Königsberg, Bremen, Leipzig, Wien, Berlin.

[262] Alle Meßhändler brachten das Scartafaccio (Buch) mit, das ihre Schuld und Forderung enthielt. Die Skartafaccien wurden am ersten Meßtage (bei den Genueser Messen) miteinander verglichen und hierbei manche Forderungen gegen entsprechende Zahlungsverpflichtungen aufgehoben; die verbleibenden Schuldverbindlichkeiten wurden meist durch Wechsel auf die nächste oder eine der nächsten Messen ausgeglichen.

[263] Maximilian I. schreibt am 29. Sept. 1505 an Überlingen betreffs des Ankaufs niederländischer Pferde: sie möchten die von kauflustigen Rittern . . . . zu hinterlegenden Geldbeträge sammeln und dem Ambrosien Höchstetter zc Augspurg . . . . bei ewrer erbern burger zwayen ingehaim gen Augspurg zue schicken und zerung . . . . davon andingen 2c. Dem (Höchstetter) haben wir sollichs auch zugeschriben und darzu bevolhen, dasselb gelt in wexel gen Anndtorff zu machen. Z. O., Bd. 22, S. 434.

darf es nicht auffallen, daß auch nach Einführung der Posten diesen noch lange verboten blieb, Sendungen mit Geld oder Geldeswert zur Beförderung anzunehmen.

Botenlöhne.

Die älteste Form des an die Boten für die Beförderung von Briefen und Sachen gewährten Entgelts bestand in ihrer Bewirtung mit **Brot**. Daher stammte auch die Bezeichnung **Botenbrot** für **Botenlohn**. Indessen lassen sich auch sehr frühzeitig Geldbelohnungen nachweisen.[264] Im Laufe der Zeit wurde die Vergütung in barem Geld die übliche, wenn auch in einzelnen Fällen neben dem Lohne in Geld noch eine Vergütung in Tuch oder mittelst Bewirtung vorkam. Die Sätze für die Botenlöhne waren meistens in derselben Stadt nicht von längerer Dauer, noch weniger stimmten sie in den verschiedenen Städten überein, so daß von einem Einheits- oder Normalsatze seitens größerer Gebietsverbände innerhalb des heutigen Großherzogtums keine Rede sein kann. Es wurde eben damals trotz aller Versuche, im Interesse einer geordneten Kassenführung und übersichtlichen Stadtverwaltung feste Sätze einzuführen, in der denkbar weitgehendsten Weise den Umständen des einzelnen Falles Rechnung getragen. Im wesentlichen finden wir indes bereits im vierzehnten Jahrhundert der Festsetzung des Botenlohns die Unterlagen zugrunde gelegt, auf denen unsere heutigen Verordnungen über die Gebühren der im Dienst unterwegs befindlichen Beamten basieren, nämlich Wegsentfernung, Dauer des Stillagers, Anzahl der Nachtquartiere, sowie der erforderlichen Begleiter und Pferde.

Man unterschied „rittint" und „loffint Botten". Die reitenden besorgten vorzugsweise die Geldbeförderung oder besonders eilige Aufträge, auch waren sie vielfach Bevollmächtigte des Stadtrats; ihre Entsendung war naturgemäß mit größeren Unkosten verbunden als die der Fußboten. Auch waren ihretwegen die Städte u. a. genötigt, eigene Marställe zu halten, um den Boten, die kein eigenes Pferd hatten, ein Postpferd[265] zur

[264] Cursori, quem dominus noster abbas secundo misit a Parysius 1 tal Ral. sowie cursoribus unicuique XX den. aus der Rechnung des Klosters Aldersbach 1299, siehe bei Flegler und Brunner, a. a. O.

[265] Für Postpferd kommt die Bezeichnung „päffritt" noch in der Kon-

Verfügung stellen zu können. Die Städte besoldeten teilweise auch einen eigenen Hufschmied für das Beschlagen und die tierärztliche Behandlung der Post- und Stadtpferde.[266]

Im weiteren muß man zwischen ständigen Boten, die, wie andere städtische Diener, eine jährliche Besoldung als Grundgehalt bezogen, zu dem die Reit- und Zehrungsgelder für den einzelnen Fall hinzukamen, und besonderen Boten unterscheiden, die in außergewöhnlichen Fällen abgesandt wurden und auch eine wesentlich höhere Vergütung erhielten.

Um einen Überblick über die im vierzehnten bis sechzehnten Jahrhundert in verschiedenen Gegenden Badens bzw. Süddeutschlands gezahlen Botenlöhne zu geben, stelle ich hier eine Reihe davon zusammen. In Frankfurt zahlte man von 1385—1435 nach Speyer (108 km) und Corbach (157 km) je 15, nach Graben in Baden (121 km) 17 Schillinge (1 Schilling = 9 Heller). Das „Stilliegengeld" betrug für einen Tag 1½ Schillinge. Botengänge des Nachts und solche, die mit besonderer Eile zurückzulegen waren, wurden höher bezahlt. Einem Boten von Frankfurt zum Konzil nach Konstanz (415 km) wurden (1415) drei Gulden Botenlohn, sowie zwanzig Heller für zwei Tage „stillzuliegen" gezahlt. Anfangs des sechzehnten Jahrhunderts erhielten die Boten in Frankfurt zwölf Heller für die Meile und einen Turnos (= 20 Heller) für das Stillager, im Jahre 1558 achtzehn Heller für die Meile und sechsunddreißig Heller für ein Tagesstillager. Im nördlichen Teile Badens wurden gezahlt[267]:

stanzer Stadtrechnung von 1455 vor (paraveredus Bei- oder Handpferd bei den Römern). „Jergen von Alste 25 guldin rinsch umb ain päffritt, so man der statt von im erkowfft." „Hansen Stigpuff 8 guldin für ain päffritt, ist im abgangen, als er . . . . gen Zwiffalten rait." Fuchs, a. a. O.

[266] Im Jahre 1448 haind der statt rechner gerechnat mit maister Thoman dem hufſschmid als von der statt pfaeriten zu beschlachten und . . . . zu artznen." Stadtrechnung der Stadt Konstanz von 1448. Z. O., Bd. 17, S. 426. Die in den alten Urkunden oft erwähnten städtischen Marställe dienten nicht nur zu Postzwecken, sondern auch zu Kundschafter- und Kriegsdienst, sowie zu städtischen Fuhrleistungen. Vgl. Fuchs, a. a. O., S. 419.

[267] Nach der Botenordnung Johann Sigismunds von Brandenburg vom 20. Juni 1614 erhielten die vereidigten Boten eine bestimmte Besoldung und außerdem ein in der Regel der Weite der Reise entsprechendes Botenlohn, z. B. nach Straßburg, Köln, Düsseldorf 10 Tlr., nach Königsberg, Krakau, Mainz 8 Tlr., außerdem jährlich einen Rock nebst Brustschild. An ihrem Wohnort mußten sie sich stündlich beim Botenmeister melden und stets zur Abfertigung bereit sein, den Weg in bestimmter Zeit zurückzulegen; es wurden ihnen Stundenzettel mitgegeben. Sie erhielten Briefe, Pakete und Gelder zur Beförderung, jedoch nur in „der Herrschaft Sachen". Stephan, a. a. O., S. 12/13. Ein

a) Botenlöhne von Miltenberg nach

	Stunden	Gebühr	Für 1 Stunde	In unserem Geld ungefähr	Jahr
Buchen	4	5 β 2 D	20 Kr.	34 Pf.	1494
Mainz	16	17 β 4 D	16½ „	28 „	—
Mainz	16	15 β 2 D	14⅝ „	25	1501
Tauberbischofsheim	6	5 β 2 D	13⅓ „	23	1500
Frankfurt	13	12 β D	14½ „	25	
Aschaffenburg	7	5 β 2 D	11½ „	19	
Külsheim	4	5 β 2 D	20 „	34 „	

Nun sind aber nach Mone die Pfennige D in den Miltenberger Angaben für Heller zu nehmen und demgemäß um die Hälfte herabzusetzen, so daß also im Durchschnitt für die Stunde an Botenlohn 8 kr. = 13 Pf. unserer Währung gezahlt worden ist.

b) Botenlöhne von Mosbach nach

	Stunden	Gebühr	Für 1 Stunde	In unserem Geld ungefähr	Jahre
Bödigheim	5	5 β 2 h	7	12	1516
Amorbach	8	8 β 4 h	7⅛	12	
Schefflenz	2½–3	3 β 2 h	7	12	
Wimpfen	3	1 β 2 D	6⅓	11	1517

im Durchschnitt rund 7 kr. = 12 Pf. für die Stunde.

c) Botenlöhne in Konstanz zu Land:

„Item maister Clässen Sattler 6β d (2 M. 31 Pf.) gen Zürich, als man her Götzen Aescher schraib von ettlichs geltz wegen, als aim ratt wol wissenlich ist, und 2β d (77 Pf.) von aim tag still zu ligen umb ain antwort, tut 8β d (3 M. 08 Pf.)."

Von Konstanz nach Zürich sind es 13 Stunden = 60 km; der Bote erhielt also für die Stunde etwa 17¾ Pf. oder für das Kilometer 3½ Pf.

d) In Konstanz zu Wasser:

„Item maister Cläsen Sattler 14 d (46 Pf.) gen Ueberlingen, als man inen schraib zem drittem mal umb ir Bottschaft zu dem tag gen Zell."

Da diese Botschaft zu Wasser auf 4½ Stunde Entfernung ging, so war die Gebühr viel geringer als bei den Landreisen. Die Wasserstunde kam auf etwa 10 Pf.

Im allgemeinen betrug zu Konstanz gegen die Mitte des fünfzehnten Jahrhunderts der Botenlohn für die Wegstunde zu Wasser 3—11 kr., im Durchschnitt 7 kr. = 11,9 Pf., zu Lande 5—11 kr., im Durchschnitt

---

Ordensbote erhielt für die Reise von Marienburg bis Rom die Verköstigung inbegriffen zehn Mark (etwa 200 heutige Mark); ein Mönch, der in den Klöstern einkehren konnte, nur eine Mark (etwa 20 heutige Mark). Henne, a. a. O.

8 kr. = 12,6 Pf.; somit schwankte der damalige Durchschnittsbotenlohn für die Wegstunde im Süden wie im Norden des heutigen Baden zwischen 7 und 8 kr. = 12 und 13 Pf. unserer Währung. Um die Mitte des sechzehnten Jahrhunderts betrug der Botenlohn für die Meile in Überlingen und im Fürstenbergischen 6—8 kr., die Überlagergebühr (Wartgeld) für den Tag 3 Batzen = 12 kr.[268 269]; die Sätze für die berittenen Stadtboten, für die besondere „Ordnungen" aufgestellt waren, weisen eine größere Verschiedenheit auf, da bei diesen auch die Zahl der Knechte und Pferde in Betracht zu ziehen war.[270]

---

268 Siehe in den Anlagen.

269 Zur Vergleichung der Botenlöhne mit den sonstigen Beförderungsgebühren in Überlingen um jene Zeit und den gleichzeitigen Tagelohnsätzen sei nachstehendes angeführt: Nach der „Ordnung der fürlön über See, wie sich fürohin dieselben fürleut mit irn belonungen halten sollen". Überlingen 1552. (Siehe Oberrh. Stadtr. II, 2, S. 411, 447, 482.) Iten ain ieder burger oder burgerin, die one roß über See farn, sollen bei stillem Wetter fürlon geben ain pfening. So dann dieselben burger ruoben, ops, oder dergleichen mit inen füerten, sollen sie von iedem stumpen .... auch ain pfening geben. .... mit ainem roß .... für sich und das roß .... fünf pfening. Item ain iede frembde person, die nit burger ist, one roß zwen pfening, ain reitender zwen kreuzer. Ains fürmans besoldung gen Lindow zů faren (Überlinger Stadtrecht um 1555).

Item	von	ainem	schweren sack .	. 4 kr.
„	„	„	leichten sack .	. 3 kr.
„	„	„	ler sack . .	. 3 kr.
„	„	„	fůder Wein .	. 6 β ₰
„	„	„	leren fassen .	. 2 kr.
„	„	„	fůder britter .	. 3 β ₰
„	„	„	ainem salzfas	. . . . 4 batzen.

Doch soll .... der fürman .... an allen zollstetten den zoll geben. Nach der Ordnung in Überlingen um 1551 hatten Zimmerleute an summertaglon:

a) so man inen nit zu essen gibt:

ainem maister für speiß und lohn .	12 kr.
„ knecht „ „ „ „ .	11 kr.
„ lernknecht, das erst jar alle tag .	8 kr.

b) so man inen zů essen gibt:

maister . . .	6 kr.
knecht . . .	6 kr.
lernknecht . .	4 kr.

Winterszeit a) 10, 9, 7 kr.

b) 5 kr., 16 ₰, 1 β ₰

den „Stainmetzel" summertaglon:

a) 12, 11, 6 kr.

b) 6, 5, 4 kr.

Anders gestaltete sich die Entlohnung der Söldner, die vertragsmäßig ebenfalls zur Verrichtung von Botenleistungen verpflichtet waren. Diese bezogen ihre festgesetzte Jahresbesoldung, wogegen sie die Zehrkosten selbst zu bestreiten hatten und auf eigene Gefahr reisten; sie wurden im Falle ihrer Gefangennahme auch nicht ausgelöst, ebensowenig hatten sie Schadensersatz für unbrauchbar gewordene Pferde zu beanspruchen. So verpflichteten sich die Söldner im Vertrage mit der Stadt Konstanz (vom 12. Juni 1403): „mit ainem guten pfaerit zu dienen .... in raisen, in bottschaft .... und sonst das allweg tun uf unser selbszerung, kost, schaden und verlust aller ding".[271]

Die Jahressumme an Botenlöhnen erreichte bei bedeutenden Städten eine sehr beträchtliche Höhe.

So verausgabte Konstanz im Jahre 1443 für 74 abgeschickte reitende Boten die hohe Summe von 259 Pfd. 6 β 10 d = 1990 M., für 89 mal

Wintertaglon:
a) 10, 9, 7 kr.
b) 5 kr., 16 ₰, 1 β ₰.

Maurer, die nit Stain hawen dito.

[270] Vgl. Ratsbuch der Stadt Konstanz von 1425, S. 384. „Des tags (16. Jan. 1425) ist ain rat ze rät worden von der reitenden botten wegen, das man denen diß nachgeschriben ze sold geben sol. Item weler 2 aigene pfärit hät, des tags 10 β d oder uff 1 pfärit 5 β d (= 3 M. 85 Pf.).

Item und weler ainen soldeer und ain aigen pfärit hät, des tags 9 β d (= 3 M. 46 1/2 Pf.).

Item und welor des spitals pfärit bruht, des tags 8 β d (= 3 M. 08 Pf.). Und maint och ain rät, das diß jar also zu halten."

[271] „Wir sond ouch gehorsam und willig sin, mit der obgenannten unser herschaft von Constenz bottschaft ze riten, weir oder nach wochin sie wend inwendig dem gebirg (= diesseits der Alpen) und den bergen, allweg uf unser selbs zerung und uff unsern schaden mit allen dingen. Wär ouch das dehain ir burger oder bottschaft begerten, das wir mit im ritten, ainen hübensakk oder wätsakk ze furen, als suff ir pfärit ze pflegen, des sollen wir gehorsam sin."

Im Jahre 1495 erließ die Stadt Freiburg (Breisgau) folgende Bestallung:

„Ludwigen von Fürst hat man witer bestelt bi sinem vorgethanen eid, zwey jar nach ein andern, mit denen fürworten, das ein rat, wenn er wil, unabkünden, aber er nit urlob nemen mag.

und hat man im sin sold gebessert umb zehen guldin, also das man im ains git 70 guldin (= rund 285 M.) sol damit ein rat witer nit steigen. Dar zu sol er ein guten richtigen knecht, der zu rijten und die ratsbotschaften ze halten wisse, getrüw, warhaft und verswigen sin, bestellen, dem rat den presentiren ze sweren und zwey gute roß halten.

Actum uff mittwoch nach Reminiscere 1495".

(Buch der Freiburger Ratsbeschlüsse, S. 17.) Vgl. Z. O., Bd. 17, S. 427 ff. und Fuchs, a. a. O.

im gleichen Jahr abgegangene laufende Boten 31 Pf. 17 β d = 244 M., also insgesamt 2234 M. an Botenlohn. Nach der Rechnung von 1448 betrugen die Ausgaben für die reitenden Boten 152 Pfd. 10 β 1 ₰ 1 h = (775 fl. 13 kr.) = rund 1170 M. Für die laufenden Boten 29 Pfd. 6 β 2 ₰ (158 fl. 59 kr.) = rund 225 M. Für die Ratsknechte 85 Pfd. 14 β ₰ (434 fl. 38 kr.) = rund 655 M. und für die drei Söldner 120 Pfd. ₰ (610 fl.) = rund 925 M., somit insgesamt rund 3000 M., die fast allein auf Botenlohn entfielen. In der Rechnung von 1455 endlich finden sich für die reitenden Boten 493 Pfd. 12 β, für die laufenden 36 Pfd. 12 β 1 d, für Geschenke an auswärtige Briefboten, die nach Konstanz kamen, 41 Pfd. 13 β 3 d, insgesamt 571 Pfd. 17 β 4 d = rund 4287 M., d. i. etwa 15 % der gesamten 3413 Pfd. 7 β 1 d betragenden städtischen Ausgabe.[272] Besonders ausführlich handelt die Konstanzer Ordnung von 1459 über die Gebührensätze der berittenen Boten; wann volle, wann ermäßigte Sätze zu zahlen sind, wird so genau unterschieden, daß man unwillkürlich an die heutigen Vorschriften über die Tagegelder der Reichsbeamten bei Reisen bis zu und über 24 Stunden erinnert wird. Auffallend erscheint der geringe Unterschied der Vergütung von 2 β h = 77 Pf. für den Tag, je nachdem der Ratsbote sein eigenes oder ein Stadtpferd ritt; noch mehr muß auffallen, daß dieser Unterschied bei Reisen von zwanzig Meilen und darüber auf (2·69½—2·31) = 38½ (1 β h) zusammenschrumpft, wo wir im Gegenteil bei dem auf größere Entfernungen gesteigerten Risiko eine entsprechend höhere Bewertung des eigenen Pferdes erwarten. Die hauptsächlichste Erklärung liegt darin, daß die von den Boten gerittenen eigenen Pferde, die meistens vorher abgeschätzt waren, bei Unfällen von der Stadt oder dem Städtebund ersetzt werden mußten.[273] [274]

[272] A. f. P. u. T. 1886, Nr. 17.

[273] Die Ordnung von 1459 lautet: „Ain raut haut geseczt, welche in der statt Dienst von aim raut zu ritten ußgesandt wirdet, dem sol man des tags uff sin aigen pfärit geben 7 β d und uff der statt pfärit ains 5 β d, desgleichen uff der statt soldeer ainen och 5 β d und nit mer.

Ritt och ainer 20 mil wegs ver von der statt oder darob so git man im des tags uff sin aigen pfärit ½ guldin, und uff der statt pfärit ains 6 β d, desgleichen uff der statt soldner ains och 6 β d und nit mer.

War och, das ir ainer jemant zu lieb, als von aim raut gelichen wurd, und das in der begarte, so git man im halben sold als obstaut.

Welcher ouch zwo mil wegs verrer von der statt ritt, dem gitt man gantzen sold, ritt er aber näher denn zwo mil, so sol man im halben sold gen, wie vor staut.

Ritt er och näher denn die zwo mil und kommt zu nacht her wider, so gitt man im aber halben sold.

Ist er aber über nacht uß, verrer oder nach, so gitt man im den gantzen tag, als er ußgewesen ist, gantzen sold.

In Freiburg erhielten die Fußboten nur den sechsten Teil an feststehendem Jahreslohn gegenüber den reitenden Knechten, während ihre täglichen Zehrgelder nur um zwei Den. hinter denen der Reitposten zurückblieben.[275]

In Überlingen hatte der Bürger, der einer berittenen Botschaft bedurfte, für eine Botschaft mit zwei Pferden ohne Nachtquartier 3 β d (3·38½) = 1 M. 15½ Pf., mit Nachtquartier das Doppelte zu zahlen.[276] Auch die kleineren und kleinsten städtischen Gemeinwesen hatten in ihren Stadtrechten oder in besonderen Boten- oder Büttelordnungen (Ordnung der Knechte) Bestimmungen über die Höhe der Botenlöhne sowie die Rechte der ausgesandten Boten und Botschaften. So besagt das Stadtrecht von Villingen aus dem Jahre 1371.[277]

„Wir haben och gesetzt: Weler von uns wegen in botschaft rit in der verri, als gen Schaffhusen oder verrer, dem sol man geben fur roslon und fur zerung, ainer rit mit vil pferid oder mit lutzel wenig, alle tag 1 lb hl und nut me; und wenne ainer oder mere wider haim koement, so sönt si ze dem nehsten rat sagen, wie mengen tag si uß gewesen sigen. Weler och in die nähi geschickt wird, dem sol man Zerung und sin roslon geben als daher; und der sol och ze dem nehsten rat sagen,

Wenn er ouch haim wert ritt, ist er dann dasselben tags vier mil wegs verrgeritten, so gitt man in denselben Tag gantzen sold; was er aber her haim wert nächer ritt denn vier mil, so gitt man im den selben tag ouch nu halben sold.

Es haut ouch dar by mer gesetzt, daz kain ratzbott anders ritten sol denn mit zwain pfäriden, er ritt verr oder nach, im erlobs denn ain raut, ußgenommen ain burgermaister und ain vogt der jeglicher mag ritten mit drin pfäriten, och nit me denn mit erloben ains rautz."

(Ratsbuch der Stadt Konstanz von 1459, Bl. 1.)

[274] Vgl. auch den Villinger Scharlosbrief vom 9. Sept. 1311: Ist das iemand von unserer stette wegen gat oder rit .... und wurdi der gevangen, er verlure sine ros oder kämi anders in dehainen schaden davon .... den schaden sun im die burger abtun und gelten .... usw. es wurde eine Kommission von drei Bürgern bestimmt, die den Schaden abzuschätzen hatten. Oberrh. Stadtrechte II. Schwäbische Rechte, 1. Heft, S. 14.

[275] „Dis sint die löne, die die stat Friburg git:

Item den vier reitenden knechten ieglichem XII lib., vnd so er ritet dez tages XVIII den. vnd die zerung.

Item den zwey louffenden knechten ieglichem II lib., vnd alle tag XVI den. so er louffet, vnd ir ieglichem V eln tuochs." (Stadtr. v. Jahre 1390.)

[276] „Ob sich dann ain klainer raut mit dem mereren tail erkennet, daz er des schaden haben sülli, so sol er der botschaft mit zwain pfäriden, die nit ober naht uss ist, geben III β d (= 1 M. 15½ Pf.), belibt aber die botschaft über naht uss wie dik (oft) das beschähi, so sol er VI β d (= 2 M. 31 Pf.) geben." Überlinger Stadtrecht aus dem Ende des 14. Jahrhunderts.

[277] Oberrh. Stadtr. II. 1. S. 57, § 70.

was die fart gecostet hab usw. Im weiteren bestimmt die Büttelordnung von Wolfach vom Jahre 1470: „Item 4 β d gibt man einem püttel von einem zugsbrief gen Fryburg zu tragen.

Item 1 β d gibt man dem püttel für 1 mil wegs über feld zu gan, so einer ein geswornen botten pruchen wölt."

Ebenso besagt die gleichalte Taxordnung für den Boten des Wanngerichts zu Gengenbach (22. Mai 1470) „und ob derselbe botte wyter mußte von Gengenbach jemanns fürgebieten, do sol ime der, deßhalben die fürgebotte gescheent lonen deswegs von der halben milen dry pfennige, von jeder milen sechs pfennige; und nit dester minder von jeder personen ouch einen fürgebott-pfennige."[278] Desgleichen ist die Bestimmung des Statutenbuchs der Stadt Eppingen vom Jahre 1566 anzuführen,[279] die sich dahin ausspricht: „wurt einer durch geheiß Schultheißen u eines raths von der statt wegen zu reitten erwelt, der soll ein eigen pferdt reitten, dem gipt man ein tag 2 β h (1 orth 1559), hette er aber kein eigin pferdt, so gipt man dem entlehnten pferdt auch nit mehr dann 2 β h des tags zu lohn u ihme auch sovil, u soll keiner .... auf die statt zehren."

Ähnliche Bestimmungen enthalten die Stadtverordnungen von Külsheim. „Item so iemandt auß notturfftigen geschefften der statt oder gemeind an frembde ort verordnet und geschickt wurde, soll einem iedem einen tag fünfzehn alt phening zu lon u von einem pferde auch so viel gegeben werden"

sowie Krautheim und Tauberbischofsheim „Und ist auch gemeint, das man sich mit der atzung außerhalb des, so jemant auß notturfftigen gescheфften der stat an frembde ort geschickt wurde, auff das zimlichst halten soll."[280]

In den Stadtrechnungen finden wir auch geheime Ausgaben an Botenlohn, die wohl ausschließlich für militärische Zwecke gemacht wurden.

So enthält die Konstanzer Stadtrechnung vom Jahre 1455 folgenden Eintrag:

„Item dem burgermaister 2 β d; gab er ainem botten in ainer haimlichen sach, hieß Ulrich Lind und Haintz Maiger. Item Hansen Ruedlin von Manabach 4 β d als er den in haimlicher sach, von des Zöbellis wegen uffgesent ist, als den ain raut verlauffen hat" usw.[281]

---

[278] Z. O., Bd. 16, S. 402.

[279] Stadtrechte, Heft 6, S. 820, Nr. 60.

[280] Stadtrechte, Heft 3, S. 208/53 u. S. 298 Anm. 2.

[281] Z. O., Bd. 16, S. 446/7 weitere Beispiele.

Zweiter Teil.

Das Postwesen bis zur Übernahme durch den badischen Staat 1500–1811.

Entstehung der Posten.

Die Taxisschen Postorganisationen.

Die Anfänge des Postwesens in einer neuzeitigeren Auffassung des Begriffes „Post"[1] reichen in eine an weltbewegenden Ereignissen überaus reiche Zeit zurück. In den Händen eines Geschlechts, ja eines Mannes ruhte die Herrschergewalt über den größeren Teil des kultivierten Europa wie über die neuentdeckten Länder Amerikas, eine Macht, die ihren Träger in schwere Kämpfe mit den Erbfeinden des Reichs wie seines Hauses, den Franzosen und Türken, verwickelte. Die durch die Glaubens- und Türkenfrage usw. hervorgerufenen Reichstage, die innere Verwaltung des Reichs wie die auswärtigen Händel und Verbindungen usw. äußerten sich in einer lebhafteren Korrespondenz der Kanzleien, vor allem aber steigerte sich die Menge der politischen Berichte, die recht eigentlich den politischen Briefverkehr ausmachten.[2] Einig mit dem gewaltigen weltlichen Machthaber hatte bisher in unumstrittener Herrschaft über die Rechtgläubigen der Inhaber des Stuhles Petri gethront und dennoch wagte es jener unerschrockene Mönch, Bannfluch wie Reichsacht trotzend, nach eigener Façon selig werden zu wollen; tausende jubelten seinem mannhaften Worte von der Frei-

[1] In den Verträgen Philipps II. mit den Taxis heißt es noch vielfach le Poste, les Postes (mascul), was nicht mit unserem heutigen „die Post", sondern „der (die) Postreiter, Feldjäger" — sonst auch chevaucheur genannt — zu übersetzen ist.

[2] Steinhausen, ebenda.

heit der Lehre wie der Forschung zu und in den Herzen abertausender schmählich unterdrückter Bauern hallte das mißverstandene Wort von der langersehnten Freiheit wieder. Besserung an Haupt und Gliedern der Kirche war die Losung. Es war ein Stürmen und Drängen in der ganzen deutschen Nation wie nie zuvor, und der mutige Bekenner, der die lang verachtete Sprache des Volkes zu Ehren brachte, wird mit Briefen bestürmt, sowie er auftritt, er wird der Mittelpunkt eines ganzen Korrespondenzkreises, er wird „der **erste Klassiker des deutschen Briefs**", der den Brief zum vollkommenen Ausdruck seiner Gedanken und Empfindungen zu machen verstand.[3]

Die Erfindung des Schießpulvers warf allmählich das ganze System bisheriger Kriegsregeln über den Haufen. Die Erfindung eines Gutenberg[4] drohte die Masse der sich unentbehrlich wähnenden Schnell-, Schön- und Abschreiber[5] brotlos zu machen und

---

[3] Steinhausen, a. a. O. Schon 1516 schrieb Luther selbst an Joh. Langen, Erfurt: „maiorem partem occupare temporis sui epistolarum scribendarum negotium . . . ., ich brauche fast zwei Schreiber oder Kanzler"; verschiedene seiner Briefe sind schon bei seinen Lebzeiten gedruckt und gesammelt, die Deutschen ins Lateinische und die Lateinischen ins Deutsche übersetzt worden. Die ersten Sammlungen datieren von 1525, 1530. Wach führt in seinen D. Lutheri-Schriften, XXI. Teil; Halle 1749; insgesamt 1638 Briefe Luthers auf, ohne daß natürlich diese Sammlung Anspruch auf Vollzähligkeit erheben will. Andere Mittelpunkte damaliger Korrespondenz waren zum Beispiel Melanchthon — allerdings in lateinischer Sprache —, sowie Jakob Sturm in Straßburg, „der hat alle stund bottschaft zu fertigen". In der eigentlichen Reformationszeit waren die Führer der Bewegung mit Korrespondenz geradezu überhäuft (Luther, Zwingli, Melanchthon, Bucer usw.).

[4] Der gewaltige Einfluß der deutschen Buchdruckerkunst auf die Entwicklung des Verkehrs darf nicht unterschätzt werden. „Wir Deutschen beherrschen fast den ganzen geistigen Markt Europas." Wimpheling in seinem Schriftchen über die Buchdruckerkunst. Die Deutschen führten die Buchdruckerkunst in Italien ein, druckten in Deutschland, in Rom, Venedig usw. wie in Paris und Lyon und organisierten einen völlig internationalen Großhandel mit ihren Erzeugnissen; vor allen anderen Städten sind Straßburg, Basel, Köln die eigentlichen Brennpunkte der Drucker- und buchhändlerischen Tätigkeit im 16. Jahrhundert, gegen die naturgemäß unsere badischen Druckereien in Pforzheim, Freiburg, Heidelberg u. a. eine unbedeutende Rolle spielen. Vgl. **Kapp**, a. a. O. Man denke an die beträchtliche geschäftliche Korrespondenz zwischen den Verlegern, Autoren und Druckern, den Papierlieferanten, den Inhabern der Filialen usw., den Meßverkehr, Hausierhandel usw.

[5] Die neue in Italien gereifte Bildung, das größere Bedürfnis der rege

führte in der Folgezeit, da die Buchdruckerkunst ebenso wie die Papiermacherei[6] ihrer Natur nach mit einem weitschauenden internationalen, aber auch riskierten Handel zusammenhing, zu einer ganz **wesentlichen Verkehrsbelebung.** Während es ferner bisher schon eine Leistung war, vom Ober- bis zum Niederrhein zu reisen, durchfurchten jetzt die Kiele von — nach unseren Anschauungen — waghalsigen Schiffsbaracken die **Weltmeere** und entdeckten bisher unbekannte Kontinente riesiger Ausdehnung. Die ganze Handelswelt geriet in Aufruhr. Dem engbegrenzten Binnenhandel eröffnete sich die Aussicht des Welthandels, der seinerseits den kaufmännischen Briefverkehr weiter steigerte und naturgemäß nach einem intensiveren Beförderungsbetrieb verlangte.[7] Infolge des engeren wirtschaftlichen Zusammenschlusses größerer Gebiete hatte sich allmählich die Stadtwirtschaft zur **Volkswirtschaft** entwickelt, die notwendig freie Bahn für einen gesteigerten Verkehrsdienst schaffen mußte. Diesen Ereignissen der Weltgeschichte gegenüber konnten die schwachen Anfänge der Verkehrsvermittelung durch kürzere oder längere Fußbotengänge oder Einzelpostritte auf räumlich engbegrenzten Strecken nicht mehr genügen. Das Jahrhundert verlangte gebieterisch einen ebenbürtigen Träger und Ver-

---

emporblühenden Gelehrtenschulen hatten seit Beginn des 14. Jahrhunderts eine Nachfrage nach Abschreibern erzeugt, der die geistlichen Schreiber nicht mehr genügen konnten; so hatte sich in den Städten das Lohnschreibergewerbe entwickelt. „Wo Goldschmiede, Briefmaler, Illuminierer und Buchbinder blühten, da fehlten auch die Schönschreiber und gewöhnlichen Schreiber nicht .... Übrigens hielten sich die Lohnschreiber trotz der Erfindung der Buchdruckerkunst noch bis in die ersten Jahrzehnte des 16. Jahrhunderts hinein." Kapp, a. a. O.

[6] Die Verbreitung des aus Lumpen hergestellten Papiers lieferte ein billigeres Material zum Schreiben, förderte wie die Vervielfältigung von Handschriften, so auch das Briefschreiben.

[7] Der kaufmännische Briefverkehr .... hat jetzt, wo immer neue Handelsgesellschaften entstanden, wo man überall seine „Handelsverwandten", seine Diener und Faktoren hatte, noch an Umfang gewonnen. Zahlreiche und lange Handelsbriefe gehen aus der Schreibstube des Kaufmanns hervor .... Überhaupt liegt der Schwerpunkt des Briefverkehrs (im 16. Jahrhundert) beim Bürgerstand. Im 17. Jahrhundert steigert sich der Briefverkehr entsprechend dem stärkeren, mehr modernen gesellschaftlichen Verkehr mit seinen mannigfachen Anforderungen, ... bis im 18. Jahrhundert ein wahrer Briefkultus (Briefschreibesucht) entsteht. Steinhausen, a. a. O.

mittler seiner Taten und es fand den Organisator des Weltverkehrs in dem Geschlechte derer von Thurn und Taxis.

Nicht bloß eine geregelte Landespost[8] schufen die taxisschen Organisatoren aus den Aufträgen der spanisch-habsburgischen Dynastie heraus — in kurzer Zeit sehen wir vielmehr eine durchaus **internationale Postorganisation** im Zeitalter der internen Verkehrshemmung in Wirksamkeit treten, ein Netz von Anstalten naturgemäß einfachster Art, das sich von Brüssel aus nach Spanien, Frankreich, Deutschland (einschließlich Österreich und Schweiz) und bis in die Südspitze von Italien verzweigte und innerhalb dessen die Schnelligkeit der Beförderungen alle Erwartungen übertraf.[9] Die Schaffung dieser internationalen Kurse ist eine weltgeschichtliche Großtat, die indes von der Weltgeschichte selbst nicht gewürdigt worden ist.

Von den einsichtigen Zeitgenossen wurde im allgemeinen der Wert eines geordneten Postwesens richtig erkannt, wie ihre Aussprüche zur Genüge beweisen.[10] Man darf naturgemäß nicht soweit gehen, den Organisator Franz von Taxis als **„Erfinder der Post"** hinzustellen, wie es von vielen Schriftstellern und auch in dem

---

[8] Wie in Frankreich das Edikt vom 19. Juni 1464.

[9] Heger versteigt sich in seinen Posttabellen (1763) sogar zu den Versen:

„Der Bot mit seinem Brief geht nur soweit er kann
Der Schnecken Art ist nicht zu laufen und zu rennen,
Der Postknecht aber kommt gleich einem **Vogel** an."

[10] „Die Erfindung der Posten ist unter die Glückseligkeit jetziger Zeit billig zu setzen" und „die Korrespondenz ist gleichsam die Seele der Kommerzien und kann durch deren Beyhülfe die Handlung durch die ganze Welt getrieben werden." Vgl. Stephan, Verkehrsl. im Mittelalter. Auch der Hofprediger Abraham à St. Klara zu Wien erkennt den großen Wert des Postwesens für das allgemeine Wohl, denn es ist „ja fast nichts in der gantzen Welt so nützlich als die Post und wer selbige erfunden, verdient in allweg einen unsterblichen Nahmen". Andrerseits gab die neue Einrichtung Anlaß zu den merkwürdigsten Abhandlungen. Ein Kriminalist findet in der Post nur das geschwindeste Mittel, mit dessen Hilfe Personen, so Missetaten oder auch Bankerotts wegen flüchtig geworden, der Strafe entgehen können. Ein Gelehrter behandelte mit einem Aufwand von Gelehrsamkeit die scharfsinnige Frage, ob es zur Geschwindigkeit eines Postillons beitrage, „wenn man ihm die Milz nehme". Ein städtischer Würdenträger bringt die Streitfrage vor Gericht, ob man einen Brief, auf dem man nicht recht tituliert worden, nach geschehener Eröffnung ohne Zahlung von Postgeld zurückgeben dürfe. Stephan, a. a. O., S. 37ff.

Begnadigungsbriefe des Kaisers Ferdinand II.[11] vom Jahre 1621 geschehen ist[12]; die Vorbilder waren ja in den Posten der Perser, Römer, Chalifen, insbesondere aber in den Städteboten und Kurierritten gegeben. Ebenso unanfechtbar ist aber andrerseits, daß Taxis der Organisator des regelmäßigen und internationalen spanisch-habsburgischen **Kurierdienstes** auf bis dahin nicht dagewesene Entfernungen ist, aus dem sich im Laufe der Jahre die regelmäßigen internationalen Posteinrichtungen entwickelt haben. Und diesen Kurierdienst mit regelmäßigem Pferdewechsel an einer so großen Anzahl von Stationen hat er tatsächlich — man kann fast sagen mit einem Schlage geschaffen. Die Bedeutung dieser Leistung wird dadurch nicht beeinträchtigt, daß er nicht als „Erfinder" des Postwesens gelten kann, da eben dieses überhaupt nicht erfunden worden, sondern aus einfachen Verkehrsvermittelungsversuchen folgerichtig herausgewachsen ist.

Dieses Zugeständnis ist nicht gleichbedeutend mit Anerkennung der angeblichen „Verdienste" des Taxisschen Hauses um das allgemeine Wohl, die Huber[13] endgültig abgetan hat. „Eine energische, gute, findige Geschäftsführung — darin besteht die ganze Gemeinnützigkeit. Es wird immer übersehen, daß die Post von allem Anfang an einen selbständigen reellen Kapitalwert repräsentierte, als rentable Kapitalanlage namentlich in Spanien (siehe Oviedos Bericht von 1490) längst anerkannt war, dementsprechend

---

[11] In diesem Briefe, demzufolge das Reichs-General-Obrist-Postmeisteramt des Leonhard von Taxis nach dem Aussterben des männlichen Stammes auch auf seine Töchter übergehen sollte, heißt es: „in Ansehung .... obberührter deren von Taxis, als welche die erste Erfinder und Erhebere dieses Postwercks so nicht allein hohen Potentaten fürnehmlich zu Kriegszeiten, sondern auch anderen Communen und insgemein fast allen Niedern Stands-Personen zu gutem gelanget und noch nützlich und ersprießlich seye". Lünig, Teutsches Reichs-Archiv, pars gen. I, S. 449.

[12] Auch Heger in seinen Posttabellen (1763):

„Es wird ein Jeder wohl mit mir bekennen müssen,
Daß der Erfindung nichts von denen Zeiten gleicht,
Da man den Lauf der Post ersonnen und erfunden
Und an bestimmten Ort die Wahlstätt angelegt,
Wo auf gewisse Täg und zu bemerkten Stunden
Derselbe immerfort wird hin und herbewegt.

[13] Huber in der mehrfach erwähnten „Gesch. Entwicklung des modernen Verkehrs". Tübingen 1893.

alle sogenannten „Opfer“ der Taxis nichts anderes als spekulative Kapitalanlagen darstellen.“ Huber selbst anerkennt aber, wenn auch mit Einschränkung, die tatsächlichen Leistungen und Fortschritte des taxisschen Beförderungswesens. Ein internationaler Großbetrieb, wie ihn die taxisschen Kurierritte (Madrid) — Brüssel — Innsbruck — (Italien) darstellen, verlangte bei Errichtung zweifellos ein besonderes Maß von Umsicht seitens der Oberleitung, von Energie und Geschäftsgewandtheit, ebenso wie von körperlicher Ausdauer und Leistungsfähigkeit trotz der Unbestrittenheit der Vorbilder, wie wir deutlich aus den umfangreichen Bemühungen ersehen, die die Instandsetzung der Kurse anläßlich der sogenannten Postreformation, sowie nach dem Dreißigjährigen Kriege gekostet hat. Noch besser sieht man dies an den vielfachen Schwierigkeiten, die bei Einführung der taxisschen Fahrposten zu überwinden gewesen sind. Das hat aber nichts mit „Verdiensten“ um das Gemeinwohl zu tun. Denn diesem zu nützen haben die Taxis ebensowenig wie ihre Auftraggeber, die Habsburger, bei Einrichtung der Kurierritte beabsichtigt. Was sollte auch das wenig vermögliche Geschlecht der bergamaskischen Taxis in einem Zeitalter, in dem anerkanntermaßen die Neigung nach mühelosem, recht hohen Zinsertrag in immer weitere Kreise drang, in dem die Sucht nach Beteiligung an den Antwerpener und Lyoneser Finanzgeschäften wie eine wirkliche Manie, wie ein nicht mehr durch Vernunftgründe ausreichend zu erklärendes leidenschaftliches Verlangen ganze Klassen der europäischen Bevölkerung beherrschte[14], indem die weltlichen und geistlichen Beamtenstellen den Meistbietenden zugeschlagen wurden, wie sollten sie gerade im Zeitalter nationaler Zerfahrenheit für das Allgemeinwohl nicht ungefährliche Verpflichtungen — sie hafteten mit Leib und Gut für Erfüllung des Vertrags — sich auferlegt haben, sie, die Bergamasker im Interesse Deutschlands, der Niederlande und Spaniens!! Wo immer die Herren de Tassis in der Geschichte hervorgetreten sind, haben sie sich viel zu sehr als **Realpolitiker** und ausgezeichnete Geschäftsmänner erwiesen, als daß ihnen — den nach oben strebenden Hofbeamten — derartige Anwandlungen zuzutrauen wären! Über Beweggründe und Vorgänge, durch die sie zur Einrichtung und Leitung der Kurierritte Brüssel — Wo der Kaiser ist berufen

[14] R. Ehrenberg, Zeitalter der Fugger, 2. Bd., S. 118 u. 143.

worden sind, habe ich in den Archiven nichts vorgefunden. Jedenfalls sind gerade die Tassis ausersehen worden, weil Vertreter ihres Geschlechts sich bei ähnlichen Aufgaben in Italien bewährt hatten und man bei ihnen besondere Kenntnisse und Erfahrungen in der Legung von „Feldjäger-Relais“[15], der Errichtung von Stationen, sowie hinsichtlich der Leistungen von Mann und Pferd, des Ineinandergreifens der Ritte voraussetzte, die bei Einrichtung eines Weltkurses vonnöten gewesen sind. Nach den Verträgen sind sie regierungsseitig bezahlte Großunternehmer von Kurierritten gewesen und haben zweifellos ihre Dienstleistungen wie ihr Risiko ausreichend in ihrem Voranschlage berechnet.

Wie jedes Weltreich (Perser, Römer, Chalifen, jetzt Spanien—Deutschland, bald auch Brandenburg—Preußen[16] usw.) Staatskuriere benötigte, so auch das spanisch-niederländische—deutsch-italienische Weltreich der Habsburger, insbesondere in solch unruhigen „Läuffen“, wie sie sich um die Wende des fünfzehnten Jahrhunderts einstellten. In Wien und Innsbruck mußte man wissen, was sich in Brüssel, Madrid, Neapel, Rom zutrug; dazu trat das persönliche Verhältnis der Dynasten[17], das nach schleuniger Nachrichtenvermittelung verlangte, so daß wir uns wundern müßten, wenn derartige staatlich-dynastische und persönliche Verhältnisse keinen dauernden Hof- und Staatskurierdienst gezeitigt hätten. Daraus erklärt sich, warum die Kurierritte von Anfang an international gewesen sind, weil sie es eben nach der Entstehungsursache sein mußten, und daß diese „Hofposten“ entstanden sind, weil sie im Staats- und dynastischen Interesse entstehen mußten, ob sich die Herren de Tassis damit befaßten oder andere. Von Brüssel aus erfolgte wohl die Oberleitung, weil dieses als die ungefähre Mitte der Strecke Neapel—Brüssel—Madrid

---

[15] Der Oberst-Jägermeister Rogero de Tassis del Cornello soll schon 1451 unter Kaiser Friedrich III. „Posten gelegt“ haben. 1491 hat die Kammer an Jannet de Taxis 1257 Gulden zur „Notdurft der Post“ gezahlt.

[16] Die Vereinigung von Brandenburg, Preußen, Cleve und Hinterpommern unter einem Szepter ruft die erste Brandenburgische Staatspost hervor. Stephan, a. a. O.

[17] Maximilian I. als Kaiser in Deutschland und Italien, sein Sohn Philipp der Schöne als König und Regent in Spanien und in den Niederlanden, später seine Tochter Margarethe von Österreich als Regentin in Brüssel, sein Enkel (Karl I. bzw. V.) in den Niederlanden, sein anderer Enkel Ferdinand in Spanien erzogen ꝛc. dazu die Geldverlegenheiten und Anleiheversuche usw.

(durch Frankreich) sich hierzu besonders eignete. Niederländisch-spanische Beamte wurden die Taxianer, weil Kaiser Maximilian I. bei seiner andauernden Geldverlegenheit und zeitweilig völligen Kreditlosigkeit nicht daran denken konnte, eine ursprünglich so kostspielige Einrichtung mit deutschem Gelde unterhalten zu wollen.[18]

Wie ist nun das Geschlecht der Taxis bei Einrichtung und Ausdehnung der Kurse vorgegangen? Um es gleich vorwegzunehmen, so sage ich genau so, wie die damaligen großen Geschäftshäuser und Handelsgesellschaften mit internationalem Verkehr allgemein sich organisiert hatten. Insbesondere scheinen sie die Organisation des im sechzehnten Jahrhundert weltberühmt gewordenen Handlungshauses der Fugger sich zum Vorbild genommen zu haben, mit dem sie in vielem gleiche Wandlungen, wenigstens im sechzehnten Jahrhundert, durchgemacht haben.[19] Wie die Handelsgesellschaften dieses Jahrhunderts noch im wesentlichen den Charakter von Familiengemeinschaften trugen und zu Hauptgesellschaftern nahe Verwandte hatten, einzelne wie die Fugger nur Familienangehörige als Teilhaber aufnahmen[20], ebenso stellten die Taxis „schon für sich innerhalb ihrer Familie eine Art Weltpostverein dar"[21]; Hauptgesellschafter waren nur Taxianer der

---

[18] Die Kosten blieben mit $^{6}/_{10}$ auf Spanien, $^{3}/_{10}$ auf Neapel und $^{1}/_{10}$ auf die Niederlande angewiesen, auch nachdem Karl I. deutscher Kaiser geworden war. „Unbeschreiblich war die Geldnot (insbesondere), unter der Kaiser Maximilian I. in seinen letzten Lebensjahren litt. Jakob Fugger mußte ihm im Jahre 1518 2000 fl. und dann auf fortwährendes Drängen noch 1000 fl. zahlen, weil er sonst buchstäblich nichts zu essen gehabt hätte." Dr. R. Ehrenberg, Zeitalter der Fugger. I. Jena 1896.

[19] Wie die Taxis in ihrer Art — so dienten die Fugger mit ihrem ungewöhnlichen Kredit in guten wie in schlimmen Tagen den Habsburgern in Deutschland, Spanien, den Niederlanden (im Gegensatze zu den Welsern, die zeitweilig versagten oder neutral blieben), wie die Fugger ketteten die Taxis ihr Geschick an das der habsburgischen Monarchie, die Fuggerschen wie die Taxisschen Anstalten dehnten sich durch das ganze spanisch-deutsche Habsburger Reich aus, beide Geschlechter wurden mit den verschiedenen Graden des Adelsstandes als kaiserlicher Gegenleistung ausgezeichnet, in der dritten Generation der Fugger Verfall der Fuggerschen Handlung infolge der spanischen Finanzkrisen, der Undankbarkeit der spanischen Habsburger, in der dritten Generation der Taxis Neigung der deutschen Habsburger, sich von ihnen abzuwenden (Hennot) usw.

[20] Ehrenberg, Bd. I, S. 380.

[21] Huber, a. a. O., S. 108.

nächsten Verwandtschaft in Deutschland, Italien, Spanien und den Niederlanden. Der erfahrenste und tüchtigste Gesellschafter pflegte anfangs auch bei den Taxis die Hauptleitung des Geschäfts zu übernehmen. Ebenso selbstherrlich wie Jakob und Anton von Fugger in ihrer Eigenschaft als Geschäftsleiter verfahren konnten, taten dies die ersten Taxisschen Postleiter. Alle Gesellschafter der großen Handelshäuser mußten mitarbeiten und wir finden auch die ersten Taxianer in rühriger Postarbeit, sie fertigten die Posten noch lange selbst ab, wie noch Stundenzettel von 1627 und 1628 ausweisen. Die Söhne der Gesellschafter, die ins Geschäft eintreten sollten, mußten in der Regel zunächst längere Zeit als Faktoren dienen. Die zahlreichen Niederlassungen in den verschiedenen Teilen der bekannten Welt wurden mit festem Gehalt, Gewinnanteil und besonderen Rechten ausgestatteten Faktoren unterstellt, andrerseits wurden die Leitung wichtiger Faktoreien Teilhabern übertragen und vertrauenswürdige Faktoren zu Revisoren der Faktoreien oder Leitern verschiedener bestimmt. Nicht anders bei den Taxis, deren jüngere Familienglieder in den Hauptverkehrsorten wie Brüssel, Antwerpen, Augsburg usw. im Postdienst ausgebildet als Oberpostmeister (Oberfaktoren) u. U. mehrere Postämter (Niederlassungen) zugewiesen bekamen mit dem besonderen Rechte, die weniger wichtigen weiter (an Postmeisterfaktoren) zu vergeben, deren Bezahlung in festem Gehalt und „Emolumenten" (Gewinnanteil) bestanden hat. An dem Wachsen und Blühen des Taxisschen Hauses waren die einzelnen Leiter (Gesellschafter) lebhaft interessiert und was Ehrenberg von den Handelsgesellschaften des 16. Jahrhunderts sagt, daß ihr Geschäftsbetrieb durch den Familiencharakter und die Mitarbeit aller Gesellschafter, namentlich wenn die Leitung eine monarchische war, außerordentliche Wucht und Geschlossenheit erhalten hat, trifft im gleichen Maße auf die Postgroßfirma der Taxis zu. Wer sich der Oberleitung nicht fügte, und insbesondere in derselben Branche Konkurrenz zu machen wagte, wurde mit allen Mitteln bekämpft und wenn er zur nächsten Verwandtschaft gehörte, wie der Hofpostmeister von Taxis zu Augsburg und die Innsbrucker Linie. Mit bescheidenen Mitteln (wie die Fugger) beginnend, wächst ihr Kapital wie ihr Einfluß im spanisch-niederländischen Hofdienst, bis sie durch verschiedene Bankerotte (finanzielle wie politische) der spanischen Habsburger mitgenommen in Liquidation geraten (Postreformation).[22] Nach Sanierung der Verhältnisse folgt, zum Teil dank ihrer geschäftlichen und diplomatischen Geschicklichkeit, ein mächtiges Steigen der Entwickelung wie der Einnahmen, das durch kleinere Rückschläge nicht mehr wesentlich beeinträchtigt werden kann, wie wir später sehen werden. Nach allem liegt nahe, daß die Taxis die Organisation der damals ihrem Weltruhm in raschem Laufe zusteuernden Fugger, mit denen sie auf deutschem Boden alsbald in Berührung gekommen sind, zum Vorbild genommen haben.

Sollten sie sich damit begnügt haben, lediglich die Organisation eines so mächtigen Hauses für eine Einrichtung im Dienste der Krone zu übernehmen? Sollte diesen anerkannt findigen Geschäftsleuten der Taxis hierbei nicht der Gedanke vorgeschwebt haben, nach Durchführung der Fuggerschen Organisation auch die Wirkungen dieser für ihre Familie zu erzielen, Reichtum und Macht! Wie Huber und Ohmann ausführen, hatte das vereinigte Königreich Spanien schon Ende des fünfzehnten Jahrhunderts als Chefs über alle im Botendienst beschäftigten Diener „königliche Botenmeister", „correos mayores", die einen hohen Gehalt und viele Nebeneinkünfte bezogen[23], zugleich Bankgeschäfte betrieben. Möglich, daß die Taxis auf gleiche Weise zu Einkommen und Einfluß zu gelangen hofften. Naheliegender scheint mir folgender Gedankengang:

Der große internationale Warenaustausch zwischen den Stadtrepubliken des Mittelmeeres (Levantehandel) und ganz Nordeuropa

---

[22] Die Reichsposthalter auf der Strecke Bruchsal—Augsburg kündigten, nachdem sie trotz **wiederholter** Versprechungen die rückständigen Besoldungen in Höhe von 6000 Kronen von Leonhard von Taxis nicht erhielten, plötzlich den Dienst auf und ließen die zugegangenen Felleisen unbefördert liegen. Von 1589 bis 1596 war das alte Reichspostwesen in völliger Zerrüttung, so daß schließlich der Kaiser dem Grafen von Taxis bedeutete, entweder sich mit dem organisatorisch veranlagten Postmeister Hennot in Köln, dem vom Kaiser bereits die Wiederherstellung des Postwesens mit dem Fuggerschen Hause zusammen aufgetragen war, zu vergleichen oder gewärtig zu sein, „daß Se. Majestät die Posten, so sich noch in derer von Taxis Händen befänden, in andere Wege bestellen lassen werde", Beust, Postregal; Moser, Staatsrecht; Stephan, a. a. O., S. 39. — A. f. P. u. T.

[23] Huber schließt hieraus, daß die Fürsten von Kastilien und Arragonien mit dieser Anstalt nur die in ihrem Nachbarreich bestehende Chalifen-Post nachgeahmt, bzw. nach der Eroberung Granadas mitübernommen haben werden. A. a. O., S. 68/69.

(deutsche Hansen) vollzog sich seit längerem in den Niederlanden (Brügge, Antwerpen), während die großen Finanzgeschäfte noch ganz überwiegend in Augsburg, Genua, Florenz, wo über bedeutende Geldkapitalien verfügende Handelshäuser ihre Hauptniederlassungsorte hatten, abgeschlossen wurden. Die aus solchen Geschäften hervorgehenden Zahlungen wurden größtenteils in Lyon und Antwerpen geleistet, wo ohnehin die Kaufmannswelt zu zahlen oder einzuziehen hatte. Die Folge war naturgemäß lebhafter Verkehr Niederlande—Oberdeutschland (Nürnberg, Augsburg)—Italien. Nun trat aber Ende des fünfzehnten Jahrhunderts zu diesem vorhandenen Großumsatz noch der Handel mit den Kolonialerzeugnissen (Gewürzhandel) der neuentdeckten Länder, den ostindischen Erzeugnissen und englischen Tuchen, nun finden wir in Antwerpen manche dauernd ansässige Kaufleute fremder Nationen (Lazarus Tucher Nürnberg ɾc.), die nicht mehr bloß ein Geschäftshaus vertraten, sondern mit einer ganzen Reihe ihrer Landsleute Verbindungen unterhielten; der Umfang des Verkehrs wuchs in rascher Folge derart, daß ihm nicht mehr mit einigen Messen gedient war, sondern daß er ausreichte, das ganze Jahr hindurch einen großen regelmäßigen Markt abzuhalten, der Handelsverkehr war bereits so weit vorgeschritten, daß manche Waren nicht mehr nach Besichtigung, sondern nach Mustern gehandelt wurden — und das Endergebnis: Der Welthandels- und Meßplatz Antwerpen gestaltete sich zu einem Weltbörsenplatz um. Bedurfte aber schon der Waren- und Güteraustausch dringend des leichteren Reise- und Nachrichtenverkehrs nach allen Richtungen, so war vollends Geld- und Kreditverkehr, wo es sich um Spekulationsgeschäfte im Großen handelte, damals wie heute ohne entwickelteren Nachrichtenverkehr nicht denkbar. Daher kommen von jetzt an auch verschiedene kaufmännische Botenanstalten zu internationaler Bedeutung. Und die Taxis, diese gerühmten findigen Geschäftsmänner, die diese Vorgänge an den Quellen verfolgten, sollten nicht auf den Gedanken gekommen sein, hieraus durch und nach Errichtung der Hofkurierritte Nutzen zu ziehen? Worin hat alsdann die Tätigkeit der Oberpostmeister und ihrer Verwandten in der Zwischenzeit bis zur Ankunft oder zum Abgang der nächsten Postreiter bestanden? Hier stoßen wir auf eine gewisse Ähnlichkeit der taxisschen Oberpostmeister mit den fürstlichen Faktoren (Finanzagenten), die der Krone in Antwerpen als Geldmakler und

Bankiers gegen feste Bezahlung dienten[24], daneben auf eigene Rechnung Geldgeschäfte machen konnten und solche auch in ausgiebigster Weise machten. Nun wissen wir, daß gleich nach Einrichtung der Hofkurierritte wiederholt Lucas Rem[25], ein Gesellschafter der Welser, auf der Post von Augsburg nach Antwerpen reiste, daß der Innsbrucker Postmeister Gabriel de Tassis (1504—1529) zu Neujahr von den Fuggern jeweils 8 fl. erhalten hat, „damit er desto fleißiger sei mit den Briefen hin und wieder zu schicken"[26], daß weiter die gelegentliche Beförderung von Privatbriefen im Vertragsabkommen nicht verboten war und sich schon einige Jahrzehnt nach dem ältesten Abkommen die Städte der taxisschen Kurierritte zur Nachrichtenbeförderung bedienten, Köln sogar schon 1503, wie wir weiter unten sehen werden, daß sich schon 1514 die Innsbrucker Kammer darüber beschwert, Baptista v. T. überlaste die Boten mit der Beförderung von Privatbriefen, 1516, daß die Tassis „von kaufleuten u. andern brief aufnehmen . . . ., auch sonst brief angenommen . . . ." usw.[26] Sollte dies alles **zufällig oder von selbst** so gekommen sein? Eine derartige Annahme müßte die ersten Post-Taxis als hervorragend unfähige Geschäftsmänner kennzeichnen, während das Gegenteil von ihnen erwiesen ist. Damit kommen wir auch von selbst auf die Tätigkeit der ersten taxischen Oberpostmeister in den verschiedenen Verkehrsgebieten; sie **hatten**, gleich den Faktoren der Handelshäuser, **den Geschäftsverkehr — Nachrichten- und Personenbeförderung — auf die eigene Firma zu ziehen und dem aufkommenden Privatpostverkehr die Wege zu ebnen.** Daß die taxisschen Kuriermeister tatsächlich schon bei Einrichtung der internationalen Hofkurierritte auf die Mitbeförderung von Privatbriefen gerechnet haben müssen, läßt sich deutlich aus ihren zielbewußten Bemühungen, an den Anfangs- und Endpunkten der Kurse die Annahme- und

[24] Die vielfach den Titel „Kaiserlicher Rat, Facteur des finances de l'Empereur" führten.

[25] Vgl. das von B. Greif herausgegebene Tagebuch des Augsburger Handelsherrn Lucas Rem aus den Jahren 1494 bis 1541 (Augsburg 1861), worin Rem erzählt, daß er am 7. September 1515 von Brüssel aus **auf der Post** in sechs Tagen nach Augsburg geritten sei. Am 4. Dezember 1515 ritt er wieder auf der Post nach Brüssel zurück und brauchte für die dazwischen liegenden 23 Posten (Stationen) etwas über sieben Tage. „Die Post." Aus Dr. P. D. **Fischer**, Abdruck aus dem Handwörterbuch der Staatswissenschaften.

[26] **Ohmann**, a. a. O., insbes. S. 222 bis 234.

Abfertigungsstellen, das Fertigen der Stundenzettel ausschließlich in ihre Hände zu bekommen, schließen, weswegen sie von ihrem Auftreten am Habsburger Hofe an mit der ihnen feindlich gesinnten Innsbrucker Kammer den zähesten Kampf zu bestehen hatten. Wenn sie sich mit der Stellung als privilegierte Unternehmer staatlicher Kurierritte hätten begnügen wollen, die ausschließlich die Besorgung dieser gegen die vertragsmäßige Gegenleistung im Auge hatten, so konnte ihnen gleichgültig, sogar erwünscht sein, wenn die Felleisen an den Endpunkten nicht in ihre Hand abgeliefert wurden, alsdann brauchten sie sich um die weitere Behandlung der amtlichen Briefschaften nicht zu kümmern. Nun sehen wir aber, wie sie mit allem Nachdruck danach strebten und es auch erreichten, daß an allen wichtigeren Knotenpunkten Familienglieder oder von ihnen allein abhängige Untergebene die Öffnung und Schließung vom Beginn des internationalen Kurses an besorgten. Was hatten sie dadurch zu gewinnen, was vor allem zu verheimlichen, wenn nicht die Zahl und Art der außer den Regierungsdepeschen beförderten Sendungen, also in erster Linie der Großkaufmannsbriefe? Wenn die Felleisen mit Regierungsbriefen von einem Taxis in Mecheln oder Brüssel geschlossen, von einem Taxis in Rheinhausen, Augsburg, Innsbruck, Rom usw. geöffnet wurden, alsdann konnten Kaufmanns- und Städtebriefe eingeschlossen werden, ohne daß andere als eben die daran interessierten Taxis und der Großkaufherr usw. von der Tatsache der Beförderung, der Höhe der Vergütung etwas ahnten, namentlich nicht die Innsbrucker und Wiener mißgünstigen Regierungsstellen. Daß die Taxis ihre private Posttätigkeit vor diesen zunächst möglichst verheimlichten, erforderte ihr eigener Vorteil; denn sie mußten befürchten, sobald bekannt würde, daß sie größeren Nutzen aus der Mitbeförderung kaufmännischer und städtischer Briefschaften zogen, an ihrer Vertragssumme verkürzt zu werden. Nach allem dürfen wir annehmen, daß die Taxis vom Beginn ihrer niederländisch—deutsch— italienischen Kurierritte an auf den Zufluß von Privatbriefen rechneten und darauf abhoben. Auch ist, was Huber andeutet, nicht zu bezweifeln, daß sie, die treuergebenen Diener der Habsburger, sich auch als geschickte Agenten im diplomatischen Kundschaftsdienst dieser Dynastie betätigt haben und

---

[27] Berühmte derartige Agenten der englischen Krone waren im 16. Jahr-

hierin, zufolge ihrer vielfachen Familienbeziehungen durch die gesamten Habsburgerländer, gute Dienste leisten konnten. Hierin zeigen sie weitere Ähnlichkeit mit den fürstlichen Faktoren und Finanzagenten, deren Aufgabe es auch war, nicht bloß ihre Regierung über den Geldmarkt unterrichtet zu halten, sondern Nachrichten aus allen Ländern insgeheim auszukundschaften.[27] Wir verstehen daher auch, ohne — wenigstens bis jetzt — jede der vorstehenden Ausführungen bis ins einzelne urkundlich belegen zu können, das große Entgegenkommen der Habsburger Dynastie gegen das Haus Taxis. Über die geheimen Aufträge und Leistungen der Taxis aus jenen Jahrhunderten werden wir vielleicht niemals volle Aufklärung erhalten. Das Bekanntwerden geheimer Kundschafterdienste würde in manchen Landesteilen zugleich das Ende der Postritte bedeutet haben. Wie dem immer sei, soviel steht fest, zweierlei benötigten die Kaiser Maximilian wie Karl V. dringendst zur Regierung des ungeheuren Reiches wie zur Führung der vielen Kriege, Geld und Nachrichtendienst[28] und sie fanden die Fugger und die Taxis.

Zustand des Straßennetzes.

Der Zustand der Landstraßen war in Baden wie anderwärts[29] — einzelne wenige Strecken ausgenommen — bis in das achtzehnte Jahrhundert hinein trostlos. Es fehlte vor allem dem untergeordneten Baupersonale an den Kenntnissen in der Meßkunst, es fehlte ferner an einem zuverlässigen Kartenmaterial, das bei den Straßenprojektierungen hätte benutzt werden können. Erst im achtzehnten Jahrhundert erschienen Karten über die einzelnen süddeutschen Kreise, so im Jahre 1743 über den schwäbischen Kreis, die allerdings noch viele Unrichtigkeiten enthielten; Karten über die einzelnen Länder des schwäbischen Kreises folgten erst bedeutend später. Im weiteren mangelte es das ganze Mittelalter hindurch an einer geordneten Straßenverwaltung. Spuren

hundert Stephan Vaughan und Thomas Gresham, des Brüsseler Hofes Pieter van der Straten, Lazarus Tucher, Gaspar Ducci, Gaspar Schetz u. a.

[28] Sowohl Nachrichtenbeförderung wie Kundschafterdienste.

[29] Noch 1724 klagte Kaiser Karl VI. allgemein: Der tägliche Augenschein lehre, daß . . . . die Ordinari-Wege und -Straßen von Tag zu Tag unpraktikabler werden und fast niemand ohne sonder Leibs- und Lebensgefahr reisen könne, wodurch Handel und Wandel gehemmt — das Kommerzium von diesen Landen hintangehalten . . . . wird.

einer solchen finden wir in Baden erst gegen Ende des sechzehnten Jahrhunderts.[30] Sodann hinderten der früher erwähnte Wettkampf der Land- und Wasserwege um die Einnahmen aus dem durchgehenden Verkehr, sowie die widerstreitenden Interessen der vielen Gebietsherren in der Neuzeit wie im Mittelalter selbst die zweckmäßigsten Änderungen und die so dringend notwendige Erbreiterung der Straßenzüge. Einen deutlichen Einblick in das hieraus entspringende Verkehrselend geben die Versuche, die Straßenzüge Nürnberg—Speyer zu verbessern; alsbald gerieten die beteiligten Landesherrschaften in Streit darüber, welcher von den älteren Straßenzügen zunächst zu verbessern sei. Endlich kam im Jahre 1777 der sogenannte Chausseerezeß zwischen der Pfalz, dem Markgrafen von Ansbach-Bayreuth und den Fürsten von Hohenlohe-Waldenburg, Kirchberg, Neuenstein und Bartenstein zustande, wonach diese sich verpflichteten, „die von Nürnberg nach Straßburg durch ihre Lande ziehende alte Straße binnen fünf Jahren 28 Fuß breit mit einer Fahrbahn von 24 Fuß herzustellen, zur Instradierung einer anderen Straße nach Nürnberg weder die Hand zu bieten noch solche zuzulassen". Dagegen erhoben der schwäbische Bund und der Markgraf von Baden Einspruch, denen mehr an der Verbesserung der oberen Nürnberger Straße lag; schließlich einigten sich Kurpfalz und Württemberg, weder die untere noch die obere Nürnberger Straße zu chaussieren, so daß zuletzt Österreich und Preußen im Jahre 1793 aus militärischen Rücksichten unter Androhung der Exekution die Verbesserung der Strecke Heilbronn—Eppingen verlangen und den Rezeß für nichtig erklären mußten, weil es „nach den Reichsgesetzen keinem Landesherrn zustehe, den Lauf offener Flüsse oder die Passage in seinem Lande zu hemmen". Als ferner die schwäbische Kreisversammlung von 1737 und ebenso der Kreisviertelsrezeß von 1756 bestimmten, daß der alte Handelsweg Straßburg—Pforzheim—Cannstatt zu verbessern sei, legte die Reichsstadt Heilbronn, unterstützt von der Pfalz, durch ein gedrucktes Promemoire

[30] Baer, Wasser- und Straßenbau, sagt erstmals im Bezirk der Stadt Offenburg, in dem diese im Jahre 1586 einen Wegmeister auf der Hochstraß aufstellte; diese Behauptung scheint nicht völlig zuzutreffen, denn es heißt bereits in dem Eidbuch der Stadt Villingen von 1573: Wegmaister Welche zue wegmaister genommen werden, die sollen schwören, der landstrass und weg wol acht zuo haben und zuo besichtigen, wo noth . . . . zue besseren und wesenlich zuo halten Oberrheinische Stadtrechte II; Schw. Rechte, 1. Heft, S. 144.

von 1769 bei allen Höfen Protest hiergegen ein, weil die untere Nürnberger Straße die eigentliche Handelsstraße sei und darum allein Berücksichtigung verdiene. In Vorderösterreich endlich hinderte das Haus Österreich jeglichen Versuch der Straßenverbesserung, wo es immer konnte, wenn diese Maßnahmen seinen Sonderinteressen keinen Vorteil brachten, und schädigte hierdurch den Handelsverkehr empfindlichst.[31] Hierzu trat noch das Aufhören des Landhandels mit Asien infolge der Entdeckung von Amerika, wodurch die einzige Triebfeder, die bisher zu Wegeverbesserungen gedrängt hatte, wegfiel. Die Baumwollenindustrie verdrängte die Leinenmanufaktur der oberdeutschen Städte, ihr Handel ging mit dem Sinken der allgewaltig gewesenen Handelsemporien Venedig und Genua mit Riesenschritten rückwärts und der Dreißigjährige Krieg brachte ihren Gewerbebetrieb völlig ins Stocken.[32] Die alten

[31] Den blühenden Zustand des schwäbischen Handels vor Entdeckung der neuen Welt beweisen die besonderen Handelshäuser in Italien, Spanien, Portugal, Ausrüstung und Befrachtung eigener Schiffe in Italien und Niederlanden. Nach der Entdeckung schwerer Schaden, dazu vernichtete 30jähriger Krieg den Flachsbau als Industrie und Gewerbe, hemmte den Transit; gelernte Handwerksleute nahmen Kriegsdienste, dazu Belagerungen, Brandschatzungen, Gelderpressungen in den Städten, Unsicherheit der Straßen. Statt Erholung neue Kriege, im spanischen Erfolgekrieg jeglicher Handel mit Frankreich verboten, daher Absatz und Transit gesperrt, Nebenwege eingeschlagen, österreichischerseits Zollerhöhungen und neue Zölle bei Gebrazhofen, da geglaubt wurde, Handel Holland-Italien müsse über österreichische Zollstädte. Endlich wurden bei Durchfuhr Feldkirch—Italien Güter in St. Johann—Höchst (am Rhein) gewaltsam umgeladen und durch einheimische Fuhrleute auf Strecke Feldkirch—Balzers gegen übermäßige Frachten geführt, daher Seide über Chur—Wollenstadt—Zürich—Holland unter Vermeidung von Straße Feldkirch—Gebrazhofen—Weingarten. Schweizer bauten (1708) Straße Schaffhausen—Randen—Fürstenbergisches Gebiet (Frankfurt und Nürnberg). „Den größten Verlust erleiden jedoch diejenigen österreichischen und kreisständischen Herrschaften in Oberschwaben von den Gütern, die vordem über Konstanz aus Schweiz und Italien über Feldkirch—Lindau—Wangen—Gebrazhofen (oder Weingarten) und umgekehrt liefen, von denen jetzt die österreichischen Zollstädte Stockach, Gebrazhofen und Weingarten gar nichts mehr beziehen. Es gelang nicht mehr, der uralten kaiserlichen Heer- und Landstraße Nürnberg—Augsburg—Memmingen—Lindau—Schweiz—Italien die frühere Lebhaftigkeit zu verschaffen." Vgl. Beiträge zur Geschichte der schwäbischen Reichsstädte 1775, a. a. O.

[32] Dagegen sind es die Réfugiés gewesen, die den Samen der modernen Großindustrie durch ganz Europa getragen haben; losgelöst von ihrem heimischen Boden haben sie die individuelle Wirtschaftsweise, die Ausbildung des Großkapitals, wohin sie auch kamen, gefördert. Hierbei war ihre religiöse

Handelswege verödeten. Mit dem Aufkommen von London und Amsterdam erhielt der Handelszug seine heutige Richtung flußaufwärts wieder. Die natürlichen Hindernisse der Schiffahrt wie die unmäßig hohen Abgaben drängten indes zur Benutzung der immer noch im Argen liegenden Landstraßen. Da erzwangen allmählich drei nachdrücklich sich bemerkbar machende Faktoren die zielbewußte Verbesserung der Verkehrswege: die von Frankreich übernommenen wirtschaftspolitischen Grundsätze[33] der nachhaltigen

und nationale Isolierung — denn als Reformierte standen sie doch stets den Lutheranern fern — ein weiterer Sporn des Handelsgeistes und ein entschiedener Vorteil. Denn durch sie ward es den kleinen Gemeinden zur Notwendigkeit gemacht, bei räumlicher Trennung ihren geistigen Zusammenhang zu bewahren, und so stellt sich fast von selber wieder ein Netz von Handelsverbindungen her, das über ganz Europa seine Maschen breitete." Gothein, a. a. O. Solche Kolonien von Réfugiés sind zu verzeichnen u. a. in Mannheim, Heidelberg, Pforzheim, Lahr, Lörrach usw. Für Mannheim können wir den Einfluß der Réfugiés auf die Verkehrsentwicklung im allgemeinen wie des Postverkehrs im besonderen deutlich nachweisen. Als nordfranzösische Réfugiés die Tuchmacherei zu Bedeutung gebracht hatten, wollten sie naturgemäß ihre Geschäftsverbindungen mit dem Mittelpunkt der französischen Tuchindustrie (Sedan), das zugleich der Mittelpunkt des französischen Protestantismus war (Gothein, a. a. O.), aufrecht erhalten und bald finden wir regelmäßig Postkurse von Mannheim über Metz nach Sedan. Der Verkehr von Lahr ging nach Holland und mußte sich der Post bedienen, soweit der Geschäftsbriefverkehr in Frage kam usw.

[33] Die neuen volkswirtschaftlichen Grundsätze der Landesregierungen, um bares Geld aus dem Ausland in die verarmten deutschen Gebiete zu ziehen, den Handel nach dem Ausland sowie die heimische Industrie, insbesondere die Großindustrie auf jede Weise zu begünstigen (nach dem Vorbilde Hollands, später Frankreichs), treten auch im Süden deutlich hervor. Hier waren Württemberg mit Gründung der Uracher Leinenkompagnie (1602), der Calwer Fabrik- und Handelskompagnie (nach dem 30jährigen Krieg), Pfalz mit der Gründung Mannheims, der damaligen oberrheinischen „Handelsindustrieinsel" als Vorortes der Niederlande vorangegangen. Im Breisgau, in dem südlichen Schwarzwald, der Baar folgten später die Unternehmungen Schweizer Industrieller, in der Markgrafschaft Baden die Fayenzefabrikation zu Durlach, die englische Stahlfabrik in Rastatt, die internationalen Pforzheimer Bijouteriegeschäfte, die ihren Absatz in der ganzen zivilisierten Welt suchen mußten, Tabakanbau und Verarbeitung, die Lahrer Schnupftabak- und Zichorienfabriken, deren Verbindungen vorzugsweise nach Holland leiteten (Réfugiés), die Schwarzwälder Glas- und Uhrenindustrie, von denen allen die einen zur Hebung des Nachrichtenverkehrs (internationalen Kaufmannsbriefverkehrs), die anderen zur Hebung des Reiseverkehrs und Hausierhandels, im weiteren Verlauf zur Entwicklung des Postpaketverkehrs wie der Warenverfrachtung überhaupt beigetragen haben.

Förderung des Handels und der Industrie überhaupt, namentlich auch durch Straßenbauten, der stetig zunehmende Handel von der Ost- und Nordsee nach Oberdeutschland, und endlich die aufstrebende Thurn und Taxissche Reichspost, die auf Verbesserung der Verkehrswege im eigensten Interesse hinarbeitete. Mit der Einführung der fahrenden Posten fanden die Klagen der Reichspost über die Mangelhaftigkeit der Wege kräftigen Widerhall bei dem reisenden Publikum. Die natürliche Folge war der Anfang der Wegeverbesserung. In der Markgrafschaft Baden-Durlach, in der Kurpfalz, im Fürstenbergischen sowie im Gebiet der Abtei St. Blasien fanden die Straßenbauten Frankreichs und Englands Nachahmung. Überhaupt war in den beiden badischen Markgrafschaften reges Verständnis für den Straßenbau vorhanden. So verordnete der Markgraf von Baden-Baden im Jahre 1584 (23. Sept.), die Brücken seien überall in den Ämtern durch die Amtsangehörigen so herzurichten, daß fünf Pferde nebeneinander passieren können. In der Markgrafschaft Baden-Durlach gab Markgraf Karl Wilhelm als sein Programm kund, sämtliche in seinen Fürstentümern und Landen befindliche Landstraßen in guten Zustand zu versetzen und sie darin zu erhalten. Markgraf Karl verordnete als Mittel gegen die weitere furchtbare Zerstörung der Landstraßen unter dem 26. August 1737 die Abschaffung des schädlichen Gabelfuhrwerks; vom 1. Januar 1738 durften keine Gabelfuhrwerke mehr fahren oder gemacht werden, sondern nur noch Deichselwagen und kleine einspännige Karren. In der Wegordnung vom 20. Februar 1747 konnte denn auch Markgraf Karl Friedrich darauf hinweisen: durch seinen Großvater (Markgraf Karl) seien die von Karlsruhe nach Pforzheim gehenden Landstraßen in solchen Stand gestellet worden, daß selbige anjetzo von Männiglichem bequem gebraucht werden können .... Im Jahre darauf betonte er, die Ausbesserung der alten Straßen müsse neben der Herstellung neuer Wege gehen. In der Folgezeit mußte wiederholt gegen das noch immer „im Schwange gehende hochschädliche Fahren mit der Gabel, Enz oder Lannen" vorgegangen werden, von dem die Bevölkerung nur sehr schwer abzubringen war. Als Höchstgrenze der Ladefähigkeit wurde für Güter- und Lastwagen 50—60 Zentner außer dem Wagen festgesetzt.

Wenn gleichwohl das Erreichte trotz des guten Willens einsichtiger Herrscher hinter den Erwartungen weit zurückblieb, so lag es an dem Übelstande der zahlreichen Gebiete und an dem Mangel eines Enteignungsrechts.

Im einzelnen sei über den Zustand der Landstraßen kurz folgendes bemerkt:

Frankfurt—Basel.

Die Haupthandelsstraße Frankfurt—Basel stellte sich noch um 1750 abgesehen von den die Markgrafschaft Baden und den Breisgau durchschneidenden Strecken als völlig zerfallen dar; sie durchzog noch im Anfang des 19. Jahrhunderts zwanzig reichsunmittelbare Gebiete. Der Verkehr zog sich vielfach auf die bedeutend weniger mit Zoll und Weggeld belastete, um eine Tagereise kürzere linksrheinische Straße.[34] Noch im Jahre 1794 mußten bei Weinheim, Lützelsachsen und Neuenheim fast täglich versunkene Fuhrwerke mit Winden gehoben werden[35] und zwischen Offenburg und Emmendingen waren im Jahre 1795 vierzig Güterwagen versunken. Der Knecht des Posthalters in Friesenheim war sogar im Straßenkot erstickt, kaum konnten die Pferde gerettet werden. Nur der unerbittliche Zwang des den Durchgang durch Straßburg verbietenden französischen Gesetzes vom 24. Juli 1798 konnte bei dieser Sachlage den Verkehr auf die rechtsrheinische Seite zurücklenken; endlich erreichte der nach Beendigung der Napoleonischen Wirren steigende Reiseverkehr England bzw. Norden—Süddeutschland—Schweiz eine zweckentsprechende Straßenverbesserung.

Nürnberg—Speyer.

In der zweiten Hälfte des siebzehnten Jahrhunderts vernichteten die vielfachen Kriegswirren, übermäßige Durchgangszölle, Einfuhrverbote in den verschiedenen deutschen Staaten, sowie Ausfuhrverbote nach Frankreich den seit mehreren Jahrhunderten in Blüte stehenden Handel Nürnbergs und damit gleichzeitig die Bedeutung von Wimpfen und Speyer. Der alte Handelsweg zwischen diesen Plätzen verödete, der Verkehr von Heidelberg nach Speyer verlor seine Bedeutung.

Wertheim—Mergentheim.

Die Tauberstraße, deren Abteilung Krailsheim—Miltenberg (durch Baden)[36] für den Durchgangsverkehr Ulm—Frankfurt hervorragende Be-

---

[34] Im Jahre 1721 bezahlte man von einem mit acht Pferden bespannten Güterwagen (50—60 Zentner) von Freiburg nach Frankfurt 37 fl. 21 kr. Wegzoll, Chaussee- und Brückengeld an insgesamt 39 Erhebungsstellen. Im Jahre 1765 bezahlte man von Frankfurt nach Basel auf der Bergstraße 58 fl. 6 kr., durch das Elsaß nur 27 fl. 28 kr. für einen Wagen an Zoll-, Chaussee- und Brückengeld. Baer, a. a. O.

[35] Es fehlten Dohlen. Baer, a. a. O. nach G. L. A. Akten.

[36] über Tauberbischofsheim—Külsheim.

deutung besaß, war mit lästigen Gefällen behaftet und bis in die Mitte des achtzehnten Jahrhunderts hinein in sehr schlechtem Zustande; insbesondere gingen von Wertheim allgemein schlechte Straßen aus.[37]

Cannstatt—Bretten—Bruchsal (Untere Nürnbergerstraße).

Diese Straße führte bis in das achtzehnte Jahrhundert die Bezeichnung Land- und Poststraße; auf ihr bewegten sich die ersten Taxisschen Postritte Brüssel—Italien, sowie nach Verbesserung der Strecke Schwieberdingen—Knittlingen ein Schnellpostwagenkurs. Die langen Kriege des siebzehnten und achtzehnten Jahrhunderts haben diesen Straßenzug, der sich stückweise ohnehin in traurigem Zustand befunden haben muß[38], dem Verfalle nahe gebracht.[39]

Straßburg—Pforzheim—Cannstatt (Obere Nürnbergerstraße).

Dieser Straßenzug wurde badischerseits erst nachhaltig verbessert, als zu Beginn des achtzehnten Jahrhunderts Württemberg durch anderweitige Straßenverbesserungen den Durchgangsverkehr von Pforzheim abzuziehen drohte.

Heilbronn—Fürfeld—Sinsheim

war gegen Ende des achtzehnten Jahrhunderts eine der bedeutendsten Poststraßen, die sich in leidlichem Zustande befunden hat; auf ihr verkehrten damals der niederländische Postkurs täglich, der holländische und westfälische Postkurs wöchentlich zwei-, der nordische wöchentlich viermal.

Kehl—Donaueschingen—Schaffhausen.

Der für den durchgehenden Handelsverkehr wie als Militärstraße gleich wichtige Straßenzug[40] führte noch im achtzehnten Jahrhundert durch zwölf verschiedene Gebiete. Die Folge davon war die Vernachlässigung der Straße auf einzelnen Strecken und eine Belastung mit übermäßig hohen Zöllen.[41] Auf der Strecke Hornberg—Triberg[42] bestand bis 1782

[37] Noch im Anfang des 18. Jahrhunderts war der Personen- und Güterverkehr auf dieser Straße so bedeutend, daß der Posthalter in Mergentheim täglich bis zu 80 Pferden stellen mußte.

[38] Bischof Siegfried III. fuhr 1456 von Bruchsal nach Maulbronn auf einem sogenannten Rollwagen (6—8 Personen) unter Verwendung von 70 Pferden.

[39] Auf der Route Heilbronn—Eppingen—Bretten verkehrten im 18. Jahrhundert der Straßburger und der französische Kurs täglich, der Kurs nach dem badischen Oberland wöchentlich viermal.

[40] In Krummschiltach (Langenschiltach bei St. Georgen) war eine Posthalterei, die stets 40 und mehr Pferde für Vorspann hielt.

[41] Belastete Güterwagen mit dem Höchstladegewicht von 60 Zentnern hatten 1785 an Zoll-, Brücken- und Wegegeld zwischen Kehl und Hüfingen 29 fl. 45 kr. zu zahlen. Baer, a. a. O.

[42] Auf der Strecke Hornberg—Donaueschingen ist 1775 ein Schnellpost-

nur ein schmaler Karrenweg und im Bezirk der Stadt Villingen war der Straßenzug auf Österreichs Veranlassung mangelhaft. Erst um die Mitte des achtzehnten Jahrhunderts wurde auf Betreiben der Fürsten von Fürstenberg wesentliche Verbesserungen vorgenommen; endlich sind in den Jahren 1810—1821 auf Staatskosten die dringendsten Verbreiterungen und Verbesserungen erfolgt.

Villingen—Freiburg.

Österreich verhinderte noch im Jahre 1750 die von Freiburg begonnene Verbesserung der Höllentalstraße; gleichwohl beschlossen die Breisgaustände 1753, diese Straße zu einem „wandelbaren Postweg" zu machen. Erst unter badischer Verwaltung wurden umfassende Verbesserungen ausgeführt und die Straße (von Schaffhausen über Lenzkirch) im Jahre 1812 als Extrapoststraße erklärt.[43]

Basel—Konstanz.

Der rechtsrheinische Hauptverbindungsweg Waldshut—Konstanz war zeitweise kaum benutzbar, weil es an gesicherten Flußübergängen fehlte; alljährlich gingen an verschiedenen Stellen Reisende nebst Wagen und

---

wagenkurs nach Tuttlingen—Ulm eingerichtet worden. Die alte Straße aus dem unteren Rheintal, die sogenannte Frankfurter Straße, führte durch das Kinzigtal über Hornberg, Krummschiltach, den Brogen, Mönchweiler nach Villingen; sie hatte ihre Fortsetzung über Klengen bis Donaueschingen, ging, dort sich teilend, östlich über Geisingen, Engen, Radolfzell nach Konstanz, in südöstlicher Richtung aber über den Randen nach Schaffhausen. Durch Beschluß des Schwäbischen Kreisausschusses mit Unterstützung des Reichsoberpostamts in Augsburg wurde auch die sogenannte Frankfurter Straße als Poststraße in Stand gesetzt. Doch verzog sich die Ausführung auf der ganzen Strecke noch Jahrzehnte, da die Interessen der Beteiligten, nämlich Württembergs für das Amt Hornberg, Fürstenbergs und Villingens, sich nicht deckten; Fürstenberg suchte die Straße über Triberg, die sogenannte Gaitsche, Vöhrenbach und durch das Bregtal nach Donaueschingen zu führen, Württemberg aber eine Hauptroute über Heilbronn, Cannstadt, Tübingen, Hechingen, Tuttlingen dem Rhein zu herzustellen. Bis 1769 hatte die Stadt Villingen für diesen Straßenbau 14700 fl., bis Dezember 1773 26000 fl. aufgewendet; ihr ganzer Anteil war drei Stunden lang (9498 Klafter). Gründliche Abhilfe erfolgte erst durch den Bau der Kinzigtalstraße 1836 bis 1839. Vgl. Frühere Verkehrsverhältnisse von Villingen von Dr. Roder. A. f. P. u. T., Jahrg. 1893, S. 635.

[43] Hauptverkehrsweg zwischen Villingen und Freiburg war bis zum 30jährigen Kriege die Straße über Herzogenweiler, Urach, Turner, Wagensteig und Burg; nachher ging der Verkehr über Neustadt und den Höllenpaß und seit den letzten Jahrzehnten des 18. Jahrhunderts über Vöhrenbach, Furtwangen, Simonswald und Waldkirch. (Roder, Verkehrswege zwischen Villingen und dem Breisgau. Z. O., V, S. 505/533.) Der Zustand der Straße Villingen—Freiburg im Jahre 1705: Bei Hafertransporten für das Militär konnten auf jeden sechsspännigen Wagen nur 15 Zentner geladen werden. Z. O.

Pferden zugrunde. Die 1780 errichtete alle 14 Tage zwischen Konstanz und Basel verkehrende Landkutsche brauchte oft acht Tage und mehr für Hin- und Rückreise.

Donaueschingen—Bodensee.

Bis in die Mitte des achtzehnten Jahrhunderts in sehr mangelhaftem Zustande, verdankte die Straße ihre ersten Verbesserungen der Reise der Prinzessin Marie Antoinette zur Vermählung mit dem Dauphin (daher Devotions- oder Dauphinestraße). Die Reise der Antoinette erfolgte im Jahre 1770 über Mengen—Meßkirch—Stockach—Donaueschingen—Freiburg—Straßburg.

Schaffhausen—Ulm.

Der Straßenzug Schaffhausen—Ulm war Jahrhunderte lang für den durchgehenden Handelsverkehr wie in militärischer Hinsicht von großer Bedeutung.[44] Die Strecke Riedlingen—Langenhart—Leibertingen—Liptingen—Engen—Schaffhausen, die schon im Jahre 1536 urkundlich als „uralte, freikaiserliche Güter- und Landstraße" bezeichnet wird, war später unter dem Namen „Post-, Wein- und Salzstraße" bekannt.

Ursprung der Taxisschen Posten.

Die Anfänge der Taxisschen Posten[45] lassen sich im Gebiete der österreichischen Erblande bis ins fünfzehnte[46], diejenigen in den burgundischen Niederlanden bis an die Schwelle des sechzehnten[47] Jahrhunderts zurückverfolgen. Die letzteren dienten anfangs ausschließlich dem Verkehr[48] zwischen den Mitgliedern der spanisch-

[44] Schon 1710 ging ein württembergischer Postwagen auf dieser Straße über Stockach—Engen. 1775 fuhren hier Landkutschen neben den Taxisschen Geschwindkutschen. Baer, a. a. O.

[45] Ich schließe hier unter Posten die Kurierritte der Kürze halber mit ein.

[46] Zu vgl. das vermutlich aus dem Jahre 1578 stammende Promemoria des Augsburger Postmeisters Seraphin II. von Taxis: „Erstlich haben .... bei Zeiten Kaisers Friedrich III. (1440—1493), da meine Vorfahren das alte Postwesen erfunden" .... ferner Keesbacher: „Zu Innsbruck tauchte zirka 1450 bis 1460 die Taxische Posteinrichtung auf" ....; ferner Rübsam, „Dr. Johann Baptista von Taxis", Freiburg 1889: „Am 18. August 1496 ernannte Kaiser Maximilian I. zu Tirano wiederholt den Jan von Tassis zum Postmeister auch über die von der Kammer in Innsbruck bezahlten Posten". In einer zu Innsbruck ausgestellten Urkunde vom 20. Februar 1498 erwähnt Maximilian I. „unsern getrewen Jannet de Tassis, unsern Postmaister". Vgl. hierüber Ohmann, a. a. O.

[47] Am 1. März 1501 ernannte Philipp der Schöne, der seit 1494 die Regierung in den Niederlanden und Burgund angetreten hatte, den Franz von Taxis zum „capitaine et maistre" seiner Posten. Rübsam, a. a. O.

[48] Der einem an König Maximilian in Augsburg gerichteten Paket bei-

habsburgischen Dynastie, beförderten aber nebenbei auch Privatbriefe[49], wie aus dem vom 25. März 1500 Brabanter Datierung (nach unserer Zeitrechnung 1501) zu Mecheln von dem Postmeister Franziskus von Taxis eigenhändig ausgestellten Stundenpaß zu ersehen ist. Auch nahmen bereits diese ältesten Taxisschen Reitposten ihren Weg über pfälzisch-badisches Gebiet auf der Strecke Heppenheim—Speyer, wie von Speyer aus unzweifelhaft über den Ort Rheinhausen, wo schon 1405 eine regelmäßige Rheinüberfahrt mittels größerer Fähren bestand, und weiter in der kürzesten Richtung über Bruchsal—Bretten. Näheres über die Einrichtung dieses ältesten internationalen Reitpostkurses ist nicht bekannt, doch muß der Kurs wenigstens streckenweise schon längeren Bestand gehabt haben, wie aus dem Ersuchen von zwei Boten um Bezahlung für die geleisteten Dienste erhellt, das auf dem Rande der ersten Seite des Stundenpasses niedergeschrieben ist.[50] Einen tieferen Einblick in den damaligen Postbetrieb gewähren uns die Abkommen Philipps des Schönen — Regenten in den Niederlanden und von Burgund — sowie seines Sohnes Karl I. mit Franz von Taxis[51]

---

gegebene Stundenzettel hat völlig internationalen Charakter. Die Vermerke der Poststationen über Abfertigung der Post beginnen in italienischer Sprache, werden in französischer und deutscher Sprache fortgesetzt und endigen in Innsbruck wieder in italienischer Sprache — die Post ging wohl infolge nachträglicher Änderung, ohne Augsburg zu berühren, nach Innsbruck. Die Stationen waren „Mecheln — ab Mittwoch, 25. März 1500, 4 Uhr nachm. —, Rellaz, Peudargent, Bec, Bulesem, Brysche, Hatzenporten, Rempolen, Flonem, Heppenheim, Speir, Blochingen, Haußen, Gingen, Sefflingen, Bleß, Lermos, Pairwis, Isprucb", an Dienstag, 31. März, 3 Uhr früh, somit Beförderungsdauer 6 Tage 11 Stunden. Vgl. Dr. Reblich, Führer durch das K. K. Postmuseum in Wien. 2. Aufl., Wien 1894, und namentlich Ohmann, a. a. O.

[49] Es heißt in dem Stundenpaß „Item Merttèn pott zu Sefflingen: Ist eyn peckle in dyssen sack, gehortt gahn Augspurg Anthoye Welser in syn hantt vnd du syndst eyn bryffle darbay vnd XII plapart darin, darmytt wellest eyn potten von stond an gayn Augspurg schycken. Wolff pott zu Haussen (darunter drei oder vier durchstrichene nicht mehr lesbare Worte von anderer Hand). Dr. Reblich, Ohmann, a. a. O., 2c.

[50] „Item lieber her bostmaister, schickent vns gelt, dan wir habent gar kains mer, kindent (können) nit ain yssen (Eisen) dem gul (Gaul) anschlagen (lassen).Ouch sient wir den wirtten (Geld) schuldig vns sagent, sy wellent vns bald die ros (Pferde) nemen vir die schuld, das wir by in (ihnen) verzert haben. Hans von Ulm, Michel mit der Schramm."

[51] Philipp der Schöne hatte den Franz von Taxis bereits am 1. März 1501 zum capitaine et maistre seiner Posten ernannt und ihm einen Gehalt

in den Jahren 1505 und 1516 über die Einrichtung einer Postverbindung zwischen den Niederlanden und dem Hofe Maximilians I. in Deutschland, der jeweiligen Residenz des französischen Königs und dem spanischen Hofe. Den Antrieb zur Erweiterung der Postanlagen gaben in beiden Fällen die dynastischen Interessen des habsburgischen Hauses, die nach Besteigung des spanischen Königsthrones durch Philipp I. und Karl I. einen beschleunigten Gedankenaustausch zwischen den verschiedenen Regenten und Regierungen gebieterisch verlangten. Der ungewöhnliche Nutzen einer möglichst raschen und zuverlässigen Beförderung der königlichen Befehle und Depeschen zwischen den weitentlegenen Gebieten mußte über die Bedenken wegen der erheblichen und dauernden Ausgaben hinwegtragen.

Postkurs Innsbruck—Brüssel.

Der für uns wichtigste der 1505 eingerichteten und 1516 verbesserten Reitpostkurse ist der niederländisch-deutsche Postkurs.[52] Dieser, sagt Rübsam, war schon im Hinblick auf das enge Verhältnis Philipps des Schönen zu seinem Vater ein regelmäßiger.[53] An Wichtigkeit gewann er noch dadurch, daß außer dem in der Richtung des Postzugs liegenden Durchgangsverkehr nach England der Briefwechsel des kaiserlichen Hofes mit seinem Gesandten beim König von Frankreich[54], ebenso des kaiserlichen Hofes mit

von täglich einer Livre oder 20 Sols flandrischer Währung ausgesetzt. Rübsam, a. a. O., S. 6/7 und 177.

[52] Es ist, wie Rübsam, a. a. O., S. 179 nachgewiesen hat, unrichtig, von der Errichtung eines feststehenden Postkurses Brüssel—Wien zu reden. „Daß die Taxisschen Kuriere, wenn Maximilian I. zu Wien residierte, zwischen Brüssel und Wien kursierten, ist klar, nur darf dies für die damalige Zeit nicht als Regel hingestellt werden; Abgangs- und Bestimmungspostanstalt richteten sich nach den jeweiligen Aufenthaltsorten der beiden Monarchen."

[53] Einen Beweis hierfür bietet auch die Art, wie man vom Kommen und Gehen der Posten sprach; man berief sich darauf, daß Briefe mit der letzten Post „par la dernière poste" abgeschickt worden seien, oder schrieb, daß man die gegenwärtige Post zur Aufgabe von Briefschaften benutzen wolle „à la depesche de cest présente poste". Man versprach, weitere Nachricht geben zu wollen „par la première poste" usw. Arch. f. P. u. T. 1895. Die Belegstellen stammen aus den Jahren 1507, 1511 u. 1512.

[54] Am 12. Januar 1510 ging von Bozen aus ein Briefpaket an Margarethe von Österreich ab mit der Weisung, es unverweilt durch einen ihrer Stafettenreiter („par ung de vos archiers en bonne diligence") an den kaiserlichen Rat und Gesandten bei König Ludwig VII. von Frankreich, Herrn von Rogendorff, abgehen zu lassen. Der Kurier sollte den nächsten Weg einschlagen (que

dem spanischen[55] trotz des großen Umweges über die Niederlande ging, weil diese eben mit dem Kaiser durch einen ständigen Postkurs in Verbindung standen und nach den Höfen von Frankreich und Spanien gute Beförderungsgelegenheiten hatten. Nach dem Abkommen vom 18. Januar 1504[56] hatte Franz von Taxis auf jeder Station der auf eigene Kosten anzulegende Postkurse (à sa charge), wofür er durch einen Jahresgehalt von 12000 Livres[57] entschädigt wurde, je ein Pferd zum Wechseln bereit zu halten und die Strecke Brüssel—Innsbruck[58] im Sommer in 5½, im Winter in 6½ Tagen zu bewältigen. Bemerkenswert ist, daß das Abkommen im Gegensatze zu der Verordnung des französischen Königs Ludwig XI. vom 19. Juni 1464, die die Verwendung der Posten zugunsten von Privatpersonen bei Todesstrafe (à peine de la vie) verbot, weder ein Verbot der Beförderung von Privatsendungen enthält noch die Genehmigung hierzu. Ich schließe mich der Ansicht Rübsams, insbesondere auch mit Bezug auf die angeführte Stelle des Stundenpasses von 1501, an, daß es schon im Jahre 1505 dem Franz von Taxis gestattet war, auch Privatsendungen mitzubefördern[59], sofern nur nicht der königliche Dienst beeinträchtigt

---

icelluy archier voise le droit chemin), falls er dem Gesandten unterwegs begegne, ihm das Paket einhändigen, falls er ihn nicht antreffe, dasselbe dem Herrn Andreas de Burgo übergeben. Le Glay, Correspondence de l'empereur Maximilien I. I, 225 f.

[55] Vgl. Beweis im Archiv f. P. u. T. 1895. S. 49.

[56] Die Urkunde trägt allerdings das Datum: Brüssel, den 18. Januar 1504. Da jedoch in Brabant das Jahr mit dem Karfreitag begann, so ist dieselbe in das Jahr 1505 zu setzen. Auch die Posturkunde mit dem Datum: Gent, den 1. März 1500 ist demgemäß in das Jahr 1501 zu setzen. Vgl. Grotefend, Handbuch der historischen Chronologie, 27 f.

[57] In unserem Gelde etwa 222720 Mark. Rübsam, a. a. O., S. 182.

[58] Die damals belebteste Strecke, die als Maßstab für die Beförderungsfristen zugrunde gelegt wurde.

[59] „Seit dem Jahre 1503 läßt sich die Benutzung der Taxisschen Post im italienischen Verkehr durch die Stadt (Köln) nachweisen" (sonst durch Vermittlung der Fugger, die sie durch ihre „posten" nach Rom an die Filiale der Firma befördern, wo sie durch die städtischen Gesandten erhoben wurden, oder durch Vermittlung der Welser und Vöhlin, Imhof usw.). Die Stadt verspricht „dem eirbaren Iheme de Tasche der roemischen maiestet postmeistere" das Briefbotengeld, das er ausgelegt hat, dem in Köln wohnenden Daniel Ruwe auszuzahlen, an den er es gewiesen hat. 1505 erhält die Stadt durch einen „postboten" Briefe eines ihrer Gesandten Brb. 42, 456a. 1506 ersucht sie den Postmeister zu Breißig, Briefe an den Kais. Rat Nicasius Haggeney zu

wurde; andernfalls wäre es sicherlich ausdrücklich verboten worden; auch würde es Taxis oftmals sehr schwer, wenn nicht unmöglich geworden sein, ohne Nebeneinnahmen bei der unpünktlichen Gehaltszahlung die Ausgaben zu decken.[60] Einen weiteren Fortschritt in der Postorganisation brachte das Abkommen von 1516. Franz und Baptista von Taxis verpflichteten sich nunmehr, einen besonderen Postenlauf zwischen den Niederlanden, Innsbruck, Verona, Rom und Neapel einzurichten, auf jeder Station der Hauptlinien zwei Pferde bereitzuhalten, den Postlauf noch weiter zu beschleunigen[61] und auch nach den außerhalb der Hauptpoststraße oder außerhalb der deutschen Lande befindlichen Hoflagern des Kaisers besondere Posten eintretenden Falls anzulegen.[62] Die beiden Hauptpostmeister erhielten neben anderen Vorrechten das Postmonopol und die ausschließliche Strafgewalt über die dienstlichen Vergehen der Postbeamten. Nur der amtliche Brief- und Paketverkehr war unentgeltlich zu besorgen, während für die kuriermäßige Beförderung von Personen, die im Namen und Auftrag des Königs reisten, eine bis auf die Hälfte der Taxen für Privatpersonen zu ermäßigende Gebühr zu zahlen war.[63] Die jährliche Pauschsumme erhöhte sich auf 22000 Livres, etwa 400000 Mark in unserem Gelde.[64] Andererseits behielt sich der König (Karl I. von Spanien) vor, an den Ausgangs- und Endpunkten der Postkurse geeignete Persönlichkeiten zur Übergabe und Abholung der Briefschaften an die Postmeister und von diesen zu ernennen. In Gang durften die Posten nur gesetzt werden, wenn es sich um den königlichen Dienst handelte.

---

befördern, Brb. 43, 126a, 2. Vgl. bei Bruno Kuske, Köln, Die Handelsbez. zwischen Köln und Italien in Westd. Ztschr. XXVII, IV. 1909.

[60] So war die Statthalterin der Niederlande (Margaretha von Österreich) im Jahre 1513 seit länger als sechs Monaten der fällige Gehalt schuldig geblieben. Rübsam, S. 186.

[61] Strecke Brüssel—Innsbruck sollte danach im Sommer in fünf, im Winter in sechs Tagen zurückgelegt werden.

[62] Bis dahin hatten nach den Richtungen, die außerhalb des Postkurses lagen, die besonders in Spanien und Frankreich bekannten chevaucheurs de l'écurie, d. s. Kuriere mit Pferden aus dem königlichen Marstalle, den Beförderungsdienst fortzusetzen. Archiv f. P. u. T. 1895, S. 48. Le Glay, Correspondence de l'empereur Maximilien I. I, 46.

[63] Vgl. bei Rübsam die Beispiele für die Personenbeförderung vor und nach 1516. (A. a. O., S. 213.)

[64] Rübsam, S. 210.

Stationen.

Die einzelnen Stationen der Reichspostkurse von 1505 und 1516 sind in den beiden Vertragsabkommen nicht aufgeführt; aus den von dem Generaleinnehmer Jean Micault für die Zeit vom 14. Juli bis 31. Dezember 1507 verzeichneten Ausgaben, die Gachard in seinem rapport sur les archives de Lille bruchstückweise veröffentlichte[65], ersehen wir indes, daß auf der Poststraße Innsbruck—Niederlande 45 Stationen errichtet waren.[66] Genau soviel Stationen sind in dem 47 Jahre nach dem letzten Abkommen herausgegebenen ältesten Postkursbuch[67] des Kuriermeisters der Republik Genua — Giovanni da l'Herba — zwischen Innsbruck und Brüssel aufgeführt. Danach zählte die Straße von Rom nach Brüssel 96 Posten[68]; die deutschen Stationsnamen, die da l'Herba anscheinend nur vom Hörensagen aus den Angaben der Postreiter kennen gelernt hatte, sind in seinem Kursbuche allerdings teilweise derart entstellt, daß man nur mit Mühe die richtigen Ortsnamen herausfinden kann. Der niederländisch—deutsche Postzug zweigte sich in Florenz von dem römisch-spanischen ab, ging in gerader Richtung[69] bis Innsbruck über Mantua, Trient, Bozen, Brixen nordwärts, von hier mit einer leicht nordwestlichen Abschwenkung über Füssen nach Augsburg und von da in nordwestlicher Richtung quer durch Württemberg, Baden und die Pfalz, über Cannstatt, Bruchsal, bei Rheinhausen über den Rhein, bei Kreuznach-Wöllstein über die Nahe, bei Lieser, gegenüber von Bernkastel über die Mosel, weiter über Flamisoul[70] und Namur — hier über die Maas — nach Brüssel. Er nahm somit von Rhein-

[65] Bruxelles 1841, S. 295. Archiv f. P. u. T. 1895, S. 47.

[66] A quarante-cinq individus, ayant servi comme postes d'Inspruck, de Constance et d'autres villes d'Allemagne où était le roi des Romains jusqu'à Malines (Mecheln) en Hollande, en Flandre et en Zélande, où étaient madame de Savoie et l'archiduc. Siehe Archiv, a. a. O.

[67] Itinerario delle poste per diverse parte del mondo . . . Con privilegio. In Roma per Valerio Dorisco 1563 u. 64. Vgl. Dr. Rübsam, Karte zum Postkursbuch da l'Herbas Union postale, Nr. 6. 1889.

[68] Die ich in den Anlagen auf Grund einer von Archivrat Dr. Rübsam Regensburg zur Veröffentlichung überlassenen Abschrift aufführe.

[69] Die Postreiter waren bei den beträchtlichen Entfernungen, die sie so rasch wie möglich zurücklegen sollten, auf die geradeste und kürzeste Wegestrecke angewiesen.

[70] Heute Flamierge, wenig bekannter Ort von 1400 Einwohnern in der belg. Provinz Luxemburg, Arr. Bastogne, zwischen Bastogne und Marche.

hausen ab eine mehr westliche Richtung als der in dem Stundenpaß von 1501 angegebene Kurs, dessen Richtung von Mecheln aus in einer geraden über Verviers—Eupen—Mayen(Hatzenport)—Kreuznach gezogenen Linie zu finden sein dürfte. Daß dieser hochwichtige Kurs von 1505 und 1516 seinen Lauf über das badisch-pfälzische Gebiet genommen haben muß, zeigt besonders die frühzeitige Errichtung Taxisscher Postämter in den drei Orten Diedelsheim, Rheinhausen, Bobenheim[71]; in diesen damals völlig verkehrslosen und abgelegenen Dörfern Posten anzunehmen, die nicht gleichzeitig als Wechsel- und Abfertigungsstationen des damals einzig in Betracht kommenden Postkurses Innsbruck—Brüssel gedient hätten, würde keinen Sinn haben. Nach allem komme ich zu dem Schlusse, daß schon in den Jahren 1505 und 1516 im wesentlichen die nämlichen Stationen zwischen Brüssel und Innsbruck errichtet worden sind, die wir bei da l'Herba verzeichnet finden.

Die Postorganisatoren von Taxis.

Die Taxis stammen aus Italien, dem Heimatlande der Posten, und zwar aus dem armen Distrikt Bergamo, aus dem nachweisbar schon im fünfzehnten Jahrhundert ganze Familien im Kuriergewerbe der italienischen Stadtrepubliken ihr Brot suchten. Anscheinend haben wir es bei den Taxis mit einer Gruppe von Familien zu tun, die zunächst im venetianischen Kurierdienst zu Wohlhabenheit gelangt sind; ein Zweig dieser Familie (Sandri) ist im päpstlichen Kurierdienst schon im fünfzehnten Jahrhundert zu historischer Bedeutung und großem Reichtum gekommen. Als ersten Vertreter der deutschen Post-Taxis finden wir den Johannet Dax, Obristn postmaister am 11. Dez. 1489 urkundlich erwähnt[72], der von Kaiser Max, vermutlich aus römischen oder venetianischen Diensten, an seinen Hof nach Innsbruck gerufen[73], zeitweise sein und seiner nächsten Verwandten Kapital in die von ihm errichteten

[71] Schon im Jahre 1540 hat Baptista von Taxis dem Seraphin von Taxis und seinem Bruder die drei Postämter übertragen. Siehe Urkunde in den Anlagen.

[72] Johannet Daxen, Obristn postmaister am freitag nach Conc. marie (11. Dez. 1489) durch Waptistum seinen vettren zu notturfft der post 300 Gulden R." Raitbücher, Innsbr. St. A., bei Ohmann, a. a. O.

[73] Quod requisitus a Mat[te] V. dimisis omnibus antiquis servitiis et magnis patronis .... Gesuch des Johannes de Taisis (1502?) um Ausstellung von Schuldbriefen auf die für den Postbetrieb gemachten Ausgaben. Ohmann, S. 315.

habsburgischen Posten hineinsteckte, besonders in die niederländische Linie. Auf diese verlegte die Taxissche Familie, ebenso auf die Wahrnehmung des Kurierdienstes am kaiserlichen Hofe, ihre Schwerkraft. Betont sei mit Bezug auf die gründlichen Forschungen Ohmanns, daß die Taxis als einfache Kuriermeister **bürgerlicher** Abkunft nach Deutschland gekommen und in ihrem deutschen Zweige erst durch Urkunde vom 31. Mai 1512 von Maximilian mit dem niederen deutschen Adel bedacht worden sind.[73a] Durch die Standeserhöhungen der Habsburger, denen sie entschieden große Dienste geleistet haben, nicht durch ihre Abkunft, haben sie Eingang in die deutsche Aristokratie gefunden. Weiter sind urkundlich unzweifelhaft als capitaines et maistres des postes nachgewiesen, Franz von Taxis (1500) und sein ältester Neffe Johann Baptista, von denen der erstere das Abkommen von 1505, beide zusammen als königliche Hauptpostmeister das Abkommen von 1516 abschlossen. Nach dem im Jahre 1517 erfolgten Tode des Franz von Taxis übernahm Johann Baptista die oberste Leitung, verlegte seinen Wohnsitz nach dem postalisch wichtigsten Knotenpunkte Brüssel und erhielt am 14. Juni 1520 von Karl V. den Titel eines „chief et maistre général de nos postes par tous nos royaumes, pays et seigneuries". Auf seine Bitte erfolgte noch zu seinen Lebzeiten am 5. August 1536 die Ernennung seines dritten Sohnes Franz zum Generalpostmeister, der seinen Vater († 1541) jedoch nur um zwei Jahre überlebte. Am 31. Dezember 1543 folgte der jugendliche vierte Sohn des Johann Baptista, Leonhard I., in dem Amte des Generaloberstpostmeisters nach, das indes damals, obwohl im festen Besitze der Familie von Taxis, **nicht erblich** war. Erst mittelst der Urkunde vom 27. Juli 1615 verlieh Kaiser Mathias dem Lamoral von Taxis das Amt im Reiche als Erbmannlehen, nachdem bereits sein Vater Leonhard am 16. Juni 1595 zum Generaloberstpostmeister im Reiche ernannt worden war; bis dahin waren sie **niederländisch-spanische Generaloberstpostmeister**. Am 16. Januar 1608 wurde Leonhard I. mit dem erblichen Reichsfreiherrnstand, Lamoral am 8. Juni 1624 mit dem erblichen Reichsgrafenstand bedacht. Inzwischen hatte Kaiser Ferdinand II. den letzten Schritt getan, um das General-Oberpostmeisteramt dauernd der Taxisschen Familie zuzusichern, indem er

[73a] „Ihr Adel ist nachweislich Briefadel, Dax und Posthorn kennzeichnen von da ab alle Wappen der Familie Taxis." **Ohmann**, a. a. O.

genehmigte, daß das Reichsposterbmannlehen nach Erlöschen des Mannesstammes auf die weibliche Linie und deren männliche Nachkommenschaft übertragen werden könne. Im übrigen leiteten bereits um die Mitte des sechzehnten Jahrhunderts in den wichtigsten Verkehrszentren wie Brüssel, Antwerpen, Augsburg, Prag, Wien, Füssen, Innsbruck, Trient, Venedig, Mailand, Rom, Madrid Mitglieder des Hauses Taxis persönlich den Postbetriebsdienst, dessen Oberleitung weiterhin von Brüssel aus erfolgte. Betont muß noch besonders werden, daß die Reitpostkurse Brüssel—Augsburg auf Kosten der spanischen Herrscher unterhalten wurden. Es ist daher leicht begreiflich, welch große Verwirrung im Postwesen entstehen mußte, als Leonhard I., von den aufständischen Generalstaaten seines Amtes entsetzt, aus den Niederlanden mit Hinterlassung seines Besitztums flüchten mußte. An Streitigkeiten innerhalb der Taxisschen Familie fehlte es schon frühzeitig nicht; hier blieb indes Leonhard I. gegen seinen Schwager Christof, den Leiter der Hofpost Ferdinands I. in Augsburg, Sieger, der auf das direkte Eingreifen Philipps II. von Ferdinands Nachfolger Maximilian II. von Augsburg entfernt wurde, wodurch der Streit sein Ende fand.[74] Ungleich hartnäckiger und langwieriger wurde der Kampf mit der Innsbrucker Linie; der Stammvater dieser, Gabriel von Taxis, ist schon im Jahre 1507 als Postmeister in Innsbruck nachweisbar. Sein Urenkel, Paul II., wurde als oberster Hofpostmeister der Grafschaft Tirol von Kaiser Ferdinand III. im Jahre 1642 mit dem erblichen Reichsfreiherrnstand, dessen Sohn Franz Werner im Jahre 1680 mit dem erblichen Reichsgrafenstand bedacht.[74] Auch gegen diese Linie blieben die Taxisschen „Generalpostmeister in Spanien und dem Reich" in zwei Jahrhunderte dauerndem Ringen, soweit das uns hier vor allem interessierende Vorderösterreich in Frage kommt, siegreich, wie wir im folgenden eingehender sehen werden.

Rechte und Pflichten der Generalpostmeister.

Nach den Vertragsabkommen von 1505 und 1516 bestanden die Rechte der capitaines et maistres des postes neben dem in bestimmter Höhe zugesicherten Jahresgehalte in der Oberleitung über den gesamten Postbetrieb, in der ausschließlichen Strafgewalt über die dienstlichen Vergehen der Postbeamten und in dem in

[74] Rübsam, a. a. O., S. 21/22 und 198/199.

der Folgezeit so hochwichtig gewordenen Postmonopol. Ihre Pflichten umfaßten die vertragsmäßig ausbedungene Errichtung, Organisation und den ordnungsmäßigen Betrieb des Dienstes, die sichere und rasche Beförderung des Depeschen- und Briefverkehrs der spanisch-habsburgischen Regierungen, wofür die Leiter mit Leib und Leben sowie ihrem gesamten Vermögen hafteten; sie mußten sich in einem Reverse verpflichten, „die kaiserlichen Staffetten unentgeltlich zu stellen, Briefschaften an den und von dem Kaiser sowie diejenigen der Geheimen- und Reichshofräte und anderer hoher „Offiziere" (Beamte) des Kaisers wie des Reichs-, Erz- und Vizekanzlers treulich und ohne Abforderung einiger Tax- oder Brieffgelder zu überlieffern".[75] Mit dem großartigen Aufschwunge des Postwesens erweiterten sich naturgemäß Rechte wie Pflichten. War es anfangs eine lästige Bürde gewesen, die Postreiter ausfindig machen zu müssen, so wurde die Annahme und Anstellung des Personals mit der ungeahnten Entwickelung dieses Verkehrsmittels ein hochbedeutsames Vorrecht, das die Auswahl, Beschäftigung und Entlassung aller nachgeordneten Beamten und Unterbeamten in sich schloß und diese vollständig von der Oberleitung — und nur von dieser — abhängig machte. Aus den Abschriften der Originalurkunden von 1543 und 1545[76] ersehen wir, wie die Generalpostmeister die Postämter für besondere Unterstützung in den Postgeschäften an ihre Verwandten übertrugen und zwar gleichzeitig mehrere einem und demselben, wiederum mit dem Rechte des exercendi, transferendi seu cedendi cuicumque alteri personae sibi gratae .... vita sua durante .... oder wie es in der Urkunde von 1545 heißt: qu'il puist disposer du dict office .... soit par don, cession, transporte ou vente en faveur .... de celuy qui bon luy semblera. Wenn die Ämter vergeben waren, konnte den Nachkommen oder Verwandten der Inhaber urkundlich die Anwartschaft darauf verliehen werden, wodurch sich in Wirklichkeit auch die Vererbung der nachgeordneten Stellen einbürgerte. Eine Einwirkung seitens des Kaisers oder des Königs von Spanien bei Besetzung der Postdienststellen ist wohl im allgemeinen nicht erfolgt; dagegen haben verschiedene Kaiser die urkundlichen Übertragungen und Zusicherungen von Postämtern seitens der General-

[75] Lünig, Teutsches Reichsarchiv, I, S. 448. Leipzig 1710. Revers des Gen.-Postmeisters Lomorals von Taxis 1615.

[76] Siehe die beiden Urkunden in den Anlagen.

oberstpostmeister bestätigt und dadurch dem Willen der letzteren unanfechtbare Gültigkeit verliehen. Im weiteren sicherte bereits Karl V. als deutscher Kaiser und König von Spanien seinem langjährigen Postmeister Seraphim sowie dessen Untergebenen und Besitzungen seinen besonderen Schutz (salveguardia)[77] zu und befreite ihn von allen Abgaben. Diese Befreiung der Postbeamten und Posthäuser von Abgaben und Lasten aller Art gab in der Folgezeit zu vielen Klagen und Händeln zwischen den Reichsposten und den Reichsständen und -Städten Anlaß. Aus dem Postmonopol entwickelte sich das Recht, die Nebenboten ohne zuvorige richterliche Entscheidung „niederzuwerfen", also eine Art eigenmächtigster Selbsthilfe. Die Taxisschen Posten allein durften das Posthorn führen. Zwei wesentliche Rechte, die Festsetzung der Taxen und die Abschließung von Verträgen mit dem Auslande, waren ausschließlich der Oberleitung vorbehalten; auch andere Materien verblieben den Generalpostmeistern zur Regelung im Verwaltungswege, die im modernen Staate gesetzlich festgelegt sind, so daß wir sagen können, die Generaloberstpostmeister waren in ihrem Postreiche ursprünglich nahezu unumschränkte Gebieter.

Im Grunde genommen war allerdings das Postwesen schon in seinen Anfängen dem Hof- oder Reichskanzleramte unterstellt[78]; es ist auch unbestritten, daß dem Erzbischof von Mainz als dem Erzkanzler des Reichs das Protektorat über die Posten zugestanden hat.[79] Lamoral hat dies Verhältnis gelegentlich der Festlegung des Generaloberpostmeisteramts im Reiche als ein Erbmannlehen (1615) in dem Lehenreverse ausdrücklich anerkannt; allein die Rechte des Erzkanzlers sind nie näher festgestellt worden und von dieser Seite scheint auch nur in den allerseltensten Fällen eine Anregung ausgegangen zu sein. Mit der Ausdehnung des Postnetzes mehrten sich naturgemäß auch die Pflichten bezüglich der nachhaltigen Überwachung des Postbetriebs und der richtigen Kassen- und Buchführung; diese Kontrollen nahmen ursprünglich die capitaines und

---

[77] Siehe Urkunde vom 1. April 1548 in Abschrift in den Anlagen.

[78] So hatte Johann Baptista von Taxis bei seiner Bestallung als G.-O.-Postmeister Karls V. den vorgeschriebenen Eid in die Hände des damaligen Großkanzlers Messire Mercurin de Gattinarve abzulegen. Bestallungsbf. v. 14. Juni 1520. Rübsam, Zur Geschichte des internat. Postwesens.

[79] Hörnigk de regali postarum iure Francofurti 1638, S. 22. Quetsch, Gesch. des Verkehrs am Mittelrhein.

maistres des postes selbst wahr, später die Postkommissare. Das Aufkommen selbständiger Landesregierungen, von denen manche eigene Landesposten zu errichten strebten, gestaltete die Verhältnisse wesentlich anders; nunmehr erwuchsen den Taxisschen Posten mancherlei Verpflichtungen gegen die Landesregenten und -regierungen, von denen vielfach die Ausübung der Postgerechtsame in ihrem Gebiet durch Portovergünstigungen trotz kaiserlicher Patente erst erworben werden mußte.

Das Postwesen ein kaiserliches Reservatrecht?

Es rührte dies daher, daß eben die Posten ursprünglich keine Reichs-, sondern niederländisch-burgundische Posten waren; die auch nicht von Karl V. in seiner Eigenschaft als deutscher Kaiser, sondern als Besitzer der Niederlande, somit als deutscher Reichsstand eingerichtet worden waren.[80] „Die Ausfertigung des Bestallungsbriefes geschah nicht in der Reichskanzlei, sondern in der niederländischen Kanzlei zu Brüssel, nicht, wie kaiserliche Ausfertigungen gemacht wurden, in deutscher, sondern in französischer Sprache, auch nicht mit solchen Klauseln, wie in kaiserlichen Urkunden allenfalls Kurfürsten, Fürsten usw. geboten wurde, sich darnach zu achten, sondern mit Befehlen an die Richter, Beamten, Diener und Untertanen in den niederländischen Erbländern, aus deren Einkünften auch die Auszahlung der Besoldung angewiesen wurde.“ Leonhard von Taxis war also zunächst niederländischer Generalpostmeister, der sich im Jahre 1563 (21. Aug.) eine kaiserliche Bestätigung seines von Karl V. erhaltenen niederländischen Bestallungsbriefes zu verschaffen gewußt hatte; das Amt führte aber nach wie vor die Bezeichnung „Generalpostmeisteramt in den Niederlanden“. Die Zulassung dieser spanisch-niederländischen Posten kam auf den guten Willen der einzelnen Reichsstände an.[81]

[80] Vergleiche auch Pütter, Erörterungen und Beispiele des d. Staats- und Fürstenrechts. Göttingen 1790.

[81] Herzog Friedrich von Württemberg schrieb an das Mandat Rudolphs II. 1597 eigenhändig: „Weilen es keine Schuldigkeit ist, so darf man auch nicht pariren, wie Wir es denn auch nicht thun werden, sondern Ihro Majestät bitten, Ihre Posten anderswohin zu legen, denn wie es vor Alters gehalten worden, so bleibt es“. v. Beust, a. a. O., I, S. 108. — Scholl: Das Württembergische Postwesen. Stuttgart 1811, S. 11. — Stephan, a. a. O., S. 7 u. a. Daß der Kaiser sich das Postrecht selbst aneignete, nennt Mohl eine Usurpation (Mohl, Staatsrecht des Königreichs Württemberg II, S. 668, bei Stephan, a. a. O., S. 9).

Wenn im Jahre 1570 Kaiser Max II. ersucht wurde, das Postwesen beim Reiche zu erhalten, so wollten die Stände es damit nicht für ein kaiserliches Reservatrecht erklären, sondern nur keine spanische Staatsdienstbarkeit daraus werden lassen. Es konnte staatsrechtlich jeder Reichsstand nach wie vor in seinem Gebiet Posten anlegen, wie es ja auch in den österreichischen Erblanden selbst geschehen ist.[82] Zwar ernannte Rudolf II. den „spanisch-niederländischen" Generalpostmeister im Jahre 1595 zum „kaiserlichen" Generalpostmeister, was vermutlich als das bequemste Mittel erschien, allen Besorgnissen wegen Unterwerfung des deutschen Postwesens unter eine spanische Staatsdienstbarkeit zu begegnen; von jetzt ab wurde von der Post als einem „hochbefreiten kaiserlichen Regale" gesprochen; auch erfolgte im Jahre 1615 die Belehnung des Lamoral mit dem Generalpostmeisteramt über die Posten im Reiche als einem „von neuem angesetzten Regale und männlichen Reichslehen"; da indes kein nach gemeinsamer Reichstagsberatung errichteter Reichsschluß darüber vorhanden war, so konnte weder diese einseitige kaiserliche Erklärung noch der Umstand, daß sich diese manche Reichsstände gefallen ließen[83], die Kraft einer allgemeinen gesetzlichen Gültigkeit für das Deutsche Reich erlangen. Die Post war auch nach 1615 kein ausschließlich kaiserliches Regal; die Durchlassung der Taxisschen Posten beruhte vielmehr immer noch auf dem guten Willen eines jeden Reichs-

[82] In den deutschen Erbländern des Hauses Österreich hielt um diese Zeit Erzherzog Mathias einen niederösterreichischen Land-Postmeister Karl Magni, Erzherzog Ferdinand in Tirol einen Oberhofpostmeister Paul von Taxis und in Steiermark einen Erblandpostmeister Freiherrn von Paar.

[83] Die Reichsposten konnten sich anfangs um so ungestörter ausbreiten, als die kleinen Landesherren den vermeintlichen Kostenaufwand für das Anlegen von Staatsposten fürchteten. „Jedermann hielte solche Anstalt vor mißlich und konnte sich niemand einbilden, daß der Kaufleute und anderer Menschen Briefe und Sachen soviel Postgeld abwerfen würden, davon Pferde, Wagen, Postillons und Postbediente zu unterhalten. Sobald aber die Teutschen Kaufleute gewahr wurden, wie selbige den Wechselkours, die Taxe und den Preis aller Waren durch die Post für weniges Geld haben könnten, ohne deshalben nach Antwerpen, Brüssel zu reisen, so zog sich auf diese neue Taxissche Posten eine so unbeschreibliche Menge Briefe zusammen, daß der von Taxis einen so reichen Überschuß an Geld vom Postwesen hatte, als kaum ein mäßiges Teutsches Fürstenthum austragen konnte." v. Beust, Versuch einer ausführlichen Erklärung des Postregals. Jena 1778, II. Abschr. V, S. 709; Stephan, a. a. O., S. 5/6.

standes. Bei der Wahl des Kaisers Leopold fand zum ersten Mal ein Artikel vom Postwesen in der Wahlkapitulation Aufnahme, die nach ihrem ganzen Wortlaut keineswegs dahin lautete, das Postregale den Reichsständen in ihren Ländern abzusprechen.[84] Auf dem Reichstage von 1663 einigte man sich, die Streitfrage einer eigenen in den nächsten Reichsabschied einzurückenden Konstitution vorzubehalten, weshalb in den folgenden Wahlkapitulationen nur einstweilige Verordnungen erfolgten; inzwischen blieben die reichsständischen Landeshoheitsrechte hinlänglich gewahrt. Somit kommen wir zu dem Schlusse, daß das Postwesen im alten Deutschen Reiche vom Rechtsstandpunkte aus kein ausschließlich kaiserliches Regal und Reservatrecht war, daß vielmehr jeder Reichsstand in seinem Gebiete Posten anlegen konnte; es konnten vom Rechtsstandpunkte aus weder Taxissche Klagen noch kaiserliche Befehle die Anlegung von Landesposten verhindern, selbst dann nicht, wenn an einem Orte schon Taxissche Posten bestanden.[85]

Das Postamt Rheinhausen sowie der Postkurs Brüssel—Rheinhausen—Italien. Die Einrichtung und Entwickelung der Taxisschen Brief-Postkurse Wien—Rhein und Frankfurt—Basel.

Über die ältesten Zeiten des Postkurses Brüssel—Innsbruck finden wir in den Akten des Fürstlich-Thurn- und Taxisschen Zentralarchivs in Regensburg wie auch in den anderen hier in Betracht kommenden Archiven keine Mitteilungen. Wir können jedoch aus der Errichtung eines Postamts in Rheinhausen[86] um

[84] Es wurde ausdrücklich ausbedungen, daß dieser jetzt neu eingerückte 35. Artikel der Wahlkapitulation nicht anders zu verstehen und auszudeuten sei, „als daß solcher den Kurfürsten, Fürsten und Ständen an ihrem Postregale und dessen habendem Exerzitio unnachteilig und unpräjudizierlich sei; daß ein oder anderer Reichsstand aus gutem freien Willen mit dem Grafen Taxis der Posten halber sich verglichen, dem andern, welcher sich wie zuvor also auch ins künftige des Postregals für sich in ihren Landen gebrauchen wollen, keineswegs präjudizieren oder zu einigem Nachteile gereichen solle".

[85] „Der Streit über das Postwesen ist durch kein Reichsgesetz entschieden worden". Zacharias, Deutsches Staats- und Bundesrecht II, S. 539; bei Stephan, a. a. O., S. 10.

[86] In Rheinhausen befand sich schon 1405 eine regelmäßige Rheinüberüberfahrt mittels einer größeren Fähre, die verpachtet war und im Jahre 1419 als Hauptüberfahrt über den Rhein nach Speyer bezeichnet wird. Bär, a. a. O.

1540 schließen, daß die Nähe der damals bedeutenden Stadt Speyer mit dem Sitze des Hofkammergerichts sowie der mächtig aufblühenden Handelsstädte Frankfurt und Straßburg belebend auf die Entwickelung des Verkehrs eingewirkt haben muß. In der Tat finden wir ungefähr von 1540[87] ab in den Botenbüchern der Bürgermeister von Frankfurt nur wenige Botengänge nach entfernten Orten verzeichnet, dagegen viele nach den nächstgelegenen Stationen des Taxisschen Reitpostkurses, namentlich nach Rheinhausen und Flonheim. Der Kurs Innsbruck—Brüssel muß also um jene Zeit mit einer in Frankfurt bekannten Regelmäßigkeit in Rheinhausen eingetroffen und die Beförderung von Privatbriefen bereits im Schwunge gewesen sein.[88] Daß dem Postamt Rheinhausen schon damals eine gewisse Wichtigkeit zuerkannt wurde, ergibt sich aus der Ernennung von Mitgliedern der Taxisschen Familie zu Postmeistern in Rheinhausen. Von 1540 an hatten urkundlich nachweisbar die Postmeister von Augsburg zugleich das Postmeisteramt in Rheinhausen inne[89] und zwar der Reihe nach Seraphim I. und II., Oktavio und Johann Baptista von Taxis († 1672).[90] Das ungleich wichtigere Postamt Augsburg war von dem Ernannten selbst zu verwalten, während er das zu Rheinhausen durch einen Fachbeamten leiten zu lassen hatte.[91] [92] Im

[87] Faulhaber, Geschichte des Postwesens in Frankfurt (Main).

[88] „Dem Postmeister zu Flonheim durch Pfeiffer Jakoben verehren lassen, daß er die Brief desto fürderlicher gen Prüssel schicken soll 2 Thaler (20. März 1549) thut . . . . 2 fl. 7 Sch. 1 H. Jakob Pfeiffer gen Speier zu lauffen, einen halben Tag stillzuliegen und über Rhein zufahren (Rheinhausen) gegeben . . . . 1 fl. 8 Sch. (1548). Ainem Potten als er zu Speir und Flonheim gewest und anderthalb Tag stillzuliegen geben . . . . 1 fl. 4 Sch. 3 H." usw. Faulhaber, a. a. O.

[89] Vgl. Urkunden Karls V. in den Anlagen, sowie Biographische Skizzen über Glieder des fürstlichen Hauses Thurn und Taxis von Dr. Rübsam. Leipzig 1894.

[90] Diese waren gleichzeitig (Ober-)Postmeister von Augsburg, Rheinhausen, Bobenheim, Diedelsheim und Roßhaupten.

[91] Vgl. Urkunde des Erb. Gen.-Oberpostmeisters vom 27. Februar 1646 in den Anlagen, „das ander aber zu Rheinhausen durch einen solchen Substituten und Ahnwaldten, so wir durch vnser Patent darzu bestellt vndt anthorisiert" . . . . und Union postale 1903, Nr. 12: Zur Gesch. des Augsb. Postwesens 1515—1627.

[92] Die Poststücke wurden aus größeren Entfernungen durch Postreiter nach Rheinhausen gebracht und hier wieder andere in Empfang genommen; selbst Straßburg schickte im 16. Jahrhundert einen Postreiter dahin und der Post-

Jahre 1552 hat sich in Rheinhausen bereits ein eigenes Posthaus befunden.[93] Dem Bestreben des Generalpostmeisters, größere Verkehrsorte durch eigene Postkurse mit dem Weltkurs Brüssel—Innsbruck zu verbinden, verdankte Frankfurt eine regelmäßige Botenpost über Darmstadt und Heidelberg unter dem Postmeister Sulzer[94] in Rheinhausen, die von seinem Nachfolger im Postmeisteramte zu Rheinhausen wie später in Frankfurt Johann von den Birghden in eine reitende (Ordinari) Post umgewandelt wurde. Ungefähr in dieselbe Zeit wird auch der Ursprung der Botenpost Straßburg—Rheinhausen zu setzen sein, so daß wir also schon vor der sogenannten Postreformation in Rheinhausen einen überaus wichtigen Knotenpunkt haben. Über den Verkehr in Rheinhausen berichtet der siebzehn Jahre daselbst tätig gewesene Postmeister Birghden: „Das Postamt hat in selbiger Zeit die größte Last mit den Ordinari Posten gehabt; denn es ist allda die größte Konkurrenz gewesen und hat darüber gleich nach abgefertigten ober- und niederländischen Posten die nach Speyer gehörigen Briefe noch selbigen Tags distribuieren lassen müssen"; dazu kam noch die unterschiedliche Behandlung der Briefschaften, die Präsidenten-, Kammerrichters- und Dombechanten-Briefe seien taxfrei gewesen, die Advokaten, Prokuratoren, Agenten und Praktikanten hätten entweder bar bezahlen müssen, oder das Porto sei ihnen gestundet worden.[95] Unter den Dienstnachfolgern

meister erhielt für die Beförderung der Postsachen jährliche Geschenke. Vgl. Baer, a. a. O. Löper, Geschichte des Verkehrs in Elsaß und Hartmann, Geschichte der Posten.

[93] Lünigs Grundveste, S. 220: „In dem Posthaus dieses Ortes befindet sich jetzt noch das gewöhnliche Posthorn und die Jahreszahl 1552 in Holz und Stein eingeschnitten". Faulhaber, a. a. O. Im 16. und zu Anfang des 17. Jahrhunderts war in Rheinhausen ein bedeutendes Postamt. Schon 1552 befand sich daselbst ein eigenes kaiserliches Posthaus und das darin aufgehängte Posthorn trug die Jahreszahl 1552 „in Holz eingeschnitzet". — Es war natürlich von Taxis und auf taxisische Kosten erbaut worden. —

[94] Vgl. Post- und Telegraphie in Frankfurt. Denkschrift zur Einweihung des neuen Reichspostgebäudes. Frankfurt a. M. 1895. Sulzer, Postmeister in Rheinhausen — schon vor 1570 — wird Postmeister in Frankfurt 1610. Sein Nachfolger Birghden, der 1598 in seine Dienste getreten war, wird im Jahre 1615 auch sein Nachfolger in Frankfurt. Weitere fachmännische Postmeister in Rheinhausen sind später Krebs — nachweisbar von 1636—1665, Altorf 1672 bis 1689, Dolle bis 1718, Krebs jr. 1733—1734, sowie Rapp 1738—1741. A. Z. A. Regensburg.

[95] Aktenpakete zahlten damals pro Pfund $1^1/_2$ Taler. Faulhaber, a. a. O.

Birghdens scheint zeitweise Unordnung in der Postamtsverwaltung eingerissen zu sein, wie aus einem Berichte des Postverwalters Krebs vom Jahre 1665 zu entnehmen ist. Dieser führte nämlich an: Als ich vor ungefähr 28 Jahren zu dem Postamt Rheinhausen kam, hab ich den statum postae so schlecht befunden, daß es gewißlich keinem Postamt, sondern vielmehr einer Wildnis gleichgesehen, sind auch, obschon dazumals, wie bekannt, die besten Zeiten waren, die Ordinari- und Extraordinari-Intraden (Einnahmen) so schlecht gefallen, daß sie eine eigene Verwaltung nit wohl meritirten, so meines Bedünkens Alles aus meiner Vorfahren Nachlässigkeit hergerührt.[96] Er habe es nun soweit gebracht, daß das Postamt in einem Jahr mehr als bei seinen Vorfahren in drei oder mehr Jahren getragen habe.[97] Von wann ab der Reitpostkurs Brüssel—Innsbruck wöchentlich regelmäßig einmal in jeder Richtung verkehrt hat — Bär meint um 1580 —, läßt sich aus den Akten des Regensburger Zentralarchivs nicht ersehen. Im Hinblick auf die schon im Jahre 1570 eingerichteten Botenpostkurse Frankfurt und Straßburg—Rheinhausen, die ohne regelmäßigen Anschluß an den Hauptpostkurs ihren Zweck nicht erreicht hätten, und das bereits erwähnte Kursbuch des da l'Herba vom Jahre 1563, das in erster Linie die Angabe der regelmäßig verkehrenden Postkurse bezweckt hat, ist anzunehmen, daß der Hauptkurs schon früher wöchentlich verkehrt haben muß und dies schon seit der Mitte des sechzehnten Jahrhunderts. Denn nur so ist es verständlich, daß Glieder der taxisschen Familie schon seit 1540 zu Postmeistern von Rheinhausen ernannt worden sind, daß ein eigenes Posthaus erbaut worden ist (1552) und ein Fachmann — wie Sulzer — schon vor 1570 den Betrieb an Ort und Stelle ge-

[96] Über den früheren Kommis Balthasar Brandt wird allerdings von dem Postdirektor Vans-Soßwinckel in Frankfurt berichtet, daß er ein unzuverlässiger Mann gewesen, über den sein Onkel (Brints) zu klagen gehabt habe. A. Z. A. Regensburg.

[97] 1653 hat er den Bischof von Straßburg dahin gebracht, daß er sich zu „einer Rekognition von 40 Talern erboten — bis dahin beanspruchte dieser Portofreiheit — und sich 1665 zu weiteren 32 Talern für Beförderung der Briefe des Domkapitels verstanden habe". Auch der pfälzische Hof habe sich endlich zu einer jährlichen „Diskretion" von 12 Talern zu Neujahr und zu einem Wildschwein bereit erklärt, wobei es den Postverwalter Krebs sehr gekränkt hat, daß das Wildschwein mehrere Jahre ausblieb, endlich — 1661 — erschien es zu Neujahr wieder im Rheinhauser Postamt.

leitet hat. Aus seinen Aufzeichnungen von 1597 ersehen wir endlich, daß sich die Ordinari aus den Niederlanden und diejenigen aus Italien in Rheinhausen kreuzten[98] und zwar jeweils Freitags nachts. Von der Mitte des siebzehnten Jahrhunderts ab verkehrten die niederländisch-italienischen Ordinari in jeder Richtung regelmäßig zweimal wöchentlich.[99] Auch während des Dreißigjährigen Krieges hat der Kurs, wie wir aus Notizen von 1625 und erhaltenen Stundenzetteln von 1627 und 1628 entnehmen, auf der ganzen Linie verkehrt, ist aber alsdann durch die Schweden unterbrochen und erst 1636 wieder einigermaßen in Gang gebracht worden. Die Posthalter hatten die einsamen Stationen verlassen, waren in die Städte geflüchtet und hatten versucht, von da aus den Dienst zu versehen.[100]. Der Postmeister in Augsburg bemüht sich schon im Jahre 1636 selbst um Wiederherstellung des Kurses, doch erst am 12. Januar 1651 kann er berichten, daß vor acht Tagen die Post nach Speyer zur Probe abgefertigt werden konnte. In den Kriegswirren ist das alte Postgebäude zerstört worden, so daß Krebs in den Jahren 1650/51 ein neues logement erbauen mußte. In den nächsten Kriegsjahren ist auch dieses der Zerstörung zum Opfer gefallen und nach dem Friedensvertrage von Nymwegen im Jahre 1677/78[101] wiederum ein Neubau mit Wohnhaus, Scheuer und Stallung aufgeführt worden; anscheinend hatten es die Franzosen besonders darauf abgesehen, bei Ausbruch eines Krieges das Posthaus zu zerstören und den Postkurs zu unterbrechen. Im Jahre 1738 erbot sich Postverwalter Rapp, auf eigene Kosten ein Haus zu erbauen, weil der Ort so beschaffen,

---

[98] 1636 heißt es in einem Briefe an den Postmeister David Frey in Augsburg L'ordinario d'Italia é arrivato à Reinhausa ille undici hore e medza de la notte e poco abasso, L'ordinario d'Italia arriva à Reynhausa alle dici hore della notte.

[99] Archiv 1896, S. 309. Vgl. Portofreitum des k. Postamts zu Rheinhausen.

[100] Einer klagt: „es ist kein Futter hier, die einzelnen Posten sind zu weit, die Pferde können es nicht verlauffen und wir erhalten kein Pferd und kein Stück Brot auf den Dörfern, es ist Alles genommen.“ 1636 war Krebs Postverwalter in Rheinhausen, es wurden Klagen gegen ihn laut, Jean Battiste Taxis lobt ihn dagegen sehr; die „Restabilierung“ dauert fort bis 1649.

[101] Postmeister Dolle sagt in einem Briefe vom 12. Februar 1709, an seinen très cher frère, que cette maison ici ayant été batie après ou pendant le traité de la paix de Nimvegue dans l'année 1677 et 78 lequel nombre se trouve encore peint ou blanchi à la muraille de la maison sur la rue n'étant point ruinée dans la dernière guerre.

daß auch um Geld die nötige Wohnung für einen Postverwalter nicht zu finden sei. Da für seine Erben das Haus aber undienlich wäre, sollten seine Amtsnachfolger gehalten werden, das Haus gegen fünfzig Taler Mietzins zu beziehen.

Mit dem Beginnen des neuzeitigen Postwesens, insbesondere seit der Einführung der Postkurse Frankfurt—Basel, verlor Rheinhausen seine Bedeutung völlig; der Kurs nach den Niederlanden ging nunmehr über Frankfurt.

Rheinhausen—Straßburg.

Der bereits erwähnte Postkurs nach Straßburg lief — schon vor 1623 — zweimal wöchentlich in jeder Richtung[102], wie auch die späteren Angaben des Straßburger Postmeisters Krauth vom Jahre 1665 bestätigen[103]; er nahm seinen Weg über Linkenheim—Rastatt—Lichtenau.[104]

Rheinhausen—Besançon.

Im Jahre 1672 erhält der Postverwalter Hermann Altorff den Auftrag, ein Amtspaket regelmäßig auf Besançon zu fertigen mit Briefschaften für Besançon selbst, Salins, Pole und Gray sowie andere Orte Burgunds.

Entzweihingen—Pforzheim—Straßburg, bzw. Pforzheim—Durlach—Karlsruhe.

Der Postritt Entzweihingen—Straßburg war schon 1601 im Gange; denn in diesem Jahre berichtet der Augsburger Postmeister, daß er, „um den Botten gleichzukommen", diesen Kurs neu geregelt habe.[105] Später zweigte dieser Postritt schon in Cannstatt von dem Hauptkurse Brüssel—Innsbruck ab und nahm seinen Weg von Pforzheim aus über Ettlingen—Rastatt. Nach Instandsetzung der Straße Karlsruhe—Pforzheim drang der Markgraf von Baden-Durlach darauf, daß die tägliche Ordinari — Journaliere — den Weg über Pforzheim—Durlach—Karlsruhe nehme, was vom

---

[102] Vgl. das 1623 gedruckte Verzeichnis der Ordinari-Posten von und nach Frankfurt. Eingerichtet ist der Kurs schon um 1570 worden.

[103] 1665 schreibt Krauth nach Brüssel: „Je reçois les lettres de Rynhousen deux fois la sepmaine et depêches deux fois la sepmaine pour Basle."

[104] Die Extrabriefpost Heidelberg—Straßburg legte 1673 den Weg über Hockenheim—Rheinhausen—Linkenheim—Rastatt—Lichtenau in $28^1/_4$ Stunden zurück. Z. O., Bd. 11, S. 139.

[105] Weber, Post- und Telegraphie in Württemberg.

1. Juli 1742 ab auch geschieht; hiergegen beschwerte sich der Markgraf von Rastatt wiederholt, „da die Kommerzien von Ettlingen nach Durlach gezogen würden“, ohne indes an dem Laufe des Kurses etwas ändern zu können. Es mutet uns sonderbar an, wenn der Posthalter Stein in Ettlingen (1739) sich bitter darüber beklagt, daß jetzt, nachdem sich der Weg Pforzheim—Durlach in gutem Zustande befinde, kein Mensch mehr auf dem miserablen Wege über Ettlingen nach Pforzheim reisen wolle.

Frankfurt—Heidelberg.

Der Hauptverkehr Heidelbergs bewegte sich schon 1665 auf dem direkten Wege nach Frankfurt[106], während nach Rheinhausen nur wenig Briefschaften durch eine Heidelberger Briefträgerin abgeliefert wurden. Der Kurs verkehrte bereits im Jahre 1623 wöchentlich zweimal in jeder Richtung.[107]

Heidelberg—Würzburg.

Eine wesentliche Verkehrsbeschleunigung brachte der wöchentlich zweimalige Ordinaritt Heidelberg—Würzburg, der am Osterdienstag 1686 seinen Anfang nahm. Mit dieser natürlichen Fortsetzung des Hauptkurses Wien—Nürnberg—Würzburg umspannte das Taxissche Postnetz nach Einführung des ungefähr gleichzeitig in Angriff genommenen Kurses Wien—Rheinhausen—Straßburg ganz Süddeutschland und verband die Hauptverkehrsorte untereinander und mit der Residenz Wien. Auf der neuen Route Heidelberg—Würzburg kamen die Briefschaften von Regensburg und Wien, die vordem fünf und zehn Tage unterwegs gewesen waren, in drei und vier Tagen in Heidelberg an. Die Stationen befanden sich in Grünsfeld, Boxberg, Adelsheim[108], Mosbach und Heidelberg.[109] Zum Danke für diese Neuschöpfung erließ Kurpfalz

---

106 Bericht des Postverwalters Krebs von 1665. A. Z. A.

107 Siehe unter Boten- und Postwesen in Kurpfalz.

108 Die Station Adelsheim wurde erst 1687 eingerichtet. Die Rittgebühren für den Kurs betrugen 500 Gulden. Das Felleisen wurde von dem Grünsfelder Posthalter in Würzburg abgeholt und bis Boxberg befördert. A. Z. A.

109 Nach einem „Extract aus denen Stundtzetteln Wie die ordinari Post zwischen Würtzburg und Heidelberg nach der Neuen Einrichtung bishero geloffen“ aus November/Dezember 1718 verkehrte diese damals wie folgt: 4⁰ Heidelberg $10^1/_2{}^0$, 11^0 Neckarelz $4^1/_2{}^0$, $2^1/_2$ Adelsheim 12^0, 6^0 Schweigern 9^0, 9^0 Grünsfeld 6^0, $1^1/_2{}^0$ Würzburg 2^0.

im Anschluß an das kaiserliche Patent Leopolds I. vom 13. Februar 1680 ein energisches Reskript gegen das Nebenbotenwesen. Während des pfälzischen Erbfolgekrieges war der Kurs eingegangen. Als der Kurfürst nun nach dem Friedensschlusse auf die Wiedereinrichtung drängte, suchte Taxis die Sache mit dem Hinweis zu umgehen, die Beförderung der Briefschaften ginge über Frankfurt sowie Nürnberg—Heilbronn fast ebenso schnell als über Würzburg; außerdem habe er eben mit unglaublichen Unkosten den ebenfalls unterbrochen gewesenen Kurs über das pfälzische Rheinhausen wieder in Gang gebracht. Die Antwort auf die Versagung seines Wunsches scheint der Kurfürst mit der Ernennung des früheren Posthalters zu Neckarelz, Forchmeyer, zum Postmeister in Mannheim, woselbst bereits ein Taxisches Postamt bestand, gegeben zu haben; später finden wir den Kurs wieder im Gange.

Wien—Straßburg—Paris über Rheinhausen.

Das letzte Glied in die Kette der süddeutschen Reitpostkurse fügte der geborene Organisator Pichelmayer in Ulm durch Errichtung des Briefpostkurses Wien—Straßburg(—Paris) in Übereinstimmung mit den bekannten zeitgenössischen Postmeistern Öxle-Nürnberg und Courcelles-Straßburg im Anfang des Jahres 1686 ein; die Ordinari ging über München—Augsburg—Ulm nach Rheinhausen, wo die Ankunft der Frankfurter Ordinari nach Straßburg abzuwarten war. Während des folgenden Erbfolgekrieges fiel auch dieser Kurs den Kriegswirren zum Opfer und beim Friedensschlusse lagen Speyer und Rheinhausen in Trümmern. Pichelmayer bemühte sich in den Jahren 1697/98 mit allen Mitteln, den Kurs in der früheren Weise wieder herzustellen, was ihm auch gelungen ist.

Berücksichtigen wir noch die Reichspostkurse in Vorderösterreich auf der Strecke Ulm—Schaffhausen—Basel über Meßkirch—Stockach—Singen, den Kurs Cannstatt—Schaffhausen über Engen sowie die vorderösterreichischen Postkurse Innsbruck—Ensisheim durch die Baar und das Höllental, Innsbruck—Waldshut—Basel, so fällt sofort ins Auge, einmal, daß es an einem einheitlichen Postkurs Frankfurt—Basel durch das Gebiet des heutigen Baden gefehlt, daß rechtsrheinisch auf der Strecke Kehl—Basel keine Postverbindung bestanden, sodann, daß kein Postkurs durch den Schwarzwald hindurch nach dem Kinzigtal und der Rheinebene zu seinem

Lauf genommen hat. Die Gründe hierfür sind in der Menge der Territorialherrschaften zu suchen, mit denen trotz kaiserlicher Patente nur sehr schwer eine Übereinstimmung beim Anlegen neuer Kurse zu erzielen war, in den mangelhaften, zum Teil nicht gehbaren Wegen des Schwarzwalds insbesondere, sowie auch darin zu suchen, daß den genannten Postverwaltungen in erster Linie darum zu tun war, die auf der Peripherie ihres Postkreises gelegenen Städte Frankfurt, Speyer, Straßburg, Freiburg, Basel usw. mit den Mittelpunkten Wien und Innsbruck möglichst auf dem nächsten Wege zu verbinden, während der Verkehr dieser Städte unter sich selbst erst in zweiter Linie zur Frage stand. Hierin brachten die Verlegung der Residenz des Fürsten von Brüssel nach Frankfurt sowie die in der Folgezeit erreichte Abtretung der städtischen Post Frankfurt—Köln an ihn nachhaltige Änderungen; denn nunmehr mußte das Ziel der Postlinien die Handelsmetropole Süddeutschlands und Residenz des Postfürsten, die Stadt Frankfurt werden, der Verkehr nach Belgien und den Niederlanden seinen Lauf über die Route Frankfurt—Köln nehmen, wogegen die ehemaligen Stationen in verkehrslosen Dörfern und Flecken, die nunmehr nur noch eine nicht lebensfähige Konkurrenzlinie dargestellt hätten, eingehen mußten. Jetzt erst wurde der Einrichtung direkter Kurse Frankfurt—Basel und Wien—Straßburg nähergetreten.

Frankfurt—Basel.

Mangels einer direkten Postroute Rastatt—Basel diesseits des Rheins mußte der Verkehr vom Norden nach Süden den wesentlichen Umweg über das französische Straßburg und Elsaß einschlagen. Erst Anfangs 1742 tauchte der Plan auf, einen dreimal wöchentlich verkehrenden Ordinari-Reitkurs sowie einen einmal wöchentlich laufenden „geschwinden Wagen" auf der rechtsrheinischen Strecke Frankfurt—Basel einzurichten. Der Postkommissarius Heger, eine unermüdliche Kraft von hoher Einsicht in die Verkehrserfordernisse, erhielt den Auftrag, den Plan im Einverständnis mit den Territorialregierungen zu verwirklichen. Baden-Durlach kam ihm hierbei sehr entgegen, wie auch aus der Erteilung eines markgräflichen „Fürschreibens" an die Stadt Basel hervorgeht. Für die Direktion der Ordinari wie des geschwinden Wagens brachte der Markgraf den Posthalter Herzog zu Durlach in Vorschlag, der von jetzt ab das Amt eines markgräflichen Hofpostmeisters und kaiserlichen Postverwalters gleichzeitig innehatte. Der Kurs hielt bereits die Linie inne, der später die Eisenbahnlinie Frankfurt—Basel gefolgt ist. Die Einrichtung des Kurses auf der Strecke Rastatt—Basel fand verschiedenen Orts Widerspruch, besonders nachhaltig hat sich das Postamt Schaffhausen dagegen gewehrt. Es wurden anonyme „Fürstellungen" verbreitet, als ob die Einrichtung des Kurses Kehl—Basel auf eine ganz empfindliche Schädigung der vorderösterreichischen Posten Freiburg und Basel—Innsbruck abhebe. Der Hintergedanke sei reichsseitig der, die Basler Briefschaften von den vorderösterreichischen Posten abzuziehen und sie nach und nach auf die taxisschen Posten über Kehl—Cannstatt nach Nürnberg und Wien zu leiten, wodurch der seit einigen Jahren verdoppelte Innsbrucker Kurs in Frage gestellt würde. In einem ausführlichen Gegen-Promemoria betonte demgegenüber die Reichspostverwaltung als einzigen Grund zur Einrichtung des Kurses das gemeinsame Interesse der Reichs- und vorderösterreichischen Posten; bisher sei die umfangreiche kaufmännische Korrespondenz zwischen England, den Niederlanden und Basel der Reichspost völlig entzogen worden, weil der beträchtliche Umweg über Frankfurt—Schaffhausen—Basel gefürchtet gewesen sei. Die nach Basel bestimmten Briefschaften seien deshalb an die Kaufmannschaft in Frankfurt, von dieser an ihre Korrespondenten in Straßburg eingeschlagen und hier den französischen Posten übergeben worden; auf die gleiche Weise sei der Verkehr nach den Niederlanden und England zurückgeleitet worden; es gebe nur dieses eine Mittel, um diese Briefschaften den französischen Posten zu entreißen, nämlich die Durchführung des Kurses Frankfurt—Kehl nach Basel über Freiburg, wodurch der Anschluß an die vorderösterreichischen Posten dauernd gewahrt bleibe. In der Tat sind von Vorderösterreich der Einrichtung des Kurses keine Schwierigkeiten entgegengestellt worden. Der Kurs ist in der Folge einer der wichtigsten Durchgangskurse Norden—Schweiz geworden und bis heute geblieben.

Kinzigtalroute Augsburg—Offenburg.

Im Jahre 1744 erhielt der Postmeister von Dolle in Ulm den Auftrag, die Postverhältnisse des Schwarzwalds einer eingehenden Prüfung zu unterziehen. Er äußerte sich gutachtlich dahin, daß eine alsbald anzulegende Ordinari über Tuttlingen und das Kinzigtal, wobei Meßkirch als der Kreuzungspunkt der beiden Routen nach Schaffhausen und dem Schwarzwald festgehalten werden sollte, längst einem dringenden Bedürfnisse entspreche. Bisher mußten die Briefe nach der Baar, dem Schwarzwalde und dem Kinzigtal über Schaffhausen geleitet werden, von wo einmal wöchentlich ein Postritt nach Villingen—Hornberg erfolgte; von da verkehrten Fußboten nach den Schwarzwaldstädtchen Hausach, Wolfach, Haslach, Gengenbach und Offenburg. Bei dieser Umleitung erhöhte sich naturgemäß das Porto, was zur Folge hatte, daß die Briefe dem Postverkehr entzogen und den gelegentlichen Botengängen zugeführt wurden. Es war zwar schon im Jahre 1669[110] von dem Schaffhausischen Postmeister Klingenfuß versucht worden, eine direkte Route durch das Kinzigtal nach Straßburg einzurichten. Straßburg lehnte indes ab, da schon der Postkurs Straßburg—Basel bestehe und die Anzahl der nach der Schweiz und Italien gerichteten Briefe nicht so groß sei, „daß sie einer gedoppelten Post ertragen möchten"; so mußte es bei dem Postritt Schaffhausen—Hornberg bewenden. Die andere Möglichkeit, vom Bodensee Nachrichten nach Kehl und Straßburg zu versenden, bestand in dem noch beträchtlicheren Umwege über Ulm—Cannstadt—Rastatt. Die im Verkehrsinteresse so dringend nötige Postverbindung durch das Kinzigtal scheint indes erst im Jahre 1755 mit wöchentlich zweimaligem Lauf und Anschluß in Offenburg an die Ordinari Frankfurt—Basel sowie in Meßkirch an die Ordinari Schaffhausen—Ulm in Gang gekommen zu sein, wobei noch zur Entscheidung die Besorgnis beigetragen hat, die vorderösterreichische Postverwaltung könnte an manchen Orten mit der Einrichtung von Postanstalten zuvorkommen. Die Ordinari, die Montags und Donnerstags früh in Ulm und Frankfurt abritten, waren in der Frühe des vierten Tages an ihrem Bestimmungsorte angelangt[111]; sie nahmen ihren Weg von Meßkirch über Tuttlingen, Donaueschingen, Krummenschiltach[112], Hornberg, Offenburg,

[110] F. F. A. zu Donaueschingen.

[111] Die Ordinarireiter ritten natürlich auch die Nacht hindurch.

[112] Der Mittelpunkt des Verkehrs zwischen Villingen und Hornberg war lange Zeit nicht St. Georgen, sondern Langen- oder Krummenschiltach. Über dieses und Peterzell lief die Verkehrsstraße Straßburg—Schaffhausen. Im größten Bauernhof, dem (im Sommer 1908 niedergebrannten) grünen Baum war eine Poststation errichtet, mit der auch das Stabswirtshaus verbunden wurde. In diesem wurden der Post und des Vorspanns wegen oftmals zwischen 30—40 Pferde gehalten und der Verkehr war so stark, daß oft noch Pferde

— im wesentlichen die Richtung der heutigen Schwarzwaldbahn — und erreichten hier Anschluß über Rheinbischofsheim—Stollhofen—Grünwinkel—Heidelberg nach Frankfurt. Dem Fürstenbergischen Hause wurde gegen ein Pauschquantum von 200 Gulden rheinisch, den Betrag, den es vordem für die eigenen Boten und den bisher in das Kinzigtal gerittenen Postillon aus Schaffhausen hatte aufwenden müssen, Portofreiheit auf der Kinzigroute gewährt.

An dieser Stelle sei kurz der Bedeutung des Postamts Kehl (Dorf) gedacht. Dieses nahm frühzeitig als Reichs-Grenz- und Auswechselungspostanstalt zwischen den Reichs- und vorderösterreichischen, sowie zwischen den Reichs- und französischen Posten eine wichtige Stelle ein. Wann der erste Vertrag zwischen Taxis und Vorderösterreich abgeschlossen worden ist, ergeben die Akten nicht; in dem Vertrage vom 12. Februar 1715 zu Renchen zwischen dem vorderösterreichischen Postmeister von Krayßer zu Freiburg, den Reichsposthaltern Dolle zu Rheinhausen und Faber zu Kehl wird wiederholt auf die Bestimmungen eines früheren Vertrags Bezug genommen. Die beiden Verwaltungen einigten sich dahin, von Kehl auf Freiburg zwei Stationen einzurichten, Friesenheim auf Kosten der Reichs- und Kenzingen[113] auf Kosten der vorderösterreichischen Postverwaltung. Über den Austausch der französischen und Reichs-Postsachen lesen wir[114], „man weiß, daß für alle Briefe und Pakete, so von den französischen auf die Reichsposten und zurück auf jene kommen, ungleich mehr muß bezahlt werden als sonst auf eine so geringe Entfernung betragen würde. Deshalb trägt ein Bote aus Kehl die aus dem Reiche für die Straßburger bestimmten Briefe in die Stadt und

---

der umliegenden Höfe in Anspruch genommen werden mußten. So war das Posthaus zu Krummenschiltach eines der bedeutendsten am Wege und weithin bekannt. Von Langenschiltach wurde die Post zweimal in der Woche nach St. Georgen gebracht. Als im Jahre 1835 die am Fuß von St. Georgen vorbeiführende Kunststraße erbaut wurde, übernahm der letzte Langenschiltacher Posthalter, Friedrich Dobler, das Gasthaus zur Post in St. Georgen, von wo der Postwagen nach Villingen und Triberg ging. Halteplätze für die Lastwagen waren ferner das Rößle in Sommerau, die Sonne in St. Georgen, der Löwen und die Krone in Peterzell. Die Größe der Gasträume und Stallungen dieser Häuser lassen noch heute auf die Ausdehnung des Verkehrs in jener Zeit schließen. Erst als die Bahnstrecken Offenburg—Hausach und Villingen—Konstanz im November 1873 durch die Strecke Hausach—Villingen verbunden wurden, verstummte auf dem hohen Schwarzwalde das Posthorn. Vgl. Kalchschmidt, Gesch. des Klosters St. Georgen. Heidelberg 1895.

[113] 1755 wird beim Tode des Posthalters Augustin Hildenbrant Johann Traub Posthalter in Kenzingen, in dessen Familie die Posthalterei verblieb. Original-Bestallung in den Händen des OPR. R. Dr. Kempf, Karlsruhe.

[114] Bemerkungen eines Reisenden durch Deutschland. Altenburg 1775.

holt zugleich diejenigen für das Postamt Kehl ab, die nun auf die Reichsposten kommen sollen". Da der Austausch in Kehl (Dorf) stattfand, mußten im übrigen die französischen Posten durch die Stadt Kehl durchreiten. Der Markgraf von Baden, dem dies nicht zusagte, drängte deshalb auf Verlegung der Briefabfertigung in die Stadt Kehl, da das Posthaus in Kehl (Dorf) überdies zu weit von der Landstraße entfernt sei. Der Fürst von Taxis wies dagegen auf den langen Bestand des Postamts in Kehl (Dorf) hin; die günstige Verbindung der Kehler Postverwaltung mit dem Poststall, die „Verfassung-Kombination und Berechnung mit den französischen Posten" in Straßburg verbiete eine Verlegung; die Reichsposten hätten die gleichmäßige postübliche Freiheit, durch französische Ortschaften und Städte auf weit größeren Strecken mit den Ordinari und Postwagen zu passieren. Aus dem Jahre 1802 (10. September) haben wir sodann eine ausführliche „Instruktion über die Behandlung und Versendung der französischen Korrespondenz". Danach war von Kehl aus täglich ein Amtspaket an das französische Postamt Straßburg zu fertigen, dem alle über Kehl zu leitende Korrespondenz nach Frankreich, Italien und Spanien beizufügen war; im weiteren hatte das Postamt täglich je ein Paket mit den Briefen aus Frankreich auf Nürnberg, Cannstatt und Ulm abzuschicken, von wo es ein solches mit den Briefschaften für Frankreich zurück erhielt. Dem Postamt wurden zwei französische Gewichtssätze (in Gramm) geliefert. Alle inländischen, d. h. auf den Reichsposten aufgegebenen Briefe mußten mit dem Stempel der Aufgabeanstalt und der Nummer des entsprechenden Rayons — 1. 2. 3. 4. R. — versehen sein. Um die von den deutschen Territorialposten oder vom Ausland ankommenden Briefe mit dem Stempel des Aufgabelandes versehen zu können, wurden Stempel „Hesse, d'Autriche, Prusse, Haute Saxe, Basse Saxe" usw. geliefert.

Im weiteren sind noch anzuführen die Briefpostkurse (reitende):

Meersburg—Ulm über Ravensburg, Altshausen und Biberach (Riß), seit 1711.

Freiburg—Augsburg über Tuttlingen—Ulm — wöchentlich zweimal verkehrend —, seit 1742.

Rottweil—Villingen von 1775—1777, auf Ersuchen des Rottweiler Magistrats als Extraritte zwecks rechtzeitigen Anschlusses nach Freiburg im Jahre 1794 wieder ins Leben gerufen.

Meersburg—Stuttgart mit Anschluß über Meßkirch nach Ebingen, Hechingen und Tübingen; der hauptsächlich wegen der Residenz des Konstanzer Bischofs in Meersburg im Jahre 1777 gerichtete Reitpostkurs verkehrte wöchentlich zweimal.

Stuttgart—Straßburg über Freudenstadt und den Kniebis (1783—87); sodann die Ende des 17. Jahrhunderts vorhandenen landesherrlich — württembergischen Botenkurse durch badisches Gebiet:

Stuttgart—Heidelberg über Heilbronn—Sinsheim,
Stuttgart—Oberkirch über Nagold—Freudenstadt,
Stuttgart—Schaffhausen über Tuttlingen.

Im besonderen ist noch zu erwähnen, daß auch die beiden internationalen Durchgangskurse Brüssel—Regensburg und Ruremonde—Schaffhausen badisches Gebiet durchschnitten haben; der erstere ging über Hundheim—Bischofsheim (Tauber)—Würzburg, der letztere durchschnitt badisches Gebiet auf den Strecken Frankfurt—Cannstadt und Tuttlingen—Schaffhausen (1694).[115]

Das Postwesen im ehemaligen Vorderösterreich (Bodensee bis Breisgau nebst Schwarzwald).

Der vorderösterreichische Hofpostkurs bis zum Dreißigjährigen Krieg.

Den Anfang des Postwesens vom Bodensee bis zum Breisgau macht der sogenannte vorderösterreichische Hofpostkurs, den man als das Bindeglied zwischen den vorderösterreichischen Gebieten im Seekreis, in der Baar, dem Breisgau und den Waldstätten einer-, den übrigen habsburgischen Erblanden andrerseits, betrachten muß. Die einzelnen Postanstalten dieses Kurses, ursprünglich lediglich Wechselstationen zur Beschleunigung des Hofkurierdienstes, wurden zunächst ebenso wie diejenigen der übrigen Reitkurse für solange eröffnet, als ein zwingendes Bedürfnis raschesten Nachrichtenaustausches vom Hofe aus nach irgendeiner Richtung sich geltend machte.[116] Solche Anlässe boten allgemein die Verhältnisse in den Niederlanden, der Feldzug in Oberitalien (1496), der Schweizerkrieg (1499), diplomatische Verhandlungen mit Frankreich zu Hagenau (Elsaß) (1505), ebensolche mit der Eidgenossenschaft (1514 bis 1517), die Reichstage von Lindau (1498), Freiburg (Br.) (1498), Konstanz (1507), Worms (1495 und 1513) usw. und die Bauernaufstände. So finden wir denn auch aktenmäßig in jener Zeit

[115] Das Nähere siehe Archiv f. P. u. T. 1894, S. 627. Beziehungen der kaiserlichen Reichspost zu der Schweizerpost.

[116] Vgl. Dr. Schöttle, Oberpostmeister a. D. in Tübingen: „Das Postwesen in Oberschwaben", und die Innsbrucker Posturkunden nach den Abschriften im Z. A. Regensburg. Ohmann, a. a. O.

hauptsächlich die Kurse Innsbruck—Stuttgart, Innsbruck—Wien, Innsbruck—Bregenz, Innsbruck—Augsburg, Innsbruck—Stockach, Innsbruck—Worms, Innsbruck—Markdorf—Zürich, Innsbruck—Konstanz—Zürich, Füssen—Freiburg—Ensisheim, Ensisheim—Zürich, Ensisheim—Rheinhausen usw. Die ursprünglichen Wechselstationen dieses Kurses, „Postleger" genannt, stimmten auf der Strecke Innsbruck—Füssen mit denjenigen des niederländischen Postrittes überein; von Füssen aus waren es 1532: Kempterwald, Kumershofen, Anderen, Markdorff, Stockach, Altenstat, Freiburg und Ensisheim, wo sich der Sitz des vorderösterreichischen Regierungs- und Kammerkollegiums befand; später finden wir die Postleger Hondingen und Neustadt (Schwarzwald) zwischen Stockach und Freiburg „unterlegt". In Baden war die wichtigste Zwischenstation Stockach; hier war der Sitz des vorderösterreichischen Amtmanns, an den jeweils, solange der Kurs noch nicht dauernd eingerichtet blieb, der Befehl erging, die Post bis Freiburg usw. legen zu lassen. Die Station gewann im Laufe der Zeit eine hohe Bedeutung; wir finden hier auch schon sehr früh einen vorderösterreichischen Postmeister[117]; später wurde es eine wichtige Reichspoststation und Treffpunkt zwischen der Reichspostordinari und dem Hofpostkurs. Die Stationen wurden ursprünglich ganz nach Bedarf ins Leben gerufen, die Postritte zwischen ihnen verdoppelt, verdreifacht und umgekehrt beim Wechsel des Hoflagers wiederum vereinfacht, aufgehoben oder verlegt.[118] Die Anzahl der Postleger,

---

[117] In Stockach erhielt ein „postmaister" am 20. Januar 1547 „wegen seiner Nachlässigkeit in Fertigung der Briefe bei diesen sorglichen und gefährlichen Läufen" einen Verweis. Rell. Kopiebuch III, 283. Z. O., Bd. 34, S. 274.

[118] 1524, 12. Mai wird von der Kammer an Peter Ofner, Amtmann zu Stockach, geschrieben: Dieweil fürstliche Durchlaucht . . . . von Stuttgart aus in die vorderen Lande reiten werde, soll er die auf der Post an fürstl. Durchlaucht erhaltenen Briefe durch Fußboten, die tags und nachts fürderlich laufen, abschicken, bis die Post zu legen verordnet würde. 1532, 5. Aug. befiehlt der Statthalter der Kammer, die Röm. Kay. Mt. hat auf unser anzeige und begehren geboten, die Post Füssen—Freiburg mit unseren Rossen zu versehen und belegen. Es soll an jedem Orte dem vorhandenen Postpotten noch ein Roß zu halten auferlegt und von der Tirolischen Kammer bezahlt werden. 1532, Sept. befiehlt der Statthalter seinem Postmeister, da der Kaiser von Regensburg verzogen sei, halte er nicht mehr für nötig, die Post Innsbruck—Augsburg—Ensisheim doppelt legen zu lassen; so wollet demnach die eine Post allenthalben aufheben, also daß sie berührter Orte nur einfach liege. Innsbrucker Posturkunden Ferner: 20. Juni 1522 wird angeordnet, die Post Stockach—Ensis-

die durchschnittlich etwa 9—10 Wegstunden voneinander entfernt waren, wurde bei Legung der Post im voraus bestimmt, ebenso wieviel Personen und Pferde in den einzelnen Legern sein sollten[119]; wir sehen, die ganze Einrichtung hat völlig militärischen Anstrich und an eine Hebung und Pflege des allgemeinen Verkehrs wurde zunächst nicht gedacht. Dies besagt auch noch ausdrücklich ein Bericht der Kammer vom 27. August 1579: Kaiser Friedrich habe die Postleger im Reich und in seinen Erblanden an- und aufgerichtet wegen der beschwerlichen Kriegssachen, zur Haltung von Kundschaften gegen den Erbfeind, die Türken und andere feindliche Potentaten, so daß Kaiser, König und andere Potentaten ihre Korrespondenz gegeneinander hätten. .... „Es haben sich aber die Kaufleute vor etlich Jahren mit den Postmeistern dahin verglichen, daß sie wöchentlich ihre Ordinari Post und Staffetten von Antorf (Antwerpen) bis Italien und Frankreich gehabt, dadurch sei der Kaufleute Post aufgekommen." Die Posten bildeten den Ersatz für die berittenen Kammerboten[120], die den ganzen Weg zwischen Innsbruck und dem jeweiligen Standquartier des Königs mit den Briefen von und an die Regierung zurückzulegen hatten, während nunmehr die Rittleistung sich auf abgegrenzte Strecken und eine Anzahl von Postboten mit jeweils frischen Pferden verteilte; hierdurch wurde eine namhafte Beschleunigung in der Beförderung erreicht. Die Einrichtung und Leitung der vorderösterreichischen Posten wurde von Maximilian I. dem Jannet

---

heim abzulegen; 5. Sept. 1523, die Post Füssen—Stockach neu zu legen; 20. Juni 1522, die Regierung befiehlt dem Amtmann zu Stockach, die Postboten Stockach—Ensisheim über Villingen von Stund' an zu legen und ihnen zu verstehen zu geben, daß der Landschreiber binnen kurzem wegen der Bezahlung Bescheid bringe. 15. Oktober 1525, Ferdinand läßt Route Ensisheim—Stockach—Füssen aufheben und Ensisheim—Stockach—Tübingen—Augsburg legen; er ist zu Tübingen; „habe von und nach Ensisheim viel zu schreiben und zu schicken", usw. Statthalterei-Archiv Innsbruck.

[119] Der Kurs von Nazareit über Landeck—Bludenz—Costenz—Zürich war beispielsweise folgendermaßen organisiert: Item zu Nazareit J. Weyer zwen Postpoten zu Roß; item zu Landegg gestreng Rat gerichtsschreiber daselbst zwen Postpoten zu Roß; item Oswalden Zangerl am Arberg ainen Postpoten zu Roß und ainen zu Fuß; item zu der stuben auch ainen postpoten zu Fueß; item zu Bludenz zwen zu Roß auf Costenz (Konstanz) und Zürich.

[120] Am 29. März 1505 heißt es in den Befehl des Maximilian I. von Hagenau aus an die Rechnungskammer in Innsbruck: Wir haben eine Posterey

de Tassis[121] übertragen; dieser sollte von der Rechnungskammer in Innsbruck bezahlt werden, die indes vielfach keine Mittel hierfür flüssig gehabt hat.[122] Auch verbot diese ausdrücklich die Mitbeförderung von Privatbriefen ohne ihre besondere Genehmigung.[123]

Entlohnung der Postboten.

Die Bezahlung der Postreiter verursachte bei dem andauernden Geldmangel der Regierungskammer erhebliche Schwierigkeiten; zeitweilig sah sich der vorderösterreichische Amtmann in Stockach genötigt, Geld zu leihen[124], damit die Postboten ihre Zechschulden bezahlen und ihre drängenden Gläubiger befriedigen konnten, da die Kammer ihn wie die „Postreuter" im Stich ließ. Im Jahre 1528 mußte die Kammer dem Könige sogar melden, daß die Postboten seit Jahresfrist auf ihre Besoldung warteten und nunmehr die Posten nicht mehr reiten wollten, weil sie „die Zehrung schuldig seien und nichts mehr gepumpt kriegten". Die unerquickliche An-

---

von unserem Hoff bis gen Innsprugg vnd furter gen Wien legen lassen, demnach empfehlen wir .... daz Ir keinen Kammerpoten zuschickt und dieselben Brief unsern Regenten vberantwurtet, die werden die albey auf die Post schicken vnd wir wollen Euch albey darauf fuerderlich antwurt zuslonden. Statthalterei-Archiv zu Innsbruck.

[121] Unter dem 18. August 1496 befiehlt Maximilian I. von Tirano aus, den Jannet de Tassis zum postmaister auch über die von der Kammer zu Innsbruck bezahlten Posten anzunehmen.

[122] Am 29. Januar 1505 befiehlt Maximilian I. von Augsburg aus der Rechnungskammer, durch sechs Monate jeden Monat mit J. de Tassis abzurechnen. Von Linz aus ordnet er im gleichen Jahre an, den J. de Tassis nirgends länger als notwendig aufzuhalten, da er seiner nicht entbehren könne. 1501 und 1502 erläßt er jeweils Befehl an die Rechnungskammer, ihm über den Stand der Abrechnung mit seinem Postmeister zu berichten, da dieser klagbar bei ihm geworden.

[123] Die Regierung verordnet, daß die kaiserlichen und Regierungs-Briefsachen an die Kanzlei des Joh. Kannzer überbracht und die Sachen nach erfolgter Weisung des Rats verschickt werden sollten. 7. Juli 1513 „Weder bedachter Postmeister (Gabriel de Tassis) noch die Postpoten sollen auch sonst keine anderen Briefe von Niemands auf die Post zueführen annehmen außerhalb Wissen und Vergünstigung dann allein was Kay. Mt., der Hofrät und der Herren vom Regiment und Raitkammer Schreiben sein".

[124] 24. Okt. 1522: „Lieber Ofner (Amtmann in Stockach), Eur schreiben wie Ir dem postpotten zu Villingen abkundt und geld zu bezahlung seiner zerung und schuldner gelichen und dem postpoten zu Stockach das eine Roß auch abkundt habt mit leger derselben Posten .... Bezahlung mit geld und tuch sobald geld vorhanden." Innsbrucker Archiv.

gelegenheit sollte ihre grundsätzliche Regelung dadurch finden, daß die Posten von jetzt ab von der Kammer, zu der das Land gehörte, unterhalten würden. Im besonderen verordnete der König eine Abschlagszahlung von 2000 fl. in „rheinisch Tuech", was schlagend die heillose Geldverlegenheit beweist. Die Postboten, die nur durch den Verkauf des Tuches zu klingender Münze kommen konnten, weigerten sich aber, das nach ihrer Ansicht minderwertige Tuch anzunehmen, weil sie beim Verkauf verlieren mußten, und gaben sich erst mit der Zusicherung zufrieden, den rückständigen Lohn halb in Tuch, halb in bar zu erhalten. Bezeichnend ist auch, daß dem Regiment zu Ensisheim am 24. Dezember 1525 als Quatembergeld 100 Gulden für die Postboten übersandt wurden, „damit die Leute während der hl. Zeit stille seien". Ursprünglich haben die vorderösterreichischen Postreiter monatlich anscheinend nicht mehr als 3—4 Gulden rheinisch erhalten[125]; dagegen sollten nach einer Verordnung vom 6. November 1531 für ein halb Roß 4, für ein ganzes 8 Gulden gezahlt werden.[126] Am 22. Dezember 1550 baten die fünf Postmeister zwischen Füssen und Markdorf „in Ansehung ihrer mühsamen täglichen Dienste und Mehrung der Geschäfte die Besoldung auf ein weiteres Pferd zu genehmigen", d. h. eine Gehaltserhöhung eintreten zu lassen; die Posten von Füssen nach Ensisheim kosteten im Jahre 1581 im ganzen dreitausend Gulden jährlich. Was die Schnelligkeit der Beförderung anlangt, so stimmte diese wohl mit derjenigen der Postreiter in den niederösterreichischen Landen überein; diese betrug nach der Postordnung König Ferdinands von 1535, die auf die schnellere und gesichertere Beförderung der Regierungserlasse den wichtigsten Einfluß nahm, in der Zurücklegung einer deutschen Meile in der Stunde, bei weniger wichtigen Anlässen in 1¼ Stunde[127]; sie mußten stets in voller Bereitschaft sein. Die Postmeister durften für die Angelegenheiten außer ihrem Ordinaripferd noch drei Pferde halten.

---

[125] Befehl vom 15. August 1521 an Amtmann Renschle in Stockach: „In jedem der drei Leger eine Person und ein Roß aufzustellen; jeder Postbote soll 3—4 fl. rh. erhalten".

[126] Befehl des Statthalters vom 6. Nov. 1531 wegen der Postboten Füssen—Ensisheim.

[127] Nach derselben Postordnung sollte ein Bote im Sommer 7 Meilen im Tag um 30 kr., im Winter 6 Meilen reiten; für 20 Meilen erhielt ein

Betriebstechnik.

Schon im Jahre 1513 kam die Kammer zu Innsbruck auf die Einrichtung der Stundenzettel „Postzedl" zur Feststellung von Beförderungsversäumnissen und Verspätungen.[128] Einen Schritt weiter bedeutete die Verordnung von 1515, die als Anfang des Manuale anzusehen ist. Danach mußten alle zu Innsbruck aufgelieferten Briefe in ein Buch eingeschrieben werden; endlich kam es 1535 (20. August) zum Erlaß einer Postordnung, derzufolge ohne Signatur des Kanzlers oder seines Sekretärs keine Post abgeschickt werden durfte. Privatbriefe mit dem Vermerk Cito oder Justitia sollten nicht angenommen werden, „weil sonsten Postpferde mit gewöhnlichen Sachen unnötig abgehetzt würden"; lediglich auf Regierungssachen durfte der Vermerk cito „vnd so die Sachen mer als der Eyl bedurffen zu denselben Cito ain justicia gemacht werden". Die Oberaufsicht über den ganzen vorderösterreichischen Kurs stand dem Generalpostmeister zu Innsbruck zu, der auch am 1. Juni 1548 berichtet, daß er (Jos. v. Taxis) zur Visitation der Posten neulich von Innsbruck bis Freiburg geritten. Welche Bedeutung schon sehr frühe diesem Reitpostkurse regierungsseitig beigemessen wurde, zeigt ein Befehl vom 19. September 1523, die Post auf Stockach und weiter in die Schweiz sofort zu legen, damit nicht die Eidgenossen Ursach nehmen, von wegen Ausstands ihrer gemeinen Pensionen sich in diesen seltsamen Läufen des Hauses Österreichs und Burgunds . . . . zu entschlagen.

Die Posten Innsbruck—Stockach—Freiburg scheinen schon Mitte der zwanziger Jahre des sechzehnten Jahrhunderts die meiste Zeit bestanden zu haben; aber auch nach 1530, von welcher Zeit an der vorderösterreichische Postkurs für die Dauer bestehen blieb, verkehrten diese alten Posten zunächst nur so oft, als es der fürstliche Dienst erheischte; daher finden wir auch weiterhin Privat- und Expreßboten auf der Route nach Innsbruck.[129] Erst im Jahre

solcher Sommers 1 fl. 25 kr. $2^1/_2$ d, Winters 1 fl. 40 kr. Ein Fußbote, „so ainer tag vnd nacht get von ainer meill . . . . 8 kr. Tagweis ain meill . . . . 4 kr". Sommers wie Winters. Vgl. Original im Archiv f. Kunde österr. Geschichtsquellen, 22. Bd. Wien 1860.

[128] „Wo und in welchen Leger die Saumnuß seien, dann ain jeder Posthalter in seinem Leger die Stund aufschreiben soll, wann er die Post angenommen und geantwortet habe." J. A.

[129] Beispielsweise ersucht (1546) der Komtur von der Mainau den Vogt

1583 ordnete die Finanzkammer zu Innsbruck in der Regel jeden Donnerstag den Abgang eines Brieffelleisens nach dem Breisgau und dem Oberelsaß an, wofern nicht am Tage zuvor aus besonderem Anlaß ein solches abgefertigt worden wäre.

Der vorderösterreichische Postkurs während des Dreißigjährigen Krieges und nach diesem.

Zum Beginn des Dreißigjährigen Krieges (1619) ließ Erzherzog Leopold die zu großen Stationsentfernungen durch Verdoppelung der Posthaltereien auf der ganzen Linie beseitigen, so daß der Postkurs nunmehr erheblich an Leistungsfähigkeit gewann. Indessen kam das vorderösterreichische Postwesen während der verderblichen Kriegsjahre im Breisgau vollständig in Verfall und nach der Schlacht von Rheinfelden ganz zur Einstellung. Die drei aus den Jahren 1622 und 1632 erhaltenen „Postzedels“, worin die Obrigkeiten dringend angegangen wurden, die Kuriere mit frischen Pferden zu versehen und ihnen tags wie nachts alle mögliche Beförderung zu erweisen, zeigen nur, wie schwer es war, Nachrichten vom Rheine nach Innsbruck zu befördern. Bis 1635 scheint man nicht einmal ernstlich versucht zu haben, geregelte Postverbindungen von neuem herzustellen; erst jetzt begannen die Bemühungen der Regierung in Breisach, die Posten von Ensisheim aus wieder aufzurichten. Außer den Regierungsbeamten sollte niemand mehr Anspruch auf Postbeförderung haben; dadurch hoffte man zu verhindern, daß die Pferde von den durchreisenden Kurieren, wie es oftmals geschehen war, gestohlen wurden. Anfangs des Jahres 1636 benachrichtigte der Erbpostmeister Paul von Taxis die Regierung, daß die Postleger in der früheren Weise und an den gleichen Orten wieder eingerichtet würden, worauf diese ver-

zu Nellenburg (Stockach), beigelegtes Schreiben an die Regierung „uff der post . . . . gen Insprugg zu fertigen“, worauf dieser antwortet, er werde das Schreiben „bei aigner post abfertigen“. Am 26. Dezember 1546 schreibt der Vogt an den Komtur, er habe gestern ein Schreiben von der Regierung erhalten „acht nit, das euwer pot noch zu Insprugg gewest“. In einem Schreiben vom 6. Juni 1547 wiederholen der Landkomtur und Komtur ihre Ansprüche an die Regierungskasse, weil sie auf ein Schreiben vom 2. März (mit der Post) keine Antwort erhalten hätten und erbitten die Antwort bei diesem unserm „aignen allain darumb gesandten botten“. Die Regierung antwortet unterm 16. Juni, dem Boten Jörg Hipp habe sie, dieweil er hie so lang aufgehalten worden, zu Hilf seiner zehrung zwen Gulden zustellen lassen. Die Antwort kam in Mainau am 21. Juni an. Z. O., Bd. 24, S. 272ff.

suchsweise einen Läuferboten aus Breisach abschickte, der indes nicht weiter als bis Stockach kam. Hier wie in Engen fand sich kein Posthalter und überhaupt kein Mann vor, der zur Abnahme und Weiterbeförderung der Ordinari nach Innsbruck bereit war, so daß der Bote mit seinem Felleisen nach Breisach zurückkehren mußte. Erst Ende des Jahres kam der Kurs wieder zustande, wobei es allerdings nicht ohne wesentliche Verzögerungen infolge der Umwege und sonstiger Schwierigkeiten in jenen unruhigen Zeiten abging, so daß die Erzherzogin Claudia Ende Januar 1637 abermals auf Beschleunigung und Regelmäßigkeit der Beförderung dringen mußte. Ausweislich des von dem Erbpostmeister am 4. Februar 7 Uhr vormittags selbst ausgefertigten Laufzettels nahm die Ordinari ihren Weg über „Barwiß, Imbst, Landeck, Klösterli, Bludenz, Feldkirch, Konstanz, Stockach, Engen, Hondingen und kam in Freiburg am 14. Februar 12 Uhr mittags an; sie brauchte somit zur Zurücklegung der einschließlich der Umwege auf etwa 310 km zu veranschlagenden Leistung 10 Tage 5 Stunden, wobei allerdings die zur Winterszeit besonders schlechten Wegeverhältnisse in Rücksicht gezogen werden müssen. Im folgenden Jahre (1638) versuchte die Regierung die Ordinari über Villingen—Markdorf einzurichten, wogegen Villingen, das bis Markdorf zwei Tagereisen berechnete, wegen des steten Streifens der Hohentwieler Besatzung Einwendungen machte. Das Schlimmste aber war, daß sich allmählich niemand mehr getraute, das Postmeisteramt zu übernehmen, da die vorderösterreichische Regierung nicht imstande wäre, den Posthalter gegen die Unbilden seitens der Offiziere und übrigen Postreisenden zu schützen, die die Posthalter „übel schlügen und erbärmlich traktierten", und auch keine Mittel hätte, ihnen die geraubten oder niedergerittenen Pferde zu ersetzen oder ihnen auch nur die verfallenen Rittvergütungen zu zahlen. So kam es, daß sich selbst am Sitze der Kammer in Breisach niemand zur Übernahme des sonst gesuchten Postmeisteramts meldete außer ein Bürger aus Zabern, der einen Vorschuß von 300 Reichstalern zur Anschaffung von Pferden, freie Behausung, Schadensersatz für zu Grunde gehende und gestohlene Pferde zur ersten Bedingung machte. Der bisherige Postmeister rechnete vor, daß er in kurzem 1500 Gulden zugesetzt habe, da ihm der spanische Gesandte auf einmal acht Pferde, durchreisende Offiziere noch einige mehr entführt hätten, ohne daß er dafür die geringste Entschädigung erhalten habe. Nunmehr sei er ohne Geldmittel, um Gesinde und Pferde zu unterhalten. Gleichwohl gelang es bis zum Jahre 1638[130], in Freiburg, Steig, Neustadt, Unadingen, Hondingen und Engen Posthalter ausfindig zu machen, indem bei der beispiellosen Geldverlegenheit die Posthalter Teilzahlungen erhielten und mit dem Rest auf später vertröstet wurden[131]; auch wurde ihnen ausnahmsweise zugestanden, die Posten das ein oder andere Mal, falls die Postpferde nicht zur Hand wären, zu Fuß weiterbefördern zu dürfen. Die völlige Wiederherstellung des Kurses in der alten Weise wurde erst 1654 erreicht. Hier setzte der damit betraute Kammerrat Buchenberg durch, daß die einzelnen Posthalter, die vor Ausbruch des dreißigjährigen Krieges 100 Taler bezogen hatten, sich mit 100 Gulden begnügten und mit den Rittgebühren und Postgeldsätzen der früheren Bestallung zufrieden waren. Von Füssen bis einschließlich Freiburg waren es insgesamt 17 Postleger, wovon diejenigen von Nr. 9 bis 17 auf heute badischem Gebiet wieder errichtet wurden.[132] Die Bestreitung der Ausgaben für die Postleger Füssen—Stockach sollte aus den Zolleinnahmen der zugehörigen Zollämter, diejenigen für die Postleger Engen—Freiburg durch die vorderösterreichische Kammer erfolgen, wie es in der Folge auch geschehen ist.[133] Schon im Jahre 1661 wurden indes die sechs Posthalter im Fürstenbergischen und Breisgau fortgesetzt um Gleichstellung in der Besoldung mit den tirolischen Posthaltern auf jährlich 140 Gulden (100 Reichstaler) vorstellig; die vorderösterreichische Regierung wies das vom Erbpostmeister befürwortete Gesuch ab, weil sie schlechte Pferde, die sie obendrein zum Ackerbau verwendeten, und geringere Leistungen hätten. Auf die jährlich wiederkehrenden Gesuche erreichten sie

---

[130] 1638 versehen den Postdienst in Freiburg Regina Knollin, Witwe des verstorbenen Postmeisters Hch. Bär, Steig Mathes Zähringer, Neustadt Ulrich Brunner, Unadingen Fridlin Müller, Hondingen Klauß Zimmermann. G. L. A. A.

[131] Nach den schweren Zeiten des dreißigjährigen Krieges kam es auch in Preußen vor, daß die Besoldungen der Beamten infolge Erschöpfung der Staatskasse nicht rechtzeitig und regelmäßig gezahlt werden konnten. U. a. erwähnt Stephan „einen Postmeister, der 300 Thaler von seiner rückständigen Besoldung zum Besten der Staatskasse abzulassen erbötig ist, wenn ihm der übrige Rückstand nächstens gezahlt werde".

[132] Nämlich zu Markdorf, Deissendorf, Stockach, Engen, Hondingen, Unadingen, Neustadt, Steig, Freiburg.

[133] Bericht Buchenbergs vom 16. Oktober 1653.

endlich im Jahre 1675 die erstrebte Aufbesserung.[131] Als charakteristisch für jene Zeit ist noch hervorzuheben, daß an lutherischen Orten nur katholische Postmeister angestellt werden durften und daß die reformierten Hofsverwandten keine Portofreiheit genossen. Im übrigen waren im Vorderösterreichischen die aktiven und pensionierten Regierungs- und Kammerbeamten, der Ortsgeistliche auch für seine Privatschreiben, die Jesuiten, Karthäuser, Augustiner, Kapuziner, Franziskaner, ebenso die Ordensschwestern S. Clara vom Postgelde befreit.

Postkurs Basel—Innsbruck.

Im Jahre 1654 finden wir auch den vorderösterreichischen Postkurs Basel—Innsbruck in Wirksamkeit getreten. Er machte ursprünglich den Umweg über Lindau, bis im Jahre 1699 auf Vorstellungen des schwarzenbergischen Oberamts in Thiengen der direkte Weg über Stockach—Schaffhausen eingeschlagen wurde, wodurch die Wiener Post um vier bis fünf Tage früher in Thiengen ankam. Zeitweise nahmen die Postkurse ihren Weg auf der Schweizer Seite, so daß die Bewohner an der früheren rechtsrheinischen Postroute jeglicher Postgelegenheit auf Reichsboden beraubt, ihre Briefschaften aus der Schweiz herüberholen mußten; namentlich war es dem Schaffhausenschen Postamtsdirektor Fischer gelungen, den Taxisschen Postengang auf Schweizer Gebiet zu ziehen und den vorderösterreichischen völlig zu verdrängen, bis das Thiengener Oberamt den Oberpostmeistern in Augsburg und Ulm vorstellen ließ, es scheine, ganz abgesehen von der eingetretenen Unsicherheit im Empfange der Postsendungen, „anständiger zu seyn, daß die Kayserlichen Reichsposten ihren weeg durch die Reichsterritorien als durch die Schweiz nehmen". Als der Hauptort des Breisgaus, die Stadt Freiburg, in die Hände der Franzosen gefallen war, wurde der bisherige Postkurs Innsbruck—Freiburg auf die Strecke Innsbruck—Waldshut verlegt. Damals bestanden (1679) in den eidgenössischen Städten Basel und Schaffhausen bereits österreichische Postämter. Die Baseler Briefpakete brauchten drei bis fünf Tage nach Innsbruck über die Stationen Rheinfelden, Stein, Stühlingen, Engen, Stockach, Markdorf; die Waldshuter zwei bis vier Tage

[134] Damals versahen den Postdienst in Freiburg Hans Jakob Wolleb, Hondingen Hans Martin Martin, Unadingen Lux Baumann, Engen Konrad Heuß, Neustadt Benedikt Heizmann, Steig Christian Häusler.

auf dem Wege über Schaffhausen—Stockach—Markdorf.[135] Im ganzen zählte der Kurs Basel—Innsbruck im Jahre 1690/91 21 Stationen, nämlich Basel, Stein, Waldshut, Schaffhausen, Singen, Stockach, Deissendorf, Markdorf, Altdorf, Bergatreute, Leutkirch, Kimratshofen, Stift Kempten, Kempterwald, Weispach, Füssen, Haiterwang, Lermos, Nassereit, Parwiß und Dürrchenbach. Im gleichen Jahre drängten die Posthalter auf der Strecke Singen—Basel auf Bezahlung; die Regierung wollte ihnen ein Quartal auszahlen lassen, sofern sie sich verpflichteten, bessere Pferde anzuschaffen, da diese einen und des andern Orts so liederlich wären, daß sie nicht gehen, geschweige daß sie nach Postgebrauch geritten werden könnten, aber das Generaleinnehmeramt hatte keine Mittel; da verfügte die Innsbrucker Hofkammer, die österreichischen Posthalter hätten die herrschaftlichen Estaffetten gratis anzunehmen, denn dafür bekämen sie ihr Salär. Diese beruhigten sich naturgemäß bei dieser Entscheidung nicht und der Streit dauerte bis 1711/12 fort; inzwischen waren die Beträge für die geleisteten Estaffetten auf 1883 fl. 30 kr. angewachsen; man unterhandelte mit den Posthaltern wegen Ermäßigung, wobei sie ihre Forderungen auf 1500 Gulden erniedrigten. Dieses Zugeständnis genügte der Regierung, um die Forderung um weitere 300 Gulden zu kürzen, so daß die Posthalter nur 1200 Gulden, also genau $^2/_3$ ihrer Forderung, ausgezahlt erhielten.

Inzwischen war auch die Reichspost auf der Strecke Schaffhausen—Basel auf österreichischem Territorium, angeblich zwecks besserer Beförderung der kaiserlichen Korrespondenz, eingedrungen und es kam, als die Taxisschen Postämter in den vorderösterreichischen Landen überhandnahmen, zwischen dem hochfürstlichen und dem gräflichen Hause Thurn und Taxis zu den langwierigen, kostspieligen „vorländischen Poststreitigkeiten“, die erst 1764 mit einem Vertrage endeten.

Als Österreich die Stadt Freiburg zufolge des Ryswicker Friedens zurückerhielt, wurde unter Beibehaltung des Kurses Innsbruck—Basel der frühere Postlauf Stockach—Freiburg (Breisach und Kenzingen) wieder eingerichtet. Während des folgenden spanischen Erbfolgekrieges wurde jeglicher Briefwechsel nach Frankreich ver-

[135] Vgl. die Postprojekte des Beat Fischer in der Österr. Verkehrszeitung, Jahrgang 1893, von Franz Graf Thurn und Taxis, zumeist nach Akten des Gräflich Th. u. T. Archivs sowie des Statthaltereiarchivs in Innsbruck.

boten und den Postmeistern die Anhaltung verdächtiger Schreiben anbefohlen. Dieser Anordnung kamen die österreichischen Postmeister in Basel und Schaffhausen nicht nach, weshalb sie abgesetzt und ihre Ämter den Gebrüdern Fischer[136] zu Reichenbach, Postmeister der Stadt Bern, übertragen wurden. Die Stadt Basel machte Schwierigkeiten und so kam wiederholt in Frage, die österreichischen Postanstalten nach Augst und Büsingen zu verlegen. In leidenschaftlichem Kampfe gegen die Reichspost unterlagen die Gebrüder Fischer; auch sie ereilte die Amtsentsetzung und es folgten in Schaffhausen als Reichs- und vorderösterreichische Postmeister Jakob von Meyenburg, sein Sohn und Enkel, während in Basel kein österreichisches Postamt mehr von der Kantonsregierung geduldet wurde.

Einzelnes über die Kurse Innsbruck—Ensisheim und Innsbruck—Basel.

Mit den Strecken Innsbruck—Freiburg—Ensisheim sowie Innsbruck—Schaffhausen—Basel hatte sich der vorderösterreichische Postkurs zweier Linien bemächtigt, die bei richtigem Eingehen auf die Verkehrserfordernisse und Sicherstellung der notwendigen Anschlüsse die Mittel geboten haben würden, durch mustergültige Einrichtungen den Wettbewerb mit den Reichsposten auszuhalten. Wir finden indes, daß bis zum Jahre 1735 auf diesen Strecken nur einmal wöchentlich in jeder Richtung eine Postabfertigung stattgefunden hat. An Verbesserungsversuchen hat es allerdings nicht gefehlt; sie sind indes alle an der eigenartigen Finanzlage des vorderösterreichischen Kurses gescheitert. Es bestand das merkwürdige Verhältnis, daß die Staatskasse zwar die Ausgaben zu tragen hatte, daß aber die Einnahmen dem Erblandpostmeister Grafen von Thurn und Taxis in Innsbruck zuflossen. Diesem hatte die Erzherzogin Claudia im Jahre 1645 dieses Zugeständnis für ihn und seine Nachfolger gemacht.[137] Außerdem ließ sich der

---

136 Der eine Bruder — Beat Fischer war derjenige, der als Postmeister zu Bern nach Kräften versucht hatte, die holländisch-englisch-italienische Korrespondenz von der Route Würzburg—Tirol—Mantua auf den Kurs Frankfurt—Schaffhausen—Mailand abzuziehen, was indessen nicht für die Dauer gelang.

137 In dem Memoria der Innsbrucker Linie von 1766 heißt es: Die Grafen von T. besitzen das vorderösterreichische Postwesen nicht als Lehen, sondern in Gestalt eines wahren landesfürstlichen Amts, das vermöge der Claudianischen Konzession v. 27. Juli 1645 den männlichen Nachkommen des Freiherrn Paul v. T. erblich verliehen worden sei.

Wiener Hof niemals zur nachhaltigen Beseitigung des Wettbewerbs der Taxisschen (Reichs)posten bestimmen, wozu die vorderösterreichischen Postmeister, unterstützt von der Freiburger und Innsbrucker Bureaukratie, die Regierung drängten. So kam es, daß erst von 1735 ab eine zweimalige Postgelegenheit in jeder Richtung eingeführt wurde. Die Versuche der Kaiserin Maria Theresia (1770) durch Inkamerierung[138] der vorderösterreichischen und tirolischen Posten, d. h. Verrechnung der Posteinkünfte zur Staatskasse, bessernde Hand anzulegen, kamen zu spät; denn das Reichspostgeneralat hatte sich im Laufe der Jahre der verkehrsbeherrschenden Punkte trotz des Widerspruchs der Innsbrucker Kammer zu bemächtigen gewußt. Dies hatte zur Folge, daß die Neuschöpfung des vorderösterreichischen Kurses statt des erhofften Gewinnes Verluste brachte.[139] Vom 1. März 1777 ab erhielt der Reichspostmeister endlich das ganze vorarlbergische und vorderösterreichische Postwesen gegen eine Entschädigungssumme von jährlich 15000 Gulden in Pacht und wurde damit Alleinherrscher über die Posten im deutschen Bodensee- und Oberrheingebiet. Zu den in der Pachtsumme inbegriffenen Postanstalten gehörten die Oberpostämter Freiburg mit 23, Bregenz mit 17 nachgeordneten Stationen und Konstanz für sich allein, von denen Freiburg 157300, Bregenz 92708 und Konstanz 57481 Gulden Rohertrag vom Jahre 1778—1802 gebracht haben. Zu den Breisgaupostanstalten, die vom Jahre 1780—1789 insgesamt 38270, von 1790—1799[140] = 73473 Gulden Rohertrag zu verzeichnen hatten, gehörten hauptsächlich die Post-

[138] Die Wart- und Rittgelder wurden bis 1770 aus der Kameralkasse gezahlt. Die Inkamerierung des ganzen ober- und vorderösterreichischen Postwesens — Oberpostämter Innsbruck, Freiburg, Bozen, Triest, Roveredo — ergab im Jahre 1771 eine Einnahme von 57970 fl. 35 kr. und einen Reinertrag von 11187 fl. 55 kr. J. A.

[139] Teilweise lag wohl die Schuld der Unrentabilität auch darin, „daß alle Versuche der vorderösterreichischen Industrie (Seidenfabriken, Kattunfabriken, Schweizer und sonstiger Industriellen, Hanfspinnerei und Weberei, Uhrenindustrie, Strohflechterei, Küblerei, Bürstenbinderei, Schnitzlerei usw.), den Kaiserstaat, mit dem die engsten politischen und geistigen Bande diese Provinzen verknüpften, auch als Absatzgebiet zu gewinnen, bald an der Handelspolitik, die die Kaiserin und ihre Söhne für die geschlossenen Erblande verfolgten, bald an der Unbehilflichkeit der Verwaltung scheiterten". (Gothein, a. a. O.) Der Postverkehr der Industrie und Kaufmannschaft zog sich daher auf andere Routen.

[140] In den Kriegsjahren 1790—99 haben sämtliche vorderösterreichische Postanstalten ihren Ertrag um mehr als die Hälfte gesteigert.

haltereien Laufenburg, Rheinfelden, Kenzingen, Steig, Waldshut sowie die Briefsammlungen Krozingen, Altbreisach, Säckingen, Staufen, Elzach und Waldkirch. Bei der Pachtung der vorderösterreichischen Posten leitete die Taxissche Verwaltung der Gedanke, einmal durch Vereinigung der österreichischen mit den Taxisschen Posten den Streitigkeiten wie dem Wettbewerb ein Ende zu bereiten, sodann die Absicht, durch den weiteren Ausbau der Reichspostlinien gegen die Schweiz und Frankreich den Reichsständen die Errichtung eigener Posten zu erschweren. Da indes nach Taxisschen Angaben die Einnahmen hinter der Pachtsumme um die Hälfte zurückblieben, so wollte die Taxissche Verwaltung die Direktion der vorderösterreichischen Posten mit der Reichspostdirektion in Augsburg vereinigen; Österreich dagegen bestand auf der Ernennung eines landesherrlichen Kommissars[141], der über die genaue Erfüllung des Pachtkontrakts zu wachen hatte, in den Pflichten des Erzhauses Österreich, aber in der Besoldung des Fürsten Taxis stand. Diese Aufgabe fiel zunächst dem Postverwalter Siegler in Freiburg zu, von dem behauptet wurde, „er sei ein gefährlicher, dem Interesse des Reichspostgeneralats fremder Mann, der immer eher gegen als für das hochfürstliche Haus arbeite". Es wurde deshalb im Jahre 1780 reichspostseitig von Kleinsorge angestellt, damit er über die vorderösterreichischen Postbeamten und ihre Machinationen wachen sollte. Das Verhältnis zwischen Siegler und von Kleinsorge war naturgemäß ein sehr gespanntes. Aber auch über Kleinsorge, der später die Stelle Sieglers übernahm, berichtet sein Nachfolger (von Kronfels), „sein einziger Augenmerk ging seit dem Jahre 1796 auf seine Pensionierung, die er von Vorderösterreich zu erhalten hoffte, weshalb er sich in allem der vorderösterreichischen Regierung willfährig zu zeigen suchte". Im übrigen leuchtet ohne weiteres ein, was Kronfels auch selbst zugesteht, daß der Pachtschilling von 15000 Gulden eine sehr mäßige Entschädigung für die aus der Pachtung dem Reichspostgeneralat erwachsenden politischen Vorteile darstellte. Der Hof in Wien wollte denn auch nach Ablauf des Pachtvertrags das vorderösterreichische Postwesen im Jahre 1797 wieder an sich ziehen; aber kaum waren die ersten Schritte dazu getan, da brach

[141] Bisher hatte die Hofkammer in Wien an die vorderösterreichische Regierung in Ensisheim befohlen, diese an das Ober-Postamt in Freiburg. Einzelnes wurde auch durch kostspielige Kommissare erledigt.

der Krieg von neuem los und die Maßnahme mußte auf später verschoben werden. Für das Verkehrswesen bedeutete die Vereinigung der Kurse einen entschiedenen Fortschritt. Zu welchen Verkehrshemmungen die feindliche Stellung der nebeneinander herlaufenden Postkurse geführt hat, zeigt die ungünstige Verbindung der Reichshauptstadt Wien mit Freiburg. Die Wiener Post, die Samstags nachts oder Sonntags früh abging, kam Donnerstag früh in Ulm an, wo die für die Schweiz, Elsaß—Lothringen und Frankreich bestimmten Briefe ausgesondert und besonders abgebunden wurden; sie erreichten in Stockach Anschluß auf der Reichspostlinie über Schaffhausen und Gurtweil nach den Waldstädten und von da weiter ihrem Bestimmungsorte zu; diejenigen nach Freiburg erhielten Beförderung über Schaffhausen—Gurtweil—St. Blasien, wo sie Freitag Abend, nach Freiburg, wo sie bei guter Witterung Samstags früh eintreffen konnten, so daß also die Wiener Post erst am siebenten Tage in Freiburg ankam; im Winter sowie bei schlechtem Wetter dauerte es länger. Das Schlimmste aber war, daß die Antwortschreiben keinen rechtzeitigen Anschluß nach Wien fanden, indem die Schweizer Post aus Basel schon an dem nämlichen Samstag in Gurtweil durchpassierte, in dessen Frühstunden die Wiener Briefe in Freiburg angelangt waren. Hiergegen wurde im Jahre 1734 vorgeschlagen, schon in Wien aus den für Freiburg und Breisach, ebenso aus den für das übrige Vorderösterreich bestimmten Briefen ein besonderes Bund zu fertigen, das uneröffnet auf Stockach — österreichische Post — abgewiesen werden müßte, um von hier aus mit den Innsbrucker Posten günstige Weiterbeförderung zu erlangen; ebenso sollte auf dem Rückwege ein Übergang von den österreichischen Posten auf die Taxisschen gefertigt werden, wodurch eine wesentliche Beschleunigung des Postlaufs zwischen Wien und Freiburg erreicht worden wäre.[142] So selbstverständlich diese Kurslegung und Anschlüsse gewesen wären, ebenso selbstverständlich war es damals, daß die widerstreitenden Interessen der beiden Postverwaltungen es zu keinem Einverständnis kommen ließen. Es bedurfte eines kaiserlichen Befehles, damit der Anschluß später hergestellt wurde. Die im Gefolge des Preßburger Friedensschlusses eingetretenen

[142] Vgl. Aufsatz 1734: „Die respektive new- und kürzere auch geschwindere Ordinari Posteinrichtung von Freyburg nacher Wien, auch vice versa über Stockach. Gen. L. A.. Handschrift 972.

Territorialveränderungen und neuen politischen Verhältnisse lösten endlich das ehemalige vorderösterreichische Postwesen gänzlich auf; vom 14. Mai 1806 ab hörte der vorderösterreichische Postkurs Innsbruck—Freiburg auf zu bestehen. Die Stationen zu Neustadt, Unadingen, Pfohren und Engen hatten ihre Bedeutung verloren; Pfohren ging ein, Unadingen wurde als Relaisstation für Reisende, Neustadt und Engen wurden als Reichsposthaltereien und Expeditionen beibehalten.

Die vorländischen Poststreitigkeiten.

Damit erst hatten die über zwei Jahrhunderte andauernden vorländischen Poststreitigkeiten zwischen dem Reichspostgeneralat und dem vorderösterreichischen Erblandpostmeister ihr tatsächliches Ende gefunden, die vereinzelt schon bald nach der dauernden Einrichtung des vorderösterreichischen Postkurses Innsbruck—Ensisheim begonnen hatten. Schon im Jahre 1548 berichtet die Innsbrucker Kammer auf eine Beschwerde des Joseph de Taxis wegen Besetzung des Postamts Füssen durch den Reichspostmeister, König Ferdinand möge dem Jos. de Taxis „keinen Eingriff durch die Reichspost tun lassen“ und vor allem nicht dulden, daß der Reichspostmeister auf der Strecke Innsbruck—Ensisheim zum Schaden des Erblandpostmeisters eindringe. Denn Josef de Taxis habe alle Postleger von Innsbruck nach Roverett, Augsburg und Ensisheim in seiner Verwaltung und sei dafür verantwortlich; auch seien sie bisher durch seinen Vater und nachmals durch ihn selbst besetzt und entsetzt worden.[143] Die Kammerposten unterhielten auch in etlichen

[143] Promemoria über das österreichische und vorderösterreichische Generalpostamt Innsbruck (um 1760):

1.mo daß Johann v. Taxis schon Anno 1497 als Postmeister zu Inspruck gestanden und deme 30 fl. lieffergeld assigniret worden.

2.do hat Kayser Carl unterm 3. Januar 1520 dem Gabriel von Taxis den Salvum conductum zur errichtung deren Posten ertheilet.

3.tio Hat auch dergleichen Frey-Paß der Joseph v. Taxis Postmeister zu Inspruck von König Ferdinand den 29ten 9ber 1534 erhalten.

4.to Ist von Kayser Carl den 16ten Juli 1541 das Postamt dem Gabriel v. Taxis einem Sohn von von Vorstehendem confirmiret worden.

5.to Ist ebenfalls ein dergleichen Exspectanz den 25ten July 1551 von dem König Ferdinand dem Gabriel v. Taxis ertheilet worden.

6.to Sind alle Postmeister- und halter den 5ten Merzen 1555 an den Joseph v. Taxis und seinen Succeßoren mit gebührender Subordination an-

Legern zwei und mehr Pferde, während man reichsseitig nur ein Roß besolde." In der Folge waren die strittigen Punkte hauptsächlich die, daß der Reichspostmeister sich anmaße, auf erbländisch österreichischem Boden Postanstalten einzurichten, wozu nur der Erblandpostmeister befugt sei, während umgekehrt das Reichspostgeneralat peinlichst darauf achtete, daß österreichischerseits nicht auf Reichsboden Postanstalten errichtet wurden. Die Reichspost-Taxis verstanden es indes meisterhaft, ihre wohlüberlegten Berechnungen teils im Wege der Unterhandlungen, teils eigenmächtig in die Wirklichkeit umzusetzen, unbekümmert um die papierenen Proteste des Erblandpostmeisters samt der Innsbrucker Regierungskammer, oder wenigstens den Plänen der vorderösterreichischen Postverwaltung mit Hilfe anderer Reichsstände und ihrer verwandtschaftlichen Beziehungen wirksam entgegenzuarbeiten. Zwar brachten auch hierin, wie überhaupt im gesamten Postwesen, die trüben Jahre des Dreißigjährigen Krieges Stillstand. Mit um so höherem Nachdruck und ungleich größerem Geschick wurde die Ausbreitung der Reichsposten am Bodensee, Rhein und im Breisgau aufgenommen, als die schädlichen Nachwirkungen jener verkehrsverderblichen Kriegsjahre zurückgedrängt waren und in der Person des tatkräftigen und gefürchteten, an seinen Amtsorten ungewöhnlich verhaßten Reichspostmeisters Pichelmayer eine nie ermüdende Kraft zur Verfügung stand. Als Bezirksvorgesetzter der von ihm be-

gewiesen worden, auf welche art die landesfürstl. Verwilligungen und Einraumungen des Obrist Hofpostmeisters zu Insprugg Anno 1553, 1583, 1597, 1613 und 1628 weiteres erfolget sind. Entlichen

7.mo Ist von der Erzherzogin Claudia als geweste Regentin in Tyrol das gesamte Postwesen, in den ober und vorderösterreichischen Landen den 27ten Juni 1645 dem Paul Freyherrn von Taxis und seinen Deszendenten oder Familli mit allen Prerogativen recht und gerechtigkeiten, wie es im Röm. Reich und in österreichischen Landen observiret wird ohne ausnahm Erblich eingeraumet, und den 30. July 1650 von Ferdinand Carl mit dem zusatz bestättiget worden, daß ein jeder Brief von halben Pogen in auf- oder abgeben 3 kr. und von Pogen oder jedem Loth 6 kr. bezahlen solle. Welche erbliche Verleihungen hienach nicht nur den 17ten Febr. 1666 von Kayser Leopold, der auch A^{o} 1673 das obrist Postamt Insprugg zum Generalamt erkläret in seiner ganzen wesenheit abermalen confirmiret, sondern ein solches ist auch von Kayser Carl den 27ten aug. 1727 vnd von der jezt glorwürdigst regierenden Mayt im Febr. 1752 neuerdings bestättigt worden, dto. anbey all obige confirmationes den 3ten april 1760 in Namen Ihro Mayt durch das Gubernio bey ertheilung der Post Instruction wiederhollet worden sind.

gründeten schwäbischen Reichspostanstalten und mehrere Jahrzehnte Vorsteher der drei bedeutendsten Postämter Süddeutschlands, Ulm, Augsburg und Lindau, war er der gefährlichste Gegner des Städtebotenwesens, dem er, wo es immer anging, ein Ende machte, und der eifrigste Vorkämpfer des Reichspostwesens, das er trotz Einsprachen der Stadtmagistrate und Regierungskammer weiter ausdehnte. „Mit unsern ineinandergreifenden Posten zwischen Augsburg—Nürnberg—Ulm—Schaffhausen kann man — so lauten seine Ausführungen im Jahre 1680 — wöchentlich zwei Mal über Regensburg nach Wien und ganz Österreich verkehren und weiter in die Schweiz und nach Frankreich, so daß also selbst die Briefe vom kaiserlichen Hof und aus den österreichischen Erblanden viel geschwinder und dazu wöchentlich zweimal in das Allgäu wie in das Reich befördert werden, über den vorderösterreichischen Regierungspostkurs Innsbruck—Freiburg dagegen wöchentlich nur einmal; denn das Innsbrucker Postamt hat zwar Anschluß an drei welsche Ordinari (nach Italien), aber in das Reich nur diesen einen Kurs wöchentlich, sonst hat es gar keine Gelegenheit, die Briefe, auf deren Beförderung es ein Monopol beansprucht, ins Reich herauszubringen." Zwischen Ulm und Schaffhausen fehlte es damals noch an Reichspostanstalten auf der kürzesten Strecke über Riedlingen—Singen; im Jahre 1680 richtete er kurzerhand an den österreichischen Orten Ehingen, Riedlingen, Mengen, Meßkirch, Stockach, Singen Postanstalten ein und ließ ihre Vorsteher von den Postverwaltern zu Augsburg und Schaffhausen verpflichten. Andererseits hatte der Innsbrucker Postmeister aus den von ihm eröffneten Briefpaketen von Rom, Mailand, Trient und Venedig auf das Reichspostamt Ulm eigenmächtig die Briefe nach der Schweiz und nach Lothringen herausgenommen und den erwähnten Ämtern geschrieben, sie sollten derartige Briefschaften künftig in das Briefpaket auf das österreichische Amt Innsbruck aufnehmen. Dafür öffnete Pichelmayer fünf österreichische Briefpakete aus Wien nach Markdorf, Konstanz ꝛc. und findet, daß eine Anzahl von Briefen nach dem Allgäu, der Schweiz und Lothringen anstatt über die Reichspostämter Ulm—Lindau über das österreichische Amt Innsbruck geleitet waren, wodurch sie eine große Verspätung erlitten; außerdem berechnet er aus diesem Umleitungsverfahren für die Reichspostkasse einen Ausfall an Briefgeldern von jährlich 400 Gulden usw. Bei diesen Streitigkeiten zwischen Reichs- und Landesposten und den Versuchen, sich gegenseitig in der Verkehrszunahme Abbruch zu tun, war in erster Linie das Publikum der leidende Teil. Es fehlte zwar beiderseits nicht an der nötigen Einsicht, daß ein derartiges Gebaren, als dem Verkehre durchaus nachteilig, abgestellt werden müsse. Aber da das Reichspostgeneralat mit allen Mitteln darauf hinarbeitete, sich in den Alleinbesitz der verkehrsreichen Rhein- und Breisgauroute zu setzen, während die vorderösterreichische Postverwaltung sich des Gegners mittelst Beschwerden beim kaiserlichen Hof zu erwehren hoffte, waren die verschiedenen Einigungsversuche erfolglos. Insbesondere verlangte das vorderösterreichische Postgeneralat, die Reichspostverwaltung solle die auf österreichischem Boden errichteten Anstalten zu Singen, Engen, Stockach, Radolfzell und Villingen einziehen und die auf der Strecke Innsbruck—Freiburg gelegenen Posthaltereien, die keine ganze Station (zwei Meilen) von den österreichischen Posten entfernt seien, nach Inhalt des Taxisschen Lehensvertrages abstellen (also namentlich diejenigen zu Mimmenhausen, Überlingen und Stadel). Dagegen machte das Reichspostamt geltend, das Haus Taxis habe das Postregal durch das ganze Reich erhalten, lediglich die Erbkönigreiche sowie die niederösterreichischen Lande ausgenommen. Vorderösterreich und Tirol als zum complexum imperii gehörig, ständen der Reichspost zur ungehinderten Nutznießung frei. Im übrigen blieb es kein Geheimnis, daß sich der vorderösterreichische Kurs, im Gegensatze zu den Taxisschen Posten, nicht rentierte. Auch die im Jahre 1735 erfolgte Verdoppelung der Kurse nach Freiburg und den Waldstätten und das auf kaiserlichen Befehl stattfindende Zusammentreffen mit der Reichspostordinari zu Stockach brachte keine günstigeren Aussichten, wie aus dem Berichte des Reichspostmeisters von Haysdorff (1738) hervorgeht; „während mit dem Handel auch der Verkehr allerorts bereits um die Hälfte zugenommen hat und mithin dem Reichspostwesen großer Nutzen zugegangen, hat man Innsbruckerseits nur das Nachsehen und muß die Lasten tragen". Endlich kam es im Jahre 1764 zu einem Vertrage, der den Zwistigkeiten ein Ende machen sollte; man einigte sich dahin, die zu nah aufeinanderliegenden beiderseitigen Stationen auf der Strecke Leutkirch—Stockach zu vereinigen, den Postwagen Basel—Schaffhausen—Radolfzell—Meßkirch auf gemeinschaftliche Kosten zu unterhalten und in Radolfzell eine gemeinsame Postwagenexpedition einzurichten. Dies hinderte indes nicht, daß sich beide Verwaltungen nach wie vor auf den übrigen Strecken mit der oft erprobten Hartnäckigkeit weiter bekämpften, wie es deutlich bei den beiderseitigen Versuchen, in Geisingen eine Postanstalt einzurichten, zutage trat. Taxis errichtete eine solche unter der im voraus versicherten Zustimmung des Gebietsherrn (Fürsten von Fürstenberg), dem der Reichspostmeister „für seine reichspatriotische Aufmerksamkeit, in Geisingen nur Reichsposten zuzulassen", besonders dankte. Andererseits protestierte natürlich die österreichische Regierung gegen die Anlegung der Station und verlangte die „Überlegung" der österreichischen Posthalterei Hondingen nach Pfohren oder aber die „kreisschlußmäßige (chausseemäßige) Herstellung der Poststraße Hondingen—Unadingen. Die neu hergestellte Dauphinestraße folgte nämlich nicht der alten Poststraße, sondern nahm die Richtung über Geisingen; nun wäre es Sache einer vorausschauenden Regierung gewesen, alsbald die alte Route von der fast unpassierbaren Straße über Hondingen auf die neue Straße über Geisingen zu verlegen; bis aber in Innsbruck bei dem vorderösterreichischen Postgeneralat und in Freiburg bei der Regierung die Lage erkannt wurde, war die Reichspost zuvorgekommen und nun begannen mehrjährige Verhandlungen zwischen Vorderösterreich, Fürstenberg und der Reichspost, wodurch indes das Versäumte nicht mehr nachgeholt werden konnte. Überdies spielten Fürstenberg und Taxis unter einer Decke und wußten durch die gesuchtesten Ausflüchte die Verhandlungen hinzuziehen, so daß erst im Jahre 1774 ein Vertrag zustande kam. Aus den Aktenbänden über diese Angelegenheit tritt uns die ganze beelendende Kleinstaaterei, die jammervolle Zersplitterung unseres Vaterlandes in der denkbar grellsten Weise entgegen. Da es dem mit dem Reichspostmeister von Taxis verwandten Fürsten von Fürstenberg entweder nicht paßte oder nicht möglich war, die Poststraße in leidlichem Zustande zu erhalten, lief der ganze Kurs Freiburg—Wien Gefahr, mangels passierbarer Straßen innerhalb des kleinen fürstenbergischen Gebiets unterbrochen zu werden. Schließlich erreichte der persönlich erschienene Abgesandte der vorderösterreichischen Regierung, von Greiffenegg, daß fürstenbergischerseits gnädigst geruht wurde, zu gestatten, daß die Posthalterei von Hondingen nach Pfohren verlegt und der Unadinger Posthalter vom Dorfe an die Straße herunter bauen durfte.[144] Ob dieser Betätigung seines öster-

[144] Besonders charakteristisch sind die Auslassungen der fürstenbergischen

reichischen Patriotismus beschwerte sich der Fürst von Taxis bitter bei Fürstenberg, worauf von diesem sein Entgegenkommen gegen Österreich auf den richtigen Wert zurückgeführt wurde; nach wie vor würden die Briefe nach Wien, in das Kinzigtal sowie in die Schweiz mittelst der Reichsposten, ebenso wie diejenigen nach Freiburg, Tirol usw. mittelst der österreichischen Posten befördert werden. Unter dem 2. August 1774 kam es sodann wegen des vorländischen Postwesens zu Abmachungen, nach denen die Reichspost für Unterhaltung des doppelten italienisch-niederländischen Kurses auf der Strecke Italien bis Innsbruck seitens Österreichs 10000 Gulden nach Innsbruck zu zahlen hatte und wegen gegenseitiger Auslaggelder genaue Aufzeichnungen für drei Jahre geführt werden

---

Räte, die Straße nach Hondingen sei seit vielen hundert Jahren her niemalen anders gewesen als sie noch seye, und wäre sie vormals tauglich gewesen, den österreichischen Hofpostkurs darauf zu spedieren, so müßte sie es noch sein. Über diesen Zustand der alten Straße kann man sich ein Bild machen, wenn Greiffenegg berichtet: In dem Hinweg nach Engen fand ich gleich die Straße von dem Posthaus durch das Dorf Unadingen zum Umkommen schlecht; von da ist sie die Rißsteig hinunter so schmal, daß ein Wagen, der das weite Geleise hat, mühsam durchkommen könnte; unten in dem Mattentale wird selbe durch einen Bach, die Gauchen geleitet, worüber eine Brücke um so notwendiger wäre als dieser Bach öfters so stark anläuft, daß er ohne Gefahr nicht zu passieren ist. Bei der Kniesteige, an dem sogenannten Teufelsbrunnen sollte unumgänglich notwendig eine Dohle gemacht werden, um das Wasser von der Straße abzuleiten. Von da zieht die Straße nur ein wenig durch den Hinzelberg über sich. Es ist aber vor und nach Hausen vor Wald ein so schlechter lettiger Boden, daß man bei nasser Witterung doppelt soviele Pferde als auf einer ordentlichen Straße nötig hat. In dem Dorfe Hondingen fehlt es an einer Dohle. Von dem Dorfe an gegen Engen geht die Straße eine gute Strecke in dem Mühlebach, daneben große Bachen oder Pfützen, so daß Winters schier nicht durchzukommen ist. Über den Otterbach (gegen Aulfingen) fehlt eine Brücke; vor und nach Leipferdingen (— Ort gehörte dem Deutschorden —) sowie selbst durch den Ort ist die Straße überaus tief und schlecht. Von der sogenannten Taflen aber ist die Straße bis an den Engemer oder Wallen Berg wieder sehr schlecht, bei Regenwetter ist nicht nur starker Vorspann nötig, sondern auch Gefahr verbunden. Durch selbstige Proben überführt muß ich dem Hondinger Posthalter das Zeugnis geben, daß seine Klagen vollkommen gegründet sind und er in der Folge bey seiner Posthaltung hätte zugrunde gehen müssen, weil alle Reisenden diesen Weg, nachdem auf der Seite die Dauphinestraße en chaussée hergestellt worden . . . . verabscheut haben, er auch Winterszeit wegen dem großen Schnee, starken Windwehen und schlimmen Straßen öfters zwei Postillone mit dem Felleisen hat reiten lassen müssen, damit einer dem andern helfen könne und auf dieser unwegsamen Straße nicht Kerl und Pferd zugrunde gehe.

sollten.[145] Wie schon erwähnt, ging vom 1. März 1777 das ganze vorderösterreichische Postwesen in die Hände des Reichspostmeisters für die Dauer von zwanzig Jahren über; zehn vorderösterreichische Stationen wurden aufgehoben. Der Erbgeneraloberpostmeister ernannte im folgenden Jahre den Offizialen Burk zum ersten kaiserlichen und vorderösterreichischen Postkommissar in Stockach, wodurch die Vereinigung der beiden Postgeneralate der Öffentlichkeit gegenüber ihren deutlichsten Ausdruck erhielt.[146]

Nebenposten.

Metzgerposten und Landkutschen.

Bei allen Vorzügen, die den durch das ganze Reich einheitlich organisierten und geleiteten Taxisschen Posten nicht abgesprochen werden dürfen, sind, gleichwie bei den vorderösterreichischen Posten, zwei wesentliche Mängel anzuführen. Einmal legte Taxis, „der das Postregal mehr als ein Recht denn eine Pflicht ansah"[147], in erster Linie nur auf rentablen Linien, den Hauptverkehrsstraßen, Posten an und überließ den Ausbau des Verkehrsnetzes auf den weniger ertragreichen Linien privaten Unternehmern. Die Taxisschen Posten glichen somit einem breiten Strome, von dem auf

---

[145] Von den weiteren Vertragspunkten sind anzuführen: 1. Das Reichspostgeneralat soll Salvis iuribus Austriacis in dem Besitz der in Austriaco aufgestellten Posten belassen werden. 2. Österreichisch bleiben nur noch die Stationen Günzburg bis Altdorf und Stockach ausschließlich. 3. Auf Hauptpostkurs Innsbruck—Freiburg verbleibt die Ernennung der Postmeister Vorderösterreich allein; dagegen sind die Ordinarien und Staffetten in kaiserlicher Reichslivree zu führen, die Postmeister vom Reichspostgeneralat zu patentieren und zu verpflichten. 4. Gemeinsames Vorgehen gegen die Nebenboten. 5. Gegenseitige Zusendung der Stundenzettel. 6. Vergleich soll vom 1. Juli 1774 ab 20 Jahre dauern.

[146] Vor der Vereinigung sind noch folgende vorderösterreichische Postrouten vorhanden gewesen: 1. Augsburg—Füssen—Freiburg mit den Stationen Füssen, Weisbach, Kempterwald, Kempten, Kimradshofen, Leutkirch, Bergatreute, Altdorf, Turnast, Markdorf, Luegen, Stockach, Engen, Pforra, Unadingen, Neustadt, Steig, Freiburg. 2. Stockach—Rheinfelden mit den Stationen Stockach, Singen, Waldshut, Laufenburg, Mumpf, Rheinfelden. 3. Stockach—Konstanz mit den Stationen Stockach, Radolfzell, Konstanz. 4. Stockach—Singen—Schaffhausen, sowie Bregenz—Altdorf und Altdorf—Günzburg.

[147] Das Postwesen in der Kurpfalz v. R. Grosse, 1902, S. 31.

seinem Laufe zahllose Kanäle auf beiden Seiten abzweigten und in den ebensoviele einmündeten, die vielgestaltigen Nebenposten in den Hauptpostkurs. Als wichtige Gattung sind die Metzgerposten hervorzuheben, die im Gebiete des heutigen Württemberg, der Pfalz sowie der heute badischen, früher zu Württemberg gehörigen Landesteile ihre ausgedehnteste und vollkommenste Durchbildung erfahren haben.[148] Sich der Metzger zur Förderung des Verkehrs zu bedienen, lag nahe, da sie sich zu ihrem Gewerbebetriebe in der Regel Pferde halten mußten, mit denen sie in die umliegenden Orte wie auch in entferntere Gegenden mit einer gewissen Regelmäßigkeit zum Viehеinkauf fuhren oder ritten. Schon 1595 berichtet der Vogt zu Tuttlingen, daß er bei seinem Amtsantritt den Metzgern eröffnet habe, sie seien mit ihren Pferden zu Postritten verpflichtet und sollten dafür Futter für das Pferd und für den Tag fünf Batzen bekommen. Die Heinsheimer Metzger erhielten für das Roß und die Post (2 Meilen) mit Rücksicht darauf, daß sie bei ihren Ritten nach und von Pforzheim bei Tag und Nacht einen großen Wald, den „Hagenschieß", passieren mußten, einen Gulden, „sintemahl es dort bei nächtlicher weyl gar vngeheuer vnd manches mallen einer eine gantze nacht darin vmbstraiffen mueß".[149] Später wurde auch viel über die Pforzheimer Metzger seitens der Taxisschen Postmeister geklagt, die, gleichwie die Ulmer Metzger, auf der nächsten Poststation nicht absteigen und bleiben wollten, sondern durchritten und beim Vorbeireiten an den kaiserlichen Posthäusern sogar das Posthorn ertönen ließen, „zum Trutz und zur Vexation der kaiserlichen Posten".[149] In den baden-durlachischen Landen finden wir der Metzger zum erstenmal in einer Verordnung vom Jahre 1576 gedacht, in der ihnen wie den Postillionen untersagt wurde, fremden Passagieren ohne oberamtliches Wissen Postpferde zu geben. Im Jahre 1711 wurden die Durlacher und Pforzheimer Metzger wegen Erhöhung der Postrittgelder und Bewilligung von Wartegeld vorstellig; aus dem abschlägigen Bescheide ersehen wir, daß an „Metzger-Postrittgeltern seit ohnerdenklichen Zeiten nicht mehr als zwanzig Kreuzer von der Meil bezahlt, niemahlen aber ein Wartgelt gestattet worden . . . ., da die Metzger sowohl zu Pforzheimb als Durlach des

[148] Weber, Post und Tel. in Württemberg. S. 10 u. 11.
[149] Weber, a. a. O.

Postritts wegen bekanntermaßen der Wachten befreyet seien".[150] Bald nachher wurde ihnen ein Wartegeld von zwanzig Kreuzern für den Fall bewilligt, daß das Stillager auf Befehl erfolgt und einen ganzen Tag betragen habe. Für die ausgeführten Ritte wurden „Postrittzettel" ausgestellt, auf welchen die Zeit des Abgangs und der Ankunft, sowie die Taxe notiert war. Alle Metzgerpostrittzettel waren mit einem ausführlichen Bericht „ad manus" von Vierteljahr zu Vierteljahr an die Rentkammerexpedition einzuschicken, widrigenfalls die „Decretur" verweigert wurde.

Im weiteren klagte namentlich der Posthalter Jünger in Mannheim darüber (1702), daß die Mannheimer Metzger, wenn sie vom Oberamt ausgeschickt würden, seiner Warnung ungeachtet sich vermäßen, das Posthorn zu führen. Sodann waren es die Fußboten (Gemeindeboten) und Schiffsleute, die als unentwegte „Briefschwärzer" das Mißfallen der hohen Postobrigkeit erregten. In Konstanz erging im Jahre 1770 ein Verbot an die Fußboten, keinerlei Briefe mehr nach Konstanz hinein- noch herauszunehmen. Der Salmannsweiler, Ravensburger, Überlinger, Freiburger und Biberacher Bote wurden abgefaßt, erhielten Mann für Mann sechs Stunden Arrest und für jeden abgefaßten Brief noch einen Gulden Strafe zugemessen. Postmeister von der Tann begibt sich nach Konstanz, „um das hohe Postregale von nun an alldort zu exercieren, die Boten auszurotten und den Schiffsleuten das Briefsammeln zu vertreiben". Später wird von dem Konstanzer Postverwalter Mayer der Riedlinger Bote als „Erzbriefschwärzer" bezeichnet, den er (1788) mit 15 Briefen erwischt habe. Ebenso beschwerte sich der Oberpostamtsverwalter Siegler (1733), daß die Fürstenbergischen Amtsboten[151] Briefe einsammelten, um sie in Donaueschingen der Reichspost zur Beförderung zu übergeben. Diese Handlung sei unerlaubt und besonders dem aerario sehr

[150] Vgl. Fuchs, Konstanz. Beitrag zur Geschichte des Bad. Postwesens bis 1811. A. f. P. u. T. 1889, S. 294ff. Das Amt zu Durlach legte für die Zeit vom September 1733 bis dahin 1731 für von Durlacher Metzgern ausgeführte Postritte 46 Stück Zettel zur Dekretur vor. 1736 beschweren sich die Metzger von Pforzheim darüber, daß sie vom vergangenen Krieg her noch 219 fl. Gebühren für verrichtete Postritte zu gut haben; ihre Forderung war indes unberechtigt, da die Rentkammer nachweist, daß die in den Jahrgängen 1733 bis 1736 eingereichten Metzger-Postrittzettel sämtlich dekretiert und die Beträge gegen Bescheinigung gezahlt waren. Fuchs, a. a. O.

[151] F. F. A. Donaueschingen.

nachteilig, zumal die über dem Wald aufgestellten kaiserlich königlichen Postämter nicht die Hälfte des jährlichen Aufwandes trügen. Darauf wurde ihm ebenso offen wie entschieden bedeutet, sie — die Fürstenberger — würden niemand die Hände binden und sich auch von niemand vorschreiben lassen, wie die herrschaftlichen Briefe bestellt werden sollen, auch nie zugeben, daß den Untertanen das Recht, die Briefe durch die Amtsboten zu spedieren, benommen werde.[152]

Der zweite fühlbare Mangel, den eine den Verkehrsbedürfnissen der Zeit Rechnung tragende Beförderungsanstalt abstellen mußte, war der Ausschluß von Waren, Geld und Wertgegenständen von der Postbeförderung. Die taxisschen wie die vorderösterreichischen Posten waren und blieben bis gegen die Mitte des achtzehnten Jahrhunderts lediglich Reitposten, die im wesentlichen sich nur mit der Beförderung von Briefen und kleinen Paketen befaßten und auch die Personenbeförderung nur mittelst der Postritte ausführten.[153] Hieraus erwuchs für den Kaufmann die Notwendigkeit, sich besonderer Frachtführer zu bedienen, gleichwie für den Reisenden, der die kostspieligen Extraposten scheute, nur erübrigte, sich an private Unternehmer zu wenden. Dieser Mangel der Paket-, Geld- und Personenbeförderung zu Wagen führte zum Aufkommen und Gedeihen der sogenannten Land- und Ordinarikutschen, einer weiteren Form des Nebenpostwesens. Die Pläne zur Einrichtung von Landkutschenfahrten tauchten gegen Ende des 17. Jahrhunderts und später in Menge auf und gaben der Postverwaltung den deutlichen Beweis, welchen weiteren Zweig des Beförderungswesens sie in ihren Bereich ziehen mußte, wenn sie den gestiegenen Verkehrsbedürfnissen folgen und dienen wollte. Dagegen suchte sie sich diesen Wettbewerb durch kaiserliche Patente gegen das

[152] F. F. A. Donaueschingen.

[153] Im Gegensatze hierzu gab es in Preußen schon während der Regierungszeit des großen Kurfürsten (1670—1688) fahrende Posten, mittelst der Personen in zwei Passagieren Platz bietenden Postkaleschen befördert werden konnten, dagegen keine Extraposten. Der Arzt Charles Patin (Voyages de Ch. P., Lyon 1676) erzählt von seiner Reise durch die brandenburgischen Staaten, daß „man sich daselbst der Postwagen bediene, welche Tag und Nacht gehen und wo nur beim Wechsel der Pferde ausgeruht werden könne". Für jedes Pferd wurde in der Regel eine Vergütung von 100 Talern bewilligt. Die Posten hatten in der Regel eine Meile in einer Stunde zurückzulegen. Stephan, S. 61/63.

Nebenbotenwesen vom Halse zu schaffen und zeigte so deutlich, daß es damals an einer leitenden Persönlichkeit in dem gewaltigen Betriebe gefehlt hat, die das Ganze von großen Gesichtspunkten aus betrachtete und die Forderungen der Zeit verstand. Im Norden sind es hauptsächlich die Heidelberger, Mannheimer und Weinheimer Ordinarikutschen, die den Frachtverkehr zwischen diesen Städten und Frankfurt besorgten sowie der pfälzische Postwagen.[154]

Landkutsche Stuttgart—Heidelberg.

Von ebenso großer Bedeutung war die Landkutsche Stuttgart—Heidelberg über Heilbronn mit Anschluß in Heidelberg an die Landkutsche Frankfurt—Straßburg. Schon im Jahre 1682 hatte der wöchentlich über Tübingen nach Stuttgart reitende oder fahrende Bote Geiger Vorschläge zur Einrichtung der Landkutsche gemacht und sich erboten, gegen jährlich hundert Gulden und vierzig Scheffel Frucht die Waren für die herzogliche Apotheke und Küche mit einer Kalesche in Heidelberg von der Frankfurter Kalesche abzuholen und dabei auch Reisende mitzuführen.[155] Der Herzog gestattete auch dem Geiger, die Postkalesche auf eigene Kosten einzurichten, herzogliche Livree zu tragen, das Posthorn zu führen und das württembergische Wappen an seine Kalesche anbringen zu lassen. Badischerseits erhielt Geiger (1683) ebenfalls die Genehmigung zur „Aufrichtung der wöchentlichen ord. Calesse" zwischen Stuttgart und Heidelberg, wurde von allen „Personal-Oneribus" befreit und bekam aus der fürstlichen Rentkammer für „dreißig Gulden Haber zu einer gnädigsten Beysteuer"; auch durften zehn Pferde, die er zu seinem Betriebe gebrauchte, zollfrei passieren; bei seinem Rücktritt erhielt er in dem Adlerwirt Hofer aus Heilbronn einen zielbewußten Nachfolger. Später (1709) wurde die Landkutsche gegen ein jährliches Pachtgeld von 120 Gulden dem württembergischen Posthalter Fischer in Bietigheim überlassen.

Herzogische Landkutsche.

Zwischen Straßburg sowie Mannheim und Heidelberg—Stuttgart verkehrte seit 1700 die Landkutsche des markgräflich-durlachischen

[154] Die Heidelberger verkehrte um 1700 zweimal wöchentlich, Absteigequartiere in Heidelberg, Gasthaus zum Ritter; in Frankfurt, Schwarzer Adler; die Mannheimer und Weinheimer einmal wöchentlich. Vgl. auch Faulhaber. Über den Pfälzischen Postwagen siehe unter Kurpfalz.

[155] Weber, a. a. O., ebenso Fuchs, a. a. O.

Landposthalters, Blumenwirts Sigmund Herzog[156]; sie hatte in Straßburg Anschluß an die Landkutsche nach Basel, in Durlach an die Stuttgarter, die ihrerseits wieder Anschluß nach Ulm und Nürnberg erreichte. Das Fuhrunternehmen bestand aus zwei für Frachten und Passagierbeförderung eingerichteten Kutschen, von denen die größere mit 60, die kleinere mit 40—50 Zentnern beladen werden konnte, und hatte in Durlach, Karlsruhe, Rastatt, Bruchsal, Straßburg, Mannheim und Heidelberg Speditionen. Laut Vertrag zwischen dem Markgrafen von Durlach und dem württembergischen Landpostamt (Sekretär Freudenreich) vom 13. März 1711 sollte der Blumenwirt Herzog von Straßburg bis Pforzheim[157], das Landpostamt von da bis Stuttgart die Landkutsche führen. Als Gegenleistung dafür, daß badischerseits keine weitere Landkutsche auf der Strecke genehmigt wurde, hatten die Unternehmer jährlich zwölf herrschaftliche Bediente und ebenso die herrschaftlichen Briefschaften und Pakete bis zu einem Viertelszentner frei zu befördern. Den späteren Taxisschen Versuchen gegenüber, eine Postwagenfahrt Nürnberg—Straßburg über Durlach einzurichten, widersetzte sich die Witwe Herzog (1753) nachdrücklichst mit dem Hinweise, die Landkutsche sei Erblehen der Herzogischen Familie und unterhalte sich gerade von der Fahrt Straßburg—Stuttgart. Bei Einrichtung eines geschwinden Postwagens Nürnberg—Straßburg würden sich die Passagiere, kleine Güter und Paketer auf diesen ziehen, wie es bereits bei Einführung der Postwagenfahrten Frankfurt—Basel und Ulm—Kniebis—Straßburg geschehen sei; die großen Güter allein brächten keinen Gewinn, da ihre Fortschaffung hohe Beförderungskosten für starke Pferde und Vorspannleistungen erforderte. Mit diesen Ausführungen fand sie denn auch bei Hofe Gehör und der Markgraf erklärte, „das Publikum fühle sich auf der ordentlichen Landkutsche sehr wohl; seine landesherrlichen Rechte und die Gerechtigkeit ließen nicht zu, daß die von ihm privilegierte Landkutsche

---

[156] G. L. A. A.

[157] In Pforzheim finden wir frühzeitig Industrie. Schon 1544 waren 40 Tuchermeister in der Stadt (es waren bis zu fünf Gesellen gestattet), später die Regierungsversuche mit der Waisenhausfabrik, aus der die Bijouteriefabrikation hervorgegangen ist, Zeugfabriken usw. Die Tuchindustrie fand Absatz in Augsburg, auf Bozener Messe; die Bijouteriefabriken mußten ihn in der ganzen zivilisierten Welt suchen.

ruiniert werde". In Wirklichkeit besaß auch Postmeister Herzog in Durlach einen Lehensbrief für sich und seine Erben männlichen und weiblichen Geschlechts; auch mußte er jährlich als Ersatz für Zoll- und Weggeld 200 Gulden zur Amtskellerei zahlen. Im übrigen waren Landkutschen und Reichsposten in dem Bestreben einig, die Errichtung weiterer „regulärer" Fuhrwerke auf der ertrag- und verkehrsreichen Strecke Stuttgart—Straßburg zu verhindern.

Landkutsche Schaffhausen—Frankfurt.

Im Jahre 1697 sehen wir den Kronenwirt in Schaffhausen damit beschäftigt, eine alle zehn Tage verkehrende Landkutsche nach Frankfurt einzurichten; in Verbindung damit ließ der Kreuzwirt zu Stockach ein Eilfuhrwerk von Schaffhausen nach Ulm laufen. Ein Handelsmann Hurtter sollte sogar in Schaffhausen die zu befördernden Briefe sammeln, obgleich es allgemein den Landkutschenunternehmern verboten war, Briefe zu besorgen. Trotz aller Unterdrückungsversuche traten die beiden Unternehmen ins Leben; für die ganze Strecke Schaffhausen—Frankfurt zahlte man bei 15—20 Pfund Freigepäck 10 Gulden.

Landkutsche München—Brüssel. — Konstanz—Augsburg und Konstanz—Basel. — Konstanz—Innsbruck. — Konstanz—Freiburg bzw. Straßburg.

Zu erwähnen ist noch die von einem Düsseldorfer Kaufmann Flirtmann[158] im Jahre 1692 errichtete Landkutsche München—Dünkelsbühl—Brüssel, die ihren Weg über Heilbronn sowie den badischen Kraichgau hindurch nahm und von acht zu acht Tagen verkehrte, sodann die Landkutschen Konstanz—Augsburg[159], die den Weg von 21 Meilen von Freitag bis Dienstag Mittag zurücklegte, und Konstanz—Basel über Thiengen—Waldshut—Laufenburg (1781), die von dem Kreuzwirt Harrer in Konstanz errichtet wurde, endlich die alle vierzehn Tage verkehrende Landkutsche Konstanz—Innsbruck (1793), sowie diejenige Konstanz—Freiburg,

[158] Die Taxianer berichteten über sie „die Personen, so er von Konstanz oder Meersburg nach Augsburg führt, tut er zugleich in Zehrung verköstigen, was samt Fuhrlohn 10 Gulden, ohne Zehrung 5—6 Gulden ausmacht; er hat beständig viel zu führen und befindet sich gut dabei. Konstanz ist ein großer Ort, es sind auch einige Handelsgeschäfte daselbst, dazu die geistliche Regierung des weitläufigen Bistums, wohin immer Leute von mittlerem Stande reisen"; für den Zentner betrug die Fracht 5 fl.; 100 Gulden Wert kosteten 24 kr.

[159] Weber, a. a. O.

später Konstanz—Straßburg. Von dieser letzteren berichtete der vorderösterreichische Postmeister von Kleinsorge in Freiburg (1781), daß an ihrer Stelle anfangs nur „ein Bote mit einem Pferde denen Studenten ihre Effekten hin- und hergeführt habe, nunmehr habe er sich eine gedeckte Kalesche angeschafft und fahre mit vier Pferden von Freiburg weiter mit allerlei Sachen nach Straßburg, die dem Postwagen überwiesen gehörten"; er nennt den Unternehmer „einen unsern Postwagen beeinträchtigenden Schleichhändler".

Daß die Landkutschenunternehmer sich nebenbei mit der Beförderung von Briefen befaßten, haben wir bereits bei der Frankfurt—Schaffhauser Kutsche gesehen; nicht anders verfuhren die fahrenden Boten, Karossenführer und Hauderer, wie dies die beiden Rechtserkenntnisse zu Gunsten des französischen Postregals im Elsaß beweisen; diesen zufolge sind im Jahre 1685 der reitende Bote von Neuremberg[160] und sein Briefbesteller in Straßburg wegen unbefugter Briefbeförderung, ebenso der Kondukteur der Karosse Heidelberg—Straßburg sowie sein Bevollmächtigter von dem französischen Finanzintendanten in außergewöhnlich hohe Strafen genommen worden. Noch schlimmer erging es wegen des gleichen Vergehens im Jahre 1781 dem zwischen Durlach und Straßburg verkehrenden Boten; man hielt es für nötig, ihm, um gegen den immer mehr um sich greifenden Mißbrauch „ein warnendes Exempel zu statuieren", nicht bloß Pferd und Wagen wegzunehmen, sondern ihm noch eine Geldstrafe von 500 Livres nebst den Kosten des Verfahrens aufzuerlegen.

Wenn die Taxissche Postverwaltung, obgleich ihr eine Menge von Postgebühren durch die Kutschenunternehmer entzogen wurde, sich Jahrzehnte besann, den Wettbewerb durch Einführung und Inbetriebnahme fahrender Posten aufzunehmen, so beweist dies, daß sie ihre Aufgabe lange Zeit nicht völlig erfaßt hatte.[161] An

[160] A. f. P. u. T., 3., 1894, S. 78ff.

[161] Das Gewerbe, das sich trotz der Unbilden des 30jährigen Krieges erhalten hatte, die Leinenweberei, erlangte auch in Schwaben immer größere Bedeutung und lieferte jährlich große Mengen von Leinwand und Garn zur Ausfuhr. Außer Leinwand und Leinengarn sind noch einige Metallwaren sowie Nürnberger Kurzwaren zu erwähnen, die während des 18. Jahrhunderts ausgeführt wurden, teils über Hamburg nach England und weiter, teils über Augsburg nach Italien und über Lindau, Konstanz, Basel nach der Schweiz. Im weiteren bezog damals Süddeutschland seine Kolonialwaren über Holland, dem

dringenden Anregungen hat es nicht gefehlt. So baten schon im Jahre 1711 die Reichspostᴴalter zwischen Heidelberg—Ulm, Schweiz und dem Rhein, die Fischerschen Posten (durch Württemberg und Baden) zu beseitigen. Diese vergrößerten sich von Tag zu Tag, die Wagen seien voll von Leuten und Paketen; sie führten auf Nebenpferden Passagiers und Kuriers, während sie — die Reichspostᴴalter — nichts mehr zu tun hätten. Taxis möge doch Kutschenfahrten Frankfurt—Schweiz und Ulm—Augsburg selbst anlegen oder ihnen dies gestatten. Aber noch drei Jahrzehnte dauerte es, bis der geschwinde Postwagen Frankfurt—Basel als einer der ersten in Gang gesetzt wurde.

Fahrpostwesen.

Entstehung und Entwickelung der fahrenden Posten.

Postwagen Frankfurt—Basel.

Unter dem „10ten Septembris" 1742 machte die Kayserliche Reichs-Post-Wagens-Expedition mittelst eines gedruckten „Avertissements" von Frankfurt aus dem Publiko bekannt, „daß von nun an alle Montag Vormittags um 9. Uhr ein geschwinder Post-Wagen[162] aus dem weisen Schwanen über Manheim, Bruchsal, Durlach, Carls-Ruhe, Kehl, Offenburg, Kintzingen, Emmedingen, Freyburg, nach Basel abgehen, allda den Freytag Abends eintreffen, und alle Mittwochen Vormittags dahier zurück kommen werde, Personen und Waaren von und nach Straßburg können auch damit befördert werden, als worüber und dessen Tarif man

---

es seine süddeutschen Bodenerzeugnisse zuführte, seine Putz- und Modewaren aus Frankreich, Frankfurter Messen wurden bedeutender, der Buchhandel am Oberrhein erreichte seinen Höhepunkt, so daß vor allem die Route Norden—Rhein—Süden wieder zu Bedeutung gelangte. Trotz des gewaltigen Verkehrsrückschritts seit dem 17. Jahrhundert hatte der Postverkehr nunmehr wieder eine wesentliche Zunahme erfahren.

[162] Nikolaus Mameranus berichtet in seinem Büchlein über den Reichstag zu Augsburg vom Jahre 1566, daß von Georg Hans, Pfalzgrafen bei Rhein u. a. ein „Postwagen" mitgeführt worden sei. Eine ältere Erwähnung dieses Verkehrsmittels für Personenbeförderung ist nicht bekannt. (Vgl. Dr. Rübsam „Nikolaus Mameranus und sein Büchlein usw." in Hist. Jahrb. der Görresges. München 1888.)

bey der Expedition derer Kayserl. Post-Wagen[162] die nähere Erleuterung erhalten kan".

Hiermit war für das badische Gebiet der Anfang zur Schaffung einer billigeren Personen- und Warenbeförderung gemacht. Die Einführung des Postwagenbetriebs, gegen den sich die Bevölkerung darunter besonders heftig die Interessenten mit Pferdehaltung — nachdrücklichst wehrte, erforderte bei den vielen Gebietsherren, den langen Strecken und schlechten Wegen die ganze Kraft der hervorragenden Taxianer, des Postwagenkommissarius Heger wie des Augsburger Oberpostmeisters von Haysdorff. Die Berichte wie die Taten dieser beiden Männer zeugen von richtiger Erkenntnis der Verkehrserfordernisse, denen sie auf jede Weise gerecht zu werden versuchten. Als dem neuen Verkehrsmittel immer weitere Schwierigkeiten erwuchsen, da erscheint Heger, eilt von Station zu Station, belehrt die Posthalter, dringt nachdrücklich auf die Vermeidung von Versäumnissen und Verspätungen bei Beförderung der Posten, auf Beaufsichtigung der Postwagen beim Ein- und Ausladen und ordnungsmäßige Behandlung der Briefschaften und Pakete. Die vielen Verlustfälle von Paketen führen ihn auf die Trennung der größeren Stücke von den kleineren, welch letztere er in geschlossenen Kisten befördert haben will. Die Einmündung des Nürnberger und Stuttgarter Postwagens soll in Bruchsal, die des später errichteten Kinzigtaler Wagens in Offenburg erfolgen. Die Kondukteure des Frankfurter Wagens mußten in Basel jeweils bis zur Rückfahrt acht Tage liegen bleiben, was Heger sehr ungern sieht, da das lange Stillager Gelegenheit zu allerhand Unterschleifen und Kommissionen gebe. Vom Jahre 1747 wurde der Postwagen über Darmstadt statt über den Odenwald geführt. Auch dieses Aushilfsmittel konnte nicht hinreichen, den Verkehr dauernd auf die rechtsrheinische Route zu ziehen. Insbesondere verursachte ihm der Wettbewerb der gutgeleiteten französischen Diligence Basel—Straßburg, die der Posthalter Teutsch in Straßburg angelegt hatte, vielen Kummer. Dazu kamen dessen Versuche, diesen Wagen zweimal wöchentlich bis Mannheim laufen zu lassen, was Heger durch die alsbaldige Einführung des Postwagens Mannheim—Neustadt bzw. Speyer zu vereiteln strebt. Er wünschte nur, sagte er in einem Berichte von 1752[163], daß alle Reichspostwagen nach dem

---

[163] A. Z. A. Regensburg.

Muster der französischen Diligence eingerichtet werden könnten; die Fahrt Basel—Straßburg—Mannheim dauere auf dieser nur zwei Tage, während man reichspostseitig vier Tage und Nächte zur Zurücklegung der Strecke brauche, was naturgemäß die Passagiers von den Reichspostwagen abziehen müsse; es gebe nur das eine Mittel, um dem Wettbewerb der linksrheinischen Route erfolgreich entgegenzutreten, nämlich die Verdoppelung des Frankfurt—Straßburger Wagens. Hierfür war aber die Durlachische Regierung nicht zu haben, die in dem Vertrage von 1765 (21.—27. Oktober) sich ausdrücklich ausbedungen hatte, daß die Verdoppelung des Frankfurt—Basler Wagens durch die Baden-Durlachischen Lande unterbleibe und die Beiwagen als Extraposten ohne Paketbeförderung behandelt würden. Auch Baden-Baden[164] leistete der Einführung der Basler Geschwindkutsche Vorschub; es gewährte Personalfreiheit für die Posthalter der neuen Stationen, die es in Bühl, Appenweier und Friesenheim angelegt wissen wollte, Zollfreiheit für Reisende und Gepäck sowie Befreiung der Geschwindkutschen von Zollrevision. Als Gegenleistung bedingte es sich die Besetzung der Posthalterstellen mit Landeskindern, Beschränkung des Freigepäcks auf sechs Zentner und den Nachlaß von 200 Gulden an der regierungsseitig zu zahlenden Bauschsumme für das Brieffreitum aus. Die beiderseitigen Leistungen wurden in dem zweiten Vertrage (1761—1763)[165] dahin erweitert, daß Baden die Anlegung einer Pferdepoststation in Offenburg, des Influenzwagens Straßburg—Stollhofen—Rastatt, die Erhöhung des Freigepäcks auf zwölf Zentner genehmigte, wogegen Taxis seine Gegenleistung auf 300 Gulden bemaß. Auch badischerseits bestand man darauf, daß außer den beiden Postwagen Straßburg—Rastatt und Basel—Offenburg kein weiterer Wagen ohne vorherige landesherrliche Genehmigung durch die Markgrafschaft durchgeführt werde, außer wenn zur Beförderung von Reisenden ein Beiwagen eingestellt werden müßte, auf dem indes nur die Passagiere und ihr Reisegepäck unterzubringen wären; anderenfalls müßten die tarifmäßigen Zollsätze — an jeder Zollstätte 10 Kreuzer für das Pferd — entrichtet werden. Wir werden später sehen, wie die Taxianer die Be-

[164] Vertrag v. 1743. Die Verhandlungen führten der Tax. Geheimrat von Lilie und die Kammerräte von Hauer und Padwin.

[165] Kommissare waren Ober-Postamtsdirektor von Haysdorff, der badische Hofrat Krieg und Hofkammerdirektor Dyhlin. G. L. A. A.

stimmungen der durlachischen und badischen Verträge zu umgehen wußten.

Nürnberg—Durlach—Straßburg.

Der Nürnberg—Durlacher Postwagen lief bereits im Jahre 1748 über Heilbronn—Eppingen—Bretten; er sollte in Nürnberg an die Postwagen Sachsen—Norddeutschland und Regensburg—Wien, in Durlach an die Wagen Frankfurt—Straßburg—Basel Anschluß haben, sicherlich ein Zeichen umsichtiger Kurslegung. Wie indes aus einem Berichte des Oberpostamts Nürnberg[166] vom Jahre 1751 zu entnehmen ist, sind die Anschlüsse in Nürnberg wie in Durlach sehr oft verfehlt worden, so daß Abhilfe geschafft werden mußte. „Die Beförderungszeiten" — so führt der Bericht aus — „sind hinlänglich genug, den in 26½ Meilen bestehenden Tractum von Mittwoch Mittag 12 à 1 Uhr bis Freitag Mitternacht 11 à 12 Uhr zu machen, um welche Zeit der von Frankfurt daselbst[167] gemeiniglich eintrifft und bei dortiger Expedition noch die Ordre gestellt ist, daß dieser, im Fall der hiesige noch nicht eingetroffen, bis andern Morgen 6 à 7 Uhr warten soll. Der eigentliche Fehler bei dieser Route hängt lediglich von dem Mangel des Fleißes bei den Posthaltern ab; solcher (Wagen) wäre eigens durch jemand zu begleiten, um auf den Grund der Saumseligkeit verläßlich zu kommen, woran die Posthalterei in Heilbronn ziemlich Anteil haben dürfte; . . . . . . der gewöhnlichen Weise nach soll der Wagen von Straßburg, Basel ꝛc. Mittwoch Nachmittag 3 à 6 Uhr allda (in Durlach) ankommen, mithin wenn mit der weiteren Spedition nicht gesäumt wird, kann er Sonnabend früh hier sein (Nürnberg), so daß er rechtzeitig sowohl in den nach Coburg als Hof abgehenden Wagen einfließt." Zur Feststellung der säumigen Posthalter wurden nun Stundenzettel[168] eingeführt, in denen die Abgangs- und Ankunftszeiten, ebenso die etwa verfehlten Anschlüsse auf jeder Station genau verzeichnet werden mußten; hier treffen wir bei den von Leipzig kommenden Wagen oftmals auf den Vermerk der Posthalterei Nürnberg „angekommen, nachdem kaum eine Stunde zuvor Wagen nach Durlach abgefertigt worden", woraus wir ersehen,

---

166 A. Z. A. Regensburg.

167 In Durlach.

168 In diesen finden wir regelmäßig die Stationen verzeichnet, wo Mittagessen bereit stand. A. Z. A.

wie schwer es im Anfang bei den vielen Zufälligkeiten der Fahrt und insbesondere beim Fehlen eines Telegraphen geworden sein mag, Anschlüsse herzustellen und bestimmt zu erreichen. Man hat sich indes postseitig zu helfen gewußt, wie aus der Bemerkung hervorgeht „und wird den von Frankfurt nach Basel gehenden Wagen in Durlach angetroffen haben, nachdem man im Voraus avis gegeben, mit solchem auf den hiesigen zu warten, weil fünf Passagiers darauf, die nacher Straßburg gangen"; zweifelsohne waren es die vorbeieilenden Briefpostreiter, die man im drahtlosen Zeitalter mit diesem Auftrage bedachte. Der Taxisschen Postverwaltung war indes viel daran gelegen, von Nürnberg aus eine Postwagenfahrt über Stuttgart nach Durlach einzurichten; die Verhandlungen hierüber begannen gleichzeitig mit denen wegen Verdoppelung des Frankfurt—Durlacher Wagens durch den Postkommissarius Gruber im Jahre 1753. Die Schwierigkeiten ergaben sich aus dem Widerstreit der Interessen; die württembergische Regierung verlangte Durchführung des Postwagens bis Straßburg, worauf die durlachische Regierung wegen der Herzogischen Landkutsche nicht eingehen konnte. So blieb Taxis nur übrig, zunächst sich mit einem Anschlusse der Postwagen Nürnberg bzw. Augsburg—Straßburg an diejenigen Frankfurt—Basel in Bruchsal zu begnügen. Die Straßen des näheren Kurses — die sogenannte untere Nürnberger Straße — über Bretten—Heilbronn wurden mit der Zeit derart verwahrlost, daß der Kurs auf diesen nicht mehr aufrecht erhalten werden konnte. Man ließ ihn deshalb die Richtung über Schwäbisch Gemünd—Stuttgart—Pforzheim—Durlach—Rastatt—Kehl, also die obere Nürnberger Straße einschlagen, die Baden und Württemberg mit vielen Kosten in besseren Stand gesetzt hatten. Im Jahre 1797 verlangte Pfalz die Rückverlegung des Postwagenkurses auf die untere Nürnberger Straße, für deren Herstellung nunmehr bedeutende Aufwendungen gemacht worden seien. Nach den gemachten Erfahrungen hatte weder die Postverwaltung Neigung hierzu, noch weniger wären Baden und Württemberg damit einverstanden gewesen; der Kurs behielt die Richtung über Stuttgart—Pforzheim—Durlach bei.

Mannheim—Metz und Mannheim—Speyer.

Im weiteren finden wir im Jahre 1741 einen Postwagen Mannheim—Kaiserslautern—Saarbrücken—Metz und im Jahre

1753 einen wöchentlich zweimal zwischen Mannheim und Speyer verkehrenden Wagen.

Straßburger Diligence.

Im Jahre 1754 ging die französische Straßburger Diligence einmal wöchentlich über Speyer, einmal über Landau—Neustadt. Der Anschluß an diese seitens der Reichspostwagen fand auf Betreiben Hegers, der 1753 mit dem Posthalter Teutsch von Straßburg wegen der „Influenz" und der Anstellung eines Spediteurs einen Vertrag abgeschlossen hatte, in Neustadt und Germersheim statt.

Mannheim—Mainz.

Der Postwagen Mannheim—Mainz verkehrte von 1756 an wöchentlich dreimal; er hatte Anschluß an den Wagen Mainz—Frankfurt und durch diesen an den Nürnberger Wagen.

(Wien)—München—Straßburg(—Paris).

Wie hinsichtlich der reitenden Post, so blieb der Schwarzwald und das Kinzigtal bei der Fahrpost anfänglich ausgesprochenes Stiefkind der taxisschen Postverwaltung. Die ungeheuren Schwierigkeiten, bei den stellenweise kaum fahrbaren Wegen eine Postwagenfahrt über den hohen von gefährlichen Schneestürmen heimgesuchten Schwarzwald in die Wege zu leiten, haben das Ihrige dazu beigetragen, den Zeitpunkt der versuchsweisen Einrichtung eines Fahrpostkurses hinauszuschieben. Wer von München nach Straßburg mit dem Postwagen reisen wollte, durfte bis 1760 den Umweg über Nürnberg—Heilbronn—Offenburg nicht scheuen und mußte froh sein, am 12. Tage in Straßburg anzukommen.[169] Er reiste Mittwoch abends von München ab, langte Freitag nachts in Nürnberg an, wo er bis Mittwoch Mittag liegen bleiben mußte, war Samstag nachts in Offenburg und Sonntag früh als am 12. Tage in Straßburg.[170] Diesen Umweg wollten die Reisenden naturgemäß vermeiden und wählten deshalb direkt verkehrende Haudererfuhrwerke. Von Straßburg nach München war die Verbindung mittels der fahrenden Post günstiger, immerhin waren noch acht geschlagene Tage für diese kurze Strecke erforderlich. Noch schlimmer war es mit der Beförderung der Pakete und Wert-

[169] Er brauchte also die nämliche Zeit ungefähr, die man heute für eine Fahrt von Hamburg oder Bremen nach New York und zurück berechnet.

[170] Bericht des Ober-Postamtsdirektors von Haysdorff vom Jahre 1756. A. Z. A. Regensburg.

briefe nach den Schwarzwaldorten bestellt; waren sie nach Orten ohne Postwagenverbindung gerichtet, so wurden sie in den Erblanden kurzer Hand an den Aufgabeort zurückgeschickt. Und doch, so berichtet der mehrerwähnte Haysdorff, mache sich ein starker Handels- und Reiseverkehr zwischen Paris—Straßburg—München—Wien bemerkbar; in München wie in Wien habe man ja „lauter französische Däntzer, Operisten, Kammerdiener und derlei Zeug, so immer ab- und zugeht, folglich sich eines geraden Postwagens bedienen würde". Auf diese Tatsache gründete sich auch das Gesuch des Lehenrößlers Veith Friesenegger zu München um Erlaubnis zur Einrichtung einer Landkutsche München—Rastatt. Die Absicht endlich, die aus Frankreich stammenden Waren, die damals großen Absatz in den österreichischen Erblanden und Polen fanden, rascher als es über Nürnberg—Regensburg möglich war, nach der Reichshauptstadt Wien zu bringen, half über die entgegenstehenden Bedenken hinweg und führte im Jahre 1760 zur Einführung des Postwagenbetriebs durch den hohen Schwarzwald nach dem Kinzigtal und der Rheinebene. Diese Richtung wurde namentlich auch deswegen gewählt, weil in der Richtung Rastatt—Stuttgart schon andere Postwagen liefen, mit denen die Stationen damals vollauf zu tun hatten; sodann wollte man auch der Durlacher Landkutsche keinen neuen Anlaß zur Klage geben. Am 5. Januar 1760 fuhr abends der erste Postwagen Straßburg—München und am 9. desselben Monats der erste in der umgekehrten Richtung über den schneebedeckten Schwarzwald. Die Stationen auf badischem Gebiet waren Meßkirch, Geisingen, Donaueschingen, Villingen, Krummschiltach, Hornberg, Haslach, Offenburg und Kehl. Es wurde viel über schlechte Wege auf dieser Route geklagt; namentlich waren die Steige bei Immendingen und die Strecke Villingen—Hornberg gefürchtet und erforderten kostspielige Vorspannleistungen. Dazu kam, daß die Straße über St. Georgen[171] nach

[171] Fürstenberg schrieb an den Reichspostmeister, wenn er die Reichsposten aus dem Kinzigtal in bessere Aufnahme bringen wolle, so solle er die Straße von Hornberg bis an die Villingische Grenze en chaussée bauen lassen. Die meisten Passagiers würden jetzt wegen dieser ungebauten Strecke von Offenburg nach Schaffhausen—Zürich allemal ehender einen weiten Umweg über Freiburg—Neustadt—Unadingen machen als sich dahin über Hornberg führen lassen. (30. August 1774.) A. F. F. A. Donaueschingen. Die Straße war im Winter oft unter Eis gesetzt, von Schnee verweht, so daß „die Post- und Landkutsche" mit der jedesmal mitgebrachten Mannschaft bisweilen acht Stunden

Aussage des Kondukteurs ohne Lebensgefahr nicht mehr befahren werden konnte. Außerdem nahm die Unsicherheit im Schwarzwalde derartig zu, daß sich der Posthalter Stölker in Haslach im Jahre 1768 erbot, auf eigene Kosten den Kontingentsreiter zur Begleitung der Diligence beritten zu machen. Die Fahrt scheint damals überhaupt kein sonderliches Vergnügen gewesen zu sein. „Über Gengenbach", heißt es in einem Berichte damaliger Zeit, „kommen wenig Passagiers und sagt der Kondukteur, wer einmal mitgefahren, komme nie wieder". Nimmt man noch die beständigen Klagen und Streiks der Posthalter wegen zu geringer Bezahlung sowie die Tatsache, daß der Straßburger Postwagen infolge seiner schweren Bauart sechs Pferde erforderte, hinzu, so kann man begreifen, daß selbst ein Mann wie Direktor Haysdorff Augsburg im Jahre 1772 den radikalen Vorschlag machte, den Postwagenkurs Augsburg—Straßburg zur Ersparung der Mehrausgaben völlig eingehen zu lassen oder wenigstens von Stockach an abzuschneiden und ihn nur bis Schaffhausen laufen zu lassen. Man fürchtete indes die Beschwerden des Donaueschinger Hofs; tatsächlich hat aber Taxis den Kommissarius Gruber (1775) angewiesen, den Kinzigtäler Postwagenkurs sobald als angängig aufzuheben. In Wirklichkeit ist der Kurs nicht aufgehoben worden, sondern hat sich baldigst besser rentiert. Schrieb ja doch derselbe Haysdorff vier Jahre später (1779) „die Donaustädtlein Ehingen usw. sehen ganz barmherzig aus, Meßkirch desgleichen, in Stockach und Engen ist kein Kommerz, zu Geisingen gar nichts, Donaueschingen hat endlich den Hof, Villingen passirt, Krummschiltach besteht aus dem einschichten Posthaus, Hornberg, Hausach und Haslach stellen ebenfalls wenig vor . . . nicht zu gedenken der besonders schweren Kosten durch das Kinzigtal und bei allendem gehen der gnädigste Fürst nicht leer aus. Singula collecta iuvant. Jedes obbenannte Städtlein tragt immer bald dies bald jenes bei, teils von sich, teils von umliegender Gegend". An mühseliger Arbeit für den Postmeister Gleiß in Meßkirch wie den mehrgenannten Haysdorff hat es allerdings nicht gefehlt, bis dieser Kurs in Ordnung gebracht war; besonders viel machten die Posthalter zu Haslach, Hausach und Gengenbach zu schaffen, so daß

---

von St. Georgen bis Hornberg brauchte (Schreiben Villingens an die Regierung in Freiburg vom 31. Dezember 1773, Akten im Villinger Stadtarchiv)

Haysdorff voller Unmut schrieb, „ich will nur froh sein, wenn der Kurs durch das Kinzigtal wiederum festgestellt ist, wonach alle Reflexiones, Kriteria und dergleichen aufhören werden". Der Fahrpostkurs Ulm—Straßburg, einschließlich der Route Meßkirch—Schaffhausen, erforderte einen Aufwand von jährlich rund 8000 Gulden.[172] Nach dem Avertissement vom Jahre 1760 lief im badischen Vorderösterreich nunmehr der Hauptwagen Wien—München—Meßkirch—Offenburg—Straßburg mit Anschluß nach Freiburg—Basel wie nach Karlsruhe—Frankfurt—Köln, sowie die Nebenwagen Meersburg—Überlingen—Mimmenhausen—Meßkirch, Schaffhausen—Donaueschingen und Meßkirch—Schaffhausen.[173]

Memmingen—Konstanz.

Es fehlte somit noch der direkte Anschluß der Bodenseegegend an die Hauptroute München—Straßburg. Diesen suchte Haysdorff durch eine Postwagenfahrt Memmingen—Konstanz zu erreichen und dadurch gleichzeitig die vielen Botengänge nach und von Konstanz, sowie die Landkutschenfahrt Konstanz—Augsburg aus dem Felde zu schlagen. „Da mit der reitenden Ordinari

---

[172] Vgl. Berechnung in Anlagen.

[173] Vgl. Avertissement von 1760: Auf Veranlassen des Allerhöchsten Kayserlichen Hofes haben des Herrn Erb-General ReichsObristPost-Meisters Herrn Fürsten von Thurn und Taxis Hoch-Fürstlichen Durchl. zu Gnädigsten Gefallen Allerhöchst gedachten Kayserlichen Hofes die von Wienn über Lintz an die Bayrische Gräntzen aufgestelt fahrende Post von dannen des weitern und geraden Weegs über Braunau, Altöttingen, München, Landsperg, Mindelheim, Memmingen Biberach, Moeßkirch, Doneschingen, Villingen, Hornberg, Haslach, Gengenbach und Offenburg nach Straßburg dergestalten einzuleithen verfüget, daß auch die disem Etablissement nahe gelegene Gegenden und ansehnliche Plätze, durch andere Neben-Wägen profitieren können, in welcher Absicht dann eine Diligence von Augspurg per Mindelheim, eine von Ulm, und eine von Linden per Memmingen, eine von Mocspurg und Uberlingen durch Mimmenhausen per Moeßkirch, und eine von Schafhausen per Doneschingen würcklichen abfahret. Gleichwie auch ohnehin von Augspurg nach Nürnberg und gantz Sachsen, von München nach Regenspurg und gantz Bayrn, von Offenburg nach Freyburg, Basel, Franckfurth, und Cöln angeordnete Post-Wägen allschon bestehen, mit welchen Coursen das obbeschribene neue völlige Etablissement verknüpfet ist. So wird durch solche Einrichtung überhaubt dem Publico die Gelegenheit verschaffet, nebst Briefschaften auch Persohnen mit ihren Hardes, ingleichen sonst zur Reitenden Post unbequeme Paqueter und Geld Remisen schicklich und geschwind fast allenthalben hin um leichten Preiß fortschaffen zu können.

Geld und Geldeswert wegen der Angriffe und Plünderungen zu führen verboten ist, so muß jeder beschwerte Brief in dieser Richtung den Boten überlassen werden, es ist daher nur natürlich, daß Konstanz der Sammelplatz zahlreicher Boten geworden ist, die durch eine Postwagenfahrt Memmingen—Konstanz in Schranken gesetzt werden sollen."[174] Im Jahre 1781 erreichte er auf eine abermalige Vorstellung, daß dieser Kurs vom 1. Juli ab versuchsweise seinen Anfang nahm; am Ende des ersten Jahres, das eine Mindereinnahme von 216 Gulden ergab, sollte die Probefahrt eingestellt werden; der Postwagenkurs blieb indes weiter bestehen.

Meersburg—Lindau.

Der Plan einer Anschlußverbindung der Bodenseegegend an den Postwagen Augsburg—Lindau fand an dem Bischof von Meersburg einen einflußreichen Fürsprecher. Es wurde gegen eine weitere Verbindung geltend gemacht, es sei in der Bodenseegegend infolge des geringen Handelsverkehrs weder auf einen nennenswerten Zugang von Reisenden noch von Waren zu rechnen. Demgegenüber drängte der Oberpostamtsdirektor von Hebenstreit zu Regensburg wenigstens auf einen Versuch, der für ein halbes Jahr höchstens 150 Gulden koste. An Passagieren könne es nicht gebrechen, wenn man nur an die Kaufleute denke, die zweimal im Jahre die Messen zu Zurzach und Frankfurt besuchten, und an die Schweizer Offiziere in französischen und holländischen Diensten, die alljährlich nach und von Hause reisten. Im weiteren hätten doch die Bodensee- und Rheinstädte, wie Lindau, St. Gallen, Überlingen, Schaffhausen und Basel, hinlänglichen Handelsverkehr; ebenso sei bekannt, daß kleinere Pakete sehr ungern dem Wasser anvertraut würden, sobald sich eine andere sichere Beförderungsgelegenheit biete. Die Postwagenfahrt ist im Jahre 1786 zustande gekommen, nachdem zuvor in den Jahren 1777—1780 auf Drängen des Reichspostmeisters die Straße Bregenz—Meersburg chausseemäßig hergestellt worden war. Zu Wasser besorgten daneben die „ordinäre Böte" Gebrüder Hausamann den Frachtverkehr, die in Konstanz wiederum Anschluß an den Reichspostwagen hatten.[175]

---

174 Bericht Haysdorffs vom Jahre 1779. A. Z. A. Regensburg.

175 Der Güter- und Personenverkehr von Augsburg und Ulm nach Westschweiz und Frankreich nahm im Mittelalter seinen Hauptzug über Meersburg nach Konstanz. Da nur Segelschiffe benützt werden konnten, so wählte

Meersburg—Meßkirch.

Zu gleicher Zeit kam die Fortführung des Wagens Lindau—Meersburg über Salem—Pfullendorf nach Meßkirch zustande. Infolge der schlechten Wege und des zu geringen Erträgnisses wurde der Wagen vom Jahre 1788 ab über Überlingen—Salem—Stockach gefahren; während der Revolutionskriege ging der Kurs ein und erst 1803 beginnen die Bemühungen, ihn wieder einzurichten.

Der in Meßkirch[176] abzweigende Schaffhauser Postwagen lief ursprünglich direkt über Stockach—Singen nach Schaffhausen. Vom Jahre 1763 wurde auf die willkommene Anregung der vorderösterreichischen Stadt Radolfzell die Gelegenheit taxisscherseits erfaßt, sich eines weiteren Stützpunktes am Bodensee durch Verlegung des Kurses über Radolfzell zu versichern. Es wurde zwar anfangs seitens der vorderösterreichischen Postverwaltung Einsprache gegen diese Neuerung erhoben; in der Folge einigten sich indes die Reichs- und vorderösterreichischen Taxianer über die Einführung eines gemeinschaftlichen Postwagens von Basel durch die Waldstädte und Schaffhausen nach Meßkirch und eine gemeinschaftliche Wagenexpedition in Radolfzell. Gleichzeitig wurde angeordnet, daß die Reichspostritte Konstanz—Stockach, die wöchentlich zweimal verkehrten, ohne Radolfzell zu berühren, nunmehr über diese Stadt auszuführen waren. In der Folgezeit führte das eigenartige postalische Verhältnis, das vertragsmäßig die Ernennung eines Reichsposterpeditors und eines österreichischen Posthalters zur Vor-

man namentlich bei Gegenwind die Überfahrt Meersburg—Staad; ebenso war es zwischen Dingelsdorf und Überlingen. Zwischen Konstanz, Meersburg, Überlingen fuhren nur an bestimmten Tagen Schiffe, während zwischen Staad und Meersburg ebenso zwischen Dingelsdorf und Überlingen ein fast ununterbrochener Verkehr mit Nachen und größeren Schiffen herrschte. Vgl. Baer, a. a. O.

[176] Der Postwagenverkehr in Meßkirch war nach einer Notiz des Postmeisters Gleiß im Jahre 1760 folgender:

In Mößkirch kommen an:		In Mößkirch gehen ab:
Montag Abends	Von Donaueschingen, Schafhausen, Straßburg, Freyburg, Basel, Frankfurt	Freytag Mittag
Freytag Mittag	Von Memmingen, Lindau, Ulm, Biberach, Augsburg, Nürnberg, München, Wienn	Montag Abends
Freytag Mittag und Montag Abends	Von Mimmenhausen, Heiligenberg, Mörsburg, Überlingen und selbiger Ende . . .	Montag Nachts und Freytag Mittag

aussetzung hatte, zu Reibereien zwischen diesen und Klagen der beiden Postverwaltungen, bis endlich die Reichsposten zufolge des Admodiationsvertrags in den Alleinbesitz des Kurses gelangten.

Für die Einrichtung eines neuen Postwagenkurses durch die Reichspostverwaltung kamen nicht allein die Bedürfnisse des Verkehrs in Frage, wie sich aus den Akten mit Sicherheit feststellen läßt, sondern es mußten vor allem die Betrachtungen über etwaige „Befestigung des Besitzstandes des Reichspostwesens, Verbesserung des hochfürstlichen Ärars, Niederlegung der Boten" zur Verhinderung der Briefverschleppung zu einem günstigen Ergebnis führen. In Schwaben ging die Taxissche Verwaltung während der Gültigkeitsdauer des vorderösterreichischen Pachtvertrages besonders darauf aus, durch möglichst viele Neuschöpfungen den unbedingten Vorrang für alle Zukunft zu gewinnen, obgleich man es taxisscherseits ganz offen aussprach, daß die Reichsposten von den „Verbreitungsmaßregeln der vorderösterreichischen Posten für die Zukunft ebensowenig zu fürchten haben als während der Pachtung; denn Österreich werde wohl nie in den Sinn kommen, die tirolischen und breisgauischen Lande mittels eines fahrenden Kurses zu verbinden und unterwegs aus den mageren Burgau-, Altdorf- und Bregenzischen Distrikten einigen Vorteil ziehen zu wollen. Innsbrucker Handschuh und Freiburger Granaten sind zu schwache Quellen, als daß man bei einem so weiten Kurs einige Rechnung hierauf machen könnte. Das Reichspostgeneralat hingegen ist im Besitz der vorzüglichsten Kommerzialstraßen und kann nach Zeit und Umständen die noch unbenutzten befahren, ohne der österreichischen Miteiferung wegen besorgt zu sein."[177]

Werfen wir noch einen kurzen Blick auf die Entstehung und Entwickelung der Posten zurück, so kommen wir zu folgendem Bilde:

Um 1540: Anfang des eigentlichen Postwesens, sofern man darunter die regelmäßige Beförderung von Privatbriefen als die Hauptleistung begreift.

1640: Wiederaufrichtung der durch den Dreißigjährigen Krieg zertrümmerten Postkurse.

1680: Das Brieffelleisen läuft wöchentlich durchschnittlich ein- bis zweimal höchstens in jeder Richtung. Wichtige Botenpostkurse werden verdrängt.

[177] A. Z. A., Regensburg.

1710—1720: Versuche verschiedener Kleinstaaten, eigene — landesherrliche — Posten einzuführen.

1728: Das prochet de la Journalière entre Francfort et Mannheim (tägliche Postverbindung) taucht auf.

1740: Das Briefelleisen läuft durchgehends drei- bis viermal in der Woche. **Einführung der fahrenden Posten.** Beginn der eigentlichen und regelmäßigen Personen- und Päckereibeförderung **zu Wagen.**

1744: Die wichtigsten Strecken erhalten Journalièren (tägliche Reitposten).

1761: Taxis erhält das Recht zur Verdoppelung der Postwagen Nürnberg—Straßburg und Ulm—Straßburg auf 12 Jahre.

1774—1777: Der Aussemsche Wagen geht käuflich, die Straßburger und Schaffhauser Landkutschen sowie das vorderösterreichische Postwesen gehen pachtweise auf die Thurn und Taxissche Postverwaltung über. Das fürstliche Haus Taxis herrscht unumschränkt in seinem Postreiche zwischen Rhein, Main und Donau und weiterhin.

Dienstbetrieb. Personalverhältnisse bei der Thurn und Taxisschen Postverwaltung, Taxwesen, Portofreitum, Postgesetz, Reiseverkehr.

Dienstbetrieb.

Das „gemeyne oder ordentliche Postwesen" umfaßte die Ordinari- und Extraordinariposten. Im Gegensatze zu den Nebenposten und Boten stand es unter dem besonderen Schutz der Kaiser und erfreute sich einer Reihe oftmals verbriefter Vorrechte. Es unterschied sich von dem Nebenpostwesen namentlich durch den von drei zu drei Meilen stattfindenden Pferdewechsel[178], der dem Neben-

[178] Vgl. auch Rübsam, Dr., „Zur Geschichte des internationalen Postwesens". Zum ersten Mal tritt uns diese Definition einer Post in dem Memorial der Kaufleute von Frankfurt und Augsburg auf den Gewaltakt Hennots entgegen, der die städtischen Boten am Einsammeln von Briefen hinderte. Später wurden die Unterschiede spitzfindiger gemacht. Vgl. Faulhaber, a. a. O. Auf die Einteilung von Hörnigk (De Regali Postarum Jure) gehe ich nicht näher ein, da seine Erklärungen zu weit ausholen. Zu vgl. A. f. P. u. T.

botenwerk grundsätzlich verboten war. Unter den Ordinari verstand man die an einem bestimmten Wochen- oder Monatstage ankommenden oder abgehenden Posten, während die Extraordinari nur in außergewöhnlichen Fällen abgefertigt wurden. Für die ersten anderthalb Jahrhunderte des ordentlichen Postwesens — also bis gegen die Mitte des achtzehnten Jahrhunderts — haben wir unter den Ordinari eine Anzahl Postreiter zu verstehen, die mit dem Posthorn und Postzettel, später in besonderer Uniform, von einer Posthalterei zur anderen die Briefpakete auf die schleunigste Art hin und her zu befördern hatten, wo diese, soweit sie nicht für den Ort selbst bestimmt waren, von anderen zur Ablösung bereitstehenden Postreitern in Empfang genommen und weiterbefördert wurden; die Postknechte hatten tags und nachts zu reiten und wurden für ihre Dienstobliegenheiten besonders vereidigt.[179] Eine Personenbe-

1886, Nr. 83, S. 779, wo seine Ausführungen übersetzt sind. Er schreibt beispielsweise: 1. Das Wort „Posta" (= „Post- und Postlauff") ist vom Worte ponere (posita) abzuleiten. Unter Postae sind zu verstehen „Post und Postbotten, Postillionen, Currirer, Postknecht, Postjungen". 2. Postae sind also auch Personen, und zwar Personen, welche von der Obrigkeit bestellt sind, um zum öffentlichen Wohle die Post zu befördern. 3. Die Posten werden bisweilen eingetheilt in allgemeine Posten („Postae imperii — Reichsposten, Kayserliche Reichsposten") und in besondere Posten („Postae provinciarum — Landposten, Hoffposten" und „Postae privatorum et civitatum — Metzgerposten, Nebenbotten"). 13. Zur „Post", wie sie wenigstens in Europa überall eingerichtet ist, gehören außer den bei ihr beschäftigten Personen auch die Postpferde. 14. Voraussetzung jeder Post ist ein „Postlauff".

[179] Ein Postillioneid aus dem Jahre 1745. Demnach des Herrn Kayserlichen Erb General Obrist Hof Postmeister im Heylichen Römischen Reiche, Burgund und denen Niederlanden, Alexander Ferdinand Hochfürstliche Durchlaucht nachgesetzter Posthalter zu . . . . bey der gnädigst ihm anvertrauten Station, mich . . . . zu seinem Postknecht angenohmen,

Alß schwehre ich zu Gott dem Allmächtigen einen leiblichen Eydt, daß nechst höchstgedachten Seiner Hochfürstlichen Durchlaucht ermeldeten Herrn Posthalter ich jederzeit treu und dienstgewärtig seyn, des Kayserlichen Reichs Postwesens Nutzen und Bestens nach allem meinem Verstand und Vermögen befördern, Schaden und Nachtheil aber, so viel an mir, warnen, abwenden und demselben vorkommen, mich eines nüchtern Lebens befleißigen, was mir von Ihm bey der Post oder derselben wegen sowohl ordinarie als extraordinarie zu verstehen, als das ordentliche Felleysen, Kasten und Paquetten, oder wie es sonst Namen haben mag: ingleichen deren reisenden Personen Bagage und Sachen anvertraut wird, alles fleißig in Acht nehmen und damit sowohl im Auf- und Abpacken als auf der Straße jedesmal treulich umgehen, daß nichts verwahrloset oder verloren, sondern an gehörige Orte richtig geliefert werde,

förderung fand nur in der Weise statt, daß dem Reisenden von dem Posthalter ein Reitpferd gestellt und ein berittener Postillion als Führer und Begleiter mitgegeben wurde, dessen Sache es war, das Pferd des Reisenden zurückzubringen. Um weniger Anreiz zur Beraubung der Posten in jenen unsicheren Zeiten zu bieten, war ausdrücklich verboten, Wertbriefe zur Beförderung anzunehmen. Erst die Einführung der Ordinari-Fahrenden-Posten hat die postmäßige Personen- und Sachenbeförderung größeren Stils im Gefolge gehabt. Nunmehr dienten

die reitende Post zur regelmäßigen Beförderung von gewöhnlichen und eingeschriebenen Briefen mittelst eines berittenen Postillions; stationsweise Pferdewechsel;

die reitende Extrapost-Estafette zur Beförderung von Briefen und Paketen gegen besondere Gebühren auf Wunsch eines Auftraggebers;

die reitende Extrapost zur Reise mittelst eines Reitpostpferdes unter Begleitung eines berittenen Postillions;

die Kurierpost — eine Extrapost mit größerer Beschleunigung — meistens zur Beförderung von Reisenden von Stand an den und vom Hof;

---

soviel Mensch und möglich sorgen; mit den Paqueter oder Brief Porto bey deren Ordinari, es seyen Reit oder fahrende Posten, dafern mir dessen unterwegs etwas zu handen kommen sollte, keinen Unterschleif machen, weniger so ich dergleichen von andern wahrnehmen sollte, solches verschweigen, sondern alles gehörigen Orts ansagen und berechnen, viel weniger unterwegs Personen auf die Ordinari Wagens aufsitzen lassen. Zu vorfallenden Staffetten und Extraposten mich jederzeit bereit halten und selbe gehörigen Orts ohne die geringste Versäumnus getreu und willig befördern, ohne Ursache über die bestimmte Zeit mit denen Pferden niemals ausbleiben und bey Führung derer Ordinären Felleysen und Staffetten von dem Pferde ohne die allerhöchste Noth nicht absteigen, noch bey Verlust meines Lohnes an denen Wirthshäusern zum Trinken anreithen oder absitzen. Die Pferd nicht überjagen noch überladen, mit dem mir auf dieselbe reichende Futter treulich umgehen und denen Pferden nichts entziehen, sondern selbe jederzeit gebührend und fleißig versorgen: auf Hufschlag, Sattel, Geschirr, Wagen und alles was darzu gehört, gut acht haben, dasselbe wanns nöthig bessern, oder das was schadhaft in der Zeit gebessert werde, fleißig erinnern; und in Summa alles was sonsten, einem rechtschaffenen Postknecht zu thun und zu lassen wohl anstehet, jederzeit thun und verrichten will.

So wahr mir Gott helfe durch
Jesum Christum unsern
Heylandt und Erlöser. Amen.

Vgl. auch Archiv f. P. u. T., Jahrg. 1900, S. 156/7.

die Ordinäre fahrende Post zur regelmäßigen Beförderung von Personen, Briefen und Sachen insbesondere auch von Geldbriefen gegen feste Taxen;

die fahrende Extrapost zur ausnahmsweisen Beförderung von Reisenden und deren Gepäck gegen besondere Taxen.

Abfertigung der Posten.

Die Abfertigung der Posten geschah ursprünglich in der einfachen Weise, daß am Abgangsorte die vorliegenden Briefschaften zu Briefpaketen (plieghi oder mazzi) auf die einzelnen Kursstationen vereinigt und diese verschlossen und versiegelt dem Postillion unter Einzelaufführung in dem Paß- oder Stundenzettel übergeben wurden. Eine Trennung nach Sendungen für den Ort selbst und solchen für Durchgang fand nicht statt; Sache der Empfangsstation war es, die nach weiterhin bestimmten Sendungen auszusuchen und sie wiederum in ein direktes Paket auf die nächste Umleitungsstation oder die Bestimmungsanstalt aufzunehmen. Die Briefpakete wurden im Felleisen — italienisch valigia[180], spanisch balija — verwahrt, um die Gefahr des Verlustes zu verringern. Der Abfertigungsbeamte hatte die Zahl der dem Postillion überwiesenen Briefpakete, ihren Bestimmungsort und nach dem Auslande auch das Gewicht der darin verschlossenen Briefe auf den Begleitschreiben (avisi)[181] zu vermerken und anzugeben, ob das Porto bereits ent-

[180] Über die Herkunft dieses uralten postalischen Wortes diene folgendes: Felleisen (im deutschen auch fellis, felles, felleis, velîs, veleis, velis, velîsen, feleisen und entstellt fellenz geschrieben) beruht auf volkstümlicher Umdeutung und kommt aus dem französischen valise (altfranzösisch fouillouse), italienisch valigia, spanisch balija (balixa), mittelalterlich vallegia, valisia. — Die lautliche Zurückführung dieses Wortes auf das »vidulum« des Plautus bleibt sehr fraglich. Ansprechender erscheint die Vermutung, den ersten Teil des Wortes mit wad (Watsack), den zweiten mit leisen, lisen (= schließen) in Verbindung zu bringen. Man denke dabei an Gelaß, Verließ. Das französische Wort dévaliser, einen berauben, bedeutet genauer: einem sein Felleisen abnehmen. Friedrich Diez, Etymologisches Wörterbuch der romanischen Sprachen. Bonn 1887. I[5], 337. — Konrad Schwenck, Wörterbuch der deutschen Sprache. Frankfurt am Main 1836. S. 190. — Grimm, Deutsches Wörterbuch. Leipzig 1862. III, 1489. — Lexer, Mittelhochdeutsches Handwörterbuch. Leipzig 1878, III, 54. — Rübsam, Postgesch. aus dem 17. Jahrh. in Hist. Jahrbuch 1904. (XXV.) S. 541ff.

[181] Die Bezeichnung „Aviso“ hat sich im Sprachgebrauche des Thurn und Taxisschen Postwesens bis zu dessen Auflösung (1867) erhalten, allerdings nicht

richtet oder noch zu erheben war. Diese Avisi begannen gewöhnlich mit der Bemerkung, daß die letzte Ordinari vor acht (oder X) Tagen zu herkömmlicher Zeit abgefertigt worden sei; sodann wurde der Empfang der letzten Post bestätigt, in einem Postskriptum auf die einzelnen aufgestellten Gegenstände verwiesen und um Empfangsbestätigung ersucht.[182] Zuweilen enthielten die für gewöhnlich trockenen und formelhaften Avisi auch interessante Neuigkeiten und vertrauliche Mitteilungen.[183] Geschlossene Briefposten sind im internationalen Verkehr erstmals zwischen Roermonde und Bern zufolge der Abkommen von Überlingen, Lindau, Schaffhausen, Roermonde — letzteres August 1694 — ausgetauscht worden, wo es sich darum handelte, die unverzögerte Beförderung der englisch-niederländischen bzw. schweizerisch-italienischen Briefpost auf der langen Strecke unbedingt sicherzustellen.[184]

---

im Sinne eines Postbegleitschreibens, sondern in der Bedeutung „Meldung über eine im Betrieb einer anderen Postanstalt bemerkte Unregelmäßigkeit". Als „feuille d'avis" — Briefkarte — lebt der uralte Thurn und Taxissche Aviso im französischen Postbetriebe noch heute fort. Ebenso gebrauchte man das Wort „costi" als postalischen Fachausdruck bis 1867 in Brief- und Frachtkarten, indem man bei allen Sendungen, die nach dem Bestimmungsorte der Karte selbst gerichtet waren, diesen nicht wiederholte, sondern dafür „costi" — dort —, abgekürzt „ci", einrückte. „Aviso" und „costi" konnten demnach 1867 als Fachausdruck der alten Reichspost auf das ehrwürdige Alter von 300 Jahren zurückblicken! Sautter, A. f. P. u. T. 1909, Nr. 4.

182 Rübsam, Dr., Zur Geschichte des internationalen Postwesens.

183 Zu vgl. auch das interessante conto delle lettere des Postmeisters Mathias Sulzer in Rheinhausen für den Monat Settembre 1597; er unterscheidet genau zwischen lettere franche (frankierten) und lettere condenate auch lettèrè da pagar (unfrankierten Briefen).

Alli	5	di	Francoforte	per	Venetia	12	franche et	19	condenate	= ℨ 31
„	5	„	Venetia	„	Francoforte	13	„	9	„	= „ 22
„	12	„	Francoforte	„	Venetia	17	„	10	„	= „ 27
„	12	„	Venetia	„	Francoforte	22	„	$17\frac{1}{2}$	„	= „ $39\frac{1}{2}$
„	19	„	Francoforte	„	Venetia	$19\frac{3}{4}$	„	9	„	= „ $28\frac{3}{4}$
„	19	„	Venetia	„	Francoforte	18	„	$28\frac{1}{2}$	„	= „ $46\frac{1}{2}$
„	26	„	Francoforte	„	Venetia	$9\frac{3}{4}$	„	$15\frac{1}{2}$	„	= „ $25\frac{1}{4}$
	26	„	Venetia	„	Francoforte	35	„	$11\frac{1}{2}$	„	= „ $46\frac{1}{2}$

184 Der Kurs Rörmonde—Bern ging auf den Strecken Schaffhausen—Tübingen und Heilbronn—Frankfurt durch Baden und das Postamt Heidelberg als eine der Hauptstationen. Zu vgl. Traité original en date du 11. Aout 1694 à Ruremonde conclu entre Mr. Jean Bors, maistre des postes à dit Ruremonde, et Mr. Beate Fischer maistre des postes à Bern, avec la ratification separée de celuy in Archiv f. P. u. T., 1894. 67, S. 627ff.

Etwa von der Mitte des achtzehnten Jahrhunderts ab wurden die Kursstationen sowie die Anzahl der zu fertigenden Pakete in dem „Paß und ordinairen Stunden-Zettel" vorgedruckt, so daß die Stationen nur noch den Befund der Ladung handschriftlich kurz zu vermerken hatten. Von der Maßnahme, sämtliche Briefe — auch die gewöhnlichen — in die Karten einzutragen, sah man bei der Steigerung des Verkehrs ab und beschränkte sich auf die Einzeleintragung der eingeschriebenen Briefschaften, für die ein Schein gegen die herkömmliche Gebühr von vier Kreuzern ausgestellt wurde. Den fahrenden Posten wurde zur genauen Kontrolle der Ankunftszeiten ein Paß- oder Stundenzettel, sowie zum Vermerke über den Namen und Stand der Reisenden ein Personenzettel beigegeben, von dem in dem Personenmanuale Abschrift zurückzubehalten war. Mit der Zunahme des Postverkehrs und der Taxgrenzpunkte, der ungeahnten Entwickelung der fahrenden Posten gestaltete sich bei

---

4°. La Maniere de cette Correspondance se fera comme s'ensuit: Toutes les lettres et Paquets d'Angleterre, Hollande et des Pays bas Catholiques pour Suisse, Savoye et Piemont, comme est dit, qui tomberont dans les Bureaux des postes à Ruremonde, seront envoyéz dans un pacquet clos, fermé et cachetté, audit Sieur de Riquebach, lequel pacquet sera porté aux fraix dudit Seigneur Prince Jusques à Schafhouse, de meme que le retour sans estre ouvert ny chargé de port en Chemin.

5°. Ledit pacquet sera accompagné d'une lettre d'avis, Contenant le nombre et l'Import des lettres et pacquets y Contenus, dont ledit Sr de Riquebach sera obligé de tenir Compte au Bureau de Ruremonde, suivant la taxe reglée cy dessous.

6°. Pour ce qui concerne les lettres de l'Empire depuis Cologne Jusques à Schafhousen pour Suisse, Savoye et Piemont, Elles seront envoyées par les Bureaux de l'Empire mediatement ou Immediatement à celuy de Schafhousen, qui les enverra audit Sieur de Riquebach, qui luy en tiendra Compte, suivant la Taxe susdite.

7°. Toutes les lettres susdites pour Suisse, Savoye et Piedmont ne pourront plus estre affranchies par les Bureaux dudit Seigneur Prince, mais seront acceptées et envoyées sans en demander aucun affranchissement.

8°. Le Sr de Riquebach fera reciproquement un pacquet clos, fermé et cacheté de toutes les lettres susdites, qui tomberont dans ses Bureaux pour L'Angleterre, la Hollande et les Pays bas Catholiques, qu'il enverra au bureau de Ruremonde, qui sera aussy porté aux fraix dudit Sr de Riquebach Jusques à Schafhousen.

9°. Ledit pacquet sera aussy accompagné d'une lettre d'advis, contenant le nombre et l'import des lettres et pacquets y contenus, dont le Bureau de Ruremonde sera obligé de tenir Compte au Sr de Riquebach Jusques à Schafhousen, suivant la Taxe reglee et signé dans le papier susdit.

der Unübersichtlichkeit der Tarife und Taxen der Abfertigungsdienst schwieriger, wenngleich bei den größeren Ämtern Brief- und Fahrpost getrennt waren. Waren die Beamten anfänglich nur an den Posttagen jeweils einige Stunden mit der Entkartung und Abfertigung der Posten beschäftigt gewesen, so nahm diese Tätigkeit von der Mitte des achtzehnten Jahrhunderts ab Fachbeamte bei größeren Ämtern die ganze Zeit in Anspruch und mit Beginn des neunzehnten Jahrhunderts begegnen wir häufig den Klagen der Fahrpostabfertigungsbeamten, daß sie jahraus jahrein keinen freien Tag hätten, sondern tags und nachts angestrengt dienstlich in Anspruch genommen wären.

Personalverhältnisse.

Das Personal gliederte sich in niedere Diener, niedere und höhere Beamte. Die Stellen der niederen Diener waren diejenigen der Postillione, reitenden Kondukteure, fahrenden Postwagenkondukteure, Postwagenpacker und Briefträger. Zu den Stellen des mittleren Dienstes zählten die Skribentenstellen, die Stellen für Offizianten, Offiziale und Expeditoren. Höhere Beamte waren die Oberpostamtsdirektoren und Räte der Oberpostämter, die Kommissare und Postmeister. Im Gebiete des heutigen Baden bestand ursprünglich kein Taxisches Oberpostamt; nach Abschluß des Admodiationsvertrages zählte Freiburg als solches; im übrigen waren es die Oberpostämter in Augsburg und Frankfurt, die den Dienstbetrieb in Baden zu beaufsichtigen hatten. Eine besondere Stellung nahmen die Posthalter ein, von denen manche lediglich Fahrt- und Rittleistungen, viele außerdem Expeditionsdienste zu versehen und demgemäß mit den vorgesetzten Postämtern abzurechnen hatten. Von den Posthaltern der letzteren Art hielten sich manche auf eigene Kosten einen im Postdienst ausgebildeten Gehilfen (Amanuensis), der die Abfertigung und Abrechnung wie überhaupt den gesamten Schriftwechsel zu besorgen hatte. Das Postmonopol war bekanntlich Erblehen der Taxisschen Familie auch in der weiblichen Linie und man muß den Fürsten von Thurn und Taxis nachsagen, daß sie die nämlichen Grundsätze, die von den Kaisern ihnen gegenüber verbrieft und befolgt wurden, ihrem Personal gegenüber bis zum Briefträger und Postillion herab in wohlwollender Weise betätigt haben. Dem Postmeister wie dem Posthalter und Briefträger wurde auf seinen Wunsch sein Sohn zur Erlernung und Besorgung des Postdienstes beigegeben und diesem für den Fall seines Wohlverhaltens und seiner Brauchbarkeit die sichere Aussicht eröffnet, dereinst dem Vater im Amte nachzufolgen; der Vater erhielt ein „Exspektanzdekret" auf die Stelle für seinen Sohn oder dieser wurde ihm „adjungiert cum spe successionis". Es bedarf keiner näheren Erörterung, daß eine derartige Aussicht einen hohen Wert darstellte. Die Rücksicht auf die Dienste des Vaters führte aber noch weiter, u. a. auch zur Adjunktion der Tochter, die hierdurch zweifelsohne besser versorgt wurde, als sie es heute trotz Witwen- und Waisenversorgung ist. Es wurde ihr aufgegeben, sich mit einem tauglichen Subjekte zu verheiraten, das alsdann den Dienst beispielsweise an Stelle der exspektivierten Briefträgerin zu versehen hatte.[185] Andererseits darf man auch den Wert einer derartigen Beamtenpolitik für den Postdienst nicht unterschätzen; wer die Aussicht hat, sein Amt an Ort und Stelle auf Kind und Kindeskinder zu vererben, wird gleich diesen danach streben, seine Schuldigkeit zu tun und sich dadurch die Geneigtheit seiner Vorgesetzten zu sichern.

Die heute geläufigen Begriffe von Anfangs- und Höchstgehalt mit einer Reihe von Dienstaltersstufen und Gehaltszulagen waren der alten Reichspost natürlich fremd. Wer Zulage wünschte, mußte sich selbst darum bemühen, wobei allerdings später das Dienstalter eine Rolle spielte, auf das auch die Gesuchsteller niemals vergaßen Bezug zu nehmen. Daß keine gesetzlichen Bestimmungen über Gehaltszulagen, die Zuruhesetzung der Beamten sowie die Versorgung der Witwen und Waisen bestanden haben, sei nur nebenbei erwähnt. Und doch befand sich das Thurn und Taxissche Postpersonal, wenn es den Anforderungen des Dienstes nachkam, nicht schlecht. Man suchte den einzelnen Beamten solange im Dienst zu be-

[185] Der Heidelberger Briefträger Jakob Rischard sagt in einem Gesuch vom 15. Februar 1779 um Übertragung der Packerstelle an seine Tochter: „als ich vor einigen Jahren unter Bemerkung meines höheren Alters und langjähriger treuer Dienste um die Adjunktion meiner Tochter meiner Anna Christina auf meine Briefträgerstelle eingekommen bin, habe ich die Verheißung erhalten, daß meine Tochter mit einer Kondukteur- oder Packerstelle begnadigt werde; er bittet um mildeste Konferierung der Packerstelle auf einen auszuwählenden tüchtigen Tochtermann". A. Z. A. Regensburg.

halten, als es irgend anging, und gab ihm zu diesem Zwecke im höheren Alter eine leichtere Stelle, wodurch gleichzeitig seinem Wunsche entsprochen und die fürstliche Kasse vor der Zahlung großer Summen für Ruhegehälter bewahrt wurde. Die Gewährung eines Ruhegehalts sowie die Bestimmung über die Höhe des Betrags war Gnadensache des Fürsten.

Hinsichtlich der Gehälter hatte sich im Laufe der Jahre das Verhältnis herausgebildet, daß die Beamtenschaft sowie die niederen Diener ihre Einnahmen teils unmittelbar aus der fürstlichen Kasse, teils unmittelbar vom Publikum in Gestalt besonderer „Emolumente" erhielt. Immerhin gab es zu Thurn und Taxisschen Zeiten noch manche Beamte mit ungemein niedrigen ärarischen Bezügen, die gleichwohl, infolge der Nebengebühren, eine Einnahme bezogen, die sie im Laufe der Jahre zu begüterten Leuten machte. Unter den Emolumenten verstand man die nicht festgelegten Einnahmen des Personals aus dem Zeitungsvertriebe, dem sogenannten Neujahrsdouceur, der Gebühr für Estafetten-Expeditionen, der Scheingebühr bei rekommandierten Briefen, dem Briefträgerkreuzer, der Abgabegebühr für die Ausgabe der Briefe und Pakete usw., also Einnahmen, die vom Publikum entrichtet unmittelbar in die Tasche der Beamten und Diener flossen, ohne einen Gegenstand der Buchung und Abrechnung zu bilden (Accidentien im Gegensatze zu dem Fixum des Gehalts). Es berührt uns heute eigentümlich, die wir die Stellung des Beamten dem Publikum gegenüber wesentlich anders bewerten, wenn wir lesen, daß selbst die Amtsvorsteher und Kommissare mit dem Rang oder dem Titel eines Hofrats ihren Anteil am Neujahrsdouceur bezogen haben. Unter Zusammenfassung der beiden Einnahmebestandteile haben die Briefträger, die an verkehrsschwächeren Orten gleichzeitig die Geschäfte des Postwagenpackers mitbesorgt haben, jährlich 160 bis 320 Gulden im Durchschnitt bezogen, wobei zu berücksichtigen ist, daß sie von ihren Dienstverrichtungen nicht völlig in Anspruch genommen wurden, sondern in der Zwischenzeit ihrem Privatberufe nachgegangen sind. Die Offiziale bezogen 350—1400 Gulden, je nach der Höhe der Nebeneinnahmen, für deren Betrag verwaltungsseitig nicht eingetreten wurde, wobei aber immer noch in Rücksicht zu ziehen ist, daß die Akzidentien in der schätzungsweisen Höhe der Nutznießer selbst eingesetzt worden sind, die diese zweifellos möglichst niedrig angegeben haben. Die Einnahmen der

Postmeister sind schwerer zu bestimmen, da deren Gewinn aus der Mietsentschädigung für Hergabe der Diensträume, aus der Beschaffung für Heiz- und Schreibmaterialien und sonstigen Akzidentien in Betracht kommt; abgesehen von den bloß „adjungierten" Postmeistern, denen eine Einnahme ohne postdienstliche Gegenleistung zufließen sollte, haben sie sich wohl auf durchschnittlich ein- bis zweitausend Gulden gestellt. Die Posthalter mit Postexpeditionsdienst erhielten bei reitender Post ½ oder ⅓ vom Briefporto sowie $^1/_{10}$ vom Porto bei den fahrenden Posten.[186]

Es galt als Grundsatz, daß kein Beamter vor seiner Volljährigkeit, also damals vor dem 25. Lebensjahr, bei einem Hauptpostamt Offiziantendienste verrichten durfte. Für die mittlere Laufbahn wurde eine Vorbildung mäßigen Grades verlangt; auch umfaßte die Ausbildungszeit einen Zeitraum von mehreren Jahren. Als Offiziale kamen sie in fremde Bezirke, vom Süden nach dem Rhein, Belgien, von da nach Polen usw. und folgten oftmals den Heeren in die besetzten Länder als Feldpostoffiziale. In den Markgrafschaften Baden-Durlach und Baden-Baden sowie in der Pfalz wurde indes darauf gesehen, daß vertragsgemäß Landeskinder zur Verwendung kamen.

Dienstverband der Postanstalten.

Was den Dienstverband der in Baden gelegenen Postanstalten anlangt, so standen die Postämter im nördlichen Teile des heutigen Großherzogtums bis Bruchsal völlig unter der Leitung des Oberpostamts Frankfurt. Bruchsal selbst und die weiteren Stationen der Strecke Frankfurt—Basel bis einschließlich Friesenheim waren mit der fahrenden Post dem Oberpostamt Frankfurt, mit der reitenden dem Oberpostamt Augsburg unterstellt; die Anstalten an

---

[186] Das feste Gehalt eines Postdirektors betrug in Brandenburg gegen Ende des 17. Jahrhunderts 400 Taler. Die Postmeister in den Provinzen bezogen Einnahmeanteile, in der Regel den vierten Teil vom Briefporto und den achten von den Personen- und Frachtgeldern, und außerdem jährliche feste Besoldungen von durchschnittlich 20—100 Talern; die Postschreiber hatten 150—170 Taler Besoldung; auch wurden hin und wieder Mietsvergütungen und Naturalien bewilligt. (Stephan, a. a. O., S. 58.)

der Strecke Freiburg—Basel—Schaffhausen ausschließlich standen unter dem K. K. Reichs-Oberpostamt Freiburg, die übrigen unter Augsburg. Man unterschied Ämter und Stationen. Die Hauptpostämter rechneten vierteljährlich mit dem vorgesetzten Oberpostamt ab und schickten auch die verbleibenden Überschüsse dahin ein, während die weniger bedeutenden Ämter sowie sämtliche Stationen einem Abrechnungspostamt, das seinerseits mit dem vorgesetzten Oberpostamt abzurechnen hatte, zugeteilt waren, ähnlich wie unsere heutigen Postagenturen ihren Abrechnungspostanstalten. Zweifelsohne hat es die Mehrarbeit, die aus der Rechnungsführung der Abrechnungsanstalt erwuchs, mit sich gebracht, daß für dieselben Anstalten meistens für reitende und fahrende Post verschiedene Abrechnungsämter bestimmt wurden.

Bevor sich die fahrenden Posten mit ihren vielfachen Umwälzungen den Ordinari-Briefpostritten zugesellt hatten, vollzog sich die Abrechnung der Posthaltereien (Stationen) mit dem vorgesetzten Postamt in sehr einfachen Formen; von den Posthaltern schickten manche das Porto jeweils bar mit folgender Post ein, um sich jegliche Buchführung zu ersparen; die anderen warteten, bis ihnen am Ende des Vierteljahrs eine Zusammenstellung über Schuld und Forderung zugefertigt wurde. Für ihre Mühewaltung erhielten sie anfangs durchgängig den 10. Pfennig des verrechneten Portos als „Einbringgeld". Im Jahre 1718 erfolgte sodann die für das Abrechnungswesen grundlegende Anordnung, $^{1}/_{3}$ vom Ertrag des Portos zu vergüten, die übrigen $^{2}/_{3}$ von jeder Posthalterei in der Vierteljahrsrechnung ersichtlich zu machen und die Abrechnungen der Posthalter als Belege beizufügen. Ursprünglich mußten die Überschüsse von den damals lediglich in Betracht kommenden Postämtern Rheinhausen, Straßburg und Augsburg nach Brüssel eingesandt werden; es geschah dies durch Wechsel[187]; später wurden die überschüssigen Amtsgelder an das vorgesetzte Oberpostamt eingesandt.

Es muß hier noch besonders der Postwagenexpeditoren gedacht werden. Ursprünglich suchte man sich zum Expeditor einen angesehenen Gastwirt aus, der die Posthalterei nebst der Postwagenexpedition gegen die erforderliche Kaution übernehmen wollte. Der Grund lag in dem Bestreben der Postverwaltung, dem Rei-

[187] Noch 1681 schreibt Taxis an Pichelmayer in Augsburg, er solle die Amtsgelder zurückhalten, um Wechselverluste zu vermeiden. A. Z. A. Regensburg.

senden die Sorge wegen Verpflegung und Nachtquartiers auf Unterwegsorten abzunehmen und auf diese Weise den Postwagen zu einem beliebten Verkehrsmittel zu machen. So sagt der Oberpostamtsdirektor von Berberich in einem Bericht von 1755: „Die Bequemlichkeit, welche die Passagiers sogar auf Postwagen suchen, gehöret zu denjenigen Mitteln, wodurch der Ertrag vergrößert und die Erhaltung dieses kostspieligen Fuhrwerks bewirkt wird. Folglich gereichet auch zu einer ganz ungemeinen Erleichterung . . . eines Reisenden, wenn selbiger . . . . mit Kost und Trank bedienet werden und sein Nachtquartier finden kann, ohne sich umbsehen zu dörffen. . . . . In solchem Rückbetracht scheint mir die Frage schon jetzt entschieden, daß die Spedition eines Postwagens in einem wohlgelegenen Gasthause und durch den Wirt selbsten — wann sonst die Fähigkeit . . . . zu einer Caution hinlänglich seynd — am füglichsten geschehen könne“[188]; es war also der betreffende Gastwirt zugleich Posthalter und Postwagenexpeditor. Als indes mit der steigenden Zahl der Postwagenkurse die Abfertigung sich schwieriger gestaltete, übertrug man das Amt des Postwagenexpeditors einem Fachbeamten, während die Grundsätze der Posthaltereiverdingung die gleichen blieben. Man sah darauf, daß die Expeditionsstube möglichst in der Nähe der „Postwageneinkehr“ gelegen war. Gegen Ende des achtzehnten Jahrhunderts galt das Amt des Postwagenexpeditors als eine überaus anstrengende und mit großer Verantwortlichkeit verbundene Dienstleistung, die in der Regel dienstälteren und im Kurswesen wohlerfahrenen Beamten übertragen wurde. Es war dies um so notwendiger, als dem Kurswesen der alten Reichsposten verschiedene Mängel anhafteten, die das Eindringen in die verwickelten Verhältnisse erschwerten.

Kurswesen.

Während die Hauptkurse zwischen den damals bedeutendsten Städten (Wien—Prag, Wien—Dresden, Wien—Hamburg, Wien—Stockholm, Wien—Paris usw.) unverändert beibehalten wurden, ergaben sich bei den Nebenkursen so häufig Änderungen, daß über sie, wenn sie überhaupt in den dürftigen Kursbüchern damaliger Zeit aufgenommen waren, kaum zuverlässige Auskunft zu er-

[188] A. Z. A. Regensburg.

halten war. „Ein Passagier — so schreibt der Postrevisor Olearius[189] — kann sich begnügen, wenn er versichert ist, daß man mit den Ordinariposten pp. von Wien über Leipzig und Hamburg nach Kopenhagen und Stockholm, von Wien nach Augsburg, Straßburg, Paris und Madrid gelangen kann. Das Übrige wird aus der Erfahrung selbst bekannt; die Seitenkurse von allen Ländern anzuführen ist zu weitläufig. Auch ist es unmöglich, den Betrag des Postgeldes akkurat auf etliche Groschen auszurechnen, weil man nicht wissen kann, was an Mauth-, Brücken- und Überführgeld zu bezahlen ist."

Die ersten brauchbaren Postkurskarten sind erst zu Anfang des achtzehnten Jahrhunderts bei Homanns Erben in Nürnberg u. a.[190] gestochen worden. Diesen folgten gegen 1754 die von der Academie des Sciences zu Berlin herausgegebene und zehn Jahre später die von Boors gezeichnete Postkurskarte von Deutschland, die Heger nebst seinen Posttabellen bei Homanns Erben in Nürnberg stechen und zu Mainz drucken ließ.[191] Diese drei bildeten wohl das wichtigste und richtigste Postleitmaterial für die schwäbisch-fränkischen Kreise, zu denen die zum Großherzogtum Baden vereinigten Gebietsteile zählten. Im übrigen weiß Olearius den Postschweden nur den beherzigenswerten Rat zu geben „da die von jedem Lande so wünschenswerten Ideal — (Situations) Postcourscharten ermangeln, so kann jeder fleißige Postbeamte auf seiner Station, welcher zeugen will, daß derselbe seines Dienstes würdig . . . ., sich selbst eine Ideal- oder Situations-Charte von seiner Gegend machen, im Sommer solche selbst bereisen, die Fuß- und Nebenwege annotiren, um seinen Postillons bey vorfallenden Staffetten, Courier- und Extraposten-Beförderung zu sagen, wie derselbe reiten oder fahren soll".[192] Wie indes aus den Akten her-

[189] „K. K. Priviligirte Geogr. Hand- und Postbuch. Wien 1779 bey Jos. Edlen von Kurzböck."

[190] Davon sind zu nennen: L'Allemagne divisée en ses cercles avec les routes exactes des postes de cet empire. Par N. de Fer. Paris 1705, sowie Postarum seu veredariorum stationes per Germaniam et provincias adjacentes von Joannes Pet. Nell. Bruxelles 1711, seine Post-Charte durch ganz Teutschland. Nürnberg 1714. 1. und 2. Auflage. Post- und Reisekarte von Deutschland und den Gränz-Ländern von A. T. von Plotho. Berlin 1741.

[191] Les Cours des Postes par le cercle de Suabe, comme ils se présentent dans la carte géographique, publiée par les héritiers de Homann, l'an 1752. Postkurskarte von Franken. Nürnberg, Homanns Erben 1759.

[192] Hand- und Postbuch, a. a. O. 2. Teil, S. 189.

vorgeht, hat es bei einsichtigen Postmeistern einer derartigen Aufforderung nicht bedurft; sie haben von jeher bei Vorschlägen über Neueinrichtungen und Änderungen usw. von Postkursen nicht ermangelt, ihre Ausführungen durch Handskizzen anschaulicher zu gestalten.

Ein brauchbares topographisches Postlexikon hat noch länger auf sich warten lassen. Der Postoffizier Christian Crusius zu Wien bemühte sich von 1795 ab, mit Hilfe obrigkeitlicher Unterstützung ein Postlexikon aller Ortschaften der k. k. Erbländer mit Angabe des nächstgelegenen Postamts aufzustellen, das die bisher erschienenen Postbücher an Genauigkeit und Vollständigkeit übertreffen sollte. An sämtliche Magistrate wurden Musterbogen zur Beantwortung übersandt, die indes vielfach sehr lange auf sich warten ließ, so daß die Magistrate in den folgenden Jahren wiederholt gedrängt werden mußten, die nötigen Tabellen an Crusius einzusenden.

Poststatistiken gab es nicht. Auf die Frage, „woher die Postrevenuen herrühren" sagt das Geographische Hand- und Postbuch nur „In unsern jetzigen Zeiten (1779) ist das Briefschreiben so allgemein, daß von jedem Dorfe Briefe zum nächsten Postamt aufgegeben und abgesendet werden, auch dahin Antworten auf der Post einlaufen. Wie nützlich ist das Publikum auf dem Lande dem Postwesen, welches in Anzahl der Menschen das Publikum in denen gesamten Städten weit übersteigt. . . . Die akkurate Spedition aller in- und ausländischen Briefe, diese macht und vermehrt die jährlichen Postrevenuen, und diesertwegen haben die meisten Länder à parte Postcourscharten und andere gedruckte Postnachrichten". Für das Steigen der Posteinnahmen wußte der Verfasser in jener statistiklosen Zeit keine anderen Belege anzuführen als die Pachtsummen für das englische Postwesen zwischen 1644 und 1764 sowie den Unterschied der Pachtsumme für das Postwesen im Kurfürstentum Sachsen im Jahre 1694 gegen die nach Übernahme des Postwesens in Staatsverwaltung erzielten Einnahmen von 1713.

---

[193] Handbuch, a. a. O. 2. Teil, S. 9/10.

Einrichtung der Postwagen.

Beim Aufkommen der fahrenden Posten glichen die zunächst in Gebrauch genommenen Postwagen mehr einer Art verbesserter Leiterwagen; der eigentliche Wagen bestand aus einem fest auf der Achse ruhenden hölzernen Kasten mit einem Dache aus Leder und bot gewöhnlich sechs Sitzplätze, die sich auf zwei in Lederriemen hängende Sitzbänke verteilten; außerdem hatten die Wagen einen Sitz für den Kondukteur auf der Vorderseite und einen Raum für die Unterbringung der Pakete und Briefposten auf der Rückseite. Über den Preis eines solchen Wagens und der dazu verwendeten Materialien gibt uns ein vom Oberpostamt Frankfurt im Jahre 1744 von Handwerksmeistern in Heidelberg eingeforderter Überschlag Anhaltspunkte. Danach sollte die Forderung der Sattler-, Schmied- und Wagnermeister bei Lieferung sämtlicher Zutaten (120 + 75 + 34 fl. =) 229 Gulden für einen viersitzigen Personenwagen betragen. Die Wagnerarbeit umfaßte die Herstellung eines vorderen Deichselgestells, eines hinteren Gestells nebst je zwei Rädern, eines Bockgestells, einer durchlaufenden Langwied mit hinten durchlaufenden Armen zum Aufpacken des Reisegepäcks. Außerdem war ein Kasten für vier Personen mit vier fallenden Blindfenstern nebst einem Fensterchen nach hinten, „daß man zurück auf das Aufgepackte sehen kann", vorgesehen. Die Schmiedearbeit betraf das Untergestell, die Räder, Schrauben zur Befestigung des Kastens nebst anderem Zugehör, eine Sperrkette und hinten eine lange Bindkette. An Zutaten seitens des Sattlermeisters sind drei große Ochsenhäute von je 25—26 Pfund, sechs geringere Häute von je 10—16 Pfund und sechzehn Ellen gestreiften Zwillichs aufgeführt; dazu kamen noch Nägel, Haare, Schnallen und Leim, woraus wir im ganzen entnehmen können, daß derartig verfertigte Wagen den Anforderungen eines leichten und bequemen Beförderungsmittels wenig Rechnung tragen konnten. Die bequemeren Personenpostwagen, die in Federn hingen, kamen erst fünfzig Jahre später auf.

Sicherheit.

Auch die Sicherheit der Postreiter, deren Unverletzlichkeit oftmals verbrieft worden ist[194], ließ in den unruhigen Zeiten vom

[194] Vgl. Hoernigk, a. a. O. „61. Die Postboten sind überall unverletzlich;

sechzehnten bis zum Anfang des neunzehnten Jahrhunderts viel zu wünschen übrig. Manche verunglückten infolge der schlechten Wege und vernachlässigten Brücken, die zuweilen von den angeschwollenen Gießbächen weggeschwemmt wurden, manche auch bei blutigen Raufhändeln, die im Zeitalter der Verkehrsfehden zwischen den Reichsposten und ihren Nebenbuhlern nicht selten gewesen sind. Am meisten hatten sie indes unter den Unbilden streifender Soldaten und Marodeure, ja unter den Mißhandlungen selbst der kaiserlichen Soldateska trotz aller Pässe und Schutzbriefe der kommandierenden Generäle und der zahlreichen kaiserlichen Edikte zu leiden. Beraubungen und Mißhandlungen von Postillionen, Aufschneiden der Felleisen und Briefschaften, Wegnahme der Pferde waren während der Kriegsjahre an der Tagesordnung, so daß die Posthalter nur mit großer Mühe Postknechte auftreiben konnten. Den Anfällen der Soldateska suchten die Postreiter durch Einschlagen von Umwegen zu entgehen, wodurch Verspätungen und zeitweilig völlige Verkehrsstockung eintraten. Am schlimmsten erging es ihnen, wenn sie gewerbsmäßigen Wegelagerern in die Hände fielen, was bei der durchaus ungenügenden und schlecht arbeitenden Straßenpolizei oftmals vorgekommen ist. Während des Dreißig- und des Siebenjährigen Krieges sowie nach diesen konnte in manchen Gegenden — darunter auch Schwarz- und Odenwald — von einer allgemeinen Straßen- und Postunsicherheit gesprochen werden[195], es kamen sogar Überfälle auf die mit Reisenden besetzten Postwagen vor. „Die Frech- und Bosheit der verruchten Gauner, Vaganten, auch herrenlosen Gesindels — heißt es in der Ver-

wo sie ankommen, werden ihnen sogar zur Nachtzeit die Thore geöffnet. Letzteres geschieht freilich nicht in Festungen und in großen Städten."

[195] Für die brandenburgisch-preußischen Posten, die Briefe, Gelder, Pakete und Personen beförderten, wird wegen der Unsicherheit der Straßen in einem Reskript von 1653 vorgeschrieben, „daß die Post mit Geldsendungen nicht zu sehr beschwert und dadurch gar zu merksam gemacht werde, daß Geld dabei sei. Größere Geldsendungen müssen auf unterschiedliche Posten vertheilt werden, auf daß Niemand so leicht merken könne, daß auf der Post Geld vorhanden ist". Stephan, S. 61. Den angrenzenden Grundbesitzern wurde gegen Unsicherheit der Straßen in Österreich durch Verordnungen von 1551, 7, 8, 9, 65, 7 zur Pflicht gemacht, alles Gehölz und Gesträuch zu beiden Seiten der Straßen acht Klafter weit wegzuräumen. Verschärfte Gesetze gegen Zigeunerbanden. Erwachsene Z. durften ohne Prozeß mit Schwert hingerichtet werden. Patente von 1689, 96, 1705, 1722 von Spaun, a. a. O.

ordnung der ausschreibenden Fürsten des schwäbischen Kreises von 1752 und 1754 — sei einige Zeit her so hoch angestiegen, daß selbige keine Scheu tragen, die kaiserliche Reichspost sogar auf offener Landstraße hier und da anzugreifen und auszuplündern; die Stände möchten in dieser das commune Interesse totius imperii betreffenden Sache . . vermittelst vorzunehmender Straifungen . . . . dafür sorgen, daß die bisher so vielfältig unterbrochene allgemeine Sicherheit der kaiserlichen Reichsposten wiederum . . . . hergestellet werde."[196] Aber weder diese Verordnungen noch diejenigen von 1762, 1763 und 1768[196] vermochten das Übel auszurotten, so daß sich die Postverwaltung genötigt sah, die Postwagen zur größeren Sicherheit von Kondukteuren begleiten zu lassen. Auch unternahm Kaiser Joseph II. im Jahre 1772[197] einen

---

[196] Der Posthalter Stölker in Haslach ließ die Diligence (1768) jedesmal bis Gengenbach und Hornberg durch einen Kontingentsreiter auf seine Kosten „eskortieren". Am 1. Dezember 1768 verfügte Oberpostmeister von Haysdorff: Angriffe und Beraubungen fahrender wie reitender Posten seien allgemein; es sei den Postamtssubalternen unter schwerster Verantwortung einzuschärfen, daß die Ordinari und Postwagen, wo wegen herumstreifenden Gesindels die Gegend nicht völlig sicher sei, besonders nachts weder geritten noch verführet werden solle, ohne solche durch einen mit Gewehr versehenen und vertrauten Mann auf Kosten des Fürsten Taxis begleiten zu lassen; man solle beherzte mannbare Postknechte mit tüchtigen Pferden zur Beförderung der Ordinari usw. nehmen. A. Z. A. Regensburg.

[197] Vgl. Wortlaut des Edikts im A. f. P. u. T. 1897, S. 56/7: Nachdem aber dieses das eingewurzelte Übel aus dem Grunde zu heben nicht vermögend, vielmehr leider wahrzunehmen, daß nicht allein der Postwagen, obsolcher gleich mit einem Conducteur und einer zahlreichen Gesellschaft Passageurs versehen gewesen, und nunmehr auch die Felleisen, da solche doch weder Geld noch Pretiosa aufnehmen dürfen, und dieses durch öffentliche Anschläge zu jedermanns Wissenschaft gediehen ist, angegriffen und ausgeraubet worden, Uns und gesammtem Reich hingegen sowohl als auch einem jeden Stand des Reichs insbesondere an Sicherheit der Straßen, der Posten und des unentbehrlichen Briefwechsels äußerst gelegen ist: . . . . Als versehen wir uns zu Ew. Liebden als ausschreibende Fürsten des Niederrheinischen Kreises, daß sie den allzugroßen Schaden, welcher aus der Straßen- und Postunsicherheit gesammtem Reich erwachse, beherzigen, und dahero an alle in ihrem Kreise befindlichen Stände und Obrigkeiten Verordnung thun werden, daß in ihrem Kreise, wie in den anderen, durch fleißiges und öfteres Streifen das herrenlose, herumstreichende Gesindel eingefangen, deren Thun und Lassen untersucht, die schuldig befundenen nach den Umständen bestrafet und die verdächtigen Vagabonden zu öffentlicher Arbeit gebraucht werden, dann daß in den Schenken und Wirtshäusern fleißig von Zeit zu Zeit visitirt, die

erneuten Versuch zur Wiederherstellung der Straßensicherheit, um mit Hilfe der verschiedenen Kreise und der Reichsritterschaft dieser Landplage ein Ende zu machen. Zu gleicher Zeit mußte in allen Kreisen systematisch gegen das Vagabundentum vorgegangen und das streifende Gesindel aufgehoben, bestraft oder zu öffentlichen Arbeiten angehalten werden. Diese Maßnahmen haben sicherlich einige Besserung gebracht, zur Beseitigung des Übels haben sie nicht ausgereicht. Noch bis in das neunzehnte Jahrhundert hinein blieb es auf manchen Strecken nötig, den Postwagen insbesondere zur Nachtzeit durch einen bewaffneten Mann zu Pferde begleiten zu lassen.[198] In der Seegegend und anderwärts geschah dies noch im Jahre 1812[199]; in anderen noch bis in die 1830er Jahre.[200]

Taxwesen.

Das Taxwesen der alten Reichspost litt wenigstens während der ersten zwei Jahrhunderte ihres Bestehens an den Hauptfehlern

Fremden beobachtet und auf Verdacht genau examiniret, die verdächtig hin- und herziehende, oder wohl gar mit Waffen versehenen angehalten, um ihre Päſſe, ihr Thun und Lassen befragt, auch nach Befund des Verdachts gefänglich eingezogen werden; endlich daß die Unterbeamten, Vögte und Schultheißen in Stadt und Dörfern auf ihre Untergebene deren Thun und Lassen, besonders aber auf deren Abwesenheit bei nächtlicher Weile genaue Obsicht haben, das geringste verdächtig bemerkte bei ihren Vorgesetzten anzeigen, alles dieses aber unter Verwahrung, daß widrigenfalls die Saumseligen nicht allein zu Ersetzung des Schadens, sondern auch zu gebührender Bestrafung von ihrer Obrigkeit und respektive von Uns angehalten werden sollen.

198 Kurpfalz setzte sich 1795 mit Kurmainz in Verbindung, damit dieses die Begleitung des Postwagens von Weinheim nach Heppenheim durch einen Pfälzer Kavalleristen gestatte. A. Z. A., Regensburg.

199 Anscheinend hauptsächlich auf der Strecke Konstanz—Radolfzell. Vgl. Vfg. des Kreisdirektoriums, daß die zur Begleitung der Postwagen verpflichteten Landreiter etwaige Verhinderung 12 Stunden zuvor dem Postamt anzuzeigen hätten, damit für anderweitige Begleitung gesorgt werden konnte. Stadt-Archiv Konstanz.

200 Die Begleitung der Postwagen zur Nachtzeit hat teilweise noch Mitte der 1830er Jahre angedauert. Gelegentlich seines Budget-Komm.-Berichts bemerkt der Abg. Rutschmann am 4. Sept. 1833 zu der Etatsposition von 6700 fl. für nächtliche Begleitung der Postwagen zu Pferde „Es sind uns keine Fälle von Beraubungen der Güter- und anderer Fuhrwerke auf den Land- und Poststraßen bekannt geworden", man möge den Betrag verringern oder ihn wegfallen lassen.

der Buntheit, der Unsicherheit und der Unvollständigkeit, die dadurch begünstigt wurden, daß die Taxen nicht im Wege der Gesetzgebung[201], sondern im Verwaltungswege von der Postverwaltung selbständig festgesetzt und abgeändert wurden; es fehlte somit der Zwang, Übersichtlichkeit und Einheitlichkeit herstellen und Rechenschaft geben zu müssen. Die Sätze waren vielfach für die einzelnen Routen und größeren Ämter besonders festgesetzt, so daß es nicht selten vorkam, daß ein Brief auf dem Heimwege mehr oder weniger kostete als auf dem gleichen Rückwege.[202] Dazu kam noch, daß selbst bei demselben Amte verschiedene Taxen bestanden, je nachdem es sich um herrschaftliche Diener, um einheimische Kaufleute[203] oder um Fremde handelte. Als feststehend konnten im allgemeinen nur die Taxen zwischen den Anfangs- und Endstationen sowie zwischen diesen und den größeren Orten des Kurses gelten; für Zwischenorte wurden sie meist von den Postbeamten selbst nach freiem Ermessen festgesetzt. Auch konnte man aus den ursprünglichen Tarifen nur die Sätze von dem eigenen Orte nach den weiteren Stationen desselben Kurses ersehen. Die Taxunsicherheit konnte auch nicht durch die Wahlkapitulation von 1690 (und die folgenden) beseitigt werden, die die getreue und richtige Briefbestellung gegen billiges Postgeld und feste Tarife zusichert, „so in allen Posthäusern zu jedermanns guter Nachricht in offenem

[201] Die vom Kaiser bestätigte erste Reichspostordnung von 1698 enthält hinsichtlich der Taxen nur den Satz, daß „die Posthalter auch wegen des Briefporto Niemanden über die von altersher gebräuchliche taxa beschwehren" sollten. A. f. P. u. T., 1901, S. 658.

[202] Ein Brief von Augsburg nach Bamberg kostete 8 kr., von Augsburg nach Passau trotz größerer Entfernung nur 6 kr. Ein Brief von Augsburg nach Regensburg 6 kr., ein solcher von Regensburg nach Augsburg nur 4 kr.

[203] So heißt es in den Rev.-Verf. des Kommissars Pauerspacher. Nota: Die hiesigen (Heidelberger) vorzüglicheren Handelsleute werden in etwas gemindert und nach den von dem Frankfurter Kommissariate approbierten Tariffen gehalten. Zum Beispiel 1 fl. gewöhnlicher Taxe wird für einen Heidelberger Kaufmann nur zu 45 kr. angeschrieben und NB. Heilbronner Kaufleute zahlen in Heilbronn für größere Ballots etwas weniger, statt 3 fl. 45 kr. nur 3 fl. pro Zentner, für Geld — jedoch nicht unter 1000 fl. — statt 20 kr. nur 15 kr. vom Hundert. A. Z. A., Regensburg. Eine ähnliche Unterscheidung finden wir schon im Konstanzer Zolltarif vom Ende des 14. Jahrh. Die englische Wolle war nach diesem vom Bürger mit 4 d der Sack, vom Deutschen mit 5 Schill., vom Welschen mit 1/2 fl. zu verzollen. Gothein, a. a. O.

Drucke beständig angeschlagen sein sollen"[204]; denn es fehlte an der einheitlichen Grundlage. Die Vorschriften vollends, die den Postmeistern hinsichtlich der Portosätze verwaltungsseitig gemacht waren, öffneten der Willkür Tür und Tor. „Bezüglich der Brieftaxe darf er über die Grenzen des Rechts und der Billigkeit nicht hinausgehen und Versuche hierzu auch von seinen Untergebenen nicht dulden; er muß vielmehr in allen Fällen eine angemessene und gleichmäßige Taxe innehalten", heißt es in den Anweisungen der Postmeister[205]; denn wo endigten die Grenzen des Rechts und der Billigkeit im einzelnen Falle? Und wer garantierte dafür, daß die Gebühr, die dem einen Postmeister recht und billig schien, von seinem Nachfolger nicht als viel zu nieder angesehen wurde? Insbesondere aber, wer sollte die Sätze dauernd kontrollieren und für nachhaltige Beseitigung bekannt gewordener Überforderungen sorgen? „Damit dieses Postregal", schreibt der Postmeister Birghden, „im hl. Römischen Reiche besser beobachtet würde, haben die Kaiser dem Kurfürsten zu Mainz als des R. Reichs Ertz-Kanzler die Protektion und Direktion darüber aufgetragen." Daß diese Oberaufsicht wenig energisch im Sinne der Ermäßigung und Einheitlichkeit der Tarife ausgeübt worden ist, zeigen die Worte desselben Mannes (1646): „daß das Porto auf den Reichsposten wider alle raison doppelt und dreifach erhoben werde, darüber von sämbtlichen Herrn Kauf- und Handelsleuthen große lamentationes und Klagen eingekommen, dennoch nichts remedieret ist".[206] Auch bei dem westfälischen Friedensschlusse wurde über die ungewöhnliche Höhe des Briefportos Beschwerde geführt. Die Taxen wurden gleichwohl, wenn man auch nur einem Teil der Klagen Berechtigung zuerkennen will, von manchen Beamten willkürlich erhoben. Als hauptsächlichste Ursache zu den Beschwerden finden wir angegeben: Eigenmächtige Erhöhung des Brieftarifs, Taxierung der Briefe nach Phantasie, Taxierung von Briefen oder Umschlägen mit Zeitungen nach dem Brieftarif anstatt nach dem ermäßigten Tarif, zu hohe Taxierung von Fahrpostsendungen, zu hohe Personenposttaxe sowie Gewinnsucht der Postmeister und ungerechte

[204] Vgl. auch Quetsch, a. a. O., S. 192.

[205] Hörnigk De Regali Postarum Jure. Archiv f. P. u. T., 1886, S. 779. Grosse, a. a. O., S. 52.

[206] Stephan, a. a. O., S. 39. Quetsch, S. 147. Grosse, S. 52.

Taxierung von Briefen überhaupt.[207] Man muß indes mit Klüber zugeben, daß der Tarif der Taxisschen Posten Jahrhunderte lang den Vorzug größerer Wohlfeilheit im Verhältnisse zu den Taxen der Territorialposten gehabt hat, wenn man, was Klüber jedenfalls im Auge gehabt hat, nur das Porto für Fernbriefe in Rücksicht zieht; wie die gesamte taxissche Postorganisation aus dem Bestreben herausgewachsen ist, den Fernverkehr zu vermitteln, so sind auch die ursprünglichen Brieftarife daraufhin zugeschnitten. Ein einfacher Brief von Hamburg nach Lindau (= 100 Meilen) auf Taxisschen Posten kostete 16—18 Kreuzer, der auf dem Wege über die Territorialposten wenigstens 70—80 Kreuzer gekostet hätte; es kostete ja schon ein Brief von Kassel nach Göttingen auf der westfälischen Post drei gute Groschen = 13½ Kreuzer.[208] Dagegen waren die Taxen für Nahbriefe zu hoch, was der Taxisschen Verwaltung auch oftmals vorgehalten worden ist. Die Entgegnung lautete in der Regel dahin, „man müsse eins ins andere rechnen". Man unterschied damals die Brief-, Paket-, Personenpost- sowie Extrapost- und Kuriertaxe.

Die Brieftaxe war dreistufig; man unterschied einfache, doppelte und dreifache Briefe, die letzteren im Gewicht von einer Unze. Der doppelte Brief kostete in der Regel das anderthalbfache des einfachen Briefes; die Briefe konnten ganz franko, halbfranko oder unfrankiert abgesandt werden; wo ganz- und halbfranko zuläßig war, wurde für halbfranko ein Zuschlag erhoben. Briefe nach dem Auslande konnten nur bis zu den Taxgrenzpunkten frankiert werden. Für Zeitungen unter Umschlag bestand eine ermäßigte Taxe.[209]

Die Pakettaxe wurde nach Entfernung und Gewicht mit der Ausnahme berechnet, daß „große und lange, doch leichte Pakete nach Proportion" taxiert werden sollten (sperrige Pakete). In den Wirrwarr der Pakettarifsätze scheint erst die Einrichtung der fahrenden Posten eine gewisse Ordnung gebracht zu haben, indem diese Anlaß gaben zur Einführung einer „Allgemeinen Tax-

---

[207] Quetsch, S. 190. Nach einzelnen Gebieten (holl. Gelderland, Grafschaft Arnheim usw.) bestanden überhaupt keine bestimmten Taxen.

[208] Klüber, Das Postwesen, S. 97.

[209] Eine der ältesten Brieftaxordnungen, so weit badisches Gebiet betroffen wird, ist diejenige der Reichspoststationen Durlach und Pforzheim vom Jahre 1718, siehe in den Anlagen.

ordnung bey Ordinari kaiserlichen Reichs fahrenden Posten für Personen, Baarschaften und Kauffmannswaaren". Dieses war ein Progressivtarif mit nicht gleichmäßigen Progressionen, der eine Verbindung des Streckentarifs mit dem des Gewichtstarifs darstellte; bei den Postämtern wurde indes mangels der erforderlichen Meilenzeiger die Entfernung nach dem Herkommen bestimmt.[210]

Die Personentarife richteten sich für die Beförderung mittels der Reitposten nach der Entfernung und der Zahl der beanspruchten Pferde; das Trinkgeld für den Postillion wurde nach der Anzahl der zurückgelegten Stationen bemessen. Seit Einführung der fahrenden Posten fiel die Berücksichtigung der Pferdezahl weg, das Personengeld stieg in regelmäßiger Progression nach der Entfernung und betrug für Person und Meile 20 Kreuzer.

Die Extrapost- und Kuriertaxe betrug bis 1771 für das Pferd und die einfache Post (zwei Meilen) 1 fl.; hier wurde sie mit kaiserlicher Genehmigung auf 1 fl. 15 kr. erhöht.[211] Dieser Vorgang rief Widerstand hervor, wie das Schreiben des Bischofs von Speyer (aus Bruchsal 5. Juni 1771) an Kurmainz dartut; „er werde eine solche Erhöhung der Taxen in seinem Gebiet nicht einführen lassen". In den achtziger Jahren des achtzehnten Jahrhunderts fiel die Taxe wieder auf den Durchschnittspreis von einem Gulden; gegen Ende des Jahrhunderts und bis in das neunzehnte Jahrhundert hinein stieg sie infolge der durch die Revolutions- und Napoleonischen Kriege hervorgerufenen Teuerung bis 1 fl. 45 kr., falls der Haferpreis bis auf sieben Gulden stieg.[212] In der Folge scheinen die

---

[210] Weber, S. 62ff.

[211] Es machte sich damals eine sehr fühlbare Teuerung geltend.

[212] Vgl. Erlaß des Erbgeneralpostmeisters Fürsten Karl von Th. u. T. vom 31. Oktober 1795:

Wir haben aus tragender Sorgfalt fur Unsere untergebene Kaiserl. Reichs-Posthaltere den Nothstand derselben Sr. Kaiserlichen Majestät allerunterthänigst vorgestellt, durch welchen, bey dem seither immer mehr ansteigenden Fourage-Preis und Mangel, das nahe Verderben, wenigst eine Unfähigkeit zu fernerem Dienst des Publikums, besagte Posthalter niederzudrücken gedrohet hat. Dadurch ist nachstehende allerhöchste Entschliessung bewürket worden, daß nämlich:

„eine, nach dem ab- oder zunehmenden Haber-Preis, steigende und wieder fallende „Taxe statuiret werden soll. Da es aber hiebey vorzuglich auf die Bestimmung „des Termini a quo et ad quem ankömmt, nämlich von welcher Proportion „respective auszugehen, und bey welcher endlich still zu stehen seye, so soll die „erste Erhöhung mit 15 kr. nicht eher eintretten, sofort per Pferd und einfache „Station 1 fl. 15 kr. genommen werden, als wenn der Haber 3 fl. 30 kr. kostet.

Überforderungen seitens der Posthalter an der Tagesordnung gewesen zu sein, indem die Posthalter auch beim Sinken der Hafer-

„In denenjenigen Reichsgegenden aber, in welchen der Haber-Preis bis auf 5 fl. „und darüber gestiegen ist, werden weitere 15 kr. pr. Pferd und Station, mithin „1 fl. 30 kr. von denen Reisenden zu nehmen erlaubet. Und wenn endlich der „Preis des Habers bis auf 7 fl. und darüber gestiegen seyn sollte, so wird „noch eine weitere Vermehrung des Taxes mit 15 kr., mithin die Erhöhung „derselben auf 1 fl. 45 kr. genehmiget, aber als das lezte in keinem Fall zu „überschreitende Ziel gesezet; indem es die Pflicht jeden Posthalters ist, sich „bey rechter Zeit mit benöthigtem Vorrath zu versehen, um bis zur Ernte und „andern günstigen Umständen, auszureichen.

„Da ferner der Grad der Fourage-Preise der Maasstab der bewilligten „Tax-Erhöhung ist, so können eben keine Distrikte dafür bestimmet werden, indem „die Natur der Sache mit sich bringt, daß jene Erhöhung immer dort anwendbar „sey, wo die erwähnten Grade der Theuerung existiren, welches sich auch in „Rücksicht der Dauer verstehet, weil mit denen Graden der abnehmenden Theuerung, „die darnach bewilligte Erhöhung auch abnehmen oder ganz aufhören muß.

„Endlich soll hiebey die Vorsicht eintretten, daß bey der festgesezten Pro-„portion nicht der Preis nach der so sehr verschiedenen Messerey, sondern nach „Verhältniß derselben mit dem Zentner-Gewicht zum Grund geleget, sofort hiernach „die Taxsteigung ausgedrucket werden solle.

„Damit aber diese allerhöchste Konzeßion noch zweckgemäser erfüllet, und „nicht zum Nachtheil des Publikums gebraucht werde, so soll kein Posthalter auf „den Genuß der vorgedachtermaßen regulirten Tax-Erhöhung Anspruch machen, „bis er über den Haber-Preis der umliegenden Gegend, worinn er seinen stationirten „Sitz hat, beglaubte, obrigkeitliche Zertifikate sich verschaft haben wird, welche „die Existenz des bey dem Erhöhungs-Normativ vorausgesezten Grades der „Theuerung beweisen."

Wir sind hiernächst von Sr. Kaiserlichen Majestät autorisiret, diese allerhöchste Anordnung und Verwilligung in Allerhöchst-Ihro Namen bey denen untergebenen Postbehörden im Heil. Römischen Reich in vim publicati bekannt zu machen, und zur allgemeinen Wissenschaft und Einsicht affigiren zu lassen.

Da Wir nun diese Kaiserliche allerhuldreichste Verfügung durch gegenwärtiges Patent denen Kaiserl. Reichs-Posthalteren bekannt machen, und sie hierdurch, unter Vorausstellung der vorgeschriebenen Zertifikaten, wegen der Existenz der Normativmäßigen, nach der Reduction der Messerey auf das Zentner-Gewicht, allenfalls von denen Amtsbehörden auszuschlagenden, Preise, in den Genuß der nach jenen Graden abgemessenen Courier-Tax-Erhöhung setzen, da Wir ferner sowohl unmittelbar als durch die nachgeordnete Post-Directoria denen sämtlichen höchst und hohen Landesherrschaften und anderen Behörden gebührende Insinuation davon machen; so haben die Kaiserliche Reichs-Posthaltere nach Empfang gegenwärtigen Zirkular-Patents denen Landesherrlichen Beamten und Orts-Obrigkeiten, auch selbst, von der Kaiserlichen allerhöchsten Verfügung Anzeige zu erstatten, solches Patent zu jedermanns Wissenschaft in der Poststube aufzuhängen, denen Passagiers die Kaiserliche Anordnung mit Bescheidenheit zu erpreise die erhöhten Sätze forderten. „Schon lange ist das reisende Publikum unter der Fuchtel der Reichsposthalter gestanden — schrieb die fürstenbergische Regierung unter dem 17. März 1797 an den Oberpostamtsdirektor von Haysdorff in Augsburg — schon von der Zeit an als General Wurmser das Kommando am Oberrhein hatte und der Haber auf dem höchsten Preis stund, bezogen die Posthalter von Pferd und Station 2 Gulden und lassen sich überhin $^3/_4$ Stationen für ganze in dem ohnehin unbefugten Preis bezahlen und fahren mit diesem Bezug ganz ungestört fort ohnerachtet die Fourage um ein Merkliches im Preis gefallen ist und der von kais. Mayestät selbst genehmigte Tarif nur 1 fl. 45 kr. erlaubet, wenn der Preis des Habers auf der höchsten Stufe stehet."[213] Ebenso klagt in seinem Berichte vom 23. September 1801 der pfälzische Staatsmann Freiherr von Schweickhard über die „eingerissenen Prellereien und Willkür der Posthalter.[214] Schon in der Mitte eines tiefen Friedens erlaubten sich die unter dem Schutz eines durch erschlichene Konzessionen begünstigten fremden Fürsten sich von der Polizei unabhängig dünkenden Posthalter bald durch Aufdringung mehrerer Pferde, bald durch Steigerung des Postgeldes die Reisenden zu berauben, die Postknechte sogar betrogen diese um die Kosten für das Chaussee- und Weggeld. Dies Alles stieg während des Krieges und gleichsam als erwönne sträflicher Mißbrauch ein Recht, auch nach diesem werden die Prellereien fortgesetzt. So unterfangt sich der hiesige Posthalter unter unsern Augen von hier (Heidelberg) auf Worms statt 1 = 1½, auf Heppenheim statt 1½ = 2, auf Schwetzingen 1 statt $^3/_4$ Stationen anzurechnen, vermutlich steigert er auch die übrigen; er fährt ferner fort, 1 fl. 15 kr. für das Pferd und für einen Karren 1 fl. statt

öfnen, und können also solche durch den Zusammenhalt desselben mit denen besagten Zertifikaten von der regulativmäßigen Richtigkeit des darnach eintretten müssenden Taxes von selbst überzeugen, respective rechtfertigen. Dagegen leben Wir hinwiederum der vollesten Zuversicht, daß Unsere getreu ergebenste Posthaltere ihren Pflichteifer verdoppeln, die Postställe in die bestmöglichste Verfassung bringen, und solche darinn zur ordentlichsten Versehung des allgemeinen Reichspost-Dienstes zu erhalten beflissen seyn, und durch gesetzwidrige Eigenmacht und Uebernehmung, gegen hiemit androhende nahmhafte Strafe und ernstlichste Abmahnung, zu keinen Klagen und Beschwerden Anlaß zu geben, sorgsam vermeiden werden.

Schloß Trugenhofen den 31. Oktober 1795.

213 F. F. A. A. Donaueschingen.

214 G. L. A. A.

30 kr. zu nehmen; sogar das auf 6 kr. regulierte Schmiergeld stieg vor dem Krieg auf 12 und gar auf 24 kr. und wird auch von der Postchaise gefordert. Es ist noch nicht Zeit, eine allgemeine Postordnung zu erlassen, erst wenn die Grenzen dieses Landes bestimmt sind, kann sie aufgestellt und, was das Wichtigste ist, mit Nachdruck gehandhabt werden. Aber nicht frühe genug kann man solchen Mißbräuchen steuern, welche den schon bestehenden Verordnungen so geradezu Hohn sprechen, den Unwillen der Reisenden notwendig reitzen und ein nachtheiliges Licht auf die Regierung werfen müssen." Schon im Jahre 1798 hatte sich der Oberpostamtsdirektor von Brints-Berberich in Frankfurt genötigt gesehen, in einem Rundschreiben von Rastatt aus gegen die ungeheuren Mißstände Stellung zu nehmen. Die Entfernungen der Stationen wurden von neuem durch Druck veröffentlicht und an den Post- und Gasthäusern angeschlagen. Auf die Klagen Schweickhards geißelte er die Mißbräuche abermals in einer scharf gehaltenen Verfügung. Die Posthalter hätten den Plan zu einer Beratung gefaßt, wie sie sich der Konkurrenz der Hauderer erwehren könnten; sie seien selbst schuld daran, daß sich die Reisenden, um unangemessener Behandlung zu entgehen, lieber der Hauderer-wagen bedienten, da die Posthalter die Reisenden mit Grobheiten bedienten, ohnnötig vor den Posthäusern anhielten, schlecht beförderten, da ferner die Reisenden an Post- und Chaisengeld, auch oft an Distanze von dem Posthalter, an Trink-, Schmier- und Chausseegeld ꝛc. von den Postillions übernommen würden. Was der Posthalter an Grobheiten sparte, brächte der Postillion sicher in doppelte Anwendung.

Auch manche Verordnungen der Regierung bestätigen geradezu, daß die Posthalter das Publikum bei den stets wechselnden Preisen[215] überforderten.[216]

[215] Diese betrugen beispielsweise für die Extrapostaxe im Jahre 1804 1 fl., anfangs 1805 1 fl. 15 kr., Ende 1805 1 fl. 30 kr. für das Pferd und die einfache Station.

[216] Verordnung der kaiserl. königl. Regierung und Kammer in schwäbisch Oesterreich:

Da die Anzeige geschehen, daß die schwäbisch österreichischen Posthalter ungeachtet des dermaligen gefallenen Futterpreises dennoch fortfahren, gegen die wiederholten diesseitigen Verfügungen die erhöhte Pferdpostaxe mit 1 fl. 15 kr. per Pferd und eine einfache Stazion zu beziehen; so sieht sich diese Landesstelle veranlaßt, die diesseitige in dem allerhöchsten Hofdekrete vom 22. Jäner 1796.

Wenn im übrigen die Taxen der alten Reichsposten bis in die neueste Zeit sehr hoch blieben, so hat hierzu wohl auch das zu reichliche Zugeständnis der die Reineinnahme beeinträchtigenden Portofreiheiten beigetragen, die ursprünglich nur als Gegenleistung gedacht waren.

Portofreiheit.

Die Posten benötigten nämlich das ihnen an und für sich nicht zustehende Recht des freien Durchzugs durch die einzelnen Gebiete und den Schutz der Regierungen. Dafür verlangten die Landesherren Portofreiheit für ihre Briefschaften. Den Vorstehern der die Hofkorrespondenz vermittelnden Ämter pflegte vom Hof zu Neujahr für ihre Mühewaltung ein Geldgeschenk nebst Wildbret oder an dessen Stelle das Recht „verehrt" zu werden, sich ein Stück Wild zu erlegen. Mit dem Anwachsen des portofreien Verkehrs, den sich der Hofstaat wie die Regierungsbeamten nebst ihren Angehörigen auch in privaten Angelegenheiten in ausgiebigster Weise zunutze machten, mit der Ausbreitung des Postnetzes und der Postämter drängte die Taxissche Verwaltung auf vertragsmäßige Regelung sowie feste Begrenzung der portofreien Personen; sie hatte in dieser Hinsicht in den Aufzeichnungen ihrer Postämter über die nicht erhobenen Portobeträge für die Hof- und Regierungsbriefschaften ein zuverlässiges Mittel, um den Wert ihrer Gegenleistung genau zu berechnen. Nunmehr wurde an Stelle der völligen Portofreiheit ein Pauschquantum vereinbart; teilweise ging man dazu über, eine bestimmte Summe als sogenanntes

---

gegründete Regiminalverordnung vom 7ten Februar dieses Jahrs, wodurch die Pferdposttaxe auf 1 fl. für ein Pferd und eine einfache Stazion herabgesetzt wurde, andurch mit dem zu wiederholen, daß von jenen Posthaltern, welche diese Taxe in Zukunft, und bis auf eine etwaige anderweite Verfügung zu überschreiten sich beigehen lassen sollten, jedesmal nebst dem Ersatz des zu viel bezogenen Postgeldes der zwanzigfache Betrag desselben zum Armenfond des betreffenden Ortes unnachsichtlich beygetrieben werden solle.

Die sämmtlichen anher unterstehenden Behörden werden daher hiemit angewiesen, diese neuerliche Verordnung allgemein öffentlich bekannt zu machen, und zur Wissenschaft der Reisenden in allen Posthäusern anheften zu lassen; übrigens aber auf die Befolgung oder Nichtbefolgung derselben ein wachsames Auge zu tragen, und jeden Uibertretter unnachsichtlich hienach zu behandeln.

Günzburg den 7ten August 1804.

„stipuliertes Freitum“ festzusetzen, die von dem auflaufenden Portobetrag abgezogen wurde. Gegen die Mitte des achtzehnten Jahrhunderts änderte sich die Sachlage insofern, als die Taxissche Postverwaltung bei der Einrichtung der fahrenden Posten und Verdoppelung der Postwagenkurse hinsichtlich der Zoll-, Brücken- und Wegegelderhebung usw. auf das Entgegenkommen der Gebietsherren angewiesen war. Diese wußten denn auch gegen das Zugeständnis, von den umständlichen Zollvisitationen abzusehen, das Recht auf Portofreiheit erheblich weiter auszudehnen. Daneben spielte auch ihr Verhalten gegen die Nebenposten eine wichtige Rolle; denn im Streite dieser mit der Postverwaltung stand es bei ihnen, den kaiserlichen Edikten Nachdruck zu verleihen oder unbekümmert um diese die Nebenposten zum Schaden der Taxisschen Postverwaltung in der verbotenen Briefbeförderung gewähren zu lassen. Im weiteren stand die Portofreiheit vi rescripti von Brüssel aus den Postbeamten und deren Witwen sowie insbesondere der gesamten Ordensgeistlichkeit zu; auch den Dominikanessen oder „sogenannten Betschwestern“ wurde — ebenfalls vi rescripti — drei Gulden vierteljährlich an dem Briefporto „nachgesehen“. Bei der Menge der Orden wie der Lebhaftigkeit ihres Verkehrs hatten die Postkassen hierdurch einen bedeutenden Einnahmeausfall, den die Allgemeinheit durch höhere Taxen wettzumachen hatte.

Auch nach ihrer Zuruhesetzung beanspruchten die Regierungs- und Hofbeamten für ihre Briefe und Pakete Portofreiheit unter dem Vorgeben, sie bekämen alltäglich herrschaftliche Reskripte und Aufträge zugewiesen, woraus deutlich hervorgehe, daß sie dereinstens replazieret würden; sie seien wohl in Pension, aber nicht außer Dienst. Auch die Witwen solcher Beamten machten noch Anspruch auf Portofreiheit, so daß das Oberpostamt oftmals betonen mußte, daß „das Brieffreitum eines Beamten eine der Person unmittelbar und allein anklebende und mit derselben erlöschende Wohltat sei“. Den Witwen besonders verdienter Staatsbeamten gegenüber wurden gleichwohl im Gnadenwege Ausnahmen gemacht. Welch hohe Summen infolge des freigebig erteilten Portofreitums der Postkasse entgangen sind, läßt sich einigermaßen aus dem „Verzeichnuß dern Versandten und Empfangenen Frey-Brieffen bey dem Kayserlichen Reichs-Post-Ambt Rheinhausen fürs Vierte Quartal 1718“ ersehen. Nach diesem hat der Betrag der örtlichen portofreien Briefschaften, d. h. der für Rheinhausen bzw. Speyer bestimmten und daselbst aufgelieferten Sendungen in dem einen Vierteljahr die Höhe von 590 fl. 28 kr. aufgewiesen.[217]

Gesetzgebung über das Reichspostwesen.

In der Entstehungszeit der Posten beschränkten sich die kaiserlichen Maßnahmen im wesentlichen auf die Unterstützung bei Einführung in den einzelnen Gebieten durch die wiederkehrenden Verbote der Nebenposten sowie auf die Feststellung von Grundsätzen hinsichtlich der Beförderungsgeschwindigkeit der Posten. Zwar wurden im Laufe der Jahre einzelne Zweige durch kaiserliche Ver-

[217] Total Summa anderseyths specificirter Freybriefen belauffendes Porto fürs vierte undt letzte Quartal 1718.

	fl.	kr.
Seiner Hochfürstlichen Gnaden Fürsten von Speyer dessen Ministerium, Canzleyen, Hofstatt, und Bedienter Brieffen	238	6
Eines Hochwürdigen Dohm Capittuls in corpore, Decani, Syndici, Secretarii und Oberschaffners . . .	24	30
Stadt Magistrats in corpore zu Speyer	16	6
Herrn Canonici von Schäffern zu Speyer	11	44
Churpfältzischen Oberambts und Landschreibern in Germersheim	20	42
Kayserl. Commissarii und Bauschreibern in Philipsburg .	63	16
Würtembergischen Pflegern und Schultheißen zu Loßheim .	3	34
Patrum Societatis (Jesu) zu Speyer, Ettlingen und Baaden .	77	30
Dominicaner Closters zu Speyer .	7	20
Augustiner Closters zu Speyer .	8	8
Carmeliter Closters zu Speyer	17	54
Franciscanern zu Speyer, Germersheim und Rastatt . .	18	—
Capucinern zu Speyer, Wagheusel, Bruchsall und Baaden .	61	20
Closterfrawen ordinis St^{i} Dominici zu Speyer .	10	34
Closterfrawen ordinis St.^{ae} Clarae	11	44
Summa Summarum	590	28.

Zu der Zeit, als das Reichskammergericht seinen ständigen Sitz in Speyer aufgeschlagen hatte, also während der Jahre 1526 bis 1689, wo es infolge der französischen Invasion nach Wetzlar verlegt wurde, war der Etat des Postamts Rheinhausen durch die ihm obliegende Beförderung und Verrechnung von portofreien Briefen noch viel erheblicher belastet, indem die Organe des Reichskammergerichts, die Kammerrichter, die Präsidenten, Assessoren, Advokaten, Prokuratoren, Agenten und Praktikanten entweder volle Portofreiheit oder doch bedeutende Vergünstigungen genossen, wie sich aus dem Bericht des bekannten Frankfurter Postmeisters Johann von Birchden über das Postwesen ergibt. (Johann Gottfrieds von Meiern Acta pacis Westphalicae publica. Fünfter Teil, S. 445. Göttingen 1743.) Archiv f. P. u. T. 1896, S. 309 und A. Z. A. Regensburg.

ordnungen geregelt und der Besitzstand der Reichspost durch „Patente ins Reich" geschützt. Eine allgemein gültige Postordnung oder ein einheitliches Postgesetz gab es dagegen nicht. Mit der Ausdehnung und Ausgestaltung des Postwesens machte sich nun das Bedürfnis geltend, die in einzelnen kaiserlichen Verordnungen zerstreuten Vorschriften zusammenzufassen. Der Erbgeneralpostmeister Fürst Eugen Alexander ließ zu dem Zwecke das gebräuchliche Postrecht gegen Ende des siebzehnten Jahrhunderts in zwanzig Abschnitten zu einer vom Kaiser Leopold I. „confirmirten" Reichspostordnung ausarbeiten, die man als das erste organische Gesetz über das alte Reichspostwesen bezeichnen kann. Zusammen mit den kaiserlichen Patenten bildete die Postordnung von 1698[218], die im Jahre 1706 von Kaiser Joseph I. in ihrem vollen Wortlaut bestätigt worden ist, nebst der „confirmirten Instruktion, auf welche die kayſ. Posthalter im Reich schweren und halten sollen", das postalische Sonderrecht der alten Reichspost. Es war zwar schon hundert Jahre zuvor (1596) im Benehmen mit den Postmeistern der Linie Wöllstein—Innsbruck der Anlauf zur ersten Postordnung genommen worden, die indes nicht zu allgemeiner Gültigkeit gelangt ist. Es erscheint gleichwohl angezeigt, ihre Bestimmungen kurz zum Vergleiche heranzuziehen. Die Postordnung von 1596[219] kennt nur Strafen von fünf Gulden und Dienstentlassung. Wer die Posten nicht pünktlich weiterführt, den Postzettel nicht unterschreibt, ihn verliert, unterwegs aufgegebene Pakete oder Briefe darin nicht verzeichnet, wer Ordinariposten zu Fuß befördert oder sie durch fremde Personen führen läßt, von der Poststraße abreitet, seine Pferde nicht im Stall oder bei der Hand hat, soll jedesmal um 5 fl. gebüßt werden. Entschuldigung ist lediglich glaubwürdig nachgewiesene vis major, d. h. „unglückliche Zufälle als größere Gewässer und dergl. Verhinderung". Auf Verlust von Paketen, widerrechtlicher Eröffnung von Briefen, Paketen oder des

[218] „Das erste größere organische Gesetz über das preußische Postwesen, zugleich der Ausgangspunkt und die Grundlage der späteren Gesetzgebungen, bildete die am 10. August 1712 erschienene Allgemeine Preußische Postordnung, die in zwölf Kapiteln auf 60 Seiten die gesetzlichen, reglementarischen und die wichtigeren technischen Bestimmungen über das Postwesen enthält." Stephan, S. 119.

[219] Abdruck in A. f. P. u. T. XVI. Jahrg., S. 210. Vgl. auch Quetsch, S. 123 ff.

verschlossenen Felleisens und der Führung eines Kuriers „an seinem nächstgesessenen Gesellen" vorüber steht Dienstentlassung. Außerdem schreibt sie für jeden Postmeister und „Postpott" die Haltung von mindestens drei guten Pferden vor. Die konfirmierte Reichspostordnung von 1698 enthält eine vollständige Sammlung von Dienstvorschriften und gesetzlichen Bestimmungen, wovon nur hervorgehoben sei[220] [221]:

Urlaub der Posthalter und Postverwalter — nicht über drei Tage ohne Genehmigung.

Wahrnehmung der Dienstgeschäfte — persönlich unter Beobachtung der Amtsverordnungen, dagegen sollten sie die Posten nicht selbst befördern.

Personal — keine Buben, sondern brauchbare und wegkundige, ehrliche und getreue Leute als Postillione und Bediente annehmen.

Taxen — für jedes Pferd von einer einfachen Post ein Gulden, von einer doppelten das doppelte, bei schlechtem Wetter und Weg auch mehr, je nach Anzahl der Pferde.

Pferdebestand — mindestens sechs Pferde bereithalten und diese mit anderer Arbeit nicht abmatten.

Inventar — zwei bedeckte Kaleschen mit allem dazu nötigen Geschirr.

---

[220] Vgl. Auszug bei Quetsch, a. a. O., S. 164; sowie Wortlaut im A. f. P. u. T. 1901, S. 633ff.

[221] Verpflichtungen der vorderösterreichischen Posthalter, ganz ähnlich; zu erwähnen u. a.

1.mo Dem wahren alleinseligmachenden röm. katholischen Glauben beygethon und bey demselben beständig und bis in Euer End verbleiben.

7.mo in obacht zu nemmen, das ihr diejenige aus wohlgegründetem Argwohn Verdächtige Ihrer Röm. Kays. u. Kön. Kathol. Mayt. aus dero Land und Leith widerwärtig Euch zukommende Schreiben nit fort befördern, sondern solche also balden durch eigene Post allhero (Innsbruck) schicken sollet.

9.mo Rebellen, Feinden, sonst Verdächtigen keine Postpferde geben.

16.to Falls Euch der Allmächtige über kurz oder lang in die andere Welt absfordern sollte, habt Ihr bey den Eurigen die Anstalt zu machen, damit Euer Todtfall ohne einzige Zeitverlust durch eigene Staffette zu wissen gemacht werde . . . . Auch solle Euch

17.mo hiemit Jubellen, Spitz und anderen kostbaren und zahlbaren Sachen (als wodurch das allerhöchste landsfürstliche Interesse gehemmt und die mit dem Postwesen vereinbarte Sicherheit sehr gefähret würde) anzunemen und zu spediren bei Straff verbothen seyn . . . .

Haftpflicht — für entstandenen Schaden sind die Posthalter ersatzpflichtig, denen wiederum die Postillione verhaftet bleiben.

Beförderungsweg und Fristen: Ordinaripoststraße einhalten, die Ordinariposten nur reitend, die Stafetten in starkem Trab ohne Aufenthalt zu der anbefohlenen Zeit und Stunde befördern.

Privileg: Führung des Posthorns; Reichsposten sollten die Nebenboten, die das Posthorn führten, mit obrigkeitlicher Assistenz anhalten, um deren Bestrafung zu ermöglichen. Die weiteren Vorrechte als Befreiung von Einquartierungen und sonstigen Auflagen sind in den kaiserlichen Patenten enthalten.

Die konfirmierte Instruktion Kaiser Josephs (1706) enthielt die Bestätigung der Postordnung von 1698; neu ist im wesentlichen:

Der Posthalter soll die Pferde zu der voraussichtlichen Ankunftszeit der Ordinari gesattelt bereit halten, so daß sofort weitergeritten werden kann. Porto für angenommene Unterwegsbriefe hat der Postillion dem Amt, von dem er seine Besoldung bezieht, abzuliefern. Der Posthalter soll sich mit „Zwerksäcken" (Kurssäcken) versehen zur Sicherung der nicht in dem Felleisen unterbringlichen Pakete und Schreiben vor Regenwetter.

Streitigkeiten in Postsachen soll er dem vorgesetzten Oberpostamt anmelden, ohne sich selbst in einen Prozeß einzulassen. Strenges Verbot der Beförderung verdächtiger Personen, insbesondere in „Kriegs- und Sterbeläufften" solcher ohne „gute obrigkeitliche Päß-Scheine".

Außer den Postordnungen kamen an gesetzlichen Bestimmungen die Patente[222], Mandate und Reskripte der Kaiser in Betracht, durch die nicht allein die Postordnung jeweils bestätigt, sondern auch die früheren „zu Behuf des Reichspostregalis und Spezial-Reservati emanirten Patente ꝛc. konfirmirt" wurden. Solche sind erlassen in den Jahren 1698, 1706, 1713, 1744, 1746, 1768 usw. Im ersten Teil enthalten diese in der Regel die vorgebrachten Beschwerden über Beladung der Ordinari und Extraordinari mit ungebührlich schweren Paketen (Truhen, Schachteln), über Heranziehung der Posthalter zu Frondiensten und Einquartierungslasten, über Verbauung der Poststraßen, ungebührliche Ausnutzung der Postpferde durch die Postreisenden, über Übergriffe der Nebenboten usw.; im zweiten Teil waren die zur Abhilfe getroffenen Resolutiones enthalten, wonach die Postbeförderer von Einquar-

[222] Vgl. Patent des Kaisers Joseph II. von 1768 in den Anlagen.

tierung und sonstigen Auflagen frei sein sollten, bei Strafe drei Mark-lötigen Goldes sich keiner der Postpferde mit Gewalt bemächtigen durfte. Die Obrigkeiten sollten die Untertanen zur Aushilfe mit ihren Pferden in Bedarfsfällen gegen die Postgebühren anhalten und die schlechten Wege ausbessern. Nebenboten sollten bestraft und ihnen alles weggenommen werden. Für die Postillione wurde das Vorrecht ausgesprochen, „von sich selbst befugt zu sein", bei schlechtem Wetter abseitige Rein und Wege zu benutzen und die Zäune zu durchbrechen.

Die Frage der Garantiepflicht der Postverwaltung wurde erst nach Einführung der fahrenden Posten von Bedeutung, da vorher eine Beförderung von Wertgegenständen nicht stattfand. Ersatz wurde geleistet für richtig deklarierte Gelder und Pakete bei einem durch Verschulden der Postbedienten herbeigeführten Verlust. Anspruch erlosch nach drei Monaten; nicht gehaftet wurde für Passagiergepäck und Sachen „nach Landen, wo der Krieg geführet wird".

Reiseverkehr.

Vor dem Aufkommen der fahrenden Posten.

Mit dem Aufblühen der Städte und des Handels entwickelte sich naturgemäß auch der Reiseverkehr. Die Geschäfte mußten auswärts in Person abgeschlossen werden.[223] Den Hauptteil der Privatreisenden stellten somit die Geschäftsinhaber selbst, die sich ihrer Sicherheit halber zu ganzen Zügen vereinigten und, sofern sie den Landweg benutzten, zu Pferde reisten. Konstanzer und Züricher Handelsleute kamen schon im zwölften Jahrhundert an den Mittelrhein zur Abschließung von Geschäften, andererseits hatten Kölner Kaufherren ihre Niederlagen in Konstanz, ebenso andere Kaufleute vom Rhein, aus Flandern und Brabant, in Augsburg und Ulm. Ferner war der Zug aus dem Süden nach dem Rheintale und Straßburg, „der Herrin der oberrheinischen Tiefebene", nach Lage

---

[223] Nach den Konstanzer Leinwandordnungen von 1283 und 1289 war nur der Kaufmann zu den großen Konstanzer Märkten zugelassen. Das Kommissionsgeschäft ist untersagt, nur wenn der Besteller selbst oder sein bevollmächtigter Bote anwesend ist, darf ein Dritter vermitteln; man will eben den fremden Einkäufer zwingen, selbst nach Konstanz zu kommen, und den Zwischenhändler (Einheimischen) ausschalten. Vgl. Gothein, a. a. O.

der Straßenverhältnisse an Konstanz[224] gebunden. Dazu der Verkehr der schwäbischen Kaufherren mit Venedig, wo die Deutschen schon 1268 ihr eigenes Kaufhaus hatten, ihre Reisen nach und von den Messen in Frankfurt, Zurzach sowie den französischen, burgundischen und schweizerischen Messen. Vom zwölften Jahrhundert ab kamen immer mehr die Wallfahrten nach Jerusalem auf, bei denen wiederholt Konstanzer Reisebegleiter waren; daneben pilgerten manche nach Aachen, Trier und Rom, vom vierzehnten Jahrhundert ab viele nach Walldürn, Todtmoos, Einsiedeln, auch nach St. Nikolaus in Ostflandern (Nikolauser) und San Yago di Compostella.[225] Auf die Organisation des Pilgerverkehrs weisen die

---

[224] Wer von Italien nach Deutschland reiste, folgte im früheren Mittelalter meist der alten Römerstraße, welche dem Comer See entlang ging, die Zollstätte bei Chiavenna passierte, durch das Bergell und über den Septimer führte und über Chur den Bodensee erreichte . . . „ an dessen oberem Ende Konstanz schon frühe kaufmännisches Leben entwickelte. Mit den Bodenseestädten aber standen die Städte am oberen und mittleren Rhein durch das ganze Mittelalter hin in lebhafter Verbindung. Heyd, Gesch. des Levantehandels, S. 91.

[225] Die den Wallfahrtsorten der Christenheit gewidmeten Pilgerschriften und Reisebeschreibungen fanden reichen Gewinn bringenden Absatz. So das Werk des Mainzer Dombechanten Bernhard von Breidenbach über seinen Besuch des heiligen Landes, das ursprünglich lateinisch geschrieben war. Ins Deutsche, Italienische, Französische und Spanische übersetzt, wurde es von 1486—1500 in zwölf Auflagen gedruckt, ... bis zum Anfang des 17. Jahrhunderts noch in 22 italienischen Auflagen. Die Palästinareise des Hans Tucher aus Nürnberg erschien von 1479—1488 in elf Auflagen. Das 1481 in Nürnberg gedruckte „Rom-Fahrt-Büchlein" kam in zwei Auflagen ohne Ortsangabe und in je einer in München und Nürnberg und fortan in Rom heraus. 1500 erlebte es sogar acht verschiedene, im ganzen aber bis 1500 vierzehn Auflagen und außerdem 1512—1518 noch zwei in Rom. Knapp, a. a. O. Diese Tatsachen beweisen, wie gern man damals wallfahrtete und sich mit den Wallfahrtsreisen beschäftigte. Von St. Jos. Capell und Pfrundt und Jacobs Bruderschaft (Überlingen 1424) heißt es: „Es ist von Anfang dieser Bruderschafft niemandes darein angenommen worden, ere habe dann ain Walfart aintwederß genn Sanct Jacob zu Compostell in Hispania, genn Rom zu St. Peter, genn St. Jos in Picardia oder zu unser lieben frauwen in Niederlandt, genn Aach volnbracht". Der Zyklus der Jakobslegende in der St. Jakobskapelle Überlingen (um 1430 erbaut) verdankt ohne Zweifel den Kreisen der Überlinger Jakobspilger sein Entstehen. „Die Oberdeutschen mußten den Weg ganz zu Lande machen; trotzdem haben wir Kunde von zahlreichen oberdeutschen Pilgerfahrten nach Santiago, besonders aus dem 15. Jahrhundert." Vgl. die Legende der drei Lebendigen und der drei Toten und der Totentanz. Dr. Karl Künstle. Freiburg (Breisgau) 1908.

vielen „Elendherbergen“[226] (Herbergen für Reisende und Pilger) hin, deren Bestimmung die war, Pilgern vorübergehend Unterkunft nebst Verköstigung, unter Umständen auch einen Zehrpfennig auf die Reise zu geben.[227] Das Haus lag deshalb häufig vor der Stadt, damit die Reisenden auch noch eintreten konnten, wenn die Stadttore geschlossen waren. Daneben dienten auch die Leprosenhäuser als Herbergen für gesunde und kranke Pilger. Diese durften in der Regel 1—2 Tage bleiben, ein Pilger, der zu Fuß kam, länger als ein Reiter. Im weiteren sahen sich die Gesellen, Handwerker und Künstler, wenn sie ausgelernt hatten, einige Jahre in der Welt um, die landesherrlichen Verordnungen schrieben noch lange die Dauer des „Walzens“ vor, die der Handwerker draußen gewesen sein mußte, bevor er in seiner Heimat sich als Meister niederlassen durfte. Außerdem entwickelte sich vom fünfzehnten Jahrhundert ab immer mehr der Besuch heilsamer Bäder; schon in den Zinsbüchern aus dem vierzehnten Jahrhundert werden „suwerbrunnen, swebelbrunnen sowie Badbrunnen“ erwähnt. In einer Zusammenstellung der heilsamen Bäder und Brunnen vom Jahre 1571 sind 22 Bäder in Baden aufgeführt; auch weist die Badliteratur des sechzehnten Jahrhunderts auf den häufigen Besuch der Bäder zu jener Zeit hin.[228] Hierzu ist noch der amtliche und private Reise-

[226] Elend aus Ellend, Elelend, Aliland, d. i. Fremdland; vgl. „das Elend bauen“ = in der Fremde wohnen, ins Elend gehen, ins Exil gehen. Die Einrichtung der Elendherbergen steht vielleicht den ursprünglichen Spitälern am nächsten, welche als Xenodochion oder Hospitale das waren, was sie heißen, Herbergen für Reisende und Pilger. Solche Elendherbergen (auch Seelhaus genannt, weil die Aufgenommenen für das Seelenheil des Stifters zu beten hatten) gab es in Konstanz (1437 urkundlich erwähnt), Bruchsal (1501), Allensbach, Pfullendorf, Radolfzell, Überlingen, Freiburg, Triberg, Schlierbach, Mosbach, Külsheim. Vgl. bei Dr. Robert Volz, Das Spitalwesen und die Spitäler des Großh. Baden. Karlsruhe 1861.

[227] Klöster und Burgen waren bis dahin die Gasthäuser des Mittelalters gewesen. Die zunehmende Armut der Bevölkerung und die durch Einschleppung aus Italien und dem Morgenlande ungemein häufig auftretenden Seuchen, sowie das massenhafte Herbeidrängen von Bettlern, Krüppeln und ekelhaften Kranken trugen außerdem zur Verminderung jener schönen Gastlichkeit erheblich bei. An ihre Stelle mußten daher eigentliche Gasthäuser treten, von denen uns Erasmus keine einladende Beschreibung gibt. Vgl. bei Henne, a. a. O., I, S. 381/2.

[228] So sagt Zeiller von Petersthal „es habe zwei treffliche Sauerbrunnen, die er 1620 selbst versucht und kommen aus nahen und fernen Landen und gar aus Burgund Leute dahin“. In den Briefen an Vadian (1521) sind die thermi badenses erwähnt.

verkehr nach den Bischofssitzen[229] im heutigen Baden bzw. an seinen Grenzen sowie nach den Residenzen und Regierungssitzen zu rechnen. Wer nicht zu Pferde reisen konnte, mußte in der Sänfte reisen oder einen „Rollwagen“ benutzen, worunter man einen zwei- oder vierräderigen offenen Karren verstand; erst später wurden diese Reisewagen mit einem Tuch- oder Lederüberzug versehen. Um die Windungen und Krümmungen der Landstraßen abzuschneiden, schlug man gerne kürzere Feldwege ein; man hatte deshalb auf vielen Strecken Führer nötig, da die kleinen „Raißbüchlein“ mehr Irrweg als Wegweiser waren.[230] Auch bedurfte man bei der ungefügen Bauart der Rollwagen und dem überaus schlechten Zustand der Straßen eine große Anzahl Pferde oder oftmals Vorspann, wodurch das Reisen wiederum verteuert wurde. Auf kürzere Entfernungen fuhr man mit den Hauderern. Was die Reisegeschwindigkeit anlangt, so wurde auch im späteren Mittelalter von Orten Mitteldeutschlands aus nach Rom ein bis ein und ein halber Monat gerechnet. Die Straßburger Gesandtschaft an den Papst brauchte im Jahre 1478 36 Tage zur Hin- und 30 Tage zur Rückreise; sie nahm ihren Weg über Offenburg, Gengenbach, Hornberg, Rottweil (über Burg Hewen nach) Engen, Konstanz (über Radolfzell), Rasttag in Konstanz, Rheineck, Bludenz[231] usw.

Bei den Mängeln des Landreisens ist es nur natürlich, daß man, wo es immer anging, zu Wasser reiste, wenn auch die Fahrzeuge lange Zeit ebenfalls wenig Bequemlichkeit boten. Schon im Jahre 1104 kamen Schiffe aus Konstanz nach Mainz; ihre Blütezeit erreichte die Rheinschiffahrt mit Handelsschiffen im zwölften und dreizehnten Jahrhundert; zur Personenbeförderung dienten mehr die „Marktschiffe“[232], die vom fünfzehnten Jahrhundert in

---

[229] In Konstanz hat man anscheinend strenge darauf gesehen, daß die Kapitelsdekane regelmäßige Berichte über den Zustand ihres Kapitels, die Persönlichkeit und den Lebenswandel der Geistlichen erstatteten, was in der Regel mündlich vor einer Visitationskommission geschehen ist. Z. O. 25, vgl. Visitationsprotokolle 1571—1586.

[230] Itin. Germ. Nov. antiquae durch Mart. Zeillerum in der Vorrede.

[231] Von einer Station bis zur anderen brauchte sie je einen Tag. Z. O. 53, 1899. Kostenrechnung einer bischöflich-straßburgischen Gesandtschaft an die Kurie, S. 180 ff.

[232] Das älteste Marktschiff am Rhein scheint das Mainz-Frankfurter gewesen zu sein, das schon im Jahre 1105 erwähnt wird. Sehr frühe verkehrte auch ein Marktschiff zwischen Wertheim und Aschaffenburg. Quetsch, a. a. O.

Aufschwung kamen und zwischen allen bedeutenderen Städten am Rhein — Straßburg, Worms, Mainz, Frankfurt, Köln — verkehrten. Auch benutzten die zahlreichen Wallfahrer vom vierzehnten bis siebzehnten Jahrhundert gern die Wasserstraßen.[233] Zur Zeit der Messen war der Verkehr mittelst der Marktschiffe besonders lebhaft. Herrschaften und Adelige hatten vielfach ihre eigenen Jachten. Auch Maximilian I. machte seine Brautfahrt nach den Niederlanden soweit möglich zu Schiffe hin und zurück. Es wurde indes viel über die Schiffer, besonders über diejenigen in Basel geklagt, daß sie die Oberländer zwingen wollten, zur Fortsetzung mehr Schiffe und Schiffsleute zu nehmen, als notwendig wäre. Bei dem ausgesprochenen Monopol der Straßburger Schiffer auf den Rheinverkehr konnten die anderen Schifferzünfte lange nicht aufkommen. Die Breisacher durften Personen im allgemeinen nur bis Straßburg fahren; auch mußten sie hier ihre übrigen Fahrzeuge besichtigen lassen und Steuerleute nehmen. Die pfälzischen Schiffer aus Heidelberg und Mannheim blieben im wesentlichen auf den Neckar beschränkt; ebenso wie diese durften diejenigen aus Speyer, Philippsburg, Durlach, Freystett, Greffern, Renchen und Drusenheim nur die Waren für den eigenen Bedarf in Frankfurt verfrachten, dagegen wurden die Waren für den Breisgau und die Schweiz den Straßburger Schiffern in Worms, Mannheim oder Speyer überwiesen, die auch die große Masse der rechtsrheinisch erzielten Landeserzeugnisse verfrachteten, indem sie die Schiffe vielfach rechtsrheinisch beladen ließen.[234] Einen größeren Einfluß gewannen die rechtsrheinischen Schiffer erst von der Zeit des österreichischen Erbfolgekrieges an, in dem die Straßburger Schiffer im königlichen Dienst beschäftigt wurden. Nunmehr durften die rechtsrheinischen Bauern ihre Erzeugnisse selbst nach Mainz und Frankfurt fahren;.diese Bauernschiffe ließen sich später nicht mehr unterdrücken. Als vollends noch Straßburger Kaufleute infolge

[233] Vgl. auch Löper, Die Rheinschiffahrt Straßburgs 1877.

[234] „Bis zur Eröffnung der beiderseitigen Eisenbahnen, bzw. auch des Rhein-Rhonekanals bestand bis Basel herauf eine ziemlich lebhafte Schiffahrt, zu Berg mit Kolonialwaren, Roheisen und Eisenwaren, Blei, Tabak, später auch Steinkohlen, zu Tal mit Wein, Vieh, Häuten, Leder, Manufaktur, Käse, Brennholz, Steinen u. dergl. Die Schiffe waren mit mehreren größeren Segeln ausgerüstet. Von Schröck bis Basel dauerte die Reise nicht selten drei bis vier Wochen. Landungsplätze von Bedeutung waren am badischen Ufer: Breisach, Ottenheim, Kehl und Freistett." Honsell, a. a. O.

hoher Abgaben ihre Industrie nach Kehl verlegten, wurde dieses, später Schreck[235] und Freistett[235], ein nennenswerter Stapelplatz. Die Personenbeförderung von diesen Orten wie auch von Mannheim aus blieb indes im siebzehnten und achtzehnten Jahrhundert immer von untergeordneter Bedeutung, trotzdem von Mannheim aus die ersten Marktschiffe nach Mainz seit 1675, nach Worms seit 1678 und Speyer seit 1679 verkehrten. Auf dem Neckar errichtete Kurpfalz im Jahre 1712 für Reisende und Waren Postschiffe (auch Marktschiffe genannt), von denen jede Woche ein Schiff von Heilbronn nach Frankfurt zu fahren hatte. Das Führen dieser Postschiffe wurde im Jahre 1730 gegen eine jährliche Abgabe von 600 Gulden an zwölf pfälzische Schiffer auf zwölf Jahre verpachtet; sie mußten sich verpflichten, sechs zwischen 80—90 Schuh lange gedeckte Schiffe mit einem getäfelten, heizbaren und mit Fenstern versehenen Zimmer für Standespersonen, nebst einem zweiten Zimmer einfacherer Art für niedere Reisende zu erbauen. Jeden Montag hatte ein Postschiff vormittags 8 Uhr von Heilbronn über Heidelberg, Mannheim, Mainz nach Frankfurt und zu gleicher Zeit eines von Frankfurt nach Heilbronn, mit bestimmten Ankunfts- und Abgangszeiten in den Zwischenorten, abzufahren. Diese Art der vereinigten Personen- und Warenbeförderung scheint indes keinen langen Bestand gehabt zu haben; jedenfalls ging man im Jahre 1753 bei Errichtung der Rangordnung für die Rhein- und Neckarschiffer zu einer mehr dem Reiseverkehr dienenden Änderung über. Außer den Rangschiffern für die Rhein- und den Leichtschiffern für die Neckarschiffahrt wurden noch zwei Schiffer zugelassen, die Rhein und Neckar befahren, aber als „Marktschiffer“ nur Reisende sowie Waren in kleinen Paketen oder solche, die besondere Eile hatten, auf ihren Ordinarifahrten Heilbronn—Mainz befördern durften; sie hatten somit große Ähnlichkeit mit den Ordinaripostwagen und den regierungsseitig zugelassenen Landkutschen. Der Schiffer Schreck in Haßmersheim erhielt das Vorrecht der Marktschifferei gegen eine jährliche Abgabe von 50 Gulden

---

[235] In Freistett bestand seit 1714 ein Lagerhaus für den Rheinverkehr. 1808 ward Freistett mit Schröckh und Mannheim als Freihafen erklärt. In Schröckh bestand schon 1382 eine Zollstätte. Waren von Holland gingen über Schröckh nach Oberschwaben, der Schweiz und Italien. 1748 ward hier ein Lagerhaus errichtet und der Verkehr gestaltete sich so lebhaft, daß er die Eifersucht von Kurpfalz und Straßburg erregte   Honsell, a. a. O.

und Kautionsleistung von 1500 Gulden auf sechzehn Jahre zugesichert; es wurde ihm indes vor Ablauf der vorgesehenen Pachtzeit abgenommen, als er sich die Beförderung von Kaufmannsgütern in größerem Umfange anmaßte. Damit hörten die Post- und Marktschiffe auf der Strecke Heilbronn—Mainz auf.[236] Im übrigen übte die postseitig aufgenommene Personenbeförderung zu Wagen keinen merkbaren Einfluß auf die Personenbeförderung zu Wasser aus; sie trat vielmehr in den ausschließlichen Wettbewerb mit den Hauderern und Landkutschen.

Nach Einführung der fahrenden Posten.

Die Einrichtung der fahrenden Posten führte von der Mitte des achtzehnten Jahrhunderts ab zu regelmäßigen Fahrgelegenheiten auf den bedeutenderen Strecken der Taxisschen Postbezirke; jedermann konnte jetzt reisen und mit ungefährer Berechnung überschlagen, wie hoch sich der Fahrpreis stellen und wann er am Reiseziel anlangen werde. Bei der bisherigen Art der Personenbeförderung mittelst geliehener Pferde waren Frauen sowie des Reitens untüchtige Personen meist auf Hauderer angewiesen, mit denen im einzelnen Falle erst über den Preis, die Verköstigung und die Zeit der Abfahrt verhandelt werden mußte, und dieses wiederholte sich während der Reise so oft, als von einem Haudererwagen auf den anderen überzugehen war. Naturgemäß ging die Taxissche Postverwaltung bei der Einrichtung der Fahrkurse von der Erwägung aus, durch Vereinigung der Personenbeförderung mit dem Sachtransport, insbesondere der Wertsachenbeförderung, ertragsfähige Anlagen zu schaffen; es wurde vorher genau überschlagen, ob sich in der Richtung eines einzuführenden Wagenkurses Handelsverkehr bewegte, ob Reiseverkehr von und nach besuchten Messen, amtlicher Verkehr nach Bischofssitzen, Gerichts- und Residenzstädten, ob Verkehr von Schweizer Offizieren, französischem Theaterpersonal usw., von Gelehrten und Studierenden bestand oder zu erwarten war; denn diese Personen galten damals als regelmäßige Passagiere. Hierzu kamen die Personen von Stand, die seit dem siebzehnten Jahrhundert ab nach dem Abschluß ihrer Studien größere Reisen — allerdings vielfach mit eigenen Wagen

---

[236] Vgl. auch die „Neckar-, Rhein- und Mainschiffahrt“ zwischen Heilbronn, Mainz und Frankfurt von Johann Friedrich Zeller. Heilbronn 1809.

und Pferden — zu machen pflegten.[237] Zwischen den im Wettbewerb stehenden Hauderern und Landkutschenunternehmern einerund den fahrenden Posten andererseits kam es oftmals zu Reibereien und Klagen. Gegenstand bildete hauptsächlich die oftmals übertretene Bestimmung, daß auf Postkursen angekommene Personen ihre Reise an Orte, nach denen es Postfahrgelegenheit gab, erst nach drei Tagen mit anderen Fahrzeugen fortsetzen durften. Diese Vorschrift galt noch zu Beginn des neunzehnten Jahrhunderts, wo die „Karrenzzeit" auf zwei Tage herabgesetzt wurde. Außerdem waren die Posthalter auf die Hauderer und Landkutschenführer begreiflicherweise sehr erbost, da diese ihnen „die Nahrung vom Munde wegzunehmen" drohten. Laut kaiserlicher Verordnung sollte zum Schutze der Posthalter die Verleihung einer Landkutschen-Gerechtigkeit nur mit Vorsicht erteilt werden.[238] In den Reisebeschreibungen, die während des achtzehnten Jahrhunderts in Menge erschienen, wird vielfach über schlechte Wege, ungenügende Verpflegung in den Gasthäusern, sowie über unangenehme Zufälligkeiten der Reise geklagt, dagegen finden wir selten Klagen über die Leistungen der benutzten Posten, so daß wir annehmen müssen, daß die Reisenden im allgemeinen mit diesen zufrieden gewesen sind[239], wenigstens vor den Revolutionskriegen.

---

[237] Die schon im 16. Jahrhundert in den fürstlichen und adligen Kreisen aufgekommene Sitte, die Jugend durch Reisen in das Ausland zu bilden — **die große Kavaliertour** umfaßte ziemlich regelmäßig die Niederlande, England, Frankreich, Italien — ward um 1600 auch in dem wohlhabenden Bürgertum allgemein; jetzt wird es für jeden besser gestellten Mann unbedingt nötig, jene Tour zu machen, sie gehört zur Erziehung. Steinhausen, a. a. O., 2. Teil.

[238] In der kaiserlichen Verordnung vom 25. März 1781 heißt es: „Dort wo es die Notwendigkeit oder der Nutzen des publici nicht erheischt, soll mit der Verleihung einer Landkutschengerechtigkeit nicht leicht vorgegangen, sondern auf die Erhaltung der hin und wieder sich nicht in besten Umständen befindenden Postmeister (Posthalter) gesehen und diese unterstützt werden".

[239] Vgl. Gercken, Reisen, 1. Teil. Stendal 1783. Er klagt über die „execrablen" Wege im Kanton Kraichgau. In „Bemerkungen eines Reisenden durch Deutschland in Briefen", Altenburg 1775, heißt es: Weg Mannheim—Schwetzingen ist sehr gut; hinter Schwetzingen hören die guten Wege auf, es seien sehr ausgefahrene Straßen, die das Regenwetter noch unwegsamer macht; dagegen findet er die Wege Bruchsal—Durlach—Karlsruhe, sowie Ettlingen—Stollhofen und Rastatt—Straßburg gut, auf letzterer Strecke aber die Gasthöfe von Herzen schlecht. Vom Postillion sagt er, daß er „auf dem Posthorn fürchterlich geheult hätte". Der damals bekannte Reisende Sapf, der von Stockach über

Boten- und Postwesen.

a) In den Markgrafschaften Baden-Baden und Baden-Durlach, in den Städten Baden-Baden, Durlach und Karlsruhe.

Die beiden zur Regierung gekommenen Söhne Bernhard und Ernst des Markgrafen Christoph hatten im Jahre 1533 das väterliche Erbe dergestalt geteilt, daß Bernhard, der Stammvater der baden-badenschen Linie, die mittlere Markgrafschaft — also insbesondere die Städtchen Baden-Baden, Steinbach, Ettlingen, Kuppenheim, Stollhofen und Gernsbach mit den zugehörigen Ämtern, Rastatt und Rheinau mit der oberen Hard, die Orte Mörch, Forchheim, Daxlanden, Beiertheim, Bulach usw., den badischen Anteil an den Herrschaften Lahr, Mahlberg und Geroldseck, sowie die Schutzvogtei über die Klöster Lichtental, Schwarzach, Herren- und Frauenalb erhielt, während dem Markgrafen Ernst, dem Stammvater der baden-durlachischen Linie, die untere und die obere Markgrafschaft — also die Ämter Mühlburg, Graben, Staffort, Durlach, Stein, Langensteinbach, Pforzheim, Müllheim mit Badenweiler, die Markgrafschaft Hochberg mit dem Oberamt Emmendingen und die Landgrafschaft Sausenberg, sowie die mit ihr verbundene Herrschaft Rötteln zufielen. Die Markgrafen von Baden-Baden residierten zunächst in Baden-Baden, später in Rastatt, diejenigen von Baden-Durlach in Pforzheim, später (1565) zu Durlach und seit 1715 zu Karlsruhe. Nach verschiedenen Versuchen zur Abrundung der einzelnen Gebietsteile und ihrer Wiedervereinigung erfolgte diese im Jahre 1771 unter der Regierung des nachmaligen Kurfürsten Karl Friedrich, nachdem die baden-badische Linie im Mannesstamme ausgestorben war.

Baden—Durlach.

Hiernach lagen die einzelnen zur Markgrafschaft Baden-Durlach gehörigen Gebietsteile recht weit innerhalb des heutigen Großherzogtums auseinander und es war nur natürlich, daß die Regierung mit den Oberämtern Verbindungen herzustellen suchte. Der amtliche Verkehr wurde von Anfang an durch die Oberamts-

---

Radolfzell und weiter nach Lenzkirch (und St. Blasien) reiste, klagte, daß er in Radolfzell auf der Post lange verweilen mußte, weil es an Pferden mangelte; wegen des elenden Weges und der hohen Berge sei er in Lenzkirch erst bei Nacht angekommen usw.

boten[240] sowie besondere „Läufer" zwischen der Regierung und den nachgeordneten Ämtern besorgt. Die Lage der Landesteile zu einander drängte um so mehr auf eine besondere Verbindung zwischen Durlach und Lörrach hin, als die Postverbindungen bis gegen Mitte des achtzehnten Jahrhunderts ausnahmslos der Richtung Rhein—Wien bzw. Innsbruck und Frankfurt—Straßburg folgten und die Strecke Rastatt—Basel völlig vernachlässigten. Indes finden wir urkundlich erst eine markgräfliche Landespost mit dem Regierungsantritt des Markgrafen Friedrich Magnus (1677) errichtet; das fast zwanzig Jahre andauernde Kriegsgetümmel, das seine Städte und Dörfer in Trümmer und Asche legte[241], ließ die Weiterbildung der Landesposten nicht vorwärtsschreiten; die Regierung sah sich im Gegenteil im Jahre 1689 genötigt, die bis dahin wöchentlich zweimal abgefertigte Fußpost Durlach—Lörrach der Kostenersparnis halber[242] auf einen ein-

[240] Im Jahre 1576 erhält der Landvorstand zu Rötteln den Befehl, die Oberamtsboten aus Rötteln jedesmal Sulzburg, Emmendingen und Hachberg berühren zu lassen. Zur gleichen Zeit erging der Befehl an alle Ämter, sobald eine Ordinaripost angekommen sei, die andere „strads unverzüglich" abreiten zu lassen. Im Jahre 1614 werden die Beamten zu Hochberg, Rötteln und Badenweiler nochmals darauf hingewiesen, daß die reitenden Posten eingerichtet worden, damit die Regierung jederzeit wisse, wie es in den oberen Landen zugehe; sie möchten die Schreiben bereit halten und die Postillione alsbald nach Ankunft der Post abfertigen, es ginge jetzt zu langsam. Andererseits ergingen in den Jahren 1611, 1614 und 1617 an alle Ämter der Befehl, in diesen gefährlichen Zeiten niemand ohne der Statthalter und Räte Vorwissen durch das Land postieren zu lassen. G. L. A. A.

[241] Turenne zerstörte die Hochburg, Rötteln und Brombach; Mélac erstürmte Heidelberg und steckte es in Brand, Marschall Duras brannte Ettlingen, Rastatt, Kuppenheim und Baden-Baden nieder usw.

[242] „Diweylen mann in überlegung der auf bißhero wochentlich zweymahl in die obere Lande abgefertigte Post ergangenen Bottenlöhn, solche anstalt nicht nur zu costbar, sondern auch bei dißmals obschwebenden bösen und geltklemmen Zeiten, vor unnütz befunden, die Fußpost dergestalten wieder einzurichten sei, wie es hirbevor damit gehalten worden, und selbige inskünftige alle wochen nur einmal nemblich alle Dienstag über gernspach abfertigen und abgehen" so verfügt der „Fürstl. Markgräf. Bad. Verordnete Geheime Rath und Vicepräsident, auch Kammerrath v. Gemmingen." Die markgräflichen Oberländerboten auf der Strecke Lahr—Badenweiler—Lörrach, hatten wöchentlich zweimal Hofkost nebst zwei Pfund Brot und eine Maas Wein, sowie jährlich vier Malter Roggen und zwei Ohm Wein erhalten. Vgl. auch Fuchs, a. a. O., sowie G. L. A. A.

maligen Gang in der Woche zu beschränken; diese Fußpost verkehrte alsdann wie folgt:

Abgang:			Ankunft:		
aus Durlach . . .	10 Uhr	Vorm.,	in Gernsbach . . .	5 Uhr	Abends,
Gernsbach	6	Abends,	„ Renchen	6	Morgens,
Renchen . . .	7	Morgens,	„ Lahr	1	Mittags,
Lahr	2	Mittags,	„ Emmendingen .	9	Abends,
Emmendingen	10	Abends,	„ Badenweiler . .	4	Morgens,
Badenweiler	12	Mittags,	„ Loerrach	6	Abends,
		und zurück:			
aus Loerrach . . .	6 Uhr	Abends,	in Badenweiler .	4 Uhr	Morgens,
Badenweiler .	5 „	Morgens,	„ Emmendingen	3 „	Mittags,
Emmendingen	4	Mittags,	„ Lahr	12	Nachts,
Lahr	1	Nachts,	„ Renchen . . .	8	Morgens,
Renchen . . .	9	Morgens,	„ Gernsbach . .	5	Abends,
Gernsbach . .	6	Abends,	„ Durlach . . .	6 „	Morgens.

Erwähnung mag hier noch die im Jahre 1698 zwischen Basel — wo sich der Markgraf auf der Flucht aufhielt — und Pforzheim eingerichtete reitende Post finden, die ihren Weg über Auggen, Thiengen, Eichstetten, Dinglingen, Lahr, Muggensturm und Durlach nahm. Zur „mehreren Commodität der hin- und wiedergehenden Briefe" wurden nach Pforzheim, Wilferdingen, später auch nach Mühlburg, Linkenheim und Stein, jeweils zwei Reiter des Kreiskontingents gelegt mit der ausdrücklichen Bestimmung, daselbst bis zur Ablösung zu verharren und die dann und wann ankommenden Briefe unverzüglich zu überbringen. Im übrigen entwickelte sich in beiden Markgrafschaften am Sitze der Regierung die Aufsicht über die ab- und zugehenden Boten zu einem Hofamt, der „Hofbottenmeisterei" in Durlach und Rastatt[243]; wir finden

[243] Auch in den Residenzstädten Pforzheim und Baden-Baden sind schon besondere markgräfliche Boten vorhanden gewesen und wenigstens in letzter Stadt eine besondere Botenmeisterei. So heißt es im Bericht des Dr. Marquart von Hagenau (Elsaß) an Markgraf Ernst in Pforzheim vom 24. Juli 1540: „Balthasar Potten schwachheyt hat sich gebessert", gemeint ist einer von den markgräflichen Hofboten; in einer Verordnung Markgraf Philipps II. von Baden vom 23. August 1582 an den „Bottenmeister" zu Baden und die Beamten zu Kuppenheim, Ettlingen, Rastatt, Scheibenhardt, Rorburg, Stolhoven, Steinbach und Bühell ist gesagt: Aus den von den Wirten zur Zahlung eingereichten Zetteln gehe hervor, daß markgr. Diener, besonders Jäger, Forstknechte und Boten überschwängliche Zehrung beansprucht . . . . und nach

auch später in baden-durlachischen, ebenso wie in den baden-badischen Hof- und Staatskalendern unter dem fürstlichen Hofstaat die Anzahl der „Läufere", der Amts- und Oberamtsboten aufgeführt. So verfügte die baden-badische geheime Hofkanzlei über einen geheimen Expeditor und Hofbottenmeister nebst zwei Hofbotten — auch „Läuffer" genannt — und die Oberämter Badenweiler zu Müllheim, Birkenfeld (Grafschaft Sponheim), ebenso die Ämter Rhod unter Rieburg und Münzesheim hatten je einen Amtsboten; von diesen nahm der Rhoder Amtsbote, der um die Mitte des achtzehnten Jahrhunderts wöchentlich einmal nach Karlsruhe kam, Briefe und Bestellungen nach Schröck, Leimersheim und sämtlichen in der Richtung Landau—Rhod—Neustadt a. H. gelegenen Orten entgegen; der Münzesheimer schlug die Richtung ein über Durlach, Berghausen, Jöhlingen, Gondelsheim, Münzesheim, Gochsheim, Menzingen, Ober- und Unteröwisheim. Hierzu gesellte sich der Pforzheimer Ordinaribote, der Sendungen nach Durlach, Grötzingen, Berghausen, Söllingen, Kleinsteinbach, Singen, Remchingen und Wilferdingen[244] übernahm, ebenso auch Bestellungen nach Calw und Stuttgart sowie allen auf seinem Wege dahin gelegenen Orten besorgte; später unterhielt er eine besondere „Fuhr" in dieser Richtung. Außerdem fuhr er alle drei Wochen von Pforzheim nach Basel und übernahm Postsachen zur Bestellung nach allen auf der Route gelegenen Städten und Ortschaften.

Im durlachischen Hof- und Staatskalender finden wir unter

Gefallen Abend- und Schlaftrünke getan hätten; die Wirte seien anzuweisen, allen in fürstlichem Dienste reisenden Personen mehr nicht als die ordentliche Mahlzeit zu reichen. Im Jahre 1617 sah sich Markgraf Georg Friedrich von Baden genötigt, zum Schutze der Untertanen die sogenannten Leistungen zu verbieten. Wenn es gleichwohl welche versuchen sollten, es seien notarii, botten oder andere, so soll der, der „Kosten uffgetriben" nicht von der Stell gelassen werden bis er Alles bezahlt hat. Dat. Carlspurg (Durlach) 11. Juni 1617. G. L. A. A.

[244] Der Pforzheimer Ordinaribote verkehrte ursprünglich wöchentlich zweimal über Wilferdingen, von 1714 an über Stein. Vorher mußten die Botengänge zwischen Stein—Pforzheim und Wilferdingen durch Bauern besorgt werden. Auch bestanden von Graben aus zwei wöchentliche Botengänge nach Durlach. 1717 beschwerten sich die Gemeinden Rintheim, Hagsfeld und Blankenloch, daß sie fast täglich Briefe und Ausschreiben nach Linkenheim tragen müßten (Fronden); nunmehr wurde der Botengang nach Grünwinkel eingerichtet, von wo der Postillion die Postsachen nach Linkenheim mitnahm. G. L. A. A.

dem Hofstaat „vier Läufere" und je einen „Oberamtsbot" zu Emmendingen, Badenweiler und Lörrach verzeichnet. Im Jahre 1786 sind drei zu dem Karlsruher Hofstaat gehörige „Läufer", sieben unter dem Stallamte stehende Postknechte und ein Botenmeister verzeichnet; ebenso ist bei den Ämtern Badenweiler, Beinheim, Birkenfeld, Grävenstein zu Rodalben, Kehl, Rhod, Rötteln zu Lörrach, Stauffenberg, Winterburg (in der hinteren Grafschaft Sponheim) ein Amtsbote, bei den Ämtern Hespringen, Mahlberg, Münzesheim, Stollhofen zu Schwarzach ein Gerichtsbote, bei dem Oberamt Kirchberg (in der vorderen Grafschaft Sponheim) ein Oberamts-Einspänniger aufgeführt. Bei den übrigen Ämtern, soweit sie sich nicht an Orten mit Postgelegenheit wie Ettlingen, Rastatt usw. befanden, haben die vorhandenen Amtsdiener oder Amtsknechte zweifellos den Botendienst zu versehen gehabt, so daß es somit den Regierungsstellen an Gelegenheit nicht gefehlt hat, mit der Regierung in Karlsruhe, wie unter sich nach damaligen Verhältnissen hinreichend oft in schriftlichen Verkehr zu treten. Ziehen wir ferner noch die Metzgerposten in den Kreis unserer Erwägungen, so können wir sagen, daß nach sämtlichen von den Taxisschen Posten zunächst nicht eingehaltenen Richtungen innerhalb der damals badischen Lande Botenposten zu Fuß oder zu Pferd verkehrt haben.

Regelmäßige Fahrgelegenheit zur Beförderung von Personen und Sachen boten die gegen Ende des siebzehnten und zu Anfang des achtzehnten Jahrhunderts errichteten Ordinarilandkutschen des Württemberger Johann David Reinöhl und des Blumenwirts Herzog zu Durlach sowie die Geschwindkutschen des kurpfälzischen Postdirektors von Aussem.

Reinöhl hatte bereits im Jahre 1697 von Herzog Eberhard Ludwig von Württemberg die Erlaubnis zur Errichtung einer Landkutschenfahrt Stuttgart—Pforzheim erhalten und wurde nun zwecks Fortführung seiner Landkutsche über Ettlingen, Rastatt, Lichtenau, Rheinbischofsheim nach Straßburg um Erteilung eines „General-Frey-Patents" vorstellig, das ihm seitens des Markgrafen Friedrich Magnus — unter der ausdrücklichen Bedingung der Verzollungspflicht in dem bisherigen Umfange — erteilt wurde. Im Jahre 1711 finden wir die Fahrtleistung des Ordinarikutschenkurses dergestalt zwischen Reinöhl und Herzog geteilt, daß der letztere die Fahrtleistungen Straßburg—Durlach—Pforzheim,

Reinöhl diejenigen für die Strecke Pforzheim—Stuttgart[245] zu besorgen hatte.

Die Rechte, die Markgraf Friedrich Magnus der im Jahre 1709 errichteten, wöchentlich dreimal zwischen Frankfurt und Basel verkehrenden Geschwindkutsche[246] des von Aussem zusicherte, bestanden in der Gewährung der den kaiserlichen Posten verliehenen Freiheiten, insbesondere Abgaben- und Frondfreiheit des Betriebspersonals, wohingegen von Aussem Portofreiheit für Hof und Regierung zu gewähren hatte, ebenso Portoermäßigung für schwere Güter und endlich alljährlich eine Freifahrt für zwölf Personen in fürstlichen Diensten.[247]

Hinsichtlich der Briefportosätze damaliger Zeit geben folgende Portotaxen Auskunft:

Für die Strecke Durlach—Frankfurt und weiter:

Memoire des taxes des lettres de Dourlac à Francfort:

Lettre simple .	6 Sols,
envelope	7 „
double . .	9 „
L'once de papier .	18 „
L'once de lettre .	27 „

à Cologne:

La Simple .	8 Sols,
L'envelope .	9 „
la double	12 „
L'once de papier .	27 „
L'once de lettre .	32 „

Pour la Saxe, Hamburg, Danzig et la basse allemagne. comme Cologne.

245 Das Weitere wegen dieser Landkutsche siehe unter Nebenposten.

246 Nunmehr wurden die Fuß- und Reitboten auf der Strecke Durlach—Lörrach abgeschafft.

247 Wegen der einzelnen Konzessionsbedingungen siehe bei Fuchs, a. a. O., S. 326.

Für die Strecke Karlsruhe—Lörrach:

Extract Fürstliche Botten-Ordnung de Carolsburg (Name des Residenzschlosses in Durlach) 1710.

Die Brief-Tax betreffend.

Von einem halben Bogen Brieff solle Vor jede Meilen Ein Viertels-Kreutzer gerechnet, und nach proportion dessen gefordert werden.

Von Emmendingen biß	Lahr à 4 Meilen	Carlsruhe à 13 Meilen	Badenweyler à 4 Meilen	Loerrach à 7 Meilen
Von Brieffen: à 1/2 Bogen	1 kr.	3 1/4 kr.	1 kr.	1 3/4 kr.
à 1 Bogen	2 kr.	6 1/2 kr.	2 kr.	3 1/2 kr.
1 Paquet von 2 biß 5 Brieff	4 kr.	13 kr.	4 kr.	7 kr.
1 „ von 6 biß 10 Brieff	6 kr.	19 1/2 kr.	6 kr.	10 1/2 kr.
1 „ Brieff à 1/4 ℔ Papier	8 kr.	26 kr.	8 kr.	14 1/2 kr.
Paecklein, Laden und Einschläglen.				
Von 1 biß 5 ℔	6 kr.	19 1/2 kr.	6 kr.	10 1/2 kr.
Von 5 biß 10 ℔	8 kr.	26 kr.	8 kr.	14 kr.
Von 10 biß 15 ℔	10 kr.	32 1/2 kr.	10 kr.	17 1/2 kr.
Von 15 biß 20 ℔	12 kr.	39 kr.	12 kr.	21 kr.

In gleicher Weise giebt die nachstehende Taxtabelle Aufschluß über das Personengeld und Überfrachtporto:

«Tax in Pforzheim zu observiren:
Persohn bis Stuttgart . 2 fl.
Biß Durlach ...... 1 fl.
Brief einfach bis Stuttgart — 3 kr.
doppelt .... — 4 kr.
Unz — 8 kr.

Güther
von 1 biß 20 ℔ Pack und Paquet zahlt das ℔ bis Stuttgart .... — 7 kr.
von 25 biß 50 ℔ aber . . — 1 1/2 kr.
von 100 ℔ oder Centner ingleichen bis Stuttgart . 1 fl. 30 kr.
von Geldt- und kostbahren Wahren von 100 fl. biß Stuttgart .... — 20 kr.»

Im weiteren waren die Einwohner der beiden Markgrafschaften hinsichtlich ihrer Fernbriefe auf die kaiserlichen und vorderösterreichischen Posten angewiesen, nachdem insbesondere der Versuch, zwischen Stuttgart und Straßburg durch die beiden Markgrafschaften hindurch eine württembergisch-badische Landespost einzurichten, gescheitert war. Der Herzog von Württemberg sowie die Markgrafen von Baden waren im Jahre 1668 übereingekommen, einen Extrapostkurierkurs Stuttgart—Straßburg ins Leben zu rufen und die Anschlüsse dieses Kurses nach weiterhin durch den Postverwalter Peter Krauth in Straßburg sicherstellen zu lassen. Diese

Neuerung rief zwischen Jean Baptiste Baron de Tassis in Augsburg, Lamoral Klaudius Francois Comte de la Tour et Tassis und Monsieur Matton in Brüssel einen regen Briefwechsel hervor, der den deutlichen Beweis für den Argwohn der Taxianer und ihre Bemühungen zugleich liefert, jeden Versuch eines Wettbewerbs schon im Keime zu ersticken, auch wenn die Unternehmer regierenden Fürstenhäusern angehörten. Der unerwartete Tod des Postverwalters Krautl; bereitete indes dem badisch-württembergischen Postplan ein Ende, bevor er in die Wirklichkeit umgesetzt wurde. Im Verzeichnis der von Frankfurt abgehenden Posten vom Jahre 1623 ist bereits die Ordinaripost über Durlach aufgeführt; auch wissen wir, daß die älteste Taxische Poststation in Linkenheim um 1628 durch Hans Wolf im Auftrage des Rheinhauser Postverwalters Dolle errichtet und später von dem Posthalter Seiz nach dem abgelegenen Schreck verlegt worden ist, wohin die Briefschaften von Rheinhausen aus gebracht und hier von dem Mühlburger Boten abgeholt werden mußten (also: Botengang Rheinhausen—Linkenheim, Schreck—Mühlburg). Von der zweitältesten Posthalterei im Durlachischen, nämlich derjenigen in Pforzheim, wissen wir nur, daß sie im Jahre 1686 vorhanden war[248]; im übrigen führte bereits im Jahre 1601 der Taxische Postkurs Enzweihingen—Straßburg über Pforzheim.

Baden-Baden.

Im baden-badischen Gebiet wurde die älteste kaiserliche Posthalterei in Rastatt[249], jedenfalls vor Ende des siebzehnten Jahrhunderts errichtet; auch steht aktenmäßig fest, daß schon im Jahre 1637 die Ordinari Rheinhausen—Straßburg ihren Weg über Linkenheim—Rastatt genommen hat.[250]

---

248 Gutachten des Geh. Referendärs Gerstlachers. G. L. A. A. und Fuchs, S. 393.

249 In Rastatt gab es sehr frühe eine markgräfliche „Bottenmeisterei", die dem Posthalter Dolle in Rheinhausen sehr im Wege stand. Daneben die Reichsposthalter Mody, nachher seine Witwe, 1768—1810 Kramer, der später Postamtsverwalter wurde.

250 Im Jahre 1723 bewirbt sich der Grünwinkler Posthalter Dürmayer um die Posthalterei Rastatt; er sei zuerst Posthalter in Forchheim gewesen, habe alsdann vor zwanzig Jahren — also 1703 — die Posthalterei in Grünwinkel neu errichtet, in einem ganz öden und recht miserablen Ort, wo nichts als ein herrschaftliches Wirtshaus vorhanden gewesen, wo er Haus, Hof, Scheuer und Stallungen von Grund aus neu erbauen und ein Stück Wald zur Be-

Die beiden Markgrafschaften waren somit, abgesehen von ihren südlichen Ausläufern, in erster Linie auf die Postämter Rheinhausen und Cannstatt angewiesen, die auf die beiden Residenzstädte direkte Briefpakete fertigten und diese durch die Postillione der Taxisschen Ordinarireitkurse bis zu den dem Bestimmungsorte nächstgelegenen Postanstalten Grünwinkel[250] oder Linkenheim — von Rheinhausen aus —, Pforzheim — von Cannstatt aus — befördern ließen. Den Umstand, daß die Postsachen aus diesen beiden Orten abgeholt und dahin zur Auflieferung überbracht werden mußten, benützte die durlachische Regierung, um in Durlach eine markgräfliche Landpost mit den beiden Strecken Durlach—Pforzheim und Durlach—Graben zu errichten und in der Folgezeit auf Ernennung eines eigenen Landposthalters zu beharren, ungeachtet des kaiserlichen Reskripts von 1709, „das gemeinnützige Postwesen in seinem Stand ohne Einbeträchtigkeit erhalten zu helfen und sich der Einrichtung von Landesposten im Oberrheinkreise kräftigst zu widersetzen". Dagegen kam der im Jahre 1709 von der Stuttgarter Kompanie (Gebrüder Fischer von Reichenbach in Schaffhausen) durch ihren Sekretär Freudenreich gemachte Vorschlag, durch die gesamten baden-durlachischen Lande ein Landpostwesen mit den vier Postkursen Durlach—Pforzheim—Stuttgart, Durlach—Straßburg, Durlach—Basel und Durlach—Heidelberg einzurichten, auf die Gegenvorstellungen Reinöhls und Herzogs nicht zur Ausführung.

In beiden Markgrafschaften häuften sich seit Beginn des achtzehnten Jahrhunderts die gegenseitigen Beschwerden zwischen Regierung und Postverwaltung; der letzteren wurde namentlich vorgeworfen, daß sie für die bis Cannstatt frankierten Briefe noch zehn Kreuzer vom Empfänger einziehe, während für die Strecken von Rheinhausen bis Durlach und von Cannstatt bis Pforzheim nichts hätte gefordert werden dürfen; denn die Posttaxa, die auf ein gewisses Postamt reguliert sei, verstehe sich auch von der Gegend

reitung einiger Äcker mit unsäglicher Mühe und schwersten Kosten habe „ausrotten" müssen; er hätte auch nichts als die Ordinari zu reiten, dieweil er mit nahen Stationen, wie Ettlingen, Durlach, Karlsruhe umgeben sei; sein Vater werde Grünwinkel weiterführen, bis sein ältester Sohn herangewachsen sei.

[251] Von der Karolsburg (Schloß zu Durlach) wurde unter dem 9. Febr. 1712 an das markgräfliche Amt in Pforzheim verfügt, daß das Oberamt die von der Canstatter Reichspost einlaufenden herrschaftlichen Briefe gleich nach ihrer Ankunft durch einen expressen reitenden Metzger in einem verschlossenen Paket mit Angabe der Abgangsstunde übersenden solle. G. L. A. A.

umher, wenngleich der Brief auch ein paar Posten weiterlaufen müsse. In Regard des obigen starken Portos sollte überdies Serenissimus billig frei sein. Wenn in den kaiserlichen Erbländern der Brief auf fünfzig Meilen um drei Kreuzer befördert werden und der Herr Graf Paar noch eine Revenue daraus ziehen könne, so sei das Porto von acht und zehn Kreuzern auf und über sechzehn Meilen reichlich. Außerdem müßten die Cannstätter Briefe in Pforzheim und die Rheinhauser in Grünwinkel oder Linkenheim durch eigene Landesposten abgeholt und für die Strecke Grünwinkel—Rheinhausen noch vier Kreuzer gezahlt werden. Man sei also gezwungen, in Durlach einen eigenen Landposthalter zu haben. Diesem dürften aber die Taxisschen Posten keine Kuriers oder Passagiere zuführen; sie führten diese lieber etliche Meilen Wegs im Lande herum. Früher hätte der Rheinhauser Postillion in Graben das durlachische Paket abgeworfen und der Linkenheimer ein solches nach Rheinhausen mitgenommen. Die Briefe nach Straßburg sowie diejenigen daher würden über Rheinhausen umgeleitet, ebenso wie diejenigen aus Regensburg, Augsburg usw. über Cannstatt, die von Entzweihingen über Pforzheim—Durlach abzweigen sollten, in das Knielinger nach Rheinhausen gehende Paket aufgenommen würden, wodurch sie einer Verspätung von einem Tag und einem Portozuschlag von vier oder sechs Kreuzern anheimfielen; außerdem sei das Markgräfliche Haus und dessen Ministerium bis 1677 portofrei gewesen, indem man lediglich dem Postmeister zu Rheinhausen zum neuen Jahre ein Stück Wildpret verehrt.“ Die Forderung der durlachischen Regierung geht demgemäß in erster Linie auf Portoermäßigung in der Weise, daß Privatbriefe Durlach—Frankfurt und umgekehrt nicht mehr als acht Kreuzer, Briefe nach Köln und Koblenz, Nürnberg, Augsburg und Regensburg zehn Kreuzer kosten und die letzteren unmittelbar von Cannstatt auf Pforzheim laufen sollten, um Verspätung zu vermeiden.

Diese Vorstellungen wurden seitens des Taxisschen Postverwalters in Rheinhausen, wie nicht anders zu erwarten, in ausführlichen Gegenvorstellungen beantwortet. „Die Taxsätze seien schon alt; wenn alle Fürsten Brieffreitum hätten, wer sollte alsdann die Kosten bestreiten? Man müsse ebensowohl für laufende Boten und Landkutschen zahlen. Das Wildpret habe er als Entschädigung für Kontohaltung und Couvertierung der herrschaftlichen Postsachen angesehen; er hätte ja um dreißig Gulden die Beförderung der Correspondenz von Rheinhausen nach Graben ausführen wollen. Wenn Durlach die Boten- und Metzgerposten samt den Landkutschen abstellen wolle, werde Taxis für Botenbeförderung Durlach—Linkenheim und Grünwinkel gerne sorgen. Die kaiserlichen Posthalter dürften eben nach ihrer Vorschrift mit keinen fremden Lehenrößlern oder Posten anbinden und sich Courriers und Passagiers zuführen. Wenn es im übrigen viel zu sein scheine, daß auf 16 Meilen 8 Kreuzer gezahlt werden müßten, so sei auch zu bedenken, daß man auf 50 und mehr Meilen nur etwa 3—4 Kreuzer höchstens darüber zahle, mithin eins ins andere zu rechnen sei und das Briefporto nicht akkurat nach Proportion der Entlegenheit der Orte reguliert werden möge, anderst die (Briefe) von den weit entlegenen Orten her viel zu hoch und denen französischen, schweizerischen und anderen ausländischen ungewöhnlich hohen Portosätzen gleichkämen." Bei dieser Sachlage sah sich der durlachische Geheimrat Stadelman, der sich besonderes Verdienst um die Errichtung eines eigenen Landpostwesens erworben hat, veranlaßt, auf diplomatischem Wege zu verhandeln und ungeachtet der vielen „Contradiktiones" und Schwierigkeiten seitens der Reichspost, auf ein verkehrsförderndes Übereinkommen hinzuarbeiten. Nach mehrjährigen Bemühungen und Verhandlungen mit dem Oberpostmeister von Wetzel in Frankfurt (Main) und den Taxisschen Kommissaren glückte ihm dieses durch den endgültigen Vergleich des Inhalts, daß für alle ankommenden wie abgehenden Briefschaften, ebenso im besonderen für die über Kehl—Straßburg laufenden Briefe nur die Hälfte der bisherigen Sätze zu entrichten sein sollte. Gleichzeitig hatte die Reichspost die Beförderung der Briefpakete von Pforzheim und Grünwinkel nach Durlach auf ihre Kosten zu übernehmen und vor allem die über Straßburg zu leitenden Briefe direkt — also ohne Umweg über Rheinhausen — zu befördern.

Mit diesen anerkennenswerten Erfolgen gab sich indes Stadelmann nicht zufrieden, sein Bestreben zielte auf die Errichtung eines landesherrlich-durlachischen Postwesens mit Posthäusern in Durlach und Pforzheim und die Ersetzung der langsamen und teuren Fußbotengänge zwischen Pforzheim und Rheinhausen durch einen Reitpostkurs mit Paketbeförderung durch Blumenwirt Herzog ab, dessen Postknechte je eine „Montur nach Serenissimi Livree mit dero fürstlichen Wappen auf dem Ermel auch zugehörigen Posthorn und Quasten rot und gelb meliret" erhielten; im übrigen sollte Herzog seine Haupteinnahme aus der Gestellung der Extraposten beziehen. Im Kurswesen trat noch folgende Änderung ein: der Kurs Pforzheim—Durlach wurde in Berücksichtigung der badenbadischen Durchgangsposten bis Ettlingen durchgeführt; als Vermittelungsstelle für die Briefschaften zwischen dem Amt Stein und Durlach wurde Wilferdingen bestimmt, von wo die Weiterbeförderung teils durch fronpflichtige Untertanen, teils durch den Pforzheimer Postillion zu erfolgen hatte. Die über die Reichspoststationen Rheinhausen und Cannstatt zu leitenden Postsachen anzunehmen, war Sache des Botenmeisters, der sie „behörig zu spedieren" hatte; der Bestelldienst in Durlach endlich oblag dem „Hofrats-Kanzlei-Jungen", der in seiner Eigenschaft als Briefträger dem Botenmeister unterstellt wurde. Diese Postorganisation bekam ihr besonderes Gepräge durch die Ernennung eines markgräflichen Kanzleibeamten zum Botenmeistereiverwalter, dem für seine postalische Nebenbetätigung eine außerordentliche Zulage von einem Gulden wöchentlich verliehen wurde, sowie durch die regierungsseitige Verpflichtung des Blumenwirts Herzog für den Postdienst, dem „vor solche Post Ritt zusammen zu gaudiren habende 160 Gulden eine Signatur und Versicherung zu geben, mithin von selbigem Handgelöbnis abzunehmen war".[252] Im Oberländischen, wo wegen des geringen Verkehrs die Einrichtung besonderer Botenmeistereien über das Bedürfnis hinausgegangen wäre, hatten die Oberämter Rötteln, Badenweiler, Hachberg und Lahr den Postdienst nebenbei mitzuversehen; sie waren gleichwie die Botenmeistereien gehalten, der Botenmeisterei Karlsruhe als der Zentralkasse Rechnung zu legen. Wieviel Verständnis einzelne Oberämter ihrer postalischen Nebenbeschäftigung entgegenbrachten, zeigt das Beispiel des Oberamts Rötteln vom Jahre 1737, das im Juli dieses Jahres die fälligen Postportogelder des Vorjahres noch nicht eingesandt hatte. Auf

---

[252] G. L. A. A. Stadelmann besaß das unbedingte Vertrauen des Markgrafen Carl, wie dessen eigenhändiger Randvermerk auf Stadelmanns Bericht über die anderweitige Postorganisation beweist: „Der Geh. Rath Stadelmann wolle diese Sach bey der Kammer auf die oder andere Weise, wie es Meinem Interesso am convenabelsten erachtet, auch das Postwesen am besten besorget wird, in behoerige richtigkeit bringen vnd mir alsdann lediglich die hieher benoetigte expeditiones zur approbation vnd Unterschrift vorlegen lassen". gez. Carl. Vgl. auch bei Fuchs, a. a. O.

eine Mahnung hin erklärte das Oberamt ganz offen, daß es nicht imstande sei, „eine ausführliche Specification der gefallenen Postportogelder zu fertigen, maßen bald dieser, bald jener Cantzelist den Botten spediret und das Postgeld eingezogen hat. Man erwartet, damit einmal das unnötige Geschmier von dem Bottenmeister in Karlsruhe aufhört — (die Ausdrucksweise läßt an Deutlichkeit nichts zu wünschen) — ein spezifiziertes Conto, wieviel an dergleichen Geldern gefallen sein möchten, und offeriert man sich das Geld deductis deducendis zum fürstlichen Postamt einzusenden. Man haltet sich zum Voraus versichert, daß der Rezeß nicht übergroß ausfallen werde." Dies war allerdings auch nicht der Fall; nach Ausweis der Postzettel sind nämlich bei der Oberamtskanzlei Rötteln für das Halbjahr Oktober—April 1736/7 nur 39 Kreuzer an Postgeld angesetzt worden.

Wie man sieht, hatte die Botenmeisterei in Karlsruhe bei der Abrechnung mit den Oberämtern keinen leichten Stand; auch sonst waren die Botenmeistereiverweser nicht auf Rosen gebettet, wie die Klage des Rechnungsratsadjunkten Sicherer in Durlach[253] über die postalische „Extra-Verrichtung" zeigt:

„Dieses ist ein Geschäft, wobei man 1. gewöhnlich zum öffteren vielen Verdruß einnehmen muß, auch gar leichtlich zumahlen bey einige Hohen jedoch gantz unverschuldeter Ding in Haß und Feindschafft gesetzet werden kann, allermaßen wenn auch die von Ein so anderen verwandte Briefe nicht gleich in termino oder auchwohl gar keine Antwortten einlauffen, man einem ohne bedenklichen so gleich allerhand anzügliche und ungleiche, zu vertragen mir ohnanständige und gantz ungewohnte Reden, als ob man die Briefe entweder nicht richtig fortschickete oder wohl gar zu erbrechen sich erkühnete, (dessen Gegentheil aber ich allezeit aydlich erhärtten kann) in's Haus sagen lässet;

2. ist man obligirt, alle Sonntag biß Abends 6 Uhr zu Hauß zu bleiben, und auf den Oberländer Botten, ungesehn die ad Manus gestellte unterthänigste Berichte allemahl so gleich fortgeschickt werden müssen, zu wartten, mithin, da andere auf solche Feyertägl. Zeit, von der in abgewichener gantz wochen gehabter Arbeit her, wie nicht ohne, durch einen da oder dorthinig Spatzieer

[253] In Durlach wurde 1696 Kammerschreiber Grundler Botenmeister, sein Vorgänger war Botenmeister Götz, seine Nachfolger Wolfeggen und Sicherer. G. L. A. A.

Gang sich etwa refraichiren und ihrer commoditaed pflegen, den gantzen Tag über, wie in werckstägen gekommen zu seyn und zu Hauß die Stube hüten; worzu

3. noch kommet, daß man an denen mittwochige Posttägen, wegen von der Meisten all zu späth überschickende Briefen, von denen Nachmittägig verrichteten Cantzley Laboribus an, biß Nachts 11 à 12 Uhren öfters sitzen und den botten erst um solche Zeit abfertigen muß, da dann leicht zu erachten, waß bey dieser Beschaffenheit man künftig winter für Holtz, welches andernfalls zu entübrigen wäre, darzu nöthig haben würde, wo aber solches zu erkaufen die Mittel bey dermahlig ohnehin gar zu Geldklemmen Zeiten herzubringen sein sollte, weiß man nicht."

Daraufhin wurden Sicherer für seine außerordentliche Anstrengung wöchentlich dreißig Kreuzer und jährlich vier Klafter Brennholz bewilligt.[254]

Die mit Nachdruck betriebene Errichtung eigener Landesposten in der Markgrafschaft Durlach war die Antwort auf das bis dahin bewiesene geringe Entgegenkommen der Taxisschen Postverwaltung. Dieser war längst seitens des Markgrafen der Vorschlag gemacht worden, in der Residenz Durlach ein kaiserliches Postamt einzurichten und dem Reichspostkurs Rheinhausen—Durlach—Rastatt Anschluß an den badischen Landpostkurs Durlach—Basel zu verschaffen, was um so leichter geschehen könne, als die Reichspost ihren Poststall in Renchen nur nach Appenweier zu verlegen brauche. Diesem Vorschlag gegenüber schützte der Fürst von Taxis die Unverlegbarkeit der Stationen sowie die Unveränderlichkeit der Postkurse vor; wenn dagegen der Markgraf von Eingriffen in das Postregal absehe, die Metzgerposten sowie die Briefbeförderung durch die Landkutschen abstelle, wolle er weitest entgegenkommen.

[254] G. L. A. A. Vgl. Fuchs, a. a. O., S. 330. Die Entlohnung des weiteren landesherrlichen Postpersonals im Nebenamte war wie folgt geregelt: Der Kanzleibote Meklin, im Nebenamte Briefträger zu Karlsruhe, erhielt gleichwie der Extraordinaribote Heinlin jährlich vier Malter Roggen und zwei Ohm Wein zugewiesen. Der Pforzheimer Bote erhielt jährlich 85 fl. und der Mühlburger 52 fl. nebst Dienstkleidung und 4 Malter Korn sowie 2 Ohm Wein. Der Brötzinger Bote, der von Pforzheim bis nach Lahr ging, erhielt für jeden Gang „pro ordinario" 3 fl., und werden ihm wegen der teuren Zeiten „ex speciali gratia" für jeden Gang 30 kr. zugelegt. Der Badenweiler Bote, welcher von Badenweiler nach Lahr ging, erhielt jährlich 160 fl. und der Bote von Oberweyler, welcher von Badenweiler nach Basel und Lörrach ging, 92 fl. 24 kr.

Einen weiteren Reibungspunkt bildete im Zusammenhange hiermit die Weigerung der Taxisschen Postverwaltung, dem Durlacher Hof für seine über die Reichspostämter Rheinhausen und Cannstatt laufenden Briefschaften eine Pauschsumme von jährlich 100 Talern zuzugestehen, obgleich der Hof bis dahin nur 70 Taler gezahlt hatte. Schließlich beschwerte sich der Markgraf beim Kaiser, der das Anerbieten für billig befand und dem Postfürsten die Beseitigung des Durlacher Gravamens zur Auflage machte.[255] Die Furcht vor einer weiteren Ausdehnung des badischen Landpostwesens, insbesondere aber vor der durch das Beispiel wach werdenden Nachahmung durch andere Gebietsherren, mochte das Ihrige dazu beitragen, daß im Jahre 1718 auf Betreiben Stadelmanns ein Vergleich zustande kam, demzufolge in Durlach eine Reichsposthalterei eingerichtet wurde; andererseits mußte der Markgraf dem Inhaber der Durlacher Landkutsche bei empfindlicher Strafe auftragen, „sich der Briefsammlung und Ausgabung gänzlich zu enthalten und auch keine Courriers oder Postreisende dem kaiserlichen Posthalter zu Schaden zu befördern".[256]

Die Reichsposthalterei wurde dem vielgenannten Blumenwirt Herzog übertragen, der nunmehr die beiden feindlichen Posten des markgräflichen Hofpostmeisters und kaiserlichen Reichsposthalters in seiner Person vereinigte, was in der Folge zu einem sonderbaren Verhältnis führte. Der Sohn dieses Herzog folgte in dem zweifachen Amte im Jahre 1732 nach, nachdem sein Vater noch kurz

[255] Der Postmeister Dolle von Rheinhausen gibt in einem Briefe an seinen Bruder seiner Verwunderung über den kaiserlichen Befehl Ausdruck und sagt, die Briefschaften des Durlacher Hofs über Rheinhausen allein hätten an Porto betragen 1703 = 498 fl. 50 kr., 1704 = 504 fl., 1705 = 476 fl. 48 kr., 1706 = 471 fl. 16 kr., 1707 = 370 fl. 10 kr. u. 1708 = 497 fl. 14 kr. Von dem Taxreglement, nachdem er die Briefe taxierte, sagt er lequel va bien au dessous de celuy de l'Office de Francfort. Du temps de Mr. Krebs feu mon beaupère et du mien des lettres de la Cour de Dourlach ont été toujours taxées en détail quoique les Ministres aussybien que le bottenmeister en aient fait plusieurs fois difficulté, alleguant qu'autre fois, l'on n'avait payé qu'un honnoraire aux Commis, je m'en suis toujours excusé de n'en pouvoir rien faire de mon chef puisqu'il allait contre mon serment. F. Z. A. Regensburg.

[256] Durch diesen Vertrag wurden die Botenmeisterei und die Landesposten in Durlach entbehrlich, die jährlich 400 fl. gekostet hatten. Stadelmann schätzt den Vorteil aus diesem Vertrage für den Hof auf jährlich 1500 Gulden. G. L. A. A.

zuvor in Karlsruhe auf der Langenstraße (jetzt Kaiserstraße) eine Taxische Poststube errichtet hatte, die der Mundkoch Berner als Postkommis verwaltete. Damit hatte das Taxische Postwesen für die Dauer von achtzig Jahren seinen Einzug in Karlsruhe genommen.

Die Taxische Geschwindkutsche Frankfurt—Basel erregte immer mehr den Neid und Unwillen des Posthalters Herzog, so daß dieser sich ernstlich mit dem Vorhaben trug, den markgräflichen Hof zur Abschaffung dieses Postwagenkurses zu veranlassen. „Wenn diese Geschwindkutsche wieder abgebracht werden könnte, so wollte er mit dem Posthalter Sander von Emmendingen gemeinschaftlich einen Postwagen von Kehl bis Basel aufstellen, ihn der Straßburger Landkutsche einverleiben und herrschaftliche Depeschen vielleicht umsonst, herrschaftliche Gelder aber um ein Leidentliches führen." Wenn nun auch badischerseits die Genehmigung zur Einrichtung von Landkutschen als landesherrliches Regal angesehen wurde und man nicht dulden wollte, „daß denen Untertanen durch die Posten die Nahrung vor dem maul hinweggezogen werde", so hielt es die durlachische Regierung doch nicht für angängig, dem Herzogischen Plane zu folgen. Um so nachdrücklicher bestand sie jetzt und später den Taxianern gegenüber auf ihrem guten Rechte der Zoll-, Weg- und Brückengelderhebung, auf ihrem Jurisdiktions- und Ernennungsrecht des Postpersonals und der dauernden Festlegung der oberländischen Postanstalten in den durlachischen Orten Emmendingen, Wolfenweiler, Müllheim und Kaltenherberg, endlich auf der Umwandlung der Durlacher Posthalterei in eine ordentliche Postverwaltung. Gegen die Mitte des achtzehnten Jahrhunderts erhielt endlich auch das von der Poststraße abgelegene durlachische Lörrach durch Einführung eines wöchentlich zweimaligen Postritts Lörrach—Kaltenherberg und Aufstellung eines Taxischen Briefexpeditors (1745) Anschluß an die Reichsposten.

Wie es die beiden Verträge von 1718 und 1743 nicht vermocht hatten, die beiderseitigen Streitpunkte dauernd aus der Welt zu schaffen, ebensowenig gelang dieses den beiden folgenden von 1749 und 1765; immer deutlicher steigerte sich das Mißtrauen, das zwischen den beiden Vertragschließenden Platz gegriffen hatte. Während der Dauer des letzten Vertrages, der zu seinen Hauptpunkten die Festlegung der landesherrlichen Rechtsprechung über die Postbeamten, ihre Verpflichtung auf den Landesherrn, Zollerhebung von Pretiosen und die Portofreiheit der herrschaftlichen Paketsendungen bis zum Werte von 5000 Gulden zählte, fand die Vereinigung der Markgrafschaften Baden-Durlach und Baden-Baden statt. Zwischen dieser und der Taxisschen Postverwaltung sind in der Zwischenzeit der Trennung der Originalbriefakkord vom 22. März 1717 durch die badische Kammerkanzlei und den Reichspósthalter Dolle in Rheinhausen, die Verträge vom 8. August 1718, vom 26. November 1743 sowie derjenige von 1761—1763 — vollzogen am 23. Februar 1763 — abgeschlossen worden. Während die beiden ersten die Bezahlung der den Postämtern Rheinhausen und Cannstatt aus den Vorjahren schuldigen Portogelder regelten und zur Festlegung einer Pauschsumme von 700 Gulden — 400 an Rheinhausen, 300 an Cannstatt — für die herrschaftliche und regierungsseitige inländische Korrespondenz führten, behandelten die beiden folgenden die Durchlaßbedingungen der Geschwindkutsche Frankfurt—Basel und des Influenzwagens Straßburg—Stollhofen—Rastatt, die Zollfreiheit, die Festlegung der Poststationen in Bühl, Appenweier, Friesenheim und Offenburg sowie das Reservatrecht landeseingeborener Untertanen auf Posthalterstellen. Die Pauschsumme von 700 Gulden für das Brieffreitum blieb aufrechterhalten, wogegen Taxis 300 Gulden für die Weggeldfreiheit an die Hofkasse zu entrichten hatte.

Diese Verträge blieben, gleichwie der durlachische von 1765, nach der Wiedervereinigung beider Landesteile noch einige Jahre in Kraft, bis die Verhältnisse zur Kündigung drängten, die auf ein vom Geheimen Referendar Gerstlacher erstattetes Gutachten[257] „das Taxissche Postwesen und sonderlich die gegen die Taxisschen Eingriffe zu ergreifende Maßnehmungen betreffend" erfolgt ist. In diesem werden der Taxisschen Verwaltung unfreundliches Benehmen gegen Baden, die auf Beschwerden des Hofes vom 21. Oktober 1774 trotz Erinnerung überhaupt keine Antwort gegeben geschweige denn Abhilfe geschaffen habe, und Vergewaltigungsversuche gegen die Herzogische Landkutsche vorgeworfen, die doch unter landesherrlicher Autorität, lange bevor man an einen Taxisschen Postwagen gedacht habe, errichtet worden sei. Im weiteren hatte sich schon im Jahre 1761 bei Durchsuchung eines Postwagens herausgestellt, daß der Kondukteur zwei „Charten" hatte und bei den Zollstellen nur die eine vorwies, um die Zollgebühren für

[257] Siehe im Auszug bei Fuchs, a. a. O., S. 390/5.

die schwereren Pakete zu hinterziehen. Im Jahre 1774 wurde badischerseits wiederum darauf hingewiesen, daß neben den Hauptkarten noch Nebenkarten geführt würden, wie denn überhaupt die oftmalige Führung von Beiwagen die Vermutung bestärke, daß über das zollfrei zu lassende Gewicht hinausgegangen und der Zoll unterschlagen werde. Ebenso hatten schon im Jahre 1761 die Oberämter Karlsruhe und Durlach berichtet, daß seit Einrichtung des Kurses Nürnberg—Durlach vom Jahre 1745—1761 noch nichts an Kleinodien, Gold, Seide, Silber usw. verzollt worden sei. Darauf wurde zwecks Wahrung der badischen Interessen in Postsachen Hofrat Preuschen zum Komissarius ernannt, der den unterschlagenen Zoll auf fünftausend Gulden schätzt und ihn einziehen will; als Taxis nicht bezahlt, läßt Preuschen die jährlichen Brieffreitumsgelder einbehalten und die Beiwagen scharf visitieren. Bei dieser Gelegenheit stellte es sich auch heraus, daß Taxis, als der Markgraf die Genehmigung zur Einrichtung des Postwagenkurses Nürnberg—Bruchsal versagte, den Wagen gleichwohl laufen und den Kondukteur anweisen ließ, die Frachtkarte zu verheimlichen und diesen Hauptwagen als Beiwagen hinzustellen. Während im Vertrage von 1749 nur zwei Wagen genehmigt wurden, liefen nunmehr wöchentlich sechs durch badisches Gebiet und als sich nun der Markgraf hierüber wie namentlich wegen des hinterzogenen Zolls beschwerte, bedeutete ihm Direktor Berberich in Frankfurt, vier davon seien ja nur Beiwagen, die sich lediglich mit Personenbeförderung befaßten und mit zollbaren Sachen nicht beladen werden dürften.[258] Das hätte ganz annehmbar gelautet, nur hätte Berberich noch hinzufügen müssen, daß sie aber gleichwohl wie Hauptwagen, was sie in Wirklichkeit auch waren, mit zollbaren Sachen soviel als anging beladen wurden, um eben den lästigen Vertrag von 1749 und die Verzollung zu umgehen. Wir können uns daher auch nicht wundern, wenn Gerstlacher fortfährt: Es bleibe nichts übrig als zu Maßnahmen zu schreiten, die imstande seien, das fürstliche Haus Taxis in Schranken zu halten. „Alles zusammengenommen — so schließt der zielbewußte Verfechter der landesherrlichen Rechte seinen auf die Erhebung des gewöhnlichen Zoll-, Weg- und Brückengelds von dem Wagen Frankfurt—Basel sowie die Abstellung des Influenzwagens Straßburg—Stollhofen—Rastatt hinauslaufenden Bericht — erhellet also die Neuheit derer Taxisschen Posten in den Baden-Durlachischen Landen, und es

[258] G. L. A. A.

ist wahrhaft étonnant, daß, da man Taxis vormals den Finger gebotten, derselbe mit der ganzen Hand jetzo nicht zufrieden ist, sondern auch gar den Wirth aus seinem eigenen Hause vertreiben, ich will sagen, daß er die Landposten nicht neben sich leiden, der herzogischen Landkutsche aber solche Schranken setzen will, die deren Verfall notwendig nach sich ziehen." Es folgten nun langwierige, aber wenig ergebnisreiche Verhandlungen zwischen Gerstlacher und dem Taxisschen Postkommissarius Grund. Während dieser Streitigkeiten suchte Taxis die Waren von den Kursen durch Baden abzuziehen und auf die französischen Strecken jenseits des Rheins zu leiten, um der Herzogischen Landkutsche die Frachten, der Regierung die Zölle und den Gemeinden die Weg- und Brückengelder zu entziehen. Andererseits büßten die Reichspostanstalten in Baden einen großen Teil ihrer Extrafahrten und Kurierritte ein, indem die markgräflichen Landposten nach dem Beispiele der Reichsposthalter die Passagiere gegenseitig nur sich selbst zuführten.[259] Die Memoria und Gegenmemoria nebst Anlagen und Beigaben füllen vier dicke Aktenbände aus. Schließlich handelte es sich noch um Erneuerung des Vertrages von 1765, um Wiederherstellung des Anschlusses an die Durlacher Landkutsche auf der Mannheimer und Heidelberger Strecke sowie die Gültigkeit der früheren baden-badischen Verträge. Den Schaden, den die Durlacher Landkutsche infolge der gewalttätigen Abänderung der kurpfälzischen Postwagenrouten durch die Taxianer vom Jahre 1774—1779 erlitten haben wollte, berechnete der Inhaber auf über zehntausend Gulden. Die ganze Lage wird durch die Worte des Geheimen Rats Volz in seinem Gutachten von 1780 trefflich beleuchtet: „Der Anspruch des kaiserlichen Hofs auf das Postregal, die fruchtlosen markgräflichen Beschwerden gegen das Reichspostwesen, die schwache Hilfe in comitiis sowie die Zudringlichkeit des Reichshofrats sind bekannte Dinge. Unter diesen Umständen ist eine gute Convention mit dem Herrn Fürsten von Taxis das beste Mittel. Hierbei ist mehr auf die Erhaltung reichsständischer Rechte als auf das interesse pecuniarum oder auf Cameralvorteile zu sehen. Ferner glaube ich, daß das Porto . . . . nicht zu vergessen sei (d. h. vertragsmäßige Portosätze), als wodurch sich die

[259] Landposten bestanden damals zu Lörrach (seit 1758), Graben (seit 1765), Schreck (1769), Karlsruhe (1772) und Durlach (markgräfliches Hofpostamt). G. L. A. A.

Reichspost willkürlich zu entschädigen und die Taxisschen Einkünfte zu vermehren beflissen ist. Wird ein verglichener oder richtiger Tarif nicht öffentlich bekannt, so leiden privati, die wegen etlicher Batzen sich keine kommissarische Untersuchung ausbitten mögen, sind es Kaufleute, die man überrechnet, so müssen es die Käufer zahlen. Die Räte des Herrn Fürsten von Taxis stehen sich ganz gut und davor ist dieser Herr recht wohl bedient. Ihr Dichten und Trachten geht auf die Vermehrung dessen Einkünfte aus Landen, die ihn nichts angehen; sie sprechen von großen Kosten des Fürsten und von dessen Schaden, wenn er dieses oder jenes verwillige. Sie wissen durch Berechnung die angeblichen Kosten zu erhöhen und die Posthalter, welche immer reichsständische Untertanen sind, verderben dabei. Vier Pferde zahlet der Herr Fürst vor den Postwagen, wenn er gleich eine Last von 6 bis 8 Pferden auf sich hat oder die üblen Wege mehr denn 4 Pferde erfordern. Dem Herrn Fürsten von Taxis crepieret kein Pferd und um die hohen Preise des Heu und Habers bekümmert er sich niemalen. Er taxiert das Publikum wie seine Untertanen ohne weitere Unterhaltungskosten als was er auf seine Räte und Diener verwendet, das ihm bei seinen leichten Einnahmen nicht schwer fallet." Im Verlaufe des Beschwerdekrieges beging die Taxissche Postverwaltung die Unvorsichtigkeit, ihre gesammelten Beschwerden, die insbesondere auf den Mißbrauch des Brieffreitums, auf Portohinterziehung seitens der herrschaftlichen Diener und den Nebenbotenverkehr abhoben, der markgräflichen Regierung zu überreichen, worauf diese naturgemäß ein noch umfangreicheres Postsündenregister zusammenstellte und der Taxisschen Postverwaltung überreichte. Wenn wir im übrigen sehen, daß ein Brief von Steinbach nach Karlsruhe zwei Kreuzer, ein solcher von Karlsruhe nach Steinbach vier Kreuzer, Briefe von Durlach oder Karlsruhe nach Müllheim oder Basel 4 (einfach), 6 (doppelt), 8 (eine Unze schwer), nach Emmendingen 3, 4, 6 Kreuzer kosteten, während für die kürzeren Entfernungen Rastatt—Basel 8, 10, 12, Rastatt—Lörrach und Rastatt—Müllheim rc. 6, 8, 10 Kreuzer zu zahlen waren, so können wir nicht umhin, die badischen Beschwerden als recht triftig anzusehen.[260]

[260] Diese Beschwerden stellten besonders vertragswidrige Beanstandung des Portofreitums der Regierung seitens der taxisschen Postbeamten, Erhebung doppelten Portos für dieselbe Sendung (bei Aufgabe und Aushändigung), willkürliche Taxen, widerrechtliche Erhebung von Ablieferungs- und Scheingebühren sowie

Nehmen wir noch die völlige Mißachtung einer Beschwerde trotz Erinnerung während acht Monaten (21. Oktober 1774 bis 20. Juni 1775) hinzu, so kommen wir tatsächlich zu dem Ergebnis einer recht unfreundlichen Haltung Taxisscherseits einem Vertragsfreunde gegenüber. Es kann uns in unserem Urteile auch der Stoßseufzer des Freiherrn von Schaden vom Jahre 1781 nicht irre machen, den dieser in seinem Schreiben vom 11. Mai 1781 an seinen vorgesetzten Oberpostamtsdirektor ausstößt[261]; auch zeugt sein Schlußsatz wenig von der Absicht, aufrichtig entgegenkommen zu wollen, wie es die markgräfliche Regierung von der taxisschen Postverwaltung hätte erwarten können, wenn es dieser wirklich Ernst war, die Beschwerdegegenstände nachdrücklich zu beseitigen. Damals bestanden in den beiden vereinigten Markgrafschaften die Durlacher oder Karlsruher Brieftaxe, die Rastatt—Ettlinger, die Kehl—Bühler sowie die Taxordnung der Postwagen-Expeditionen Karlsruhe und Rastatt. Gegen diese machte die Regierung mit Recht geltend, sie seien nicht

von besonderem Packgeld, Verzögerung in der Beförderung sowie Eröffnung und Verlust von Briefen fest; sodann wurde markgräflicherseits noch angefügt, daß jeder herrschaftliche Bediente bei einem Versuche der Portohinterziehung das erste Mal mit fünf Gulden, im Wiederholungsfalle schärfer bestraft würde. Taxis möge seine Beamten bei Verstößen gegen die Vertragsabkommen ebenso bestrafen. Die taxissche Postverwaltung betonte demgegenüber, Brieferöffnungen würden durch unaufhörliches Reiben in den Felleisen oder in den Packkörben hervorgerufen. Die Scheingebühren seien bei reitenden Posten eigentlich nicht gewöhnlich, denn bei diesen Posten würden die einzelnen Briefe überhaupt genommen nicht notiert, sondern nur die Briefe in das Manuale und die Karte eingetragen, die auf Verlangen rekommandiert werden sollen. Begehret man hierbei einen Schein, was höchst ungewöhnlich sei, so seien 4 Kreuzer für das doppelte Einschreiben in das Manual und die Karte nicht zuviel. Bei auswärtigen Posten seien die rekommandierten Briefe viel teurer, in Frankreich koste ein solcher 3 livres, in England eine Guinee. Bei den fahrenden Posten dagegen sei die Scheingebühr von vier Kreuzern gewöhnlich, der Schein würde Niemand aufgedrängt, der Ordnung wegen würde er gedruckt und von der Expedition unterschrieben ausgestellt. G. L. A. A.

[261] „Wie behutsam man in allen Stücken mit den Durlachern gehen müsse — wir haben ihresgleichen nicht im Generalate, und wenn man nicht stets communicatis consiliis gegen sie verfährt, so riskiert man alle Augenblicke, von ihnen überflügelt zu werden"; und weiter sagt er, „die armen Postbedienten im Badenschen sind genug geschoren und so ein billiges utile (die badischerseits beanstandete Scheingebühr) muß man ihnen unmaßgeblich nicht entziehen. Man macht sich doch kein Merit daraus und alle Gefälligkeiten sind verloren, weil leider! die kaiserlichen Posten einmal gehaßt sind. Soll man also geschoren werden, so muß man doch nebenher nichts unnötiger Weise vergeben". A. Z. A. Regensburg.

vollständig, man müsse in Durlach ausrechnen können, nicht bloß was ein Brief von Durlach nach Frankfurt, sondern auch was ein solcher von Emmendingen usw. nach Frankfurt koste, was auf Grund der angezogenen Tarife allerdings nicht möglich war. In der Folgezeit wandte sich der Fürst von Thurn und Taxis selbst an den französischen Hof, worauf dieser durch seinen Gesandten Vorstellung erhob, als ob infolge des badischen Zollsatzes von 15 Kreuzern von 100 Gulden bei Pretiosen der Verkehr mit Paris und Lyon im Besonderen notleide. Anscheinend bot die Herstellung einer guten Verbindung zwischen den taxisschen Postwagen und den französischen Diligenzen zu Germersheim und Speyer Schwierigkeiten, an anderen Orten aber wurde die Verbindung absichtlich unterbrochen, um die Herzogische Landkutsche zu schädigen. „Dieser von Taxis gewagte Schritt", so urteilte Gerstlacher, „ist in der Tat außerordentlich; er ist im Vergleich mit anderen bisherigen Schritten ein neuer Beweis, daß den Taxisschen Dienern nichts zu groß und nichts zu klein ist, wenn sie glauben, ihre Absichten erreichen zu können. Sonderbar ist es indessen doch, daß der königlich französische Hof das Commerzium diesseits Rheins befördern will oder wenigstens sich so stellt, da doch sein Interesse vielmehr zu erfordern scheint, solches soviel möglich auf die überrheinische Seite zu ziehen." Der markgräfliche Hof ließ sich auch durch die Bemühungen des französischen Gesandten nicht umstimmen, sondern beharrte im Sinne Gerstlachers darauf, daß Taxis zuvor die erforderliche Sicherheit für den ferneren Bestand der Landkutsche biete, bevor zu einem neuen Vertrage geschritten werde. Taxis verklagte sodann den Markgrafen wegen Beeinträchtigung der Befugnisse des Reichs-Erbpostgeneralats beim Reichshofrat, es beginnen abermals Vorstellungen und Gegenvorstellungen. Gerstlachers Ausführungen lauten kurz und bündig dahin, daß „seit der Aufnahme des Taxisschen Postwagens" (1743) die beständige Absicht der Taxianer die sei, die schon im vorigen saeculo bestandene privilegierte Landkutsche zugrunde zu richten; die Gelegenheit hierzu habe sich um 1774 geboten, als Taxis den Aussemschen Wagen an sich gebracht habe; alsbald habe er die Mannheimer Connexion abgebrochen und die Heidelberger geschmälert; Herzogs Kutsche sei viel älteres Erblehen; Taxis wolle in diesem Punkte nicht nachgeben, dadurch entstünden die Postirrungen Nach seinen Worten habe Taxis immer guten Willen, nach seinen Taten nie." Er sagte andrerseits auch ganz offen, daß, wenn mit Taxis kein Vergleich zustande käme, das badische Haus mehr verlieren als gewinnen werde. Taxis lasse sicher die Heidelberger Konnexion zum weiteren Schaden der Herzogischen Familie ganz eingehen. Nichts als mein Bedauern kann ich den Brüdern Herzog schenken; sie müssen ihr Unglück als die Folge ihres eigenen Betragens ansehen, da sie ohne eigene Tätigkeit mit nichts zufrieden gewesen seien, was man von Landesherrschaftswegen ihnen hätte schaffen wollen, gerade als ob man den Fürsten von Taxis hier so in der Hand hätte, daß man mit ihm machen könnte, was man will." Er rät, die Vergleichsverhandlungen mit Taxis zu erneuern und hält für besser, so gut wie möglich mit Taxis abzuschließen als das Haus Baden in Prozesse zu verwickeln. „Dermals hat Pfalz, Bayern, Württemberg sich durch Konventionen die Hände gebunden, es ist daher weder Stütze noch Stärke für die gemeine Sache zu hoffen." Wie leicht damals einzelne Taxissche Beamte zu Eigenmächtigkeiten neigten und wie lange es mitunter dauerte, bis Beschwerde erfolgte, zeigt das Beispiel des Postkommissars Burk zu Augsburg, der aus „übertriebenem Diensteifer" für die Expeditionen der Basler Route einen bedeutend höheren und der Konvention zuwiderlaufenden Postwagenportotarif für Beförderung geringer Geldsummen entworfen und auf der Route Bruchsal—Basel (statt 15 = 24 kr.) eingeführt hat. Erst 1789 erfolgte die Beschwerde des Markgrafen, worauf taxisscherseits die Burkschen Anordnungen rückgängig gemacht wurden. Im gleichen Jahre wurden endlich die beiderseitigen Streitfälle aus der Welt geschafft, nachdem bereits in der Konvention von 1783 die Regierung dem Verkaufe der herzogischen Landkutsche an Taxis zugestimmt hatte.[262] Die Brief- und Postwagentarife wurden den einzelnen Poststellen in doppelter Anzahl geliefert, einmal für das Postkontor und einmal mit Anmerkungen versehen für das Publikum, zu dessen Unterweisung sie im Posthause ausgehängt wurden.

---

[262] Die Regierung hatte sich das Rückkaufrecht vorbehalten. Taxis hatte es tatsächlich fertig gebracht, durch die gewaltsame Unterbrechung der Anschlußgelegenheiten die Landkutsche zu ruinieren. Dies Vorgehen der Taxianer verdient besondere Bedeutung; nicht bloß Privat- und Städteboten, sondern selbst ein unter dem Schutze eines angesehenen regierenden Hauses stehendes Erblehen wußten sie an sich zu reißen, indem sie jahrelang hartnäckig und zielbewußt seinen Bestand unter gleichzeitiger Schädigung des Verkehrs untergruben. Diese Tatsache enthüllt deutlicher als alle Beschwerdeschriften die taxisschen Machenschaften.

Postwesen in Karlsruhe.

Wie bereits ausgeführt, wurde die erste Postanstalt in Karlsruhe im Jahre 1731 durch den badischen Hofpostmeister und kaiserlichen Reichsposthalter Sigmund Herzog von Durlach auf der Langenstraße eingerichtet und durch den Mundkoch Berner als Postkommis nebenamtlich verwaltet. Damit faßte das Thurn und Taxissche Postwesen festen Fuß in Karlsruhe. Bis dahin mußten die Karlsruher ihre Postsachen in Durlach aufliefern und von da abholen, was hinsichtlich der herrschaftlichen Gegenstände zu den Verpflichtungen der Hintersassen von Kleinkarlsruhe — dem sogenannten Dörfle — gehörte.[263] Über Durlach erreichten sie Anschluß an die markgräflichen Landposten Durlach—Lörrach und die Reichspostkurse über Rheinhausen und Cannstatt. Mit der Errichtung des Postwagenkurses Frankfurt—Basel wurde Karlsruhe Station dieses Kurses, indem 1740 der Waldhornwirt und Ratsverwandte Richter einen Poststall errichtete und Taxisscherseits zum Spediteur der Ordinari fahrenden Post bestellt wurde.[264] Nach seinem Tode folgten als Reichsposthalter der Kreuzwirt Fischer und nach dessen im Jahre 1764 erfolgten Ableben seine Witwe und später sein Sohn, der mittelst Patents vom 28. März 1807 zum Oberpostamtsoffizial und Postwagenexpeditor ernannt wurde. So hatte sich in Karlsruhe das eigentümliche Verhältnis, ein echtes Spiegelbild damaliger Verkehrsverhältnisse, herausgebildet, daß sich in derselben Straße auf der einen Seite das Taxissche Briefpostbureau sowie Herzogs markgräfliche Landkutschen unter Berner[265], auf der anderen Seite der Poststall und die Expedition der kaiserlichen Reichspostwagen oder Geschwindkutschen befanden. Nun bestand, wie Schaden schreibt, „eine Landposthalterei, die aber zugleich Reichsposthalterei war, insofern sie nämlich von der Reichsposthalterei in Durlach abhing, weshalb der kaiserliche Postschild neben dem landesfürstlichen am allhiesigem Posthause aufgehängt ist". Die Ordinari-Reichspostwagen hatte er indes nicht zu führen, sondern der Durlacher Reichsposthalter. Diese verwickelten Verhältnisse gaben zu vielen Reibereien Anlaß. So wechselten die in der Nähe befindlichen Reichsposthalter zu Ettlingen und Linkenheim ihre Passagiere nur mit dem Reichsposthalter und nicht mit dem Karlsruher Landposthalter (Berner), dieser ebensowenig mit ihnen, sondern mit dem Landposthalter in Graben.[266]

---

[263] Denkschrift zur Eröffnung des neuen Reichspostgebäudes in Karlsruhe 1900. Karlsruhe, Müllersche Hofbuchhandlung.

[264] Heger bezeichnet ihn 1753 als wackeren Mann, der sich bei der Abfertigung der Postwagen einer Hilfskraft bediene, und die Expedition Karlsruhe selbst als eine der einträglichsten der Basler Route.

[265] Von 1770 ab unter dem Erbprinzenwirt Kreglinger.

[266] Für die Landposten in Graben (1764) und Schröck (1769) lautete die Vorschrift: Postknechte gelbe und rote Montur mit dem Durlachischen Wappen auf dem Ärmel, am Posthorn rot und gelbe Schnüre und Quasten, am Hause

Dem Karlsruher Landposthalter gegenüber betonte die Regierung wiederholt, daß er abgesehen von der Briefspedition ganz allein vom Hofe abhänge; sie ließ auch seinen Briefträger gegen dessen und Kreglingers Vorstellungen verpflichten, obgleich der letztere hervorhob, er selbst sei Briefträger und es sei eine Verpflichtung bisher nicht üblich gewesen. In Wirklichkeit war auch, wie Schaden 1783 nach Augsburg berichtet, der Briefträgerdienst vom Posthalter zu besorgen, der allerdings für sich einen Briefträger gegen hundert Gulden Lohn angenommen habe. Da sich der Briefträgerkreuzer auf rund 250 Gulden belaufen dürfte[267], so könne der Posthalter vom Überschusse auch Schreib-, Heiz- und Beleuchtungsstoffe für die Station beschaffen. Im übrigen hatte der Posthalter für die Handlungen des von ihm angestellten Briefträgers einzustehen. Nicht besser erging es Kreglinger selbst, als er im Jahre 1795 mit der Anwartschaft auf die Briefpostexpedition seines Vaters belehnt wurde. In dem Dienstrevers stand auch eine Ermahnung wegen Führung der Passagiers und Kuriers, was badischerseits als Verstoß gegen das Landpostwesen ausgelegt wurde; denn die fahrende Post in Karlsruhe sei allein Landpostsache, weshalb denn auch Kreglinger vom Oberamt Karlsruhe als Landposthalter verpflichtet wurde. Dies hatte zur Folge, daß er die Reisenden in landesherrlicher Livree führen mußte. Er war also badischer Landposthalter für die fahrende Post und Reichspostbeamter für die Briefspedition. Er versuchte im Jahre 1783 mittelst längerer Eingabe bei Hofe Stimmung für die Verlegung der Hauptpost von Durlach nach Karlsruhe zu machen und für sich die Anwartschaft auf diese und die Reichsposthalterei zu erlangen[268]; seinem Ansuchen wurde indes nicht entsprochen, da das Grund-

---

ein Schild mit der Aufschrift: Markgräflich Baden-Durlachische Landpost. G. L. A. A.

[267] Bei Abgabe des Briefpostdienstes (1807) haben die Einnahmen aus diesem nach Kreglingers Berechnung betragen:

1/4 des Briefportos	16—1700 fl.
Briefkreuzer für bestellte und abgeholte Briefe (nach Abzug der Besoldung des Briefträgers) .	8— 900 fl.
Zeitungsgelder ca. . . .	150 fl.
Spedition der Estafetten ca.	100 fl.
	rund 2800 fl.

Als die Briefpostexpedition mit dem Oberpostamte vereinigt wurde (1807), erhielt Kreglinger als Entschädigung jährlich 900 fl., die zur Hälfte auch seine Wittwe weiterbezog.

[268] Siehe im vollen Wortlaut bei Heß, Denkschrift zur Eröffnung des neuen Reichspostgebäudes, S. 4/5: Carlsruhe, den 26. Merz 1783. Posthalter Kreglenger alda, bittet Unterthänigst, ihm bey vorgehender Veränderung des Durlacher Postwesens, die Spedition der hiesigen Brief-Post unmittelbar so wie die ohnumgeschränkte Beförderung Couriers und Estaffeten, auch vor-

stück seines Gasthauses zum Erbprinzen nicht groß genug sei, um darin den ganzen Postdienst aufzunehmen; die Posthalterei dagegen verblieb in seiner Familie bis zum Jahre 1823.

Nach Vereinigung des Herzogischen Landkutschenwesens mit der Reichspostexpedition in Karlsruhe steigerten sich die Postdienstgeschäfte so wesentlich, daß eine weitere Beamtenkraft nötig wurde. Hier erbot sich der Advokat und Oberamtsassessor Fischer, der gleich wie Kreglinger nach der Übertragung des gesamten Postwesens in der Residenz strebte, die von seiner Mutter versehene Speditionsarbeit gegen die förmliche Anwartschaft auf die Karlsruher Expedition ohne Entgelt mitzuverrichten, worauf er diese[260] unter der Bedingung erhielt, daß er, da die Fischersche Behausung eine andere Einrichtung erheische, jetzt hierzu die nötige Veranstaltung treffe. Die Karlsruher Postwagenexpedition verblieb in der Fischerschen Familie, und was dem Advokaten, Kreuzwirt und nachmaligen Oberpostamtsoffizialen Fischer nicht gelungen war, das erreichten seine Söhne, denen die Posthalterei neben der Postwagenexpedition im Jahre 1823 unter gleichzeitiger Verlegung vom Erbprinzen in das goldene Kreuz (in der Kreuzstraße) übertragen wurde.

Was noch die Postverbindungen von Karlsruhe anlangt, so wurden diese bald nach 1750 günstiger, wie aus den markgräflichen baden-durlachischen Hof- und Staatskalendern zu ersehen ist. Diese enthalten im Jahre 1768 bereits folgende Hinweise: „Die ordinäre Posten gehen

---

kommenden Falls deren Postwägen oder eine Anwartschaft auf letztere gnädigst zuzuwenden. . . . . Bißhero ware die hiesige Posthalterey der Durlacher Post unterstellet, ich mußte die Brief Post, welche gegen die Durlacher Post, wegen des hier Subsistierenden Hofes, der Regierung und der hiesigen Handelschaft von Christen und Jüden weit beträchtlicher als Durlach ist, eben so wie die Spedition der Herzogischen Land Kutschen ohnentgeltlich und nun schon über 12 Jahre hin zu meinem nicht wenigen kostsbieligen Nachtheil versehen und nur mit gewissen Einschränkungen ware mir vergönnt — Couriers und Estaffeten zu befördern. . . . . Gnädigster Fürst und Herr dieses vorausgesetzt, belebt mich den Eifer vor das Ansehen Höchst Dero Fürstl. Residenz die weitere Unterthänigste Vorstellung zu machen, Höchstdieselbe bey Einrichtung des Postwesens gnädigst beförderliche Einleitung dahin zu machen geruhen möchten daß die Haubt-Post in hiesige Residenz, gleich es in andern Fürstenthümern und Landen herkommlich und eingerichtet ist, verleget — und dardurch das Commercium in hiesiger Residenz befördert werde. . . . . So erlasse an Euer Hochfürstl. Durchlaucht zu vollständiger Einrichtung des Postwesens die immerweite Bitte, das Postwesen in Höchst dero Residenz durchaus aufkommend also zu machen, daß mir die Anwartschaft auf die Spedition und Führung der Postwägen gegen die fürstl. Taxischr-Seits herkommliche Belohnung gnädigst zugesichert werden möge.

[260] Die Kanzleigebühr für das „Exspektanzdekret" betrug zwei Dukaten, das Dekret für Posthalter Kreglinger Karlsruhe kostete 16 fl. 30 kr. Kanzleigebühr. T. Z. A.

dermalen alle Tage ab und kommen alle Tage an, mithin können auch alle Tage Briefe abgeschickt und erwartet werden. Adrittura gehen die Briefe nach Basel und ins Oberland ab, Sonntag, Dienstag, Mittwoch und Sonnabend, wobei zu bemerken, daß bei der Post zu Karlsruhe die Briefe von unten herauf und aus dem Reich über Durlach alle Abend, die Briefe von oben herunter über Rastatt alle morgen vor Tag ankommen. Briefe über Rastatt sind bis 4 und 5 Nachm., Briefe über Durlach bis 8 und 9 Nachm. aufzugeben". Von den fahrenden Posten berührten die Residenz die kaiserlichen Reichspostwagen der Route Frankfurt—Basel auf der Fahrt nach Frankfurt am Dienstag[270], auf derjenigen nach Basel am Samstag, die in Bruchsal und Rastatt Anschluß an die Reichspostwagen nach Stuttgart und Straßburg hatten[271]; ferner die Durlacher ordinäre Landkutsche mit ihren Fahrten nach Frankfurt, Stuttgart und Straßburg (Basel)[272], und endlich die Pforzheimer, Rhoder und Münzesheimer Amtsboten.[273] Nach Verstaatlichung des Postwesens wurde Karlsruhe Sitz der obersten Postbehörde.[274] Den örtlichen Postdienst versah das Ober-Postamt weiter, dem 1837 die bis dahin selbständig daneben verbliebene Postwagen-Expedition in administrativer Hinsicht unterstellt wurde,

---

[270] Später Mittwoch.

[271] Auf den Reichspostwagen zahlte die Person von jeder Meile 20 kr., vom Zentner Gut 15 kr. 50 ℔ Freigepäck. Die Päckereien waren Freitag abend und Dienstag vorm. im goldenen Kreuz aufzuliefern.

[272] „Die Spedition, Adresse, Logie und Connexion dieser Landkutschen war damals (1768) in Bruchsal zum Hirsch (Volk), in Karlsruhe zur Post (Berner), in Heidelberg zum Engel (Wagner), in Kehl zum Adler (Webers Erben), in Mannheim zum Pfanen (Seiz), und in Rastatt zum Schwanen (Blind). Ebenfalls 50 ℔ Freigepäck. Von Durlach und Karlsruhe zahlte man:

	für die Person		für den Zentner		100 Gulden Geld	
	fl.	kr.	fl.	kr.	fl.	kr.
nach Augsburg	9		4	30	1	
„ Basel	zahlt zu Straßburg		3			50
„ Frankfurt	5		2	30		20—30
„ Heidelberg	2		1			8—16
„ Mannheim	2		1			10—16
„ München	12		6		1	20
„ Nürnberg	zahlt zu Straßburg		4	30	1	
„ Rastatt	1		—	30		5—8
„ Straßburg	3		1	30		20
„ Stuttgart	3		1	30		20
„ Ulm	6		3			40

[273] Heute kommen täglich in Karlsruhe 94 Land- und Eisenbahnposten an, 96 gehen ab.

[274] Siehe im 3. Teil sowie in Denkschrift zur Eröffnung des neuen Reichspost- und Telegraphengebäudes. Karlsruhe 1900.

1845 wurde es Post- und Eisenbahnamt, wobei Brief- und Fahrpostabfertigung vereinigt wurden, 1854 Bezirks-Postamt, 1862 vom Eisenbahndienst getrennt und mit dem vom Heidelberg nach Karlsruhe verlegten Bahnpostamt vereinigt[275], das 1872 nach Frankfurt (Main) verlegt worden ist. 1814 waren außer dem Vorsteher nur drei Offiziale, ein Briefträger beschäftigt, der Postwagenexpeditor mußte sich bis 1834 mit Privatgehilfen begnügen. Die Posthalterei hatte zwölf Postillione und 30 Pferde, 1835 stieg die vertragsmäßig zu haltende Pferdezahl auf 50 im Sommer, 40 im Winter, 1838/40 erreichte der Poststallbetrieb mit 74 Pferden seinen Höhepunkt. Vor dem Übergang in Reichsverwaltung waren außer dem Vorsteher zwei Kassierer, drei Kontrolleure, 18 Expeditionsbeamte, 17 Bahnpostbeamte, 12 Briefträger, sechs Paketbesteller, 16 Bahnpostschaffner, zusammen 75 Köpfe beschäftigt, heute sind es insgesamt 70 Beamte, 199 Unterbeamte beim Postamt 1 (Kaiserstraße); 60 Beamte, 115 Unterbeamte beim Postamt 2 (Bahnhof).

Das von der Taxisschen Verwaltung für Einrichtung des Postbureaus in der Adlerstraße angemietete Williardsche Haus wurde 1813 von der badischen Postverwaltung nebst dem anstoßenden Hause des Kabinettsrat Hofer (jetzt Neubau Ecke Zähringer- und Adlerstraße) zur Unterbringung der Direktion und des Postamts in demselben Gebäude angekauft, 1827 wurden beide verkauft und dafür das dem neuen Gasthof zum Kreuz gegenüberliegende Haus Ecke Zähringer- und Kreuzstraße (Verwaltungshof) erworben, aus dem das Postamt 1846 in das Bahnhofsgebäude trotz Widerspruchs der Bürgerschaft verlegt worden ist. Erst 1858 wurde in dem in der Kreuzstraße gebliebenen Direktionsgebäude eine zweite Postanstalt (nachmals Postamt 1, im Gegensatze zum Bahnhofspostamt) zur Annahme von Briefen, Paketen und Telegrammen errichtet, die 1866 in das Haßlingersche Haus Friedrichsplatz 1 verlegt worden ist, wo es 1872 die Reichspostverwaltung in Verbindung mit dem Hause Ritterstraße 5 weiterführte. Das neue Reichspost- und Telegraphengebäude ist am 18. Oktober 1900 eröffnet worden, das die Direktion, das Hauptpost- und das Haupttelegraphenamt aufgenommen hat.[276]

Soweit aus Notizen der statistiklosen Zeit zu entnehmen ist, kamen 1810 21 Postpakete für den Tag an, 1841 bereits = 270, 1872 = 508, 1909 = 2400.

---

[275] Vorsteher des Postamts waren die Oberpostmeister von Rheinöhl, von Kleudgen, Widmann, Weizel, Clady.

[276] Die Paketbestellgebühren (Packerbatzen) = 2, 4, 6 kr. beliefen sich 1808 auf 433 fl. 4 kr., 1809 auf 520 fl. 20 kr., 1810 auf 526 fl. 20 kr., heute auf rund 50000 Mk. Die beiden Briefträger hatten 1808 und 1809 62562 bzw. 61812 Briefe zu bestellen, also durchschnittlich täglich 170 Stück, heute gehen für Groß-Karlsruhe jährlich rund 22½ Millionen Briefsendungen (Postkarten, Drucksachen, Warenproben eingeschl.) ein, über 26 Millionen werden aufgegeben.

Ein besonderes Telegraphenbureau wurde in Karlsruhe erst am 15. Oktober 1851 im Hauptbahnhof errichtet, das am 1. Januar 1854 in eine Telegraphenexpedition umgewandelt wurde; am 15. April wurde vom Eisenbahn-Telegraphenverkehr der Staats- und Privatverkehr getrennt und für diesen im Dienstgebäude der Direktion eine besondere Telegraphendirektion eingerichtet, die 1. Mai 1866 nach Ecke Kreuzstraße (evangelische Knabenschule) verlegt und 1. Januar 1867 dem an diesem Tage ins Leben getretenen Telegraphenamt untergeordnet wurde. 1872 wurde vom Reiche das Gebäude Herrenstraße 23 als neues Telegraphendienstgebäude zur Unterbringung der neu zugeteilten Telegraphendirektion und des Telegraphenamts erworben. Das Personal des Telegraphenamts (damals Telegraphenstation 1 bezeichnet) bestand beim Übergang aus dem Amtsvorsteher, einen Sekretär, drei Obertelegraphisten, 39 Gehilfinnen und vier Telegrammbestellern.[277] Die Inbetriebnahme der Stadtfernsprecheinrichtung erfolgte am 1. Januar 1884.

Postverhältnisse in Baden-Baden.[278]

In Baden-Baden bestand bis zum Anfang des neunzehnten Jahrhunderts keine eigene Postanstalt; von der Mitte des achtzehnten Jahrhunderts ab ist indes ein regelmäßiger Botengang nach dem nahegelegenen Rastatt nachzuweisen, das schon seit dem Jahre 1686 eine Postanstalt besaß. Auf nachhaltige Beschwerden hin wurde auf 1. Mai 1808 eine Postexpedition errichtet, die im Jahre 1836 in eine Postverwaltung, diese wiederum fünf Jahre später in ein Postamt umgewandelt wurde, das nach Vereinigung des Post- und Eisenbahndienstes die Bezeichnung Post- und Eisenbahnamt erhielt. Der erste Postexpeditor war der ehemalige k. k. österreichische Verpflegungsoffizier Josef Zimmer, ihm folgten seine Witwe bis 1836, hierauf die Postmeister Becker (bis 1846), Fischer (bis 1867), Clady (bis 1870), Kratt (bis 1871) und beim Übergang Postdirektor Obermüller (bis 1898). Dem Postexpeditor hatte außer dem Expeditionsdienst die Ortsbestellung sowie die Unterhaltung der fahrenden Botenposten von und nach Rastatt obgelegen, wofür er mittelst Naturallieferung aus der Großherzoglichen Amtskellerei sowie einem Zuschlag von zwei bzw. drei Kreuzer von jedem abgehenden und ankommenden Brief und Paket entlohnt wurde. Mit der Zunahme des Verkehrs steigerte sich hieraus das Einkommen der Witwe Zimmer derartig, daß es auf jährlich tausend Gulden begrenzt und der Überschuß zur Postkasse verrechnet wurde. An Stelle der Fußbotengänge traten mit der Einrichtung der Postexpedition Postfahrten mit einem Bernerwägelchen, das außer der Postladung zwei bis drei Reisende aufnehmen konnte. Im Jahre 1830 kam es zur Einrichtung

---

[277] Heute aus 141 (darunter 75 weibliche) Beamten, 34 Unterbeamten.

[278] Vgl. „Die Post und Telegraphie in Baden-Baden. Heß, Karlsruhe 1892

eines täglichen Postwagens zwischen Baden-Baden und Straßburg über Stollhofen—Rheinbischofsheim; die Briefpost erhielt vom 1. Oktober 1831 ab in Oos Anschluß an die Baseler Eilwagen. Von 1835 ab verkehrten in den Monaten Juni—September täglich ein, von 1837 ab zwei vierspännige Sommer-Eilwagen zu 12—18 Plätzen zwischen Baden und Karlsruhe in dreieinhalbstündiger Fahrt, denen 1839—42 ein täglicher Sommer-Eilwagen nach Bühl zum Anschluß an die Oberländer Eilwagen folgte. Daneben bestanden eine Reihe Privatwagen (bonnes voitures suspendues) und Privat-Omnibusse mit Kondukteursbegleitung. Außerdem hatte die Postexpeditorin Zimmer vertragsmäßig (seit 1816) in der Badezeit zehn Postpferde für den Extrapost- und Estaffettendienst nebst zwei gedeckten Postkaleschen bereit zu halten. Die Witwe Zimmer überließ von Anfang die Führung des Poststalls dem Stadtbadenwirt Thiergärtner, der ihn von 1831 ab für eigene Rechnung führte; später (1858) wurde er von dem badischen Hauptmann a. D. Greiner übernommen. Zur Abtragung der Ortssendungen hatte die Witwe Zimmer einen Briefträger auf ihre Rechnung eingestellt, der im Sommer täglich, im Winter an drei Wochentagen einmal die Sendungen zuzustellen hatte. Im Jahre 1862 hatte das Postamt vier, 1869 sechs bestellende Boten. Im Jahre 1851 wurde Baden Telegraphenstation, 1858 Vereinsstation des Deutsch-Österreichischen Telegraphenvereins. Aus dem Hause des Postexpeditors Zimmer übersiedelte die Expedition 1836 in das Thiergärtnersche Anwesen, bis (1839) ein nach den Plänen der Direktion der Verkehrsanstalten erbautes Mietsposthaus — jetzt Lichtentalerstraße 3 — bezogen wurde, jetzt ist die Post in einem reichseigenen Gebäude untergebracht.

b) Das Boten- und Postwesen in Kurpfalz, in den Städten Heidelberg und Mannheim.

Es ist bereits ausgeführt, daß die ersten internationalen Ordinaripostritte durch pfälzisches Gebiet auf der Strecke Bretten—Rheinhausen hindurchgeführt haben. In Rheinhausen entstand ein wichtiges Postamt, auf dem sich die Ordinari von Innsbruck mit denen von Brüssel trafen und von wo aus die beiden nächstältesten Taxisschen Postkurse Rheinhausen—Frankfurt und Rheinhausen—Straßburg ihren Anfang nahmen. Mit dem Aufblühen von Heidelberg und Mannheim, die nacheinander die Residenzstädte der Pfalzgrafen und Kurfürsten wurden, sind diese die Sammelpunkte des Verkehrs sowie Knotenpunkte der durch die Pfalz führenden Postkurse geworden, von denen ich besonders auf die Kurse Heidelberg—Würzburg, Heidelberg—Worms—Mainz, Straßburg—Heilbronn—Stuttgart über die pfälzischen Orte Bretten und Eppingen, Frankfurt—Mannheim und Frankfurt—Heidelberg—Basel verweise.

Schwierigkeiten bei Einrichtung von Postkursen durch pfälzisches Gebiet sind ursprünglich anscheinend von den Pfalzgrafen nicht gemacht worden. Anders ist es gegen Ende des sechzehnten Jahrhunderts geworden, wie der gemeinsame pfälzisch-württembergische Beschluß aufweist, „daß man um die Taxische Post anzurichten nicht gemeint wäre, das gemeine Postwesen zu sperren, daß man sich (aber) das Recht wahre, nach Belieben eigene Nebenposten anzustellen und dem Taxis nicht die geforderte Strafgewalt über die Postbeamten zugestehen wolle".[279] Es deutet auch das Schreiben des Kaisers Mathias aus Prag vom 22. Januar 1616 an den Pfalzgrafen Wolfgang Wilhelm darauf hin, daß befürchtet wurde, der Pfalzgraf könnte wegen Errichtung neuer Postkurse durch sein Gebiet schwierig werden. „Der Pfalzgraf möge besorgt sein, daß der Generalpostmeister im Reich, dem er die Einrichtung einiger Extraordinari aus den Niederlanden nach Nürnberg und an sein Hoflager aufgetragen habe, in der Pfalz Hilfe und Fürschub finde", was der Pfalzgraf auch zusagt. Gleichzeitig läßt er indes nach Brüssel sagen, der Generalpostmeister möge erst „seine Gedanken eröffnen". Immerhin kam es zwischen Reichspost und Pfalz zu einer Einigung. Es folgten bald die schweren Zeiten des Dreißigjährigen Krieges, während dessen die Posten zum Spielball der jeweils obsiegenden Parteien wurden. Zwar hat der niederländische Postkurs nicht völlig stillgestanden, wie die Stundenzettel von 1627 und 1628 ausweisen[280]; es kann aber von einem regelmäßigen und ungestörten Laufe dieser Postritte keine Rede mehr sein. Überdies stand die Pfalz nach der Niederlage und Flucht des Winterkönigs unter fremder Herrschaft, so daß eine weitere Einwirkung des Pfalzgrafen auf die Gestaltung der Postverhältnisse vorerst ausgeschlossen war. Nach Rückkehr des Pfalzgrafen Karl Ludwig in seine ungemein verwüsteten Lande suchte dieser zur Hebung des Wohlstandes nachhaltig dem Verkehr aufzuhelfen und erließ im Jahre 1661 zur Beseitigung der schlimmsten Mißstände eine Straßenordnung. Im folgenden Jahre beschwerte sich Philipp Wilhelm nachdrücklichst bei dem Generalpostmeister wegen Mißachtung der ihm zustehenden Portofreiheit. „Er vernehme sehr ungern, daß der Herr Graf die pfälzischen Schreiben ungewöhn-

[279] Vgl. auch Grosse, Das Postwesen in der Kurpfalz im 17. und 18. Jahrhundert, S. 6.

[280] Siehe in Anlagen.

licher Weise taxiere und sie ohne bare Zahlung nicht abfolgen noch befördern lassen wolle; wenn er glaube, daß er das Postgeld das er den Kurfürsten nachsehe, an uns in den unsrigen Schreiben wieder suchen könne, so soll er wissen, daß es in seiner Macht stehe, dem kurbrandenburgischen und anderen Exempel nach seine des Taxis Posten auf seinem Boden abzusetzen, die Briefe durch seine eigenen Leute führen und demnächst von denselben soviel fordern zu lassen, daß er seine Briefe aller Orten frankieren könne." Der Brief gibt gleichzeitig die damals allgemein herrschende Ansicht der Gebietsherren wieder, daß nämlich als erste Bedingung der Zulassung Taxisscher Postkurse die Portofreiheit oder Portoermäßigung für die eigene Korrespondenz als Gegenleistung zu erreichen sei; andrerseits zeigt er, daß Kurpfalz noch den nämlichen Standpunkt einnahm, den es zusammen mit Sachsen und Brandenburg gelegentlich der Wahlkapitulation Leopolds I. geltend gemacht hatte, „daß ein oder anderer Reichsstand aus gutem freyen Willen mit dem Grafen Taxis der Posten halber sich auf gewisse Maasse verglichen, den andere, welche sich wie zuvor also auch noch ins künftige des Postregals für sich in ihren Landen gebrauchen wollen, keineswegs präjudizieren noch zu einigem Nachteil gereichen solle".[281] Im übrigen waren die wirtschaftlichen Vorbedingungen für einen größeren Verkehr, der die Einrichtung eigener Landesposten in der Pfalz damals hätte ratsam erscheinen lassen, nicht vorhanden[282], außerdem hatte der endlich beendigte Krieg die Regierung vor wichtigere Aufgaben gestellt, denen sie zunächst gerecht zu werden hatte. Sie schloß deshalb ohne Preisgebung der Nebenposten im Jahre 1669 (14.—24. April) mit dem Taxisschen Oberpostamtsdirektor Johann Wetzel einen Postvertrag ab, demzufolge dieser die rückständigen Postgebühren in einer Summe mit 800 Gulden und künftig eine Jahresvergütung von hundert Reichstalern erhalten sollte, wofür die gesamte Korrespondenz des kurpfälzischen Hofes wie der Regierung portofrei befördert werden mußte.[282a] Die Verhältnisse blieben im wesentlichen die gleichen bis zum Übergang der Erbfolge auf die (katholische) Neuburgische Linie. Im ersten Jahre seiner Regierung in der Pfalz veröffentlichte Kurfürst

---

[281] Pütter, Erörterungen des Teutschen Staatsrechts. I, S. 63; Grosse, a. a. O., S. 9.

[282] Grosse, a. a. O., S. 10.

[282a] Staffetten und Extraordinari waren natürlich ausgenommen.

Philipp Wilhelm (17. April 1686) das Patent Kaisers Leopold I. vom 13. Februar 1680 gegen das Nebenbotenwerk, das der protestantische Vorgänger so gut wie unbehelligt gelassen hatte, und schritt noch vor Ablauf des ersten Regierungsjahres zu einer Regelung des Postwesens in Taxisschem Sinne. Den Kaleschenführern und Kutschern wurde bei hoher Strafe verboten, Personen „abwechselungsweise oder mit unterlegten Pferden" zu fahren, sich des Posthorns zu bedienen oder dieses an ihren Wagen anmalen zu lassen. Nur den „Kutschern und Kaleschenführern, welchen Wir zur Beförderung der Commerzien und reisender Leute sothane Fuhren gnädigst verstatten, ist es erlaubt, Kauffmanns-Waaren und andere Päcke, jedoch daß die Advisbriefe offen mitgegeben werden, fortzuführen", wurde weiterhin bestimmt; Briefe und Pakete dagegen sollten ausschließlich mit den kaiserlichen Posten befördert werden. Die Durchführung dieser Bestimmungen war ein Sieg der Taxisschen Verwaltung, den diese mit Hilfe des kaiserlichen Gesandten[283] am Hofe zu Heidelberg errungen hatte. Taxis hatte sich zuvor beim Kaiser über den Wettbewerb der Heidelberger Landkutsche beschwert, die anfangs nur einmal wöchentlich mit Waren und Personen bis Frankfurt gefahren sei, jetzt aber ihre Fahrten bis Heilbronn und Durlach zum Anschlusse an die Stuttgarter und Straßburger Landkutschen ausdehne, das Posthorn führe und Briefe einsammle. Die Regierung ließ den Drohungen auch die Strafe folgen, worauf eine Flut von Beschwerden seitens der bisher trotz aller Patente und Reskripte im allgemeinen unbehelligt gebliebenen Interessenten antwortete. Auch nötigten die Vorstellungen der benachbarten Reichsstände (Bischöfe von Worms, Speyer und Mainz) zu Ausnahmen, wie die zugelassene Botenverbindung Speyer—Heidelberg und das eigene Eingeständnis beweisen, „es scheine unbillig und schädlich, das erwähnte Verbot auch auf auswärtige und fremde Nebenboten auszudehnen, da Handel und Wandel dadurch gestört werde"; andererseits betonte die Regierung in einer Verfügung vom 29. Juli 1686 ihre Entschiedenheit, das Taxissche Postregal innerhalb des Kurfürstentums in dem angeordneten Umfange zur Geltung zu bringen. Glücklicherweise änderte sich die Anschauung der Regierung schon in den nächsten Jahren zugunsten der Nebenboten. Schon anfangs 1687 hatte sie einen Streitfall zwischen der Reichs-

[283] Zum Danke dafür wurde seinem Neffen, dem Sohne des Postverwalters Lüls die Anwartschaft auf das Postamt Heidelberg verliehen. A. Z. A.

post und Privatposthaltern zugunsten der letzteren entschieden und einem Heidelberger Landkutschenhalter gestattet, das kurpfälzische Wappen an seinen Wagen anzubringen. Im gleichen Jahre gutachtete die Hofkammer in Übereinstimmung mit dem Stadtrat offen, daß es eine unbillige Härte wäre, wenn man Briefe nur an den Posttagen verschicken könnte; die Ordinari seien außerdem teurer als die Nebenboten. Endlich brachte der pfälzische Unterhändler auf Anweisung seiner Regierung bei den Verhandlungen mit dem Frankfurter Postmeister über Beseitigung von Mißständen bei den Taxisschen Posten ausdrücklich die Rechte der Nebenposten zur Sprache.[284] Pfälzischerseits ging man sogar soweit, dem Kaiser eine Sammlung von Beschwerden über die Taxisschen Posten zu überreichen, der dem Erbgeneralpostmeister zur Auflage machte, sich binnen zwei Monaten über die vorgebrachten Gravamina zu verantworten (1688). Darunter befand sich eine Gesamtbeschwerde Straßburger Kaufleute. Sie hauderten, so führten diese aus, in größerer Zahl auf ihren eigenen Wagen zur Frankfurter Messe und hätten bisher stets Vorspann bei den Bauern genommen. Nun wollten ihnen die Reichspostmeister ihre Pferde gegen höhere Gebühren aufdrängen; sie seien keine Kuriere, sondern Kaufleute, die unter Meßgeleit der Kurfürsten Landstraßen gebrauchten und seien auf solche Manier seit undenklichen Zeiten gereist; derartige Schwierigkeiten würden ihnen auf dem Wege zur Züricher Messe nicht bereitet. Im weiteren beschwerten sich die Landkutschenhalter über das Verbot der Beförderung von Advisbriefen; sie sollten nur offene Advisbriefe befördern und die verschlossenen der Post übergeben; diese blieben aber alsdann liegen und kämen später an als die zugehörigen Sendungen. Sodann lauteten die Beschwerden auf zu hohes Ritt- und Briefgeld. Während ein Brief von Heidelberg nach Frankfurt auf der Taxisschen Post 12 Kreuzer koste, forderten die Landkutschen für die gleiche Leistung nur die Hälfte. Wie die Entscheidung des Kaisers ausgefallen ist, ergeben die Akten nicht; immerhin geht aus diesem Vorgang mit Deutlichkeit hervor, daß das Verhältnis zwischen Kurpfalz und Taxis bereits nach so kurzer Regierungszeit der Pfalz-Neuburgischen Linie ein weniger freundliches geworden war, als es die ersten Regierungsmaßnahmen hatten erwarten lassen. In den folgenden Jahren verschlechterte sich dieses noch mehr. Taxis weigerte sich nämlich,

[284] Grosse, a. a. O., S. 12/13.

während des pfälzischen Erbfolgekrieges, in dem die feindlichen Parteien die Pfalz furchtbar heimsuchten, die Postkurse im Pfälzischen aufrechtzuhalten. Die Regierung war somit genötigt, für die Beförderung der amtlichen Schreiben eigene Posten anzulegen. Es geschah dies durch Errichtung der Dragoner- oder Ordonnanzposten[285], die bis in die zwanziger Jahre des achtzehnten Jahrhunderts hinein Bestand hatten. Nach der Ordonnanz-Postordnung vom 26. Januar 1699 nahmen diese ihren Lauf von Simmern über Kreuznach, Alzey, Carbach, Mannheim nach Weinheim, von Heidelberg und Lindenfels nach Weinheim, von Mosbach über Eberbach, Heidelberg nach Weinheim, von Bretten über Eppingen, Sinsheim, Heidelberg nach Weinheim. Die Einrichtung bestand darin, daß man in bestimmten Häusern — den sogenannten Ordonnanzhäusern — einzelner Städte 1 bis 3 Dragoner einquartierte, denen es oblag, die Regierungsschreiben bis zur nächsten genau bestimmten Ordonnanzpost zu befördern und deren Rückkehr zwecks Rückbeförderung etwaiger Schreiben abzuwarten. Die Ordonnanzen bildeten somit ineinandergreifende Kurse in der Richtung nach Heidelberg und Weinheim, die je nach dem Verkehrsbedürfnisse anderweit festgelegt wurden. An sie als die Hauptkurse für den Fernverkehr schlossen die Amtsbotengänge für den Nahverkehr an. Als vorübergehender Notbehelf gedacht, erwiesen sich die Ordonnanzposten in der Folge als die billigste Beförderungsgelegenheit amtlicher Schriftstücke und wurden dieses Vorzuges willen regierungsseitig noch beibehalten, „um das schwere Porto zu sparen", als die Taxisschen Posten längst wieder verkehrten; sie wurden zwar nach Abschluß der die Portofreiheit des kurfürstlichen Hofes gewährleistenden Postverträge auf den Reichspostkursen aufgehoben, verkehrten aber auf den von der Reichspost nicht berücksichtigten Strecken weiter.

Es kann keinem Zweifel unterliegen, daß die Weigerung der Taxisschen Postverwaltung, während der Kriegsjahre die Postverbindungen aufrechtzuhalten, die günstigste Gelegenheit zur Ein-

---

[285] Vgl. Grosse, S. 15. Vgl. die brandenburgische Dragonerpost (Trabantenpost) Berlin—Osnabrück und Münster zur Beförderung der Regierungsdepeschen an die und von den Gesandten zu den Westf. Friedensunterhandlungen von 1644. Diese Dragonerposten unterhielten auch die Verbindungen zwischen Armee und Berlin oder dem nächsten kurfürstlichen Postamt, wenn die Armee über 30 Meilen von Berlin operierte. Stephan, a. a. O.

richtung pfälzischer Landesposten geboten hätte, wenn dieses Ziel überhaupt ernstlich erstrebt worden wäre. In den Ordonnanzposten und Amtsboten nebst den bereits genehmigten Landkutschen waren die Verkehrsträger und -vermittler bei entsprechender Umgestaltung dieser Einrichtung im Sinne einer allgemein zugänglichen Verkehrsanstalt gegeben; es fehlte auch nicht an Vorschlägen pfälzischer Beamten, die unter Hinweis auf die wirtschaftlichen Vorteile der Landesposten für die Gesamtheit des Landes und die vielen zutage getretenen Mängel der Taxisschen Posten die Verstaatlichung des Postwesens empfahlen. Der pfälzische Hof begnügte sich indes damit, Taxis zur Beseitigung der Mißstände durch Aufstellung eines Reglements aufzufordern, das die sämtlichen Bestimmungen über die Posten zusammenfassen sollte. Denn jetzt würden von den Posthaltern und Postmeistern oftmals übermäßige Gebühren verlangt und „die Postfreiheit der Räte und Bedienten in Disput gezogen". Die Taxissche Verwaltung wies dagegen auf die Steigerung der pfälzischen Regierungsschreiben, deren verspätete Auflieferung vielfach die Schuld an der verzögerten Beförderung trage, auf die Unterschleife der Beamten unter dem Deckmantel der Portofreiheit und endlich auf die geringe Pauschgebühr (von 100 Gulden) hin, die von 1669—1694 hundert Taler betragen hätte. Immerhin verstand sie sich auf Grund dieser Beschwerden zur Aufstellung „eines festen Reglements in Form eines schriftlichen Patents".[286] Im Volke wie bei der Beamtenschaft blieb indes die Abneigung gegen die Taxianer nach wie vor bestehen; man versuchte, den Posten Schwierigkeiten in den Weg zu legen, wie namentlich aus Heidelberg und Weinheim gemeldet wurde, ungeachtet der kurfürstlichen Anordnungen, „den Posthaltern auf Requisition Assistenz zu leisten und Contraventiones anzuzeigen" (1703).

Die Versuche, ein pfälzisches Landpostwesen einzurichten, tauchten in den folgenden zwanzig Jahren immer wieder auf, am nachhaltigsten in den Jahren 1708—1712[287] und 1724—1726. In Wirklichkeit ist im Jahre 1708 die Errichtung eines pfälzischen General-Erbpostamts aktenmäßig durch Kurfürst Johann Wilhelm erfolgt, der den Kammerpräsidenten Graf von Schaesberg im

---

286 G. L. A. A. und A. Z. A.

287 In den Jahren 1705—1709 bemühten sich auch der Herzog von Württemberg und der Landgraf zu Hessen-Darmstadt um die Einführung eigener Landesposten.

gleichen Jahre zu seinem General-Landpostmeister ernannte.[288] Der General-Reichspostmeister machte in diesen Jahren, in denen die süddeutschen Gebietsherren Anstalten trafen, dem Beispiele von Brandenburg, Kursachsen und Hannover durch Verstaatlichung des Postwesens zu folgen, gewaltige Anstrengungen, den Kurfürsten von der Errichtung eigener Posten abzubringen. Wiederholt schrieb er an die Kurfürsten von Mainz und Trier, in diesem Sinne auf den Kurfürsten von der Pfalz einzuwirken; er wandte sich an Kaiser Joseph, der im Jahre 1708 an den Kurfürsten schrieb, er habe gehört, daß einige Fürsten neue Posten angelegt hätten, um die holländisch-italienische Korrespondenz auf selbige zu ziehen und von der Reichspost abzulenken; er solle sich dem Durchlauf solcher Posten durch sein Gebiet kräftigst widersetzen. Im gleichen Jahre forderte der Kaiser den Kurfürsten von Trier und das Domkapitel von Köln auf, der Errichtung neuer Landposten — gemeint sind die zur Einrichtung kommen sollenden pfälzischen Landposten — deren Durchlauf durch ihr Gebiet und Kombination mit kursächsischen, brandenburgischen und hannoverschen Landposten Widerstand zu leisten, in ähnlichem Sinne ergingen Aufforderungen an die Markgrafen von Baden-Baden, Baden-Durlach, an den Herzog von Württemberg und den Kurfürsten von Mainz; damit noch nicht zufrieden, wandte sich Taxis an die Kaiserin, eine Schwester des Pfalzgrafen, um diesen durch ihre Einwirkung von der Einführung eines eigenen Postwesens abzubringen. Man stellte die Sache so dar, als ob Kurpfalz gemeinsame Sache mit den protestantischen Fürsten machen wolle, so daß schließlich der Kaiser keine Depesche mehr an einen Reichsstand schicken könne, außer daß sie durch die Hände von Leuten ginge, die nicht von ihm abhingen; kein Stand könnte mehr seine Klagen in Sicherheit dem Kaiser übersenden noch dieser seine Ordres und Reskripte, um Gerechtigkeit zu verschaffen, wenn einer dieser Fürsten interessiert wäre. Le tout serait supprimé et en confusion schreibt de Sickenhausen aus Köln (17. Februar 1709); il ne faut pas douter que l'on ne prenne, cette affaire à Coeur et que l'on ne s'y oppose, avec vigueur. Diesem Ansturm von Beschwörungen hielten denn auch die Pläne des Kurfürsten nicht lange stand; schon im Jahre 1709 konnte Schaesberg sein Obrist-Postmeisterpatent abgeben und wurde dafür

[288] An anderen Stellen heißt sein Titel Erbhofpostmeister und Obristpostmeister.

durch die Herrschaften Kerpen und Lommersumm entschädigt. Ja, in dem schriftlichen Verzicht auf eine eigene Landpost vom 6. Januar 1712 ging der Kurfürst sogar soweit, daß er „für sich, seine Erben und Nachkommen wiederholte, von der Einführung des Hofpostwesens gänzlich absehen zu wollen". Seine nächsten Erben ließen sich durch dieses Versprechen keineswegs abhalten, im Jahre 1724 mit der Regierung von Trier, dessen Erzbischof ein Bruder des Kurfürsten war, wegen Einführung gemeinsamer Landesposten zu verhandeln. Unter dem 27. März 1726 wurde der Regierung ein bis ins einzelne ausgearbeiteter Entwurf für die Gestaltung des landesherrlichen Postwesens vorgelegt, demzufolge ein pfälzisches Generalpostamt als oberste Behörde mit drei nachgeordneten Oberpostämtern in Mannheim, Neuburg und Mühlheim (Rhein) den gesamten Postbetriebs- und Verwaltungsdienst in der Pfalz leiten sollte. Mit dem Herzog von Zweibrücken war bereits im Jahre 1725 ein Übereinkommen über einen landesherrlichen Postkurs Mannheim—Zweibrücken erzielt worden, der in Metz Anschluß an die französischen, in Frankfurt an die hessischen und Kaufmannsposten suchen sollte.[289] Abermals und damit endgültig scheiterte das Bestreben, die Reichsposten durch pfälzische Landesposten zu ersetzen, wenn auch späterhin immer noch Anregungen ähnlichen Inhalts erfolgt sind. Es war der kurfürstlich-pfälzischen Regierung wie dem Hofe bei all den Versuchen niemals entschiedener Ernst — zu dieser Überzeugung muß man auf Grund des Aktenmaterials kommen — ein eigenes Landpostwesen mit unbeugsamer Beharrlichkeit einzuführen, sonst würde sie, anstatt langatmige Unterhandlungen mit Taxis zu führen, die Taxissche Postverwaltung während der Kriegswirren, in denen die Reichspost wiederholt versagte, vor die Tatsache der Einführung kurpfälzischer Posten gestellt und diese mit Nachdruck aufrecht erhalten haben. Im Interesse des Reichspostgedankens ist es indes zu begrüßen, daß nicht weitere Landesposten auf verhältnismäßig engbegrenztem Raume entstanden sind; sie würden sich bei diesem Mißverhältnis, das bei der vergleichsweisen Anführung der wirtschaftlichen Vorteile der brandenburgischen und österreichischen Landesposten völlig über-

[289] Das Nähere dieses Entwurfes siehe bei Grosse, a. a. O., S. 20/22. Da hier nur der Teil der Pfalz interessiert, der Bestandteil des späteren Großherzogtums Baden geworden ist, so sehe ich davon ab, näher auf die verschiedenen Pläne einzugehen, die ja doch nicht verwirklicht worden sind.

sehen worden ist, sowie der geringen Einwohnerzahl des Landes und der Notwendigkeit, andere Gebiete durchkreuzen zu müssen, wofür diese Sondervorteile mit Sicherheit verlangt hätten, kaum ertragsfähig erwiesen haben. Den einen Vorteil brachten diese Versuche für Kurpfalz immerhin mit sich, daß Taxisscherseits auf die Forderungen der pfälzischen Regierung mit ungewohnter Bereitwilligkeit eingegangen wurde. Der Bevollmächtigte des Reichspostmeisters — von Bors — legte im Jahre 1723 einen Vertragsentwurf vor, der zur Postkonvention von 1730 führte. Hiernach behielt der pfälzische Hof sowie die Regierung völlige Portofreiheit. Die weiteren Vertragspunkte betrafen die pünktliche Briefbestellung, Ermäßigung und Anschlagung der Reichsposttaxe in den Posthäusern, Personalfreiheit der Postbeamten, Beschleunigung der Wiener und Augsburger Post, tägliche Reitpostverbindung Düsseldorf—Mannheim, wöchentlich zweimaliger Postwagenverkehr Köln—Frankfurt—Mannheim usw.; sodann sollte sich im Gefolge des Kurfürsten jederzeit ein Postoffiziant zur Bearbeitung und Beförderung der kurfürstlichen Briefschaften — Kabinettsbriefträger — befinden; endlich erhielt Taxis das Recht, Postlinien nach Belieben in der Pfalz anzulegen, ein Zugeständnis, das in Verbindung mit den übrigen Vertragsrechten das Taxissche Entgegenkommen mehr als reichlich aufwog. Die Übereinkunft von 1743 änderte an diesem Verhältnisse nichts von Belang, außer daß die kurpfälzischen Beamten die Portofreiheit erlangten, die sie im amtlichen Verkehr schon lang besessen hatten, und auf Reisen mit sogenannten Freizetteln zum Nachweise ihrer Portofreiheit ausgestattet wurden.[290] [291]

---

[290] Nachdem vermög des mit dem Kayserlichen General- und Kriegs-Erb-Post-Ambt errichteten neuen Tractats, und darinnen in Clausulâ concernenti hiebey gehenden §phi 7mi & 8vi von denen von euch erlassenden Berichteren und empfangenden Befehl-Schreiben kein Brief-Porto gefordert noch auch zahlt werden solle; Als lassen es euch des Ends hierdurch ohnverhalten seyn, daß ihr hinkünfftig von obgemeldten einiges Brief-Porto fernerhin nicht entrichten, weder auch selbiges bey euer Rechnung zur Ausgaab einbringen, sondern falls ihr dagegen graviret werden wollet, solches anhero an Unsere Hof-Cammer so fort gelangen lassen sollet. Düsseldorff, den 25. Januarii 1744.

[291] Clausulâ concernens. SOdann von derselben Beambten an Unsere Regierung und übrige Dicasteria auch Corpora erlassene Schreiben und Berichtere und darauf von ermeldter Unserer Regierung und übrigen Dicasteriis auch Corporibus unter eines jeden hergebrachten Insiegel abfertigende Expeditiones von allem Brief-Porto frey seyn, und damit jetztbenannte Per-

Die Postmeister, Posthalter und Postoffizianten sollten auf den Kurfürsten nach festgestelltem Wortlaut vereidigt und die Inhaber solcher Stellen aus eingeborenen und angesessenen Untertanen genommen werden. Den Nebenboten wurde die Briefbeförderung abermals strengstens verboten und endlich sollten die von den Posten eingehaltenen Straßenzüge nach Notdurft ausgebessert werden.[292] [293]

sohnen sich der ihnen zugestandener Freyheit mit desto mehrerem Effect zu erfreuen haben, so solle

8vo. An Seythen des Kayserl. Erb-General-Post-Ambt die Verfügung geschehen, damit selbigen in Fällen, wohe sie sich sowohl in Herrschafftlichen, als eigenen Geschäfften eine Zeit lang ausheimisch befinden werden, erforderlichen Falls von jedes Orths Postmeisterey bey ihrer Abreise gewisse von dem Kayserlichen General-Erb-Post-Ambt gefertigte Frey-Zettul, um sich mittelst Vorzeigung derselben bey auswärtigen Post-Aembteren der Brief-Freyheit halber legitimiren zu können, dergestalt mitgetheilt werden, daß nach deren Rückkehr sothane Frey-Zettul bey allhiesigen, oder sonst einschlägigen Postmeisteren, jedesmahl hinwiederum reponirt werden sollen.

[292] LJebe Getreue; Nachdem Inhalts der zwischen Uns und dem Herrn Fürsten Thurn und Taxis des Post-Weesens halber, so viel Unsere Gülich- und Bergische Lande betrifft, forth sonsten errichteter Convention denen Land-Gutscheren, Fuhrleuten und Marck-Schifferen die Annahm- und Bestellung aller und jeder Brieffen (mit Ausnahm jedoch deren Fracht-Zettulen, und auserordentlich beschwerten Brieffen oder Paqueteren von denen aufhabenden Waaren) bey Verlust ihrer Concession verbotten wird; Als befehlen Wir euch hiemit gnädigst, daß ihr dem Kayserl. General-Post-Ambt, oder dessen Bedienten diesfals hülffliche Hand biethen, und auf derenselben Gesinnen jedesmahl die Visitation ohnweigerlich vornehmen, die befindende Contraventiones abstellen, mithin der sich darauf eignender Straff halber eweren unterthänigsten Bericht zu hiesigem Unserem Geheimen Rath ohnverzüglich erstatten sollet; Düsseldorff, den 11. Januarii 1744. Sowie

[293] UNseren gnädigsten Gruß zuvor: Liebe Getreue; Nachdem Wir vermittelst specialen Rescripti vom 30. nächstvorigen Monaths Decembris zu mehrerer Beförder- und richtigerer Unterhaltung des Kayserlichen Post-Weesens in sämmtlichen Unseren Landen specialiter gnädigst verordnet haben und wollen, daß die an ein so anderem Orth etwa ohnbrauchbar erscheinende Weege, welche von den Post-Routen betroffen werden, nach Nothturfft ausgebessert, auch denen Post-Bedienten die Personal-Freyheit führohin ohnbekränckt gestattet, weniger nicht denen Posthalteren im Fall der Noth, von jeden Orths Obrigkeit, mit benöthigten Pferden, gegen Reichung des gebührenden Post-Gelds ohnweigerlich an Hand gegangen werden solle; Als ohnverhalten Wir es euch mit dem gnädigsten Befehl hiebey, daß sothaner Unserer gnädigster Willens-Meynung ihr sowohl euch selbsten allerdings gehorsamst gemäß achten, als auch Unsere Unterthanen zu deren unterthänigst-schuldigster Befolgung mit erforderlichem Nachtruck anweisen sollet. Versehen Uns dessen also gnädigst,

Erwähnenswert ist noch die Bestimmung, daß die von den pfälzischen Beamten bisher unterhaltenen Boten überall wegfallen sollten, wo zufolge der Übereinkunft neue Posten angelegt würden. Die Hofkammer verfehlte auch nicht, alsbald zu verfügen, „daß alle Dero Cameral-Ärario bisher zur Last gestandenen Boten durchgehends abgeschafft, daß keine Briefe mehr einem Boten mitgegeben, sondern solche auf der Post anhero jederzeit gesandt werden sollen". Damit waren selbst die Uranfänge eines selbständigen Postwesens widerrufen. In der Folgezeit sehen wir die mehr und mehr ausartende Regierung nur selten sich mit Postfragen befassen. Sie fand sich im Jahre 1774 nochmals bemüßigt, dem Oberpostamt Frankfurt in Erinnerung zu bringen, daß zufolge des Vertrags von 1743 nur eingesessene Landesuntertanen zu den Poststellen berufen sein sollten. Im übrigen herrschte seit längerem am Hofe wie bei der Regierung eine die wichtigsten Landesinteressen vernachlässigende und das Volk bedrückende Mißwirtschaft, so daß dieses verarmte; so ist es auch nicht zu verwundern, daß es Taxis im gleichen Jahre gelungen ist, die wiederholt versuchte Erwerbung der von Aussemschen Landkutsche endlich durchzusetzen. Nunmehr war Taxis in der Pfalz Alleinherrscher im Postwesen.

Nebenposten in der Pfalz.

Die Kloster-, Metzger- und Universitätsboten sind bereits an anderer Stelle erwähnt; es erübrigt, noch kurz auf die Marktschiffe und Landkutschen einzugehen. Zum großen Ärger der Reichsposten wurden durch die Marktschiffe, Fuhrleute, Hauderer und Nebenboten vielfach Briefschaften eingesammelt und befördert oder, wie sich die Taxianer ausdrückten, „verschleppt"; namentlich war dies gang und gäbe zwischen Mannheim und Heidelberg. Hier schnitt die Reichspost im Kampfe gegen die Nebenboten schlecht ab, da ihre Leistungen hinter denen der Nebenboten zurückblieben. Es konnten nämlich die mit den Reichsposten über Heppenheim eingehenden Briefe erst am dritten, die zweimal wöchentlich mit der Würzburger Post ankommenden Schreiben frühestens am folgenden Tage beantwortet werden, während auf die mit den Nebengelegenheiten eingetroffenen Briefe noch am nämlichen Tage Antwort abgehen konnte. Das Heidelberger Stadtdirektorium hatte nun

---

und seynd euch mit Gnaden gewogen. Düsseldorff, den 11. Januarii 1744. Aus Höchstgemeldter Ihrer Churfürstl. Durchl. sonderbahrem gnädigsten Befehl.

den „Briefschleichhändlern" bekannt gegeben, daß ihnen bis zur Errichtung einer täglichen Ordinari zwischen Mannheim und Heidelberg ihr verbotenes Handwerk nachgesehen werden sollte. Der Schaden an sich schien den Taxianern nicht sehr bedeutend, das Schlimmste war vielmehr das „Präjudiz", daß zum ersten Male ausdrücklich die Umgehung des Postregals erlaubt wurde. Die Haupttätigkeit der Marktschiffe, Landkutschen- und Kaleschenfahrer bestand in der Beförderung von Personen und Paketen, die auch von der Reichspost neben ihrem Hauptgeschäfte, der Briefbeförderung, besorgt wurde; diese blieb den Nebenposten überall da, wo Reichsposten verkehrten, verboten, wurde aber von ihnen im geheimen um so nachdrücklicher wahrgenommen, solange sie bestanden.

Marktschiffe.

Ein regelmäßiger Verkehr mittelst der Markt- und Ordinarischiffe hat anscheinend auf dem Oberrhein vor Beginn des achtzehnten Jahrhunderts nicht eingesetzt[294]; auch nachher ging die Reise zu Schiffe sehr langsam vonstatten. Im Jahre 1753 berechnete man für die Hin- und Rückreise Straßburg—Speyer sieben, für die einfache Fahrt Straßburg—Basel einen, Straßburg—Mainz drei, Mainz—Köln zweieinhalb Tag, für die Beförderung eines leeren Schiffes auf der Strecke Straßburg—Mainz zehn, eines beladenen achtzehn Tage. Vom Jahre 1775 an wurde zwischen Mannheim und Mainz von Ollivier de le Motte in Mannheim ein Marktschiff eingestellt und im Jahre 1782 sprach man bereits von einem gewöhnlichen Post- oder Marktschiff — coche d'eau — Mannheim—Worms[295]; andere Marktschiffe zwischen Mannheim und Worms verkehrten schon seit 1678. Die Reise zu Schiffe hatte für den Reisenden noch das Unangenehme, daß er bei den vielen Hindernissen der Schiffahrt genaue Angaben über die Ankunft am Bestimmungsorte nicht erhalten konnte; gleichwohl vermittelten die „Wasserdiligencen", die vom siebzehnten Jahrhundert ab bequemer

---

[294] Die Fahrpreise für die Ordinarischiffe Straßburg—Landau wurden 1688 vom Magistrate festgesetzt, woraus auf die Entwicklung eines regelmäßigen Schiffsreiseverkehrs geschlossen werden darf.

[295] Von Mannheim fuhren wir zu Wasser auf dem gew. Post- oder Marktschiff (coche d'eau) den Neckar und Rhein hinab und kamen selbigen Tages nachm. 5 Uhr gemächlich zu Worms an. Björnstähls Briefe, übersetzt von Großkurd 1782, S. 203.

ausgestattet und im achtzehnten Jahrhundert mit ansprechenden Zimmern versehen wurden, von der Mitte des achtzehnten Jahrhunderts ab einen großen Teil des Rheinreiseverkehrs und taten hierdurch den Reichsposten merklichen Eintrag. Daß im übrigen mittelst der Marktschiffe von Anfang an Briefe befördert wurden, ist als erwiesen anzusehen. Darum drängte Taxis im Postvertrage mit der Pfalz auch auf das Recht, die Marktschiffe visitieren zu dürfen, was er im Vertrage von 1744 erreichte. Die Marktschiffe beförderten den Einzelreisenden teilweise teurer als die Reichspost, dagegen waren ihre Taxen wesentlich billiger bei Gesellschaftsreisen, wobei stromaufwärts höhere Preise gefordert wurden als stromabwärts. Während beispielsweise das Personengeld für eine Person von Mainz bis Köln 6 fl. 40 kr., nach Mannheim 2 fl. 10 kr. betrug, kostete die Hin- und Rückfahrt in einem zweibordigen Nachen für eine bis sechs Personen von Mainz nach Köln nur 12 fl., nach Mannheim 6 fl. 30 kr.

Landkutschen.

Als erste der Landkutschen in der Pfalz ist wohl die „Ordinari-Fuhr" Mannheim—Heidelberg anzunehmen, die im Jahre 1688 eingerichtet wurde; sie diente der Personenbeförderung, nahm auch die Postzeitung mit und verkehrte einmal wöchentlich (Freitags oder Samstags). Die Unternehmer wurden von der Stadt Mannheim unterstützt und waren weg-, fahrgeld- und frondenfrei. Es folgten von Mannheim aus die Ordinarifuhren Mannheim—Frankfurt (1670) und Mannheim—Worms (1673). Von Heidelberg aus verkehrten um die gleiche Zeit Landkutschen nach Heilbronn, Durlach, Straßburg (1676 von Kurfürst Karl Ludwig privilegiert) und Speyer (1686). Naturgemäß waren die wichtigsten Linien in der Kurpfalz diejenigen zwischen Heidelberg und Frankfurt. Hier war für die Landkutschen, solange die Taxissche Postverwaltung nicht zur Einrichtung fahrender Posten überging, das günstigste und ergiebigste Feld. Auf diesen Linien verkehrten dann auch gleichzeitig mehrere Landkutschen, die teils von Heidelberg, teils von Frankfurt ausgingen.

Landkutsche Heidelberg—Frankfurt.

Die Aufgabe der von der Pfalz genehmigten Landkutsche Heidelberg—Frankfurt wurde dahin festgestellt (1676), daß der Unternehmer zur Besorgung des kurfürstlichen Dienstes wie zur Beförderung fremder Reisenden sechs gute, tüchtige Postpferde ständig in Bereitschaft zu halten habe, wofür ihm für die Meile Wegs ein Personengeld von einem Taler (bei zwei Pferden) und außerdem für die Dauer des Posthaltereibestandes Personalfreiheit sowie Befreiung von Fronden, Wachen und Einquartierung zugestanden wurde. Zehn Jahre später erhält er das Recht, Freitags die Extraordinari nach Frankfurt zu fahren und zu dem Zwecke mit einem Heidelberger Kutscher in der Führung der Ordinari und Extraordinari abzuwechseln. Das Personengeld wurde für die einfache Strecke Heidelberg—Frankfurt auf zwei Gulden festgesetzt.

Landkutsche Frankfurt—Heidelberg.

Die andere im Gasthaus zur Rosen (Zeil) zu Frankfurt ihren Ausgang nehmende Landkutsche läßt nach den Bestimmungen ihrer Taxa und Postordnung, in der sie als kurpfälzisch gnädigst privilegierter Postwagen bezeichnet ist, auf einen sehr regen Verkehr schließen; sie lief wöchentlich dreimal nach Heidelberg, wöchentlich zweimal nach Stuttgart sowie Straßburg und zurück. Die Strecke Frankfurt—Heidelberg legte der Wagen Sommers in 1, Winters in 1½ Tag, diejenigen nach Stuttgart in 2½ und 3½, nach Straßburg in 3½ und 4 Tagen zurück. Den Reisenden, die tags zuvor ein „gedruckt Billet mit einem Numero zur Verhütung einiges Präzedenz-Streites“ gegen Erlegung von 2 Kreuzern zu lösen hatten, stand 25 kg Freigepäck zu; für ihre Bagage wurde nicht, für Gelder und Pretiosen nur gehaftet, wenn ihr Wert angegeben war. An Stelle dieser während des pfälzischen Erbfolgekrieges eingegangenen Landkutsche verkehrte seit Beginn des achtzehnten Jahrhunderts wöchentlich zweimal die Landkutschenfahrt Heidelberg—Weinheim—Frankfurt. Die Kutschenführer mußten sich jeweils auf der pfälzischen Kanzlei zu Weinheim[296] zum Empfang der Regierungsschreiben melden und waren zur kostenlosen Beförderung und eigenhändigen Bestellung der kurpfälzischen Kanzleipakete verpflichtet. Außer den Reisenden sollten die Kutschwagen, die 8—10 Personen aufnehmen konnten, „Felleysen und kleine Päcklein“ unter 25 Pfund, keineswegs aber Frachtgüter befördern. Für das Monopol auf dieser Linie hatten die Unternehmer jährlich zweihundert Gulden an die Kammermeisterei zu entrichten. Das für Beamte, Bürger

---

296 Hierhin hatte die pfälzische Regierung nach der Zerstörung von Heidelberg ihren Sitz verlegt.

und Fremde besonders abgestufte Personengeld betrug von Frankfurt aus[297]:

	Personen[298]	Pakete						Geld und Pretiosa
	Rthlr. kr.	1—5 Pfd.	5—10 Pfd.	10-25 Pfd.	25-50 Pfd.	50-75 Pfd.	75—100 Pfd.	
bis Darmstadt	—,60	—,8	—,12	—,26	—,40	—,60	—,70	—,24
„ Auerbach	1,30	—,11	—,18	—,30	—,45	—,70	—,80	—,26
„ Weinheim	1,60	—,12	—,22	—,35	—,50	—,76	1,—	—,28
„ Heidelberg	2,—	—,13	—,26	—,40	—,60	—,80	1,15	—,30
„ Sinsheim	3,—	—,16	—,30	—,45	—,70	1,—	1,30	—,36
„ Heilbronn	4,—	—,24	—,38	—,60	1,10	1,45	2,—	—,50
„ Stuttgart[299]	5,—	—,30	—,45	—,75	1,30	2,—	2,60	—,60
„ Bruchsal[300]	3,—						1,45	—,45
„ Durlach	3,30						1,60	—,60
„ Rastatt	4,—						2,—	—,70
„ Lichtenau	4,60						2,30	—,80
„ Straßburg	5,30						2,60	1,—.

Kleine Packete werden nach dem Augenmaß in Billigkeit taxiert.

Pfälzische Postwagenkurs.

Als der eigentliche pfälzische Postwagenkurs ist indes der am 27. Juni 1705 privilegierte von Aussemsche Wagen anzusehen, der wöchentlich dreimal von Heidelberg über Frankfurt nach Mühlheim (Rhein) zu fahren hatte. Der Postwagen verdankte seine Entstehung dem tatkräftigen Bestreben des Pfalzgrafen Johann Wilhelm, zwischen seinen weitentlegenen Landesteilen eine von der Regierung abhängige Verbindung herzustellen „zu mehrerer Beförderung des Commercii, auch zu geschwinder Fortbringung des reisenden Manns aus unseren hieruntigen Jülich- und Bergischen in unsere drobige Churpfälzische Lande". Unternehmer war der Kommerzienrat und „Kauffhändler" Heinrich von Aussem[301] der jüngere zu Mühlheim (Rhein), der in der Verleihungsurkunde vom 27. Juni 1705 ausdrücklich das Recht erhielt, „nicht allein sothane Postfahrten von Mühlheim auf Heidelberg und vice versa, sondern auch von daraus auf andere örthers, wie er solches am füglichsten

[297] Vgl. Grosse, a. a. O., S. 60.

[298] Dazu dem Postillion an Trinkgeld mindestens 4 kr. für die Person.

[299] Die Pakete auf Stuttgart mußten bis Sinsheim frankiert sein.

[300] Im Original der Postordnung fehlen die hier zu erwartenden Zahlen auch, an deren Stelle stehen andere Bestimmungen.

[301] Andere schreiben von Aussen; in den Urkunden habe ich stets von Aussem gefunden; ebenso schreibt auch Grosse.

wird einrichten können, auf seine Kosten fürdersambst anstellen und bestmöglichst instandbringen, hingegen er und seine Erben solche allein und ohnentgeldtlich führen zu lassen berechtiget zu sein und daß er von Niemand . . . . beschwert noch beeinträchtiget werden soll". Darum erhielten die pfälzischen Beamten den Befehl, „den privilegierten Postwagen samt den darauf befindenden Personen und Paquetern aller Orthen jedesmal frey, sicher und ohnverhindert passieren zu lassen". Elf Jahre später wurde dem Unternehmer von Kurfürst Karl Philipp das weitere Privilegium für sich und seine Erben zugesichert, die Linie Köln—Aachen—Düsseldorf mit dem auf seine Kosten inzwischen eingerichteten Postwagen allein befahren zu dürfen. Außerdem erreichte er die Befreiung seiner Post von Zoll-, Weg- und Brückengeld, wofür ihm allerdings im Jahre 1725 zur Auflage gemacht wurde, keine zollbaren Güter mitzuführen, entsprechend dem Zwecke seines Postwagens, der Personen- nicht der Güterbeförderung zu dienen; sein Postwagen sei aber ganz mit Kaufmannsgütern geladen. Die Vergünstigung der Befreiung vom Weg- und Brückengeld wurde später zurückgenommen, so daß der Aussemsche Postwagen vor den Frachtführern nichts mehr voraus hatte. Es war dies die Folge eines längeren Streites mit der kurpfälzischen Regierung, die dem von Aussem im Jahre 1741 kurz und bündig erklären ließ, sich der Verzollung der mitbeförderten Waren zu fügen oder die Entscheidung des Reichskammergerichts anzurufen.

Abgesehen von den Übergängen in Frankfurt nach Nord- und Ostdeutschland erreichten die Aussemschen Wagen Anschluß an die preußischen Postwagen Arnheim bzw. Cleve—Köln, in Heidelberg nach Stuttgart sowie über Durlach nach Straßburg und ganz Frankreich. Sie boten hauptsächlich eine ineinandergreifende Fahrgelegenheit von den Niederlanden bis Heidelberg und weiter nach Süddeutschland sowie dem hinter diesem liegenden Ausland und besaßen demzufolge eine ganz besondere Bedeutung für den Versendungs- und Reiseverkehr damaliger Zeit. Siebzig Jahre lang befand sich diese Post in den Händen der Aussemschen Familie, als sich diese im Jahre 1774 genötigt sah, sie dem rücksichtslosen Gegner Taxis käuflich abzutreten, wenn sie nicht Gefahr laufen wollte, durch ihn zugrunde gerichtet zu werden.[302]

[302] Der Postillion des Aussemschen Wagens trug blaue Livree und führte das Posthorn; das kurpfälzische Wappen befand sich auf der Rückseite des Post-

Postverhältnisse in Heidelberg.

Im Jahre 1649 (am 19. Januar) wurde in der kurpfälzischen Residenzstadt Heidelberg als erster Kaiserlicher (Taxisscher) Beamter zur Wahrnehmung des Postdienstes der Postverwalter Wilhelm Fitzern verpflichtet. Sein Schwiegersohn Abraham Lüls wird im Jahre 1671 um Übertragung der Posthalterei vorstellig, „nachdem er nunmehr 17 Jahre lang seinem Schwiegervater", in dessen Hause die Post untergebracht war, „das Postwesen habe besorgen helfen". Im Jahre 1707 erhält Lüls den Titel Postmeister. Dem Vater Abraham Lüls folgte 1709 sein gleichnamiger Sohn im Postmeisteramte, der 1723 einen Gehalt von jährlich 800 fl. bezieht. Daß seine Dienstgeschäfte als Reichspostmeister ihn nicht vollständig in Anspruch nahmen, beweist seine Ernennung zum kurpfälzischen Regierungsrat, Kirchenratsdirektor und kurpfälzischen Geheimrat.[303] Im Jahre 1739 wird der jüngere Sohn und nach dessen frühzeitigem Tode der ältere, juristisch gebildete Joh. Friedrich Carl zum Adjunctus cum spe successionis bestimmt. Den alten Postmeister von Lüls bezeichnet der Ober-Postamtsdirektor Berberich (1759) als einen „im fürstlichen Dienst grau gewordenen Diener, dem der vorzüglichste Ruhm eines beeiferten und einsichtigen Mannes gebühre". Das Heidelberger Postmeisteramt war von Errichtung des Postamts an bis 1765 — also 116 Jahre — in der Familie Lüls verblieben, zu welcher Zeit der Mannesstamm der Familie anscheinend mit dem Postmeister Friedrich von Lüls ausgestorben ist. Nun wurde ein Taxisscher Geheimrat und Leibmedikus von Mayer und zugleich sein Sohn zum adjungierten Postmeister ernannt, nachdem der pfälzische Geheimrat Schuster auf diese Würde verzichtet hatte. Als weitere Beamte waren damals ein Postoffizial Nickum und später dessen Vetter, gleichfalls Offizial, beim Postamt tätig. Nach einem Berichte Berberichs ist der neu adjungierte Postmeister von Mayer beim Oberpostamt in Frankfurt (Main) in seinen Dienstgeschäften unterwiesen worden; er habe sich nunmehr in Heidelberg ein passendes Posthaus zu erwerben. Der Postmeister bezog damals auch, in Form eines Pauschquantums, die „Zeitungsemolumente", dafür war ihm zur Auflage gemacht, den Zeitungsoffizialen zu entschädigen, die Ausgaben für die Kouvertierung der Zeitungen zu tragen, die Heiz- und Schreibmaterialien zu liefern und die Poststube zu stellen. Im Jahre 1773 erscheint von Mayer als vollgültiger Postmeister von Heidelberg

---

wagens. Die Stadt Frankfurt anerkannte zunächst das Unternehmen nicht als Post, sondern erhob wie von jeder anderen Landkutsche den Eingangszoll für Waren, Brückengeld und andere Abgaben; später einigten sie sich zu einer von Kurpfalz zu entrichtenden Pauschgebühr von jährlich dreißig Gulden. Die Hallestelle befand sich in Frankfurt im Gasthaus „König von England" (früher Krachbein). Vgl. Faulhaber, a. a. O. Stephan, Gesch. der Preußischen Post, S. 153. Grosse, S. 67.

[303] Im Jahre 1720 ist er geadelt worden.

und wird auf sein Ansuchen als solcher bestätigt. Er klagt bald darüber, daß er mit 800 fl. Fixum und 200 fl. Akzidentien (Zeitungsgebühren), die in Friedenszeiten wegen des geringeren Abgangs der Zeitungen auf 100 fl. herabsänken, nicht bestehen könne. Nach seinem Tode (1776) wird ein minderjähriger Sohn des Freiherrn von Gumpenberg, dem im Jahre 1775 die Anwartschaft auf das nächst freiwerdende Amt für einen seiner Söhne gegeben worden war, adjungierter Postmeister und für diesen in dem Offizialen Nickum ein Interimsverwalter gesetzt; auf diesen folgte der Postmeister von Soiron, der diese Stelle bis ins neunzehnte Jahrhundert innehatte. Diesem folgten die Postmeister Umstetter und Stark (bis 1845), die Oberpostmeister Eberlin und Bodenius (bis 1867), Postmeister Petitjean und Postdirektor Duffing (1870).

Zu Beginn des neunzehnten Jahrhunderts befand sich das Postamt in dem ehemaligen großen Seminar in der Kettengasse, an dem am 1. Januar 1820 erstmals ein Briefkasten angebracht wurde. Beim Übergang auf das Reich wurde das Postdienstlokal in das Mietspostgebäude Sofienstraße 23 verlegt; seit 1. April 1884 ist das neue reichseigene Gebäude Ecke Plöck- und Rohrbacherstraße bezogen.

Die Posthalterei war um 1690 in den Händen des Johann Martin Frey und blieb in seiner Familie bis 1739. Anläßlich des ihm im Jahre 1719 erteilten Befehles, die Postillione nur in Kaiserlichen Postamts-Livreeröcken reiten zu lassen, beklagte sich Frey, „er habe hauptsächlich nur die schweren Ordinari zu fahren, wohingegen andere Posthalter aus dem Briefporto ihren größten Nutzen zögen und deshalb auch leicht ihre Leute kleiden könnten. Das Eingreifen im Postfahren (Nebenbotenwerk) verursache, daß er seine vielen Pferde — er hatte über 30 Stück bereit zu halten — müßig auf dem Stroh stehen habe." Nach 1739 waren Vater und Sohn Vanderlinn[304] Posthalter und Postwagenexpeditor; das Vanderlinnische Haus war eigens für Postzwecke erbaut worden. Infolge der später zwischen Vater und Sohn auftretenden Uneinigkeit wurde der Expeditionsdienst wenig sachgemäß versehen und dies zu einer Zeit, wo der Wettbewerb des von Aussemschen Wagens deutlicher fühlbar wurde; der Postkommissar Heger sah sich deshalb 1752 genötigt, den Heidelberger Bürger Reuther, Gastgeber zum Ritter St. Georg, „dessen Wirtshaus ansehnlich sei und mitten in der Stadt liege", zum Posthalter und Postwagenexpeditor der Ordinari fahrenden Posten zu ernennen. Zur Abfertigung des Publikums benutzte dieser ein zur ebenen Erde wohlgelegenes Zimmer des nachmals berühmt gewordenen Gasthauses, worin vorher vierzig Jahre lang der von Aussemsche Wagen „spediert" worden war. Mangels einer postalischen Vorbildung überließ Reuther dem Vanderlinn jr. den Expeditionsdienst, zu dessen Versehung der Expeditor sich Donnerstags und

[304] Die Akten des Th. u. T. Z. A. in Regensburg enthalten diesen Namen; sonst findet sich auch van der Linde.

Freitags „um die gewöhnliche Zeit" in der Poststube einzufinden hatte, während dem Gastwirt Reuther die Besorgung der Fahrleistungen oblag. Damals mußte der Heidelberger Posthalter 2000 fl. Kaution durch Güter auf kurpfälzischem Boden stellen. In der Folge heiratete (1755) der Postwagenexpeditor Vanderlinn die Tochter des Ritterwirts und übernahm nach dessen Tod auch die Posthalterei, die er lange Jahre schon im Namen seines Schwiegervaters versehen hatte. Nach Übergang des von Aussemschen Postwagens in Taxissche Verwaltung und zufolge der sich steigernden Dienstgeschäfte der Postwagenexpedition war, wie der Thurn und Taxissche Hofrat Grund im Jahre 1778 vorstelle, ein Offizial allein, und noch viel weniger ein Wirt, nicht mehr imstande, „die sechs wöchentlich in Heidelberg zu ungewöhnlichen Tages- und Nachtstunden passierenden Postwagen, sowie die tägliche von auswärtigen Botten geschehende Auf- und Abgabe mit der immerwährend erforderlichen Anwesenheit und verknüpften Mühewaltung für die jährliche Besoldung von 200 fl. Fixum und 20 bis 30 fl. Akzidentien ordnungsmäßig zu versehen". Grund rät aus diesem Anlaß, für alle Speditionen „die eigene Anstellung junger kautionsfähiger und aufgeweckter Subjekte auf 6—8 Jahre, da diese nach einer so lang ausgehaltenen Probe sich immer einer mehreren Ordnung gewohnt haben und zu allen Verrichtungen demnächst zu gebrauchen sind". Auf Grunds Anordnung wurde sodann die Postwageneinkehr (1776) aus dem Ritter, weil sie zu weit von der Posthalterei entfernt wäre, in die dem Postamt gegenüberliegende Vanderlinnsche Behausung verlegt. Im übrigen aber war der Nebenbotenverkehr nach und von Heidelberg ungemein rege und erst unter Berücksichtigung dieses Verkehrsmittels gewinnen wir einen richtigen Einblick in den früheren Verkehrsumfang der kurpfälzischen Residenz und Universitätsstadt Heidelberg. So berichtet der Postmeister von Lüls im Jahre 1717, daß mit den Landkutschen und Marktschiffen, nicht weniger mit den bei der kurfürstlichen Kanzlei ankommenden und abgehenden Briefpaketen große Unterschleife trotz aller Regierungsverbote stattfänden und daß ungeachtet des Vergleichs vom Jahre 1669 wegen genauer Abgrenzung der Portofreiheit der Regierung die sämtlichen Räte diese beanspruchen und bei Verweigerung dieses Vorrechts drohten, den Kurfürsten zur Errichtung eines eigenen, landesherrlichen Postamts zu drängen. Dazu der Wettbewerb der Herzogischen und Aussemschen Ordinaripostwagen und Landkutschen, die gleich den Kaiserlichen Posten das Posthorn führten, ebenso der Mannheimer und Neustädter Landkutschen rc. Mit allen diesen sind damals Briefschaften befördert und in Heidelberg durch eine expresse Briefträgerin bestellt worden. Außerdem ging Mittwoch nachmittag oder Donnerstag früh aus der kurfürstlichen Kanzlei eine Ordonnanz zu Fuß nach Mannheim, Worms und Alzey, die sich mit dem Oppenheimer und Kreuznacher Boten traf[305] und Sonntags mit der Ladung nach Heidelberg zurückkam;

[305] Vorgang unserer heutigen Botenpostverbindungen bzw. Botenpostkurse.

weitere Fußboten gingen nach Mannheim, Neustadt (Haardt) und Frankenthal, dazu kamen noch die Oberamtsboten und Metzgerposten, woraus zur Genüge erhellt, daß der Heidelberger Briefverkehr schon vor zweihundert Jahren in erfreulichem und lebensfähigem Aufschwunge begriffen gewesen ist.

Über die Postverbindungen um die Mitte des achtzehnten Jahrhunderts geben die beiden[305a] Verzeichnisse Aufschluß, wobei ich besonders auf die täglichen Briefpostgelegenheiten nach Süd- und Mitteldeutschland, den Rheinlanden, Holland, Belgien und Frankreich verweise.

Verzeichnüß,

Auf welche Täg und wohin die Kayserliche Reichs-ordinaire Postwägen zu Heydelberg abgehen und wieder ankommen.[306]

Gehen ab.		Kommen an.
Donnerstags Mittags.	Mannheim, Franckenthal, Worms, Gundersblum, Oppenheim, Maynz, Wießbaden, Limburg, Wetzlar, Coblentz, Trier, Luxenburg, Bonn, Cöln, Düsseldorff, Elberfeld, Münster, Oßnabrügg, Bremen, Hamburg, Cleve, Wesel, Nimwegen, Amsterdam, Jülich, Achen, Lüttich, Mastrich, Brüssel. Weinheim, Heppenheim, Darmstadt, Franckfurt, Hanau, Gelnhausen, Fuld, Würtzburg, Bamberg, Coburg, Dreßden, Leipzig, Nürnberg, Regenspurg, Augspurg, München, Passau, Lintz, Wien.	Freytags Mittags.
Freytags Mittags.	Wiesloch, Bruchsal, Durlach, Carlsruh, Rastadt, Baaden, Straßburg, Offenburg, Laar, Freyburg, Basel, Bern, Zürch, Genff, Lyon.	Donnerstags Mittags.

Nota. 1. Die Expedition geschiehet dahier in dem Gast-Hauß zum Ritter, allwo auf die bestimmte Täg, diejenige Persohnen so mitfahren, oder Gelder und Paqueter mit senden wollen, sich zeitlich zu melden belieben.

2. Die Taxa, so bey der Expedition zu jedermanns Nachricht eingesehen werden kan, soll auf einem gantz leydentlichen Fuß bestehen; die Persohn von hier biß Mannheim soll 30 kr., biß Maynz 2 fl. 40 kr., biß Franckfurt 3 fl. Und sonsten überhaupt von jeder Meile nur 20 kr. zahlen.

3. Vor dasjenige, dessen Werth auffrichtig angezeigt wird, hafftet man abseiten der fahrenden Post-Expedition, und ersetzet den Werth, dafern durch Schuld derer Post-Bedienten, wider verhoffen etwas verlohren gehen würde, wie dann jedem, der es begehret, bey Aufgab von Gelder, ein Schein von wegen des Empfangs, ohnverweigerlich gegeben werden soll.

[305a] Das zweite siehe in den Anlagen.

[306] Heute beträgt die Zahl der täglich ankommenden Land- und Eisenbahnposten 77, der abgehenden 80.

4. Auch ist zu wissen, daß zu Mannheim am Dienstag Morgends frühe Kayserliche ordinaire Postwagen an folgende Orth abgehen, als: Nach Dürckheim, Lautern, Zweybrücken, Saarbrücken, Metz, Paris. Item, nach Worms, Mayntz, Cölln, in Holl- und Niederland.

Heydelberg, den 18. April 1752.

Kayserliches Reichs-Post-Ambt hieselbsten.

Postverhältnisse in Mannheim.

Von dem Postamt in Mannheim berichten die Akten des Taxisschen Zentralarchivs, es sei im Jahre 1699 von dem Schwiegervater des nachmaligen Postmeisters Pfeuffer „neu auf eigene Kosten angerichtet, folglich titulo oneroso acquirirt" worden. Auf ihn folgte im Postmeisteramte sein Schwiegersohn Pfeuffer, auf diesen Postamtsverwalter Schedel und 1751 Postmeister von Ludwig, dessen Amtstätigkeit bis in die Zeit der badischen Staatsposten hineinreichte.[307] Die Errichtung einer Postwagenexpedition datiert vom Jahre 1750. Am Ende des achtzehnten Jahrhunderts bestand das Personal des Postamts aus dem Postmeister, fünf Offizialen, zwei Briefträgern[308] und dem Posthalter (Witwe Fröhlich).[309] Die Postver-

[307] (1827 wird Postmeister von Ludwig wegen Verdachts der Unterschlagung vom Amte suspendiert, wahrscheinlich ein Sohn des ersteren.) Seine Nachfolger waren von Kleudgen (1828), Oberpostmeister Berger (1831), Postmeister Dilli (—1836), Triden (1837), Berger (—1846), Vittali (—1851), Harveng (—1854), Bodenius (—1857), Schweiß (—1863), Postrat Oser und wieder Bodenius (—1875).

[308] Der eine der beiden Briefträger war „Hochfürstl. Livreebedienter; der andere war Anna Maria Kellern, der als der Tochter des früheren Briefträgers der Bestelldienst bewilligt worden war, damit sie davon „sich mit ihren vier Kindern und ihren Mann ernähre". Versehen wurde der Briefträgerdienst von ihrem Mann.

[309] Im Jahre 1809 liegen die Personalverhältnisse der Beamten in Mannheim nach einer Resolutio Ser^{mi} v. 11. März an die hochfürstl. General-Postdirektion Regensburg wie folgt:

1. Der erste Official und bisherige Postwagens-Expeditor Mayer wird künftig, soweit es seine zerrütteten Gesundheits-Umstände zulassen, nur allein bei der Briefpost verwendet, und behält aus besonderer Gnade Ser^{mi} sein bisheriges ganzes Diensteinkommen mit 1000 fl. 24 kr. Hiervon hat derselbe künftig 310 fl. 24 kr. ab aerairo — die übrigen 700 fl. aber aus den Mannheimer Zeitungs-Emolumenten zu beziehen.
2. An Stelle des 2. Officials von Keller wird der bisherige Inspections-Secretaire Carl Sattler als Postwagens-Expeditor in Mannheim angestellt.
3. Official Martin erhält künftig eine fixe Besoldung von 300 fl. und 600 fl. aus den Mannheimer Zeitungs-Emolumenten sowie die bisher

bindungen haben lange Zeit zu Klagen Anlaß gegeben. So kamen insbesondere die Briefschaften aus Wien zu spät in Mannheim an, worüber sich der kurpfälzische Minister von Becker ernstlich beklagte. Die Promemoria betreffend die Akzeleration der kurpfälzischen Korrespondenz dauerten von 1756 bis 1763. Der Hof hatte sich inzwischen, da die Posthalterin nicht genug Pferde zur Beförderung der Staffetten hatte, eigene „Postpferde" angeschafft. Von dem Zustand der in Mannheim einmündenden Ordinari zeichnete Heger kein gutes Bild. Auf der Route Mannheim—Würzburg würden die Ordinari über die Maßen liederlich besorgt und die Felleisen teilweise zu Fuß statt zu Pferde befördert.[310] In Wien würden die Mannheimer Briefe bald in das Augsburger, bald in das Regensburger oder in das Frankfurter Paket aufgenommen, so daß Fehlleitungen und Ver-

bezogene Hälfte von den sonstigen Briefpost Accidentien und wird sich also künftig um 100 fl. höher stehen als bisher.

4. Dem Official Harveng kann seiner bekannten Dienstes-Verfehlungen wegen keine Verbesserung zu teil werden; er bezieht ferner 200 fl. fixum ab aerario, 700 fl. aus den Mannheimer Zeitungs-Emolumenten und die Hälfte von den sonstigen Accidentien reitender Post.
5. Für den oftmals kranken Official Mayer wird eine Aushilfe in dem Joh. Baptiste Dilli als supernumeraire mit einem Anfangsgehalt von 400 fl. fixum überwiesen.

Das Mannheimer Personal setzte sich damals also aus dem Postmeister (von Ludwig) und fünf nachgeordneten Beamten zusammen, wozu an Unterbeamtenkräften noch ein Briefträger und ein Packer kommen. Heute nach 100 Jahren sind in Mannheim insgesamt 380 Beamte einschließlich der Bahnpostbeamten für die Strecke Heidelberg—Würzburg ꝛc. und 520 Unterbeamte im Postdienst tätig.

310 Die Reitpostkurse Nürnberg—Durlach, bzw. Nürnberg—Mannheim verkehrten nach einem Auszuge von 1756 wie folgt:

Ordinari Nürnberg—Heilbronn: Sonntag, Montag, Freitag über Hall, an in Heilbronn 4 N.

Ordinari Nürnberg—Heilbronn: Mittwoch, Samstag über Langenburg, an in Heilbronn 6—7 N.

Briefpaket Nürnberg—Cannstatt—Heilbronn ꝛc. bleibt hier 12 Stunden liegen, weil Postknechte im Reiten „ihr devoir nicht thun". Vorschlag Kondukteur mitreiten zu lassen und Extraritt Wiesloch—Mannheim einzuführen, damit die Briefpost noch am nämlichen Abend in Mannheim eintrifft, also:

Nürnberg	12⁰	Mittags	Öhringen	6	Vorm.
Closter Heilsbron	3½⁰	Nachm.	Heilbronn	9½	„
Anspach	6	„	Fürfeld	12	Mittags
Feuchtwangen	8½⁰	„	Sinsloch	2½	Nachm.
Crailsheim	11⁰	Nachts	Wißloch	5	„
Hall	2½⁰	„	Manheim	8⁰	„

Die Ordinari Nürnberg—Durlach bleibt in Bretten eine Nacht liegen und verfehlt Anschluß an Briefpostkurs Frankfurt—Straßburg.

zögerungen an der Tagesordnung wären. Auch gibt der Oberpostamtsdirektor Berberich noch im Jahre 1763 (20. 3.) zu, daß die in Mannheim nach 2 Uhr nachmittags ankommenden Briefe erst am folgenden Tage bestellt wurden. Da die „Hofbriefe" ausgesucht und abgeholt würden, so seien keine Klagen laut geworden; damals war nur ein Briefträger vorhanden, den in Krankheitsfällen Mägde oder Kinder vertraten. Infolge der schlechten Postverbindungen kamen die Hauderer und Nebenboten wieder mehr auf, so daß es die Taxissche Verwaltung für geraten fand, den Verspätungen und Verfehlungen von Anschlußgelegenheiten durch Auszüge aus den Stundenzetteln zu Leibe zu rücken.

Es bestanden indes schon um die Mitte des achtzehnten Jahrhunderts[311] tägliche Briefpostenverbindungen von Mannheim nach den bedeutenderen Städten von Mittel- und Süddeutschland, sowie nach dem Rheinland, nach Elsaß-Lothringen, Belgien und Frankreich, wöchentlich dreimalige nach dem Breisgau und nach Holland, zweimalige nach der Bodenseegegend, nach Bayern, Böhmen, Braunschweig, England, Österreich, Schweiz und Tirol, nach den übrigen Ländern bzw. Provinzen einmalige, und wir müssen annehmen, daß diese Beförderungsgelegenheiten schon längere Zeit in der angegebenen Weise vorhanden waren; wenn diese immer ordnungsmäßig innegehalten worden wären, würde das Verkehrsbild kein ungünstiges sein. Erst im Jahre 1804 wurde zwischen Mannheim und Karlsruhe eine tägliche fahrende Journaliere eingerichtet. Noch damals wurde geklagt, daß „vor dem 3., oft auch 4. Tage kein Brief von Karlsruhe hier an-, noch von hier hinaufkomme". Als im Jahre 1808 der Erbgroßherzog in Mannheim residierte, brauchten die Briefschaften von Karlsruhe nach Mannheim 24 Stunden, später sogar wieder drei Tage. Dann erst wurden auf Betreiben des badischen Ministeriums tägliche Briefpostverbindungen zwischen den beiden Städten hergestellt. Erst nach Übernahme des Postwesens in Staatsverwaltung erlangte Mannheim seinem Postverkehr mehr entsprechende Verbindungen. Über die Fahrpostkurse und die Fahrposttaxen von Mannheim aus ergibt die Reichsposttaxe von 1743 das Nähere.[312]

Von diesen verkehrten Mitte des achtzehnten Jahrhunderts die Darmstädter und Augsburger, die Straßburger (Schweizer) und Stuttgarter, ebenso die Metz—Pariser Route wöchentlich ein-, die Frankfurter, Nürnberger (Wien), Kölner Route zweimal, die Landauer (über Speyer) und

---

[311] Zu vgl. Liste alphabétique des Courriers avec le jour et l'heure de leur départ de Mannheim, et de leur arrivée à la même ville in dem Almanach Electoral Palatinat. Année MDCCL, Poste au lettres.

[312] Siehe in Anlagen. Vgl. auch „Coches et Chariots de Poste avec le jour et l'heure de leur départ de Mannheim et de leur arrivée à la même ville logent chez monsieur Kirchhoff, Conseiller de la ville de Mannheim" in Almanach Electoral Palatin, a. a. O.

Frankfurt—Mainzer dreimal. Dazu kamen die Fahrten des pfälzischen Postwagens über Frankfurt—Köln—Aachen—Düsseldorf—Nymwegen, über Heilbronn—Stuttgart—Nürnberg—Augsburg—München wöchentlich zwei-, über Durlach—Stuttgart—Ulm—Rastatt—Straßburg—Paris und Kolmar—Basel—Lyon wöchentlich einmal.[313] [314]

1820 verkehrten tägliche Reitposten nach Weinheim und Heidelberg, vier- und dreimal wöchentlich nach Schwetzingen und Oggersheim, ein Packwagen nach Heidelberg und eine Diligence nach Schwetzingen.

Die 1834 erfolgte direkte postalische Verbindung zwischen Preußen und Baden sowie der Anschluß Badens an den deutschen Zollverein (1835) gaben dem Verkehre Mannheims neuen Aufschwung.

1830 sind erst zwei Briefträger vorhanden, denen 1833 auf ihre Kosten ein Bureauaushelfer beigegeben wurde. 1833 wurde der dritte, 1841/43 der vierte und fünfte Briefträger bewilligt.[315] Bei der Postwagenexpedition wurde den beiden Packern, von denen jeder 811 fl. 35 Kr. bezog, erst 1838 ein dritter beigegeben.[316]

Noch im Jahre 1846 beklagten sich die Mannheimer in einer Petition an die zweite Kammer bitter über die mangelhaften Postverbindungen nach Frankfurt, Sachsen und Preußen, sowie nach der Pfalz und Frankreich; sie verlangten insbesondere direkte Postverbindungen nach Frankfurt über Weinheim, nach Paris über Metz. Wenn wir berücksichtigen, daß damals — also vor Inbetriebnahme der Main-Neckarbahn — der Brief- und Personenverkehr nach Frankfurt—Norddeutschland mangels einer direkten Straßenverbindung den Umweg über Heidelberg, derjenige nach Sachsen usw. ausschließlich über Heidelberg—Würzburg nehmen mußte, was zur Folge hatte, daß die Mannheimer ihre direkten Berichte von Leipzig einen Tag später erhielten, als sie in den Frankfurter Zeitungen zu Mannheim zu lesen waren, daß Pakete von Mannheim nach Worms über Heidelberg—Heppenheim, von Mannheim nach dem benachbarten Oggersheim zum Anschluß an die bayerischen Posten über Speyer—Neustadt—Dürkheim gingen, daß der Postverkehr Mannheim—Frankreich den Umweg über Straßburg nahm, so können wir uns nicht wundern, daß sie in öffentlichen

---

[313] Das Nähere siehe im allgemeinen Teil.

[314] Auch berücksichtige man bei Beurteilung der früheren Verkehrsverhältnisse Mannheims: 1605 erhielt es Stadtrechte, 1663 hatte es 3000, 1668 = 12000 Einwohner. 1689 durch die Franzosen zerstört wurde es erst 1697 von neuem aufgebaut. Einwohnerzahl auf 6—7000 herabgesunken. 1720 Residenz von Heidelberg dahin verlegt; 1808 erhielt es Stapelrecht am Neckar.

[315] 1823 gingen durchschnittlich täglich 230 bis 240 Briefe ein. Der damalige Briefträger Dorsel stellte sich auf ungefähr 1100 Gulden aus dem Briefträgerkreuzer.

[316] Das gesamte Unterbeamtenpersonal in Mannheim bestand also um 1840 aus 5 Briefträgern, 3 Packern, 1 Bureaudiener, zusammen 9 Kräften. Heute: siehe Anmerkung 309 (Schlußsatz).

Blättern scharfe Kritik an den bestehenden Verkehrsverhältnissen übten und anhaltend vorstellig wurden. Die Budget-Kommission ersuchte deshalb auch die Regierung, mit Benutzung der Main-Neckar-Eisenbahn und der demnächst ins Leben tretenden Bexbacher-Bahn für Mannheim direkte Briefpostverbindungen über Weinheim—Frankfurt—Leipzig und Kaiserslautern—Metz—Paris herzustellen.[317]

Die An- und Abfahrt der Ordinari-Fahrenden Posten erfolgte (1790) am Goldenen Pflug, die des pfälzischen Postwagens am Gasthaus zum Pfau. Das Posthaus von Ludwigs lag am Paradeplatz (Giulinisches Haus).

In den Jahren 1837/38 erwarb die badische Postverwaltung die Behagelschen und Sedlmaierschen Grundstücke (O 2·6·7 und O 2·3) am Paradeplatze, die später in das Eigentum des Reichs übergegangen sind. Bei dem Um- und Erweiterungsbau zum Neubau von 1880/82 mußten die Nachbargrundstücke — darunter das auf dem Platze des ehemaligen v. Ludwigschen Hauses erstellte Giulinische Haus — hinzugenommen werden. Der Postbetrieb innerhalb der Stadt wickelt sich somit in der Hauptsache seit den Thurn und Taxisschen Zeiten am Paradeplatze ab.

c) Botenverkehr in den Fürstlich-Fürstenbergischen Landen und Vorderösterreich, in den Städten Konstanz und Freiburg.

In den ausgedehnten Gebieten der regierenden Reichsfürsten von Fürstenberg, deren Besitzungen sich vom hohen Schwarzwald und dem Breisgau bis an den Bodensee und die Donau, über diese hinüber ins Hohenzollernsche erstreckten, finden wir frühzeitig einen regen Botenverkehr, teils in rein persönlichen Angelegenheiten des fürstlichen Hauses von diesem selbst, teils in Angelegenheiten der Vermögensverwaltung von den Amtsverwaltern und Rentämtern ausgehend. Einen Beleg hierfür geben die noch im fürstenbergischen Archive zu Donaueschingen von 1570 an vorhandenen „Ausgaben an Botten- und Fuorlohn" des Rentamts Donaueschingen. Danach waren es die Botengänge Donaueschingen—Villingen—Wolfach, Donaueschingen—Heiligenberg—Meßkirch—Sigmaringen(—Hechingen), Heiligenberg—Klosterwald, Heiligenberg—Konstanz, Meßkirch—Jungnau, Meßkirch—Neufra 2c., die mit einer gewissen Regelmäßigkeit innerhalb des fürstenbergischen Gebiets wiederkehrten, sowie die Botengänge Donaueschingen—Schaffhausen, Donaueschingen—Straßburg, Donaueschingen—Rottweil, Donaueschingen—Ulm, Geisingen—Stuttgart, die sich über die Grenzen des fürstenbergischen Gebiets hinaus erstreckten. Die Boten-

[317] Bericht der Budgetkommission der zweiten Kammer über Budget 1846/7 vom 31. Juli 1846.

läufer bestellten erwiesenermaßen auch mündliche wie schriftliche Aufträge von Privatpersonen auf ihren Gängen von und nach dem Reiseziel sowie den Unterwegsorten. Die nach weiterhin gerichteten Schreiben, insbesondere solche nach dem Norden, wie Pforzheim, Frankfurt, Köln, Berlin sind nach Villingen, von hier nach Straßburg, von wo sehr früh Postverbindungen nach allen Richtungen bestanden, weitergeleitet worden. In Straßburg war es zeitweilig ein Handelsmann, der die Postschreiben nach Frankfurt usw. gegen eine festgesetzte Summe anscheinend umspedierte oder selbst beförderte, insbesondere solange sich der regierende Fürst in Frankfurt aufhielt. Als im Laufe der Jahre in Donaueschingen, Markdorf, Meersburg, Buchhorn, Konstanz, Stockach, Überlingen, Meßkirch Postanstalten eingerichtet wurden, änderte sich natürlich auch die Richtung der Botengänge und wir finden mehr kürzere Botenläufe mit „Postbriefen" nach und von diesen Stationen. Die Rechnungslegung spricht jetzt von „Botten, Brieff- und Staffettengeldern, item Roß- und Fährlöhnen, auch von Zeitungsgeld". Insbesondere erhielt das kaiserliche Postamt in Schaffhausen „wegen denen Basler und Schaffhauser Zeitungen samt geschriebenen Billiets" eine jährliche Gebühr von 18 fl. 20 kr. (1726)[318], der vorderösterreichische Posthalter zu Stockach ein „verfallenes Jahresbriefgeld" von 15 Gulden. Ende des sechzehnten Jahrhunderts wurden Postkontos für das fürstliche Haus in Basel, Schaffhausen, Meßkirch, Mengen und Augsburg geführt, die teilweise recht namhafte Summen aufwiesen. Im allgemeinen unterhandelte das fürstliche Haus mit den Unternehmern und Postämtern wegen Beförderung der eigenen Briefschaften sowie der des Regierungs- und Hofpersonals, so mit Nikolaus Klingenfuß in Schaffhausen im Jahre 1661, 1668, 1672 und 1680, mit dem Reichspostmeister von Pichelmayer in Ulm im Jahre 1691, mit dem kais. Postamt in Schaffhausen 1729, mit den Lehenkutschern im Amt Hüfingen „wegen Unterhaltung von drei Postpferden zum Gebrauch daselbigsten Oberamts bei vorfallenden Exkursionen" 1759—1775 gegen eine bestimmte ermäßigte Summe nebst Wartegeld. Ob die fürstenbergische Rentamtskasse dabei immer sehr gut gefahren ist, erscheint fraglich; damals bildete sich allmählich die Gewohnheit heraus, daß alle fürstenbergischen Beamten, ihre Frauen, Kinder und selbst Dienstboten, soweit sie schreiben konnten oder mit der Post reisen

[318] F. A. A. Donaueschingen.

wollten, dies auf herrschaftliche Kosten taten. Als endlich von Georgi 1795 bis dahin 1796 die „Briefportos und Diligencegebühren" der Posthalter Baur in Donaueschingen, Engesser in Pfohren und Gleiß in Meßkirch 2263 fl. 22 kr., 227 fl. 48 kr. und 1216 fl. 09 kr. betrugen, sah man sich fürstlicherseits zu der Verordnung veranlaßt, daß künftig nur noch die diensttuenden Räte, Beamten und Kanzlei-Offizianten unter die Postbefreiten zählen, daß folglich „die Kanzleiakzessisten, Praktikanten, Livree- und andere Dienerschaft, auch deren Räte, Beamten und Offizianten Ehefrauen, Kinder und Domestiquen oder auch Quieszenten und Pensionisten die Brieftaxen selbst zahlen sollten". Im einzelnen lagen die Verhältnisse wie folgt:

Oberamt Meßkirch (Jungnau).

In Meßkirch befand sich schon früh in der zweiten Hälfte des siebzehnten Jahrhunderts eine Reichspoststation; sie wird im Jahre 1681 als wieder neuangelegte Post von Pichelmayer bezeichnet; wir begegnen der Reihe nach den Posthaltern Joh. Seiff, Nikola Perzel (?), 1691 Balth. Heunisch und später dem Reichsposthalter, Ochsenwirt und Kommerzienrat Gleiß, einem tüchtigen und weitschauenden Mann, der indes im achtzehnten Jahrhundert in den Verdacht der Unterschlagung amtlicher Gelder geriet. In Pfullendorf wurde eine ordentliche Postanstalt erst im Jahre 1742 eingerichtet, nachdem vierzig Jahre lang der Bürger Strobel das Postwesen besorgt hatte. Den Botengang Meßkirch—Donaueschingen besorgte seit 1725 der Rohrdorfer Bürger Philipp Boos, in den Ausgabeposten kurzweg als der „Baaremer Ordinari-Bot" bezeichnet, dem von 1745 an auch der Gang nach Jungnau übertragen wurde. Außer ihm erscheint in den Rechnungen noch der Meßkircher „Ordinari-Bot" Mat. Fries, woraus erhellt, daß ein doppelter Botengang Baar—Meßkirch stattgefunden haben muß. Der Botendienst des Baaremer Boten ging von Boos an seinen Schwiegersohn Stengele und später an seinen Enkel über. Als 1810 die hohenzollerische Regierung einen zweiten wöchentlichen Botengang über Sigmaringen nach Jungnau auf ihre Kosten einrichtete, verlangte sie die Annahme ihres landeseingesessenen Johann Grom, da ihre wichtigsten Briefe und Depeschen über die Post zu Meßkirch gingen; hierbei wurde Stengele entlassen. Die Botengänge dauerten bis 1841. Die Entlohnung des Boten bestand in der jährlichen Zuweisung je eines Malters Kernen und Mehlfrucht, von vier Vierteln Hafer und 20 Gulden in baar; später stieg das feste Einkommen auf 36, im Jahre 1803 auf 46 Gulden; alle drei Jahre erhielt der Bote 7 Gulden zur Anschaffung eines Botenrocks. In Meßkirch kreuzten damals die Taxisschen Posten aus und nach dem Reich sowie die fürstenbergischen Boten Meßkirch—Baar, Meßkirch—Jungnau—(Trochtelfingen) und Heiligenberg—Meßkirch.

Heiligenberg.

Auf Betreiben der Heiligenberger kam die in Neuhaus eingerichtete Poststation, die von den beiden Nachbarstationen Meersburg und Mimmenhausen zu weit entfernt lag, im Jahre 1765 nach Stadel, von wo sie im Jahre 1807 nach Markdorf verlegt wurde. Bis 1785 gab es zweimalige Rittposten Meßkirch—Pfullendorf—Heiligenberg und Mimmenhausen—Heiligenberg—Pfullendorf; vom Herbste dieses Jahres an verkehrte ein Postwagenkurs Meersburg—Heiligenberg—Pfullendorf—Meßkirch. Außerdem bestanden nach Aufhebung des Meßkircher Botenganges von 1759 an wöchentlich zweimalige Botengänge nach Mimmenhausen und Meersburg, die mit Einrichtung des Botenrittes Mimmenhausen—Heiligenberg—Pfullendorf — also von 1755 ab — eingegangen sind. Der Postwagenkurs Meersburg—Meßkirch änderte im Jahre 1788 seine Richtung auf Salem—Überlingen—Stockach mit Beiseitelassung von Heiligenberg, während die wöchentlich zweimal von Meersburg aus verkehrende Ordinari ihre Richtung über Salem—Heiligenberg—Pfullendorf beibehielt. Diese Postritte (Mittwochs und Samstags) wurden 1818 in Fußbotengänge umgewandelt. Im übrigen verkehrten von Heiligenberg aus noch bis 1830 in herrschaftlichen Angelegenheiten die fürstlichen Rentamtsboten nach Pfullendorf, Salem und Überlingen.

Engen.

In Engen bestand eine vorderösterreichische Poststation, die wir 1619 in den Händen des Posthalters Hannes Gruß finden; im Jahre 1735 war die vorderösterreichische und die Reichsposthalterei in einer Hand vereinigt. Der Stand des Posthalters war zeitweilig recht schwierig. So verbot ihm im Jahre 1769 die Freiburger Regierung bei Strafe der Kassation, von der Reichspoststation in Geisingen Briefe oder Reisende abzunehmen oder weiterzubefördern. Der Posthalter Geneve mußte ferner im Jahre 1772 um Beistand gegen die halsstarrigen Pferdebesitzer, die ihm auch gegen das vorgeschriebene Postgeld keine Pferde zur Aushilfe überlassen wollten, nachsuchen, da er selbst mit seinen zehn Pferden den Reiseverkehr nicht immer bewältigen konnte. Während der Kriegsjahre wurde dem Posthalter durch die Franzosen übel mitgespielt. Andererseits häuften sich auch die Klagen gegen die Posthalterei, die deswegen der Posthalterin Rothin abgenommen wurde. An Botengängen sind zu erwähnen Engen—Emmingen ab Egg—Möhringen zur Abholung der Reskripte und anderer Briefschaften (seit 1752) sowie der herrschaftliche Ordinari Botengang Engen—Donaueschingen. Noch um 1830 finden wir Gesuche der Gerichts- und Amtsboten (drei in Engen) um eine Zulage für Bestellung der herrschaftlichen Briefschaften (Rentamtsbriefe und solche der fürstenbergischen Forstinspektion).

Neustadt (Schwarzwald).

In Neustadt befand sich eine Station des vorderösterreichischen Postkurses Innsbruck—Ensisheim. Im Jahre 1776 wurde ein besonderer Botengang Neustadt—Löffingen—Hüfingen—Donaueschingen eingerichtet, der Montags und Donnerstags ausgeführt wurde. Der Bote, der fürstlicherseits für den Gang 40 kr. erhielt, bekam vom Fürsten noch die ausdrückliche Erlaubnis, „für Briefe und andere Sachen von Privaten einen proportionierten Lohn" fordern zu dürfen. 1793 sind es zwei Boten zu je 48 kr. Im Winter konnten sie die Strecke nicht an einem Tage zurücklegen und blieben in Löffingen über Nacht, wofür sie eine Überlagegebühr von 30 kr. bezogen. Die Amtsboten verkehrten im Amte Neustadt noch bis 1850.

Löffingen.

Im Amte Löffingen bestanden die vorderösterreichischen Posthaltereien Löffingen und Unadingen, letztere war Station des Kurses Innsbruck—Ensisheim. Die herrschaftlichen Briefe an das Obervogteiamt Löffingen, die mit den Posten befördert wurden, wurden seit 1747 im Hause des Hufschmieds Konrad Eisele abgegeben, wobei es sich nach dessen Angaben nicht selten ereignete, daß an Posttagen eine Person den halben Tag oder die halbe Nacht auf den Postillion „aufwarten und passen" mußte. Er erhält für seine Bemühungen jährlich zwei Viertel Mühlkorn. Seinem Sohne wurde für die gleiche Leistung im Jahre 1792 auf jährlich vier Gulden aufgebessert. Das Verhältnis dauerte noch an, als die Postverwaltung auf den badischen Staat überging, wobei die Großherzogliche Oberpostamtsdirektion erklärte, die Bestellung der Briefe und Effekten auf die einer Abgabspost zunächst liegenden Orte sei nicht die Sache der Post; es müsse dem Ort Löffingen zunächst überlassen bleiben, seine Postsachen durch einen vertrauten Mann auf eigene Kosten in Neustadt abholen zu lassen. So verblieb es bei dem bisherigen Abkommen, wonach die Postillione im Vorbeireiten die Postsachen gegen das sehr mäßige Trinkgeld von jährlich 1 fl. 21 kr. in Löffingen abwarfen, zuletzt beim Hause des Amtswundarztes, der für seine Postdienstleistungen mit 11 Gulden Jahresvergütung entlohnt wurde. Außer den vorderösterreichischen Posten Innsbruck—Stockach—Freiburg verkehrten noch die Botenposten Löffingen—Neustadt, sowie Löffingen—Donaueschingen, später finden wir die Botenfahrten Löffingen—Freiburg und Konstanz—Löffingen—Freiburg, welch letztere alle 14 Tage durchfuhr. Im weiteren treffen wir hier wie in den anderen Ämtern die Amtsboten bis in die Mitte des neunzehnten Jahrhunderts und darüber, die für die Mitbesorgung der herrschaftlichen Schreiben fürstlicherseits durch zuschüßliche Belohnungen entschädigt wurden.

Amt Stühlingen.

Der wiederholt aufgetauchte Gedanke, einen österreichischen Postkurs Waldshut—Stockach auf deutschem Reichsboden und mit Umgehung der Schweiz einzurichten, hatte im Jahre 1680 zur Errichtung einer österreichischen Posthalterei in Stühlingen geführt; der Kurs wurde indessen nach kurzem Bestehen wieder aufgehoben (1686). Später begegnen wir einem Botengang Donaueschingen—Stühlingen—Schaffhausen, der von dem Landschaftsboten in Stühlingen ausgeführt wurde; er erhielt 20 Gulden aus der fürstlichen und 5 Gulden aus der Landschaftskasse; noch später sind zur Unterhaltung einer wöchentlich zweimaligen Verbindung Donaueschingen—Schaffhausen zwei Boten in Stühlingen aufgestellt, die der Botengang im Sommer 2 ½, im Winter 3 ½ Tage in Anspruch nahm. Das Amt Stühlingen berichtete im Jahre 1793 selbst, daß es genügte, daß ein Bote einmal in der Woche abgeschickt würde, wenn nicht zu befürchten stände, daß diese Beschränkung seinen Nebenverdienst aus den sonstigen Botengeschäften zwischen Stühlingen und Schaffhausen zu sehr schmälerte. Für einen Lohn von insgesamt 29 Gulden (23 Gulden von der Herrschaft, 4 Gulden von der Landschaft und 2 Gulden von der Stadt) seien bei geringem Nebenverdienst 104 Botengänge nach Schaffhausen zurückzulegen. Im Jahre 1771 ist der Hirschwirt Fechtig als Ehrenposthalter taxisscherseits zur Ablösung der Extrapostreisenden aufgestellt worden; seine Bemühungen um Errichtung einer vollständigen Posthalterei blieben indes erfolglos. Erst im Jahre 1798 wurde wieder ein österreichischer Postkurs Waldshut—Stühlingen zur Umgehung von Schaffhausen eingerichtet. Im Jahre 1808 finden wir einen Botengang Stühlingen—Bettmaringen, der über Bonndorf nach Freiburg ausgedehnt wurde, im Jahre 1812 den Botengang Stühlingen—Blumberg gegen Aufhebung desjenigen nach Donaueschingen.

Amt Donaueschingen.

Im Amte Donaueschingen bestanden die Posthaltereien Pfohren (vorderösterreichisch), Geisingen (taxissch), Möhringen (taxissch) und Donaueschingen, die später zu einem Taxisschen Postamt ausgestaltet wurde. Die Posthalterei Möhringen ist 1711 in Tuttlingen eingerichtet und 1728, nachdem sie in Möhringen kaum fünf Jahre bestanden hatte, wegen der Schuldenlast und des schlechten Betragens des Posthalters Bertsche, dahin zurückverlegt worden. Die herrschaftlichen Briefe nach der Strecke Donaueschingen—Tuttlingen wurden in verschlossenen Brieftaschen den Postillionen gegen 1 fl. 30 kr. jährlichen Trinkgeldes zur Beförderung übergeben. Im Jahre 1812 ging der Postlauf Donaueschingen—Geisingen—Tuttlingen aus Sparsamkeitsrücksichten ein, worauf dahin ein wöchentlicher Botengang auf Kosten der Standesherrschaft folgte.

Der hohe Schwarzwald mit den Ämtern Wolfach, Haslach usw.

Die Träger des Postverkehrs auf dem hohen Schwarzwalde waren hier wie anderwärts die Ordinariposten und Amtsboten. Von Schaffhausen ritt jeweils (wohl schon vor 1700) ein Bote bis Villingen, Donnerstags bis Hornberg, wo er auf die vom Unterland kommenden Posten wartete, und traf über Villingen zurückreitend in Schaffhausen Sonntags wieder ein. In Hornberg erreichte er Anschluß an die Ordinariposten Offenburg—Frankfurt und Offenburg—Ulm. Die Besoldung der Amtsboten bestand wie anderwärts aus einem Fixum von der Herrschaft in Geld und Naturalien (Korn, Hafer, Holz) und den sogenannten Akzidentien aus der Nebenbeschäftigung (Postbote war zugleich Büttel oder Mesner). „Die Spedition der bei dem Amt und der Landschaft Wolfach vorfallenden Ritten und Fuhrwesen“ wurde an einen Wirt gegen bestimmte Jahresvergütung (75 fl. im Jahre 1770) vergeben. Im Jahre 1758 finden wir Taxisſche Posthalter zu Villingen, Hornberg, Haslach und Hausach. Infolge der oftmaligen Anwesenheit des Fürsten in Bad-Rippoldsau verkehrten Extraboten zwischen Hausach und Rippoldsau. Die Einrichtung eines Taxisschen Postwagenkurses durch das Kinzigtal brachte die Anlegung einer Reihe weiterer Posthaltereien mit sich, wodurch der hohe Schwarzwald allmählich aus der verkehrstiefmütterlichen Behandlung befreit wurde. Während der Napoleonischen Kriege, in denen der hohe Schwarzwald vielfach in Mitleidenschaft gezogen wurde, klagten die Posthalter, daß sie zur Nachtzeit nur zu doppelten Lohnsätzen Boten ausfindig machen könnten. Nach dem Übergange des fürstenbergischen Justizamts an Baden wurde mit den Postboten eine besondere Vereinbarung wegen der Beförderung der Briefe und Pakete des Rentamts von und nach der Post getroffen. Im Jahre 1833 wurde im Interesse des Rentamts sogar ein besonderer Botengang mit einer Vergütung von 15 kr. für die Stunde eingerichtet; einen eigenen rentamtlichen Boten wollte die fürstenbergische Standesherrschaft aus Sparsamkeitsrücksichten nicht einstellen.

Weitere Verkehrseinrichtungen im Fürstenbergischen sowie in Vorderösterreich.

Außer den bereits erwähnten Städteboten sind der Vollzähligkeit halber noch die an anderer Stelle behandelten markgräflichen Fußposten Durlach—Lörrach sowie die in der Bodenseegegend seit der Mitte des sechzehnten Jahrhunderts aufgekommenen regelmäßigen Boteneinrichtungen Schaffhausen—Stockach—Ulm—Nürnberg und Lindau—Buchhorn—Meersburg—Konstanz anzuführen. Die beiden letzten Kurse besaßen besondere Wichtigkeit und teilweise internationale Bedeutung. Der Unternehmer der Boteneinrichtung Schaffhausen—Nürnberg, der im damaligen Verkehrsleben eine bedeutende Rolle spielende Postmeister Klingenfuß in Schaffhausen, hatte im Jahre 1652 die Erlaubnis erhalten, unter der Oberaufsicht seiner Kantonsbehörde eine Brief- und Paketpost zwischen Basel—Schaffhausen—Lindau—Ulm sowie zwischen Zürich—Schaffhausen—Lindau—Ulm einzurichten. Hierbei ist dem Klingenfuß von vorneherein zur Auflage gemacht worden, feste Taxen einzuführen. Der Kurs Schaffhausen—Ulm wurde derart eingerichtet, daß der Sonntag morgens aus Schaffhausen über Steißlingen—Stockach—Meßkirch—Mengen abgehende Bote Dienstag früh in Ulm (zwischen 8—9 vormittags) war und am Donnerstag nachmittag in Ulm abging, um Samstag abends in Schaffhausen wieder einzutreffen.[319] Aus einer Vertragsbestimmung von 1680 erhellt noch, daß Klingenfuß bis dahin die Briefschaften nach den Handelsstädten am Bodensee sowie bis Kempten und Feldkirch durch besondere Boten hatte befördern lassen. Gegen die vielverzweigten Städte- und Nebenboten am Oberrhein und in der Bodenseegegend spielten die wenigen Reichspostanstalten damals nur eine untergeordnete Rolle in diesen Gegenden; es war daher vorauszusehen, daß das Taxissche Regiment kein Mittel unversucht lassen werde, seine Kurse auf Kosten der Städteboten auszudehnen. Hierzu schien im Jahre 1680 der richtige Zeitpunkt gekommen zu sein. Am 1. Juni dieses Jahres ließ sich nämlich Nikolaus Klingenfuß mit den Reichspostmeistern Pichelmayer-Augsburg und Örle-Nürnberg in einen Vertrag über die Leitung der französischen, schweizerischen, österreichisch-deutschen und niederländischen Briefschaften ein, der sich besonders auf die Kurse Schaffhausen—Nürnberg, Schaffhausen—Augsburg—Geisenfeld und Schaffhausen—Lindau bezog und völlig geeignet war, dem Städtebotenwesen auf den erwähnten wichtigen Strecken den Garaus zu machen.[320] Die Postämter der drei genannten Orte verpflichteten sich ausdrücklich, alles Nebenbotenwerk, wodurch denen Posten bishero großer und merklicher Schaden und Abbruch geschehen, ... gänzlich abzustellen und . . . . alles dahin zu richten, daß der ganze confluxus der Briefen, Packeter und Beschwerten (Geldbriefe) der Post hinfüro inkorporirt . . . . werde".

[319] Landesarchiv Sammelband, Handschrift 799, Nr. 24.

[320] Vgl. „Eine alte Ulmer Postkonvention". Archiv f. P. u. T. 1894, S. 47. In den Vertragsbestimmungen finden wir sozusagen den ersten Wechselverkehrsvertrag zwischen Schwaben und Bayern: Notierung des ausgelegten Portos, Ersatz der Auslagen und der Unkosten für die unterlegten Posten ex communi massa, Verrechnung des Portos durch die Empfangsstation, Vergütung des Weiterfrankos usw.

Von besonderer Wichtigkeit ist noch das P. S. des Vertrags, durch das sich Klingenfuß weiter verpflichtet, gegen entsprechende Gegenleistung dem kais. Postamt Lindau alle Briefschaften nach Memmingen, Leutkirch, Kempten, Bregenz, Feldkirch, Weingarten, Waldsee, Langenargen usw. zu überweisen und nicht „wie vor diesem geschehen durch die Boten an bedeutete Örter zu versenden". Hiermit war der vordem selbständige Kurs Schaffhausen—Ulm in die Botmäßigkeit der Taxisschen Reichspost eingefügt. Im gleichen Jahre wurden auch die Taxisschen Bestrebungen, Herr des unter der Stadt Lindau stehenden Botenkurses Lindau—Konstanz zu werden, von Erfolg gekrönt. An die Stelle dieses Botenpostkurses trat noch im gleichen Jahre der entsprechende Reichspostkurs.

In den fürstenbergischen und vorderösterreichischen Gebietsteilen, die von eigentlichen Post- oder Botenkursen nicht berührt wurden, gehörte das Tragen der herrschaftlichen Briefschaften zu den Frondiensten, wofür bei weiteren Strecken das Essen als Entschädigung gewährt wurde.

Boten- und Postwesen in der Stadt Konstanz.

Die Stadt Konstanz vereinte die Vorzüge einer Brücken- und Hafenstadt; inmitten einer schiffbaren Fläche gelegen, die von Schaffhausen bis Bregenz reicht, war sie die einzige Brückenstadt auf dem Rheine zwischen Jura und Alpen und hatte für die Geschichte des mittelalterlichen Alpenverkehrs größere Bedeutung.[321] Aus den Vergebungsbüchern des Klosters St. Gallen ersehen wir denn auch, daß in Konstanz bereits im achten Jahrhundert Kaufleute vorhanden waren.[322] Seit dem zehnten Jahrhundert bildete sich eine ansehnliche Kaufmannsgemeinde und der Handel wurde die maßgebende Tätigkeit der Stadt.[323] In der Folgezeit treffen wir Konstanzer Kaufleute in ganz Italien und Spanien, in Avignon, Lyon und Genf. Nachweisbar verloren die Konstanzer Bürger „Im Steinhause" 1410 einen Verwandten in Barcelona, der dort ihr Vertreter war, durch den Tod. Von den süddeutschen Kaufmannsgilden waren die Konstanzer anscheinend am besten in Barcelona bekannt. Konstanzer Kaufleute begegnen uns im Handel

---

[321] Vgl. Schulte, Gesch. des mittelalterl. Handels und Verkehrs zwischen Westdeutschland und Italien. Leipzig 1900.

[322] Das Konstanzer Marktrecht datiert aus der Zeit vor 999.

[323] Unter der weitberühmten Konstanzer (Kostnitzer) Leinwand — „tela di Costanza" — verstand man gute, feine und weiche Leinwand. Vgl. auch Ruppert, Konstanzer Gesch. Beiträge, 4. Heft, 1895. Auch „lenceria de Costança". 1564 Zollschreiber zu Barcelona verzeichnet als Einfuhrartikel Alamañas teñidas chiamadas Costanza. Spanische Weine, Wolle, Südfrüchte, Alaun als Rückfracht.

über die Alpen schon ganz im Anfang des elften Jahrhunderts, wo im übrigen die Haupthandelsroute flußabwärts nach Mainz und Friesland geführt hat. Der Schwerpunkt des Konstanzer Handels blieb indes nach Venedig, Mailand, Genua[324] und Spanien gerichtet. In Avignon unterhielten die Konstanzer Großhändler Konrad, Jakob und Nikolaus von Ulm von 1400—1406 in dem Hause eines deutschen Wirts ein großes Warenlager und einen Faktor. Die Konstanzer besuchten die Frankfurter Messen von alters her, diejenigen von Ulm und Augsburg nachweisbar seit 1326; auch hatten sie in Augsburg, Nürnberg, Wien, in Mecheln, Löwen, Antwerpen und Brügge ihre Faktoreien. In dem Koblenzer Zolltarif von St. Simeon—Trier sind im Jahre 1104 als die südlichsten Herkunftsorte der Händler Konstanz und Zürich genannt. Hiermit ist die Bedeutung der Südostecke Badens bis zum Niedergange der schwäbischen Handelsstädte skizziert: außer dem Vertriebe der Erzeugnisse des eigenen Erwerbsfleißes vermittelten sie zwischen Nord und Süd.[325] Daß hierbei frühzeitig ein sehr reger Nachrichtenverkehr von und nach Konstanz geherrscht haben muß, beweist die frühzeitige Errichtung der offenen Handelsgesellschaften[326] — jedenfalls nach italienischen Vorbildern —, bei denen die einzelnen Genossen von den Messen und Märkten in fremden[327] Landen über den Stand der Kurse, über An- und Verkauf — es handelte sich immer um Geschäfte im Großen — mit dem Sitze der Gesellschaft und unter sich Briefe austauschen mußten. Hatten doch die italienischen Städte, die Vorbilder, besondere Boten mit wohlorganisiertem Dienst zwischen Heimat und Meßort und die Konstanzer Kaufleute in den vier berühmten Meßorten der Champagne ihr eigenes Haus, in dem nur Konstanzer Bürger Leinewand auslegen durften.

---

[324] Die oberschwäbischen Kaufleute hatten seit Ende des 14. Jahrhunderts regere Beziehungen mit Genua entwickelt, hauptsächlich Durchgangsverkehr, den Konstanz in erster Linie nach der spanischen Küste benutzte, nach Barcelona, Valenzia und Saragossa. Umgekehrt war für die Genuesen Deutschland ein Durchgangsland, das Ziel war Flandern, wo sich in Brügge eine festorganisierte genuesische Ansiedelung befand (Anfang des 16. Jahrhunderts). **Schulte**, a. a. O., I, S. 546.

[325] Für den Durchgangsverkehr durch Konstanz spricht auch das Hospitalkloster in Kreuzlingen bei Konstanz. Der Verkehr nach Italien erfolgte über den Septimer (schwäbischen Paß) und den Gr. St. Bernhard. Es war wohl das Normale, daß die Großhändler die Messen von Pavia und Ferrara, sowie die zu Troyes und St. Denis besuchten. Vgl. auch **Schulte**, I, S. 76.

[326] „In unseren husern ze Pare (Bar-sur-Aube), ze Treys (Troyes), ze Prusiz (Provins) und ze Laeni (Lagny)." Vgl. Ordnung über den Konstanzer Leinwandhandel usw. **Schulte**, I, S. 55 und 162.

[327] Die Muntprat trieben gleichzeitig Handel in Flandern, Spanien und Venedig. Die Fry spielten eine große Rolle in Mailand und Genua, die Familie „Zum Steinhaus" in Barcelona.

Als Vorort des Schwäbischen Städtebundes zur Förderung der Handelsinteressen und zum Schutz der Kaufleute in der Fremde hatte die Stadt weitreichende und vielfältige Beziehungen; als Hauptstadt am Bodensee, die das Geleit bis Lindau hatte, übte Konstanz ferner ein gewisses Schutzrecht auf dem Obersee aus. Außerdem war das Konstanzer Kaufhaus (1388 erbaut) geräumiger als selbst das Mainzer und bildete die erste große Verkaufsstelle für die nach Deutschland kommenden Lombarden. Das Wechselwesen kam in Konstanz schon im 14. Jahrhundert auf. Den Spuren des reisenden Kaufmanns folgte aber mit Notwendigkeit ein lebhafter Briefwechsel.

Während der Konzilstage war naturgemäß von und nach Konstanz ein ungewöhnlich reger Geld- und Briefverkehr zu verzeichnen; den ersteren vermittelten in der Hauptsache italienische Wechsler (Astigianer).

Mit dem Verfall der Champagne-Messen um 1350, die die Konstanzer nachweisbar seit 1289 besuchten, traten neben Antwerpen die südwestdeutschen Städte, wenigstens in bescheidenem Maße, ihr Erbe an, indem von jetzt ab der Verkehr aus dem Süden nicht mehr den Umweg über die Champagne machte, sondern direkt vermittelt wurde. Wir dürfen von jetzt an einen direkten deutsch-italienischen Nachrichtenverkehr — in erster Linie nach Venedig[328] annehmen, der in dem seit 1228 mit 56 Wohngelassen errichteten Fondaco dei Tedeschi seinen anderen Ausgangspunkt hatte. Hier waren unter den ältesten Gästen die Konstanzer Kaufleute, was wiederum auf die Wichtigkeit des Nachrichtenverkehrs in jener Zeit Schlüsse ziehen läßt. Als Einzelbeweise für den Nachrichtenverkehr von und nach Italien führe ich an: Zwei Gesandte der Mailänder Kaufmannschaft schrieben am 28. August 1386 von Konstanz aus nach Mailand; sie berichten auch von Waren „in hospitio nostro, quae venerant de Straßburg Constanciam". Die Antwort aus ihrer Vaterstadt ist bereits vom 4. September 1386 datiert, worin es u. a. heißt: nobisque rescribere citius (von Straßburg aus) quam poteritis. In den Briefen und Urkunden kommen stets vor mercatores (d. h. Deutsche), eorum nuntii et factores, ipsorum servitores und famuli. Unter dem 4. Juni 1391 schreibt wiederum eine Mailänder Gesellschaft nach Hause, wobei es heißt: „sinon (falls Antwort nicht günstig ausfällt) mittebimus subito nuntium". In der Erhebungsurkunde des Hch. Fry von Konstanz zum Familiaren des Herzogs Filippo Maria heißt es ferner (zwischen 1412 und 1447): cum ejus commitiva ad numerum usque personarum trium equestrium aut pedestrium et suis

[328] Die Blüte des deutsch-venetianischen Handels fand um die Wende des 14. und 15. Jahrhunderts statt. Der Umsatz der deutschen Kaufleute wurde auf jährlich eine Million Dukaten geschätzt. Die bedeutendste Zeit des Konstanzer Handels liegt zwischen 1350 und 1460.

armis arnisiis valisiis[329] . . . transire permittant. Das Herzogliche Privileg für Thomas im Steinhaus von Konstanz vom 14. April 1464 besagt gleichfalls: Et cum Thomas ipse variis occasionibus per diversas orbis regiones proficisci habeat, amicos . . . rogamus, officialibus vero gentibus armigeris . . . strictius injungimus . . . quatenus ipsum Thomam . . . cum ejus comitiva sociorum sive familiarium duorum equestrium sive pedestrium suisque cum armis, arnisiis, valisiis, bulgiis[330] . . . morari et transire patiantur et omnino permittant. Im Jahre 1315 haben italienische Leute an zwei Konstanzer Bürgern zwischen Padua und Vicenza Raubmord begangen. Die Verurteilung der Attentäter teilte Padua der Stadt Konstanz mit den Worten mit: Cujus processus seriem vobis ordinate per vestrum nuncium elestinamus etc.[331] Vom vierzehnten Jahrhundert ab finden wir in Konstanz wie in anderen bedeutenden Reichs- und Handelsstädten ein städtisches Botenwesen mit „laufenden" und reitenden Boten; im fünfzehnten Jahrhundert entwickelte sich dieses mit der wachsenden Bedeutung des Handels zur höchsten Blüte und verschlang in manchen Jahren bis zu 15 Prozent vom städtischen Haushalt.[332] Über die Häufigkeit des Botenverkehres gibt das Jahr 1443 deutliche Anhaltspunkte[333]; in diesem sind von Konstanz aus 89mal laufende und 74mal reitende Boten abgeschickt worden. Rechnet man hierzu noch den Zu- und Abgang der von auswärts nach Konstanz entsandten Boten, für die die Stadt keine Bezahlung zu leisten hatte (abgesehen von dem üblichen Willkommtrunk), sowie die Rückkehr der ausgesandten 163 Boten, so ergibt sich ein recht lebhafter Verkehr auf der Botenmeisterei.[334] [335] Mit dem Aufkommen der vorderösterreichischen sowie der Taxisschen Reichsposten änderte sich die Sachlage. Wir begegnen zwar Postritten nach und über Konstanz zum Anschlusse an bedeutendere Kurse, so den vorderösterreichischen Postritten Augsburg—Konstanz—Zürich (17. Jan. 1516), Nassereit—Landeck—Arlen—Bludenz—Konstanz—Zürich (22. Febr. 1516) usw., ebenso dem internationalen Postritte Innsbruck—Konstanz—Mecheln[336], wenn der Kaiser gerade in Konstanz weilte; allein

[329] Valigia (valisia) Felleisen. Schulte, II, S. 50.

[330] bulgia = Ledersack, Tasche. Schulte, II, S. 61.

[331] 12. Mai 1315. Vgl. Schulte, II, S. 222, a. a. O.

[332] So beispielsweise im Jahre 1455, in dem die Ausgabe für die Boten 571 Pfd. = rund 4300 Mk. betragen hat.

[333] Aus den Jahren 1439—1444 ist im Konstanzer Stadtarchiv ein Faszikel vorhanden: „Hierin ist vermerkt allwas Ritgelt und Bottenlön von ettlicher unser Burger wegen ußgeben und dargelihen ist". Siehe Auszug in den Anlagen.

[334] Das Nähere siehe unter „Städtische Boten" und „Botenlöhne".

[335] Im 15. Jahrhundert gab es in Konstanz ein Stadtbotentürmli (inneres Schottentor) und in nächster Nähe dieses das „Botengässele".

[336] Siehe die Stelle bei Jean Micault: A quarante-cinq individus, ayant servi comme postes d'Innspruck, de Constance pp. S. 124[66].

hier handelte es sich nur um vorübergehende und mehr zufällige Kurierritte; bei der Einrichtung der regelmäßigen vorderösterreichischen und der Reichspostkurse wurde das abseits der Hauptrichtung liegende Konstanz nicht berührt. Die vorderösterreichischen Kurse zogen sich am rechten Bodenseeufer über Markdorf—Stockach hin, die aus Italien kommenden Kurse hielten die Richtung auf Augsburg inne, ob sie über Innsbruck—Füssen oder Chur—Lindau gingen; die Reichs-Postritte Wien—Ulm—Basel nahmen die Richtung über Mengen—Stockach—Schaffhausen und ließen Konstanz wiederum abseits liegen. Der Anschluß an die Hauptkurse mußte somit durch besondere Botenritte gesucht werden. Dadurch hatte das Botenwesen in der Bodenseegegend eine ungewöhnliche Ausdehnung erlangt und das besondere Mißvergnügen der Taxisschen Oberpostmeister wachgerufen. Diese verstanden es, die Botenkurse in der Seegegend im Laufe der Jahre zu verdrängen und rückten auch dem Nebenbotenwesen zielbewußt zuleibe, ohne daß es ihnen gelungen wäre, dieses in der Folge völlig zu beseitigen.

Einem vorderösterreichischen Postamt begegnen wir in Konstanz ausweislich der Akten[337] erst im siebzehnten Jahrhundert; sie beginnen mit einer Urkunde der verwittibten Erzherzogin Claudia vom 16. November 1634, durch die einem Johann Schmid und Konsorten das Postwesen zu Konstanz verliehen wird. In einem gleichzeitigen Schreiben der vorderösterreichischen Regierung zu Breisach an den Stadtrat von Konstanz wird dieser ersucht, die durch den Hondinger Posthalter nach Konstanz gebrachten Postsachen durch Schmid weiter nach Tirol und in umgekehrter Richtung nach Hondingen befördern zu lassen. Damals ist wegen der feindlichen Garnison auf dem Hohentwiel die Post zeitweilig durch die Schweiz nach und von den Waldstädten geleitet worden. Lange kann Schmid die Postgeschäfte nicht versehen haben, da schon anfangs 1647 ein Abraham Hesseli als „burger und bostmeister von Costanz" um Sold und Wartegeld vorstellig wird, nachdem er nunmehr 8 ganze Jahr die reitende Post versehe, wodurch ihm große Wachtbarkeit und viel Gefahr bevorstehe und er auch stets vier Pferde bereit halten müsse. Während der schlimmsten Zeiten des dreißigjährigen Krieges sind die Briefschaften von Augsburg und aus dem Reich durch Fourier-Schützen in einem verschlossenen Säckchen alle acht Tage von Lindau nach Konstanz gebracht und hier durch Öttlin Vater und Sohn bestellt worden, die anscheinend das Postwesen in der Stadt seit 1632 leiteten. Montags brachten die Fourier-Schützen die von Öttlin eingesammelten Postsachen auf das Posthaus in Lindau. Als es auf Reichsboden wieder sicherer wurde, löste ein Lindauer Bürger die Fourierschützen ab, bis später der „alte Post-Baltes", sein Sohn und nach dessen Tod sein Enkel die Postritte Lindau—Konstanz besorgten. Die Briefe bestellten sie teilweise selbst, teils ließen sie diese durch ein „Mägdlein" austragen.

---

[337] Stadtarchivakten zu Konstanz.

Die unbefugte Anmaßung eines wöchentlichen Postritts Lindau—Konstanz war aber dem allgestrengen Reichspostmeister von Ulm und Augsburg, Bernardin Pichlmayr, ein Greuel, „also daß man sich diesseits von Postambts wegen bey Sr. Kays. Mayt hierüber nothringlich beklagen müssen." Der Reichspostmeister Fürst von Taxis wies hierauf in einem Schreiben aus Brüssel (1684) darauf hin, „wie daß wegen Ermangelung der Posten in dem Bisthumb Constanz die Correspondenz nicht im richtigen Standt sey, weswegen er seinen Postmeister Pichlmayr committirt, solche Anstalten zu machen, damit dem allgemeinen Wesen dadurch ein vollkommenes Genüge beschehe . . . . . Handel und Wandel merklich befördert würde" d. h. ein Vorwand gefunden würde, um das Stadtbotenwesen im Interesse der Reichsposten zu verdrängen.

Nach dem Tode des Ottlin Sohn (1687) ging das Postamt auf die Tochter über, die nach dem Berichte der Stadt dem „Dienst mit männiglich gutem contento während der Krankheit des Vaters vorgestanden und außerdem mit einem qualificierten Subjektum zur Verrichtung des Postdienstes verlobt sei." Die Posthalterei nebst dem Postmeisteramt verblieb denn auch in der Familie[338], der neben dem vorderösterreichischen Postamt auch das Reichspostamt übertragen wurde. Während des spanischen Erbfolgekrieges wurde der vorderösterreichische Postritt Freiburg (Ensisheim)—Innsbruck über Todtmoos nach Waldshut, von da durch die Schweiz nach Schaffhausen und weiter über Konstanz—Bregenz verlegt. In der Folgezeit ergingen scharfe Verfügungen gegen die Biberacher (Württemberg) Bötin, die Klingenfüsischen Postillione (1713) und gegen das hochschädliche Botenwesen (1719), das durch die Kauf- und Schiffleute zu Lindau, Schaffhausen und Konstanz eingerissen sei, indem die Schiffsleut ohne Unterschied keineswegs zu den Waren gehörende Briefe annehmen, durch ihre dazu habende Leut bestellen lassen und von anderen Orten dergleichen einbringen. In den Wirren des österreichischen Erbfolgekriegs, in dem Konstanz von den Franzosen eingenommen wurde, brachen für die Postmeister in Konstanz, Stockach, Villingen recht unangenehme Zeiten herein. Der Feind bemächtigte sich alsbald des Postwesens und setzte andere Postmeister ein, so in Konstanz der bayrische Kommissarius Schmidt den Bürger Ignatius Frey (20./9. 1744). Dieser ließ einige Tage nach dem Einzuge der Franzosen zwei Grenadiers vor dem Postkomptor aufmarschieren, untersagte der Postmeisterin jegliche Amtshandlung mit der Androhung, das öster-

[338] (1687—95 Schüler, 1695—1715 Albertshauser, 1715—36 Nagengast, 1736—40 [interimistisch] Postmeisterin Nagengast für den minderjährigen Sohn), noch 1780 finden wir einen Postmeister Nagengast, als Posthalter den Wirt „Zum Stauf", diesen folgten Konstantin Maier, der Wirt zum goldenen Adler, der auch später die Posthalterei erhielt, 1802 Oberpostamtsverwalter Franz Wingler, sodann v. Rheinoel, später die Postmeister Barth (1841), Bosch (1848), v. Mader (1854), Maier (1859), Ruoff (1865).

reichische Wappen herunterreißen zu lassen, falls sie es nicht freiwillig abnehme.

Über die Größe des Konstanzer Briefverkehrs in der zweiten Hälfte des achtzehnten Jahrhunderts, die hauptsächlichsten Taxen und Postverbindungen ergibt die nachstehende Abschrift einer im Taxisschen Archiv Innsbruck vorhandenen Zusammenstellung[339] Aufschluß:

Zahl der Tax- und Franco-Briefe beim Postamte zu Constanz.

1767	Mai	Juni	Juli	August	Sept.	Okt.	Nov.	Dez.
angekommen	1340	1155	1207	1301	1276	1330	1385	1978
abgegangen	1390	1143	1241	1141	939	1252	1254	1630
	2730	2298	2448	2442	2215	2582	2639	3608

1768	Jan.	Febr.	März	April
angekommen	1694	1267	1365	1347
abgegangen	1795	1396	1337	1341
	3489	2663	2702	2688

Brief-Porto 188 fl. 27 kr., 172 fl. 21 kr., 179 fl. 35 kr., 179 fl. 44 kr., 154 fl. 03 kr., 175 fl. 65 kr., 183 fl. 20 kr., 240 fl. 46 kr., 232 fl. 11 kr., 193 fl. 38 kr., 193 fl. 53 kr., 183 fl. 50 kr. (NB. Die Zahl der Franco-Briefe war gering.)

Korrespondenz am zahlreichsten nach und von Innsbruck, Freiburg i. Br., Lindau, Stockach bezw. nach und von dieser Richtung.

Taxe z. B. (bei Auf- und Abgabe).	einfacher Brief	doppelter Brief
Lindau,	2 kr.	3 kr.
Feldkirch,	4 "	6
Ulm,	6 "	8 "
Augspurg,	8 "	10
Wien, ganz Österreich,	10 "	14 "
Freyburg i. Br.,	3 "	6
Füssen, Innsbruk,	4 "	8 "
Brixen, Bozen, Salzburg, Ungarn, Siebenbürgen, Trient, ganz Italien,	6	12
Schaffhausen,	2 "	3 "
Basel.	6 "	8 "

Sonntag, Dienstag, Freitag } Vormittag — Ankunft der Post aus dem Reiche, Niederlanden und Böhmen.

---

[339] Von Graf Taxis, Innsbruck, gefertigt und überlassen.

Montag Freitag	Morgens	von Schaffhausen, Elsaß, Frankreich.
Dienstag Samstag	Nachmittag	von Innsbruck, Italien, auch von Sachsen, ganz Breisgau, Rottenburg, Ehingen etc.
Montag	Vormittag	Abfahrt (=Ritt) nach dem ganz Reiche, Böhmen, Niederlanden.
Dienstag Samstag	Nachmittag	
Montag Freitag	Nachmittag 2 Uhr "	Schaffhausen, Elsaß, Frankreich, Stockach, Engen, Freiburg, Rottenburg, Schwarzwald,
ditto	" 4 Uhr	Kempten, ganz Tirol, Italien, Wien, Oesterreich, dann per Offenburg, Kehl u. Straßburg.

Die Postverbindungen von und nach Konstanz ließen noch im neunzehnten Jahrhundert lange zu wünschen. Erst im Jahre 1837 wurde ein täglich zweimal verkehrender Eilwagen Konstanz—Stockach mit unbeschränkter Personenannahme und Anschluß in Stockach an die Kurse nach Schaffhausen—Basel, Stuttgart, Ulm, Donaueschingen—Karlsruhe, in Konstanz an diejenigen nach St. Gallen, Frauenfeld und Zürich eingerichtet, dem 1839 ein täglicher Eilwagenkurs Konstanz—Steckborn—Schaffhausen, 1843 ein direkter Eilwagenkurs Freiburg—Radolfszell—Konstanz folgten. Die Einführung des Bahnpostbetriebs auf den von Konstanz ausgehenden Bahnstrecken erfolgte erst 1868.

Das Postamt befand sich ursprünglich „unter den Bögen" (Hotel Barbarossa), siedelte später in die Posthalterei (Gasthaus zum Adler), dann in ein Domherrenhaus (Hofmetzig) in der Wessenbergstraße über, kam 1841 in das von der badischen Postverwaltung für Postzwecke erbaute Gebäude an der Marktstätte (später höhere Mädchenschule) und 1872 in das ehemalige städtische Rathaus (nachher Hotel Halm). Das jetzige reichseigene Postgebäude, mit dessen Herstellung 1888 begonnen wurde, ist am 1. April 1891 bezogen worden.

Postverhältnisse in Freiburg.

In Freiburg hatte sich im vierzehnten Jahrhundert die Botenmeisterei bereits zum städtischen Amte entwickelt.[340] Mit der Einrichtung des vorderösterreichischen Regierungspostkurses Innsbruck—Ensisheim wurde Freiburg Durchgangsstation und in Kriegszeiten sowie nach Losreißung des Elsasses vom deutschen Reiche Endstation dieses Kurses. Mit der Ausdehnung der vorderösterreichischen Posten erhielt die Stadt Anschluß über Emmendingen—Kenzingen—Friesenheim—Kehl an die Taxisschen Posten. Auch bestand zeitweilig eine Breisgauische Botenpost Waldshut—Staufen[341] — durch den Breisgau — in die Ortenau mit Anschluß an die mark-

[340] Vgl. das Nähere unter „Städtische Boten" und „Botenlöhne".

[341] Vgl. Fuchs, Schauinsland.

gräflich-durlachischen Reit- und Fußposten Durlach—Lörrach. In Freiburg selbst gab es besondere „Hofsfußboten“.[342] Aus dem Jahre 1594 wird ein Postmeister Paule Speydelin sowie ein postpotte Bastian Brenner (Brunner?) mehrfach erwähnt. Auch brachte es der „postpott Paulus“ schon damals fertig, ein Paket mit Regierungsbriefen unrichtig zu bestellen, wofür er einen Tag und eine Nacht in den Turm gelegt wurde. Im Jahre 1627 meldet sich ein Konrad Hontzelmann, Gastgeber zur Kanne in der Wiere, zur Übernahme des Postmeisteramts, da er gehört hatte, daß der bisherige Postmeister Heinrich Bär abgesetzt werden solle. Die Absetzung scheint indes nicht zur Ausführung gekommen zu sein; wenigstens hat im Jahre 1637 seine Witwe Regina Knollin das Postmeisteramt in Freiburg inne. Im Jahre 1628 wird von Ensisheim aus angeordnet, daß die Posten, da sie zwischen Freiburg und Breisach angegriffen worden seien, den unteren Weg über Waltershofen nehmen und in Freiburg nachts „an dem Graben hinumb bey dem Thor durchgelassen“ werden sollten. Nach dem Nymweger Friedensschluß, der den Franzosen die Stadt Freiburg nebst einem Teil des Breisgaus einbrachte, errichteten diese eine direkte Postfahrt Freiburg—Straßburg über Breisach[343] zum Anschluß an den Kurs Straßburg—Paris, die wöchentlich dreimal verkehrte[344] und Personen, Briefe und Sachen beförderte. Gleichzeitig setzten die Franzosen ihre drakonischen Bestimmungen hinsichtlich des Postzwangs in Kraft[345] und verboten die Versendung von Briefschaften mittelst anderer als der Ordinari-Posten bei 300 ₶ Strafe. Die gegen das Gesetz verstoßenden Boten und „Fuhrleute zu Wasser und Land“ sollten überdies mit Einziehung „ihrer bey sich habender Güter“ bestraft, zahlungsunfähige mit

---

[342] Im Jahre 1587 sah sich der vorderösterreichische Statthalter zu Ensisheim zu dem Erlaß genötigt, die „gemeine vier Hofsfußpoten“ seitens der Kammerprokuratoren bei Versendung ihrer Tagzettel und sonstigen Parteysachen zu verschonen und derlei Leistungen durch Taglöhner verrichten zu lassen. Wenn sonst in wichtigen Staatsgeschäften an den Herzog von Lothringen, den Bischof von Basel, zu den Markgrafen (von Baden) wie auch an andere Ort-, Stadt- und Landstände die Hofboten benötigt würden, müßten regierungsseitig „dergleichen Schreiben bei einem jeden liederlichen Potten und Taglöhner, die weder den Rock noch das gewonlich gelaid anhaben, verschickt werden, denen man von der Meil zween Batzen geben müsse, den geschworenen Hofsfußboten dagegen nur sechs Kreuzer“. G. L. A.

[343] Bekanntmachung des Markgrafen de Louvois von St. Germain en Laye 1678: „eine hangende Gutsch oder Karosse zu gemeiner Bequemlichkeit“.

[344] Für das Elsaß war dies bereits ein Jahr zuvor durch das Edikt des De la Grange von Breisach aus geschehen.

[345] Das Bureau war in Freiburg im Delphin bei Picard, in Breisach im Salmen bei Rondannes. Von Straßburg ging die Karosse über Zabern, Pfalzburg, Saarburg, Nancy, Toul und Barleduc.

„Ruthen außgehauen und mit der Gilgen (Lilie) gebrennt“[346] werden. In Freiburg finden wir vom Jahre 1681 ab den Franzosen Michel Grou, von 1692 ab den Franzosen Prevost als Postdirektor, bis nach dem Ryswijker Frieden, in dem der Breisgau an Deutschland zurückfiel, der bisherige Feldpostmeister Krayser die Postmeisterstelle erhielt, mit der ein Jahresgehalt von 450 Gulden rheinischer Währung[347] nebst dem Ritt- und Wartgeld der übrigen vorderösterreichischen Posthalter verbunden war, wie es vor der Wegnahme Freiburgs Posthalter Wolleb[348] bezogen hatte. Zwischen dem Inhaber des Postfuhrwesens (v. Kraysersche Familie) und dem Oberpostamtsverwalter Siegler herrschte ein gespanntes Verhältnis; noch mehr war dies zwischen dem Posthalter Mörder und seinem Vorgesetzten (v. Krayser) der Fall, unter dessen Leitung er schlechte Geschäfte gemacht haben muß. 1769 berichtet Siegler, daß Mörder seine Beschwerden beim Magistrat angebracht habe, um seinem gänzlichen Ruin zu entgehen. Dieser habe ihn seines Poststallkontrakts entbunden, „falls er nicht mit Ablauf des Jahres 1768 seitens der von Kraysserschen Familie klaglos gestellt sein würde“. Als dies nicht erfolgte, ritt Mörder am 9. Januar 1769 vormittags gerade zu der Zeit, als die beiden Postwagen abfahren sollten, mit sämtlichen Pferden nach Basel und schlug sie hier los. Hierdurch geriet das Postfuhrwesen in eine heillose Unordnung, bis es gelang, einen weiteren Poststallvertrag abzuschließen. Der nachfolgende Posthalter, Bärenwirt Wehrle, klagte im Jahre 1784 ebenfalls bitter über die ungewöhnlich schwierigen Postfuhrleistungen auf der Strecke Freiburg—Höllsteig, auf der die besten Pferde mit Naturnotwendigkeit in kurzer Zeit krumm gefahren würden. Es gebe nur ein Mittel, um Ordnung in das Postfuhrwesen zu bringen, nämlich Pferdewechsel auf Station Himmelreich sowie nachdrückliche Bestrafung der Lehenkütschler, wenn sie sich weigerten, in Notfällen mit Pferden auszuhelfen.[349] Im Jahre 1787 wurde sodann der Poststall, nachdem mehrere Posthalter zugrundegegangen waren, aufgehoben und von der Postverwaltung selbst übernommen. Auf Siegler folgten als Oberpostamtsverwalter von Kleinsorge und Kronfels, der dieses Amt noch bekleidete, als das Postwesen vom badischen Staate übernommen wurde. Nach Rückgabe der Stadt an das Haus Habsburg entstand zunächst ein langwieriger Prozeß zwischen der vorderösterreichischen Kammer und dem Innsbrucker General-Erb-Obristen-Hofpostamt darüber, wem das Recht zustehe, Posten im Vorderösterreichischen einzurichten. Taxis berief sich auf das seit zwei Jahrhunderten bestehende verbriefte Recht seiner

[346] Wie unter 173[160].

[347] Die rauhe Währung verhielt sich zur rheinischen Währung wie 6 zu 5.

[348] Die Bestallung des Posthalters Wolleb ist von 1654 datiert.

[349] Von seinen Pferden sagte der Magistrat, sie seien trostlos ausgehungert. Freiburger Stadtarchiv.

Familie, die vorderösterreichische Hofkammer auf die Tatsache, daß sie zu Ensisheim, Freiburg und Waldshut, also an dem Sitze der Regierungen, jeweils die Postmeister angenommen und durch das General-Einnehmeramt habe Rechnung legen lassen. Hierbei beurkundete der Bürgermeister und Rat der Stadt Freiburg (1700), daß die vorderösterreichische Regierung und Kammer ein „Cammeral-Postampt allhir zue Freyburg neben dem ordinari-Pottenampt gehabt, auch drey Postverwalter — nacheinander, als Caspar Cammerer, Frantz Schmidt vndt Michel Wilhelm Mayeren auf- vndt ahngenommben, hingegen der von dem General Postmayster bestelt geweste Pferdthalter Postreütter kein Postzaichen ausgehenkt gehabt- sondern bey jeweillig ahnkommendt- vndt abgehender Post das Pferdt für die Cammeral Poststuben, so auf der alten- noch stehenden Vogtsbehausung vndenher linkerhandt gewesen, gefüret, vndt von dem Cammeral-Post-Verwalter das Velleisen jederzeit verschlossener empfangen vndt widerumb aufs undt eingeliefert, belangendt die ordinari Potten nacher Basel vndt Straßburg uns auch nit wenig erinnerlich, das an erstbemeldtem Orth von dem Cammeral-Postverwalter alle Woche zwey Potten als benanntlichen der Pottenladi der sogenannte Seboldt vndt Osten vndt annoch lebendt der dermahlige Cammer-Pott Elias Wurmb zweymahl verschickt vndt die Brieff von dem Cammeral-Postampt Ihnen jederzeit aufgeben, undt widerumb abgenommen worden".[350]

Postmeister und Posthalter nahmen in Freiburg eine sehr geachtete Stellung ein.[351]

Zur Sicherung des regelmäßigen Kursganges hatte der Magistrat die Lehenrößler zu Aushilfsleistungen in Notfällen verpflichtet, was diese indes sehr oft zu umgehen wußten oder direkt verweigerten. Wenigstens klagt der schon erwähnte Posthalter Wehrle in seiner Eingabe vom 20. Oktober 1784: „weil die Lehenkütschler ihre Pferde nur, wenn es ihnen gefällig ist, hergeben, müsse er oft ganze Stunden zur Spedierung einer Post in der Stadt herumlaufen, ja sogar die Oberkeit um Unterstützung anflehen, ohne anderen Nutzen oder Lohn dafür zu bekommen, als daß das Donnerwetter hernach nur über ihn rasselt, er unschuldigerweise bei den Postämtern verklagt und seine Fuhren im ganzen Lande verrufen würden".[352] Im Jahre 1742 wurde endlich der Taxissche Brief- und Postwagenkurs Kehl—Freiburg—Basel zum Anschluß an die Kurse Frankfurt—Kehl eingeführt, worauf Freiburg Postverbindungen nach jeder

---

[350] Archiv f. P. u. T. 1889, S. 301 (Fuchs).

[351] Was indessen nicht hinderte, den Freiburger Posthalter, der am 5. September 1793 die Abgabe von zwei Pferden nach dem von den Franzosen beschossenen Altbreisach verweigert hatte, „auf 24 Stund bey schmaler Atzung einzuthürmen". (Freiburger Archivakten.)

[352] Freiburger Archivakten.

Richtung hatte. Zur Verhütung von damals nicht seltenen Überfällen mußte ein Gardist oder berittener Gendarm mit Säbel und Pistole bewaffnet auf der Strecke Krozingen—Freiburg—Emmendingen den Postwagen begleiten.

Abgesehen von den Postkursen war Freiburg das Reiseziel einer großen Anzahl regelmäßiger Botenverbindungen zu Fuß, zu Pferd und Wagen. So kamen daselbst gegen Ende des achtzehnten Jahrhunderts Briefboten und institutmäßige Fuhrwerke aus Konstanz, Endingen, Löffingen, Staufen, Stockach, Augsburg, Kenzingen, Waldshut, Altbreisach, Heitersheim, Neustadt, Villingen und Lenzkirch an. Mit Beginn des neunzehnten Jahrhunderts steigerte sich die Zahl der wöchentlich ankommenden Pack- und Eilwagen auf 492 Stück.

Nach den Aufzeichnungen des Freiburger Postdirektors, späteren kurbadischen Ober-Postdirektors Kronfels lieferte die Postverwaltung in Freiburg von 1780—1799 = 64762 Gulden und zusammen mit den übrigen im Breisgau gelegenen vorderösterreichischen Posten in Kenzingen, Krozingen, Laufenburg, Rheinfelden, Säckingen, Waldshut, Breisach, Staufen und Elzach 112000 Gulden Gesamtertrag.

Über die Gehaltsverhältnisse der Freiburger Postbeamten gibt das Besoldungsstatut von 1775 Aufschluß. Nach diesem erhielten der

Postkommissarius	1400 fl.	Briefträger	50 fl.
Postverwalter	900 „	Poststallmeister	104 „
Kontroleur	600 „		
Offizial	350 „		

Nach Übernahme des Postwesens in die Staatsverwaltung wurde das Ober-Postamt den übrigen Postämtern gleichgestellt und verlor so einen Teil der Bedeutung auf dem Gebiete der Oberaufsicht und Verwaltungstätigkeit. Es blieb indes ein überaus wichtiger Knoten- und Ausgangspunkt einer Anzahl von Kursen und hatte einen ansehnlichen Ortsverkehr. Mit der Einführung der Eisenbahnen wurde Freiburg eines der bedeutendsten Post- und Eisenbahnämter Badens. So sind im Jahre 1849/50 allein an Postbeamten in Freiburg beschäftigt gewesen:

1 Postmeister,	3 Bureaudiener,
2 Kassierer,	3 Packer,
1 Offizial,	9 Kondukteure,
7 Praktikanten,	1 Wagenwärter.
1 Aspirant,	
4 Briefträger,	

Zus. 32 Kräfte, eine Beamtenzahl, über die bei den damaligen Verhältnissen nur ein größeres Postamt verfügte. Auch erfreute sich die Stadt schon Ende der fünfziger Jahre einer viermaligen Brief- und dreimaligen Paketbestellung an Wochentagen.[353]

[353] Freiburger Stadtarchiv.

Die Zeit der Fürstlich Thurn- und Taxisschen Lehensposten.

Infolge der seit 1792 andauernden unglücklichen Kriege mit den siegreichen französischen Revolutionsarmeen war Handel und Wandel in den deutschen Landen gegen Ende des achtzehnten Jahrhunderts überall zurückgegangen. Durch Losreißung der Reichslande vom Deutschen Reiche waren schon vorher die in diesem vorhandenen Reichspostkurse von selbst eingegangen. Bei den feindlichen Einfällen wurden nicht selten auch die Postkassen geplündert und dem Reichspostärar mancher herbe Verlust beigebracht. Beim Vordringen der feindlichen Heere waren die Postkurse bald hier, bald dort ins Stocken geraten und auf Monate unterbrochen worden; es erübrigte nur, wenn die Briefbeförderung nicht gänzlich ruhen sollte, die Briefposten durch Estaffette mit außerordentlichen Unkosten auf Umwegen zu befördern. Brints-Berberich schreibt 1799 in dieser Angelegenheit an den badischen Postreferenten Geheimen Rat Meier in Karlsruhe[354], „Taxis habe versucht, die Postverbindungen wo immer möglich zu unterhalten; er habe den Posthaltern die Ritt- und Fahrtbesoldungen auch bei mehrmonatiger Unterbrechung der Kurse weitergezahlt und die Beamten bei der allgemeinen Teuerung durch Zulagen unterstützt. Alle Fuhrmanns- und Wasserfrachten seien auf das Doppelte gestiegen, nur das Reichspostgeneralat habe seine mehr denn hundert Jahre herkömmlichen mäßigen Tarife unabgeändert gelassen, trotzdem es bei den allgemein ruinierten Landstraßen große Summen an Vorspannkosten, Brücken- und Weggeld rc. habe aufwenden müssen. Es habe mehr getan zum allgemeinen Besten während der verderblichen Kriegsjahre als seine Kräfte ihm gestatten und Recht und Billigkeit je verlangen konnten. Seit einigen Jahren reichten kaum die Einnahmen der einträglichsten Oberpostamtsdistrikte hin, den Verlust der anderen auszugleichen; das fahrende Postwesen bringe allgemein Verluste mit sich, die das Reichspostgeneralat bei der stetig steigenden Teuerung der Lebensmittel, Arbeitslöhne und Postwagenunterhaltungskosten ohne seinen Untergang nicht zu ertragen vermöchte." Wenn

[354] G. L. A. A.

auch diese Klagen sicherlich übertrieben gewesen sind, da sie dazu dienen sollten, die Erhöhung der Postwagentarife um die Hälfte der bisherigen Sätze zu rechtfertigen, so kann daraus doch soviel mit Bestimmtheit gefolgert werden, daß zu einer Weiterentwickelung des Verkehrswesens weder die Zeitverhältnisse noch die Stimmung der Taxisschen Oberbehörde zu Ende des achtzehnten Jahrhunderts angetan waren.

Das neunzehnte Jahrhundert stand in seinen ersten anderthalb Jahrzehnten im Zeichen der Völkerschlachten und Länderverschiebungen. Ganz Europa litt schwer unter der Kriegsfuchtel Napoleons. Für die Rheinbundstaaten kam hinzu, daß ihnen Napoleon keinen Anteil an den Vorzügen seines Weltreichs gönnte, und so folgten in Baden dem glänzenden industriellen Aufschwung des achtzehnten Jahrhunderts, in dem der Handel mit Industrieerzeugnissen zur Grundsäule seines Wohlstandes geworden war, gewaltige Rückschläge. Als die Kontinentalsperre immer weiter ausgedehnt wurde, da erhielten die einzelnen Zweige der Textilindustrie, die Bijouterie- und Lederfabrikation den Todesstoß und auch die Uhrenindustrie wurde schwer beeinträchtigt.[355] Diese Verhältnisse waren naturgemäß für die Entwickelung und Weiterbildung des Verkehrs wie der Verkehrseinrichtungen äußerst ungünstig, Das Volk verarmte zusehends. Und doch haben die Anfangsjahre dieses Jahrhunderts mit einem Schlage der künftigen Gestaltung des Verkehrs mehr gebracht, als anderenfalls vielleicht in Jahrhunderten auf dem Wege friedlicher Vereinbarungen zu erreichen gewesen wäre, nämlich einheitliche größere Staatengebilde an Stelle einer übergroßen Zahl der Verkehrsförderung überaus hinderlichen, kleineren Gebiete. Durch Säkularisation und Mediatisierung wurde der Weg geebnet für die Verkehrserfordernisse der Neuzeit.

Während zuvor die Straße Frankfurt—Basel zwanzig unmittelbare Gebiete durchzogen hatte, kam jetzt von Weinheim bis Basel, von Wertheim bis Konstanz nur ein Gebiet, das Großherzogtum Baden, in Frage, nachdem insbesondere die drei größeren Gebietsverbände der rechtsrheinischen Pfalz, Vorderösterreichs vom Bodensee ab und das Fürstentum Fürstenberg mit den badischen Besitzungen verschmolzen waren.

[355] Ein bad. amtl. Bericht bemerkte damals: nur noch eine einzige Fabrik im Lande blühe; sie stellte — Militärtuche her. Gothein, a. a. O.

Zufolge der wesentlichen Änderungen im Ländergebiete auf Grund des zum Reichsgesetze erhobenen Reichsdeputationshauptschlusses gingen die beiden kur- und hochfürstlichen Häuser Baden und Thurn und Taxis einen neuen, die gesamten Kurlande (Mark- und Pfalzgrafschaft) umfassenden Vertrag ein (vom 13. Mai bis 11. Juni 1805), durch den die schon bestehenden Verträge von 1718, 1743, 1749, 1774, 1783 im wesentlichen erneuert und in einigen Punkten erweitert wurden. Wenn auch diese Vertragsbestimmungen nur für wenige Jahre Gültigkeit besaßen, da ja das Postwesen im Jahre 1811 in die Staatsverwaltung übernommen wurde, so ist der Vertrag gleichwohl von Bedeutung, indem er in gewisser Hinsicht einen Maßstab für die Beurteilung der dreihundertjährigen Verkehrsentwickelung in Baden unter Taxisscher Leitung und Anregung abgibt.

Hinsichtlich der Beförderungsart war bisher der Grundsatz der Briefpostbeförderung mit reitender, der Personen- und Päckerei- einschl. Wertsachenbeförderung mit fahrender Post streng durchgeführt worden. Nunmehr zum ersten Male ging man zu einer Änderung über, der Einrichtung der Couriers de la Malle, die der Briefbeförderung und zugleich im beschränkten Maße der Personen- und Paketbeförderung dienen sollten; die Bauart der Wagen war bequemer und die Beförderung ging schneller vonstatten, so daß man diese Couriers de la Malle als die Vorläufer der Eilwagen bezeichnen kann.

Hinsichtlich der Taxen und der Taxgrundsätze blieb es im wesentlichen beim Alten; bei der Brieftaxe war es indes endlich zu dem Versprechen eines Brieftarifs mit ausgerechneten Beträgen für den einfachen Brief von und nach sämtlichen Stationen in Baden gekommen. Die dreifache Gewichtsabstufung wurde beibehalten; immerhin war jetzt jedermann imstande, aus dem Satze für den einfachen Brief denjenigen für den doppelten und dreifachen mit Leichtigkeit zu berechnen. Das Meistgewicht eines Briefes blieb auf eine Unze = zwei Lot ($29^1/_5$ g) beschränkt.

Hauptvertrag.

Abgesehen von den Taxbestimmungen bestätigt der Hauptvertrag die Reservatrechte des Landesherrn[356] wie der Landes-

[356] Es durften nur dem Landesherrn genehme Personen zu den Stellen des Postdienstes ausersehen und es mußte über sie vordersamst die landesherrliche

kinder[357], die Abgabenfreiheit der Postbeamten[358] sowie die Monopolstellung der Taxisschen Posten.[359]

Nebenvertrag.

Der Nebenvertrag enthält die näheren Bestimmungen über die Neueinrichtung der Couriers de la Malle, die auf den Strecken Frankfurt—Kehl wöchentlich viermal, auf denen Kehl—Basel zweimal hin und zurück verkehrten.

Die Anzahl der fahrenden Posten durch Baden belief sich bis zur Zeit der Vertragschließung auf nachstehende neun Wagen:

Frankfurter oder Basler Wagen — Route Frankfurt—Basel;
Augsburger oder Ulmer Wagen — Route Augsburg—Frankfurt über den Schwarzwald und Bruchsal;
Influenzwagen Mannheim—Weinheim; sodann die an Stelle der Durlacher und Stuttgarter Landkutschen getretenen Substitutionswagen:
Durlach—Mannheim über Bruchsal—Waghäusel;
Stuttgart—Durlach über Pforzheim;
Durlach—Straßburg über Rastatt;
Ein schwerer Haupt- und Beiwagen Stuttgart—Durlach—Straßburg;
Meersburg—Ulm über Ravensburg;
Meersburg—Stockach über Konstanz—Radolfzell.

Die weiteren Postverbindungen, insbesondere auch diejenigen zum Anschluß an die Postwagen, geschahen durch die reitenden Posten. Unter Aufhebung des Wagens Durlach—Mannheim und Ersetzung durch eine Kalesche Mannheim—Bruchsal zum Anschluß an den Courier de la Malle und unter Verlegung des Wagens

---

Gesinnung vernommen werden. Die Gerichtsbarkeit über alle Postbeamten stand der Landesherrschaft, die disziplinare Strafgewalt dem Reichserbpostgeneralat zu.

[357] Zu Postmeistern und Posthaltern, wenn letztere zugleich Postställe unterhalten, sollen nur kurbadische Untertanen angestellt werden.

[358] Die Postbeamten genießen die landesübliche Personalfreiheit von landesherrlichen, Landes- und Gemeindediensten. Post- und Expeditionszimmer und eigentliche Posthaltungen sollen von der Einquartierung stets befreit bleiben. Die zur Versehung des Postdienstes erforderlichen Pferde leisten keine Fronden.

[359] Die Landesregierung duldet die Aufstellung „ordinärer Boten und institutenmäßiger Fuhrwerke" neben den Reichsposten und taxisschen Postwagen nicht. Wirte und Lohnkutscher dürfen Postreisende erst nach zweimal 24 Stunden auf der Poststraße weiterführen.

Durlach—Straßburg auf die Strecke Rastatt—Offenburg sollten jetzt die Couriers de la Malle Frankfurt—Basel eingerichtet werden. Dadurch wurde u. a. erreicht, daß die in Mannheim und Karlsruhe um 6 bzw. 7 Uhr aufgegebenen Briefschaften in diesen Städten nachmittags zwischen 5 bis 7 Uhr ankamen und noch am nämlichen Abend ausgetragen wurden. Die Briefposten von und nach Ettlingen sollten zweimal wöchentlich durch den Postwagen und dreimal durch die reitenden Posten, diejenigen zwischen Rastatt und Offenburg zweimal durch den Postwagen und einmal durch eine besondere reitende Post befördert werden. Zwischen Lahr und Dinglingen wurde ein „Postkärrchen" zum Anschluß an den Postengang durch Dinglingen eingerichtet. Endlich sollten die Fahrten Meersburg—Stockach—Offenburg bequemer und kürzer gestaltet werden. Auch unter Berücksichtigung der Verbesserungen, die durch die Vertragsbestimmungen erst erreicht werden sollten, werden wir zugeben müssen, daß das Beförderungswesen den Anforderungen nicht entsprechen konnte, die die neuere Zeit an eine öffentliche Verkehrsanstalt zu stellen berechtigt war.

Organisation des Postwesens.

Die Verwaltung des Postwesens wurde dermaßen geregelt, daß der Fürst von Thurn und Taxis für sich und seine männlichen Nachkommen die Verwaltung des Postwesens in Baden als Thronlehen und die Würde eines Großh. Bad. Erblandpostmeisters erhielt. Für die nutzbare Überlassung des Postwesens zahlte er an den badischen Staat eine jährliche „Rekognitionsgebühr" von 24000 Gulden rheinischer Währung. Unter dem 4. Mai 1807 wurden dem Fürsten zum ersten Male ein förmlicher Lehensbrief und feierliche Belehnung zuteil. Taxis hatte in Baden ein Oberpostamt[360] zu errichten. Zwecks Besetzung erledigter Poststellen waren jeweils zwei oder drei inländische tüchtige Beamte der Regierung vorzuschlagen; der vom Landesregenten Erwählte erhielt von dem Erblandpostmeister einen „Bestellungsbrief" und von dem Landesherrn ein „Bestätigungsdekret"; ohne landesherrliche Genehmigung durften in den Poststationen und Postrouten sowie in den Posteinrichtungen keine Veränderungen vorgenommen werden. Überdies wurde die Verwaltung des Postwesens unter die Oberaufsicht des Geheimen

[360] Die Postämter führten die Bezeichnung Gr. Badisches Postamt.

Ratskollegiums gestellt, woraus in Verbindung mit den Vorbehaltsrechten hervorgeht, daß sich Großherzog Karl Friedrich hinlänglichen Einfluß auf die Gestaltung des Postwesens und der Personalverhältnisse in seinem Lande gesichert hatte.

Postzwang.

Zufolge der Vertragsbestimmung, neben den Taxisschen Briefposten und Postwagen keine Briefboten oder institutenmäßige Fuhrwerke zu dulden, wurden regierungsseitig alle Fuhrwerke, die an bestimmten Tagen regelmäßig auf Postwagenrouten verkehrten, ausdrücklich verboten. Fuhrleute (Hauderer) oder Boten durften gesiegelte oder verschlossene Briefe, ebenso Brief- und Geldpakete, Pretiosen sowie kleine Effekten unter 25 Pfund nicht befördern; sie waren lediglich berechtigt, außer den Päckereien über 25 Pfund Schießpulver und Flüssigkeiten allgemein, im übrigen nur Gegenstände mittelst offener Frachtbriefe zu verführen, mit deren Beförderung sich die Post nicht befaßte.[361] Jeder Bote mußte auf Verlangen den Wagen durchsuchen lassen und das widerrechtlich Beförderte ausliefern. Wo in Ermangelung ausreichender Postgelegenheit noch gehende oder fahrende Boten notwendig waren, mußten sie einen Erlaubnisschein der Amtsbehörde vorweisen können, die den Ort und Tag ihrer regelmäßigen Botenreisen nebst der Angabe der benutzten Straßen enthielt. Die erforderlichen Betriebsgelder und die gekauften Waren mußten so gepackt sein, daß man sie bei Durchsuchung des Wagens als bloße Kommissionsartikel erkennen konnte. Andererseits wurde den Oberämtern und Ortsvorständen zur Sicherstellung einer unverzögerten Personenbeförderung aufgetragen, daß den Posthaltern insbesondere auf der Hauptlinie Heidelberg—Basel mit Pferden gegen den Bezug des Postgeldes von den übrigen Pferdebesitzern ausgeholfen werde.

[361] Bei Übertretungen wurden Absender und Beförderer bestraft.

Dritter Teil.

Übernahme des Postwesens in Staatsverwaltung.

Das Badische Postwesen bis zum Übergange auf das Reich. (1801—1872).

Bis zum Regierungsantritt Großherzogs Friedrich I.

Die Ablösung der Taxisschen Postgerechtsamen und die Taxisschen Gegenbemühungen.

Der Regierungsnachfolger Karl Friedrichs, Großherzog Karl, zeigte das Bestreben, die bisher „unter der königlich württembergischen Regie gestandenen Posten selbst zu administrieren" und die Verwaltung des gesamten Postwesens in Baden gelegentlich der Staatsverwaltung einzuverleiben. Es war den drei süddeutschen Staaten schon nach dem Preßburger Frieden, der ihnen die volle Souveränität gebracht hatte, von dem damals allmächtigen Frankreich nahegelegt worden, das Postwesen in Staatsverwaltung zu nehmen. Wenn man badischerseits damals nicht zu diesem Mittel griff, so lag es nur an den verschiedenen Schwierigkeiten, die sich einer alsbaldigen Übernahme in den Weg stellten. Einmal fehlte es anscheinend an Männern, die zielbewußt auf die Selbstverwaltung des Postwesens drängten und sich zur Organisation eigneten, andrerseits mangelte es an jeder verläßlichen Angabe über das wirkliche Erträgnis des Postwesens in Baden; auch eine nur annähernde Berechnung war unmöglich, weil die wichtigsten Einnahmeposten in dem Transitporto bestanden, das bei außerbadischen Anstalten verrechnet wurde. Taxis seinerseits wußte die Sachlage noch mehr zu verdunkeln, indem er unrichtige Berechnungen vorlegte, denen zufolge das Postwesen in

Baden einen jährlichen Zuschuß bei der Fahrpost von 8000, bei der Briefpost von 15000 Gulden erforderte; gleichzeitig versuchte er darzutun, daß er das Postwesen lediglich wegen der ungehinderten Verbindung mit seinen übrigen Postanstalten beizubehalten wünsche. Daß diese Angaben erfunden waren, zeigt die Tatsache, daß er sich trotz des behaupteten Nachteils eine „Rekognitionsgebühr" von 24000 Gulden jährlich gefallen ließ. Frankreich hatte damals schon vertraulich geäußert, daß das Postwesen in Baden für Taxis mindestens 50000 Gulden abwerfen müsse. Infolgedessen wurde badischerseits im Jahre 1806 eine Aufkündigungsfrist von einem Jahre ausbedungen und 1808 eine Erhöhung der Rekognitionsgebühr von 24000 auf 44000 Gulden gefordert, ohne sie indes durchzusetzen. Im Jahre 1811 schien der richtige Zeitpunkt zu einer grundlegenden Änderung gekommen. Insbesondere drängte der badische Staatsrat Ruth, der in der Person des Taxisschen Konferenzrates Grub[1] einen im Postwesen äußerst erfahrenen Mann gewonnen hatte, nachhaltig auf alsbaldige Verstaatlichung des Postwesens, da von Frankreich jetzt trotz Taxisscher Machenschaften und etwaiger Umtriebe des Taxissch gesinnten Generalpostdirektors de la Valette nichts zu fürchten sei; er schätzte die damaligen Postüberschüsse aus Baden auf über 100000 Gulden; das Beste sei, schnell zu handeln und Taxis vor die vollendete Tatsache zu stellen. Seine Bemühungen führten zu Verhandlungen mit dem Erblandpostmeister, der sich zum Verzicht auf das Postregal in Baden gegen eine jährliche Rente von 10000 Gulden für seine, des Fürsten Karl Alexander Person und eine dauernde Rente von 25000 Gulden an sein Haus bereit zeigte; statt dieser Summe in bar sollte dem Fürsten ein in der Nähe seiner Güter gelegenes Domanialgut, dessen Wert dem Kapitalwerte von 25000 Gulden gleichkäme, ausgesucht und angeboten werden.

[1] Grub, Württemberger von Geburt, hatte 30 Jahre lang in taxisschen Diensten gestanden, zuletzt bei der Oberpostdirektion in Frankfurt (Main). Als er den Machenschaften der verschwenderischen und leichtfertigen Fürstin, sowie seines Nebenbuhlers, des im Jahre 1805 abgesetzten Oberpostmeisters von Haysdorf, weichen und nach Eisenach versetzt werden sollte, machte er seiner Angabe nach der Fürstin in einem Privatschreiben ernstliche Vorwürfe wegen ihres Lebenswandels und drohte mit Veröffentlichung bezüglicher Tatsachen. Der Fürst sicherte dem Grub Pensionierung mit vollem Gehalte zu, wenn er sich von allen Geschäften zurückziehe. Grub wurde hierauf mehrfach um Verwendung bei der Reorganisation des Postwesens in Baden vorstellig.

Die Rente ist indes in der Folge nicht abgelöst[2], sondern bis Ende 1871 in bar gezahlt worden und wird seit dem Übergange des badischen Postwesens auf das Reich von der Reichspostverwaltung mit jährlich 42857 Mk. 41 Pf. weitergezahlt. Im weiteren wurde dem Fürsten Karl Alexander die Würde eines badischen Erblandpostmeisters sowie für ihn, sein Haus und die diensttuenden Räte das Brief- und Postwagenfreitum auf den badischen Posten zugestanden. Andererseits mußte er alle damals im Großherzogtum angestellten Postbeamten bis zum 1. August 1811 „der geleisteten Dienstpflichten entbinden“ und versprechen, in den bisherigen Postverbindungen keine Störung zu veranlassen; im weiteren trat er den Postwagenpark gegen Entschädigung an Großherzog Karl ab, die Bureaueinrichtungen und Amtsvorräte mußte er der badischen Postverwaltung unentgeltlich überlassen, während die den Beamten aus dem fürstlichen Säckel gewährten Vorschüsse und Anleihen als Privateigentum des Fürsten angesehen wurden.

Mit dem Ableben des Fürsten Karl Alexander kam die lebenslängliche Rente von jährlich 10000 Gulden entgültig in Wegfall; dagegen wurden mittels der Lehensbriefe vom 29. Dezember 1827, 29. Juni 1831 und 27. Mai 1853 die nachfolgenden Fürsten von Thurn und Taxis als Lehensmänner der Krone Baden mit der Würde und dem Amte eines badischen Erblandpostmeisters und der jährlichen Rente von 25000 Gulden weiter belehnt.

Bei der Verstaatlichung des Postwesens wurden die vorhandenen Beamten mit ihren in der Taxisschen Verwaltung erdienten Bezügen übernommen; desgleichen gingen die Gnadenbezüge der Taxisschen Postbeamten, deren Witwen und Waisen, soweit diese Bezüge sich als Ruhegehalte oder als Witwen- und Waisengelder auffassen ließen, auf die badische Staatskasse über. Bei dem bekannten Mangel eines gesetzlichen Anspruchs der Taxisschen Postbeamten auf Ruhegehalt zeigten die ausgeworfenen Beträge keine Einheitlichkeit; im

---

[2] „Verhandlungen, welche noch im Jahre 1822 über Zuweisungen von Domänen im Klettgau stattfanden, deren jährlicher Ertrag auf 20074 fl. berechnet ein Kapital zu 4% von 501860 fl. repräsentierten, welchem Kapital noch der Wert der Gebäude mit 22160 fl. und der Wert von Gütern in Selbstadministration im Betrage von 26200 fl. beizuschlagen ist, wodurch sich das ganze Kapital auf 550220 fl. berechnete, erhielten die Genehmigung des Fürsten v. Thurn und Taxis nicht; wir haben uns dessen zu freuen; der Wert dieser Domänen und Erträgnisse ist seit jener Zeit bedeutend gestiegen.“ Abg. Friderich in der 49. öffentlichen Sitzung der zweiten Kammer vom 21. Dezember 1867.

allgemeinen waren für Postmeister 600, für Postamtsverwalter und Offiziale 300—400, für Kondukteure 250, Briefträger 40—100, für Witwen von Offizialen 200—300, für verwaiste Töchter 75 bis 100 Gulden bewilligt, wobei indes zu berücksichtigen ist, daß die Verwilligungen als reine Gnadenakte Taxisscherseits jederzeit widerrufen werden konnten. Immerhin liefern sie den Beweis, daß sich auch die Taxissche Postverwaltung der Verpflichtung nicht entzogen hat, auch ohne gesetzlichen Zwang für die dienstunfähig gewordenen Beamten und ihre Hinterbliebenen zu sorgen. Nach ihrer Übernahme auf den badischen Staat waren die erwähnten Bezüge der Widerruflichkeit naturgemäß entzogen.

Taxissche Bemühungen um Wiedererlangung des Postregals in Baden.

Trotz der Verstaatlichung des Postwesens hörten die Versuche der Taxianer nicht auf, das Postregal in Baden nochmals für sich zu gewinnen.

Während der langwierigen Bemühungen Badens, mit Frankreich einen günstigen Postvertrag abzuschließen, wogegen Taxisscherseits im geheimen in Paris lebhaft gearbeitet wurde, wandte sich der Fürst von Taxis an Großherzog Karl, gleichzeitig der Frankfurter Generaldirektor von Brints-Berberich an das Ministerium des Innern mit dem Ansuchen, den Fürsten von Taxis mit dem badischen Postwesen gegen eine reichlich zu bemessende fortlaufende Abgabe wieder zu belehnen; es gelang in der Tat, den Minister des Innern von Berckheim wie den nach Paris entsandten Postkommissar Hilpert zu der Ansicht zu bringen, die badische Postkasse führe am besten, wenn sie das Postwesen wiederum an Taxis überließe, indem alsdann „der badische Staat auf einen immerwährenden und unveränderlichen reinen Bezug der eigentlichen bisherigen Erträgnisse rechnen könnte". Die beiden Männer ließen sich insbesondere von der Furcht beeinflussen, Österreich werde seinen Postverkehr nach und von Frankreich über die Schweiz leiten, wodurch der badischen Postkasse die hohen Transitvergütungen entgehen müßten. „Die Revenuen aus dem Postinstitut sind dermalen auf einen Stand gebracht, daß sie nicht höher getrieben werden können. Wenn Eure Kgl. Hoheit das nächst andere Mittel, der Staatskasse den seitherigen Vorteil zu sichern, ergreifen und Sich entschließen sollten, die Posten an den Herrn Fürsten von Thurn und Taxis gegen ein aus der Durchschnittsberechnung des reinen Ertrags resultierendes Aversionalquantum .... abzutreten, so wäre man gegen den Verlust gesichert; die Kasse würde ihr bestimmtes Quantum ziehen, die Verhältnisse möchten nun die nämlichen bleiben, oder, was leicht möglich ist, eine noch schlimmere Wendung nehmen", so der Minister des Innern von Berckheim an Großherzog Karl am 21. Oktober 1816. Dieses Ansinnen Berckheims wie die auf das gleiche hinauslaufenden Gutachten des Oberpostdirektionsassessors Hilpert in Paris müssen um so mehr überraschen, als der Postertrag seit 1811 eine steigende Richtung einhielt. So hatte sich dieser von 46115 fl. 16 kr. im Jahre 1811 auf 142538 fl. 5 kr. im Jahre 1815 — nach Abzug der Unkosten einschließlich der Taxisschen Abfindungssumme von 35000 fl. — gesteigert. An der Entschlossenheit des Großherzogs scheiterten denn auch die Ratschläge Berckheims wie seines Schützlings Hilpert, und die Nachwelt muß es der Krone Dank wissen, daß sie in jener schwierigen Zeit derartigen Ratschlägen keine Folge gegeben hat; das Postwesen in Baden war und blieb badisch.

Organisation des Postwesens unter der badischen Verwaltung.

Bei der Verstaatlichung des Postwesens wurde vom 1. August 1811 ab zunächst eine provisorische Postdirektion errichtet; an deren Stelle trat laut der landesherrlichen Verordnung vom 11. März 1814 als ständige Kommission zur Leitung des Postwesens in Baden die „Großherzogliche Ober-Postdirektion" mit einer Rechnungsrevision und einer Inspektion über die Postämter und Posthaltereien. Die Oberpostdirektion war in Verwaltungs- und Rechnungssachen dem Ministerium der Finanzen, in den übrigen Geschäftszweigen dem der auswärtigen Angelegenheiten unmittelbar untergeordnet. Den Sitzungen des letzteren sollte der Oberpostdirektor bei wichtigen Beratungen in Postsachen mit Sitz und Stimme beiwohnen, umgekehrt konnte das Ministerium einen Beauftragten zu den Sitzungen der Oberpostdirektion entsenden. Das Personal bestand anfangs nur aus dem Oberpostdirektor mit dem Range der Kreisdirektoren, zwei Räten im Range der Kreisräte, dem Postinspektor, zwei Sekretären und einem oder zwei Kanzlisten.[3]

---

[3] Vorstand der Oberpostdirektion bzw. der nachmaligen Generaldirektion waren der Reihe nach 1811 Grub, 1812 von Kronfels, 1814 Grub, 1819 Ge-

Der Oberpostdirektion stand die Regelung des Verkehrs, die Aufsicht über die nachgeordneten Anstalten und Beamten, die Handhabung der erlassenen Verordnungen sowie die Aufsicht und obere Leitung der Rechnungsrevision und der Generalpostkasse zu; ihre Strafbefugnis gegen Beamte erstreckte sich bis zum Strafbetrage von 15 Reichstalern, gegen Unterbeamte bis zur Verhängung einer vierzehntägigen Arreststrafe. In Ersatzfällen war sie als erste Instanz zuständig bis zum Betrage von 25 Gulden; Ausgaben für Anschaffung von Felleisen, Herstellung von Wagen zc. konnte sie bis zum Betrage von 50 Gulden selbständig anweisen. In allen übrigen Fällen hatte sie an das zuständige Ministerium zu berichten, also namentlich wegen Anlegung und Abänderung von Postkursen, Änderung in den Einrichtungen, Tarifen und Taxen, wegen allgemeiner Verordnungen in Postsachen, Verträge mit anderen Postverwaltungen, Dienstenthebung von Beamten sowie wegen Gnadensachen überhaupt. Außerdem lag ihr ob, jährlich einen Bericht über ihre Geschäftsführung und den Zustand des Postwesens mit Verbesserungsvorschlägen an das Ministerium der auswärtigen Angelegenheiten zu erstatten. Die Geschäftsbehandlung bei der Oberpostdirektion war kollegialisch.

Das Personal der Rechnungsrevision bestand aus einem Direktionsrat als Abteilungsvorsteher, zwei Revisoren und einem Akzessisten.

Die Postinspektion war zur dauernden Aufsicht über die Postämter und Posthaltereien bestimmt und hatte nach den jedesmaligen Aufträgen der Direktion und einer besonderen Dienstanweisung zu verfahren. Der Postinspektor hatte Sitz und Stimme im Rate der Oberpostdirektion.

Die drei Oberpostämter zu Karlsruhe, Mannheim und Kehl, deren Vorsteher die Amtsbezeichnung Oberpostmeister führten, erhielten ebenfalls für ihre Geschäftsführung eine besondere Dienstanweisung. Der Karlsruher Oberpostmeister war zugleich Generalpostkassier und mit der Aufsicht über den Gang der Brief- und Postwagenkurse im ganzen Lande beauftragt. Sämtliche Stundenpässe mußten an das Oberpostamt Karlsruhe eingesandt werden. Auf Grund der von dem Oberpostmeister gefertigten Versäumnis-

heimer Referendär von Fahnenberg, 1835 Geheimer Legationsrat von Mollenbec, 1849 Legationsrat Freiherr von Reitzenstein, 1854 Geheimrat Zimmer bis zum Übergang in Reichsverwaltung.

auszüge, gegen die Beschwerde an die Direktion zulässig war, verfügte diese die Einziehung der verwirkten Strafbeträge.

Der erste badische Oberpostdirektor war der vormalige Taxissche Konferenzrat Grub, die ersten Direktionsräte waren die bisherigen Taxisschen Direktionsräte Braun und Dahmen. Postinspektor wurde der Oberamtsvorstand Eisele, erster Oberpostmeister von Karlsruhe und zugleich Generalpostkassier der bisherige Postmeister von Reinöhl zu Konstanz.

Das Betriebspersonal gliederte sich in Vorsteher der Postanstalten als: Postmeister, Postamtsverwalter, Postexpediteure und Posthalter, sowie in die Postverwalter, Offiziale und Dienstgehilfen. Das Oberpostamt Karlsruhe beschäftigte außer dem Oberpostmeister von Reinöhl drei Offiziale, bei den Oberpostämtern Kehl und Mannheim waren außer den Vorstehern (Tridant und Geh. Rat von Ludwig) je zwei Offiziale, bei den fünf Postämtern je ein Offizial beschäftigt.[4]

An Postanstalten waren insgesamt vorhanden:

3 Oberpostämter: Karlsruhe, Kehl und Mannheim.

5 Postämter: Konstanz, Freiburg, Heidelberg, Offenburg und Rastatt.

4 Postwagenexpeditionen: Bruchsal, Heidelberg, Karlsruhe und Mannheim.

10 Postverwaltungen: Tauberbischofsheim, Bruchsal, Donaueschingen, Meersburg, Meßkirch, Radolfzell, Stockach, Überlingen, Villingen und Weinheim.

12 Postexpeditionen: Baden-Baden, Breisach, Durlach, Gengenbach, Haslach, Lahr, Philippsburg, Renchen, Schopfheim, Säckingen, Staufen und Walldürn.

57 Posthaltereien, die zugleich den Postexpeditionsdienst mitzuversehen hatten und

5 Relaisposthaltereien, so daß insgesamt 96 Anstalten zur Wahrnehmung des Postdienstes in Betracht kamen.

Anderweitige Stellung der Oberpostdirektion.

Die Teilung der oberen Leitung des Postwesens zwischen dem Ministerium der Finanzen und dem der auswärtigen Angelegenheiten wurde zwecks Vereinfachung und Erleichterung der Geschäftsführung im Jahre 1820 aufgehoben und die Oberpostdirektion

[4] Vgl. auch Stat. Handbuch für das Großh. Baden, November 1814.

nur noch dem Ministerium der auswärtigen Angelegenheiten unterstellt. Gleichzeitig wurde ihr die unbeschränkte Anweisung der Ausgaben des laufenden Dienstes sowie die unmittelbare Besetzung aller niederen Dienste, der Packer-, Kondukteur- und Briefträgerstellen und die Abschließung der Posthaltereiverträge zugestanden. Die Revision der Postrechnungen hatte durch die Oberrechnungskammer zu erfolgen. Die Aufstellung des Postetats war im weiteren Sache der Oberpostdirektion, von der ihn das Finanzministerium zur Aufnahme in den General-Finanzetat erhielt. So sehr diese Erweiterung der Befugnisse der postalischen Oberbehörde zu begrüßen war, so sehr ist zu bedauern, daß hierbei nicht ein Schritt weiter gegangen und die aus Fachmännern zusammengesetzte Kollegialbehörde der Oberpostdirektion mit den Befugnissen eines selbständigen Ministeriums ausgestattet wurde. Die Folge dieser Unterlassung zeitigte im Werdegange des badischen Postwesens oftmals die unerfreuliche Tatsache, daß die wohlbegründeten, den Verkehrsbedürfnissen Rechnung tragenden Anträge der Fachmänner am grünen Tische kein Verständnis oder sagen wir milder nicht die nötige Würdigung fanden, und daß sich die papierene Weisheit aus langatmigen Erwägungen und veralteten Anschauungen oftmals hinwegsetzte über die dringenden Erfordernisse des praktischen Dienstes wie des neuzeitigen Verkehrslebens.

Zustand des Postwesens im allgemeinen.

Noch im Jahre 1810 hatte es in Deutschland gegen dreißig Postinstitute gegeben, von denen in der Regel nur die aneinander angrenzenden in losem Zusammenhange miteinander gestanden hatten. Daß bei einer solchen Verfassung des Postwesens dem Verkehr gewaltsam Fesseln angelegt wurden, erhellt ohne besondere Beweisführung. Der Wiener Kongreß minderte zwar die Zahl der selbständigen „Territorial-Postinstitute" auf siebzehn herab, ohne indes zwischen diesen ein engeres Band zu knüpfen, und die unselige Kleinstaaterei verstand es vortrefflich, den engbegrenzten Horizont der Verkehrsanschauungen vergangener Jahrhunderte teilweise auch dem neuen Jahrhundert während seiner ersten Hälfte zu erhalten. Hohe, zum Teil sehr hohe Taxen, die in ihrer Buntheit vom Publikum nicht übersehen werden konnten, dabei Langsamkeit der Beförderung, Umständlichkeiten aller Art bei der Einlieferung der Postsendungen wie in der Erhebung der verschiedenen

Taxen und Nebengebühren (Fahrschein, Trinkgeld, Schmiergeld, Chaussee- und Brückengeld, Packerkreuzer, Scheingebühren ꝛc.), die verschiedenen Währungen, ungeeignete Kursregelungen, Mangel sicherer Anschlußverbindungen, dazu eine gewisse patriarchalische Neugier der Polizeiorgane über das Woher, Wohin, den Namen und Stand der Reisenden, außerdem eine unvergleichliche Rückständigkeit im Postwagenbau sowie der Mangel jeglicher Bequemlichkeit der Reisewagen — und es wird Niemand zu behaupten wagen, daß in dem weltbewegenden Anfang des neunzehnten Jahrhunderts ein wesentlicher Fortschritt im Verkehrsleben zu verzeichnen war.

Innerer Verkehr.

Von der Taxisschen Postverwaltung waren besondere Gebäude für den Postdienst in Baden nicht erbaut worden; die Post, die damals noch keinen bedeutenden Raum erforderte, wohnte vielmehr zur Miete und zog mit dem Amtsvorsteher bei seinem Wohnungswechsel ebenfalls mit. Es hatte sich nun an den größeren Orten unter Billigung der Taxisschen Verwaltung das Verhältnis herausgebildet, daß sich die Postvorsteher eigene Häuser erworben hatten, in denen die Postämter wenigstens vor Kündigung geschützt waren. Für die Amtsvorsteher selbst hatte dieser Zustand in Kriegsjahren eine sehr bedenkliche Seite, wie namentlich der Oberpostmeister von Kehl erfahren mußte. Er bezog vor den Befreiungskriegen für Stellung der Diensträume und Amtsbedürfnisse eine jährliche Bauschvergütung von 280 Gulden und unterhielt einen Poststall von dreißig Pferden. Während der Kriege wurde sein Haus dreimal niedergerissen, ja er mußte flüchten und sein Amt nebst dem Poststall, der auf acht Pferde zurückgegangen war, nach Kork verlegen. Nur mit staatlicher Unterstützung gelang es ihm im Jahre 1814, sein Wohnhaus in Kehl wieder aufzubauen. Die badische Verwaltung vermochte nur allmählich in diesen Verhältnissen Wandel herbeizuführen. In Mannheim, Bruchsal, Heidelberg und Kehl konnte zunächst nichts geändert werden, weil die den Postvorstehern für ihre Häuser zugestandene Miete einen Teil ihres festen Einkommmens bildete. Dagegen ließen sich in Konstanz, Offenburg und Freiburg, wo insbesondere Schwierigkeiten wegen Unterbringung des Fahrpostdienstes entstanden waren, in Bälde Verbesserung durch Bereitstellung herrschaftlicher Gebäude zur Mitbenutzung seitens der Post herbeiführen, was in Konstanz zuerst geschah (1817). In der Folge wurden in den verkehrsreichen Orten eigene Posthäuser errichtet und man unterschied bereits vom Jahre 1820 ab die Expeditionslokale auf herrschaftliche Kosten von denen auf Kosten der Postbeamten.

Der Annahme- und Abfertigungsdienst gestaltete sich noch sehr umständlich. Bis zum Jahre 1819 gab es keine Briefladen (Briefkasten). Erst unter dem 27. März desselben Jahres machte das Oberpostamt in Karlsruhe bekannt, daß in Berücksichtigung der vielen Vorteile, die dem korrespondierenden Publikum durch die in anderen Ländern schon bestehenden Briefladen (boites aux lettres) zugehen, diese Einrichtung vom 1. April ab auch in Baden durch Anbringung der ersten Brieflade am Oberpostamt ins Werk gesetzt werden solle, der erst im Jahre 1828 eine zweite in der Langenstraße folgte. Dabei wurde noch ausdrücklich darauf hingewiesen, daß Briefe an Personen und Behörden in Karlsruhe selbst ebensowenig in die Lade gelegt als am Schalter abgegeben werden dürften, sonst würden sie verbrannt werden. Daß diese ersten Briefladen nicht sehr geräumig, die Abfertigung der Briefposten dagegen sehr zeitraubend gewesen sein müssen, zeigt die wiederholte Warnung an die übrigen Behörden am Orte, die Dienstbriefe nicht in den Stadtbriefkasten, sondern in die Briefladen am Briefpostamt einlegen zu lassen, weil anderenfalls der Briefkasten überfüllt und infolge so vieler zu gleicher Zeit eintreffenden Schreiben der rechtzeitige Abgang der Briefpost in Frage gestellt würde. Das Einlegen von Briefen zwischen den am Orte ansässigen Behörden wurde noch im Jahre 1844 ernstlich verboten, weil diese Bequemlichkeit der Kanzleidiener die Ortsbestellgänge erschweren und zu lang ausdehnen würde.

Da die Marken erst später eingeführt wurden, mußten auch die sämtlichen gewöhnlichen Briefe, die frankiert werden sollten, am Schalter aufgeliefert werden. Sache des Annahmebeamten war es, das Franko auf der Siegelseite zu vermerken, wobei dieses bei Briefen nach außerhalb Badens nach ausländischem und inländischem Anteil getrennt werden mußte. Die Stempelung der Briefe mit einem einfachen Aufgabestempel, der lediglich den Namen des Ortes enthielt, fand schon unter der Taxisschen Verwaltung seit ungefähr 1780 an statt. Nach Abschluß der französischen Postkonvention vom Jahre 1802 wurde in Baden an sämtliche Postämter Stempel von Messing neu ausgeteilt, die sich indes als leichtes Fabrikwerk bald abnützten, so daß im Jahre 1808 nach dem Berichte des Taxisschen Oberpostdirektors von Kronenfels trotz aller Sorgfalt keine deutliche Stempelung mehr möglich war. Es wurden damals neue Stempel von Eisen, das Stück zu vier Gulden, in Augsburg bestellt und damit alle Postämter ausgestattet. In der Folge kamen die weiteren Stempel PP für frankierte Briefe nach Frankreich sowie solche mit dem Aufdruck Chargé in roter Farbe für Einschreibbriefe hinzu. Der Übergang von den durchaus dürftigen Aufgabestempeln zu solchen mit Angabe des Aufgabetages und der Einlieferungsstunde fand erst später statt.

Die Überweisung der eingelieferten Briefschaften nach weiterhin erfolgte ähnlich dem heutigen Kartenschlußverfahren mittels der sogenannten Lokal- und Transit-Amtspakete, worunter die posttäglich regelmäßige Überweisung von Briefen unter Umschlag und Beifügung einer Berechnung („Korrespondenzkarte") über das erhobene Franko und Auslagfranko sowie über das von dem Bestimmungspostamt zu verrechnende Porto und Auslagporto verstanden wurde. Da eine Umarbeitung von Briefschaften während der Beförderung ausgeschlossen war, so mußten die Briefsendungen nach entfernten Gegenden naturgemäß eine Reihe von Postanstalten berühren, die die Umarbeitung und Kartierung auf eine dem Bestimmungsorte nähergelegene Ortspostanstalt besorgten, bis sie schließlich in das Lokal-Amtspaket auf diesen selbst aufgenommen werden konnten. Die Folge dieser direkten Spedition von Anstalt zu Anstalt war eine übermäßig große Anzahl von Amtspaketen (Kartenschlüssen) zwischen den Postanstalten. So zählte man im Jahre 1815 insgesamt 533 Paketschlüsse zwischen den badischen Postanstalten untereinander und 163 zwischen Baden und dem Auslande, wodurch sich das Abrechnungswesen ungemein weitläufig und zeitraubend gestalten mußte. Zur Beschleunigung der Rechnungslegung versuchte man es mit dem „Approximations-Status", der darin bestand, daß die Ämter spätestens acht Tage nach Ablauf des Vierteljahrs die Rechnungen an die Postrechnungsrevision in Karlsruhe einzuschicken hatten, damit diese vorläufig wenigstens den ungefähren Ertrag jedes Postamts beurteilen konnte; alles Weitere wurde nachher geprüft. Die vielen Einzelabrechnungen mit dem Ausland verzögerten insbesondere die glatte Rechnungslegung, so daß es meistens einige Monate dauerte, bis die Generalpostkasse die geprüften Schlußsummen erhielt und die Ablieferung des Überschusses an die Amortisationskasse erfolgen konnte.

Vom Jahre 1816 ab hatten alle Verwaltungs- und Betriebsbeamten in barem Geld, in Gütern oder gültigen Obligationen Kaution zu stellen.

Die Postillione trugen Uniform schon seit dem Entstehen eines geordneten Postwesens; im Jahre 1811 erhielten die Briefträger gleichfalls Uniform, so daß von dem mit dem Publikum in unmittelbare Berührung kommenden Personal nur noch die neuerdings aufgekommenen Kondukteure ausstanden; diese bildeten denn auch nach einem Berichte der Oberpostdirektion von 1817 im Gegensatz zu den Postwagenkondukteuren der benachbarten Postverwaltungen, die diesen Beamten eine ihrem Stande angemessene Uniform gaben, in ihrer bunten Kleidung einen erbärmlichen Abstand, der in den Augen des Publikums auf die Verwaltung selbst ein ungünstiges Licht werfen müsse. Hierauf erhielt vom 1. Januar 1818 ab jeder Kondukteur einen jährlichen Beitrag von 25 Gulden zu seiner Ausrüstung, von der Seitengewehr, Pistolen und Brustschild Eigentum des Staates blieben.[5]

Die Höhe der Gehälter und teilweise auch die Art der Besoldung ließen sehr zu wünschen, wenngleich eine Besserstellung

[5] Neue Uniform für sämtliche Beamte und Angestellte der Postadministration wurde am 23. August 1837 vorgeschrieben. In dieser hatten sie nicht nur bei feierlichen Anlässen zu erscheinen, sondern alle Dienstverrichtungen wahrzunehmen, bei denen sie mit dem Publikum in Berührung kamen. Für die Beamten: Uniformrock von dunkelblauem Tuch mit stehendem Kragen und Ärmelaufschlägen von schwarzem Sammet, Galauniform mit goldener Stickerei. Pantalons von gleichem Tuch, Stiefel mit Sporn von gelbem Metall, Gala: weiße anliegende Beinkleider, große Stiefel (bottes à l'ecuyer) mit silbernem Sporn. Dreieckiger Hut mit badischer Kokarde. Zivildegen von vergoldetem Metall mit Griff von schwarzem Holz und goldenem Portepee. Für die Unterbeamten: Dunkelblauer Frack mit liegendem Kragen, Aufschlägen von schwarzem Manchester, auf der linken Brust ein silberner Wappenschild an einem Löwenkopf mit drei Kettchen befestigt. Weste von hellgelbem Tuch, Pantalons von dunkelblauem oder grauem Tuch, Leinwand, weißem Sommerzeug. Stiefel, Uniformmütze von dunkelblauem Tuch mit schwarzledernem steifen Schild, bei schlechtem Wetter Überrock. Für die Postillione: Rot passepoiliertes Kollett von hellgelbem Tuch, Aufschläge, Achselklappen, Unterfutter von scharlachrotem Tuch, gelb und rot gewirkter wollener Reitgürtel, weißlederne Beinkleder, bei schlechter Witterung Reithosen von dunkelblauem Tuch, schwarzl. runder Hut, Mantel von dunkelgrauem Kirsay mit scharlachrotem Kragen, Posthorn an einer gelben und roten Schnur mit Quaste über rechter Schulter. Zur Erzielung der nötigen Gleichförmigkeit und Preisermäßigung wurde verwaltungsseitig eine Kommission zur Anschaffung des Tuches en gros bestellt.

in der Richtung nicht in Abrede gestellt werden kann, daß wenigstens die Unterbeamten im Verhältnisse zu denen der Taxisschen Postverwaltung besser gestellt wurden. Die oberen Beamten allerdings bezogen kärgliche Gehalte. Ja, es konnte bei dem damaligen, aus der Taxisschen Zeit übernommenen Verfahren wohl vorkommen, daß sich beispielsweise die Briefträger in den größeren Städten so gut oder noch besser stellten einschließlich ihrer Nebeneinnahmen als selbst die Räte der Oberpostdirektion. Noch immer bestand die Einrichtung, daß sich das Einkommen der Betriebsbeamten und Unterbeamten aus ständigen und unständigen Einnahmen zusammensetzte; zu den letzteren zählten, wie schon unter Taxis, die Zeitungsemolumente, Schein- und Nebengebühren sowie die Briefträger- und Packerkreuzer. Die Briefträger, Packer und Kondukteure kamen noch lange nur mit ihren etwaigen fixen Zuschüssen und Diäten unter dem Titel Hilfspersonal in den Staatsvoranschlag, da sie völlig oder in der Hauptsache aus den Bestellgebühren bezahlt wurden. Hinsichtlich der Zeitungsemolumente hatte schon Grub, allerdings erfolglos, den Antrag gestellt, diese in den beiden Großstädten Karlsruhe und Mannheim zur Postkasse zu verrechnen und die bisherigen Anteile der Beamten als ständige Besoldung anzusetzen. Im Jahre 1815 bezogen der Oberpostdirektor Grub 2500[6] Gulden nebst freier Wohnung, Oberpostrat Braun 2200, Postinspektor Eisele 1200, die Direktionssekretäre von Keller und von Stöcklen 1200 bzw. 900 und die Rechnungsrevisoren sowie der Kanzlist 650 bis 950 Gulden. Von den Betriebsbeamten bezogen an ständigen und unständigen Einnahmen zusammen: Jeder der drei Oberpostmeister 1700[7] bis 2364 Gulden, die Offiziale (Sekretäre) 420 bis 1320, der Postwagenexpeditor 900 Gulden, die Briefträger 750 bis 986, die Postwagenkondukteure 300 Gulden Gehalt nebst 150 Gulden Diäten, den unständigen Einnahmen aus dem Auf- und Abladen sowie den Trinkgeldern. Die Posthalter wurden für ihre Postdienstleistungen durch Portoanteil entschädigt, während sie für die Fahrtleistungen die vertragsmäßige Fuhrvergütung erhielten. Im Jahre 1819 dringt nun Oberpostdirektor von Fahnenberg nachdrücklichst auf eine gehaltliche Besserstellung des Personals sowie eine gerechtere Gehaltsfestsetzung in der Rich-

[6] Früher 4407 fl.

[7] Oberpostmeister von Reinöhl in Karlsruhe nur 1700 fl., daneben aber Dienstwohnung.

tung, daß die Besoldungen nach einem mit der Arbeitsleistung und der Wichtigkeit der Stellen im richtigen Verhältnis stehenden festen Typus geregelt werden, damit jeder Willkür und allen Reklamationen ein Ende gemacht wird. Der Dienst der Postbeamten — so führt Fahnenberg zutreffend aus — erfordere stets angestrengte Aufmerksamkeit, dulde keine Schonung, zu der außerordentlichen Beschwerlichkeit (Nachtdienst) komme das große Risiko; die Dienstleistungen der Postbeamten seien also schwieriger als die der übrigen Staatsdiener; traurig sei es, daß Beamte, denen so Vieles und so Wichtiges anvertraut werden müsse, kärglich, ja nicht einmal notdürftig besoldet würden; darin liege eine Unbilligkeit, eine höchst übel angebrachte Sparsamkeit, die natürlich auf den Beamten und den Dienst zurückwirke; daher sei Wandel zu schaffen durch festen an der Stelle haftenden Gehalt und durch Aufrücken in die besser bezahlten Stellen nach der Brauchbarkeit. Das badische Postinstitut werfe der Staatskasse eine Summe ab, die im Verhältnis zu dem Postertrag anderer Länder bedeutend sei und die beinahe gänzlich aus dem Ausland gezogen werde. Der Ertrag mehre sich von Vierteljahr zu Vierteljahr, er übersteige jetzt, im Jahre 1819, das Erträgnis der beiden vorhergehenden Jahre um 8000 bis 12000 Gulden, während der Etat der Oberpostdirektion gerade in diesen Jahren verringert und das Personal vermindert worden sei. Ausweislich der späteren Haushaltsetats hat auch eine Gehaltsaufbesserung mäßigen Umfangs stattgefunden wie der Effektivetat vom 1. November 1834 dartut. Darnach bezog der Oberpostdirektor 3000, die Räte 1500 bis 2000, der Generalpostkassier 1900 und die Revisoren 900 bis 1200 Gulden; die Gehälter der Lokalpostverwaltung betrugen 1800 Gulden für den Oberpostmeister, 1200 bis 1600 für die Postmeister, 600 bis 1350 für die Offizialen und Expeditoren.

In den ersten vier Jahrzehnten des neunzehnten Jahrhunderts neigte man immer noch der Ansicht zu, daß es recht eigentlich Sache der Postverwaltung sei, den Verkehr auf weite Entfernungen zu besorgen, während dem Nahverkehr keine Bedeutung zuerkannt wurde. Daher kam es auch, daß den Reise- und Versendungsverkehr auf weniger weite Strecken die Hauderer an sich zogen und anscheinend dabei gute Geschäfte machten. So sagte im Jahre 1815 der sonst mit weitem Blick begabte Oberpostdirektor Grub: „Die gar zu enge verbundenen Städte Mannheim und Heidelberg bedürfen einer häufigen Verbindung, die ihnen die Post nicht gewähre, weil diese für kurze Strecken keine kostspieligen Anstalten treffen könne; wenn im übrigen die Hauderer sich zu weiten Reisen versteigen wollten, so solle man ihren Betrieb auf Grund der bestehenden polizeilichen Gesetze strenger kontrollieren, worauf sich ihre Unternehmungslust von selbst legen werde". Im weiteren ist noch bezeichnend für die Verhältnisse im Anfange des neunzehnten Jahrhunderts, daß unter dem 27. Februar 1806 eine landesherrliche Verordnung gegen die Schulversäumnisse erlassen werden mußte, die durch das Botengehen und Brieftragen schulpflichtiger Kinder hervorgerufen würden.

Im Verkehr mit dem Ausland.

Den leitenden Männern wollte es beim Abschluß neuer Postverträge weitreichender Bedeutung nur schwer gelingen, sich von dem veralteten Standpunkt loszureißen, daß es nämlich der Höhepunkt diplomatischer Weisheit sei, den Durchgangsverkehr so hoch wie möglich zu besteuern und zu diesem Zweck an dem Einzeltransit der Sendungen festzuhalten. Durch Umleitungen kaum glaublicher Art wurden diese noch weiter verteuert. Zum Teil brach mit diesen veralteten Anschauungen zwar die bayrisch-württembergische Übereinkunft von 1810, bei der zum erstenmal der Grundsatz aufgestellt wurde, zur Verbilligung des Portos und Beschleunigung der Beförderung die Korrespondenz auf dem direktesten und billigsten Wege weiterzuleiten. Allein schon der Nächstbeteiligte, Taxis, weigerte sich, dieser Übereinkunft beizutreten, da er dem sich steigernden Transitverkehr Württembergs gegenüber einen Ausfall von 20000 Gulden Transitgebühren befürchtete. Erst die Umleitung der Korrespondenz von Sachsen, Nürnberg, Augsburg und Ulm nach Basel und weiterhin über Lindau—St. Gallen—Zürich veranlaßten Taxis zum Einlenken. In dem folgenden Vertrage zwischen Bayern und Baden kam es zur Verabredung der unmittelbaren Korrespondenzzufuhr in Amtspaketen und der Leitung der Postwagensendungen auf der geradesten und der die Beförderung am meisten beschleunigenden Route. Die praktische Bedeutung dieser Übereinkunft zeigte sich zunächst darin, daß Bayern seinen Postverkehr nach und von Basel wieder über die direkte badische Strecke Ulm—Stockach—Basel leitete. Jede Verwaltung hatte die Beförderung bis zur ersten Grenzstation des anderen Postgebiets zu leisten und nach diesen Beförderungsstrecken die Taxen gemäß den in ihrem eigenen Gebiet geltenden Bestimmungen zu beziehen. Es folgten in den Jahren 1812/13 die Verträge mit Basel und Schaffhausen, die die Leitung der überaus wichtigen und einträglichen Transitpakete von Frankfurt nach Basel und Schaffhausen sowie derjenigen von Basel und Schaffhausen nach und durch Württemberg und Bayern regelten. Hierbei erhielt Baden den ausschließlichen Transitverkehr aus Basel und Schaffhausen nach Württemberg und Bayern in geschlossenen Amtspaketen auf dem alleinigen Wege über Waldshut—Stockach zugesichert.[8] In der Folge bemühte sich die badische Postverwaltung nach Kräften, den Durchgangsverkehr Norddeutschland—Schweiz—Italien auf die badischen Kurse zu ziehen und ihn durch günstige Beförderung darauf zu erhalten. Die natürliche Lage Badens drängte die Postverwaltung darauf hin, sich aus der Vermittelung des Verkehrs zwischen Nord und Süd eine Haupteinnahmequelle zu schaffen. Sie begnügte sich daher auch nicht mit der Erneuerung der berührten Verträge (1822), sondern ging dazu über, mit Zürich eine unmittelbare Postverbindung über Blumberg—Stühlingen—Eglisau — also mit Umgehung von Schaffhausen — herzustellen, die sich sehr gut bewährte und auf die Vertragstreue von Schaffhausen wohltuenden Einfluß ausübte. Dieses hatte nämlich auf Taxissches Ersuchen den **Postverkehr von Baden ab- und durch Württemberg umgeleitet**, als es Taxis gelungen war, das württembergische Postwesen an sich zu ziehen (1819/20). Infolge des direkten Verkehrs Baden—Zürich konnten ähnliche Machenschaften der badischen Postverwaltung keinen wesentlichen Eintrag mehr tun. Zuvor hatte Baden noch mit dem Kanton Aargau einen Postvertrag abgeschlossen, demgemäß an Stelle der direkten Verbindung Lörrach—Rheinfelden eine solche zwischen Lörrach und Basel trat und auf gemeinschaftliche Kosten dreimal wöchentlich verkehrende Briefpost-

[8] Für die Transitleistung bezog es acht Kreuzer für das Lot Bruttogewicht, wogegen es sich für die Beförderung aller mit diesem Kurs transitierenden fremden Posten verbindlich machen mußte. Das Gewicht der verschlossenen Amtspakete mit der außerbadischen Korrespondenz wurde in Basel und Stockach festgestellt; die Abfertigung des badischen Postwagens erfolgte durch das Postamt in Basel, so daß Alles in Allem genommen ein Fortschritt in den Postbeziehungen zwischen der Schweiz und den süddeutschen Staaten anzuerkennen ist. Der Übergang vom Einzeltransit zum Durchgangsverkehr in geschlossenen Amtspaketen ward hiermit vorbildlich angebahnt.

verbindungen Thengen—Rheinsheim hergestellt wurden (1818). Mitte der dreißiger Jahre wurden die badisch-schweizerischen Postverhältnisse neu geregelt durch den Postvertrag mit der Republik Bern (1834), in dem sich die beiden Staaten unmittelbare Auslieferung der Brief- und Fahrpostsendungen mittelst täglicher Verbindungen Rheinfelden—Aarau bzw. Zurzach—Aarau—Murgenthal sowie Basel—Aesch zusicherten, durch die Verträge mit St. Gallen (1834), Schaffhausen (1836), in denen unmittelbare Verbindungen durch die täglich verkehrenden Kurse Blumberg—Jestetten—Singen, Rheinheim—Schaffhausen sowie Oberlauchingen—Schaffhausen vereinbart wurden, endlich durch den Vertrag mit dem Kanton Basel (1837). Diesem versprach Baden, seine eigene sowie die aus den Niederlanden, Norddeutschland und Rheinbayern durch Baden geleitete Korrespondenz unmittelbar zuzuführen, gestattete ihm den Durchgang geschlossener Posten nach und von Bayern, während sich Basel verpflichtete, die Korrespondenz nach dem Norden wie nach Bayern und Württemberg ausschließlich über die badischen Posten zu leiten. Nunmehr waren dem internationalen Durchgangsverkehr Norden—Schweiz—Italien zwei große badisch-schweizerische Linien gesichert, nämlich Norden—Basel (Rheinfelden oder Zurzach)—Bern—Genf, Bern—Interlaken und Singen—Schaffhausen—Zürich—Mailand, sowie eine dritte Linie für den badisch-schweizerischen Grenzverkehr Singen—Konstanz—St. Gallen.

Verhandlungen mit Frankreich, Bayern und Taxis.

Ungleich schwieriger gestalteten sich die Verhandlungen mit Frankreich. Zufolge des zwischen dem citoyen Laforest und dem Taxianer, Baron von Brints-Berberich, abgeschlossenen Vertrag von 1801[9] waren die Postämter Kehl, Mannheim, Kassel, Thal-Ehrenbreitstein, Deutz und Düsseldorf als Auswechselungsstationen bestimmt worden; von diesen hatten die Postämter Kehl (Straßburg) und Deutz (Köln) eine erhöhte Bedeutung, weil französischerseits durch diese ein täglicher Austausch, durch die übrigen nur eine wöchentlich zweimalige Auswechselung stattfand. Zunächst wurde über Kehl—Straßburg die Korrespondenz von ganz Oberdeutschland, Sachsen, Schlesien, Mark Brandenburg, Hessen und Öster-

[9] Traité entre l'office des postes de la République francaise et le Generalat héreditaire des postes de l'Empire germanique conclu à Paris le 14/31. Dezembre 1801.

reich ausgetauscht, später zog sich ein Teil davon über Kassel—Mainz. Es bildete daher das deutsch-französische Transitporto lange Zeit die ergiebigste Quelle der taxisschen und nachmals der badischen Posteinnahmen. Die Auswechselung über Kehl—Straßburg geschah französischerseits, abgesehen von der vorteilhaften Lage der beiden Ämter und der günstigen Anschlußverbindungen, auch aus der weiteren Erwägung heraus, die Korrespondenz solange wie möglich auf französischem Boden zu befördern und aus dem Umwege entsprechend höhere Gebühren zu ziehen. Nach Beendigung der Befreiungskriege bemühte sich Baden ernstlich, alsbald wieder mit Frankreich einen gleich günstigen Postvertrag abzuschließen; hatte ja doch selbst in den Kriegsjahren 1811—1813 der badische Anteil an dem Transitporto in jener überaus geld- und verkehrsarmen Zeit jährlich rund 20000 Franken betragen. Zuerst entsandte die badische Postverwaltung (1811) den Oberpostamts-Offizial Dilly nach Paris, der die Postbeziehungen zwischen Baden und Frankreich auf Grund der bisherigen Verträge wiederherstellen sollte; hierbei unterstützte ihn der Legationsrat Gerstlacher, der auch die Begleichung der in den letzten Jahren unerledigt gebliebenen Abrechnungen durchführen half. Frankreich verfuhr äußerst diplomatisch. Zunächst erklärte es erst sein eigenes Postwesen in Ordnung bringen zu müssen, bevor es zu Verhandlungen mit anderen Staaten übergehen könne. Im Jahre 1816 entsandte die Regierung den Oberpostdirektionsassessor Hilpert als Postkommissar nach Paris, um die inzwischen durch die Diplomaten geführten Verhandlungen mit den französischen Delegierten fortzusetzen. Es erscheint überaus merkwürdig, daß zu Verhandlungen von solcher Tragweite ein junger Beamter ausersehen wurde — der überdies noch der Ansicht war, es sei das Beste, das Postwesen in Baden dem Fürsten von Thurn und Taxis zurückzugeben —, während in dem früheren Taxianer, dem Konferenzrat und badischen Oberpostdirektor Grub, ein gewiegter Kenner der in- und ausländischen Postverhältnisse, der tatsächlichen Gegenwerte, die der eine oder andere Staat bieten konnte sowie auch der Taxisschen Machenschaften zur Verfügung stand. Diesem überließ das Ministerium großmütig, die mehr oder minder brauchbaren Vorschläge Hilperts zu begutachten oder brauchbarere zu machen, und mehr als einmal betonte Grub, der sich offenkundig zurückgesetzt fühlte, daß Hilpert die Kernpunkte nicht erfaßt habe, um die sich die Verhandlungen drehten. Die Lage wurde für Hilpert um so schwieriger, als bald nach seinem Eintreffen in Paris auch die Vertreter von Taxis, Bayern, Preußen und Österreich erschienen und naturgemäß den Durchgangsverkehr nach und von Frankreich auf die eigenen Linien zu ziehen suchten. Dazu kam noch, daß die Taxianer den badischen Interessen entgegenarbeiteten und eine Reihe französischer Staatsmänner für ihre Pläne gewonnen hatten. Frankreich stellte nun den Grundsatz auf, jeder deutschen Auswechselungsanstalt die Korrespondenz zuzuführen, die diese direkt „zu verführen, bestellen, empfangen und zurückzubringen vermöge", d. h. es wollte jeder soviel Vorteil bieten als diese ihm wieder bieten konnte. Und nun begann in der Seinestadt, die soeben die Macht des vereinten Deutschlands nachdrücklichst wiederholt gefühlt hatte, ein Ränke- und Versteckspiel der einzelnen deutschen Bundesstaaten und des Postfürsten von Taxis, um von der Gnade des Herrschers über ein besiegtes aber einiges Frankreich und seiner Diplomaten einen finanziellen Vorteil vor den übrigen zu erhalten, ein Bild der Erniedrigung nach jenen Tagen ewig denkwürdiger Heldentaten, das unvergeßlich die beelendenden Folgen deutscher Kleinstaaterei und Zerrissenheit vor Augen führt. Von keiner Seite wurde unversucht gelassen, die übrigen Bundesstaaten mit Hilfe Welschlands zu übervorteilen, und wenn dies dem Einzelnen nicht nach Wunsch gelang, so war daran der eine Vertragschließende schuld, der gegenüber den fünf sich gegenseitig bekämpfenden Vertragsuchenden einen leichten Standpunkt hatte. Baden insbesondere hatte mit einer Reihe Schwierigkeiten zu kämpfen. Auf der einen Seite drohte seiner Auswechselungsanstalt Kehl nachdrücklichster Wettbewerb durch die Station Mainz, auf der anderen suchte Österreich seinen deutsch-französischen Verkehr durch die Schweiz umzuleiten, und Bayern sowie Taxis arbeiteten seinen Bemühungen ohnehin in dem Sinne entgegen, die Korrespondenz von Kehl ab- und über die Rheinpfalz zu ziehen Aber auch hier hat schließlich die Not die Vermittlerrolle übernommen und Bayern, Taxis sowie Baden zur Einigung geführt. Bayern und Taxis mußten schließlich doch erkennen, daß Frankreich durchaus nicht geneigt war, auf die alte Auswechselungsroute Paris—Straßburg—Kehl zu verzichten; überdies forderten auch die Interessen eines beschleunigten Austausches der bayrisch-französischen Korrespondenz wie die direkten Verbindungslinien zwischen Alt- und Rheinbayern eine Verständigung mit dem Durchgangsland Baden. Bayern verlangte nun von Baden, die bayrischen sowie die durch Bayern durchzuleitenden Posten in geschlossenen Amtspaketen zwischen Straßburg und Nürnberg bzw. Augsburg zu befördern, während Baden lediglich den Austausch geschlossener Posten zwischen Alt- und Rheinbayern zugestehen, im übrigen aber auf dem Einzeltransit beharren wollte, da ihm andernfalls zum Vorteile Bayerns ein finanzieller Nachteil zugemutet würde. Bayern machte demgegenüber geltend, daß die neueren Postverträge ohne Ausnahme darauf hinausliefen, den Durchgang geschlossener Amtspakete gegen mäßige Taxen zu gestatten, indem hierdurch allein eine Verbilligung der Taxen und die nötige Einheit des Verfahrens wie der Tarife gewonnen werden könne. Schließlich verstand sich Baden, dessen eigenstes Interesse als Grenzland von Frankreich den Einzeltransit beizubehalten hieß, unter dem Drucke der Verhältnisse nach weiteren Verhandlungen zu Karlsruhe (Vertrag von 1818 zwischen Grub und von Schönhammer) dazu, die bayrische Korrespondenz zwischen Alt- und Rheinbayern gegen eine Vergütung von einem Kreuzer für das Lot Briefe über Mannheim—Speyer und geschlossene Amtspakete zwischen Nürnberg, Augsburg und Straßburg auf dem Briefpostkurse Karlsruhe—Kehl gegen eine Transitgebühr von sieben Kreuzern für das Lot Brutto Kölner Markgewichts auszutauschen; die französisch-bayrische Korrespondenz lief nun von Kehl über Württemberg bis an die bayrische Landesgrenze, die bayrisch-französische von Pforzheim bis Straßburg auf badische Kosten. Der Austausch der unmittelbaren badisch-französischen Korrespondenz erfolgte in der Weise, daß Baden und Frankreich die nach den inländischen Tarifen zu entrichtenden Gebühren für sich bezogen. Hinsichtlich der Fahrpostsendungen verblieb es ohne weitere Versuche zu einer verkehrsfördernden Änderung bei dem bisherigen Verfahren, daß diese in dem fremden Lande als neu aufgeliefert betrachtet und nach den inländischen Tarifen und Verordnungen behandelt wurden. Hier zeigten sich insbesondere die französischen Zollbehörden als überaus bureaukratisch und schikanös. Damals fand die Zollunterśuchung französischerseits an der Kehler Rheinbrücke statt, während doch in Straßburg selbst — ebenso wie in Basel und Eglisau — eine badische Postwagenexpedition bestand. Als im Jahre 1816 bei einem Postreisenden, einem St. Galler Kaufmann, ein Stück Mousselin gefunden wurde, verhafteten die französischen Zollbeamten den Postillion und nahmen

Wagen und Pferde in Beschlag; wenn ferner der Inhalt einer Fahrpostsendung nicht ganz genau mit der Zollinhaltserklärung übereinstimmte, beschlagnahmten sie die Sendung unweigerlich. Im Jahre 1827 sah sich der Oberpostdirektor von Fahnenberg zu der eindrücklichen Warnung genötigt, Fahrpoststücken nach Frankreich kein beschriebenes Stück Papier beizufügen, da es in Frankreich bei Strafe von 150 bis 300 Franken verboten sei, einer Fahrpostsendung Geschriebenes beizulegen. Vom Jahre 1834 ab wurde auf Antrag Frankreichs zwischen Lörrach und Hüningen ein zweiter Auswechselungskurs für die südliche badisch-französische Korrespondenz errichtet. Als im folgenden Jahre ein Zollunterschleif entdeckt wurde, verfuhren die französischen Zollbehörden wieder besonders rücksichtslos, so daß in Baden für den Kondukteur der Strecke Kehl—Straßburg eine besondere Anweisung ausgearbeitet werden mußte. Es durften mit den Eilwagen nach Straßburg nur die Amtsbriefpakete sowie das Gepäck der mit denselben Wagen reisenden Personen versandt werden, da der Schaffner in Frankreich für jedes auf dem Wagen befindliche Paket verantwortlich gemacht wurde, ja sogar für jedes versehentlich nicht in der Karte verzeichnete Stück eine Strafe von 300 Franken zu gewärtigen hatte. Diese kleinlichen und verkehrsnachteiligen Zollschikanen dauerten seitens der französischen Zollbehörde sogar noch in den sechziger Jahren an.

Verträge und Abkommen mit Thurn und Taxis.

Nach Übernahme des Postwesens durch den badischen Staat sah sich dieser noch im Jahre 1811 veranlaßt, mit dem bisherigen Lehensträger über den Durchgangsverkehr nach Frankreich und der Schweiz ein Abkommen zu treffen. Hierbei zeigte es sich zur Genüge, daß zum Abschlusse von Postverträgen durchgebildete Fachbeamte notwendig sind. Die vom Ministerium[10] entsandten nichtpostalischen Kommissare ließen sich von den Taxisschen Fachbeamten gröblich täuschen, so daß Grub im Jahre 1816 ihr Verhalten im Hinblick auf die schwere Schädigung der badischen Postkasse einen sträflichen Mißgriff nannte. Nach dem Vertrage bezog nämlich Taxis für seine geringe Beförderungsleistung von nur dreißig Stunden an dem Durchgangsverkehr Frankfurt—Schweiz 104000 Gul-

---

[10] Damals war von Berckheim Gr. dirigierender Staatsminister.

den, während Baden bei einer Beförderungsleistung von 142 Stunden nur 24000 Gulden Transitgebühr erhielt.[11] Für den Ortsverkehr der Städte Frankfurt und Straßburg bezog jede der beiden Verwaltungen das Porto in einer Richtung ungeteilt. Im Jahre 1816 drängte Taxis auf Einführung direkter Amtspakete zwischen Frankfurt und Straßburg, die ihm auch für den Fall in Aussicht gestellt wurden, daß er die Bemühungen Badens um die Leitung der bayrisch-französischen Post über Kehl in Paris unterstützte. Badischerseits fürchtete man hauptsächlich den Wettbewerb der Linie Frankfurt—Straßburg über Mainz—Worms—Landau, die um zwei Postmeilen kürzer war als der Weg über Heidelberg—Kehl. Endlich kam in dieser Frage der energische Vorsteher der Oberpostdirektion, Grub, selbst zu Worte (1817). Er beschuldigte in einem längeren Ultimatum die Taxianer offen, den Staatsvertrag von 1811 verletzt zu haben, indem sie den Briefpostverkehr entgegen der ausdrücklichen Vertragsbestimmung auf dem linken Rheinufer nach Straßburg, also von Baden ableiteten. Infolge der eingetretenen Gebietsveränderungen könne teilweise Taxis, und wie die Umleitungen bewiesen, wolle er anscheinend den Vertrag von 1811 nicht mehr erfüllen. Es komme nun für Baden darauf an, ob es die Schweizer Briefposten überhaupt noch befördern oder ob es den Vertrag für gelöst ansehen und auch die Lehensrente von 25000 Gulden einbehalten solle. Darauf antworteten zwar die Taxianer, die sich durchaus unschuldig stellten, ebenfalls in einer scharfen Tonart, ohne indes gegen den umsichtigen und tatkräftigen Diplomaten Grub ankommen zu können. Während diese Streitfragen noch schwebten, wurde von ministerieller Seite allen Ernstes die Rückgabe des Postwesens an das Taxische Haus abermals erörtert, obgleich inzwischen der Nettoertrag der badischen Posteinnahmen auf rund 160000 Gulden angewachsen war. Das Ministerium der auswärtigen Angelegenheiten machte dem Großherzog Karl nochmals den Vorschlag, das Postwesen gegen eine Abgabe von 170 bis 180000 Gulden jährlich bei einer Vertragsdauer von zehn Jahren, von 200000 Gulden bei einer solchen von zwanzig Jahren an Taxis zu überlassen. Das Zugeständnis geschlossener Amtspakete[12] wurde in der Sitzung vom 16. Dezember

[11] Nach Grubs Berechnung.

[12] Zwischen Frankfurt einer-, Augsburg, Straßburg, Basel, Schaffhausen andrerseits.

1817[13] einstimmig gutgeheißen; Taxis zahlte als Durchgangsvergütung 14 Kreuzer für den Verkehr Frankfurt—Schweiz und 12 Kreuzer für den nach Straßburg vom Kölnischen Lot Brutto an Baden. Damit hatte Grub durch sein entschiedenes Vorgehen tatsächlich die Beseitigung jenes ungünstigen Vertrags vom Jahre 1811 hinsichtlich des Schweizer Durchgangsverkehrs erreicht.

Nachdem es inzwischen Taxis klar geworden war, daß er auf die Wiedererlangung des Postwesens in Baden nicht mehr rechnen könne, bemühte er sich um so nachhaltiger und mit Erfolg, in den Besitz des Postwesens in Württemberg zu kommen. Nunmehr stand ihm wieder eine unmittelbare Linie Norden—Schweiz—Italien zu Gebote (1. Oktober 1819) und er zögerte auch nicht lange, die erworbene Strecke zur Ableitung des Schweizer Durchgangsverkehrs zu benutzen, der vorher ausschließlich durch Baden gegangen war. Die Transitabrechnungen ergaben in der Folge einen erheblichen Ausfall an Transitporto für Baden. Die hierauf badischerseits eingeleiteten Verhandlungen führten zu dem günstigen Abkommen, durch das der Durchgang der Schweizer- und italienischen Amtspakete auf dem Wege über Baden festgelegt wurde.

Stellung Badens im internationalen Verkehr in der ersten Hälfte des 19. Jahrhunderts.

Das Großherzogtum Baden hatte als Grenzland naturgemäß ein großes Interesse daran, mit dem angrenzenden Ausland sowie den hinter diesem liegenden Ländern günstige Postverträge zu erzielen, um den aus diesen Gebieten stammenden sowie den dahin bestimmten durch Deutschland gehenden Postverkehr zugewiesen zu erhalten. Allein Baden hat sich erst im Jahre 1811 von dem Taxisschen Postgebiet, von dem es bis dahin einen unzertrennlichen Bestandteil gebildet hatte, losgelöst und ein selbständiges Staatspostwesen neu errichtet; es war damals aber nicht in der Lage, die Auflösung der noch von Taxis geschlossenen Verträge alsbald herbeizuführen; auch war nicht zu vergessen, daß die fremden Länder mit der jahrhunderte alten, weitverbreiteten und einflußreichen Taxisschen Postverwaltung in unmittelbarem Verkehr bleiben wollten; außerdem hatte Baden bei einem energischen Vorgehen mit dem Endzwecke, unter Zurückdrängung des Taxisschen Ein-

[13] Vereinigte Sitzung des Staatsministeriums und der Oberpostdirektion, fünf Nichtfachmänner und vier Fachbeamte.

flusses für Baden eine günstigere Stellung im internationalen Verkehr zu schaffen, zu befürchten, daß sie die Taxissche Verwaltung zu einer Ableitung des Postverkehrs vom badischen Gebiet veranlaßte.[14] In Wirklichkeit sind auch nachweisbar mehrfach taxisscherseits Ableitungen größeren Stils zum Schaden der badischen Postverwaltung vorgenommen worden, ganz zu schweigen von den unkontrollierbaren Ableitungen geringeren Umfangs, wogegen Baden lediglich durch den Hinweis auf das Lehensverhältnis und die an Taxis zu leistende Entschädigungssumme einen leichten Druck geltend machen konnte. Baden hat hiernach infolge der vielfachen Ab- und Umleitungen um sein Gebiet herum, die auf diplomatischem Wege insgeheim betrieben wurden und gegen die es machtlos war, im internationalen Verkehre die Stellung **nicht völlig** einnehmen können, die ihm nach seiner Lage gebührte; immerhin hat es aus dem **Durchgangsverkehr einen beträchtlichen Vorteil gezogen**, indem es sich für den vertragsmäßig vereinbarten Durchgang durch sein Gebiet hohe Transittaxen bezahlen ließ. Diese verschafften ihm allein für die Beförderung geschlossener Amtspakete eine jährliche Einnahme von 60000 Gulden. Eine grundlegende Änderung in diesem Verhältnis wie in dem System der Behandlung des Durchgangsverkehrs führte erst der deutsch-österreichische Postverein herbei, der den Übergang vom „System der hohen Transittaxen" zu dem „der eigenen Austaxierung" zur Folge hatte.

Das Postwesen in Staatsbetrieb.

Weitere staatliche Maßnahmen.

Eine der ersten Maßnahmen Großherzogs Karl nach Verstaatlichung des Postwesens war die Einführung einer neuen „allge-

[14] Wie wenig die Taxianer vor Verkehrsverschlechterungen zurückschreckten, wenn es galt, einer anderen Postverwaltung Eintrag zu tun, zeigen die Umleitungen der Korrespondenz von Frankreich—Baden nach Bayern—Österreich bzw. von der direkten täglichen Route Kehl—Stuttgart—Augsburg auf die wöchentlich dreimalige Kehl—Karlsruhe—Heidelberg—Tauberbischofsheim—Nördlingen—Augsburg, wodurch Briefe Kehl—Augsburg 6 Tage statt dreimal 24 Stunden brauchten, das Briefporto sich erhöhte (Briefe von Augsburg nach Karlsruhe, Heidelberg ꝛc. kosteten während der Umleitung statt 14 und 12 kr. 18 und 16 kr.), und alles nur deswegen, weil damals die Posten in Württemberg Taxis abgenommen und in Staatsverwaltung übergegangen waren. Vgl. Beleuchtung der „Patriotischen Wünsche des Postwesens in Deutschland betr." 1814.

meinen Brieftaxe" vom 1. April 1812 ab gegen Aufhebung der verschiedenen im Großherzogtum bisher vorhanden gewesenen Briefportotaxen. Die Verordnung zeichnet sich durch Kürze und Einfachheit aus und brachte mehrfache Erleichterungen für den Postverkehr.[15]

[15] Der Frankozwang für gewöhnliche Briefe innerhalb Badens wurde aufgehoben ausgenommen für Sendungen an die Staatsstellen; die Taxe war fortan nach der Entfernung der **geraden Postkurse** zwischen Aufgabe- und Bestimmungsort und nach dem Gewicht zu erheben. Briefe über 8 Lot zahlten für jedes weitere Lot das halbe Porto des einfachen Briefes weiter. Drucksachen unter einem Pfund kosteten die Hälfte des Briefportos. Einschreibbriefe nach dem Ausland waren wenigstens bis zur Grenze zu frankieren. Für das Einschreiben und den Schein waren 4 kr. besonders zu entrichten. Der Ersatzbetrag bei Verlust eines Einschreibbriefs wurde auf 25 Gulden festgesetzt; Anspruch verjährte nach drei Monaten vom Tage der Aufgabe ab. Mit der Briefpost (reitend) wurden nur Briefe und Schriftenpakete bis zu 1 ℔, dagegen Geldsachen und Geldeswert nicht befördert. Vor jedem Postbureau mußte der Lokaltarif zur Einsicht ausgehängt sein.

Die Brieftaxen waren damals überaus hoch, wie der nachstehende im Auszug wiedergegebene Generaltarif ausweist:

General-Tarif.

Entfernung in geogr. Meilen		Taxe des einfachen Briefs bis 1/2 Lot einschl. kr.	Progression des Gewichts der Taxe über Lot																												
von bez. über	bis einschl.		1/2	1	1 1/2	2		2 1/2		3		3 1/2		4		4 1/2		5		5 1/2		6		6 1/2		7		7 1/2		8	
			kr.	kr.	kr.	fl.	kr.	fl.	kr.	fl.	kr.	fl.	kr.	fl.	kr.	fl.	kr.	fl.	kr.	fl.	kr.	fl.	kr.	fl.	kr.	fl.	kr.	fl.	kr.	fl.	kr.
1	2	2	3	5	6		8		9		11		12		14		15		17		18		20		21		23		24		26
2	6	4	6	8	10		12		14		16		18		20		22		24		26		28		30		32		34		36
6	12	6	9	12	15		18		21		24		27		30		33		36		39		42		45		48		51		54
12	18	8	12	16	20	usw. jeweils + 4 Kreuzer.																									
18	24	10	15	20	25	" " + 5 "																									
24	30	12	18	24	30	" " + 6 "																									
30	36	14	21	28	35	" " + 7 "																									
36	48	16	24	32	40	" " + 8 "																									
48	60	18	27	36	45	" " + 9 "																									
60	72	20	30	40	50	1	—	1	10	1	20	1	30	1	40	1	50	2	—	2	10	2	20	2	30	2	40	2	50	3	—

Der Abgeordnete Völker führte am 17. August 1820 in der zweiten Kammer aus, die Posteinrichtungen Badens seien vortrefflich, besser und **wohlfeiler** als die der Nachbarstaaten; Hüber, daß unser Posttarif im Vergleich mit dem Ausland **meistens niederer** stehe; Sautier, daß $^3/_5$ des Ertrags vom Auslande gezahlt würden.

Sodann ging man mit Nachdruck an die Regelung der Postentfernungen (Postdistanzen), deren bisherige Festsetzung viele Unrichtigkeiten und Beschwerden des reisenden Publikums im Gefolge gehabt hatte. Bisher hatte man es nämlich an einer gesetzlich geregelten geometrischen Ausmessung fehlen lassen und sich mit den Angaben der Posthaltereien und mehr oder weniger genau angefertigter „Postkarten" begnügt, nur einzelne Strecken waren ausgemessen worden. Außerdem war bisher für die Länge einer Poststation kein einheitliches Maß aufgestellt worden; man hatte zwar im allgemeinen als Maß einer Station (Post) in ebenem Felde die Länge von vier Stunden angenommen; es war aber nicht näher bestimmt, was für Stunden, ob geographische, von denen 30, oder Reitstunden, von denen nur 25 auf einen Grad des Meridian gingen, darunter zu verstehen waren, wodurch Mißverständnisse hervorgerufen wurden. Nunmehr — im Jahre 1812 — erhielt das Ingenieur-Departement den Auftrag, die Postentfernungen nach Reisestunden zu prüfen und Zweifel durch Nachmessungen zu beseitigen. In der Folge erging die Bekanntmachung von 1816, nach der als Maß für eine ganze Poststation 48000 badische Fuß angenommen sowie ganze, halbe und viertels Stationen unterschieden wurden. Diese Berechnungsart litt indes an dem Fehler, daß 11999 Fuß, weil noch keine Viertelspost, nicht in Ansatz kamen; sie blieb gleichwohl bis zum Distanz-Regulativ von 1838 maßgebend. In diesem Jahre schritt man zu einer neuen Vermessung der Poststraßen; um der wirklichen Leistung so nahe wie möglich zu kommen, wurden die Entfernungen, unter Beibehaltung des Wegemaßes von 48000 Fuß für eine volle Station, bis auf Achtelsposten berechnet, so daß nunmehr nur noch Bruchteile unter 3000 Fuß unberücksichtigt blieben.

Beförderungswesen.

Brief-Postkurse.

Das Beförderungswesen umfaßte die ordentlichen Posten, zu denen man die Brief- und Fahrpostkurse zählte, und das Extrapostwesen, wozu die Estafetten, Extraposten im engeren Sinne und die Kuriere gerechnet wurden. Die Briefbeförderung erfolgte durch die schnelleren Reitpostkurse (sogenannte Depeschenbeförderung), während die Beförderung von Personen, Wertsachen und Päckereien durch die langsamer verkehrenden Fahrenden Posten stattfand. Eine tägliche Postgelegenheit gab es noch im Jahre 1819 nur da, wo das „Ausland" unmittelbar beteiligt war[16], d. h. auf den drei Strecken

Frankfurt—Straßburg über Rastatt—Stollhofen;
Augsburg, Nürnberg—Straßburg über Stuttgart—Pforzheim;
Mannheim—Heidelberg—Heilbronn—Stuttgart—Augsburg über Sinsheim.[17]

Nr. 1. Abgang einer jeden Post.

Nr. 2. Ankunft einer Dienstpost.

Nr. 3. Ankunft einer Extrapost.

Nr. 4. Zahl der Wagen oder Pferde.

Nr. 5. Zum Ausweichen.

Nr. 6. Postillions Ruf.

[16] Vgl. Bad. Landtagsgeschichte, 1. Teil 1819, von L. Müller, Berlin 1900; sowie Verhandlungen der Ständekammern.

[17] Im Jahre 1817 wurde eine Übereinkunft zwischen der badischen und württembergischen Postverwaltung getroffen, nach der ein täglicher Briefpost-

Viermalige Postverbindungen in der Woche hatten die Strecken:

Frankfurt—Freiburg—Basel und

Donaueschingen—Konstanz.

Einer dreimaligen Postverbindung erfreute sich die Linie:

Ulm—Stockach—Waldshut—Basel;

einer zweimaligen die Strecken:

Kehl—Offenburg—Donaueschingen—Schaffhausen durch das Kinzigtal;

Freiburg—Donaueschingen—Stockach—Ulm;

Stockach—Meersburg;

Freiburg—Schaffhausen über Neustadt und

Mannheim—Tauberbischofsheim—Würzburg durch den Odenwald.

Auf der Linie Karlsruhe—Mannheim lief täglich eine reitende Briefpost. Ganz postlos war der hohe Schwarzwald und Odenwald, hier bestanden nur kärgliche Botenverbindungen. Bei der großen Ebbe im Staatshaushalte sah sich die Volksvertretung genötigt, von ihrem Lieblingswunsche, allen Landesteilen eine tägliche Postgelegenheit zu verschaffen, abzusehen[18] und nur zwei neue Linien, Lenzkirch—St. Blasien—Waldshut und Lahr—Offenburg—Kehl in Vorschlag zu bringen, im übrigen aber sich auf Kursver-

---

kurs Stuttgart—Frankfurt eingerichtet und ein Vergütungssatz für die Benützung württembergischer Kondukteure und Postwagen durch Baden festgesetzt wurde. Vgl. hierüber Weber, a. a. O.

[18] Die Finanz- und Steuerkraft des badischen Staates war nach den langen Kriegsjahren und der Hungersnot 1816/17 ungewöhnlich erschöpft. „Regierung, Landstände und Volk müssen .... überzeugt werden, daß nur der Grundsatz einer allgemeinen strengen Sparsamkeit den erschöpften Staat retten kann. .... Unter den deutschen Staaten ist Baden, obgleich es seit 26 Jahren bald Kriegsschauplatz, bald Kriegsstraße ungeheurer Heere war, minder unglücklich als die meisten .... Provinzen des gemeinschaftlichen Vaterlandes, aber immer ist noch sein jetziger Zustand traurig genug .... Denn nach diesem Budget erscheint in dem Augenblick, in welchem das Volk mit heißer Sehnsucht um Erleichterung bittet, mitten im Frieden ein Defizit nach Angabe der Budget-Kommission von 435000 Gulden ....“ Abg. Fecht in der Sitzung vom 19. Juli 1819. Die Erschöpfung der Staatskasse war die Ursache, weshalb die Budget-Kommission davon absah, tägliche Postgelegenheit auf allen wichtigeren Strecken zu beantragen, was „nicht nur 23761 fl. kosten, sondern auch als ein wahrer Luxus erscheinen würde und der um so verwerflicher wäre, da die Postrevenuen nun einmal zu der gesteigerten Staatsexistenz ihr Kontingent liefern müssen ....“ Komm.-Bericht vom 8. Juli 1819.

besserungen zu beschränken. Ein Gesamtaufwand von 5226 Gulden wurde für diese Zwecke in das Budget eingestellt. Die Klagen und Anregungen führten auf dem Landtage von 1820 zu einem erfreulichen Fortschritte. Mit Beginn des Jahres 1821 wurden die Kurse Karlsruhe—Kehl—Freiburg auf sechs, Karlsruhe—Schaffhausen—Konstanz auf fünf, Freiburg—Konstanz auf vier, Offenburg—Schaffhausen, Rastatt—Bühl, Donaueschingen—Freiburg und Heidelberg—Würzburg auf drei Posttage erhöht. Weitere Verbesserungen in den Briefpostkursen wurden in den Jahren 1830/32 vorgenommen; bisher waren zwar zwischen Karlsruhe und Konstanz wöchentlich sechsmal, dagegen von Konstanz nach Karlsruhe nur viermal Kartenschlüsse gefertigt worden, wogegen nunmehr in beiden Richtungen tägliche Kartenschlüsse eingerichtet wurden. Ebenso wurde ein direkter Verkehr von Freiburg nach Hornberg und Triberg erreicht, während bisher die Verbindungen über Offenburg liefen. Vom Jahre 1833/34 verkehrten die Briefpostkurse Stuttgart—Stockach und Ulm—Stockach mit Anschluß in Stockach nach Konstanz, Schaffhausen und Basel täglich. Durch den Anschluß des Kurses Stuttgart—Stockach an denjenigen von Frankfurt nach Stuttgart wurde die direkteste Verbindung von Frankfurt nach Schaffhausen—Zürich hergestellt, auf der u. a. auch die bayerischen Posten nach der Schweiz (über Stockach) transitierten.[19] Endlich einigten sich die Verwaltungen, vom 1. Januar 1837 ab einen täglichen Reitkurs Karlsruhe—Stuttgart—München zur Beförderung der französischen Post einzurichten, der indes am 1. Juli 1843 gegen Einführung eines zweiten täglichen Eilwagenkurses Karlsruhe—Stuttgart—Augsburg aufgehoben wurde. Am 1. April

[19] Bezeichnend für die damalige Auffassung von den Aufgaben und dem Wesen der Post sind die Worte des Abg. Rutschmann in seinem Budget-Komm.-Bericht vom 4. September 1833: „Die Gesamt-Einnahme betrug 1827 432302 fl. 56 kr., 1832 530043 fl. $2^1/_2$ kr.; sie hat sich somit in einem halben Jahrzehnt um beinah 100000 fl. vermehrt, eine Erscheinung, die klar bekundet, daß das Postwesen mit den Fortschritten der Zivilisation in der engsten Verbindung steht und eine Postanstalt, die sich neben der Unverletzlichkeit des Siegels die größtmögliche Sicherheit, Schnelligkeit, Bequemlichkeit und Wohlfeilheit des Transports von Personen und Sachen als den nie aus den Augen zu verlierenden Richtpunkt ihres Strebens vorgesteckt hat, ein unentbehrliches Bedürfnis des Handels und der Gewerbe, der Künste und Wissenschaften, des Verkehrs, der Familien, der Freundschaft und der Geselligkeit, überhaupt ein hochwichtiges Mittel zur Erhaltung und Beförderung des gesitteten Zustandes der Staaten ist".

1838 kam ein täglicher Briefpostkurierkurs (Malleposte) Karlsruhe—Zürich (Platz für drei Reisende), am 1. Oktober 1840 ein täglicher Briefpostkurs Karlsruhe — Heidelberg — Tauberbischofsheim—Würzburg mit Anschluß über Dresden nach Schlesien (Görlitz) zur Einführung.

Das Fahrende Postwesen.

Die seit Jahren angestrebten Verbesserungen des Postwagendienstes waren bis zum Jahre 1820 über das Stadium ergebnisloser Versuche nicht hinausgediehen und mußten weiterhin scheitern, solange die Postwageneinrichtung beibehalten werden sollte wie sie war. Die von Alters nachgeschleppte Einrichtung der gleichzeitigen Beförderung von Personen und Gütern hatte eine überaus schwerfällige Bauart der Wagen sowie eine langsame Fahrt zur naturgemäßen Folge. Der früher unbedeckt gelassene Wagen, der unmittelbar auf der Achse saß, wurde jetzt zwar bedeckt und zur größeren Bequemlichkeit der Reisenden zuerst in eisernen Stangen, später mit Ketten und endlich mit Riemen aufgehängt; über die letztere Verbesserung der an festen Stützen befestigten Wagen ohne Schwung und Elastizität kam man nicht hinaus. Von dem im Jahre 1804 unternommenen Übergang zu den Courriers de Malle kehrte man wieder bald zur alten Einrichtung zurück, da sich der Versuch mit dieser Wagengattung bei der Schwere und Unbeholfenheit der Wagen wie dem schlechten Zustand der Straßen nicht bewährt hatte. Eine Beschleunigung der Fahrten mit den alten mit Waren und Reisenden verfrachteten Wagen war aussichtslos, da es, wie der Bericht der Postinspektion vom Jahre 1820 besagt, unmöglich war, „ein solches Güterfuhrwerk in eine Geschwindkutsche zu verwandeln. Wenn doch einmal die Postverwaltung das Monopol dieser Gattung von Anstalten an sich gezogen habe, so sei es auch ihre Pflicht, diese Anstalt auf den Grad der Vollkommenheit zu bringen, auf den sie durch die verdrängte Privatunternehmung hätte gelangen können.“ Die Hauptänderung mußte naturgemäß in der endlichen Trennung der Güterbeförderung von der Personenbeförderung und in Verbindung damit in einer wesentlichen Beschleunigung der Personenfahrten sein. Es lag nahe, die mustergültige Einrichtung der französischen schnellen Diligencen, wie sie auf der linken Rheinseite von Basel bis Mainz verkehrten, zum Vorbilde zu nehmen, und von den französischen Couriers de Malle gänzlich abzusehen, da diese Eilwagen unter Verteuerung der Passagiertaxe im Gegensatz zu den Diligencen nur vier Personen faßten, während mit den Diligencen sechzehn Personen nebst ihrem Reisegepäck mit vier Pferden befördert wurden. Der tatkräftige Oberpostdirektor von Fahnenberg rief den Ehrgeiz des Ministeriums an, der Großherzoglichen Postverwaltung das Verdienst zu verschaffen, die erste zu sein, die in Deutschland eine solche Einrichtung getroffen, und den Postwagenverkehr auf den Hauptstrecken Frankfurt—Straßburg—Basel nachhaltig zu verbessern. Zum Beweise der Ertragsfähigkeit diente der gesteigerte Verkehr der Strecke Mannheim—Karlsruhe, die damals allein mit einer Diligence befahren wurde. Als Grundsatz wurde von der Postverwaltung, was dieser den Ruhm einer durchaus den Anforderungen der Zeit gewachsenen Behörde sichert, ausdrücklich kein Mehrerträgnis, sondern lediglich der Vorteil des Publikums betont. Hinsichtlich der Bauart der Eil- (Diligencen) und Güterwagen (Brancards) wurde festgelegt, daß zu Eilwagen auf Horizontalfedern ruhende Kasten mit sechs Plätzen im Innern und sechs an den beiden Kabrioletts — eins vorne, eins hinten — verwendet, daß ferner die Gepäckstücke auf der Imperiale, die Geldpakete in dem verschließbaren Viersitzkasten verwahrt, dagegen die Brancards nach Art der Meßwagen eingerichtet werden sollten: vorne ein auf kurzen Riemen hängendes Kabriolett für den Kondukteur, hinter dem Kabriolett eine lange Brücke mit Leitern und Korbgeflecht zur Aufnahme der Güter, worüber sich eine lederne mit einer Bundkette gut verschnürte Decke zog, das Ganze auf einem vierräderigen Gestell mit eisernen Achsen und metallenen Büchsen.

Die Genehmigung zu diesen grundlegenden Änderungen erfolgte seitens des Landesregenten unter dem 26. Juli 1821. Zunächst waren sechs Eilwagen und ebenso viele Güterwagen erforderlich, die durch die Einstellung von je 15000 Gulden in den Haushalts-Voranschlag der nächsten beiden Jahre angeschafft wurden. Zur Bequemlichkeit der Reisenden strebte man dahin, durch Einbeziehung des Trinkgelds für den Postillion in die Fahrpreise alle Umständlichkeiten zu ersparen, die Fahrten zu beschleunigen und zur Vermeidung des längeren Aufenthalts gemeinsame Mahlzeiten in einem vorausbestimmten Lokale zu festgesetzten Preisen einzuführen. Die ersten Fahrpreise waren sehr hoch; für das Pferd war ein Gulden für jede Station (gleich zwei Dienstmeilen) zu zahlen, wozu noch für den Postillion bei Diligencen 20, bei Brancards 18 Kreuzer Trinkgeld für die Meile kamen, so daß sich für die Fahrten von Weinheim nach Basel folgende Sätze ergaben:

		Personengeld.		Trinkgeld.			Zusammen.	
		fl.	kr.	fl.	kr.		fl.	kr.
Weinheim—Basel	34 Meilen	68	—	11	20	=	79	20
Basel—Heppenheim	$35^1/_2$ „	71	—	11	50	=	82	50
Weinheim—Straßburg	$19^1/_2$ „	39	—	6	30	=	45	30
Straßburg—Heppenheim	21 „	42	—	7	—	=	49	—
Karlsruhe—Straßburg	$10^1/_2$ „	21	—	3	30	=	24	30.

Die neueingestellten Kondukteure erhielten eine Anfangsbesoldung von 300 Gulden nebst 25 Gulden Uniformgeld. Für Diligencen auf Horizontalfedern wurden 4000 Franken, für Brancards 1000 bis 1200 Franken veranschlagt. Die Eilwagen warfen im ersten Jahre ihres Bestehens einen Reinertrag von 10019, die Packwagen einen solchen von 30469 Gulden ab und rentierten damit in der gleichen Weise wie die alten Postwagen. Überdies wurde bei dem rascheren Gange und den vermehrten Fahrten eine Vermehrung der Briefpostgelegenheiten sowie eine mehr im voraus verbürgte feste Einnahme der Posthalter erreicht. Der Reiseverkehr nach dem Süden steigerte sich während des Sommerhalbjahres bald derart, daß oftmals drei und vier Beichaisen neben den beiden Eilwagen gestellt werden mußten. Diesem unerwünschten Zustande wurde vom Jahre 1826 ab durch Einrichtung eines dritten Eilwagenkurses abgeholfen. Gleichzeitig wollte Oberpostdirektor von Fahnenberg den Gang der Kurse durch Einschlagung der Route über Durmersheim statt über Ettlingen weiter beschleunigen, ohne indes hierzu die Genehmigung des Ministeriums erlangen zu können. Er beschränkte ferner das Meistgewicht des Eilwagengepäcks auf sechzig Pfund für die Person und verwies die schwereren Stücke auf den Frachtwagen. Im folgenden Jahre (8. April 1828) wurde der dritte Sommereilwagen in einen Tageilwagen umgewandelt, der im Gegensatze zu den beiden anderen ohne Unterbrechung verkehrenden Eilwagenkursen mehr der bequemeren Tagesverbindung der bedeutenderen Städte durch Vergnügungsreisende diente, die dadurch Gelegenheit erhielten, Oden- und Schwarzwald zu sehen und unterwegs sich ausreichender Nachtruhe im Gasthaus zu erfreuen. Am ersten Tage lief der Wagen von Frankfurt bis Karlsruhe — Mittagessen in Heidelberg —, am zweiten von Karlsruhe bis Freiburg — Mittagessen in Kehl — und langte am dritten gegen 1 Uhr mittags in Basel an.[20]

Im Jahre 1836 einigten sich die badische und württembergische Verwaltung, vom folgenden Jahre ab einen täglichen Eilwagenkurs Straßburg—Karlsruhe—Stuttgart—München sowie einen solchen von Stuttgart und Ulm nach Stockach bzw. Schaffhausen und Basel einzurichten; bisher verkehrten auf der Strecke Karlsruhe—Stuttgart wöchentlich nur drei Eilwagenfahrten. Mit den täglichen Eilwagen wurden in der Folge auch die Briefposten befördert, so daß die bisher viermal wöchentlich verkehrenden Reitpostkurse wegfallen konnten. Es wurden neunsitzige, mit Coupees versehene Personenpostwagen vorgesehen, wobei die Personen-Annahme unbeschränkt stattzufinden hatte. Die Wagen liefen von Karlsruhe bis Illingen auf Kosten der badischen, von Illingen bis Stuttgart auf Kosten der württembergischen Verwaltung. Daneben blieben die dreimal wöchentlich verkehrenden Packwagenkurse weiter bestehen.[21] Die Wagen dieser und ebenso die Kondukteure wurden abwechselnd ein Vierteljahr von Baden, ein Vierteljahr von Württemberg gestellt. Bei dem reisenden Publikum fanden die Eilwagen immer mehr Anerkennung, so daß Wilman in seinem Postbuche vom Jahre 1841 schreiben konnte: „Die Oberpostbehörden haben mit regem Streben das Möglichste getan, um diese neue Posteinrichtung nicht nur durch zweckmäßige innere Organisierung und passendes Ineinandergreifen, sondern auch durch Eleganz und mäßige Taxen zu heben. Die stets zunehmende Benutzung ist die beste Würdigung derselben."[22] [23]

---

[20] In dem Bericht der Budget-Komm. (Abg. Rutschmann) vom 4. September 1833 wird erwähnt, die Petitionen der Gastwirte und Lohnkutscher wegen des nachteiligen Einflusses der Eilwagen auf ihr Gewerbe bestätigen, daß die Eilwagenanstalt in jüngerer Zeit eine große Ausdehnung und Vervollkommnung erfahren habe.

[21] Außerdem wurde ein täglicher Reitpostkurs zur Beförderung der französischen Post nach Württemberg und Bayern eingerichtet, der aus Karlsruhe in der Regel um 5 Uhr abends, jedenfalls aber erst im Anschluß an die französische Post abzugehen hatte.

[22] Wilmans Postbuch 1841, S. 138.

[23] In seinem Budget-Komm.-Bericht vom 11. Juni 1839 bemerkt der Abgeordnete Lauer, daß die die Haupteinnahme bildende **Briefpost** jährlich einen durchschnittlichen nachhaltigen Mehrertrag von mehreren tausend Gulden mit sich bringe, während bei der Fahrpost seit 1832 das finanzielle Ergebnis

Die Entwickelung der einzelnen Fahrpostkurse in den Jahren 1822 bis 1842, von wo ab infolge der fortschreitenden Ausdehnung der Eisenbahnkurse nach und nach die wichtigsten Postkurse eingingen, war also mit Einschluß der auswärtigen, durch badisches Gebiet laufenden Postwagen folgende:

1822 wird der erste Eilwagen zwischen Karlsruhe, Graben und Mannheim mit einer Fahrzeit von sieben Stunden eingerichtet.[24]

1823 verkehren wöchentlich dreimal fünfspännige Eilwagen und ebensoviele Packwagen auf der Strecke Frankfurt—Basel durch Baden sowie wöchentlich zweimal vierspännige Eilwagen auf den Srecken Karlsruhe—Mannheim und Karlsruhe—Pforzheim.

1823 (1. Juli) wöchentlich fünfmal verkehrender Eilwagenkurs Stuttgart—Frankfurt durch Baden.

1826 Einrichtung des dritten Eilwagenkurses Frankfurt—Basel.

1828. Umwandlung des Sommereilwagens (Tag und Nacht laufend) in einen Tageilwagen.

1834. Einrichtung von wöchentlich zwei Pack- und drei Eilwagenkursen Stuttgart—Stockach und Ulm—Stockach.

1835 (1. Juli). Einrichtung von wöchentlich drei Eil- und zwei Packwagenkursen Dresden—Leipzig—Würzburg—Heidelberg.

1836. Dritte wöchentliche Eilwagenfahrt Ulm—Stockach—Schaffhausen (über Sigmaringen).

---

ziemlich gleich geblieben sei. „Der erweiterte Personentransport werde nicht allenthalben mit direktem Vorteil für die Anstalt betrieben, sondern leiste da und dort dem Publikum billigere Dienste als sie Privatunternehmungen gewähren können." Dagegen führte der Abg. Weller in seinem Budget-Komm.-Bericht über die vgl. Darstellung der Postverwaltung in den Jahren 1842/43 am 20. Januar 1846 aus: „Der Personentransport trägt nicht allein nichts ein, sondern verschlingt den ganzen Reinertrag des Pakettransports und einen großen Teil des Reinertrags der Briefpost". Als 1839 auf Wunsch der Stände die Einnahmen und Ausgaben in den Etatsvoranschlägen nach Brief- und Fahrpost geschieden wurden, berechnete man, daß sich die „Lokallasten und Verwaltungskosten" bei der Briefpost auf 50%, bei der Fahrpost auf 80% vom Ertrag beliefen, 1840 auf 40 und 85, 1846 auf 46,8 und 105,9% der Einnahmen, so daß die Einnahmen aus der Fahrpost nicht mehr ausgereicht hätten, das auf die Fahrpost entfallende Kapital des Betriebsfonds zu verzinsen. Der Aufwand für die portofreien dienstlichen Staatssendungen sowie Verminderung des Aufwands für die Briefpost war anscheinend nicht genügend in Rechnung gestellt.

[24] Noch im Jahre 1830 kam es oft vor, daß die Eilwagen-Reisenden bei nasser Witterung streckenweise zu Fuß gehen mußten, weil der Wagen mit vier und sechs Pferden nicht fortzubringen war. Baer, a. a. O., S. 87.

1837 (1. Januar). Täglicher Eilwagenkurs Karlsruhe—Stuttgart—München. (2 Tage, 2 Nächte.)[25]

1837 (1. Mai). Einführung täglicher Eilwagenfahrten Stuttgart—Ulm—Schaffhausen durch Baden, Karlsruhe—Basel, Karlsruhe—Straßburg—Stockach.

1838 (1. April). Täglicher Eilwagenkurs Freiburg—Altbreisach—(Paris).[26]

1838 (1. August). Eilwagenkurs Heilbronn—Karlsruhe über Bretten. (Zweimal wöchentlich über Bretten—Eppingen, zweimal wöchentlich über Bretten—Brackenheim).

1840 (1. April). Einführung viermal wöchentlich verkehrender Postwagen Rottweil—Donaueschingen (Brief- und Fahrpostverbindung).

1842 (1. Januar). Täglicher Packwagenkurs Frankfurt—Karlsruhe—Straßburg und anschließend Heidelberg—Stuttgart.

1842. Zweite tägliche Eilwagenverbindung Karlsruhe—Stuttgart—Frankfurt über Heidelberg.[27]

1843 (1. Juli). Täglicher zweimaliger Eilwagenkurs Augsburg—Stuttgart—Karlsruhe.

---

[25]

7 V ↓		Karlsruhe	5 V	Personengeld	40 ℔ Freigepäck, das
5 A	an	Stuttgart ↑	8 N	= 5 fl 14 kr.	Übrige auf Packwagen.
8 A	ab	„	5 N		
7 V	an	Ulm	7 V	= 11 fl 24 kr.	
8 V	ab	„	6 V		
7 A	an	Augsburg	9 A	= 17 fl 10 kr.	
8 A	ab	„	8 A		
6 V		München	12 M.	= 21 fl 50 kr.	

[26] Über Munzingen—Altbreisach—Colmar; von da an ungeraden Tagen über Schlettstadt—Lunéville—Nancy—Chalons sur Marne, an geraden Tagen über Mülhausen—Belfort—Vesoul—Troyes, durch die Messageries générales Lafitte Caillard & Comp. Paris. Ankunft am dritten Tag genau. In Mülhausen Anschluß an Diligence von und nach Lyon. Personentaxe badischerseits bis Altbreisach 1 fl. Von Altbreisach =

	Coupé	im Innern	Trinkgeld für Conducteur u. Postillon
bis Colmar	1 fl 33	1 fl 19	11 kr.
„ Mülhausen	3 „ 15	2 „ 54	30 „
„ Nancy	8 „ 54	8 „ —	2 fl 45 „
„ Paris	27 „ —	24 „ 16	4 „ 6 „

[27] Der eine Wagen ging über Heilbronn—Fürfeld—Sinsheim, der zweite über Heilbronn—Wimpfen—Rappenau—Sinsheim.

1843 (1. September). Täglicher Eilwagen Memmingen—Ravensburg—Meersburg mit Anschluß nach und von Stockach).

1843. Täglicher Eilwagenkurs Heidelberg—Hirschhorn—Miltenberg.

1845 (1. Januar). Täglich zweimalige Eilwagenfahrten Stuttgart—Schaffhausen.[28]

1852. Eilwagenkurse Aulendorf—Pfullendorf—Stockach und Friedrichshafen—Meersburg—Überlingen—Stockach) gegen Aufhebung der Eilwagen Ulm bzw. Ravensburg—Stockach).

Die wichtigsten badischen Kurse verkehrten im Jahre 1840, also in der eigentlichen Zeit der Eilwagenkurse, wie folgt:

täglich:	7^0	↓	Karlsruhe	↑	$4^{\underline{0}}$		Personengeld
	4^{15}		Stuttgart		$8^{\underline{0}}$		4 fl 57 kr.
„	$11\frac{1}{2}$	↓	Karlsruhe		$4^{\underline{0}}$		
	7—$8^{\underline{0}}$		Kehl (Straßburg)		$3^{\underline{0}}$		5 fl 44 kr.
	$4^{\underline{0}}$		Freiburg		12^0		9 „ 38
	12^0	↓	Basel		$5\frac{1}{2}^{\underline{0}}$		14 „ 08
„	7^0		Karlsruhe		3—4^0		
	3^0		Kehl (Straßburg)		8^0		5 fl 44 kr.
	$8\frac{1}{2}^{\underline{0}}$		Freiburg		$12^{\underline{0}}$		9 „ 38 „
	1		Zürich		8^0		17 „ 04 „
	$11\frac{1}{2}^0$		Karlsruhe		$4^{\underline{0}}$		
	$6\frac{1}{2}^{\underline{0}}$		Offenburg		$8^{\underline{0}}$		5 fl 23 kr.
	$5^{\underline{0}}$		Donaueschingen		$6\frac{1}{2}^0$	Morgens	11 „ 38 „
	10^0		Schaffhausen		5^0	Abends	14 „ 08 „
	11^0		Stockach		11^0		14 „ 38 „
	$7\frac{1}{2}^0$		Karlsruhe		$8\frac{1}{2}^{\underline{0}}$	(Lokalwagen)	
	11^0		Baden-Baden		5^0		1 fl 36 kr.
„	6^0		Karlsruhe		$11\frac{1}{2}$		
	$11\frac{1}{2}^{\underline{0}}$		Heidelberg		$4^{\underline{0}}$		4 fl 8 kr.
	$8^{\underline{0}}$		Frankfurt		$8^{\underline{0}}$		10 „ 43 „
„	6^0		Karlsruhe		11^0		
	$11\frac{1}{2}$		Mannheim		$5\frac{1}{2}^{\underline{0}}$		3 fl 38 kr.

[28] a) über Schömberg—Tuttlingen—Stockach), b) über Schömberg—Rottweil—Donaueschingen.

4 mal wöchentlich:

	12^{0}		Karlsruhe		$7^{1}/_{2}{}^{\underline{0}}$		
	$7^{1}/_{2}{}^{\underline{0}}$		Heilbronn		12^{0}		

täglich:

5^{0}	10^{0}	$7^{\underline{0}}$	Heidelberg	7^{0}	12^{0}	$9^{\underline{0}}$	
7^{0}	12	$9^{\underline{0}}$	Mannheim	5^{0}	10^{0}	$7^{\underline{0}}$	1 fl 24 kr.
	$4^{\underline{0}}$		Heidelberg		9^{0}		
	6^{0}		Stuttgart		$9^{\underline{0}}$		6 „ 42 kr.

Personen- und Postsachenbeförderung auf Bodensee und Rhein

Inzwischen hatte sich auch (1830) eine badische „Dampfschiffahrtsgesellschaft für den Bodensee und Rhein" in Konstanz gebildet, der von der badischen Regierung das ausschließliche Ladungsrecht in Ludwigshafen und die abfahrtsgeldfreie Ladung in den Häfen von Konstanz und Überlingen zugesichert wurde.[29] Die Gesellschaft eröffnete 1831/32 mit dem Dampfer Leopold den Betrieb im Obersee, mit der Helvetia auf Untersee und Rhein. 1863 ging die Dampfschiffahrt an den badischen Staat über mit den Dampfern Leopold, Helvetia, Stadt Konstanz und Friedrich nebst einigen Güterschleppschiffen. Die Personenkursfahrten kamen wahrscheinlich erst bei Eröffnung der badischen Dampfschiffahrt auf, die bereits im zweiten Jahre ihres Bestehens 24833 Reisende beförderte.[30] Die Bodenseedampfer wurden von Anfang an zur Beförderung der Postsachen benutzt und Anschlüsse zwischen ihnen und den Eilwagenkursen hergestellt. 1840 wurde zwischen der badischen und bayerischen Postverwaltung wegen gegenseitiger Zusendung der Post mittels der Dampfschiffe Vereinbarungen getroffen. Die Schiffskurse Konstanz—Rorschach—Lindau erhielten in Rorschach Anschluß an die Eilwagenkurse Rorschach—St. Gallen und Rorschach—Chur—Mailand, in Lindau an die nach Augsburg—München, die Kurse Konstanz—Schaffhausen an die Eilwagen nach Basel, Zürich, Karlsruhe—Frankfurt und Schaffhausen—Freiburg. Mit der Eröffnung der Eisenbahnstrecken wurden den Bodenseedampfern teilweise weitere Reisende zugeführt, teilweise auch viele von den bisherigen Schiffsrouten abgelenkt. Es galt nunmehr (um 1870) die Bedürfnisse des Bodenseelokalverkehrs mit den Anforderungen des Durchgangs-

---

[29] Die erste Dampfschiffahrtsgesellschaft war die Friedrichshafener, 1824 mit Dampfer „Wilhelm" begründete.

[30] 1860 waren es bereits 119175.

verkehrs in Einklang zu bringen. Hierzu wurden insbesondere zwischen Konstanz—Lindau—Bregenz direkte Schiffskurse eingerichtet, die nur Friedrichshafen anliefen und Personen nebst Reisegepäck sowie die Postsachen beförderten.[31] Auf dem Oberrhein verkehrten um 1840 hauptsächlich die Kölnische Gesellschaft, die mit 17 Schiffen die Strecke Köln—Mannheim—Straßburg befuhr, sowie die Straßburg—Baseler Dampfschiffahrtsgesellschaft zwischen den Städten Straßburg und Basel. Rheinaufwärts mußten damals die Schiffe noch immer mit Pferden durch den Kanal gezogen werden, so daß sich die Fahrten sehr verlangsamten, wogegen die Fahrten rheinabwärts als sehr annehmbar galten.

Neuregelung des Extrapostwesens. — Estafetten.

Hand in Hand mit den aufgeführten Änderungen im ordentlichen Postwesen fand die Neuregelung des Extrapostwesens im weiteren Sinne des Wortes statt. Es war nur natürlich, daß neben den ordentlichen Posten das Extrapostwesen einen sehr großen Umfang annahm und auch solange behielt, als die Zahl und Schnelligkeit der ordentlichen Posten zu wünschen ließ; ebenso ist es natürlich, daß die Gebühren für eine Extrapost wesentlich höher waren als die Beförderungspreise der ordentlichen Posten, wogegen die Schnelligkeit der Beförderung bei den Extraposten ungleich größer war. Der weitere Vorzug einer Extrapost bestand darin, daß sie dem Antragsteller alsbald zur Verfügung gestellt werden mußte. Erst unter Berücksichtigung des gesamten Beförderungswesens, der ordentlichen und der Extraposten, gewinnen wir ein richtiges Bild von den Versendungs- und Reisegelegenheiten damaliger Zeiten wie von dem Zustande der Posthaltereien und den Verpflichtungen ihrer Inhaber. Lange Zeit bildeten gerade die Extrapostgebühren die Haupteinnahmequelle der Posthalter. Die Verordnung der Oberpostdirektion vom 10. November 1817 regelte die Estafetten, worunter die außerordentlichen Postritte zur schleunigen Beförderung von Briefen und Schriftpaketen verstanden wurden, wie solche bei sämtlichen deutschen Postanstalten bestanden. Die Postbeamten und Posthalter waren verpflichtet, auf Verlangen

[31] Vgl. Die Geschichte des Dampfschiffahrtsbetriebes auf dem Bodensee von Emil Krumholz, Innsbruck 1906, sowie Geschichte der Dampfschiffahrt auf dem Bodensee 1824—84 von Eberhard Graf Zeppelin in Schriften d. V. f. G. d. B., 14. Heft.

des Absenders zu jeder Stunde — tags wie nachts — Estafetten abzulassen; ausnahmsweise konnten größere, zur Verpackung auf ein Reitpferd nicht geeignete Gegenstände durch eine Kalesche mit zwei Pferden gegen Extraposttaxe befördert werden. Es galt als Grundsatz, daß eine Estafette zwei Meilen in zwei Stunden zurücklegte.[32]

Extraposten.

Die Taxen für Extraposten wurden durch das Regierungsblatt veröffentlicht und galten alsdann als gesetzmäßig; sie bestanden in Chaisen-, Schmier- und Postillionstrinkgeld.[33] Bei Rückfahrt mit den nämlichen Pferden war nur die halbe Taxe zu zahlen, sofern der auswärtige Aufenthalt nicht über eine Futterzeit dauerte; gegen Überforderungen der Posthalter und Postillione waren strenge Strafen angedroht. Der Reisende konnte verlangen, daß er im Trab gefahren wurde; hatte er die Extrapost im voraus bestellt, so mußten die Pferde angeschirrt im Stalle stehen und „längstens binnen einer halben Viertelstunde" nach seiner Ankunft angespannt sein; sonst waren für Umspannen bei Tag 15, bei Nacht 20 Minuten vorgesehen. Waren bei Ankunft eines Extrapostreisenden sämtliche Postpferde unterwegs, so mußte der Posthalter notfalls unter Beihilfe der Ortsobrigkeit Aushilfspferde in kürzester Frist bei den übrigen Pferdebesitzern beschaffen, die sich mit der Extraposttaxe zu begnügen hatten. Die Wagenbespannung richtete sich nach der Personenzahl, dem Gepäck und der Beschaffenheit der Wagen.[34] Das Postgeld war nur für die wirklich einge-

---

[32] Die Gebühr für eine Estafette setzte sich zusammen aus: a) Expeditionsgebühr von 1 fl. 30 kr., b) Rittgebühr gleich der Extraposttaxe und c) Postillionstrinkgeld 8 kr. für jede volle Post.

[33] Für eine offene, bedeckte Kalesche,

		Chaisen	Schmier-	-Postillonstrinkgeld bei zwei	drei	vier	sechs Pferden
bis	$3/4$ Post	30 kr.	40 kr.	24 kr.	30 kr.	48 kr.	1 fl 12 kr.
„	1 „	36 „	50 „	30 „	36 „	1 fl	1 „ 24 „
Über	1 „	42 „	1 fl	36 „	45 „	1 „ 12 kr.	1 „ 36 „
„	$5/4$ „	—	—	42 „	54 „	1 „ 24 „	1 „ 48 „
„	$1\frac{1}{2}$ „	—	—	48 „	1 fl	1 „ 36 „	2 fl —

Für die Postchaisen war kein Schmiergeld zu entrichten; für Wagen der Reisenden 20 kr. beim Schmieren mit gutem Fett, sonst 12 kr.

[34] Ein Kind unter zehn Jahren, ebenso zwei Kinder unter sieben Jahren wurden nicht, dagegen zwei Kinder über sieben Jahren als eine Person ge-

spannten Pferde zu entrichten; wegen Vorspanns mußte sich der Posthalter durch schriftliche Ermächtigung von der Oberpostdirektion ausweisen können. Der Postillion durfte eine Extrapost nur in vorschriftsmäßiger Postlivree fahren; aushilfsweise herangezogenen Lohnkutschern oder Bauern hatte der Posthalter eine Aushilfsmontur nebst Posthorn zu leihen. Auf einer Station mit Extrapost angekommen, durfte der Reisende auf der Poststraße nur wieder mit der Post reisen; sich einer anderen Fahrgelegenheit zu bedienen war ihm erst nach einem Aufenthalt von wenigstens 2 mal 24 Stunden gestattet. Für Beschädigung der Reisenden oder ihrer Wagen durch Schuld des Postillions war der Posthalter haftbar, auch waren bei Unfällen die nächsten Ortschaften verpflichtet, gegen Vergütung Hilfe zu leisten.

Reitkuriere.

Es war im weiteren Sache der Posthalter, einige Reitpferde für Kuriere zu halten, die allein in Begleitung eines Postillions in Uniform oder vor dem Wagen einer Herrschaft reiten konnten. Kurierpferde durften von einer Station zur anderen in starkem Trab geritten werden.

Auf jeder Station lag ein Extrapostbuch zur Eintragung von Beschwerden auf. Die Verordnung, nach der jeder Reisende seinen Namen und Stand in das Buch einzutragen hatte, wurde erst im Jahre 1818 aufgehoben.

Posthaltereiwesen.

Die Posthalter wurden in Baden von der Oberpostdirektion vertragsmäßig angestellt, so daß sie zu der Großherzoglichen Regierung in keinerlei Beziehung standen, sondern lediglich zur badischen Postverwaltung in dem Verhältnisse des Dienstpflichtigen zum Dienstherrn. Der Dienstvertrag, der in der Regel für beide Teile das Recht halbjähriger Aufkündigung vorsah, enthielt die

---

rechnet. Ein Koffer oder zwei Mantelsäcke mit 100—150 ℔ zählten als eine Person.

Postkalesche oder halbgedeckter Reisewagen usw.	mit 3	Personen	war mit 2	Pferden,
„ „ „ „ „	„ 6	„	„ „ 3	„ ,
„ „ „ „ „	„ 8	„	„ „ 4	„ ,
geschlossener 2sitziger Wagen (batard coupé)	„ 4	„	„ „ 3	„ ,
ganz gedeckter geschlossener Reisewagen	„ 6	„	„ „ 4	„ ,

darüber hinaus mit sechs Pferden zu fahren, wobei gutfahrbare chaussierte Wege vorausgesetzt wurden.

Rechte und Pflichten der Posthalter genau verzeichnet. Zu ihren Obliegenheiten gehörte die Beförderung der Brief- und Fahrpost, die Führung der Eilwagen, die Beförderung der Estafetten und Extrapostreisenden nach den vorgeschriebenen Ordnungen, Stellung der Wagen und Pferde, Rechnungslegung über das erhobene Brief- und Postwagenporto sowie Stellung einer mit 4% verzinsbaren Kaution von dreihundert Gulden in barem Geld. Dafür hatten sie zu beziehen die gesetzlichen Ritt- und Fahrtgebühren nebst gewissen Scheingebühren, sodann einen im voraus bestimmten Anteil am Brief- und Fahrpostporto (12 bzw. 6 und 3 Kreuzer vom Gulden). Über diese Bezüge hinaus hatten die Posthalter keinerlei Ansprüche an die Postverwaltung. Für unverschuldete Verluste von Pferden wurde ihnen aus Billigkeitsrücksichten eine Entschädigung aus der Staatskasse bewilligt. Die Anzahl der zu haltenden Pferde konnte naturgemäß nur hinsichtlich der regelmäßigen Leistungen genau, hingegen der Gesamtbedarf nur annähernd bestimmt werden. Bei Festsetzung der Gebühren wurde die regelmäßige Bespannung zugrunde gelegt; für die außerordentlichen Leistungen mußten sich die Posthalter mit der Extraposttaxe begnügen, bei deren Festlegung vorzugsweise auf die herrschenden Haferpreise, den Ankaufspreis diensttauglicher Pferde sowie die Kosten der Stallgeräte Rücksicht genommen wurde; je nach dem Fallen oder Steigen dieser Preise fand eine Erhöhung oder Herabsetzung der Extraposttaxe statt. Die Beförderungsdauer wurde nach der zwischen zwei Stationen sich ergebenden Fußzahl in der Art bemessen, daß auf das Nettomaß einer einfachen Post (48000 Fuß) zur Beförderung der Reitposten und leichten Eilwagen 75 Minuten, der größeren Eilwagen 80 Minuten und der Packwagen durchschnittlich 1 Stunde 45 Minuten angesetzt wurden. Die ständigen Ritt- und Fahrtgebühren wurden in der Weise festgesetzt, daß für eine einfache Post im allgemeinen 54 Kreuzer für das Packwagenpferd, für das Reit- und Eilwagenpferd 1 Gulden angenommen wurden. Auch hinsichtlich der Bespannung unterschied man zwischen Eil- und Packwagen. Von den ersteren wurden zwölfsitzige Wagen mit einer Bespannung von vier Pferden bei 12 Personen im Sommer, im Winter schon bei 8 Personen (ausschließlich des Kondukteurs) geführt, die neun- und sechssitzigen Eilwagen wurden im allgemeinen mit drei, im Winter und auf gebirgigen Strecken mit vier Pferden geführt. Bei außerordentlichen Fällen durfte ein Vorspannpferd genommen werden. Die Packwagen hatten meistens eine Bespannung von drei Pferden; sie erhielten indes im Sommer bei 25 Zentnern Ladung ein, bei 36 Zentnern zwei Vorspannpferde, im Winterhalbjahre schon bei 20 bzw. 30 Zentnern. Da die zwölfsitzigen Eilwagen ein ungefähres Gewicht von 40, die neun- und sechssitzigen ein solches von 30 und 24 Zentnern hatten, so stellte sich nach den angegebenen Bespannungsbedingungen die Leistungsfähigkeit eines Pferdes auf 15 Zentner.

Für jeden Postillion, den eine Posthalterei zur Besorgung der regelmäßigen wie der Extraposten nötig hatte, wurde unentgeltlich eine Postillionsmontur geliefert, deren Preis (Mantel, Kollet und Hut) sich auf 28 Gulden belief.

Mit der zunehmenden Ausdehnung der Eisenbahnlinien änderten sich die Postfuhrverhältnisse von Grund aus. Der Reise- und Güterverkehr in der Richtung der Eisenbahn wurde von dieser vollständig an sich gezogen, so daß die Posthalter insbesondere den einträglichen Erwerb aus der Gestellung der Extraposten verlieren mußten; sie reichten deshalb ein Gesamtgesuch um Verwilligung einer staatlichen Beihilfe für das Halten der Extrapostpferde ein, das indes keine Berücksichtigung fand. Dagegen wurde ihnen, um sie für die in Wegfall gekommenen Extraposten einigermaßen schadlos zu halten, die Beförderung der Posten auf den Nebenstrecken (mit Omnibusfahrten) übertragen; auch erkannte man ihnen das Recht zu, mit Ausschluß aller anderen Fahrtunternehmer für die Großherzoglichen Stellen gegen eine zwar nicht nach der Extraposttaxe bemessene, aber den Leistungen wohl entsprechende Vergütung die Fuhrwerke stellen zu dürfen.

Mit ganz verschwindenden Ausnahmen gehörten die Posthalter der badischen Postverwaltung dem angesehensten Teile der Erwerbsklassen in Stadt und Land an, in vielen Orten nahmen sie ohnehin als wirtschaftlich gutgestellte, charaktervolle und vertrauenswürdige Personen eine bevorzugte Stellung ein und auch hinsichtlich ihrer Leistungen für die Verkehrsbewältigung machten sie ihrem Stande wie der Verwaltung Ehre.

Postillionsfond und Postillione.

Der Aufschwung des Postwesens, insbesondere die erhebliche Zunahme der Eilwagenkurse nach allen Richtungen mit der dadurch hervorgetretenen Vermehrung der Postillionsstellen zeitigte bei der

Oberpostdirektion im Jahre 1833 den Entschluß, zur Belohnung verdienter Postillione eine Unterstützungskasse zu gründen. Großherzog Leopold genehmigte am 11. Mai 1837, daß hierzu die Poststrafgelder verwendet und die weiter erforderlichen Mittel durch freiwillige Beiträge der Posthalter — Abzug von ¼ bis höchstens ½% von den ständigen Ritt- und Fahrtgebühren — beschafft würden. Die Belohnungen sollten in einer besonderen Ehrenauszeichnung durch silberne Tressen und in einmaligen Geschenken oder monatlichen Zulagen auf die Zeit des Dienstverhältnisses oder auf Lebenszeit bestehen. Von dem Plane, die Posthaltereien zu freiwilligen Beiträgen zu veranlassen, wurde indes mit Rücksicht auf die drückenden Zeitverhältnisse, unter denen diese stark zu leiden hatten, abgesehen. Einstweilen wurden an besonders hilfsbedürftige Postillione kleine Unterstützungen aus den Poststrafgeldern gewährt; die übrigen Strafgeldbeträge wurden verzinslich angelegt und Zinsen sowie Zinseszinsen zugeschlagen. Dadurch kam bis zum Jahre 1851 ein Kapital von 36300 Gulden mit jährlich 1365 Gulden Zinsen zustande, so daß einschließlich der Poststrafgelder über 2000 Gulden jährlich zu Unterstützungen verfügbar waren. Vorhanden waren am 1. Januar 1852 bei 96 Posthaltereien 299 Postillione, wovon 227 unter 6 Jahren, 49 zwischen 6 und 12, 15 zwischen 12 und 18 und 8 über 18 Jahre im Dienste standen. Die von der Oberpostdirektion ausgearbeiteten Satzungen fanden indes die Billigung des Ministeriums nicht; es mußten verschiedene Umarbeitungen vorgenommen werden, bis endlich das „Normativ für die Postillionskasse" vom Handelsministerium am 16. November 1860 genehmigt wurde. Das Kapitalvermögen betrug jetzt nahezu 50000 Gulden. Es erhielten:

Postillione mit 5 Dienstjahren eine ständige Belohnung von 20 fl. und 1 einfache silberne Tresse;

Postillione mit 10 Dienstjahren eine ständige Belohnung von 30 fl. und 2 silberne Tressen und

diejenigen über 15 Dienstjahre 40 fl. und 3 Tressen.

An dienstunfähig gewordene Postillione wurden einmalige Beihilfen bis zu 50 Gulden oder ständige Unterhaltungsrenten, an Witwen ständige Beihilfen bis zu 30 Gulden und Erziehungsbeiträge von 15 Gulden für das Kind gewährt.[35] Bei Bemessung

[35] Diese Sätze waren höher als die der benachbarten Postverwaltungen. In Österreich erhielten damals von 6000 Postillionen nur 19 tägliche Provisionen

der nach damaligen Anschauungen hohen Sätze hatte die badische Postverwaltung vor allem in Rechnung gezogen, daß die Postillione infolge Umwandlung der Eilwagenkurse in Postomnibuskurse und der damit verbundenen Aufhebung der Postillionstrinkgelder völlig auf den Lohn der Dienstherren mit ungefähr 30 Kreuzer bei freier Station angewiesen und oftmals auswärts zu Ausgaben genötigt waren; daß es andrerseits ohne nachhaltige Unterstützungen durch die Postillionskasse den Posthaltern auf die Dauer nicht möglich sei, tüchtige Kräfte für den anstrengenden Dienst zu gewinnen.

Die durch das Normativ vorgesehenen Unterstützungen in der jährlichen Höhe von 2000—2500 Gulden und mehr wurden in der Folge bis 1871 weitergezahlt.[36] Soweit nach dem Übergang des badischen Postwesens auf das Reich die Postillione die Erklärung nicht abgaben, daß sie nach den Bestimmungen der Norddeutschen Postverwaltung behandelt werden wollten, die ihnen für das Einrücken in Unterbeamtenstellen günstige Aussichten eröffneten, wurden ihnen von der Reichspostverwaltung Belohnungen und Unterstützungen nach den Grundsätzen der badischen Postverwaltung und den Bestimmungen des Statuts der Unterstützungskasse für niedere Bedienstete verabfolgt. Bei der Abgabe des Postwesens hatte der badische Staat in Rücksicht hierauf einen anteilmäßigen Betrag von

---

von 6—15 kr., Postillions-Witwen und Kinder hatten keinen Anspruch auf Versorgung oder Unterstützung. In Bayern erhielten die Postillione Zulagen von

6 fl. bei einer Dienstzeit von 6 Jahren,
12 „ „ „ „ „ 12 „ ,
18 „ „ „ „ „ 18 „ ,
24 „ „ „ „ „ 24 „ ,
30 „ „ „ „ „ 30 „ ,
36 „ „ „ „ „ 36 „

Im taxisschen Postbezirk erhielten sie im allgemeinen nach acht Jahren bei besonders guter Führung Ehrenbelohnungen von 3 fl. (2 Reichstaler) monatlich, dagegen gab es keine Pensionen an Witwen und Waisen; in Preußen gab es nach 15 Jahren einmalige Zulagen von 10 Talern, nach 20 Jahren monatliche Zulagen von 1 Taler an aktive, und solche von 1, 2 und 3 Talern an pensionierte Postillione bei nachgewiesener Invalidität nach einer Dienstzeit von 10, 15 und 20 Jahren, ebenso gab es in Preußen Unterstützungen an Postillionswitwen und Erziehungsgelder. In Preußen, Österreich und Bayern hatten die Postillione Aussicht in Unterbeamtenstellen einzurücken, worauf sie in Baden im allgemeinen nicht rechnen konnten.

[36] Im Jahre 1870 betrugen die Zinsen nebst Strafgeldern 4590 fl. 12 kr., Grundkapital 74229 fl. 33 kr.

dem Postillionsfond abgezweigt und ihn der Postunterstützungskasse der Reichspostverwaltung überwiesen.

Bahneröffnungen.

Durch die Verordnung des Staatsministeriums vom 20. Juli 1839 ist der Großherzoglichen Oberpostdirektion auch der eigentlich gewerbliche Betrieb des neuaufgekommenen Verkehrsmittels der Eisenbahnen übertragen worden.[37] Aus diesem wie aus dem weiteren Grunde, daß die Eisenbahnen grundlegende Änderungen im ganzen Verkehrswesen hervorriefen, daß ferner die Entwickelung dieses neuen Verkehrsmittels im engsten Zusammenhange mit der Ausdehnung und Umänderung der Postkurse wie mit der Ausdehnung des badischen Staatstelegraphen steht, müssen wir hier kurz auf die Bahneröffnungen und ihre Folgen eingehen.

Der öffentliche Dienst auf der zuerst fertiggestellten Bahnstrecke Heidelberg—Mannheim nahm am 12. September 1841 seinen Anfang; er beschränkte sich zunächst auf die Beförderung von Personen und Reisegepäck. Es folgten die weiteren Bahnstrecken Heidelberg—Karlsruhe, Karlsruhe—Offenburg und Appenweier—Kehl in den beiden folgenden Jahren (1843/44), die Strecken Mannheim—Friedrichsfeld, wodurch die Mannheim—Offenburger Linie in direkte Verbindung mit der Main-Neckar-Eisenbahn gesetzt wurde, Offenburg—Freiburg—Müllheim—Schliengen—Efringen in den Jahren 1845—1847, so daß also vor Ausbruch der politischen Wirren eine ununterbrochene Schienenverbindung von Frankfurt bis Efringen (9 km von der Schweizergrenze entfernt) bestand. In diesen Jahren erwuchs der Direktion der Verkehrsanstalten die schwierige Aufgabe, die wichtigsten Postkurse teilweise einzuschränken oder aufzuheben, zwischen den im Gange bleibenden Kursen und den Verkehrszeiten der Eisenbahnzüge die zweckmäßigste Übereinstimmung herzustellen und bei weiteren Bahneröffnungen zu erhalten. Zu erwähnen ist noch besonders, daß das Gütertransportreglement vom 20. August 1844 die Sendungen im Gewichte von unter 25 Pfund von der Eisenbahnbeförderung ausschloß, so daß also diese aus-

[37] Nach Errichtung der Eisenbahnschuldentilgungskasse bildeten Post- und Eisenbahnbetriebsverwaltung einen Bestandteil dieser Kasse, zu deren Dotierung die reinen Einnahmen der Post und Bahn bestimmt wurden und aus der die Mittel zur Deckung des Aufwandes der ersten Anschaffung des Eisenbahnbetriebsmaterials geschöpft wurden.

nahmslos den Postwagen verblieben. In den fünfziger Jahren folgte die Betriebseröffnung auf den Strecken Efringen—Haltingen—Basel (1851—1855), Basel—Waldshut (1856), sowie Durlach—Wilferdingen (Mühlacker) (1859); auch ist noch hervorzuheben, daß inzwischen am 15. Oktober 1851 der elektromagnetische Telegraph, der sich von Mannheim bis Basel an der Bahnlinie hinzog, der allgemeinen Benutzung freigegeben worden war; allerdings erstreckte sich damals der telegraphische Verkehr nur auf die zehn inländischen Telegraphenstationen Mannheim, Heidelberg, Bruchsal, Karlsruhe, Rastatt, Baden, Kehl, Offenburg, Freiburg und Haltingen. Vom Jahre 1860 ab nahm die Personen- und Güterbeförderung in ungeahntem Maße zu. Während ferner die neuen Strecken Wilferdingen—Pforzheim—Mühlacker (1861/62), Waldshut—Konstanz (1862), Mosbach—Osterburken—Würzburg (1866) dem Verkehre übergeben wurden, war auf den älteren Hauptstrecken der Ausbau des zweiten Geleises vollendet worden. Inzwischen war auch von zwei Seiten aus mit der damals weltberühmten Schwarzwaldbahn begonnen worden, deren Teilstrecken Offenburg—Hausach und Singen—Engen im Jahre 1866, Engen—Donaueschingen 1868 und Donaueschingen—Villingen 1869 dem Betriebe übergeben wurden, während die letzte und schwierigste, wildromantische Teilstrecke Villingen—Hausach erst im Jahre 1873 (1. November) eröffnet werden konnte. Schon im Jahre 1861 war ein direkter Verkehr mit London über Köln—Ostende und Kehl—Paris—Calais sowie mit mehreren anderen fremdländischen Bahnen ins Leben getreten und im folgenden Jahre der Anschluß an die württembergische Bahn in Mühlacker und die Schweizerische Nord-Ostbahn erzielt worden, so daß nunmehr die Bedingungen badischerseits für den internationalen Eisenbahn-Durchgangsverkehr erfüllt waren. Im innerdeutschen Verkehr hatte Baden durch den erfolgten Übergang zum Bau besonderer Eisenbahn-Postwagen den neuzeitlichen Verkehrserfordernissen Rechnung getragen, worüber besonders abgehandelt wird.

Während eines Zeitraums von rund dreißig Jahren hatten somit alle die großen durchgehenden Postkurse dem neuen Verkehrsmittel weichen müssen, nur auf den schneebedeckten Höhen des Schwarzwalds, in Gegenden, die erst zum Teil in allerneuster Zeit durch den Schienenstrang verbunden worden sind oder Anstalten machen, um an das Eisenbahnnetz angeschlossen zu werden, zwischen der Breisgauperle Freiburg und der rauhen aber fruchtbaren Hochebene der Baar (Donaueschingen) durch das wildromantische Höllental und Himmelreich hindurch, im Linzgau, im Acher-, Rench- und Bühlertal sowie im Tauber- und Mainkreis waren noch Postkurse von größerer Bedeutung vorhanden.

Folgen der Bahneröffnungen.

Bald nach der Eröffnung der bedeutenderen Eisenbahnlinien machte sich eine fühlbare **Abnahme des Personenverkehrs** auf den anschließenden **Eilwagenkursen** bemerkbar. Die Erscheinung fand keine vollständige Erklärung in dem Wettbewerb dieser Bahnen; wenn diese auch den größten Teil des Reiseverkehrs auf größere Entfernungen der Eilwagenbeförderung entzogen, so lagen andrerseits in dem günstigen Erfolge von Privatfuhrunternehmungen, die teilweise die gleichen Strecken wie die Eilwagen bedienten, Beweise dafür, daß im ganzen der Reiseverkehr auf diesen Strecken nicht ab-, sondern zugenommen hatte. Durch die Eisenbahnen war ein früher wenig beachteter Verkehrszweig zu hervorragender Bedeutung auf den Postrouten gediehen, nämlich der Lokalverkehr, gebildet von kleineren Geschäftsleuten sowie den bürgerlichen Ständen überhaupt, dem die Eilwagenkurse mit ihren für den Verkehr auf größere Entfernungen berechneten Einrichtungen und ihren für die vermöglicheren Kreise berechneten Taxen nicht entsprechen konnten.[38] Diesem den ganzen übrigen Personenverkehr weitaus übersteigenden Reiseverkehr Rechnung zu tragen und doch die bessere Gesellschaft von der Postbeförderung nicht abzustoßen, war die zu lösende Aufgabe, wobei keine Vermehrung des Aufwandes für die Postkurse eintreten sollte. Dieser Aufgabe wurde die Postverwaltung dadurch gerecht, daß sie die Eilwagen mit ihrer bequemen aber nur eine geringe Anzahl von Sitzen zulassenden Einrichtung durch eine

[38] Während noch der Abg. Speyerer im Budget-Komm.-Bericht vom 14. Mai 1839 die Herabsetzung der Eilwagentaxe bei Lokalverbindungen beklagt hatte, führte Abg. Weller im gleichartigen Bericht vom 20. Jan. 1846 aus: „Es erregt ein trauriges Gefühl zu sehen, wie die Eilwagen wegen der übertrieben hohen Fahrtaxen fast leer dahinfahren und mit ihrem Luxus fast nur ein Monopol der reicheren Stände bilden und wie selbst der Reinertrag des gleichfalls bei uns noch übertrieben hohen Briefportos der Staatskasse hiedurch entzogen, den Staatsbürgern also eine schwere Last auferlegt wird, um den Ausfall des Eilwagendienstes zu decken". Folge: Herabsetzung der Fahrtaxe von 30 kr. auf 24 für die Meile.

Wagengattung mit einer größeren Anzahl von Plätzen ersetzte und die Personentaxe für das allgemeine Publikum mehr in Übereinstimmung mit der Eisenbahntaxe brachte als bei Eilwagen möglich war; auch paßte sie die Abgangs- und Ankunftszeiten den Bedingungen des Lokalverkehrs an und suchte die Posthalter an dem Erfolge der neuen Kurse zu interessieren. So entstand die Neueinrichtung der Postomnibuskurse nach folgenden Grundsätzen: Die Fahrtunternehmer unterhielten den Betrieb auf eigene Rechnung und wurden durch die Einnahmen aus den Reisetaxen und einem Staatszuschusse entschädigt. Eine Gewähr für ein bestimmtes Erträgnis wurde indes staatlicherseits nicht übernommen. Diese Bezahlungsweise war aus der Absicht heraus entstanden, der Postverwaltung eine Reihe umständlicher Arbeiten zu ersparen; außerdem suchte man eine bessere Bedienung des Publikums dadurch zu erzielen, daß die Fahrtunternehmer für die Hebung des Reiseverkehrs eingenommen wurden, während bei den Eilwagen das Gegenteil zutraf; hier wünschten die Posthalter möglichst leere Wagen zu fahren, um ihre Pferde zu schonen. Da im weiteren die Postverwaltung die Größe und Bauart der Wagen bestimmte, auf größeren Strecken die Anschaffung und wesentliche Unterhaltung der Wagen selbst besorgte und auch die Festsetzung der Kurszeiten ausschließlich Sache der Postverwaltung blieb, so standen dieser die nötigen Rechte und Machtmittel zu Gebote, um jederzeit nachhaltig eingreifen zu können. Um bei den Omnibuskursen auf längeren Strecken, wo mehrere Fahrtunternehmer beteiligt waren, einen einheitlichen Betrieb zu erzielen, versuchte die Verwaltung, jeden einzelnen für den ganzen Kurs einzunehmen, indem sie verlangte, daß die verschiedenen Unternehmer eine solidarisch verbundene Gesellschaft gründeten und einen Geschäftsführer bestimmten, mit dem allein die Verwaltung zu verhandeln hatte. Alle Einnahmen der Unternehmer flossen in eine gemeinschaftliche Kasse, aus der zuerst die gemeinschaftlichen Ausgaben bestritten und die Überschüsse hierauf anteilmäßig verteilt wurden.[39]

---

[39] Im Jahre 1866 betrugen die an die 120 Unternehmer gezahlten Bespannungskosten 157095 fl. 48 kr. Die Beträge an die Omnibusunternehmer beginnen mit 116 fl. 40 kr. und steigen bis 28000 fl. an die Höllentalgesellschaft (Freiburg—Donaueschingen—Stockach, Lenzkirch—Stühlingen—Schaffhausen usw.), 18000 fl. an die Main-Taubergrundgesellschaft (Mosbach—Wertheim—Würzburg), 14000 fl. an die Kinzigtalgesellschaft (Hausach—Triberg—Donau-

Die Postomnibuskurse in Baden riefen sehr günstige Ergebnisse hervor, sie halfen außerordentlich, den Reiseverkehr zu heben, so daß dieser bald den der früheren Eilwagen auf einzelnen Strecken um mehr als das Zehnfache übertraf, wodurch es möglich wurde, die Kurse zu verdoppeln und zu verdreifachen, ohne den früher für die Eilwagen gemachten Aufwand zu erhöhen. Dem Publikum erwuchs der Vorteil häufigerer und weit billigerer Reise- und Versendungsgelegenheiten, die Verwaltung wurde einer Reihe umständlicher Geschäfte enthoben, die alle in den Geschäftskreis der Fahrtunternehmer gehörten. Diese hatten in den Überschußanteilen eine ausreichende Einnahme und durch die Zunahme des Verkehrs höheren Verdienst gewonnen.

Postwagenbau.

Die von der badischen Postverwaltung benötigten Wagen sind längere Zeit von den Wagenfabriken in Straßburg und Rastatt geliefert worden. An theoretisch viel versprechenden Verbesserungsvorschlägen, die sich in der Praxis als unausführbar oder zwecklos erwiesen, hat es nicht gefehlt. Die Postverwaltung hat ihr reges Interesse an diesem Gegenstand dadurch bewiesen, daß sie einen im Wagenbau besonders erfahrenen Beamten zum Wageninspektor ernannte und ihn mit der Verbesserung des Postwagenbaues und der dauernden Aufsicht über den Wagenpark beauftragte. Wasmer, den auch die Taxissche Postverwaltung als sehr tüchtigen Kopf bezeichnete, untersuchte im Jahre 1839[40] zunächst die in Rastatt

eschingen), 7500 fl. für den Eberbach—Miltenberg—Wertheim-Kurs usw. „So sehr man auch, als der erste derartige (Omnibus-)Kurs Offenburg—Donaueschingen ins Leben gerufen wurde, besorgt war, es möchten diesen Omnibussen .... Präzision und regelmäßige Raschheit der Beförderung fehlen, ... so sind doch diese gewichtigen Bedenken durch den ersten Versuch vollständig widerlegt worden. Es ist zwar die Fahrzeit der Postomnibusse etwa 5% gegen die Eilwagenfahrzeit verlängert, allein dieser kleine Übelstand ist durch einen mehr als doppelten Gewinn aufgewogen. Während früher der Eilwagen täglich nur einmal diese Route zurücklegte und sehr häufig keine oder nur wenig Passagiere hatte, sind jetzt zwei Kurse eingerichtet und infolge der vermehrten Stationsplätze und verminderten Fahrpreise stark besetzt und nicht selten sogar mit Beiwagen ausgestattet .... Der wirklich auffällige Erfolg dieser Einrichtung rechtfertigt wieder glänzend die Ansicht, daß man dem Verkehre nur die Gelegenheit bieten darf, um in den meisten Fällen seine blühende Entwicklung mit Sicherheit hervorzurufen." Kirsner, Bericht der Budget-Komm., 16. März 1858.

[40] Schon sechs Jahre vorher lesen wir: „Mit Vergnügen können wir die

und Straßburg noch in Arbeit befindlichen Eilwagen und drang auf Abstellung einer Reihe von Mängeln, die sich bisher herausgestellt hatten. Sein Urteil ging dahin, daß die Wagenmeister im Eilwagenbau nicht gewandt seien und noch am alten hingen; wenn sie auch manche Arbeiten gut ausführten, so könnten sie doch nichts Schönes zustande bringen. Seinen Belehrungen gegenüber wies der Wagnermeister Schmidt in Straßburg darauf hin, daß er schon vor vierzig Jahren Eilwagen zur Zufriedenheit gebaut habe, ein Hinweis, der allein schon vermuten läßt, daß er sich die Fortschritte im Wagenbau nicht genügend zu eigen gemacht hatte. In Karlsruhe waren die Wagnermeister ebenfalls nicht völlig den Fortschritten im Wagenbau gefolgt; den Meistern, die den Willen hatten, sich mit besseren Einrichtungen zu versehen, fehlte es an Mitteln und Platz, andern, denen dieses zu Gebote stand, gingen die erforderlichen Kenntnisse oder die Fähigkeit ab, vom Hergebrachten zum Besseren fortzuschreiten. Wasmer eilte von Straßburg nach Ziegelhausen, untersuchte hier die Schmiedearbeit sowie das verwendete Eisen und entdeckte unerlaubte Machenschaften, die er mit Entschiedenheit abzustellen wußte. Von da begab er sich nach Frankfurt, um die Einrichtung der Taxisschen Postfuhrwerke kennen zu lernen, und weiter in die Wagenfabriken von Offenbach und Bockenheim, die als besonders fortgeschritten im Wagenbau galten. Nach Besichtigung der fremdländischen Wagen erklärte er später, „mit gutem Gewissen sagen zu können, daß unsere neuesten Wagen in bezug auf Leichtigkeit und Bequemlichkeit den Vorzug verdienten".

Vom Jahre 1840 ab ließ die Postverwaltung, die bei dem damaligen Einsetzen eines sich stetig steigernden Reiseverkehrs eine Anzahl Wagen benötigte, diese durch den Schmiedemeister Johann Fritz in Rastatt, die beiden Wagenfabrikanten Adolf Reiß sowie Schmieder und Mayer in Karlsruhe herstellen, die sich auch verpflichten mußten, laufunfähig gewordene Wagen in Kauf zu nehmen. Mit Rücksicht hierauf machte die Verwaltung im Jahre 1846 keinen Gebrauch von dem Anerbieten von drei Karlsruher Handwerksmeistern, die die sechssitzigen Eilwagen um mehrere hundert Gulden billiger zu liefern sich anheischig machten; dagegen

---

Versicherung beifügen, daß die Oberpostdirektion den Wunsch der Kammer berücksichtigend nunmehr die Postwagen im Lande bauen läßt". Budget-Komm. 1833.

erreichten im Jahre 1858 die Hofwagenmeister Kauth und Sohn in Verbindung mit Schmiedemeister Bickel und Sattler Walz Aufträge, die unstreitig gut erledigt worden sind. Denn der Firma Kauth und Sohn sind von da an neben der älteren Firma Schmieder und Mayer die Hauptaufträge zugegangen und noch heute ist die Firma Kauth die Lieferantin der Paketpostwagen.

Die Bestellungen betrafen in erster Linie sechs- und neunsitzige Eilwagen, für die 1500 bzw. 1700 Gulden gezahlt wurden, Eilchaisen im Preise von 1740 und Packwagen; daneben auch zweispännige Eilwagen zu vier Sitzen mit offenem Kabriolet im Preise von 1100 Gulden. Im Jahre 1858 kam als neue Gattung die der Karriolpostwagen hinzu, unter denen man nicht über sieben Zentner wiegende zur Bespannung mit einem oder zwei Pferden eingerichtete vierräderige Fuhrwerke verstand, die außer dem Postillion noch zwei Personen aufnehmen konnten und einen verschließbaren Packraum hatten. Ihre Anschaffungskosten stellten sich auf 450 Gulden, die Gebrauchsfähigkeit betrug sechs Jahre. Im gleichen Jahre ging die Verwaltung dazu über, eine Reihe von Postomnibussen herstellen zu lassen, von denen sich das Stück auf durchschnittlich 1300 bis 1400 Gulden stellte. Der Grund zu diesem Vorgehen war folgender: In Baden hatten, wie bereits erwähnt, die privaten Fahrtunternehmer auf den weniger bedeutenden Strecken die Wagen selbst zu stellen und zu unterhalten, nur auf längeren Kursen, wo mehrere Fahrtunternehmer beteiligt waren, besorgte dies die Postverwaltung. Die Unternehmer der erstgedachten Art erhielten auch aus der Postkasse keine besondere Vergütung für die Anschaffungskosten, sondern hatten den Aufwand in dem Erträgnis der Reisetaxen und dem hierauf rücksichtigenden Aversalzuschusse zu suchen. Es wurde veranschlagt, daß ein Wagen sechs bis zehn Jahre gebrauchsfähig blieb und der Aufwand für Anschaffung und Unterhaltung der Wagen bei sechs bis zwölf Plätzen im Durchschnitt jährlich zwischen 200 bis 350 Gulden betrug. Die Überlassung der Wagenbeschaffung und Unterhaltung an die Unternehmer hatte den Mißstand hervorgerufen, daß die Eleganz und Bequemlichkeit sowie die rasche Beseitigung von Schäden zu wünschen ließ. Desgleichen boten die von den Fahrtunternehmern selbst gestellten Karriolpostwagen, die zur Beförderung einzelner Personen sowie der Brief- und Fahrpost zwischen abseits gelegenen Marktflecken, Amtsstädtchen 2c. und den Hauptkursen dienten, weder

Bequemlichkeit für die Reisenden, so daß diese Wagen teilweise verabscheut wurden, noch Sicherheit für die anvertrauten Postsachen. Das einzige im Interesse des Ansehens der Verwaltung gebotene Abhilfmittel bestand in der Überlassung ärarischer Wagen an die Unternehmer gegen ratenweise Abzahlung des Ankaufspreises, wodurch überdies diesen die Anschaffung erleichtert und die nötige Übereinstimmung unter den Wagen der Nebenkurse erzielt wurde. Zu dem Zwecke sind im Jahre 1858 erstmals zehn Postomnibusse und zwölf einspännige Karriolpostwagen angeschafft worden.

Die Ausbesserungen an den staatlichen Wagen wurden in Karlsruhe ursprünglich durch ansässige Wagenfabrikanten und Handwerker ausgeführt. Da hierdurch nicht immer eine sachgemäße Behandlung der Wagen zu erzielen war, wurden die Ausbesserungen vom Jahre 1855 ab den Eisenbahnbetriebswerkstätten zugewiesen, wo die Wagen von den Werkmeistern eingehend untersucht werden mußten.

Bahnpostdienst (bureaux ambulants).

Mit der Ausdehnung des Schienenwegs änderte sich die Art der Postenbeförderung in der Hinsicht, daß vom 1. April 1848 ab die Versandte durch die Eisenbahn zunächst mittels eines besonderen Transportwagens und unter Begleitung eines eigenen Postkondukteurs stattfanden. Diesem lag die Übernahme und Abgabe der Kartenschlüsse ob, die sich auf den einzelnen Stationen bis zu der verwirrenden Höhe von 40 bis 80 Stück beliefen. Dazu kam noch ein häufiger Wechsel im „Eisenbahnkondukteurpersonal", worunter der pünktliche und richtige Austausch der Amtspakete zu leiden hatte. Im weiteren wurden gegen die Mitte der vierziger Jahre vielfach Klagen laut über verspätete Briefzustellung, denen wiederholt in beiden Kammern mit dem entschiedenen Ersuchen um Abhilfe Ausdruck verliehen wurde. Die Briefbestellungen fanden damals (1846) in allen bedeutenderen Orten an der Bahn mindestens zweimal, in größeren Städten drei bis fünfmal wochentäglich statt. Den begründeten Klagen konnte durch die Einstellung weiterer Briefträger und die Vermehrung der Ortsbestellungen allein nicht abgeholfen werden. Der Hauptmangel bestand eben in der unleugbaren Rückständigkeit, daß eine Umarbeitung von Sendungen während der Bahnbeförderung nicht erfolgte, wodurch am Bestimmungsorte eine übergroße Zahl von Amtspaketen zusammentraf, deren Entkartung insbesondere bei der damaligen Umständlichkeit des Verfahrens einen großen Zeitverlust verursachte. Diesem Übelstande sollte nunmehr durch Einrichtung wandernder Postbureaus (bureaux ambulants) zur Umarbeitung der Sendungen während der Fahrt nach dem Muster der englischen und belgischen Verwaltung abgeholfen werden, indem in einem Abteil eines Wagens ein Postbeamter mitfahren sollte[41], dem der Kondukteur die nötige Beihilfe zu leisten hatte. Zu diesem Zwecke wurden zum 1. April 1848 erstmals zwölf Dienstgehilfen mit einem Jahresgehalte von je 450 Gulden und einem Gulden 30 kr. Reisegeld für den Tag sowie zehn Bureaudiener überwiesen.[42] Als erstes Bahnpostamt in Baden hat das Postamt Heidelberg zu gelten, woselbst im Jahre 1851 Postmeister Eberlin ermächtigt wurde, die Bahnpostbeamten auf der ganzen Strecke zu revidieren. Leider wollte sich die Taxissche Postverwaltung in Frankfurt, die von der Umarbeitung der Sendungen während der Beförderung eine Schwächung ihrer Stellung als Durchgangsverwaltung befürchtete, auf die Einführung des Bahnpostdienstes bei der Main-Neckar-Bahn noch nicht einlassen, als solcher schon auf allen bedeutenderen Eisenbahnlinien eingerichtet war. Die Klagen über die Verspätung der Postsachen zwischen Norden und Schweiz sowie zwischen den bedeutenden Städten Frankfurt, Darmstadt und Mannheim zwangen endlich Taxis im

---

[41] Alle bei diesem Dienst in den Eisenbahn-Postexpeditionsbureaus zur Umspedierung kommenden Briefe werden mit einem besonderen Speditions-Kontrollstempel versehen, der Datum, Kursnummer und ein die Richtung des Kurses andeutendes Zeichen enthält, nämlich für Richtung Heidelberg—Schliengen „Sonnenschein" ⊙, für umgekehrte „Stern" ✵. Verordnungsblatt der Großh. Oberpostdirektion. Zur Beförderung der Briefschaften auf der Eisenbahn sind ursprünglich Personenwagen zweiter Klasse verwendet worden, die mit einer für den Kondukteur bestimmten besonderen Abteilung versehen waren und von der Eisenbahn unentgeltlich überlassen wurden. Als zum 1. April 1848 die Einführung „wandernder Postbureaus" beschlossen wurde, wurde der Postverwaltung auferlegt, die nötigen Wagen (für den ersten Bedarf 18) auf ihre Kosten zu beschaffen und zu unterhalten.

[42] Beim Übernachten 2 fl. Die Bureaudiener erhielten 350 fl. Gehalt, 3/4 kr. Fahrtgebühr für die Wegstunde und eine Übernachtgebühr von 30 kr. Für die Beförderungsleistungen hatte die Post an die Bahn zu zahlen: a) bei Briefpost für Beförderung der Briefpostwagen 4 kr. für die zurückgelegte Wegstunde nach der Bahnlänge, b) bei Fahrpost für Beförderung der Fahrpoststücke eine Pauschvergütung von 42 kr. für die zurückgelegte Wegstunde nach der Bahnlänge. Die Summe der Beförderungsgebühren für den „Transport auf Eisenbahnen und Dampfschiffen" betrug für die beiden Rechnungsjahre 1870/71 beispielsweise 343000 fl.

Jahre 1863, dem wiederholten Drängen Badens auf Einführung des Bahnpostdienstes nachzugeben. Nun aber war die weitere Frage wegen Beförderung der Eisenbahnpostbeamten zu lösen, da das Übereinkommen von 1853 nur die Verpflichtung enthielt, die Briefpostsachen bis zu einem Pfund nebst dem begleitenden Postkondukteur unentgeltlich zu befördern. Hierwegen kam es zu der Badisch-Taxisschen Übereinkunft, zwischen Frankfurt und Heidelberg in zwei Zügen Bahnposten, in den übrigen Postkondukteure ohne Umarbeitung von Postsachen verkehren zu lassen. Bei den Zügen Frankfurt—Ulm mußte in Bruchsal umgeladen werden. Im übrigen fuhren die badischen Bahnpostbeamten von Basel bis Frankfurt durch, wo sie die Posten an die Taxissche Verwaltung ablieferten und von dieser in Empfang nahmen. Dieses Verhältnis änderte sich vom Jahre 1867 ab, als die freie Reichsstadt Frankfurt sowie die Taxisschen Postgerechtsame auf Preußen übergingen. Nunmehr wurden in den Nachtschnellzügen weitere Bahnposten an Stelle der Kondukteurfahrten sowie direkte Bahnpostkurse Frankfurt—Bruchsal—Stuttgart—Ulm eingerichtet, andrerseits drang die preußische Verwaltung alsbald darauf, die Fahrten der badischen Postbeamten auf das badische Gebiet zu beschränken und die Übergabe der Postladung in Heppenheim, Bensheim und Weinheim vorzunehmen, obgleich die Bahnpostkurse von und nach Frankfurt ausschließlich mit badischen Wagen unterhalten wurden. Die Eisenbahnpostbureaus erhielten die Bezeichnungen Bahnposten Frankfurt—Heppenheim, Heppenheim—Basel und Heppenheim—Heidelberg. An der Grenze hatten die beiderseitigen Beamten die der anderen Verwaltung zu überliefernden Briefpostgegenstände mittels eines Kartenschlusses, die Fahrpostsachen auf Grund eines Frachtzettels zu überliefern. Die Überwachung des Dienstbetriebs blieb jeder der beiden Verwaltungen innerhalb ihres Postgebiets vorbehalten.[43]

Bis zum Jahre 1871 fuhren die Beamten des vorhandenen Bahnpostamts alle bisher eröffneten Bahnlinien mit Bahnpostbegleitung. Erst unter dem 4. November dieses Jahres wurde die Einrichtung der drei Bahnpostämter Mannheim, Karlsruhe und Konstanz vollzogen[44], von denen seit Übergang des badischen Post-

[43] Vgl. Übereinkunft vom 19. November 1867 zwischen Oberpostdirektor Meyer in Frankfurt und Postrat Deininger in Karlsruhe.

[44] „In Anbetracht der enormen Vorteile, welche der Korrespondenzverkehr

wesens auf das Reich dasjenige von Karlsruhe aufgehoben und mit dem Bahnpostamt 19 in Frankfurt vereinigt worden ist. Diesem hatte der Dienst auf den Strecken Heidelberg—Basel, Karlsruhe—Mühlacker und Appenweier—Straßburg obgelegen, während die Bahnpostämter in Mannheim und Konstanz wie auch noch jetzt unter Reichsverwaltung den Dienst auf den Strecken Ludwigshafen—Heidelberg—Würzburg und Heidelberg—Jagstfeld, Konstanz—Basel und Konstanz—Offenburg wahrzunehmen hatten. Jedes der drei Ämter erhielt Bureau- und Fahrdienstpersonal; das erstere bestand aus Rechnungsbeamten, Dekopisten und einem Bureaudiener, das Fahrpersonal aus Dienstgehilfen[45] und Schaffnern. Im ganzen beschäftigten die drei Bahnpostämter 107 nachgeordnete Kräfte.

Übergang des Postfuhrwesens auf das Reich.

Am 1. Januar 1872 ging das Postfuhrwesen in Baden zusammen mit den übrigen Zweigen des badischen Post- und Telegraphenwesens auf das **Reich** über; hierbei wurden im Interesse der Einheitlichkeit alle die Einrichtungen allmählich beseitigt, die mit den Grundsätzen der norddeutschen Postverwaltung nicht übereinstimmten. In der Hauptsache waren die Unterschiede in den Grund-

aus der Spedition der Briefe, Zeitungen usw. in den Eisenbahnzügen zieht, ist die Großh. Postverwaltung von jeher darauf bedacht gewesen, die Zahl der Eisenbahnbureaus zu vermehren und solche auf neu eröffneten Bahnlinien mit erheblichem Postverkehr einzurichten. In den letzten Jahren ist auch die schwierigere Aufgabe, in gleicher Weise wie die Briefe die Geld- und sonstigen Fahrpostsendungen in den ambulanten Postwagen umzukartieren, gelöst und dadurch der Bahnpostdienst zu noch größerer Bedeutung und Vervollkommnung gebracht worden. Es werden nunmehr 20 Bahnposten bestehen, welche täglich 876 Fahrtmeilen zurücklegen und ein Personal von 59 Gehilfen und 56 Unterbediensteten erfordern. Die Vorstandsgeschäfte sind dermalen den Bezirks-Postämtern Heidelberg, Karlsruhe, Kehl, Basel und Konstanz übertragen. Dieses Verhältnis könnte nicht länger bestehen, ohne große Nachteile herbeizuführen. . . . . Die große Entfernung zwischen den äußersten Bahnen Würzburg—Konstanz, die gänzliche Verschiedenheit der Hauptverkehrsrichtungen und der Postverhältnisse bedingt die Errichtung von drei Eisenbahnpostämtern . . . . in Karlsruhe, Mannheim und Konstanz . .“ Begründung zum Etat 1870/71.

[45] Darunter wurden auch Assistenten und Praktikanten verstanden. Mannheim erhielt für den Fahrdienst 12 Dienstgehilfen, 11 Schaffner, Karlsruhe 24 Dienstgehilfen, 26 Schaffner und Konstanz 9 Dienstgehilfen, 13 Schaffner. Die Assistenten und Praktikanten bezogen ein Gehalt von 600 bis 800 Gulden, die Schaffner 375 bis 525 Gulden nebst 30 Gulden Monturgeld.

sätzen des badischen und norddeutschen Postfuhrwesens folgende: Bei der norddeutschen Postverwaltung wurde der Beförderungsdienst auf den gewöhnlichen Straßen durch die ordentlichen, für Rechnung der Postkasse unterhaltenen Posten und durch Privatfuhrwerke mit Zuschuß aus der Postkasse vermittelt. Den ersteren kamen die Postomnibuskurse in Baden sehr nahe, wogegen die Führer der Karriolpostwagen mit den Unternehmern der Privatpersonenfuhrwerke zu vergleichen sind. Bei den ordentlichen Posten wurden die Kosten für Hergabe und Unterhaltung der Kurswagen wie für die Begleitung durch Schaffner allgemein von der Verwaltung bestritten, während in Baden die Fahrtunternehmer zur Unterhaltung der Schaffner und teilweise auch zur Hergabe der Wagen verpflichtet waren. Andererseits hatten die Postfuhrunternehmer der norddeutschen Postverwaltung die Kosten der Postillionsdienstkleider selbst zu tragen und von der Vergütung für die regelmäßigen Leistungen einen laufenden Abtrag von 1% zur Postunterstützungskasse zu entrichten, was den badischen Postfuhrunternehmern nicht obgelegen hatte.

Nach dem Übergang wurde der Postbeförderungsdienst allmählich auf die in den übrigen Teilen des Reichspostgebiets bestehenden Grundsätze übergeführt, indem insbesondere die Fahrtunternehmungen teils durch freiwillige Vereinbarung, teils durch Kündigung der Verträge beseitigt wurden. Wo es sich in der Hauptsache nur um Unterhaltung einer Verbindung zweier benachbarten Orte handelte, traten an die Stelle der Fahrtunternehmungen staatlich unterstützte Privatpersonenfuhrwerke, wo dagegen die Sicherstellung eines nach verschiedenen Richtungen hin wirksamen Postfuhrbetriebs in Frage kam, wurde zu der Einrichtung ordentlicher Posten auf der Grundlage der Postfuhrordnung übergegangen.

Englisch-ostindische Überlandpost (durch Baden).

Im Interesse der Vollständigkeit sei hier noch kurz auf die vielfachen Bemühungen um die Beförderung der englisch-ostindischen Korrespondenz durch Deutschland auf dem Wege über Baden erinnert. Der Entschluß der englischen Regierung, die ostindische Post von dem Wege über Ägypten—Marseille—Paris—Calais—Dover abzuziehen und sie über Alexandria—Triest zu leiten, war im Jahre 1842 bereits soweit gediehen, daß der durch seine Bemühungen um die englisch-ostindische Überlandpost bekannte (englische) Leutnant Waghorn in Triest eintreffen wollte, um die Vorbereitungen zu einer **Probefahrt durch Deutschland** zu vereinbaren. Die Beförderung zur See sollte der österreichische Lloyd ausführen. Die Versprechungen und Bemühungen der eigens zum Zwecke der Verhinderung dieser Probefahrt nach London entsandten französischen Kommissare erreichten in der Tat, daß sie **verschoben** wurde. Die französische Regierung, die die Wichtigkeit der Frage nicht verkannte, erklärte sich bereit, die bisherige Vergütung von 150000 Franken auf die Hälfte zu ermäßigen und die wichtigsten Nachrichten von Marseille nach Calais durch den Telegraphen unentgeltlich befördern zu wollen. Die englische Admiralität sprach sich denn auch für die Beibehaltung des alten Weges über Marseille aus, während die ostindische Compagnie der Straße durch Deutschland den Vorzug gab und sich bereit erklärte, auf eigene Kosten Probefahrten von Triest aus unternehmen zu lassen. Diese fanden jedoch erst im Herbst des Jahres 1845 — und zwar gleichzeitig in beiden Ländern — in der Weise statt, daß ein Kurier vorausritt, worauf die Stationen Pferde und Wagen ständig für Waghorn bereit hielten, damit sie beim ersten Schalle des Posthorns auf die Straße gebracht werden konnten. Die Fahrten gingen von Triest über Memmingen, Ulm, Stuttgart, Illingen, Bretten, Bruchsal, Waghäusel, Schwetzingen, Mannheim an den Rhein und weiter nach Ostende und London. Die ersten Probefahrten hatten das günstige Ergebnis, daß die Nachrichten früher in London ankamen als auf dem Wege über Marseille. Infolgedessen wurden im Jahre 1846 noch sechs weitere Probefahrten durch Deutschland ausgeführt, die zum Teil drei bis vier Tage früher in London endigten als diejenigen über Frankreich. Gleichwohl kam die englische Regierung, sei es infolge Rücksichtnahme auf Frankreich, sei es infolge neu auftauchender Pläne des Leutnants Waghorn, nicht zu dem Entschluß, die deutsche Strecke zu wählen. Der österreichische Lloyd richtete nunmehr im Herbst 1847 — nach Indienststellung besonderer Dampfboote für die direkten Fahrten Ägypten—Triest — einen monatlich zweimaligen Depeschentransport nach London und zurück für eigene Rechnung ein, um die deutsche Linie in offenem Wettbewerb mit der französischen zu betreiben. Die Erträgnisse zur Begleichung der bedeutenden Kosten suchte er in dem Portoertrage der Briefschaften nach und von Ägypten sowie in den Beiträgen einiger Redaktionen für die Überbringung der ostindischen Zeitungen. Zur Beförderung des großartigen Unternehmens gab hierzu auch die badische Verwaltung ihre Zustimmung, obgleich die Briefbeförderung in das Postregale eingriff, unter der Voraussetzung, daß für überseeische Briefe aus und nach Baden keine höhere als die bei der Leitung durch Frankreich vereinbarte Taxe aufgerechnet werde. In den sechziger Jahren nahm die württembergische Regierung den Plan, die Beförderung der ostindischen Landpost auf die deutschen Linien zu ziehen, wieder auf; sie suchte die diplomatischen Beziehungen zu Italien, wo sie einen energischen Verbündeten in dem Ministerpräsidenten Menabrea fand, zu benützen, um die Linie Alexandrien—Malta—Marseille durch eine Route Brindisi—Brenner—Rosenheim—München—Ulm—Bruchsal—Ludwigshafen—Rheinland—Belgien zu verdrängen und diese vor der Fertigstellung des Mont-Cenis ins Leben treten zu lassen. Aber erst während des deutsch-französischen Krieges gelang es, diesen Zweck teilweise zu erreichen, nachdem die norddeutsche Postverwaltung der englischen gegenüber die Verpflichtung übernommen hatte, die englisch-ostindische Post über Deutschland zu befördern. Die erste Post — der sogenannte Vortransport — ist am 20. Oktober 1870 abends, die zweite — der Haupttransport — am 21. Oktober abends in London abgefertigt und über Darmstadt—Heidelberg—Bruchsal—Ulm—München geleitet worden; später schlug man den Weg über Aschaffenburg—Würzburg—Kufstein ein.

Die Portotaxen bei den Gr. Badischen Posten.

Die Bestimmungen über die Tarife und Taxen der badischen Postverwaltung waren in einzelnen Verordnungen enthalten und hatten im Laufe der Jahre durch ihre Ermäßigung wie infolge Vermehrung der Kurse und Einrichtung neuer Postanstalten mannigfache Änderungen erfahren. Sie wurden deshalb im Jahre 1834 und nach abermaliger Ermäßigung im Jahre 1841 nach Art unserer heutigen Postordnung zusammengefaßt und durch das Staats- und Regierungsblatt veröffentlicht. Es gehörten hierzu

die „Allgemeinen Bestimmungen über die Brieftaxe nebst der Progressionstabelle der internen Portotaxen und dem allgemeinen Briefportotarif für die nicht mehr als ³/₄ Lot wiegenden Briefe“,

die Vorschriften über das Zeitungswesen und die zu erhebende Provision, der Tarif der Personentaxen nebst den hierüber geltenden allgemeinen Bestimmungen,

der Wert- und der Gewichtfahrposttarif nebst den allgemeinen Bestimmungen über die Fahrposttaxe und der Generalmeilenzeiger.

Die Brief- und Fahrposttaxen wurden nach der direkten in geographischen Meilen ausgerechneten Entfernung — eine geographische Meile = 24691 neubadische Fuß — erhoben. Bei Berechnungen nach dem Gewicht diente das kölnische Markgewicht, das Pfund zu 32 Lot = 2 kölnische Mark oder 467 $^{25}/_{100}$ g als Grundlage.

Brieftaxe.

Als einfacher Brief galt ein solcher, der nicht mehr als $^{3}/_{4}$ Lot (= rund 11 g) wog.[46] Die Portosätze stiegen nach Maßgabe der Progressionstabelle, wobei der Meilenzeiger wegen der Entfernungsangaben zu Hilfe genommen werden mußte.[47] Für Eingaben an Staatsbehörden sowie für Briefe in „Partiesachen" zwischen den Staatsbehörden gab es Portoermäßigung. Briefe mit Warenproben kosteten nur die Hälfte, Drucksachen den vierten Teil der Brieftaxe. Frankozwang beschränkte sich auf Drucksachen und auf Briefe an Staatsbehörden. Briefe mit Geld oder Wertangabe wurden mittelst der Briefpost nicht befördert. Die Einschreibgebühr betrug bei Auflieferung 4 kr., die Rückscheingebühr 8 kr. Als Ersatz für verlorene Einschreibbriefe wurden, wie früher, 25 Gulden gezahlt. Die Bestellgebühr bei gewöhnlichen Briefen betrug einen, bei Einschreibbriefen drei Kreuzer. Postseitig wurden Geldvorschüsse

---

[46] Im Jahre 1812 noch $^{1}/_{2}$ Lot.

[47] Ein einfacher Brief (bis rund 11 g) kostete damals, abgesehen vom Bestellkreuzer, von Konstanz nach Heiligenberg, Markdorf, Ludwigshafen (Bodensee), Meersburg, Radolfzell, Salem, Überlingen = 2 kr., also weniger als heute; nach Engen, Hilzingen, Meßkirch, Pfullendorf, Randegg, Stockach = 4 kr., ungefähr gleich der heutigen Taxe; dagegen nach Eberbach, Heidelberg, Krautheim, Ladenburg, Mannheim, Mosbach, Wiesloch = 12 kr., nach Hundheim und Wertheim sogar 14 kr., also das Drei- bis Vierfache; der Höchstsatz für den einfachen Brief innerhalb Badens betrug 18 kr., also ungefähr das Fünfeinhalbfache der heutigen Gebühr für einen einfachen Brief innerhalb Deutschlands und Österreichs mit beinahe doppeltem Gewicht. Gleichwohl konnte Geh. Legationsrat von Mollenbeck 1833 im Landtage ausführen, daß der badische Briefportotarif einer der **niedrigsten** in Deutschland sei. „Es ergibt sich das Verhältnis von Baden gegen Sachsen wie 100 zu 115, gegen Frankreich wie 100 zu 215, gegen Österreich wie 100 zu 151, gegen Preußen wie 100 zu 147 und gegen Hessen wie 100 zu 123. Nur in Württemberg und Bayern ist der Tarif in einigen Stücken niederer, namentlich gegen Württemberg steht unser Tarif wie 100 zu 79."

(Nachnahmen) auf Briefe nicht gewährt; es blieb dagegen dem Beamten überlassen, Vorschüsse bis zum Betrage von drei Gulden auf eigene Gefahr zu leisten; Gebühr drei Kreuzer vom Gulden.

Erst der Beitritt Badens zum deutsch-österreichischen Postverein brachte hierin eine entschiedene Besserung.[48]

---

[48] Die Bemühungen der Kaufmannschaft und Handelskammern um eine Einheitsbrieftaxe von 3 kr. begannen schon anfangs der 1840er Jahre. „Es sind inzwischen über diesen Gegenstand — Herabsetzung des Briefportos — vier Petitionen eingekommen . . . . Eine von ungefähr 600 Bürgern, von Mannheim, welche beantragen, daß die Brieftaxe, unter Aufhebung des Bestellgeldes, nach dem Beispiele solcher Länder ermäßigt werden möchte, welche entsprechende Reduktionen bereits ins Leben geführt haben. Drei weitere Petitionen der Handelskammern von Lahr, Freiburg und Pforzheim bitten gleichmäßig um Ermäßigung des Briefportos und Aufhebung der Briefzustellungsgebühr. Alle vier Petitionen beklagen, daß der badische Posttarif zu den höchsten in Europa gehöre, den badischen Handel schwer belaste und dessen Konkurrenz mit dem Auslande erschwere. Eine Herabsetzung desselben werde, wie die Eisenbahn den Personenverkehr in nie geahnter Größe gehoben hat, die Brief- und Paketsendungen vervielfältigen. In Österreich, Bayern und Preußen sei diese Ermäßigung schon eingetreten, besonders lehrreich sei aber das Beispiel Englands, wo jeder Brief für die drei Königreiche, einschließlich der Bestellung, jetzt nur 1 Penny (3 kr.) kostet und dennoch bei dem hierdurch riesenhaft gewordenen Briefverkehr sich kein Ausfall an der Staatseinnahme mehr ergebe. Ein Brief von Mannheim nach Wien koste nur noch 20 kr., nach Passau nur noch 12 kr., nach Ulm nur 10 kr., dagegen von Mannheim nach Karlsruhe schon 6 kr., nach Lahr schon 10 kr. usw. und dazu noch 1 kr. Bestellungsgebühr. Bei einem gewöhnlichen Handelsgeschäfte übersteige das hohe Briefporto die direkte Steuer um das Doppelte und Dreifache und laste lähmend und entmutigend auf Handel und Verkehr, hemme die freie Bewegung der schriftlichen Mitteilung, und die leichte Zirkulation der Geldmittel werde, mehr als der oberflächliche Anschein zu erkennen gebe, gehemmt, woraus die nachteiligsten Folgen auf die geschäftlichen Verhältnisse unseres Landes und auf unsere Stellung zu den Fremden entstehen. Ihre Kommission erkennt diese Beschwerden für vollkommen begründet an. Wir leben in einer Zeit nimmer rastender Tätigkeit, welche sich in weiten und immer weiteren Kreisen fruchtbar entwickelt, wenn sie nicht von den Fesseln unrichtiger Staatstheorien an die Scholle gekettet wird. Seit Einführung der Eisenbahnen zeigte sich überall das Bedürfnis, den schriftlichen und geistigen Verkehr den neuen Bedürfnissen und der erleichterten Kommunikation anzupassen. England ging auch hier riesenhaft voran. Durch eine im Monat August 1839 gegebene Bill setzte es die Taxe des einfachen Briefes für jede Distanz in den vereinigten drei Königreichen auf 1 Penny, ungefähr 3 kr. oder 10 franz. Centimes, herab. Vor diesem Gesetze hatte ein Brief in England im Durchschnitt $8^1/_2$ Penny zu zahlen. Die Verminderung des Portos ist also das $8^1/_2$fache, wobei noch die erhöhten Verwaltungskosten der vermehrten Frequenz zu decken sind, wenn sich kein Ausfall in den Staatsrevenuen ergeben sollte, und dies ungeheure Resultat ist

Progressions-Tabelle

der Großherzoglich Badischen Briefporto-Taxen nach Maßgabe der Entfernung und des Gewichts von 1841.

Entfernung in geographischen Meilen.	Lothe, Kölner Mark-Gewichts.																																	
	Taxe des einfachen Briefes bis 3/4 incl.		über 3/4 bis 1 incl.		über 1 bis 1 1/2 incl.		über 1 1/2 bis 2 incl.		über 2 bis 2 1/2 incl.		über 2 1/2 bis 3 incl.		über 3 bis 3 1/2 incl.		über 3 1/2 bis 4 incl.		über 4 bis 4 1/2 incl.		über 4 1/2 bis 5 incl.		über 5 bis 5 1/2 incl.		über 5 1/2 bis 6 incl.		über 6 bis 6 1/2 incl.		über 6 1/2 bis 7 incl.		über 7 bis 7 1/2 incl.		über 7 1/2 bis 8 incl.		über 8 bis 9 incl.	
	fl.	kr.	fl.	kr.	fl.	kr.	fl.	kr.	fl.	kr.	fl.	kr.	fl.	kr.	fl.	kr.	fl.	kr.	fl.	kr.	fl.	kr.	fl.	kr.	fl.	kr.	fl.	kr.	fl.	kr.	fl.	kr.	fl.	kr.
— bis 3 incl.	—	2	—	3	—	4	—	5	—	6	—	7	—	8	—	9	—	10	—	11	—	12	—	13	—	14	—	15	—	16	—	17	—	18
über 3 bis 6 incl.	—	4	—	6	—	8	—	10	—	12	—	14	—	16	—	18	—	20	—	22	—	24	—	26	—	28	—	30	—	32	—	34	—	36
„ 6 „ 12 „	—	6	—	9	—	12	—	15	—	18	—	21	—	24	—	27	—	30	—	33	—	36	—	39	—	42	—	45	—	48	—	51	—	54
„ 12 „ 18	—	8	—	12	—	16	—	20	—	24	—	28	—	32	—	36	—	40	—	44	—	48	—	52	—	56	1	—	1	4	1	8	1	12
„ 18 „ 24 „	—	10	—	15	—	20	—	25	—	30	—	35	—	40	—	45	—	50	—	55	1	—	1	5	1	10	1	15	1	20	1	25	1	30
„ 24 „ 30	—	12	—	18	—	24	—	30	—	36	—	42	—	48	—	54	1	—	1	6	1	12	1	18	1	24	1	30	1	36	1	42	1	48
„ 30 „ 36 „	—	14	—	21	—	28	—	35	—	42	—	49	—	56	1	3	1	10	1	17	1	24	1	31	1	38	1	45	1	52	1	59	2	6
„ 36 „ 48	—	16	—	24	—	32	—	40	—	48	—	56	1	4	1	12	1	20	1	28	1	36	1	44	1	52	2	—	2	8	2	16	2	24
„ 48 „ 60 „	—	18	—	27	—	36	—	45	—	54	1	3	1	12	1	21	1	30	1	39	1	48	1	57	2	6	2	15	2	24	2	33	2	42

Ueber 8 Loth schwere Briefe werden für jedes weitere Loth mit der hälftigen Taxe des einfachen Briefes belegt.

Man unterschied die Zeitungsprovision und die Bestellungsgebühr. Die Provision betrug bei einem jährlichen Bezugspreis von 2 fl., 2—4 fl. und 4—10 fl. = 1 fl., 1 fl. 40 kr. und 2 fl. 30 kr. und stieg bis auf 8 fl. bei einem Bezugspreis von 80 fl. Die offiziösen Blätter — Staats- und Regierungsblatt, Kreis- und Bezirks-Anzeigeblätter, Verordnungsblatt der Zentralstellen sowie das landwirtschaftliche Wochenblatt — zahlten jährlich nur 30 kr. Die Bestellungsgebühr betrug für Zeitungen, die wöchentlich 1—2 mal erschienen, jährlich 40 kr., wenn sie öfter erschienen 1 fl. Diese Gebühr war auch zu entrichten, wenn der Bezieher die Zeitung unter Kreuz-

---

beinahe schon erreicht. . . . . Fast alle Staaten Europas suchten inzwischen diesem Beispiele annähernd zu folgen. . . . . Nur Thurn und Taxis, welcher die Post nicht vom staatsökonomischen Standpunkte, sondern als ein auszubeutendes Lehen betrachtet, und Baden ließen diese europäische Verbesserung bisher spurlos an sich vorübergehen. Bei uns besteht noch immer der alte hohe Brieftarif vom 11. August 1834, der seither nur wenig Abänderungen erlitten hat, wie sie in dem Briefportotarife vom 29. Oktober 1841 zusammengestellt sind. Hiernach beträgt das Porto für einen einfachen Brief von 3/4 Loth Schwere bis zu drei Meilen Entfernung 2 kr. nebst 1 kr. Bestellgebühr, und so steigt dasselbe in neun Klassen bis zur weitesten Entfernung in unserm Großherzogtum von 60 Meilen auf 18 kr., ebenso steigt nach der Schwere der Briefe das Porto verhältnismäßig bis zur Schwere von 8 Lot von der kürzesten Entfernung von drei Meilen = 18 kr. bis zur größten = 2 fl. 42 kr. Eine höchst komplizierte, enorm hohe Taxe.

Die Gebühr von 3 kr. genügt in England für die einfachen Briefe bei jeder Entfernung in den drei Königreichen. Der Berichterstatter Ihrer Kommission findet keinen Anstand, solche gleichfalls einschließlich der Bestellgelder für das ganze Großherzogtum vorzuschlagen, indem er hofft, daß die hierdurch eintretende Vermehrung der Korrespondenz und der Umstand, daß solche so niedrig ist, daß es sich nicht mehr der Mühe lohnte, das Postporto zu defraudieren, den Ausfall decken werde. . . . Die Herren Regierungsvertreter erklärten, daß auch sie eine Ermäßigung des Tarifs für zeitgemäß und zweckmäßig erachteten, und schlugen vier Gradationen nach der Entfernung mit 2, 4, 6 und 8 kr. vor. Der gleiche Tarif hat jedoch den Vorzug der Einfachheit, indem die Taxierung der einzelnen Briefe erspart wird, und die Erhebung des Portos, wie in England, durch einfachen Verkauf gestempelter Kouverts geschehen kann, was die Administration im höchsten Grade erleichtert, vereinfacht, daher Kosten erspart, und den Nettoertrag steigert." . . . . Bericht der Budget-Komm. der zweiten Kammer für 1846/47 erstattet vom Abg. Weller, 31. Juli 1846.

In der Folge brachen sich in Baden verkehrsfreundlichere Anschauungen Bahn, deren nächstes Ergebnis die Herabsetzung der Brieftaxe auf 1—6 (bzw. 2—7 kr. einschließlich Bestellgebühr), später auf den Einheitssatz von 3 kr. durch ganz Baden war. Auf der Postkonferenz von Karlsruhe stellte Baden, folgend wiederholten Anregungen aus Handelskreisen, den Antrag auf Einführung einer **Einheitstaxe** von 3 kr. innerhalb des Vereins, der indes abgelehnt wurde.

band erhielt. Als Bezugszeit galt für die aus und über Frankreich bezogenen Zeitungen ein Vierteljahr, für alle übrigen in der Regel ein halbes Jahr.

Personentaxen.

In den Eilwagen gleichwie in den Diligencen wurden für die Person und Postmeile 30 kr., für das Einschreiben und die Ausstellung des Reisescheins 8 kr. von der Person erhoben. Kinder unter drei Jahren und Personen mit ekelerregenden Gebrechen wurden zur Mitfahrt nicht zugelassen. Die Eilwagen beförderten Gepäck nur bis 50 Pfund, schwereres Gepäck war mit den Packwagen zu versenden; Freigepäck 40 Pfund. Für abhanden gekommenes Gepäck wurden 5, 12 und 50 Gulden Ersatz geleistet, je nachdem es bis 10, über 10—25 und über 25 Pfund gewogen hatte. Für die Bestellgebühr des Reisegepäcks in die Wohnung des Reisenden waren 12 Kreuzer zu entrichten. Die noch im Jahre 1834 aufgenommene Verpflichtung für den Reisenden, Heimat und Ziel der Reise anzugeben und den Reisepaß auf Verlangen vorzuweisen, findet sich in der Postordnung von 1841 nicht mehr vor.

Fahrposttarif.

Die Fahrposttaxen wurden nach der direkten Entfernung und nach dem Wert- oder dem Gewichtstarif berechnet; nach dem Werttarif in der Regel alle Sendungen in gemünztem oder ungemünztem Gold und Silber, ferner Edelsteine, Staats- und andere geldwerten Papiere; nach dem Gewichtstarif alle Warensendungen mit Einschluß von Seidenwaren und Spitzen, Bücher, Druckschriften und Akten ohne und mit Wertangabe. Hinsichtlich der Verpackungsvorschriften, der von der Beförderung ausgeschlossenen und bedingt zugelassenen Gegenstände, Sperrguttaxierung, der Laufzettel usw. galten im wesentlichen mit der heutigen Postordnung übereinstimmende Grundsätze. Drucksachen und Warenproben in Paketen, ebenso Barsendungen sowie Edelsteine und Staatspapiere genossen Portoermäßigung. Für das Fahrpoststück wurde auf Verlangen ein Postschein ausgestellt, wofür bei einem Gewicht bis zwei Pfund oder einer Wertangabe bis 50 Gulden zwei, sonst vier Kreuzer zu zahlen waren. Hinsichtlich der Abtragung der Pakete übernahm die Verwaltung damals nur die Verpflichtung, die ankommenden Fahrpoststücke dem im Orte der Postanstalt wohnenden Empfänger gegen die besondere Gebühr von 2, 4 oder 6 Kreuzern — je nach dem Gewichte oder der Wertangabe — zuzustellen. Für Fahrpoststücke, die abgeholt wurden, kam die gleiche Gebühr als Lagergeld zur Erhebung. Dem Postbeamten stand es frei, Geldvorschüsse (Nachnahmen) gegen eine Gebühr von drei Kreuzern vom Gulden zu leisten. Als Schadenersatz, von dem nur der Nachweis der unabwendbaren Gewalt (vis maior) befreite, vergütete die Verwaltung den angegebenen Wert. Die Haftbarkeit, die sich auf gute Beförderung

Großherzoglich Badischer Fahrpost-Tarif

für Versendungen, welche nach dem Werthe zu taxiren sind.

Meilen.	Betrag in baarem Gelde oder Werth in Gulden.																																			
	bis 5 incl.		von 6 bis 15 incl.		von 16 bis 30 incl.		von 31 bis 50 incl.		von 51 bis 75 incl.		von 76 bis 100 incl.		von 101 bis 125 incl.		von 126 bis 150 incl.		von 151 bis 175 incl.		von 176 bis 200 incl.		von 201 bis 250 incl.		von 251 bis 300 incl.		von 301 bis 350 incl.		von 351 bis 400 incl.		von 401 bis 450 incl.		von 451 bis 500 incl.		von 501 bis 550 incl.		von 551 bis 600 incl.	
	fl.	kr.	fl.	kr.	fl.	kr.	fl.	kr.	fl.	kr.	fl.	kr.	fl.	kr.	fl.	kr.	fl.	kr.	fl.	kr.	fl.	kr.	fl.	kr.	fl.	kr.	fl.	kr.	fl.	kr.	fl.	kr.	fl.	kr.	fl.	kr.
bis 2 incl.	—	2	—	2	—	3	—	3	—	4	—	4	—	5	—	6	—	7	—	8	—	10	—	12	—	14	—	16	—	18	—	20	—	22	—	24
von 2½ „ 4	—	3	—	3	—	4	—	5	—	6	—	6	—	8	—	9	—	11	—	12	—	15	—	18	—	21	—	24	—	27	—	30	—	33	—	36
„ 4½ „ 6	—	4	—	4	—	5	—	6	—	7	—	8	—	10	—	12	—	14	—	16	—	20	—	24	—	28	—	32	—	36	—	40	—	44	—	48
„ 6½ „ 8	—	5	—	6	—	6	—	7	—	8	—	10	—	13	—	15	—	18	—	20	—	25	—	30	—	35	—	40	—	45	—	50	—	55	1	—
„ 8½ „ 10	—	6	—	7	—	8	—	9	—	10	—	12	—	15	—	18	—	21	—	24	—	30	—	36	—	42	—	48	—	54	1	—	1	6	1	12
„ 10½ „ 12	—	7	—	8	—	9	—	10	—	12	—	14	—	18	—	21	—	25	—	28	—	35	—	42	—	49	—	56	1	3	1	10	1	17	1	24
„ 12½ „ 14	—	8	—	9	—	10	—	12	—	14	—	16	—	20	—	24	—	28	—	32	—	40	—	48	—	56	1	4	1	12	1	20	1	28	1	36
„ 14½ „ 17	—	9	—	10	—	11	—	14	—	16	—	18	—	23	—	27	—	32	—	36	—	45	—	54	1	3	1	12	1	21	1	30	1	39	1	48
„ 17½ „ 20	—	10	—	11	—	13	—	15	—	18	—	20	—	25	—	30	—	35	—	40	—	50	1	—	1	10	1	20	1	30	1	40	1	50	2	—
„ 20½ „ 23	—	11	—	12	—	14	—	17	—	20	—	22	—	28	—	33	—	39	—	44	—	55	1	6	1	17	1	28	1	39	1	50	2	1	2	12
„ 23½ „ 26	—	12	—	13	—	15	—	18	—	21	—	24	—	30	—	36	—	42	—	48	1	—	1	12	1	24	1	36	1	48	2	—	2	12	2	24
„ 26½ „ 29	—	13	—	15	—	17	—	20	—	23	—	26	—	33	—	39	—	46	—	52	1	5	1	18	1	31	1	44	1	57	2	10	2	23	2	36
„ 29½ „ 33	—	14	—	16	—	18	—	21	—	24	—	28	—	35	—	42	—	49	—	56	1	10	1	24	1	38	1	52	2	6	2	20	2	34	2	48
„ 33½ „ 37	—	15	—	17	—	19	—	23	—	26	—	30	—	38	—	45	—	53	1	—	1	15	1	30	1	45	2	—	2	15	2	30	2	45	3	—
„ 37½ „ 41	—	16	—	18	—	20	—	24	—	28	—	32	—	40	—	48	—	56	1	4	1	20	1	36	1	52	2	8	2	24	2	40	2	56	3	12
„ 41½ „ 45	—	17	—	19	—	22	—	26	—	30	—	34	—	43	—	51	1	—	1	8	1	25	1	42	1	59	2	16	2	33	2	50	3	7	3	24

Betrag in baarem Gelde oder Werth in Gulden.

Meilen.	von 601 bis 700 incl.		von 701 bis 800 incl.		von 801 bis 900 incl.		von 901 bis 1000 incl.		von 1001 bis 1100 incl.		von 1101 bis 1200 incl.		von 1201 bis 1300 incl.		von 1301 bis 1400 incl.		von 1401 bis 1500 incl.		von 1501 bis 1600 incl.		von 1601 bis 1700 incl.		von 1701 bis 1800 incl.		von 1801 bis 1900 incl.		von 1901 bis 2000 incl.		Hierzu für jedes weitere volle Hundert.	
	fl.	kr.	fl.	kr.	fl.	kr.	fl.	kr.	fl.	kr.	fl.	kr.	fl.	kr.	fl.	kr.	fl.	kr.	fl.	kr.	fl.	kr.	fl.	kr.	fl.	kr.	fl.	kr.	fl.	kr.
bis 2 incl.	—	27	—	30	—	33	—	36	—	39	—	41	—	44	—	46	—	48	—	50	—	52	—	53	—	55	—	56	—	1
von 2½ „ 4 „	—	41	—	45	—	50	—	54	—	58	1	2	1	5	1	9	1	12	1	15	1	17	1	20	1	22	1	24	—	1
„ 4½ „ 6 „	—	54	1	—	1	6	1	12	1	17	1	22	1	27	1	32	1	36	1	40	1	43	1	46	1	49	1	52	—	1
„ 6½ „ 8 „	1	8	1	15	1	23	1	30	1	36	1	42	1	48	1	54	2	—	2	4	2	8	2	12	2	16	2	20	—	2
„ 8½ „ 10 „	1	21	1	30	1	39	1	48	1	56	2	3	2	10	2	17	2	24	2	29	2	34	2	39	2	44	2	48	—	2
„ 10½ „ 12 „	1	35	1	45	1	56	2	6	2	15	2	23	2	32	2	40	2	48	2	54	3	—	3	6	3	11	3	16	—	2
„ 12½ „ 14 „	1	48	2	—	2	12	2	24	2	34	2	44	2	53	3	3	3	12	3	19	3	25	3	32	3	38	3	44	—	3
„ 14½ „ 17 „	2	2	2	15	2	29	2	42	2	53	3	4	3	15	3	26	3	36	3	44	3	51	3	58	4	5	4	12	—	3
„ 17½ „ 20 „	2	15	2	30	2	45	3	—	3	12	3	24	3	36	3	48	4	—	4	8	4	16	4	24	4	32	4	40	—	3
„ 20½ „ 23 „	2	29	2	45	3	2	3	18	3	32	3	45	3	58	4	11	4	24	4	33	4	42	4	51	5	—	5	8	—	4
„ 23½ „ 26 „	2	42	3	—	3	18	3	36	3	51	4	5	4	20	4	34	4	48	4	58	5	8	5	17	5	27	5	36	—	4
„ 26½ „ 29 „	2	56	3	15	3	35	3	54	4	10	4	26	4	41	4	57	5	12	5	23	5	33	5	44	5	54	6	4	—	4
„ 29½ „ 33 „	3	9	3	30	3	51	4	12	4	29	4	46	5	3	5	20	5	36	5	48	5	59	6	10	6	21	6	32	—	5
„ 33½ „ 37 „	3	23	3	45	4	8	4	30	4	48	5	6	5	24	5	42	6	—	6	12	6	24	6	36	6	48	7	—	—	5
„ 37½ „ 41 „	3	36	4	—	4	24	4	48	5	8	5	27	5	46	6	5	6	24	6	37	6	50	7	3	7	16	7	28	—	5
„ 41½ „ 45 „	3	50	4	15	4	41	5	6	5	27	5	47	6	8	6	28	6	48	7	2	7	16	7	30	7	43	7	56	—	6

Großherzoglich Badischer Fahrpost-Tarif

für Versendungen, welche nach dem Gewichte zu taxieren sind.

Meilen.	Pfunde.																							
	bis 20 Loth incl.		von 21 Loth bis 2 Pfd. incl.		über 2 bis 3 incl.		über 3 bis 4 incl.		über 4 bis 6 incl.		über 6 bis 8 incl.		über 8 bis 10 incl.		über 10 bis 12 incl.		über 12 bis 16 incl.		über 16 bis 20 incl.		über 20 bis 25 incl.		über 25 bis 30 incl.	
	fl.	kr.	fl.	kr.	fl.	kr.	fl.	kr.	fl.	kr.	fl.	kr.	fl.	kr.	fl.	kr.	fl.	kr.	fl.	kr.	fl.	kr.	fl.	kr.
bis 2 incl.	—	3	—	4	—	5	—	6	—	7	—	8	—	9	—	10	—	12	—	14	—	16	—	18
von 2½ „ 4 „	—	4	—	6	—	8	—	9	—	11	—	12	—	13	—	15	—	18	—	21	—	24	—	27
„ 4½ „ 6 „	—	5	—	8	—	10	—	12	—	14	—	16	—	18	—	20	—	24	—	28	—	32	—	36
„ 6½ „ 8 „	—	6	—	10	—	13	—	15	—	18	—	20	—	23	—	25	—	30	—	35	—	40	—	45
„ 8½ „ 10 „	—	8	—	12	—	15	—	18	—	21	—	24	—	27	—	30	—	36	—	42	—	48	—	54
„ 10½ „ 12 „	—	9	—	14	—	18	—	21	—	25	—	28	—	32	—	35	—	42	—	49	—	56	1	3
„ 12½ „ 14 „	—	10	—	16	—	20	—	24	—	28	—	32	—	36	—	40	—	48	—	56	1	4	1	12
„ 14½ „ 17 „	—	12	—	18	—	23	—	27	—	32	—	36	—	41	—	45	—	54	1	3	1	12	1	21
„ 17½ „ 20 „	—	13	—	20	—	25	—	30	—	35	—	40	—	45	—	50	1	—	1	10	1	20	1	30
„ 20½ „ 23 „	—	14	—	22	—	28	—	33	—	39	—	44	—	50	—	55	1	6	1	17	1	28	1	39
„ 23½ „ 26 „	—	16	—	24	—	30	—	36	—	42	—	48	—	54	1	—	1	12	1	24	1	36	1	48
„ 26½ „ 29 „	—	17	—	26	—	33	—	39	—	46	—	52	—	59	1	5	1	18	1	31	1	44	1	57
„ 29½ „ 33 „	—	18	—	28	—	35	—	42	—	49	—	56	1	3	1	10	1	24	1	38	1	52	2	6
„ 33½ „ 37 „	—	20	—	30	—	38	—	45	—	53	1	—	1	8	1	15	1	30	1	45	2	—	2	15
„ 37½ „ 41 „	—	21	—	32	—	40	—	48	—	56	1	4	1	12	1	20	1	36	1	52	2	8	2	24
„ 41½ „ 45 „	—	22	—	34	—	43	—	51	1	—	1	8	1	17	1	25	1	42	1	59	2	16	2	33

Meilen.	Pfunde.																					
	über 30 bis 35 incl.		über 35 bis 40 incl.		über 40 bis 45 incl.		über 45 bis 50 incl.		über 50 bis 60 incl.		über 60 bis 70 incl.		über 70 bis 80 incl.		über 80 bis 90 incl.		über 90 bis 100 incl.		für jedes weitere volle 10 Pfund		für die einzelnen Pfunde über 100 und unter 10 Pfund das Pfund	
	fl.	kr.	fl.	kr.	fl.	kr.	fl.	kr.	fl.	kr.	fl.	kr.	fl.	kr.	fl.	kr.	fl.	kr.	fl.	kr.	fl.	kr.
bis 2 incl.	—	20	—	22	—	24	—	26	—	28	—	30	—	32	—	34	—	36	—	4	—	$^1/_2$
von $2^1/_2$ „ 4 „	—	30	—	33	—	36	—	39	—	42	—	45	—	48	—	51	—	54	—	6	—	$^1/_2$
„ $4^1/_2$ „ 6 „	—	40	—	44	—	48	—	52	—	56	1	—	1	4	1	8	1	12	—	7	—	1
„ $6^1/_2$ „ 8 „	—	50	—	55	1	—	1	5	1	10	1	15	1	20	1	25	1	30	—	9	—	1
„ $8^1/_2$ „ 10 „	1	—	1	6	1	12	1	18	1	24	1	30	1	36	1	42	1	48	—	11	—	1
„ $10^1/_2$ „ 12 „	1	10	1	17	1	24	1	31	1	38	1	45	1	52	1	59	2	6	—	13	—	$1^1/_2$
„ $12^1/_2$ „ 14 „	1	20	1	28	1	36	1	44	1	52	2	—	2	8	2	16	2	24	—	15	—	$1^1/_2$
„ $14^1/_2$ „ 17 „	1	30	1	39	1	48	1	57	2	6	2	15	2	24	2	33	2	42	—	16	—	$1^1/_2$
„ $17^1/_2$ „ 20 „	1	40	1	50	2	—	2	10	2	20	2	30	2	40	2	50	3	—	—	18	—	2
„ $20^1/_2$ „ 23 „	1	50	2	1	2	12	2	23	2	34	2	45	2	56	3	7	3	18	—	20	—	2
„ $23^1/_2$ „ 26 „	2	—	2	12	2	24	2	36	2	48	3	—	3	12	3	24	3	36	—	22	—	2
„ $26^1/_2$ „ 29 „	2	10	2	23	2	36	2	49	3	2	3	15	3	28	3	41	3	54	—	24	—	$2^1/_2$
„ $29^1/_2$ „ 33 „	2	20	2	34	2	48	3	2	3	16	3	30	3	44	3	58	4	12	—	25	—	$2^1/_2$
„ $33^1/_2$ „ 37 „	2	30	2	45	3	—	3	15	3	30	3	45	4	—	4	15	4	30	—	27	—	$2^1/_2$
„ $37^1/_2$ „ 41 „	2	40	2	56	3	12	3	28	3	44	4	—	4	16	4	32	4	48	—	29	—	3
„ $41^1/_2$ „ 45 „	2	50	3	7	3	24	3	41	3	58	4	15	4	32	4	49	5	6	—	31	—	3

und richtige Bestellung erstreckte, hörte mit der Übernahme eines in äußerlich unverletztem Zustande übergebenen Fahrpoststücks durch den Empfänger auf. Die Fahrposttaxen waren ursprünglich reichlich hoch[49], für schwere Sendungen sowie solche mit höherer Wertangabe blieben sie es auch trotz der Ermäßigungen von 1834 und 1841.

Portofreiheit und Portovergünstigungen.

Das Portofreitum war teilweise bereits durch die landesherrliche Verordnung über das Portofreitum in Dienstsachen und über die Portoentrichtung in Prozeß- und Partiesachen vom Jahre 1806 geregelt. Danach hatten die Staatsdiener die Dienstbriefe mit dem herrschaftlichen „Signet" zu verschließen oder durch den Vermerk „Dienstsache" oder „Herrschaftlich" zu kennzeichnen. In Prozeßsachen bestand keine Portofreiheit. Es erging dieserhalb das ausdrückliche Gebot, im dienstlichen Verkehr mit französischen Behörden, namentlich wenn „Partien" die Portokosten zu tragen hatten, zur Ersparung übermäßigen Portos feineres Papier zu verwenden und unbeschriebene Blätter abzuschneiden. Aus der Taxisschen Zeit war das Portofreitum für viele Staatsbeamten und anscheinend die Postbeamten allgemein herübergenommen worden. Zwar war schon auf dem Landtage von 1823 gegen die Mißbräuche dieses Portofreitums, „das zwar dem Amte, nicht der Person bewilligt sei, aber hauptsächlich nur der Privatkorrespondenz des Befreiten zugutekomme, gegen den allzuausgedehnten Gebrauch, den einzelne davon machten", Stellung genommen worden. Gleichwohl besaßen 1831 noch 77 Staatsbeamte das unbeschränkte, 167 Staatsbeamte das beschränkte Freitum (nur von ankommenden Sendungen). Nunmehr wurde die Aufhebung des Freitums in seiner ganzen Ausdehnung einschließlich desjenigen der Postbeamten, das „auf einer bloßen Observanz zu beruhen scheine", gefordert. Diesem Verlangen wurde durch Gesetz mit Wirkung vom 1. Januar 1832 ab entsprochen; nur noch die Personen, deren Freitum auf Verträgen mit auswärtigen Verwaltungen beruhte, sollten dieses ausnahmsweise für die Dauer der Verträge behalten.[50] Hiernach bestand die Portofreiheit außer

[49] „Davon ist keine Frage, daß wenn man bei uns den Preis für die kleinsten Pakete betrachtet, man nicht anders als dem Glauben Raum geben kann, daß die Post verhältnismäßig zu hohe Preise führe. Wenn man diese mit den Frachtwagenpreisen vergleicht, die sechsmal weniger betragen, so muß die Post noch in einem großen Vorteil stehen, wenn sie auch den Preis etwas herabsetzt." Welker in der Sitzung vom 19. September 1833.

[50] Am 9. Mai 1866 führte Abg. Friderich in der zweiten Kammer aus: „Jede Leistung der Eisenbahn und des Telegraphen muß vergütet werden, warum soll dasselbe Verfahren nicht auch gegenüber der Postverwaltung Anwendung finden können? Eine allgemeine Aufhebung des Portofreitums wird zwar in nächster Zeit nicht erreicht werden, jedoch wird eine Untersuchung klar darlun,

für die vorgenannten Personen in reinen herrschaftlichen (von dem und an das Fürstenhaus) und in reinen Staatsdienst-Angelegenheiten, auch in solchen zwischen Gemeinde- und Staatsbehörden; im weiteren hatten noch die Reichstruppen, sofern sie zu Reichszwecken außerhalb ihrer gewöhnlichen Garnisonorte verwendet wurden, vom Hauptmann einschließlich abwärts volle Portofreiheit für die Briefe, die sie absandten und empfingen. Die Briefschaften der Unteroffiziere und Soldaten waren vom Feldwebel zu sammeln und von dem Regimentsadjutanten mittelst Stempels als Soldatenbriefe zu kennzeichnen, während Briefe von Offizieren das Dienstsiegel des nächsten Vorgesetzten tragen mußten. Ebenso waren Pakete bis 6 ℔ und Wertbriefe bis 10 Taler an sie portofrei. Im Gegensatze hierzu genossen die im Lande verbleibenden Truppen lediglich Portoermäßigung von der Ausdehnung, daß für einfache Briefe an sie und von ihnen — bis zum Oberfeldwebel einschließlich — ohne Unterschied der Entfernung die erste Taxstufe des Briefportotarifs (3 kr. franko, 6 kr. unfranko), für Geldbriefe bis zu zehn Gulden an sie der erste Progressionssatz des Gewichtsportotarifs mit 4 kr. zu zahlen war.[51] Endlich wurden nach den Vorschriften des deutsch-österreichischen Postvereins Briefe an aktive Soldaten vom Feldwebel abwärts im Wechselverkehr der Vereinsstaaten portofrei befördert[52], während die von ihnen abgesandten Briefe der gewöhnlichen Portozahlung unterlagen.

Strafbestimmungen bei Postportohinterziehung.

Der häufige Mißbrauch, der mit den Vermerken „Dienstsache" und „herrschaftlich" zur Hinterziehung von Porto getrieben wurde, führte in den Jahren 1821 und 1824 zu dienstpolizeilichen Verordnungen hiergegen. Nach diesen wurde der Absender einer solchen Sendung mit dem Zwanzigfachen des hinterzogenen Portos, außerdem mit einer Geldbuße

daß jetzt noch eine ganze Reihe von Personen und Stellen auf Portofreitum Anspruch und davon Gebrauch machen, welche unter den völlig veränderten Verhältnissen darauf verzichten müssen und denen diese Begünstigung zu entziehen ist; zugleich wird die Kontrolle über die Brief- und Fahrpostsendungen, welche gar häufig unter der Devise „Dienstsache" (zu Unrecht) freie Beförderung erhalten, bedeutend erleichtert". Nach Neuregelung des Portofreitums im Sinne der Nordd. Bundespostverwaltung führte derselbe Abgeordnete am 21. Dezember 1867 aus: „Wie zu erwarten, hat diese Maßregel nicht überall Anklang gefunden; vielleicht trägt diese Bestimmung auch dazu bei, der überhandnehmenden Vielschreiberei Schranken zu setzen und letzteres wäre kein geringes Verdienst dieser Entschließung". Der Wert des Portofreitums wurde 1863 auf jährlich 150000 fl. berechnet, wovon etwa 2/3 auf die Staatskasse, 1/3 auf die übrigen Freitümer einschließlich der Kirche fielen.

51 Verordnung vom 2. Juni 1851.

52 Vom 1. April 1852 ab.

von 10—30 Talern bestraft. Auf Portohinterziehung durch Versendung von Briefen in geschlossenen Paketen war als Strafe der fünffache Betrag des hinterzogenen Portos nebst einer Buße von 10—20 Talern gesetzt. Die Untersuchung erfolgte summarisch durch das Bezirksamt als erste Instanz; gegen dessen Erkenntnis stand dem Bestraften wie der Postbehörde der Rekurs an das Kreisdirektorium zu. Anzeigen, die später als vier Wochen vom Tage der Entdeckung einer Hinterziehung ab erfolgten, wurde keine Folge mehr gegeben.

Behandlung unbestellbarer Postsachen.

Konnte der Absender einer unbestellbaren Sendung nicht ermittelt werden, so wurden die unbestellbaren Briefe vierzehn Tage lang, bei Fahrpoststücken Abschriften der Adressen drei Monate in einer „Rahme" am Schalter ausgehängt und die Aufschriften bei beiden Arten in den Lokalblättern bekanntgegeben. Gelang auch hierdurch die Ermittlung des Absenders nicht, so wurden die Gegenstände an die Oberpostdirektion zur urkundlichen Eröffnung eingesandt. Diese geschah durch einen zur Verschwiegenheit besonders verpflichteten Ausschuß, der aus zwei Beamten und zwei Mitgliedern des Gemeinderats bestand. Den Ausschußmitgliedern war es ausdrücklich verboten, von dem Inhalte der Briefe Kenntnis zu nehmen; ihre Tätigkeit hatte sich lediglich auf die Feststellung des Namens und Wohnorts der Absender aus der Unterschrift zu erstrecken. Briefe ohne Unterschrift wurden alsbald, die auch nach der Eröffnung unanbringlichen nach drei Monaten verbrannt. Vorgefundene Wertgegenstände wurden in den Zeitungen bekannt gemacht; nach sechs Monaten erfolgloser Aufbewahrung floß der Erlös in die Staatskasse.

Verzollung der mit den Posten beförderten Waren.

Die zollamtliche Behandlung der mit den Posten beförderten Güter erfolgte nach Beitritt zum Zollvereinsvertrag mit Wirkung vom 1. Januar 1836 ab nach dem „Regulativ über Behandlung der mit den Staats-Fahrposten ein-, durch- und ausgehenden Waren", das sich auf die Zollordnung (§ 101) vom 11. Juli 1835 gründete. Hiernach waren zur Erhebung des Zolls von Postgütern die Hauptzoll- und Hauptsteuerämter sowie die Nebenzollämter I. Klasse, in einigen Orten die Obereinnehmereien befugt. Da im übrigen mit dem Beginn der gemeinschaftlichen Zollordnung alle noch vorhanden gewesenen Stapel- und Umschlagsrechte aufhören mußten, sodaß niemand mehr zur Lagerung der Waren an Unterwegsorten gezwungen werden konnte, da außerdem die Vereinsregierungen auf Einführung eines gleichen Münz-, Maß- und Gewichtssystems hinwirkten und auch den ersten Schritt zur Beseitigung der Chaussee-, Pflaster-, Brücken-, Damm- und Fährgelder taten, so erhellt ohne weiteres, welche Förderung dem Postverkehre wie dem Verkehrswesen überhaupt bei der damaligen Zersplitterung des deutschen

Vaterlandes aus der Zollvereinigung erwachsen ist. Bemerkt muß noch werden, daß die bis dahin in Baden erhobenen Zölle bei vielen Warengattungen beträchtlich niederer gewesen sind als die neuen Sätze des Vereinszollregulativs. In diesem finden sich schon die Grundsätze des heutigen Postzollregulativs, nämlich Verbot der Einfuhr zollpflichtiger Gegenstände in zollpflichtiger Menge mittelst der Briefposten und Verpflichtung, den über 4 Lot = rund 60 g schweren Poststücken von und nach dem Auslande eine Inhaltserklärung beizufügen. Die mit der Post eingegangenen Pakete wurden am ersten Umspannungsorte einer Vorabfertigung unterzogen, während die Erhebung des Eingangszolls am Bestimmungsorte nach stattgehabter Schlußabfertigung erfolgte. Die zur Durchfuhr bestimmten Pakete unterlagen einer Durchgangsabgabe, die von der Postbehörde vorschußweise entrichtet wurde. Zollfrei waren nur Poststücke zwischen öffentlichen Behörden, sofern sie durch behördliches Siegel gekennzeichnet waren.

Beschlagnahme von Postsendungen.

Die badische Postverwaltung bestrebte sich, unter Hinweis auf die „Heiligkeit der Korrespondenz" durch Gesetz das ausschließliche Recht der Entscheidung über die Beschlagnahme und Auslieferung von Postsendungen zu erhalten; in diesem Sinne berichtete sie an das Ministerium: „Das öffentliche Vertrauen ist unstreitig der erste Grundpfeiler einer Postanstalt und dieses kann nicht ohne den größten Nachteil verletzt werden; daher haben die Postbeamten doppelte Pflichten, gegen den Landesherrn und gegen das Publikum. Ein zur Post gegebener Brief ist ein der Post anvertrautes Eigentum des Absenders, für das die Post Rechenschaft und Verantwortung schuldig ist; sie ist ausdrücklich verpflichtet, die zu Händen kommende Korrespondenz treulich und unverletzt dem auszuliefern, an den die Adresse lautet. Hieraus folgt schon, daß es nicht jeder Behörde zusteht, den Postbeamten von der Pflicht loszuzählen, die ihm auf Befehl des Landesherrn auferlegt worden ist." Mit Bezug auf diese Darstellung beantragte die Oberpostdirektion im Jahre 1818, die Postbehörde mittelst Gesetzes allein zu ermächtigen, einen Beamten zur Auslieferung von Korrespondenzgegenständen anzuweisen. Das Staatsministerium entschied indes im Jahre 1822, daß eine Beschlagnahme von Postsachen nur auf schriftliche in amtlicher Form erlassene Requisition des Untersuchungsrichters für den Fall zulässig sei, daß der Adressat wegen eines Kriminalverbrechens sich in gefänglicher Haft oder in Untersuchung befinde. Geld und Pakete durften nur auf richterliches Erkenntnis hin ausgeliefert werden. In dem im Jahre 1832 vorgelegten Entwurfe über die Aufrichtigkeit und Wahrhaftigkeit des Post- und Briefgeheimnisses wurde dieses für unverbrüchlich erklärt.[53] Die Post-

[53] Obgleich die Wahrung des Briefgeheimnisses in die eidliche Verpflichtung der Beamten aufgenommen war und seine Verletzung mit Dienstentlassung und

behörde bestritt noch im Jahre 1844 der Zollbehörde das Recht, Postsendungen, bei denen Zollunterschleif vermutet wurde, zu beschlagnahmen, wogegen das Ministerium der Zollverwaltung diese Befugnis zuerkannte. Durch die Strafprozeßordnung vom 18. März 1864 wurde endlich die Beschlagnahme von Postsendungen in den Paragraphen 143—148, die Beschlagnahme von Drucksachen in den Paragraphen 19—22 gesetzlich geregelt.

dreimonatigem Arbeitshaus bestraft wurde, verlangten die Volksvertreter anfangs der 1830er Jahre nachdrücklichst wiederholt die Vorlegung eines Gesetzes über die Unverletzlichkeit des Postgeheimnisses, sowie die gerichtseitigen Ausnahmen, das auch den Verleiter bestrafe. „Eine in jeder anderen Beziehung noch so vortreffliche Postanstalt taugt nichts, solange sie nicht dem Publikum jene Garantie und den Postbeamten Sicherstellung gegen Zumutungen gewährt" (Rutschmann, Abg. 1833). In jenen Jahren der weitverbreiteten Demagogenriecherei und Metternichscher Allgewalt hatte tatsächlich eine allgemeine Beunruhigung wenigstens in politischen Kreisen wegen nicht genügender Sicherstellung des Briefgeheimnisses Platz gegriffen. Zwar konnte das Ministerium entgegenhalten, daß ihm wenigstens seit einer Reihe von Jahren keine Verletzung des Briefgeheimnisses zur Kenntnis gekommen sei und auch die Ober-Postdirektion selbst nichts von solchen Fällen wisse; der Oberpostdirektor v. Fahnenberg führte 1831 selbst aus: obgleich die erlassenen Verordnungen hinlänglich dafür zeugen, wie sehr der Verwaltung die gewissenhafte Aufrechterhaltung dieses Palladiums jeder Postanstalt am Herzen liege, sei zur vollkommenen Beruhigung des Publikums die baldige Erlassung eines maßgebenden Gesetzes sehr wünschenswert. In dem Kommissionsbericht führte Achbach aus: „das Postfelleisen birgt mehr Geheimnisse als das Siegel der Beichte, das Symbol der Verschwiegenheit soll das der Post sein .... Allein es ist eine nicht zu leugnende Tatsache, daß noch in der jüngeren Vergangenheit in vielen Staaten — auf höhere Befehle und Weisungen — das Briefgeheimnis verletzt wurde. Große Klagen wurden .... darüber laut bei der Bayerischen Ständeversammlung von 1819. Dies führte zu der Überzeugung, daß die Dienstinstruktionen und die eidliche Verpflichtung der Postbeamten hierauf so wenig als die Ahndungen der Übertretungen in dienstpolizeilichem Wege genügende Sicherheit gewähren". Noch deutlicher bezeichnete Rotteck 1831 die Stellen, von denen man damals Verletzungen des Briefgeheimnisses fürchtete: „Es könnten leicht .... Zumutungen vom Auslande kommen, die Postgeheimnisse zu verletzen .... weil abermals eine demagogische Gespensterfurcht sich verbreitete. Ich habe mit Betrübnis vernommen, daß man Rücksicht auf die Wünsche und Forderungen der großen Mächte (die damals noch keine Verfassung erlassen, kein Parlament hatten) nehmen müsse und ich hege von so ängstlichen Ministern die Furcht, man könnte in einem solchen Augenblicke solchen Zumutungen entsprechen". Und ebenso 1833: „Wir hängen nicht bloß von unserer Regierung, von ihrer Rechtlichkeit und Einsicht ab, sondern es sind andere Mächte", die auf unsere Regierung einen bestimmten Einfluß äußern können. Wenn aber das verlangte Gesetz gegeben wird, so hört diese Gefahr auf. Eine Instruktion ist leicht abzuändern ohne unser Wissen, aber gegen ein Gesetz handeln ist schon bedenklich".

Dagegen ist es in Baden zum Erlaß eines eigentlichen Postgesetzes nicht gekommen; seine Stelle vertraten teils ältere, teils neuere Verordnungen, die unter sich in keinem oder nur in einem sehr ungenügenden Zusammenhange standen, auch enthielten diese nicht einmal alle einschlagenden Bestimmungen, sondern nur diejenigen Teile, zu deren Erlaß eine dringende Veranlassung gerade vorhanden gewesen war. Die älteren dieser Verordnungen stammten aus den Jahren 1807, 1821 und 1824, also aus einer Zeit, in der die Postanstalt noch auf einer niederen Stufe der Ausbildung stand und die Anforderungen des Publikums an sie sowie die Hilfsmittel des Verkehrs weit beschränkter waren, und blieben in ihrer ursprünglichen Fassung beibehalten. Infolgedessen entbehrten sie, wie die Direktion der Verkehrsanstalten klar und deutlich ausführte, des nötigen Zusammenhangs mit den neueren Verkehrsverhältnissen sowie des erforderlichen Einklangs mit den veränderten Grundsätzen und Vorschriften des Postbetriebs. Die neueren Verordnungen über das Postwesen, insbesondere diejenigen nach dem Beitritte Badens zum Postverein und nach der Einführung des Landpostdienstes enthielten zwar weder Strafbestimmungen für Postvergehen noch unmittelbare Vorschriften über das Postregal und den Postzwang, griffen aber gleichwohl in das Postregalwesen ein, indem sie grundsätzliche Bestimmungen des Postvereins für das Großherzogtum gültig erklärten, die von der partikularen badischen Postgesetzgebung der früheren Zeit wesentlich abwichen, wie beispielsweise die Vorschriften über den Umfang der zur Brief- und Fahrpost gehörigen Gegenstände, die Vereinsbestimmungen über die Gewährleistung, über das Verfügungsrecht des Absenders usw. Dazu kam noch, daß nach dem vereinbarten Entwurf des allgemeinen deutschen Handelsgesetzbuchs die Bestimmungen des Frachtgeschäfts subsidiär überall da eintreten sollten, wo für die Postanstalten nicht durch besondere Gesetze etwas anderes verfügt war. Die Direktion der Verkehrsanstalten hatte zwar bereits im Jahre 1851 dem Ministerium des Großherzoglichen Hauses und der auswärtigen Angelegenheiten vorgetragen, daß die Strafbestimmungen über die Postportohinterziehung und die Verordnung über den Postzwang vom 13. Juli 1807 einer Neufeststellung dringend bedürftig seien, und einen entsprechenden Gesetzentwurf vorgelegt. Allein diesem wurde bis zum Ablauf des nächsten Jahrzehnts keine Würdigung gegeben. Inzwischen waren, wie schon erwähnt, die Mängel der älteren Bestimmungen über Postregal und Postzwang noch schärfer hervorgetreten, so daß die Direktion der Verkehrsanstalten dem Ministerium im Jahre 1861 von neuem in Erinnerung bringen mußte, die vollständige Neugestaltung der gesamten Postgesetzgebung sei im Interesse der Postanstalten wie des Publikums dringend nötig. Gleichzeitig legte sie einen neuen Entwurf eines alle Teile des

Postregalwesens umfassenden Gesetzes vor, das im wesentlichen mit den Grundsätzen der neuesten Postgesetze anderer Vereinsländer wie Preußen, Sachsen und Württemberg übereinstimmte. Allein nunmehr fand das Handelsministerium, daß zum Erlaß eines Postgesetzes weder ein Bedürfnis vorhanden noch der Zeitpunkt geeignet sei, da die einschlägigen Fragen und Verhältnisse noch in einem Stadium der Umwandlung und Entwicklung begriffen wären. „Das Postregal besteht bei uns in anerkannter Wirksamkeit und wird voraussichtlich auch in nächster Zukunft von keiner Seite beanstandet werden. Die Postverwaltung kann im Wege der Verordnung die Bedingungen hinsichtlich des Postfrachtgeschäfts festsetzen, unter denen sie mit dem Publikum in kontraktlichen Verkehr tritt. Auch bietet die in Arbeit befindliche Polizeistrafgesetzgebung eine passende Gelegenheit zu einer sachgemäßen Änderung der Strafbestimmungen zum Schutze des Postregals". Dagegen war das Ministerium wenigstens mit dem Erlaß einer umfassenden Postordnung einverstanden und bestimmte zu ihrer Ausarbeitung eine aus Verkehrs- und Ministerialbeamten zusammengesetzte Kommission. In der Folge ist auch kein besonderes Postgesetz in Baden erlassen worden. Die gesetzlichen Grundbestimmungen, die zusammen mit der Postordnung das postalische Sonderrecht bildeten, blieben vielmehr zerstreut in den schon erwähnten landesherrlichen Verordnungen, in den § 143—148 des Strafgesetzbuches von 1864, in den § 19—22 des Preßgesetzes vom Jahre 1868 sowie in dem allgemeinen deutschen Handelsgesetzbuch.

Deutsch-Österreichischer Postverein.

Beitritt Badens.

Die allmähliche Fertigstellung ausgedehnter Eisenbahnverbindungen sowie der mit der Ausbreitung des Eisenbahnnetzes sich stetig steigernde Paketverkehr drängten mit Notwendigkeit zu einer anderweitigen Gestaltung des innerdeutschen wie des internationalen Postverkehrs. Es galt jetzt vor allem, die kürzesten Wege für den Postverkehr mit Umgehung der hier und dort bestehenden Transitrechte zu sichern, die schon wiederholt dem Publikum gegenüber zu postalischen Verlegenheiten geführt hatten. Die bereits angebahnte Vermehrung und Abkürzung der Verkehrswege sowie die daraus hervorgegangene Belebung des Verkehrs zwischen den Vereinsbundesstaaten hatten es ferner als dringendes Bedürfnis erkennen lassen, dem Postverkehr ein mit den gesteigerten Anforderungen des allgemeinen Verkehrs Hand in Hand gehendes und den vielfachen Wünschen des Handelsstandes entsprechendes

System freier Bewegung und billiger gleichmäßiger Taxen[54] zwischen den Vereinsbundesstaaten sobald als möglich zu sichern. Hierdurch mußte gleichzeitig die Grundlage für die Anbahnung eines wesentlich besseren Verkehrsverhältnisses zum Ausland geschaffen werden, dem alsdann die deutschen Bundesstaaten als geschlossenes Ganzes gegenübertreten konnten.

Der erste Schritt zu einer nachhaltigen Reform[55] des deutschen Postwesens war bereits durch die Verträge zwischen Baden, Bayern und Österreich vom Jahre 1842 getan (Verabredung unmittelbarer

[54] In seiner großzügigen Auffassung hatte dies unser unvergleichlicher Rotteck schon zwanzig Jahre zuvor gefordert. „Was die Gesamtheit des deutschen Vaterlandes betrifft, so könnte vielleicht doch eine Anregung von seiten der badischen Regierung stattfinden, um eine entsprechende Herabsetzung des Portos in den vielen Staaten Deutschlands herbeizuführen, damit ein Brief darum nicht mehr zahlen müsse, wenn er zwar nur eine kleine Strecke Weges geht, aber zufällig durch das Gebiet von zehn Herren muß, von denen jeder das Recht der Besteuerung darauf ausübt. Ich glaube, daß der deutsche Bund, der eine Wohltat für die deutschen Völker sein will, und sein soll, diese Wirksamkeit auf eine überall segnende Weise kund tun sollte, und die Regierung würde nicht nur den Dank von Baden, sondern des ganzen deutschen Vaterlandes erwerben, wenn sie am Bundestage zu diesem Zwecke einige Anregungen machte" v. Rotteck, Verhandlungen der zweiten badischen Kammer, Sitzung vom 22. Dezember 1831.

[55] Daß eine Postreform kommen müsse, stand allgemein fest: „In Deutschland war inzwischen das Postwesen durch Verwickelung der Taxen noch mehr verunstaltet worden, das Speditions- und Rechnungsgeschäft besonders bezüglich der Berechnung unter den verschiedenen Postanstalten so beschwert, daß selbst die gewandtesten Beamten sich nur schwer herausfinden konnten, wobei das Publikum im Nachteil steht .... Während die k. k. Österreichische und die Großh. Badische Postverwaltung dem Publikum durch eigene Postverordnungsblätter die äußere und innere Verwaltung vor Augen legen ...., ist die Geheimniskrämerei in anderen Postanstalten .... meist unbedingt vorhanden." Joh. v. Herrfeldt, Die Postreform. Frankfurt a. Main 1845. Und in dem Rechenschaftsbericht der St. Galler Postkommission heißt es: „Nach fünfjährigem Wirken sind wir zu der Überzeugung gelangt, daß das Postwesen zurzeit noch erst ein Kind ist, das zu gehen anfängt, sowie daß seine Entwicklung eine langsamere ist als es sein könnte, weil keine andere Administration gleich der unsrigen öffentlich über ihr Tun und Lassen Rechenschaft ablegt.

Das Postwesen ist schon so alt wie der Handel. Wäre mehr Öffentlichkeit in dasselbe gebracht, so müßte es ebenso vollkommen sein als es unvollkommen ist. Das bisherige System der Geheimniskrämerei schadet den Administrationen, welche infolge des langsamen Vorschreitens auch mit der Größe des Reinertrags im Rückstande stehen". Rechenschaftsbericht der Postkommission von St. Gallen 1842 bei J. v. Herrfeldt, Die Postreform. Frankfurt a. Main 1845.

Amtspakete Österreich—Straßburg, Aufnahme der österreichischen Postsachen in bayrische Amtspakete), deren Vorteile auch auf den unmittelbaren Verkehr zwischen Bayern und Baden ausgedehnt wurden. Der badische Oberpostdirektor von Mollenbeck arbeitete schon damals auf eine die bisherige Postgrenze außer Acht lassende gemeinschaftlich zu teilende Portotaxe zwischen den drei Ländern hin, die in keinem Falle höher sein dürfte als die damaligen inneren Portotaxen mit Einschluß der württembergischen Transitgebühr. Die weiteren Verhandlungen zwischen den einzelnen Regierungen, die zur ersten deutschen Postkonferenz im Jahre 1847/48 führten, begannen im Jahre 1846. Die schwierigsten und gleichzeitig bedeutendsten Fragen, die der Lösung harrten, waren die der Portoteilung und Transitentschädigung. Wenn Baden aus den weiter unten erörterten Gründen auch nicht unter den ersten Staaten zu nennen ist, die dem Postverein beigetreten sind, so war es von vorneherein doch entschlossen, dem Einheitsgedanken auf dem Verkehrsgebiete Opfer zu bringen. So schrieb damals der Minister der auswärtigen Angelegenheiten von Dusch an den zur Konferenz nach Dresden entsandten Oberpostdirektor von Mollenbeck, „das Ihrige hierzu beizutragen wird die Großherzogliche Regierung, welche auf diese die Interessen des weiteren Vaterlandes so fördernde Vereinigung den entscheidenden Wert legt, bereitwilligst bestrebt sein und dies durch Darbringung nicht unerheblicher Opfer auch betätigen".[56] Der Beitritt Badens verzögerte sich hauptsächlich aus dem Grunde, weil nach dem Vorschlage der Direktion der Posten und Eisenbahnen eine Änderung der inländischen Brieftaxe vorangehen sollte. **Gemeinschaftliche Taxsätze** bestanden bisher nur im Verkehre mit Österreich, Bayern und Sachsen, für den übrigen innerdeutschen Wechselverkehr galten gleichwie für die ausländische Korrespondenz Portosätze bis zur und von der Grenze; sie betrugen nach der Entfernung abgestuft für den einfachen Brief 2, 4, 6, 8, 10, 12, 14 und 16 Kreuzer und ergaben im Jahre 1847

[56] Es wurde berechnet, daß in den Jahren 1852/53 infolge des Anschlusses an den deutschösterreichischen Postverein und der damit verbundenen Verkehrsverbilligung 550000 Briefe mehr angekommen und ebensoviel mehr abgegangen seien; gleichwohl ergab sich bei der Briefpost einen Rückschlag in den Einnahmen von 64338 fl. infolge der Erheblichkeit der Taxermäßigung; dagegen steigerten sich die Fahrposterträgnisse ganz wesentlich nach der beträchtlichen Ermäßigung der Fahrposttaxe in dem gleichen Zeitraum.

eine Bruttoeinnahme von 209554 Gulden. Das Bedürfnis der Ermäßigung der Brieftaxe, insbesondere auch der inländischen, war längst allseitig gefühlt und anerkannt sowie jeweils während einer Reihe von Jahren bei den landständischen Verhandlungen zur Sprache gebracht worden. Bisher hatten die beiden Nachbarstaaten Württemberg und Bayern niederere, die Thurn und Taxissche Verwaltung gleichhohe Taxen wie Baden. Der beabsichtigte Beitritt Badens zum deutsch-österreichischen Postverein, dessen Grundbestrebungen auf Ermäßigung der Brieftaxen gerichtet waren, drängte von selbst weiter auf die Herabsetzung der inländischen Brieftaxe, die nunmehr in Vergleich trat mit der Vereinstaxe.

Die Direktion der Verkehrsanstalten ging von der von Sachkenntnis zeugenden Ansicht aus, daß es im entschiedenen Vorteile des Postverkehrs gelegen sei, die Bestimmungen des Vereinsverkehrs möglichst **unverändert auf den inneren Verkehr zu übertragen**, indem nur alsdann die nötige Klarheit und Einfachheit für alle Teile erreicht werden könne. Dieses Bestreben nötigte sie zu einer Reihe von Vorarbeiten, die eben die Beitrittserklärung verzögerten. Darunter ist namentlich auch die Frage der Übertragung der im Vereinsverkehr angestrebten Taxstufen zu nennen, deren reine Übertragung aus dem preußischen Münzfuß = 3,5, 7, 10,5 kr., aus dem österreichischen Münzfuß = 3,6, 7,2, 10,8 kr. im 24½ Guldenfuß ergeben haben würde. Die bayrische Verwaltung setzte den Betrag auf 3, 6, 9, die Taxissche dagegen auf 4, 7, 10 kr. fest, während das badische Ministerium sich für die Sätze 3,5, 7, 10,5 kr. aussprach. Diese Übertragung würde die Erleichterung, daß mit drei Frankomarken jede vorkommende Taxgröße ausgedrückt werden konnte, da jede folgende nur ein Vielfaches der vorhergehenden war, mit dem Vorteil verbunden haben, daß ein zu großer Ausfall, wie ihn die bayrischerseits festgelegten Sätze von 3, 6, 9 kr. ergeben mußten, für die Postkasse nicht eingetreten wäre. Es kam aber schließlich zu den natürlicheren Brieftarifsätzen 3, 6, 9 kr. bei Entfernungen bis 10, über 10 bis 20 und über 20 Meilen für den einfachen Brief (1 bad. Lot = 1/32 Zollpfund = 15 5/8 g).

Nach langen Verhandlungen mit der widerstrebenden Taxisschen Verwaltung kam es badischerseits zum Vollzug des Postvereinsvertrags, nachdem Baden bereits zuvor durch Vermittelung der bayrischen Postverwaltung seinen Beitritt zum Vereine in der vorgeschriebenen Weise erklärt hatte.

Die Gründung des deutsch-österreichischen Postvereins (6. April 1850) ist entschieden eine nationale **Großtat der deutschen Fürsten** gewesen, die auf die Freiheit ihrer unmittelbaren Entschließungen teilweise verzichtend dem Postverkehr eine ungeahnte Bewegungsfreiheit unter Vereinfachung und Verbilligung der Sätze und des Abrechnungswesens verschafft haben. Das Ausland, das so gerne auf die vielen der Leichtigkeit der Verkehrsentfaltung und Bewältigung im Wege stehenden Gebietsteile hingewiesen hatte, wenn es galt, den internationalen Verkehr von der Leitung durch deutsches Gebiet abzulenken, sah sich nunmehr einer Einigungstat gegenüber, die sich der Zollvereinigung ebenbürtig an die Seite stellen durfte und bei künftigen Vertragsabschlüssen entscheidend ins Gewicht fallen mußte.

Der neue Postverein brachte gleichmäßige Bestimmungen für die Taxierung und Behandlung der Brief- und Fahrpostsendungen zwischen den einzelnen Bundespostgebieten sowie zwischen dem Vereinsgebiet und dem Ausland, ja die sämtlichen zum deutsch-österreichischen Postverein gehörenden Staatsgebiete stellten bezüglich der Briefpost für den internationalen Vereinsverkehr und Zeitungsbezug ein ungeteiltes Postgebiet dar. Zwar blieben nach Artikel 1 des Vertrages die Bestimmungen über die inneren Brief- und Fahrpostsendungen den einzelnen Verwaltungen überlassen; Badens hochsinniger Fürst führte indes unter Zustimmung der Landstände das Vereinstaxierungssystem alsbald auch für den Verkehr im Innern des Großherzogtums ein (Gesetz vom 11. November 1850), so daß sich von jetzt ab die innerbadischen Bestimmungen mit denen des Vereinsverkehrs deckten, soweit nicht im Vertrage ausdrücklich gewisse Gegenstände der einzelstaatlichen Regelung zugewiesen waren wie z. B. die Festsetzung der Bestellgebühr, die in Baden in der bisherigen Höhe beibehalten wurde.[57] Die zu

[57] Die wesentlichsten Bestimmungen des Vereinsvertrags betrafen bei der Briefpost: Sicherung der Beschleunigung des Postverkehrs, einheitliches Entfernungsmaß (geogr. Meile = 24691 badische Fuß), Festsetzung des Vereinsgewichts (Zollpfund = 500 g), Porto- und Frankobezug = die Absendungsanstalt, Wegfall des Transitportos für Sendungen innerhalb des Vereinsgebiets. Regelung der Transitgebühren für Auslandssendungen; Vereinsbriefportotaxe = bis 10 Meilen 1 Sgr. = 3 kr., über 10—20 Meilen 2 Sgr. = 6 kr., über 20 Meilen 3 Sgr. = 9 kr. Gewicht des einfachen Briefs = weniger als 1 Lot; für jedes Lot mehr jeweils die Taxe des einfachen Briefs. Frankierungsfreiheit, **Einführung von Frankomarken**, Portozuschlag von 1 Sgr. für das Lot bei

erhebenden oder für den Vereinsverkehr einzuziehenden Taxbeträge wurden in der in Baden geltenden süddeutschen Währung (1 Mark kölnisch = 24½ fl.) in Gulden und Kreuzern erhoben oder in diese umgerechnet. Für das Gewichtporto, das für je 1 ℔ Bruttogewicht auf je fünf Meilen 6—10 Kreuzer betragen sollte, wurden in Baden als Mindestsätze 4, 8, 11 kr. bei Entfernungen bis 10, 20 und über 20 Meilen festgesetzt. Im übrigen wurde aber ausdrücklich bestimmt, daß der badische Gewichtstarif, falls sich Abweichungen gegen die für Sendungen nach und von den Vereinsstaaten mit anderer Münzwährung zur Erhebung kommenden Portosätze ergäben, in völlige Übereinstimmung mit den Vereinssätzen gebracht werden müsse. Das Wertporto wurde für alle inländischen Entfernungen auf 2 Kreuzer für je 100 Gulden ermäßigt. Bezüglich der Personenposten, des Extrapost-, Kurier- und Estafettendienstes trat durch den Beitritt zum Postverein eine Änderung in den bisherigen Vorschriften nicht ein. Die neuen Bestimmungen erhielten für den Postverkehr im Innern Badens ebenso wie für den Vereinsverkehr gleichzeitig vom 1. Mai 1851 ab Geltung.

---

unfrankierten Briefen, Taxermäßigung für Kreuzbandsendungen, Warenproben und Muster, Ersatzbetrag für verlorene Einschreibbriefe = 24 fl. (1 Mark Silber), Portofreiheit für Mitglieder der Regentenfamilien und in reinen Staatsdienstangelegenheiten. Aufhebung aller nicht vereinbarten Gebühren außer der Bestellgebühr; Kündigung der Verträge mit fremden Staaten, Fassung der neuen Verträge auf Grund der Vereinsbestimmungen. Zeitungsprovision 50% vom Nettopreise der politischen, 25% von dem der nichtpolitischen Zeitungen.

Hinsichtlich der Fahrpost: Festsetzung von Taxgrenzpunkten und Auswechslungsstationen, Berechnung des Transitportos bei mehreren Transitlinien nach Durchschnittsentfernungen, Berechnung der Taxen nach dem Gewichtporto, nach Wertporto nur bei Angabe des Werts. Mindestmaß des Gewichtsportos der Briefportosatz von 1—2—3 Sgr., Ersatzbetrag nach der Wertangabe, sonst 10 Sgr. oder 30 kr. für jedes Pfund oder den Teil eines Pfundes; Schiedsgericht. Ausbildung des Vereins durch Postkonferenzen. Dauer des Vertrags bis Ende 1860, von da ab unter Vorbehalt einjähriger Kündigung.

Das badische Post- und Telegraphenwesen unter der Regierung des Prinzregenten und Großherzogs Friedrich I. und bis zum Übergang auf das Reich.

Postwesen.

Änderung in der Organisation.

Beim Regierungsantritt des vielgefeierten Prinzregenten, späteren Großherzogs Friedrich I. waren den seit alters bestehenden Posten zwei staatliche Schwesteranstalten erwachsen, eine im Beförderungswesen durch die Eisenbahnen und eine solche im Nachrichtenaustausch durch den Telegraphen, die der Verkehrsbewältigung künftig ein anderes Gepräge zu verleihen berufen waren. Vorerst aber behauptete die Post als die unentbehrlichste und langerprobte ältere Schwesteranstalt ein so ausgesprochenes Übergewicht, daß sich die beiden neuen Verkehrsarten ihr unterzuordnen hatten. Immerhin gaben sie Veranlassung zu einer alsbaldigen anderweitigen Gestaltung des Verkehrswesens. Bei dieser erhielt die Direktion der Großh. Posten die Bezeichnung „Direktion der Großh. badischen Verkehrsanstalten", der der gesamte Betrieb der Posten, Eisenbahnen und Telegraphen als Zentralverwaltung unterstellt wurde. Die ihr beigegebenen technischen Räte führten (landesherrliche Verordnung vom 22. Mai 1854) die Amtsbezeichnung Bauräte. Zur ausgedehnteren Beaufsichtigung des Beförderungsdienstes wurden ihr ein Transportinspektor, zur Überwachung des Telegraphendienstes und der Telegraphenwerkstätte ein Telegrapheninspektor neu zugeteilt.

Bezirks- und Lokalverwaltung.

Eine wesentliche Änderung erfuhren die Postämter. Diesen wurde, wo es nach Lage der Verhältnisse anging, ein Dienstbezirk zur allgemeinen Überwachung der gesamten Dienstführung der vorhandenen Poststellen sowie zur besonderen Beaufsichtigung des eigentlichen Expeditions- und Fahrdienstes zugeteilt. Die bisher der Zentralverwaltung unmittelbar unterstellt gewesenen Postverwaltungen und Expeditionen, Posthaltereien und Poststallmeistereien wurden nunmehr einzelnen Postämtern unmittelbar untergeordnet. Die Überwachung des Postdienstes in dem Bezirke erfolgte durch den Amtsvorsteher des Bezirkspostamts auf Grund besonderer Dienstvorschriften. Wo die örtlichen und dienstlichen Verhältnisse es gestatteten, blieben die Postämter wie bisher mit den Eisenbahnämtern vereinigt und führten in diesem Falle die Bezeichnung Post- und Eisenbahnamt. Für die vom Expeditionsdienste getrennten Poststalldienste wurde die Amtsbezeichnung Poststallmeisterei eingeführt. Auf den nicht längs der Eisenbahn hinziehenden Telegraphenlinien hatten die Poststellen den Telegraphendienst mit wahrzunehmen; längs der Eisenbahnlinie war dieser mit dem Eisenbahndienste vereinigt und wurde bei den Telegraphenexpeditionen von einem Obertelegraphisten als Vorsteher und einer Anzahl Telegraphisten und Gehilfen besorgt. Bezirkspostämter waren damals die Post- und Eisenbahnämter Bruchsal, Karlsruhe, Kehl, Offenburg und Haltingen sowie die Postämter Heidelberg, Konstanz und Stockach. Das Postamt Mannheim sowie das Post- und Eisenbahnamt Baden-Baden hatten lediglich die Aufsicht über die Poststallmeistereien am Orte. Zu dieser Änderung der Übertragung der Dienstrevisionen an die Amtsvorsteher war man auch wohl aus der Erwägung heraus gekommen, daß die Beamten der Postinspektion, die zur Beaufsichtigung des Dienstbetriebs im ganzen Lande bestimmt waren, ihrer eigentlichen Aufgabe gar nicht oder nur in sehr beschränktem Umfange nachkommen konnten, da sie meistens mit größeren anderen Arbeiten wie Vorbereitung von Postverträgen, Ausarbeiten von Gutachten für das Ministerium über Gebühr in Anspruch genommen wurden. So kam es, daß das Ministerium des Großh. Hauses im Jahre 1833 finden mußte, daß seit dem Jahre 1826, also sieben Jahre lang, keine eingehende Revision der Ortspostbehörden stattgefunden hatte; es zeigt diese Tatsache aber auch zur Genüge, daß damals an oberen Beamten namentlich bei der Zentralpostbehörde in übertriebener Weise gespart wurde. Damals wurde das ganze Land, da der mit der Postinspektion betraute Oberpostrat von Stöcklern völlig mit anderen Arbeiten in Anspruch genommen war, in drei Inspektionsbezirke geteilt und drei tüchtige Postmeister in den Jahren 1833—1835 mit der eingehenden Revision sämtlicher Dienststellen beauftragt. In den folgenden Jahren nahmen der Postinspektor Eberlin und Oberpostrat Steinmann die Dienstrevisionen vor, vom Jahre 1842 ab wurde die Besichtigung der Postämter und Eisenbahnexpeditionen zwischen den Posträten Zimmer und Scheyren geteilt, denen im

Jahre 1847 ein dritter Postrat beigegeben wurde, um eine öftere Revision der Anstalten in allen Zweigen zu ermöglichen, bis im Jahre 1854 die Vorsteher der Bezirkspostämter dazu berufen wurden, zu denen im Jahre 1862 ein der Zentralbehörde unmittelbar unterstellter neuernannter Postinspektor mit dem Range der Bezirksvorsteher trat. Es galt im weiteren als Grundsatz, daß jede Bezirksstelle des Postdienstes alle vier, jede des Telegraphendienstes alle drei Jahre wenigstens einmal durch ein Mitglied der Zentralbehörde revidiert wurde. Die nachhaltige Steigerung des Postverkehrs führte im Jahre 1865 zur Einrichtung besonderer Stellen bei den größeren Ämtern für Postkontrolleure, denen durch besondere Dienstanweisung die Aufgabe zugewiesen wurde, „den Expeditionsdienst bei dem Amte unausgesetzt bei Tag wie bei Nacht nach allen Richtungen zu überwachen und überhaupt alles vorzukehren, was zur ordnungsmäßigen Durchführung des Abfertigungsdienstes erforderlich war". Somit war die Kontrolle bei den Postämtern nunmehr eine dreifache, eine örtliche, eine bezirks- und zentralbehördliche, die in ihrer Gesamtwirkung eine stete Fühlung zwischen Verwaltung und Betrieb erzielten und vom Standpunkte des Betriebsdienstes insofern besonders zu begrüßen war, als die Bezirksbehörde nicht eine reine Verwaltungs-, sondern in erster Linie selbst eine Betriebsbehörde war (Bezirkspostamt). Dieser Umstand hat sicherlich dazu beigetragen, daß dem Betriebsdienste die erforderliche Würdigung nicht infolge seiner Unterschätzung und einer Überschätzung des Verwaltungsdienstes vorenthalten worden ist.

Vorbildung und Laufbahn.

Durch eine Verordnung des Geheimen Rats vom 22. Januar 1870 wurden die Bewerber um Postbeamtenstellen aufgefordert, sich durch gründliche Erlernung der nötigen theoretischen und praktischen Wissenschaften gehörig zu befähigen und sich auch die erforderlichen Kenntnisse in Sprachen, in der Geographie, im Rechnungs- und Speditionswesen zu verschaffen. Näheres über das Maß der verlangten Kenntnisse ist darin nicht angegeben. Nach der Übernahme des Postwesens in Staatsverwaltung mußten die Bewerber die Vollendung der Gymnasialstudien nachweisen können und sich einer Prüfung über die Vorkenntnisse in der französischen Sprache, der Geographie, den verschiedenen Zweigen des Rechnungswesens und der Buchhaltung sowie im deutschen Aufsatz unterziehen. Hierauf hatten sie eine sechsmonatige Probezeit teils bei der Direktion — in Registratur-, Kanzlei- und Revisionsdienst —, teils bei dem Oberpostamt in Karlsruhe und daran anschließend eine zweite mehr praktische Prüfung zu bestehen, um zum Praktikanten befördert und bei Gelegenheit zu Dienstleistungen herangezogen zu werden. Hinsichtlich ihrer Beförderung in die besser bezahlten Stellen bei Postämtern von Bedeutung wurde der Grundsatz aufgestellt, auf diejenigen mit Vorzug zu rücksichtigen, die sich Kenntnisse im Dienste der Grenzpostämter, im Zivilrecht und gerichtlichen Verfahren erworben hätten. Mit der fortschreitenden Entwickelung des Postwesens, die dieses zu einem wesentlichen Zweige der öffentlichen Verwaltung machte, erhöhten sich die Anforderungen. Für die höheren Stellen bei der Oberpostdirektion und den Postämtern erster Klasse wurden vom Jahre 1834 ab geprüfte Rechts- und Kameral-Praktikanten ausgewählt; die Kandidaten für die übrigen Stellen mußten wenigstens ein Jahr lang Schüler der oberen Klassen eines inländischen Lyzeums oder der polytechnischen Hochschule gewesen sein oder entsprechende Kenntnisse nachweisen und sich in der französischen Sprache mündlich wie schriftlich geläufig ausdrücken können. Alljährlich fand einmal vor einem durch die Oberpostdirektion ausgewählten Prüfungsrate die Aufnahmeprüfung statt, die sich auf die Lehrgegenstände der oberen Lyzealklassen erstreckte. Die nach dem Ergebnis zur postalischen Praxis zugelassenen Postaspiranten hatten zwei, die Kameral- und Rechtspraktikanten ein Jahr lang bei Postämtern mit reitendem und fahrendem Dienst unentgeltlich zu arbeiten, worauf sie eine umfassende Prüfung abzulegen hatten. Diese erstreckte sich auf die französische Sprache, die der Kandidat beherrschen mußte, und alle Zweige des Postdienstes, insbesondere auf die Gesetze und Verordnungen über das Postwesen, die verschiedenen Taxen und Tarife, das Kassen- und Rechnungswesen, die Verträge mit auswärtigen Postverwaltungen usw. Nach dem Bestehen dieser Prüfung wurden die Aspiranten zu Praktikanten ernannt, aus denen die besoldeten Dienstbeamten genommen wurden. Nach der Vereinigung des Eisenbahnbetriebs mit dem Postdienste wurde an der polytechnischen Hochschule in Karlsruhe ein eigener zweijähriger Kursus zur Ausbildung der Post- und Eisenbahnbeamten errichtet, der sich insbesondere auf Mathematik, Geographie, Enzyklopädie der Staatswirtschaft, Mechanik, sowie deutsche und französische Sprache erstreckte. Die

Kameralpraktikanten waren von dem Besuche dieses Kursus befreit; sie hatten auch die bestehen gebliebene Aufnahmeprüfung nur hinsichtlich der französischen Sprache abzulegen. Nach zweijähriger Vorbereitungszeit als Postaspirant war die Prüfung für den Post- und Eisenbahndienst abzulegen, worauf die Beförderung zum Praktikanten erfolgte.

Im allgemeinen gestaltete sich die Laufbahn der wissenschaftlich gebildeten Hilfsarbeiter (Postaspiranten und Postpraktikanten) dergestalt, daß sie nach Verwendung in Gehilfenstellen des Expeditions-, Verwaltungs- und Kassendienstes in die etatsmäßigen Stellen der Offiziale, Revisoren, Kontrolleure, Brief- und Fahrpostkassierer, der Post- und Eisenbahnkassierer (später Post- und Bahnverwalter), der Postmeister, Oberpostmeister, Posträte und Oberposträte einrückten. Die Stellen des Verkehrswesens galten als erstrebenswert, die Post- und Bahnlaufbahn mit den übrigen akademischen Berufen als gleichwertig. Die Mitglieder der Generaldirektion, insbesondere wie die Vorsteher der Bezirksämter, standen allgemein in hohem Ansehen.

Hinsichtlich der unteren Beamtenlaufbahn ist zu bemerken, daß es bis 1862 **keine „Assistenten"** gegeben hat. Soweit die Aspiranten und Praktikanten zur Besetzung der Dienstgehilfenstellen nicht ausreichten, wurden nicht wissenschaftlich gebildete Bewerber zur Aufnahmeprüfung zugelassen, die sich auf Deutsch, Französisch, Geographie, Rechnen erstreckte. Der Besuch der siebten Klasse eines Gymnasiums, Realgymnasiums oder der Oberquinta eines Lyzeums berechtigte zum Eintritt als Gehilfe ohne Ablegung einer Prüfung.[58]

[58] Zwecks Beschränkung „der stets wachsenden unerschwinglichen Lasten der Staatspensionäre" sah die zweite Kammer noch in den 1830er Jahren mit unverkennbarer Ängstlichkeit darauf, daß die etatsmäßigen Postdienststellen nicht vermehrt wurden. Sie beantragte (1831) „zur möglichsten Einschränkung der Staatsdienerstellen, auf das frühere (Taxische) System der Vereinigung der Postverwaltungen mit den Posthaltereien in allen Fällen zurückzukehren, in denen es dem wahren Bedürfnisse des Dienstes unbeschadet geschehen könne". Und wiederum: „Es sind bei der Zentralstelle 10, bei den Lokalstellen 35 Beamte, zusammen 45 Beamte signaturmäßig angestellt bei einem Verwaltungszweige, dessen Roheinnahme ungefähr 460000 fl. beträgt .... Die Budgetkommission wird es sich zu einer dringenden Angelegenheit machen, in eine genaue Prüfung dieser Verhältnisse einzugehen, da es ihr scheint, daß der Zweck der Vervollkommnung des Postinstituts in manchen Fällen ebensogut durch Beamte erreicht werden könnte, die mit Zählgeldern belohnt würden, wodurch die größeren Ausgaben für die Besoldungen sowohl als auch die Ansprüche der Angestellten

Aus den Expeditionsgehilfen gingen die Post- und Eisenbahnexpeditoren hervor. Bis 1852 gab es noch mittels Dienstkontrakts angenommene Postexpeditoren, die, mehr unseren heutigen Postagenten entsprechend, lediglich Anteile an Porto, Zeitungs- und Nachnahmegebühren bezogen. Die Postexpeditoren konnten sich Privatgehilfen (Postskribenten) halten, die seit 1843 eidesmündig sein und verpflichtet werden mußten. Seit 1845 durften sich die Gehilfen ihren Beschäftigungsort nicht mehr wählen, sondern wurden den Ämtern von der Oberpostdirektion zugeteilt und erhielten von jetzt an bei Versetzungen Tagegelder und Fuhrkosten. Die Klasse der Assistenten wurde erst 1862 als „die höhere Stufe des nicht wissenschaftlich gebildeten Hilfspersonals" eingeführt. Wer 21 Jahre alt und mindestens zwei Jahre im Dienst war, konnte zu der vor der Direktion der Verkehrsanstalten abzulegenden Assistentenprüfung zugelassen werden. Die Prüfung, eine theoretische und praktische, erstreckte sich auf Deutsch, Französisch, Geschichte, Staatsverfassung, Verwaltungs- und Zivilrecht, den Betriebsdienst der einzelnen Zweige, die Tarife nach In- und Ausland, Verträge usw. und konnte einmal wiederholt werden. Dem Kandidaten stand es frei, die Prüfung für alle drei Fächer gleichzeitig oder für jedes Fach einzeln zu verschiedenen Zeiträumen bzw. nur für das eine oder andere Fach überhaupt abzulegen. Die durch den Ausfall erworbene „Lokation" wurde nebst der Gesamtnote wie bei den Kandidaten der höheren Laufbahn durch das Verordnungsblatt bekannt gegeben. Das Gehalt der „Lokalpostdienstgehilfen" betrug laut Verordnung vom 12. August 1851 in den Klassen I—III 600, 500 und 400, in der Interimsklasse 450 Gulden, später erhöhten sich die Bezüge auf 800, 700, 600 und 500, für Assistenten auf 600 bis 1000 Gulden.

Die Zahl der vollbeschäftigten Unterbeamten war ursprünglich sehr gering, da bis zum Jahre 1856 den Lokalpostanstalten gegen die Verpflichtung, die Postsachen auf ihre Gefahr zu bestellen, Bestellgebühren wie Annahme der Besteller überlassen waren, gegen die der Staat keinerlei Verpflichtung übernahm. Erst jetzt wurde zur Annahme des Unterpersonals bei diesen Anstalten die Genehmigung des vorgesetzten Bezirkspostamts erforderlich. Der

---

und ihrer Hinterlassenen an den Staat wegfallen würden." Rutschmann, 3. Oktober 1831. Ähnliche Anträge in den Verhandlungen vom 22. Dezember 1831, 9. September 1833.

Hauptfortschritt von der aus Thurn und Taxisscher Zeit stammenden Auffassung der Stellung des Unterbeamtentums erfolgte in den Jahren 1835/41, indem jetzt zum erstenmal den nicht zu den eigentlichen Staatsdienern gehörenden mittels Dekrets eines Ministeriums oder einer Mittelstelle angestellten Zivildienern, die ihre ganze Zeit dem Staate zu widmen hatten, ein jährliches Ruhegehalt zuerkannt wurde, das bis zu fünfzehn Dienstjahren — unter Anrechnung der Militärdienstzeit — höchstens $^1/_3$, darüber höchstens $^1/_2$ des feststehenden Diensteinkommens betragen durfte. Es waren dies damals die Postamtsdiener, Wagenmeister, Kondukteure, Briefträger, Packer, der Wageninspektor bei der Direktion, wozu später noch die Assistenten, Telegraphisten, Materialverwalter, Telegraphenmechaniker und Postexpeditoren kamen. In der Anstellungsurkunde war das der Berechnung des Ruhegehalts zugrunde zu legende Diensteinkommen — Beträge über 800 fl. kamen nicht zur Berechnung — anzugeben, wozu bei den Bahnpostschaffnern 135, den Oberschaffnern 235 Gulden Fahrtgebühren zugeschlagen wurden. Nunmehr nach Anerkennung der Beamteneigenschaft der unteren Organe, nach Festlegung ihrer Pensionsberechtigung und der ungefähr gleichzeitigen Versorgung der Hinterbliebenen durch die Witwenkasse war ein Werk gebotener sozialer Fürsorge auf freisinniger Grundlage in würdiger Weise angebahnt und wenn wir insbesondere den damaligen Geldwert in Rücksicht ziehen, können wir sagen, daß die unteren Beamten von jetzt an nicht schlecht gestellt gewesen sind. Die völlige Heraushebung der Assistentenklasse (Expeditoren) aus den niederen Dienern zur mittleren Laufbahn erfolgte im Laufe späterer Zeit, als mit dem Anwachsen des Verkehrs die Anforderungen an sie wie ihre Zahl wesentlich gestiegen war. Eine ausgesprochene Anlehnung an **preußische** Verhältnisse weisen die Verordnungen über Besetzung der unteren Stellen von 1868/69 auf, die eine sehr große Zahl davon (1868 = 478 Briefträger-, Packerstellen usw., dazu 1869 = 360 Landpostboten-, 12 Depeschenträger- und 50 Postexpeditorenstellen) Militäranwärtern vorbehielten.

Vom Jahre 1867 an wurden auch **Gehilfinnen** im Alter von 16—25 Jahren nach bestandener Aufnahmeprüfung zum Post- und Eisenbahnexpeditionsdienst bei größeren Ämtern mit einem Gehalte von 400—500 Gulden zugelassen. Bei kleineren Expeditionen war es den Vorstehern gestattet, die Gehilfenstellen mit weiblichen Angehörigen oder Verwandten gegen Bezug der ausgeworfenen Vergütung zu besetzen.

Alle eigentlichen Staatsdiener hatten eine fünfjährige Probezeit zu bestehen, während der am Schlusse jeden Jahres über Führung, Leistung usw. Qualifikationsberichte erstattet wurden. Zur Erlangung der Heiratserlaubnis hatten die Kameral- und Postpraktikanten ein Vermögen von 8000, die Assistenten ein ertragsfähiges Eigentum von 2000 Gulden nachzuweisen. Die Beamten hatten eine nach ihrer Dienststellung abgestufte Kaution zu leisten. Beamte und Angestellte der Verkehrsanstalten erhielten ständige Freikarten und Erlaubnisscheine zur unentgeltlichen Benutzung der badischen Bahnen und Bodenseedampfschiffe in dienstlichen und persönlichen Angelegenheiten.

Zu erwähnen ist noch, daß nach Bewältigung der Mairevolution 68 Beamte der Post- und Eisenbahnverwaltung wegen ihres entschlossenen Auftretens gegen die gesetzwidrigen Anmaßungen der revolutionären Gewalthaber ausgezeichnet worden sind.

Hinterbliebenen-Versorgung.

Im Großherzogtum Baden besteht zugunsten der Hinterbliebenen weltlicher Hof- und Zivilstaatsdiener eine Witwen- und Waisenversorgungsanstalt, der sogenannte weltliche Zivildienerwitwenfiskus, schon seit dem 28. Juni 1810. Diese Anstalt, hervorgegangen aus dem Witwenfiskus für die badische Markgrafschaft (altbadische Witwenkasse[59]), der Bruchsaler Witwenkasse[60], der St. Blasianischen Witwenkasse und dem Klettgauer Pensionsfond[61], besaß bei ihrer Gründung ein Stammkapital von 745000 fl. = 1277142 Mark. Die Einkünfte der Anstalt bestanden in den Zinsen des Kapitalvermögens, Eintrittsgeldern, Mitgliederbeiträgen und dem Gratialquartale[62] eines jeden durch Tod oder sonst

---

[59] Hervorgegangen aus der Witwenfiskusgesellschaft der Markgrafschaft Baden-Durlach (seit 23. Juni 1758) und Baden-Baden (seit 1765).

[60] Die Bruchsaler Witwenkasse, gegründet 16. Mai 1771 von Fürstbischof August, ging ebenso wie die St. Blasianische Witwenkasse, gegründet 9. April 1766 von dem Fürstabt Martin II., bei Säkularisierung an Baden über.

[61] Den Klettgauer Pensionsfond übernahm Baden beim Ankauf der fürstlich schwarzenbergischen Herrschaft Klettgau mit der Bedingung, ihn dem Witwenfiskus einzuverleiben.

[62] Außer dem Sterbequartal war beim Tode eines Beamten noch der vierte Teil des Jahresgehalts an die Witwenkasse abzugeben, was man Gratialquartal benannte.

aus dem Verbande ausscheidenden Mitglieds. Beim Tode eines Beamten erhielt die Witwe den vollen Besoldungsbetrag für das Vierteljahr, in dem ihr Mann starb (Sterbequartal). Im weiteren sollten die Leistungen der Kasse in einem ständigen Benefizium (Pensionszuschuß) vom 11fachen, später im 16½fachen des Jahresbeitrags des Mitglieds bestehen. Tatsächlich betrugen die Benefizien von 1810—1819 im Durchschnitt 117 fl. 39 kr., von 1827 bis 1836 dagegen 149 fl. 13 kr. und später mehr. Von den Wohltaten dieser Leistungen blieben aber die Postbeamten ausnahmslos bis 1819 ausgeschlossen, weil sie bei Gründung der Kasse ihre Besoldung noch nicht aus der Staatskasse bezogen.[63] Nachdem die Postverwaltung völlig in das Eigentum des Staates übergegangen war, wurde unter dem 6. April 1819 bestimmt, daß die am 23. April 1817 schon angestellt gewesenen Postbeamten von da an, die übrigen vom Tage der Anstellung ab in den Witwenfiskus eintreten. Es waren aber nur die Beamten aufnahmefähig, die mit einer förmlichen „Anstellungssignatur ohne persönlichen Dienstkontrakt" versehen waren, während die niederen Diener als Packer, Briefträger und solche, deren Dienstverhältnis widerruflich war, ausgeschlossen blieben. Die Aufnahmefähigen waren von da an zum Beitritt und damit zu den Beiträgen verpflichtet, gleichviel ob sie jung oder alt, ledig, Witwer oder verheiratet waren, ob sie Kinder hatten oder nicht und durften sogar nach ihrer Zurruhesetzung nicht austreten. Die Beiträge richteten sich nach dem Diensteinkommen. Die Höhe der Benefizien hing ab von dem jährlichen Beitrag, den der Verstorbene in der letzten Zeit seines Lebens gezahlt hatte. Zum Empfange der Benefizien waren berechtigt die Witwe bis zu ihrer Verheiratung, die ehelichen Söhne und Töchter nach dem Tode der Mutter oder ihrer Wiederverheiratung bis zum vollendeten 20. und 18. Lebensjahre. Das Benefizium durfte nicht mit Beschlag belegt werden.

Eine erhebliche Besserstellung der Hinterbliebenen brachte das badische Staatsdieneredikt vom 30. Januar 1819. Nach den §§ 20 bis 22 übernahm die Staatskasse durch die Anstellung eines Beamten die Verpflichtung, an die Witwe und die hinterbliebenen Kinder verstorbener Staatsdiener Versorgungsgehalte zu zahlen, und

[63] In dem § 8, a. a. O., heißt es: „Ausgeschlossen von dieser Anstalt sind . . alle Postoffizianten, da sie aus Unsern Kassen keine Besoldung beziehen".

zwar erhielt die Witwe aus der Staatskasse einen Betrag, der der Hälfte des statutenmäßig von dem Zivildienerwitwenfiskus zu leistenden Benefiziums gleichkam, während die hinterbliebenen Kinder bis zum zurückgelegten 18. Lebensjahr je 20%, für den Fall, daß keine Witwe vorhanden war, 30% jenes Benefiziums bekamen.

Hinterbliebenenversorgung der mittleren und unteren Postbeamten.

Da die „niederen Staatsdiener", wie bereits angeführt, nicht berechtigt waren, dem Zivildienerwitwenfiskus beizutreten, so konnten sie für ihre Hinterbliebenen keine Versorgungsgehalte erwirken. Diesem Übelstande wurde durch Gründung einer besonderen (2.) Witwenkasse „für die Angestellten der Zivilstaatsverwaltung" durch die Verordnung Großherzogs Leopold vom 25. November 1841 abgeholfen. Die Kasse umfaßte die weltlichen Diener, die mittelst Dekrets eines Ministeriums oder einer Mittelstelle angestellt waren und, ohne zu den eigentlichen Staatsdienern zu gehören, ihre ganze Zeit und Kraft dem Staate zu widmen hatten, und sollte den Witwen und Waisen eine jährliche nach sieben Klassen abgestufte Unterstützung verabreichen. Von den Postunterbeamten waren zum Beitritt verpflichtet

mit einem Matrikularbeitrag von 600[64] fl. (1. Klasse) Wageninspektor,

mit einem Matrikularbeitrag von 400[65] fl. (5. Klasse) Kondukteure, Briefträger und Packer,

mit einem Matrikularbeitrag von 300[66] fl. (7. Klasse) Postamtsdiener und Wagenmeister.

Ihren Hinterbliebenen standen während des ersten Dezenniums (1841—1851) in der 1. Klasse 76 fl. 48 kr., in der 5. = 51 fl. 12 kr., in der 7. = 38 fl. 24 kr., während des zweiten und dritten 96, 80, 64, bzw. 105, 88, 70 fl. anjährlicher „Sustentation" zu, die vierteljährlich an die Witwe bis zu ihrem Tode oder ihrer Wiederverheiratung, die ehelichen Söhne und Töchter bis zum vollendeten 18. oder 16. Lebensjahr zu zahlen war. Durch die landesherrliche Verordnung Großherzogs Friedrich I. vom 14. April 1874 wurden die Statuten der Witwenkasse den inzwischen eingetretenen Änderungen im Münzwesen und Personalkörper mehr angepaßt. Von

[64] Monatlicher Mitgliedsbeitrag 1 fl. 36 kr.

[65] Monatlicher Mitgliedsbeitrag 1 fl. 4 kr.

[66] Monatlicher Mitgliedsbeitrag 48 kr.

den Reichspost- und Telegraphenbeamten badischer Staatsangehörigkeit durch Abstammung sollten von jetzt ab angehören die

Bureauassistenten, Kanzlisten, Postexpediteure, Postamtsassistenten, Ober-Telegraphisten und Telegraphisten der 1. Klasse mit einem Monatsbeitrag von 3 Mark;

die Postschaffner, Briefträger, Wagenmeister und Hausdiener der 3. Klasse mit einem Monatsbeitrag von 2,50 Mark;

die Landbriefträger der 7. Klasse mit einem Monatsbeitrag von 1,50 Mark.

Die Größe der Benefizien wurde von jetzt ab von fünf zu fünf Jahren festgesetzt und jeweils durch den Staatsanzeiger bekannt gemacht.

Beim Übergang des badischen Postwesens auf das Reich am 1. Januar 1872 war die Versorgung der Hinterbliebenen von Reichsbeamten noch **nicht reichsgesetzlich geregelt**. Die Reichspostverwaltung verpflichtete sich aber, die angestellten Postbeamten und Unterbediensteten mit ihren „erworbenen Ansprüchen" zu übernehmen, die bis zum 1. Januar 1872 bewilligten Pensionen und Ruhegehalte, sowie diejenigen an solche Beamte, die nach diesem Zeitpunkt unmittelbar infolge des Übergangs der badischen Post in Reichsverwaltung, in Pension traten, auf die Reichspostkasse zu übernehmen; ebenso sollten die gesetzmäßig (Statuten von 1810 und Staatsdieneredikt von 1819) aus der Postkasse zu leistenden Zuschüsse zu den Pensionen der Hinterbliebenen von vor dem 1. Januar 1872 verstorbenen Großherzoglichen Staatsdienern auf die Reichskasse übergehen (6 und 7 der Vereinbarung). Wie es aber mit der Hinterbliebenenversorgung der n a c h d e m 1. J a n u a r 1872 verstorbenen Staatsdiener gehalten werden sollte, ist in der Vereinbarung nicht besonders erwähnt; dies führte bald zu Erinnerungen des Rechnungshofs, zu Beschwerden im Instanzenzug und endlich zur reichsgerichtlichen Entscheidung (Fälle Hammes und Neininger), die diese Verpflichtung im Gegensatze zu den Anschauungen der obersten Postbehörde, soweit Landesbeamte in Frage kamen, dem Reichspostfiskus auferlegte. Die badische Regierung ihrerseits hatte bei Abgabe des Postwesens ihren bisherigen Beamten den Übertritt dadurch zu erleichtern gesucht, daß sie mittels Gesetzes vom 14. März 1872 die Bestimmungen des § 40[67] der Statuten von 1810 auch auf die in ein Reichsamt

[67] Dieser wahrte den zehn Jahre im Staatsdienst gewesenen Beamten das Recht zur Mitgliedschaft auch bei Ausscheiden aus dem badischen Staatsdienst.

eintretenden Beamten ausdehnte, die das zehnte Staatsdienerjahr noch nicht zurückgelegt hatten. Seit dem Erlasse des Reichsrelikten- gesetzes von 1881 sind die Post- und Telegraphenbeamten nicht mehr berechtigt, der badischen Witwenkasse neu beizutreten, während es den bisherigen Mitgliedern anheimgestellt blieb, auszutreten oder die Mitgliedschaft — mit oder ohne Zugehörigkeit zur Reichswitwenkasse — fortzusetzen. Zwei Jahre später traf die oberste Postbehörde die Bestimmung, daß die nach der badischen Landesgesetzgebung zu zahlenden Versorgungsgehalte auch den Hinterbliebenen der nach dem 1. Januar 1872 bis zum Inkrafttreten des Reichsversorgungsgesetzes (vom 20. April 1881) in Baden angestellten mittelbaren Reichsbeamten aus der Reichskasse gezahlt werden sollten, und erledigte dadurch diese Angelegenheit, die seinerzeit so viel Staub aufgewirbelt hatte, in befriedigender Weise.[68]

Zeitungswesen.

Als das Geburtsjahr der Zeitungen[69] in unserem Sinne ist das Jahr 1605 festgestellt worden, in dem zum erstenmal eine

---

[68] Seit 1. Januar 1890 sind die beiden Witwenkassen zu einer einzigen Anstalt mit der Bezeichnung „Großherzogliche Beamtenwitwenkasse" vereinigt.

[69] Das Wort „Zeitung" ist die neuhochdeutsche Form für das mittel- und niederdeutsche „theiding" oder „theidung" soviel wie Nachricht. Der Inhalt der älteren „Zeytungen" ist tatsächlich auch nur eine einfache Nachricht mittels geschriebenen Zettels gewesen. So schreibt noch 1546, 17. August, der Komtur von Hornstein an den Landkomtur „Das Schreiben deren von Basel folge zurück mit etlichen Zeitungen (gemeint sind geschriebene Zettel), welche gestern zu Nacht der bischöfliche Statthalter zugesendet". Z. O. 34, S. 269; ebenso schreibt Hans Jakob von Landau zu Nellenburg an Sigmund von Hornstein „von neuen Zeitungen habe er nichts als einen Zettel, den ihm gestern zu Nacht der Landschreiber geschickt". Z. O. 34, S. 274. Im Jahre 1505 ist zum erstenmal ein Flugblatt mit dem Namen „Zeytung" belegt worden. Bis dahin waren die Flugblätter — oft auch noch in der Folgezeit — Anzeige, Aviso, Bericht, Brief, Fama, Historie, Mär oder Nachricht genannt. Zur Zeit der Reformation wurde es Gebrauch, unregelmäßig erscheinende Flugblätter, welche Ereignisse schilderten oder über Gegner, besonders in Religionssachen, loszogen, „Zeitungen" zu nennen. Bei Anlaß drohender Türkeneinfälle, 1566, begann ihr Erscheinen in fortlaufenden Nummern. 1585 kamen monatliche bis halbjährliche Hefte dazu. Ihren Inhalt bildeten meist Nachrichten über Kriege, Pestilenzen, Hungersnöte, Hexenbrände und besonders Wundererscheinungen. Den Übergang von den älteren Flugblättern zu den heutigen Zeitungen bildeten die periodisch erscheinenden geschriebenen Frankfurter Meßrelationen und die halbjährig erscheinenden Postreuter sowie die kaufmännischen

periodische Zeitung „Vlaamsche Aviso“ in Antwerpen erschienen ist. In der Universitätsbibliothek zu Heidelberg befindet sich aus dem Jahre 1609 ein fast vollständiger Jahrgang[70] einer gedruckten Zeitung mit dem Titel Relation aller fürnemmen .... Historien. Noch dem siebzehnten Jahrhundert gehört auch die älteste Zeitung an, die in den jetzt zum Großherzogtum Baden vereinigten Ländern erschienen ist.[71] Zu Heidelberg entstanden, verdankt sie ihren Ursprung der persönlichen Anregung des Kurfürsten Karl Ludwig. In seinem Erlasse an den Kanzleidirektor von Wollzogen vom 22. Mai 1672 heißt es: „Des Pfalzgrafen .... Befehl ist, daß hinfüro die Zeitung zu Heydelberg wiederumb gedruckt und damit

---

Berichte, die sich die großen deutschen Handelshäuser (Fugger Augsburg ꝛc.) von den Messen zusenden ließen. Diese führten schon am Ende des 16. Jahrhunderts den Titel „Ordinari Zeyttungen“. Die Hofbibliothek in Wien enthält noch 28 Bände solcher Zeyttungen an die Fugger aus den Jahren 1568 bis 1604.

[70] Voller Titel des Blattes „Relation Aller Fürnemmen vnd gedenckwürdigen Historien, so sich hin vnd wider in Hoch vnd Nider Teutschland, auch in Frankreich, Italien, Schott- vnd Engelland, Hispanien, Hungern vnd Polen ꝛc. in diesem 1609. Jahr verlauffen vnd zutragen möchten“. Der Haupt-Zeitungsverlagsort wurde Frankfurt (Main), wo im Jahre 1615 Emmel und 1617 Postmeister Birghden ihre Zeitung, „das Frankfurter Journal“, gründeten. Die Zeitungsstreitigkeiten zwischen Buchhändlern und den Postmeistern wurden meist zugunsten der letzteren, die indes für das Privilegium reichlich — teilweise mit Abgaben bis zu 500 Gulden jährlich bluten mußten, von den regierenden Fürsten entschieden. Die geschriebene Fuggerzeitung zeigt das Zeitungswesen bereits in vollendeter Gestalt. Im Zeitungskontor von Jeremias Krasser, Bürger und Zeitungsschreiber in Augsburg, werden die aus allen Weltgegenden einlaufenden Neuigkeiten in regelmäßig erscheinenden „Ordinarizeitungen“ zusammengestellt, neben denen „Extraordinari-Zeitungen“ mit dem Allerneuesten erschienen. Die Nummer kostete 4 Kreuzer, der Jahrgang in Augsburg selbst einschl. Zustellung 14, mit den Extraordinari 25 Gulden. Doch waren dies immerhin nur „Privatzeitungen“, bestimmt für einen kleinen Kreis von Fürsten, Großkaufleuten, Magistraten, Staatsmännern. Die geschriebenen Zeitungen waren wie vordem die Briefe (diese teilweise noch weiterhin) auf das Umlaufen angewiesen. Weder die Fugger noch die Zeitungsschreiber und ihre Abnehmer haben sich des Drucks bedient. Auch neben den gedruckten Zeitungen blühten die geschriebenen Zeitungen weiter noch im 18. Jahrhundert.

[71] Vgl. Die ältesten Zeitungen in Baden von Karl Obser, in Neues Archiv für Heidelberg und Pfalz. Geschichte des Deutschen Zeitungswesens von Ludwig Salomon. 1902. Bd. 2, S. 129ff. und zur Geschichte der badischen Presse in der Rheinbundszeit v. Obser. Z. O., N. F., Bd. XIV, sowie G. L. A. und A. Z. A.

künftigen Sambstag der anfang gemacht, vorhero aber jeden Donnerstags in dem Regierungsrath die Materien aus denen Französischen, Italiänischen .... Schreiben und Zeitungen zusammen gelesen, recht abgefaßt, ... insonderheit nichts, so das Erzhaus Österreich .... offendiren möge, gesetzt werde". Das druckfertige Manuskript sollte dem Kurfürsten, wenn er in Heidelberg oder in der Nähe war, allwöchentlich beim Lever vorgelesen werden, nicht zum wenigsten offenbar, um in eigener Person als oberster Zensor zu walten. Ob Exemplare dieser ältesten badischen Zeitung noch irgendwo vorhanden sind, ist nicht bekannt. Jedenfalls hat dieses zweite Heidelberger Wochenblatt gleich dem ersten kein langes Dasein gehabt und man hörte geraume Zeit nichts mehr von einer Heidelberger Zeitung. Nach Verlegung der Residenz von Heidelberg nach Mannheim wurde 1729 für ein den Bedürfnissen des täglichen Verkehrs dienendes Inseratenblatt ein Privilegium erteilt, das indes infolge der Leistungsunfähigkeit des Verlegers nicht in Kraft getreten ist. Im Jahre 1732 erhielt der Frankfurter Buchhändler Christoph Mutz die Erlaubnis, eine zweimal wöchentlich erscheinende politische Zeitung in französischer Sprache „Le Courrier de la paix et de la guerre", sowie ein Inseratenblatt für Mannheim unter dem Titel „Frag- und Anzeigungsnachrichten" herauszugeben. Es ist zweifelhaft, ob diese Blätter zur Ausgabe gelangt sind. Im Jahre 1738 begründet der Buchhändler Varrentrapp sein Gesuch um Konzessionierung einer Zeitung damit, daß in ganz Kurpfalz keine vorhanden sei. Die erste Mannheimer Zeitung, von der es feststeht, daß sie erschienen ist, ist das Frag- und Anzeigungsblatt von Mathias Bayer, das unter diesem Titel bis 1803 bestanden und dann als Intelligenzblatt weitergeführt worden ist. Dieses muß als das zweitälteste Blatt in Baden gelten. Außerdem finden wir in Mannheim um 1741 das „Mannheimer Kundschaftsblatt", das bald wieder eingegangen sein muß, 1790 im Verlage des katholischen Bürgerhospitals das „Mannheimer Intelligenzblatt", das seinen Namen 1819 in „Mannheimer Tageblatt", 1837 in „Mannheimer Journal", 1887 in „Generalanzeiger der Stadt Mannheim und Umgebung, Mannheimer Journal" änderte und noch heute erscheint. 1767 (1. Januar) kam die erste Nummer der „Mannheimer Zeitung", die am 29. Oktober 1810 infolge der Napoleonischen Zensur durch landesherrliche Verordnung unterdrückt, ihr Erscheinen einstellen mußte, zur Ausgabe.

An dritter Stelle folgt das Karlsruher Wochenblatt, am 29. Dezember 1756 erstmals von seinem Verleger Michael Macklot ausgegeben. Der jährliche Bezugspreis betrug einen Reichstaler, die Einzelnummer war um zwei Kreuzer erhältlich. 1758 wurden die „gelehrten Sachen" abgezweigt und zu einem besonderen Blatte, den „Nützlichen Sammlungen" vereinigt. Gleichzeitig wurde der Titel des Blatts in „Karlsruher Zeitung" geändert, die Anfangs zweimal, später dreimal wöchentlich erschien. Der Erfolg hat dieser Gründung nicht gefehlt; das Blatt hat die Wunden der französischen Revolution und die Stürme der nachfolgenden Kriegsjahre glücklich überwunden und erscheint noch heute unter dem gleichen Titel. In Bruchsal erschien 1760 das „Bruchsaler Wochenblatt", das mit mannigfachen Unterbrechungen unter diesem Titel bis 1804 bestand und damals als „Bruchsaler Lokalblatt" fortgesetzt wurde, in Rastatt 1763 ein Wochenblatt für die badenbadischen Lande, dessen Privilegium nach dem Anfall der Markgrafschaft an die Durlacher Linie (1775) von Michael Macklot erworben wurde, in Kehl in der zweiten Hälfte des achtzehnten Jahrhunderts der „Kehler hinkende Bott", in Pforzheim das „Pforzheimer Wochenblatt". Von den vorderösterreichischen Städten erhielt Konstanz die erste Zeitung in der Vorgängerin der heutigen Konstanzer Zeitung. Das erste bekannte Exemplar stammt aus dem Jahr 1728, es ist aber nur eine einzelne Nummer erhalten; vom Jahr 1775 sind die einzelnen Jahrgänge vorhanden. Von 1775 bis 1792 erschien es unter dem Titel „Constanzisches Wochenblatt", von 1793—1805 als „Volksfreund mit der Beilage Vorder-Östreichische Provinzialblätter", 1806—1829 führte es die Bezeichnung ‚Konstanzer politische Zeitung" und seither „Konstanzer Zeitung". Es folgte Freiburg im Jahre 1784 mit der Freiburger Zeitung, die 1786 den Titel „Vorderösterreichische Provinzialblätter" führte. 1793 reihte sich das Freiburger Wochenblatt an, 1794 das Lahrer Wochenblatt".

Die Direktion der Thurn und Taxisschen Posten hat sich **überaus wenig** um das **Zeitungswesen** gekümmert; dieses galt eben als eine Nebenbeschäftigung und Nebeneinnahme der beteiligten Postmeister und ihrer Beamten. Das Wenige, das im Regensburger Zentralarchive vorzufinden war, bestätigt die von den Zeitgenossen oft ausgesprochene Vermutung, daß die Postmeister auf die Einkaufspreise ganz erhebliche Beträge aufschlugen, die in ihre Tasche flossen. So sagte der Oberpostamtsdirektor Berberich im Jahre 1754 über den Postverwalter Rapp in Bruchsal, daß er auf jedes Stück der Frankfurter Zeitung drei bis vier Gulden draufgeschlagen habe. Die Direktion forderte in ihren Zirkularen an sämtliche Postämter immer wieder auf, sie sollten nicht mehr als einen Gulden über den Einkaufspreis nehmen, ihre Zeitungen vierteljährlich pünktlich zahlen, die Verbreitung anstößiger Nachrichten verhüten und vor allem dafür sorgen (1768), daß keine Schmähartikel über die Jesuiten in die Zeitungen kämen. Die Zahlungsleistung seitens der inländischen Verleger an die spedierenden Postmeister erfolgte teilweise auch durch Überlassung einer bestimmten Anzahl von Freiexemplaren, die dieser so hoch wie möglich verkaufte. So bezahlte Verleger Macklot seine Provision an den energischen Posthalter Weye in Durlach (Absatzpostanstalt) mit „50 Parthien" Zeitungen, die er selbst auf 75 Gulden wertete. Weye war aber damit nicht recht zufrieden, da die vielen und schweren Zeitungspakete auch bei nachsichtigster Taxierung einen Jahresbetrag von 650 Gulden abwerfen müßten. Außerdem bestelle Macklot mittels der verschlossenen Zeitungskuverte sogar „häusliche Sachen wie schöne Salzgurken und lege seine Konti in die Zeitungs- und Wochenblattskuverten". In Anbetracht der großen Steigerung des Absatzes verlangte Weye (1785) außer den 50 Freiexemplaren die Zahlung von 60 Gulden und für weitere 50 Exemplare eine Ermäßigung des Einkaufspreises von 1 fl. 30 kr. auf 1 fl. Demgegenüber führte Macklot aus, daß er von Anfang an, wo er doch nur etwa 100 bis 200 Exemplare zu versenden gehabt habe, 1000 Exemplare bei dem Vertrage mit der Post zugrundegelegt habe, obgleich er diese Zahl wohl nie erreichen werde. Diese 1000 Exemplare habe er als ein angebliches Kapital von 500 Reichstalern (das Exemplar kostete einen Reichstaler jährlich) unter Zustimmung des Oberpostamts in Augsburg mit 10% (also jährlich mit 50 Reichstalern) seit 25 Jahren an das Postamt in Durlach verzinst; noch höhere Abgaben könne er nicht erschwingen. Auf die Fürsprache des Geheimen Rats Gerstlacher blieb sodann die Sache beim Alten; jedoch wurde postseitig zur Verhütung nachgewiesener Portodefraudationen angeordnet, daß er von jetzt ab seine Zeitungen nur noch in offenen Kuverten verschicken dürfe. Zeitungstage waren damals Montag, Mittwoch und Freitag. Im Jahre 1798 hält Macklot infolge von Verspätungen in der Zeitungsbeförderung dem Postamt in Durlach vor, daß er jährlich über 1000 Gulden an Briefporto und Frachtgeldern für seine Blätter zahle. Andrerseits klagte das Postamt, die Zeitungspakete würden allmählich so umfangreich und so zahlreich, „daß der planmäßige Postlauf durch sie beeinträchtigt würde", woraus am besten die Steigerung des Zeitungsbezugs gegen Ende des achtzehnten Jahrhunderts zu ersehen ist.

Öffentliche „Verkündungsanstalten".

Unter dem gleichzeitigen Verbote der Bekanntmachung landesherrlicher oder obrigkeitlicher Verordnungen von den Kanzeln wurde im Jahre 1803 und nochmals 1807 die Einrichtung der öffentlichen „Verkündungsanstalten" und der Landesblätter geregelt. Die amtlichen Befehle an die Ortsvorgesetzten mußten durch Umlaufschreiben vermittelt werden, die mittelst der Amtsboten, beim Fehlen dieser durch die Landesfronde von einer Gemeinde zur anderen zu befördern waren. Obrigkeitliche oder richterliche Verkündungen (Aufrufe) geschahen durch das Intelligenzblatt der betr. Provinz[72], die Frankfurter Oberpostamtszeitung, später durch den deutschen Generalanzeiger in Gotha oder, wenn es sich um außereuropäische Angelegenheiten handelte, durch den Hamburger Korrespondenten.

Gesetzblatt.

Als Gesetzblatt für das Großherzogtum wurde das alle zehn Tage erscheinende Regierungsblatt herausgegeben; daneben bestand für jede Provinz ein alle fünf Tage erscheinendes Provinzialblatt; von beiden erhielten die Behörden Pflichtexemplare. Wer nicht „innerhalb der Poststation des Verlagsortes gesessen war", mußte das Regierungs- und Provinzblatt durch die Post beziehen. Unentgeltlich vom Verleger zu liefernde Exemplare hatte die Post auch ohne Entgelt zu vertreiben; ihre Bezahlung für den Vertrieb der übrigen Exemplare erhielt sie durch einen festgesetzten Zuschlag von 36 kr. für Pflicht- und 48 kr. jährlich für freiwillig bezogene Exemplare. Vom Jahre 1809 ab hatte jedes Oberamt die Regierungsblätter für die sämtlichen Zwangsbezieher in den zugeteilten Gemeinden unmittelbar bei dem Oberpostamt in Karls-

[72] Vor der Einteilung des Landes in Kreise war es in die drei Provinzen (Ober-, Mittel- und Niederrheinische Provinz) mit den Hauptstädten Freiburg, Karlsruhe und Mannheim eingeteilt.

ruhe zu bestellen und sie an die einzelnen Gemeinden zu verteilen; die freiwilligen Bezieher bestellten das Regierungsblatt bei der Postanstalt ihres Ortes. Seit 1818 besorgte die Oberpostamts-Zeitungsexpedition in Karlsruhe die Hauptversendung des Regierungsblattes.[73]

Bei Gründung des Großherzogtums besaß Baden also eine ziemlich umfangreiche Zeitungsliteratur. Die Zahl der badischen Zeitungen stand, so fand man am Hofe Napoleons, außer allem Verhältnis zum Umfang des Landes. Von einiger Bedeutung waren freilich nur die Mannheimer Blätter, die mit einem gewissen Geschick geleitet waren und auch außerhalb der badischen Grenzpfähle gelesen wurden. Die Zahl der Bezieher des Journals politique wird 1806 auf 600 angegeben, die indes 1810 zufolge der wiederholten Maßregelungen des Blattes, sowie der von Napoleon durchgeführten Unterdrückung jeglicher Meinungs- und Preßfreiheit auf 400 zurückgegangen ist.

Zum Gedeihen der Zeitungen hatte wohl auch die gemäßigte Handhabung der Preßzensur in Baden beigetragen, solange dies noch dem alten Reichsverband angehörte. Dies änderte sich nach dem Eintritt Badens in den Rheinbund von Grund aus. Von Paris erfolgte nun eine brutale Überwachung der einzelnen Blätter, namentlich der Mannheimer Zeitungen. Das Schlimmste wurde anfangs durch das Geschick und den Widerstand des Ministers Edelsheim abgewendet. Als aber der fanatische Aufpasser Talleyrand, später der gleich schlimme Bignon Geschäftsträger in Karlsruhe wurden, begann eine Leidensgeschichte für die Presse. 1808 setzte Talleyrand einen Befehl Napoleons durch, wonach das Journal politique de Mannheim, sowie die Rheinische Bundeszeitung ihr Erscheinen sofort einstellen mußten, ohne daß ein Verschulden vorlag. Diesem schimpflichen Machtgebot begegnete die badische Regierung damit, daß sie die unterdrückten Blätter als „Nouvelles littéraires et politiques" und „Rheinische Korrespondenz" wieder aufleben ließ. Im folgenden Jahre wurde die Unter-

[73] Bis 1837 wurden die Anordnungen der obersten Verkehrsbehörde durch einzelne erlassene Generalverfügungen bekannt gegeben. Von jetzt an wurden alle das Postwesen ꝛc. berührenden Gesetze und Verordnungen durch das neugeschaffene „Verordnungsblatt der Gr. Ober-Postdirektion" verkündet und den Postbeamten bei Bezug von Privatexemplaren die Zeitungsprovision nachgelassen.

drückung sämtlicher Zeitungen Mannheims gefordert, die die Regierung nochmals nur durch den Hinweis auf die hohen Entschädigungen an die Verleger abzuwenden wußte. Als aber 1810 Schmetzlers Freiburger Zeitung von den Erfolgen englischer und portugiesischer Truppen in Spanien berichtete, folgte alsbald ein Befehl Napoleons, daß alle badischen Zeitungen unterdrückt werden sollten und als die Regierung zögerte, erging unterm 11. Oktober die Weisung des Ministers Champagny „der Kaiser habe nicht erwartet, daß er seine Forderung wiederholen müsse; die badische Regierung solle ihnen auf der Stelle in vollem Umfange nachkommen". So mußten denn alle politischen Zeitungen mit Ausnahme des Regierungsorgans, der Karlsruher Zeitung, die vom 1. Januar 1811 den Titel „Großh. Bad. Staatszeitung" führte, ihr Erscheinen einstellen. Eine Entschädigung der Verleger fand nicht statt. Auch nach dem Sturze Napoleons dauerte es reichlich lange, bis die gemaßregelten Blätter ins Leben zurückgerufen wurden, erst 1821/22 erschienen die Mannheimer und Freiburger Zeitung wieder.

Die Zeitungspreisliste des Oberpostamts in Karlsruhe vom Jahre 1821 enthält insgesamt nur 114 Zeitungen einschließlich der ausländischen, sowie der Kreis- und Regierungsblätter.[74] An Badischen Blättern sind abgesehen von den Anzeigeblättern für die vier Kreise[75] aufgeführt:

	Jährlicher Erlaßpreis.	
Bruchsaler Lokalblatt	2 fl.	30 kr.
Badwochenblatt der Stadt Baden	— „	— „
Konstanzer Intelligenzblatt	4 „	10 „
Freiburger Wochenblatt	5 „	— „
Heidelberger Wochenblatt	3 „	— „
Heidelberger Jahrbücher der Literatur	12 „	12 „
Karlsruher Zeitung	8 „	— „
Karlsruher Intelligenz- und Wochenblatt	2 „	44 „
Lahrer Wochenblatt	4 „	10 „
Mannheimer Tageblätter	3 „	24 „

---

[74] Heute werden im Großherzogtum allein laut Zeitungspreisliste für 1908 gegen 300 Zeitungen einschließlich der Amts- und Verordnungsblätter sowie der verschiedenen Fachblätter herausgegeben.

[75] Seekreis, Dreysamkreis, Kinzig-, Murg- und Pfinzkreis, Neckar-, Main- und Tauberkreis.

	Jährlicher Erlaßpreis.
Offenburger Wochenblatt	3 fl. 16 kr.
Pforzheimer Wochenblatt	2 „ 30 „
Großh. Badisches Regierungsblatt	1 „ 42 „
Wertheimer Intelligenzblatt	2 „ 30 „.

Allerdings machte die Oberpostamts-Zeitungsexpedition im Anfang bekannt, daß außerdem auf alle nicht aufgeführten in- und ausländischen Journale Bestellungen angenommen würden. Die Bestellungen mußten allgemein drei Wochen vor Anfang einer neuen Bezugsfrist gemacht und die Zeitungen ganz oder halbjährig gehalten werden; nur im Laufe eines Halbjahrs waren Bestellungen für das kommende Vierteljahr zulässig.

Der Zeitungsverkehr war bei den schweren Zeiten und den bekannten darauf abzielenden Bemühungen, insbesondere die Landbewohner vom Zeitungslesen abzuhalten, ein Vorrecht der Begüterten und Gebildeten gewesen und dies im wesentlichen bis Mitte des vorigen Jahrhunderts geblieben. Erst mit der allgemeinen Verkehrserleichterung und weiteren Ausbreitung der Postanstalt wuchs der Zeitungsbezug von Jahr zu Jahr.[76] Leider fehlen allgemeine statistische Nachweisungen hierüber vor 1859. Hier belief sich der Zeitungsverkehr der badischen Postanstalten auf über fünf Millionen Stück abgesetzter Nummern und steigerte sich bis 1869 auf beinahe das Dreifache (14633000), nachdem insbesondere der Verkehrsausdehnung durch Ausbreitung der Postanstalten auf dem platten Land die Wege geebnet waren.

Hand in Hand mit der lebhaften Ausbreitung des gedruckten Nachrichtenwesens ging eine bedeutende Steigerung des brieflichen Verkehrs. Für diesen war bisher nur die Erleichterung zu ver-

---

[76] Einer besonderen Bevorzugung erfreute sich später das von der Zentralstelle des landwirtschaftlichen Vereins in Baden herausgegebene „Wochenblatt", das den Vereinsmitgliedern in den 60er Jahren des vorigen Jahrhunderts gebühren- und bestellgeldfrei geliefert wurde, wogegen die Zentralstelle des Landwirtschaftlichen Vereins 15 kr. jährlich für das Exemplar in einer Summe an die Postkasse vergütete. Die Zentralkasse hatte der Postverwaltung einen Absatz von mindestens 10000 Exemplaren und eine Einnahme von 2500 Gulden zu gewährleisten. Unter dem Einflusse dieser Vergünstigung stieg die 1864 erst 5169 Bezieher umfassende Anzahl im folgenden Jahr auf 13236 und die postseitige Einnahme auf 3309 Gulden. Beim Übergang auf das Reich waren es 13312 Bezieher (Vergütung 3328 fl.). Das Ausnahmeverfahren besteht noch heute weiter.

zeichnen, daß zufolge der Aufstellung von „Briefladen" nicht zu frankierende Briefe in diese eingelegt werden konnten, während Frankobriefe naturgemäß, solange das System der Barzahlung des Franko bestand, am Schalter eingeliefert werden mußten. Ein so umständliches Verfahren, eine solche Erschwerung der Einlieferung gewöhnlicher Briefe war dem Aufschwung des Nachrichtenverkehrs nicht weniger hinderlich als der andere Ausweg, bei Benutzung der Brieflade dem Empfänger die Tragung des Porto überlassen zu müssen. Dieser Rückständigkeit begegnete man jetzt durch Einführung von **Freimarken** und **Freikuverts**, wodurch gleichzeitig das für die Verwaltung einfachere und wünschenswertere System der Vorauszahlung der Beförderungsgebühren begünstigt wurde.

Badische Postwertzeichen.[77]

Die Veranlassung zur Einführung von Marken gab in Baden wie in fast allen größeren deutschen Staaten der Postvereinsvertrag vom 6. April 1850, der hinsichtlich der Frankierung bestimmte, daß für die Wechselkorrespondenz in der Regel die Vorauszahlung des Portos und die Erhebung durch Frankomarken stattfinden solle. Nach Billigung des Beitritts zum deutschösterreichischen Postverein seitens der zweiten Kammer — 16. Oktober 1850 — ordnete das Ministerium des Großh. Hauses und der auswärtigen Angelegenheiten die Anfertigung von Marken zu 1, 3, 6 und 9 Kreuzer nach den Vorschlägen des Münzrats Kachel an, der mit der Leitung und Aufsicht bei Herstellung der Wertzeichen betraut wurde. Dieser trat alsbald wegen Beschaffung des Papiers mit der Papierfabrik von Franz Buhl Vater in Ettlingen, wegen Anfertigung der Platten mit Naumanns Druckerei in Frankfurt (Main) und wegen des Drucks mit der Hasperschen Hofbuchdruckerei in Karlsruhe in erfolgreiche Unterhandlung. Bereits am 25. Februar 1851 konnte als Bestand gedruckter Marken die Anzahl von 4227120 Stück festgestellt werden, deren Herstellungskosten sich auf 1429 Gulden 57 Kreuzer einschließlich der Ausgaben für Stempel und Platten beliefen. Nach dem Berichte der Direktion der Posten und Eisenbahnen kamen sie etwas wohlfeiler als die bayrischen und bedeutend wohlfeiler als die preußischen Marken.

[77] Vgl. Lindenberg, „Die Marken von Baden" in Deutsche Briefmarkenzeitung, IV. Jahrg., Nr. 5, 1894 u. G. L. A. A.

Was die Kontrolle über die richtige Frankierung und die Echtheit der Wertzeichen betrifft, so galten die mit gebrauchten badischen Marken oder mit Wertzeichen anderer Staaten in Baden aufgelieferten Briefschaften als nicht frankiert. Die richtig frankierten Briefe wurden an einem von der Marke nicht eingenommenen Platze mit dem Ortsdatumstempel und die Marken selbst mit dem Entwertungsstempel versehen, der in der Mitte die jeder Postanstalt in alphabetischer Ordnung[78] zugeteilte Nummer enthielt. Zeigte nun bei der Ankunftspostanstalt der Entwertungsstempel eine andere Nummer als die nach dem Ortsdatumstempel erkennbare Aufgabepostanstalt laut des vorhandenen Verzeichnisses trug, so war die Marke offensichtlich schon einmal gebraucht und nochmals bei einer anderen Postanstalt verwendet. Auf die richtige Entwertung mußten die Beamten peinlichst achten; jede versehentliche Nichtentwertung einer Marke zog eine Ordnungsstrafe von 45 Kreuzern nach sich.

Von den am 1. Mai 1851 dem Publikum zum Gebrauch abgegebenen Marken stellten die zu einem Kreuzer die Drucksachentaxe, die zu 3, 6, 9 Kreuzer das Brieffranko nach den bekannten drei Taxstufen dar. Nach dem ursprünglichen Grundsatze, die Wertziffer besonders deutlich hervorzuheben, enthielten die Marken in einem mittleren Kreise von 14,5 mm Durchmesser die Wertziffer in schwarzem Druck. Im oberen Rahmen steht „BADEN", im unteren „Freimarke", in dem linken „Deutschösterreichischer Postverein", im rechten „Vertrag vom 6. April 1850" in deutscher Schrift. Der Schriftsatz zu den sehr klein gehaltenen Seiteninschriften rührte von dem Material zur Herstellung des badischen Papiergeldes her. Die Marken enthielten ein geheimes Zeichen (Stecherzeichen), dessen Kenntnis nur wenigen Beamten zuteil wurde. Die Anfertigung einer neuen Markenauflage wurde schon im Jahre 1853 notwendig, wobei ein Wechsel in den Farben eintrat. Zu der erstmals in rostgelber Farbe hergestellten Einkreuzer-Marke wurde lediglich weißes Papier verwendet, die Dreikreuzer-Marken erhielten die bisherige grüne Farbe der Sechskreuzer-Marken, diese die bisherige gelbe der Dreikreuzer-Marken, während die Neunkreuzer-Marken die rote Farbe behielten. Mit der dritten Ausgabe Ende des Jahres 1858 gelangten an Stelle der grünen

[78] Z. B. Aach . . . . 1, Achern 2, Adelsheim 3, Zell (Wiesental) 163 usw. bis zur Nummer 177.

Dreikreuzer-Marken solche auf hellblauem Papier zur Herstellung. Mit der Ausgabe von 1858 wurde das System der Ziffernmarken verlassen, von denen im ganzen rund 33½ Million hergestellt worden sind.[79]

Die bisherigen Marken waren, wie es in dem Bericht der Direktion der Verkehrsanstalten heißt, nach dem älteren System entworfen, das sich die Wertangabe fast zur alleinigen Aufgabe machte und alle anderen Rücksichten als Nebensache behandelte; insbesondere trat die Landesangabe zurück und das Ganze bot keine genügende Garantie gegen Nachahmung. Man ging deshalb zu dem neueren Verfahren über, die Marken auf weißes Papier mit je nach der Taxe verschiedenen Farben aufzudrucken unter Angabe des Landes mittelst des Landeswappens und die Marken zur Erschwerung von Nachahmungen zu durchlochen. Die Wappenmarken enthielten im Mittelfelde auf schraffiertem Grunde das badische Wappen, im oberen Rande das Wort „Baden", im unteren Rande „1 (3, 6, 9) Kreuzer", im linken und rechten Seitenrande die Worte „Freimarke" und „Postverein". Die in Gemeinschaft mit Württemberg bestellte Durchlochungsmaschine wurde von Wien aus um den Preis von 1285 fl. 35 kr. geliefert. Die Stempel fertigte der Graveur Kurz in Frankfurt (Main) an, den Druck besorgte wiederum Hasper und die Papierlieferung war in Submission vergeben. Diese neuen Wappenmarken, deren Ausgabe auf 1. Januar 1861 bestimmt wurde, zeigten in der Schönheit des Gesamtbildes einen bedeutenden Fortschritt gegen die ersten Marken von 1858. Schon im folgenden Jahre (1862) ging man zwecks Einführung gleicher Grundfarben für die Postwertzeichen desselben Wertbetrages im ganzen Vereinsgebiete, wie es Preußen vorgeschlagen hatte, zu einer neuen, der fünften Ausgabe über; auch wollte man das Wappen auf weißem Grunde herstellen lassen, weil der schraffierte Untergrund dieses zu wenig hervortreten ließ und dadurch der Schönheit der Marken Abbruch tat. Außerdem führte man, dem Ersuchen des Mannheimer Handelsvereins Rechnung tragend, Marken zu 18 (hellchromgrün) und 30 Kreuzer

[79] 5123100 Stück zu 1 kr. weiß,
12370500 „ 3 „ grün,
4132400 „ 3 „ blau,
5605200 „ 6 „ gelb,
6276040 „ 9 „ rosarot. Siehe Lindenberg, a. a. O.

(dunkelchromgelb) ein. Von den bestellten Marken wurden indes nur die zu 3, 18 und 30 Kreuzer von den neuen Satzstücken — Wappen auf weißem Grund — hergestellt. Die Marken zu 1, 6 und 9 Kreuzer wurden erst bei der sechsten Ausgabe (1864) nach den neuen Satzstücken gedruckt. Vom 1. Januar 1868 fielen infolge des Postvertrags zwischen Baden und der Norddeutschen Bundes-Postverwaltung die meisten Postwertzeichen mit dem Aufhören der bisherigen Taxstufen als überflüssig weg.[80] Unter Einziehung der Marken zu 18 Kreuzer wurden neue zu 1,3 und 7 Kreuzer ausgegeben, die den bisherigen Marken völlig gleich waren, nur daß sie statt des Wortes „Postverein" in beiden Seitenfeldern die Aufschrift „Freimarke" trugen und die Münzwährung durch „KR" abgekürzt war. Um eine Übereinstimmung mit den Marken der übrigen deutschen Postverwaltungen herbeizuführen, wurden die Einkreuzer-Marken in grün, die zu sieben Kreuzern in blau gedruckt, während die rote Farbe der Dreikreuzer-Marken beibehalten wurde.

Landpostmarken.

Die Landpostmarken waren für die Verrechnung des Portos und der Nebengebühren der ausschließlich der Landpostbeförderung unterliegenden unfrankierten Briefe und Fahrpostsendungen bestimmt. Es gelangten Portomarken zu 1, 3 und 12 Kreuzern zur Ausgabe, die in Freimarkenformat auf hellgelbem Papier mit schwarzem Druck hergestellt waren, im Mittelfelde von oben nach unten die Worte „Land-Post", 1 (3 oder 12) und „Porto-Marke" trugen. Die Marken sind wenig gebraucht und wohl nur in einer Auflage gedruckt worden.[81]

Freikuverte.

An Freikuverten kamen im Jahre 1858 solche zu 3, 6, 9, 12 und 18 Kreuzer in blau, gelb, rosa, braun, ziegelrot zur Ausgabe, von denen die beiden letzteren Sorten im Jahre 1862 eingezogen wurden. Ursprünglich wurde jede Sorte in einem größeren und in einem kleineren Format ausgegeben; da nach den ersteren wenig Nachfrage statthatte, wurden die Freikuverte vom Jahre 1864 ab nur noch in der kleineren Ausgabe hergestellt. Sie waren all-

---

[80] Von den alten Marken zu 6, 9 und 30 kr. war ein auf mehrere Jahre berechneter Vorrat vorhanden.

[81] Lindenberg, a. a. O.

gemein mit dem Markenstempel und dem Vermerke „Drei 2c. Kreuzer Großh. Badisches Franko-Kuvert" versehen. Ihre Herstellung besorgte die preußische Staatsdruckerei gegen eine Vergütung von 74 Pfennig für je 100 Stück kleinen und 84 Pfennig für die gleiche Zahl großen Formats. Der erstmalige Aufwand für Herstellung des Urstempels hatte sich auf 330 Gulden belaufen. Da noch beträchtliche Kosten für Eisenbahnfracht hinzukamen, nahm die Verwaltung wiederholt in Aussicht, die Frankokuverts in Karlsruhe drucken zu lassen. Anfänglich war zur Deckung der Herstellungskosten vom Publikum 1 Kreuzer für je drei Stück erhoben worden. Als diese Gebühr vom 1. Januar 1862 ab wegfiel, nahm der Verbrauch der Freikuverts außerordentlich zu. So sind beispielsweise schon vom 1. Oktober 1863 bis 1. Oktober 1864 $2^3/_4$ Millionen Freikuverts ausgegeben worden, deren Herstellungskosten sich auf 11048 Gulden beliefen. Die Druckkosten steigerten sich Ende der sechziger Jahre infolge des weiter zunehmenden Absatzes an Frankokuverten auf 20 bis 25000 Gulden jährlich.

Beim Übergang des badischen Postwesens auf das Reich mußten die badischen Marken naturgemäß in Wegfall kommen. Hierbei wurde bestimmt, daß sie seitens der Reichspostverwaltung noch acht Wochen nach dem Übergangstermin, d. i. bis zum 25. Februar 1872, gegen Reichspostwertzeichen umgetauscht oder gegen Erstattung des Wertbetrages zurückgenommen wurden. Infolgedessen liefen für 7060 fl. 28 kr. Postwertzeichen an die Generaldirektion der badischen Staatseisenbahnen zurück. Bei dieser fand eine genaue Bestandsaufnahme der noch vorhandenen badischen Marken aller Ausgaben statt, worauf je 100000 Stück der Sorten zu 1, 3, 7, 9 und 30 kr., ebenso die Porto- und übrigen Marken verkauft worden sind.

Auch nach Einführung der eine ungewöhnliche Erleichterung für das Nachrichtenverkehrswesen mit sich bringenden Freimarken und Freikuverte war — nach rund 300jährigem Bestehen der Posten — das erste und wichtigste Erfordernis einer neuzeitigen Verkehrsanstalt noch nicht völlig erreicht, nämlich die **tatsächliche leichte Zugänglichkeit für jedermann wie in der Stadt**, so auf dem platten **Land**. Diesem als dem bisherigen **Stiefkind** des Verkehrswesens auch nach seiner Verstaatlichung waren bisher die Fortschritte des letzteren in nicht ausreichendem Maße zugutekommen. Die erforderlichen Schritte zum Anschluß des platten Landes erfolgten vielmehr erst jetzt durch die Einführung eines **allgemeinen Landpostdienstes, Errichtung von Postablagen** oder wenigstens **Markenverkaufsstellen** sowie allgemeine Aufstellung von **Briefladen** in **Landorten.**

Einführung und Entwickelung des Landpostdienstes.

Die Bestellung der nach den Landorten bestimmten Briefschaften geschah bis zum Jahre 1859 größtenteils durch die in jedem Amtsbezirke aufgestellten Amts- oder Gemeindeboten, an den Orten mit „kontraktmäßigen" Postanstalten durch die Postboten. Die Amtsboten befanden sich teilweise in den Amtsstädten selbst und machten von hier aus Rundgänge durch die einzelnen Gemeinden, teilweise waren sie in den Gemeindeorten und kamen an bestimmten Tagen der Woche in die Amtsstadt, um die Amtsschreiben an die Gemeinden beim Oberamt und den übrigen Behörden in Empfang zu nehmen. Bei einzelnen Ämtern war die Zahl der Amtsboten beträchtlich, so hatte das Amt Waldshut 6, St. Blasien 11, Freiburg und Ettenheim je 15, Kenzingen 16 und Triberg sogar 21 Amtsboten, für die die Gemeinden Beiträge, die zwischen 249 und 1080 Gulden schwankten, beizusteuern hatten. Die Bestellgänge der Amtsboten erfolgten in der Regel zwei- in wenigen Amtsbezirken dreimal, diejenigen der Postboten, soweit überhaupt solche vorhanden waren, nur an wenigen Orten mehr als einmal wöchentlich.[82] Für die von den Landbewohnern zu versendenden Briefschaften war keinerlei besondere Fürsorge getroffen; an manchen Orten mit geringem Postverkehr, wo besondere Gänge sich für die Boten nicht lohnten, war dieser sozusagen dem Schicksal überlassen; die Briefschaften konnten nur dann aufgeliefert oder in der Amtsstadt bestellt werden, wenn zufällig ein Einwohner in dem Postorte zu tun hatte und aus Gefälligkeit die Briefe besorgen wollte. Fahrpoststücke vollends durften den Amts- wie den Postboten nur bis zum Werte von fünfzehn Gulden übergeben werden; bei höherem Werte hatte sie der Absender selbst zur Post bringen und der Empfänger daselbst abholen. Hierzu

[82] „Es konnte bisher der Fall sein, daß ein Brief für die ersten 100 Stunden, die er zurückzulegen hatte, kaum die Hälfte der Zeit brauchte als für die letzte Stunde, weil die Boten in der Regel nur zweimal wöchentlich die Briefe von der Poststation auf die Landorte trugen." Kirsner in der 41. öffentlichen Sitzung der zweiten Kammer am 16. März 1858.

kam noch, daß der Amts- und Gemeindebotendienst vielfach durch alte gebrechliche Männer, ja sogar durch Frauen und Kinder besorgt[83] wurde und keine Sicherheit für Wahrung des Briefgeheimnisses sowie pünktliche Zustellung, ebensowenig Gewißheit der Ersatzleistung bei Beschädigungen und Verlustfällen geboten war. Den wesentlichsten Übelstand bildete indes die geringe Zahl der wöchentlichen Botengänge, die zu den meist täglichen Postkursen in einem schreienden Mißverhältnisse standen; es war gang und gäbe, daß die Briefe nach Landorten bei der Postexpedition des Bestellpostortes drei bis vier Tage liegen blieben. Die Bewohner in den Landorten sahen sich daher gegenüber den mit Postanstalten versehenen Orten im Genusse einer vielbegehrten Staatseinrichtung verkürzt und hatten vollauf Grund zu Beschwerden, die denn auch vielfach in öffentlichen Blättern wie in den landständischen Kammern vorgebracht worden sind. Waren es in früheren Jahren einzelne besonders verkehrsstiefmütterlich behandelte Gemeinden, die Abhilfe forderten, so wurde im Jahre 1846 eine Reihe von Gemeinden in Eingaben an die Zweite Kammer dahin vorstellig, ihnen auch die Vorteile von Postanstalten oder wenigstens von täglichen Postbotengängen an Stelle der zweimal wöchentlich verkehrenden Amtsboten zu gewähren, welch letztere willkürlich von den Bezirksämtern aufgestellt würden, von den Gemeinden aber bezahlt werden müßten; außerdem würde bei Aufstellung der Boten keine Rücksicht auf den Postverkehr genommen.

Die Direktion der Posten und Eisenbahnen verschloß sich der Überzeugung nicht, daß eine Änderung des Landbotenwesens dringend geboten war, und berichtete auch in diesem Sinne an das vorgesetzte Ministerium[84], wobei sie die Schwierigkeit, die erforderlichen Mittel aufzubringen, nicht verschwieg. „Wenn man jedoch alle die Mittel vereinigen könnte, die aufgewendet werden, um den behördlichen Verkehr zwischen Gemeinden und Amtsorten zu bestellen, so dürfte der Zuschuß aus der Postkasse weniger bedeutend ausfallen und eine möglichst vollkommene Einrichtung um so mehr gesichert sein; es setze dies allerdings voraus, daß den

---

[83] In manchen Gemeinden war der Amtsbotendienst mit dem Polizeidienerdienst vereinigt und für beide Dienste ein gemeinsamer Gehalt ausgeworfen; vielfach waren die Amtsboten zugleich Postboten.

[84] 25. Oktober 1847. Bericht an das Ministerium des Großh. Hauses und der auswärtigen Angelegenheiten.

Postboten zugleich die Geschäfte der Gerichts- und Amts- oder Gemeindeboten übertragen würden." Im Anschlusse gab die Direktion die unseren heutigen Einrichtungen nahekommenden Umrisse an, innerhalb deren sich die Änderungen bewegen müßten, wenn eine zeitgemäße Landbestellung ins Werk gesetzt und etwas Leistungsfähiges und Dauerndes geschaffen werden solle. In dieser Fassung gelangten die Vorschläge vom Ministerium des Großh. Hauses an das Ministerium des Innern, das gleichfalls auf die erfahrungsgemäße Unzuverlässigkeit der Amtsboten und die Notwendigkeit einer durchgreifenden Änderung hinwies. Aber hier setzte auch schon das erste Hemmnis ein, indem das Ministerium seine Zweifel über die Zweckmäßigkeit der Vereinigung des Gerichtsboten- und Postbotendienstes vorbrachte. Den Hauptwiderstand fand die vorgeschlagene Änderung jedoch beim Ministerium des Großh. Hauses selbst, das den Zeitpunkt zu einer so notwendigen und segensreichen Einrichtung im Hinblick auf die beträchtlichen Zuschüsse, wofür keine Mittel vorhanden wären, und die geplanten Änderungen in der Landesverwaltung nicht für geeignet hielt. Damit wurden die überaus dringlichen Vorschläge für ein Jahrzehnt beiseite gestellt. In der Zwischenzeit kamen neue Beschwerden wegen der geringen Anzahl von Postablagen an Nebenorten, sowie über die fehlende Garantiepflicht der Postverwaltung bei Besorgung von Poststücken nach Nebenorten. Als nun endlich eine Kommission von Mitgliedern der verschiedenen Ministerien zu Erörterungen über die Gestaltung des Landpostdienstes zusammentrat, da wußten diese eine Menge bureaukratisch-engherziger Fragen aufzuwerfen, ob die Gemeinden Aversen für die Besorgung des Amtsverkehrs entrichten und wie diese bemessen werden sollten, ob in dem Postregale das Recht liege, jemand zu zwingen, sich der Post zu bedienen, ob die Gemeinden für den Dienstverkehr keine Boten mehr halten dürften oder ob nur die gewerbsmäßige Briefbestellung verboten sei usw., so daß es den Anschein gewann, als ob abermals die von der Postverwaltung geplante durchgreifende Änderung scheitern solle, die die Zuweisung des gesamten Verkehrs an die Postverwaltung mit Beseitigung der Amtsboten als Grundlage einer lebensfähigen Einrichtung erstrebte. Hierzu kam, daß nicht bloß die Oberämter, sondern auch die meisten Gemeinden selbst in einer unbegreiflichen **Kurzsichtigkeit keine Vereinigung** des Amtsbotendienstes mit der Landpost wünschten. Ja, der Amtsrevisor in Pforzheim und andere seinesgleichen gaben ausführlich zu bedenken, „es würde gewiß von allen Lokalbehörden bedauert werden, wenn es dazu kommen sollte, daß sich die Post mit ihren Vorschriften zwischen sie stellte, ohne dem Verkehre zu nutzen, sondern bloß um ihn auszunutzen, denn die Post wolle nichts für die Verbesserung des Verkehrs zwischen den Behörden tun". Insbesondere kränkte die Herren Bureaukraten, daß man den Postboten keine offenen Rundschreiben an die Bürgermeister mitgeben könne; wie sei das bisher so schön gewesen, wenn man die morgens durch die Amtsboten hinausgetragenen Rundschreiben von den Beteiligten unterschrieben schon am gleichen Abend dem Oberamt hätte vorlegen können; jetzt dagegen solle man diese Schreiben verpacken, sie zur Post geben und geduldig ihre Rückkehr abwarten. Auch könne man den Postboten keine mündlichen Aufträge an die nachgeordneten Stellen erteilen usw. So kam es denn auch glücklich dahin, daß es den Gemeinden freigestellt blieb, auch nach Einführung eines regelmäßigen Landpostdienstes die Amtsboten beizubehalten. Noch im Jahre 1863 bedienten sich von 1624 Gemeinden erst 634 ausschließlich der nunmehr täglich verkehrenden Landpost[85], während die übrigen 990 Orte die Einrichtung der Amtsboten neben der Landpost beibehielten. Immerhin zeigt der ungewöhnlich steigende Überschuß aus dem Landpostdienst, der sich im Jahre 1863[86] auf 11860 Gulden gegen 1393 Gulden im Jahre

[85] In Wirklichkeit wurde der Neuerung zunächst versteckter Widerstand geleistet. Die Einnahme aus Aversen für Beförderung der Landpost betrug 1863 nur 461 fl. 50 kr. „Was schließlich die Geringfügigkeit der Aversen aus der Landpost betrifft, ... so fällt die eigentliche Verantwortlichkeit . . . . auf die Gemeindebeamten, von dem Ortsvorstand bis herab zu dem Amtsdiener, zum Teil auch auf die Amtsvorstände zurück. Diese sämtlichen scheinen sich von der alten Einrichtung der Amtsboten nur ungern zu trennen!" Bericht der Budget-Komm. der 6. öffentlichen Sitzung der zweiten Kammer vom Januar 1866 (Abg. Pickford). Für die Jahre 1870/71 betrugen dagegen die tatsächlichen Aversalgebühren: 28031 fl., woraus zur Genüge erhellt, daß sich eine verständigere Anschauung in den meisten Gemeinden Bahn gebrochen hatte.

[86] Die Postverwaltung übernahm vom 1. Juli 1863 ab die taxfreie Beförderung der Brief- und Fahrpostsendungen in Gemeindeangelegenheiten zwischen den zu demselben Amtsbezirke gehörenden Gemeindebehörden unter sich und im Verkehr mit ihren vorgesetzten Bezirksbehörden gegen Aversen. Sendungen waren als Gemeinde-Dienstsache zu bezeichnen. Die Pauschvergütung betrug jährlich in Gemeinden ohne Bezirksamt und Amtsgericht bis 250 Seelen 6 fl., 500 12 fl., 1000 18 fl., 1500 24 fl., darüber 30 fl., vom Jahre 1868 ab

1860 bei einer Steigerung der Einnahmen von 77210 auf 91512 Gulden belief, das nachdrückliche Anwachsen des Landpostverkehrs, der bis dahin überaus gering gewesen ist.

Die einzelnen Maßnahmen für den Verkehr des platten Landes, die unter Leitung des weitblickenden Oberpostrats Eberlin in den Jahren 1858 bis 1862 das badische Postwesen auf eine hohe Stufe der äußeren Entwicklung führten und in weiterem Kreisen Aufmerksamkeit erregten[87], nahmen ihren Anfang mit der landesherrlichen Verordnung vom 24. Februar 1859. Mit der Schaffung der „Landpostanstalt" wurde der badischen Postverwaltung die Verpflichtung auferlegt, Briefe und Zeitungen sowie kleinere Pakete und Wertsendungen auch nach den Landorten und zwischen diesen zu bestellen. Zu dem Zwecke wurden die Landorte ohne Postanstalt in Botenbezirke eingeteilt und von verpflichteten Postboten, den eigentlichen Trägern des Landbestelldienstes, regelmäßig drei- bis sechsmal wöchentlich — je nach der Verkehrsbedeutung der Orte — begangen. Die Beförderung der Postgegenstände nach und von den Landorten erfolgte mittelst der Posten oder vertragsmäßig mittelst anderer geeigneter Fuhrwerke oder durch die Landbesteller selbst. Die Zustellung geschah in die Wohnung des Empfängers, sofern diese nicht mehr als eine „halbe Viertelstunde" von der vorgeschriebenen Marschroute abseits lag; andernfalls hatte der Empfänger eine an der Botenstraße wohnende Person zur Empfangnahme der Sendungen zu bevollmächtigen oder die Gegenstände bei der Postanstalt abzuholen. Die Landposttaxe, d. h. die lediglich für die Beförderung mittelst der Landpost zu entrichtende Gebühr, hielt sich in mäßigen Grenzen; sie wurde indes für Sendungen innerhalb Badens neben der allgemeinen Posttaxe, die Kreuzbandsendungen und Zeitungen ausgenommen, und neben der Zustellungsgebühr angesetzt und konnte gleich dieser zusammen mit dem übrigen Franko im voraus entrichtet werden; sie betrug für Briefe und Schriftenpakete bis zu 16 Lot, ebenso für Kreuzband-

---

unter Einschiebung der Stufen bis 750 und 2000 Seelen 4, 8, 12, 16, 20, 24, 30 fl., in Gemeinden mit Bezirksamt die Hälfte, mit Bezirksamt und Amtsgericht nur ein Drittel obiger Sätze. Die Postämter schlossen mit den Gemeinden Verträge ab, die erst in Kraft treten durften, wenn sämtliche Gemeinden desselben Amtsbezirks ihren Beitritt erklärt hatten.

[87] Vgl. Entwicklung des Landpostdienstes im Großherzogtum Baden. Beilage der Karlsruher Zeitung, Nr. 154 vom 2. Juli 1885.

sendungen, falls diese nur mit der Landpost befördert wurden, einen, für sonstige Paket- und für Wertsendungen zwei Kreuzer, für die lediglich mittelst der Landpost beförderten Zeitungen die Hälfte der Provision. Die auf fremde, d. i. nichtbadische Postanstalten übergehenden Sendungen waren von der Landposttaxe befreit. Postzwang und Postregal, ebenso die Bestimmungen über Portofreiheit und Portohinterziehung, wurden ebenfalls auf die Landpostsendungen ausgedehnt. Dagegen begann die Haftbarkeit der Post erst mit der Einlieferung der Sendungen bei der Postanstalt oder der Postablage. Für die dem Landbesteller auf seinem Dienstgange anvertrauten Gegenstände hatte die Postverwaltung auch nicht im Falle der gerichtlichen Verurteilung des Boten wegen Amtsunterschlagung oder Unterdrückung von Sendungen zu haften; der Ersatz konnte nur aus dem Vermögen oder der Kaution des Ungetreuen angesprochen werden. Den Amtsboten, die einzelne Gemeinden weiterhin beibehielten, war die Beförderung postzwangspflichtiger Sendungen zwischen Privatleuten und von diesen an Behörden untersagt. Dagegen konnten zur Besorgung landpostpflichtiger Gegenstände „Expreßboten d. s. außerordentlicher Weise zu einem bestimmten Gange beauftragte Personen“, die mit einem Ausweis versehen sein mußten, verwendet werden; sie durften indes Postsendungen für zwei oder mehrere Personen oder Geschäftshäuser zugleich nicht besorgen.

Postablagen. Briefladen. Wertzeichenverkauf.

Zur Erleichterung der Einlieferung von Postsachen sowie gleichzeitig zur Schaffung von Postanstalten einfacherer Form wurden zu demselben Zeitpunkte in wichtigeren Landorten „**Postablagen**“[28] ins Leben gerufen, bei denen gewöhnliche und eingeschriebene Briefschaften, Paket- und Wertsendungen aufgeliefert werden konnten. Auch wurde in jeder Gemeinde, in der dies bisher noch nicht geschehen war, eine „Brieflade“ zur Einlieferung der gewöhnlichen Briefschaften aufgestellt und der Postverwaltung zur Auflage gemacht, dafür besorgt zu sein, daß in jeder Gemeinde Freimarken und nach Bedürfnis Freikuverte käuflich zu erhalten waren. Im weiteren konnten gewöhnliche und eingeschriebene Briefe und Postnachnahmen auch bei den Landpostboten selbst — allerdings auf Gefahr des Absenders — aufgeliefert werden. Bei Paket-

[28] Die Postagenturen der Reichspostverwaltung.

und Wertsendungen, die lediglich durch die Landpostanstalt befördert wurden, bestand noch die Vergünstigung, daß es einer Begleitadresse nicht bedurfte. Die Einteilung des einer Postanstalt zugewiesenen Landbestellbezirks in Botenbezirke sowie die Rundgänge der Postboten innerhalb ihrer Reviere wurden nebst den eintretenden Änderungen den Gemeinden amtlich mitgeteilt.

Ein wichtiger Schritt vorwärts in der Ausgestaltung der Landbestellung geschah durch die landesherrliche Verordnung vom 20. September 1862, derzufolge alle Landgemeinden in der Regel wöchentlich sechsmal zu begehen waren. Das Wichtigste auf diesem Wege erfolgte durch die gleichzeitige **Aufhebung der Landposttaxe.** Von jetzt ab kam für Landpostsendungen, die außer der Abtragung durch den Landbesteller der gewöhnlichen Postbeförderung von weiterher oder nach weiterhin unterlagen, das gewöhnliche Postporto ohne einen besonderen Zuschlag für die Landpostbeförderung in Ansatz.

Stellung der Landpostboten.

Die Dienstverrichtungen der Landpostboten bestanden teils in der Bestellung und Einsammlung, teils in der Beförderung der Sendungen zwischen Postanstalten und Postablagen und in der Herstellung unmittelbarer Botenverbindungen. Ausweislich der jedem Landpostboten zugeteilten Instruktion erhielt dieser für seine Dienstleistungen einen festen Gehalt in monatlichen Raten, ohne sich jedoch durch seine jederzeit widerrufliche Anstellung einen Anspruch auf Ruhegehalt zu erwerben. Der Postanstalt stand keine Strafbefugnis gegen ihn zu, dagegen konnte ihn das Bezirkspostamt mit Geld oder Gefängnis, die Direktion der Verkehrsanstalten mit Entlassung bestrafen. Für seinen Stellvertreter, den er auch in Krankheitsfällen selbst zu entlohnen hatte, war er haftbar. Für die jedesmalige Begehung seines Bezirks erhielt er von der Postanstalt einen Ausweis zu Abrechnungs- und Kontrollzwecken sowie ein Quittungsbuch. Die ihm zur Bestellung übergebenen Fahrpostsendungen durften zusammen 25 Pfund nicht übersteigen; auch war er nicht verpflichtet, auf seinem Rundgange über fünf Pfund schwere Fahrpoststücke oder solche im Werte von über hundert Gulden anzunehmen; bei einer Traglast von 25 Pfund durfte er die Annahme weiterer Fahrpostsendungen überhaupt verweigern. Um ihn zur richtigen Erhebung der Taxen und zur Auskunftserteilung in Stand zu setzen, waren seiner Dienstanweisung die

Briefportotaxen nach den verschiedenen Postanstalten der einzelnen Postbezirke nebst den kurz und leicht faßlich gehaltenen Bemerkungen über die Briefportotaxen nach den Vereinsländern beigegeben.

Nunmehr erst war die Organisation des Nachrichtenverkehrswesens tatsächlich durch das ganze Land durchgeführt. Zur ungehinderten Verkehrsentfaltung bedurfte es jetzt nur noch des **einen Erfordernisses, der Herabsetzung der Brieftarsätze im Sinne einer Einheitsbrieftaxe** unter gleichzeitigem Wegfall des **Bestellkreuzers.** Auch diese von dem am meisten interessierten Volksteil stürmisch verlangten Maßnahmen sollten nicht lange auf sich warten lassen.

Die badische Posttaxreform vom Jahre 1862. Das Gutachten des Oberpostrats Eberlin. Die Novemberverträge vom Jahre 1867.

Der deutsch-österreichische Postvereinsvertrag bildete, wie schon erwähnt, im wesentlichen die **Grundlage,** auf der die Bestimmungen über den Postverkehr im **Innern** des Großherzogtums beruhten. Wo jedoch die wachsenden Bedürfnisse des Verkehrs, denen der Vereinsverkehr nicht rasch genug folgen konnte, zeitgemäße Tarifverbesserungen forderten oder wo eigentümliche Verhältnisse und besondere Interessen die Beibehaltung des Hergebrachten als zweckmäßig erscheinen ließen, entstanden in Baden gleichwie auch in anderen Postbezirken Abweichungen für den inneren Verkehr, die die Einheitlichkeit im deutschen Postwesen wieder vielfach aufgehoben haben.

Zu diesen Abweichungen zählten insbesondere die Taxbestimmungen für den inneren Verkehr, gegen die von verschiedenen Seiten energisch angekämpft wurde, bis eine wesentliche Ermäßigung erreicht war. Die im Vereinsvertrage festgelegten Sätze für den einfachen Brief von 3—6—9 kr. = 1—2—3 Sgr. hatten im Innern bereits drei grundlegende Änderungen durch die Beseitigung des Neunkreuzertaxsatzes, die Einführung einer Ortsbrieftaxe von nur einem Kreuzer für die Postorte selbst nebst ihrem Bestellbezirk und die Ausdehnung ihrer Gültigkeit auf drei Meilen im Umkreise des Aufgabeortes vom 1. Mai 1859 ab erfahren. Die Verwaltung wollte durch diese zeitgemäße Maßnahme der häufigen Verschleppung von Briefen zwischen nahegelegenen Postorten mittelst der Privatboten vorbeugen, wobei namentlich an die damals zwischen

Mannheim und Heidelberg, Mannheim—Schwetzingen, Heidelberg —Neckargemünd, Heidelberg—Schwetzingen, Karlsruhe—Bruchsal, Karlsruhe—Ettlingen, Karlsruhe—Rastatt usw. regelmäßig verkehrenden Botenfuhrwerke gedacht wurde, deren Inhaber sich alle bei den für die kurzen Entfernungen als hoch angesehenen Taxen von drei Kreuzern für die einfachen frankierten und sechs Kreuzern für den unfrankierten Brief des Briefschmuggels schuldig machten. Nunmehr wurde seitens des Publikums unter Anführung des Mannheimer Handelsvereins eine einheitliche Brieftaxe von drei Kreuzern für das ganze Land gefordert und in einer Reihe von Anträgen einer allgemeinen Taxermäßigung das Wort geredet. Die Ausführungen nahmen Bezug auf die englische Postreform von 1840, bei der, wie die Direktion der Verkehrsanstalten dagegen anführte, von den höchsten und mannigfaltigsten Portosätzen zu einem sehr niederen Einheitssatze übergegangen wurde, über deren Einfluß auf den Postverkehr und die Portoerträgnisse erhebliche Irrtümer unter dem deutschen Publikum verbreitet wären. Aus den amtlichen Nachweisen der englischen Postverwaltung gehe hervor, daß die fünffache Vermehrung der Sendungen, auf die unmittelbar nach Einführung der Reform mit größter Zuversicht gerechnet worden sei, erst nach sechzehn Jahren eingetreten sei und daß die Taxermäßigung statt des erhofften Gewinns während dieser Zeit einen Verlust von 200 Millionen Gulden gebracht habe. Insbesondere aber dächten die Posttaxreformer nicht daran, daß in England vor der Rowland-Hillschen Reform ein einfacher Brief 18 bis 54 Kreuzer gekostet habe, während in Baden die Taxe nur 1 bis 6, bzw. 2 bis 7 Kreuzer einschließlich des Bestellgeldes, betrage. Auch das Beispiel der württembergischen Postverwaltung, die offenbar nach dem Vorbilde Englands — unter Beibehaltung einer niedrigen Taxe von einem Kreuzer für Briefe auf Entfernungen innerhalb einer Meile — eine einheitliche Taxe von drei Kreuzern eingeführt habe, sei nicht beweiskräftig; denn in Baden kosteten

35 %	aller Briefe	1	kr.,
44 %	„ „	3	„
21 %	„ „	6	„

in Württemberg dagegen

12 %	aller Briefe	1	kr. und
88 %	„ „	3	„

so daß das badische Briefporto an sich betrachtet nicht höher, sondern billiger sei; allerdings würden in Württemberg keine Bestellgebühren erhoben, bei deren Hinzurechnung die badischen Taxen durchschnittlich um 0,89 Kreuzer für den Brief höher zu stehen kämen als in Württemberg. Die Erfahrungen in England und Württemberg hätten gezeigt, daß der Postverkehr vom Bildungsgrade des Volkes, von kommerziellen und industriellen Verhältnissen des Landes, von der Anzahl und Schnelligkeit der Kurse und weniger, als gewöhnlich geglaubt, von der Höhe der Portotaxen abhänge. Die Direktion anerkannte zwar, daß die Beseitigung der Sechskreuzer-Brieftaxe wünschenswert sei, kam aber gleichwohl nur zu dem Vorschlage, die Schein- und Fachgebühren sowie das Briefbestellgeld nach und nach abzuschaffen, dagegen das Bestellgeld für Pakete im Hinblick auf die Haftbarkeit der Postverwaltung und die mit dem Bestellgeschäft verbundene körperliche Leistung bestehen zu lassen. Diese Maßnahmen konnten dem weitschauenden Oberpostrat Eberlin nicht genügen, der indes mit seinen weitergehenden Anträgen in der Sitzung vom 16. Februar 1861 über die Verbesserung im Posttaxwesen nicht durchdrang und deshalb seine Vorschläge schriftlich in begründeter Form zu Protokoll gab. Die Bestell- sowie alle Nebengebühren — so lauteten seine kernigen Ausführungen — stammen aus der taxisschen Zeit und gehören zu den veralteten Abgaben und Zuschlagtaxen, die überall, wo ein nach rationellen Grundsätzen geordnetes Finanzwesen besteht, längst abgeschafft sind. Obgleich im Interesse des Publikums wie in dem der Staatsverwaltung vor allem bei dem Posttax- und Rechnungswesen Klarheit und Einfachheit hätte eingeführt werden sollen, so befördert die Postverwaltung zur Zeit noch keinen einzigen Gegenstand, für den nicht mindestens zwei Taxen zu erheben und zu verrechnen sind, indem neben dem Postporto für jede Briefpostsendung eine Bestellgebühr von 1 Kreuzer, für die Fahrpostsendungen ein dreifach, für die Abtragung der Zeitungen ein vierfach abgestuftes Bestellgeld erhoben wird. Dadurch, daß die Portosätze in den letzten Jahren herabgesetzt, die Nebengebühren in früherer Höhe erhalten wurden, ist es dahin gekommen, daß bereits für einen beträchtlichen Teil der Brief- und Fahrpostsendungen die Nebengebühren ebensoviel betragen als das Porto selbst; ein solches System ist irrationell und führt überdies zur Erschwerung des Dienstes. Die Bestellgebühren haben für das Jahr 1860 betragen: bei der Briefpost

84000 fl., bei der Fahrpost 48000 fl., an Zeitungsträgerlohn 21200 fl., also zusammen 153200 Gulden. Die Bedeutung des bei Abschaffung der Bestellgebühren eintretenden Ausfalls, für den in den höheren Einnahmeüberschüssen Deckung zu suchen sei, verkenne er nicht; der Zweck, der erreicht würde, sei selbst eines so großen Opfers wert, und wenn Bayern und Württemberg dieses Opfer bringen konnten, müsse es auch Baden bringen können, um so mehr, als es sich um vorübergehende Mindereinnahmen handle. Das Fachhalten sei die Begünstigung einzelner; der Postverwaltung erwachse für das Abholen der Briefschaften usw. eine mindestens gleichgroße Mühe wie durch die Bestellung. Nach dem Sitzungsprotokoll sollten die Bestellgebühren nur teilweise und nicht alle, auch nicht gleich, sondern erst in zweiter Linie aufgehoben werden. Demgegenüber wiederhole er seinen mündlich in der Sitzung gestellten Antrag schriftlich, den über 30000 Gulden hinausgehenden Betrag des Reinerträgnisses zur Abschaffung in erster Linie des Bestellgeldes für Briefe und Fahrpostsendungen unter gleichzeitiger Erhöhung der zu niedrig bemessenen Ortsbrieftaxe von einem auf zwei Kreuzer und Einführung des Vereinsfahrposttarifs für den inneren Verkehr[89], in zweiter Linie zur Ermäßigung der Sechskreuzertaxe auf drei Kreuzer und in dritter Linie zur Abschaffung des Zeitungsbestellgeldes zu verwenden, so daß nach Ablauf von zwei Jahren das Posttaxwesen zu einem befriedigenden Abschluß gebracht wäre. Alsdann wären die Grundsätze eines rationellen und zeitgemäßen Taxsystems erreicht, nämlich nach Beseitigung aller Nebengebühren für Briefe nur noch zwei Grundtaxen von zwei (Ortsbriefe) und drei Kreuzern (Fernbriefe) und ein einheitlicher Fahrposttarif für den Verkehr im Innern wie nach den Vereinsländern.[90]

---

[89] Mehrerträgnis 30000 fl., der innere Fahrposttarif war tatsächlich zu nieder.

[90] Wie bekannt bestehen die Bestellgebühren für das Abtragen der Fahrpostsendungen, Postanweisungen und Zeitungen bei der Reichspostverwaltung noch heute. Anregungen wegen Abschaffung der Bestellgebühren treten bei den Reichstagsverhandlungen immer wieder hervor, ohne daß ihnen in absehbarer Zeit entsprochen werden wird. Wie die Dinge sich gestaltet haben, sind auch sehr schwerwiegende Gründe, in erster Linie finanzpolitische, gegen die Abschaffung der Bestellgelder ins Feld zu führen. Die Abschaffung des Zeitungsbestellgeldes ist in neuerer Zeit nicht mehr angeregt worden. Eberlins Standpunkt ist sehr interessant und so fortschrittlich, daß ich es für angezeigt gehalten habe, seine Bestrebungen kurz zu skizzieren.

Die Regierung hob diesen zielbewußten und durchgreifenden Vorschlägen gegenüber den Ausfall von 60000 Gulden hervor, den die Beseitigung der Sechskreuzertaxe allein zur Folge habe und den die Eisenbahnschuldentilgungskasse nicht tragen könne, so daß sich die Budgetkommission des Landtags vom Jahre 1861 auf den Wunsch der allmählichen Erweiterung der Dreikreuzertaxe beschränkte.[91]

Die Brieftaxen waren damals, wie schon angedeutet, noch dreistufig und betrugen für den einfachen Brief (1 badisches Lot = $^1/_{32}$ Zollpfund = $16^2/_3$ g).

Ortsbriefe (bis 3 Meilen) 1 Kreuzer frankiert, 2 Kreuzer unfrankiert
Briefe bis 10 3 6 "
über 10 " 6 " " 9 " "

wobei für jedes überschreitende Lot das einfache Porto weiterberechnet wurde. Daneben wurde für jede am Orte der Postanstalt zu bestellende gleichwie für die zur Abholung kommende Briefpostsendung noch ein Kreuzer Bestell- oder Lagergeld erhoben.

Die Zeitungsprovision betrug für politische Zeitungen 50 %, für nichtpolitische 25 % des Nettopreises. Die Bestellgebühr betrug für ein- bis zweimal wöchentlich erscheinende Zeitungen 40 Kreuzer, für mehrmals erscheinende ein Gulden, für andere 20 Kreuzer jährlich. Von den Abholern wurde ein Kreuzer Fachgebühr von jeder Nummer erhoben. Als Gewichts- und Wertportotarif kam der Vereinstarif von 1851 zur Anwendung; die Bestellgebühr bei Paket- und Wertsendungen betrug bei Sendungen bis zu 2 Pfund oder 50 Gulden Wert 2, bei solchen über 2 bis 50 Pfund oder 1000 Gulden Wert 4, bei den übrigen 6 Kreuzer.

Die Gesamteinnahmen aus dem Postverkehr waren für das Rechnungsjahr 1860 auf 1466926 fl. (= 2493774,20 Mk.) veranschlagt, wovon auf die Briefpost 804068 fl. (= 1366916 Mk.), auf die Fahrpost 662858 fl. (= 1126859 Mk.) entfielen.

Die Reineinnahmen des badischen Postwesens betrugen im Jahre 1850 bereits rund 326000 Gulden, sie fielen in dem sechs-

---

91 „Vor der Hand hält Ihre Kommission es für eine dringende Aufgabe, den noch nicht mit Eisenbahnen ausgestatteten Landesteilen die Wohltat der Schienenwege und in ihnen die Rettung vor Verkümmerung zu verschaffen und erst dann an das Verzichten auf eine das Publikum so wenig drückende Einnahmequelle zu denken, wenn es die künftige Rentabilität der sämtlichen Verkehrsanstalten gestattet". Aus dem Bericht der Budget-Komm. vom 16. März 1858.

jährigen Zeitraum von 1852, in dem der Beitritt Badens zum deutsch-österreichischen Postverein erfolgte, bis zum Jahre 1858 ausschließlich im jährlichen Durchschnitt auf 285727 Gulden (= 485736 Mk.), stiegen im Jahre 1858, in dem größere Verbesserungen im Postwesen durch Umwandlung der Postwagen in Postomnibuskurse, Aufhebung der Neunkreuzerbrieftaxe, Einführung einer ermäßigten Ortsbrieftaxe von einem Kreuzer und durch die Einrichtung einer geregelten Landbestellung eintraten, auf rund 363000 Gulden und erreichten im Jahre 1860 die beträchtliche Höhe von rund 410000 Gulden (= gegen rund 700000 Mk).[92]

Der inländische portopflichtige Briefverkehr war damals nicht bedeutend; unter den 12 größeren deutschen Postgebieten ohne Österreich kam Baden mit 2,22 Briefen auf den Kopf der Bevölkerung erst an siebenter Stelle. Allerdings muß dabei berücksichtigt werden, daß die Aufzeichnungen anderwärts zum Teil unsicher und ungenau geführt wurden, wie auch daraus hervorgeht, daß das Königreich Sachsen nur 2,98, Mecklenburg-Schwerin dagegen 4,38 Briefe auf den Kopf der Bevölkerung herausrechneten. Im übrigen erklärt sich der geringe inländische Briefverkehr hinlänglich aus der Tatsache, daß Baden damals eine in der Hauptsache ackerbautreibende Bevölkerung hatte, so daß wesentliche Ursachen zur Pflege des Briefverkehrs fehlten. Dagegen kam der Briefverkehr Badens aus dem Vereinsgebiete an sechster, aus dem Vereinsauslande an zweiter Stelle (1,02 und 0,45 Briefe auf den Kopf).

Fortgang der Taxreform.

Bei den obwaltenden Meinungsverschiedenheiten über die Art einer durchgreifenden Taxreform entschied sich Großherzog Friedrich für **eine einheitliche Briefportotaxe von drei Kreuzern** für das

[92] Reineinnahmen von 1850 bis 1860:
1850 = 326609 fl. 17 kr. vor Eintritt in den deutsch-österreichischen Postverein.
1852 = 254085 „ 26 „ nach dem „ „ „
1853 = 263386 „ 34 „
1854 = 243352 „ 51 „
1855 = 276918 „ 02 „
1856 = 351108 „ 42 „
1857 = 313299 „ 16 „ *
1858 = 362915 „ 25 „
1859 = 377756 „ 55 „
1860 = 410172 „ 20 „
* Ausfall an Reineinnahmen wegen Teuerungsentschädigung an die Posthalter.

ganze Großherzogtum und für gleichzeitige Aufhebung des Bestellkreuzers wie der Fachgebühr für Briefsendungen[93]; der Satz für Warenproben wurde auf ein Kreuzer für je zwei Lot ermäßigt und Drucksachen von jetzt ab unter Umschlag zugelassen.

Diese Reformen traten am 1. Oktober 1862 in Kraft und erzielten schon innerhalb der folgenden zwei Jahre einen ungeahnten **Aufschwung des Briefverkehrs.** Während in dem der Einführung der Einheitstaxe vorhergehenden Jahre (1. 10. 61—1. 10. 62) die Anzahl der inländischen gebührenpflichtigen Briefsendungen 3502200 Stück betragen hatte, belief sich diese im zweiten Jahre der Taxeinheit (1. 10. 63—1. 10. 64) bereits auf 4632700 Stück, so daß die Einnahmen aus dem inländischen Briefverkehr von 185000 auf 251000 Gulden (von 314500 auf 426700 Mk.) im gleichen Zeitraum stiegen. Die Befürchtungen eines Einnahmenausfalls erwiesen sich als völlig hinfällig; hatte die Zunahme der vier vorhergehenden Jahre zusammengenommen nur 32 % betragen, so brachte die Einheitstaxe mit der Abschaffung des Bestellkreuzers in einem Jahre eine Steigerung von 23 %. Die billige Einheitstaxe lieferte somit ein Erträgnis, wie es vorher nie erreicht worden war. Allerdings erhöhten sich bei der bedeutenden Entwicklung des Verkehrs die Betriebskosten namhaft.

Verhältnis der badischen Postverwaltung zum deutschösterreichischen Postverein.

Das Verhältnis der badischen Postverwaltung zum deutschösterreichischen Postverein ist hinsichtlich des Briefporto- und Zeitungstarifs bereits erwähnt.[94] Da der Grundsatz noch nicht durchgeführt war, daß jede Verwaltung die Gebühren behielt, die sie erhob (wie es jetzt geschieht), so mußte über das auf unfrankierten Briefen haftende Porto abgerechnet werden. Die Gebühren für die Briefpostsendungen flossen ungeteilt der Aufgabeverwaltung zu, die daraus die Transitgebühren zu bestreiten hatte[95], für die der Einheitssatz von $^1/_3$ Pfennig für das Lot und die Meile bis zum Höchstbetrage von 7 Pfennig für das Lot zugrunde

[93] Somit kosteten jetzt die Stadtpostbriefe ebenfalls 3 (vorher 1) kr. Im Jahre 1864 wurde diese Taxe wiederum auf den früheren Satz von 1 kr. herabgesetzt.

[94] 1—2—3 Sgr. bei Entfernungen bis 10, über 10—20 und über 20 Meilen für das Lot = $16^2/_3$ g. Zeitungsgebühr 50 und 25 % vom Hundert des Einkaufspreises wie im Inneren.

[95] Im Gegensatze zu heute war zwar die Freiheit, aber nicht die Unentgeltlichkeit des Transits gewährleistet.

gelegt wurde.[96] Die Feststellung der Summe erfolgte auf Grund statistischer Ermittelungen. Im Verkehr mit dem Auslande bezog die badische Postverwaltung von allen über ihre Grenze gegen Frankreich und die Schweiz eingehenden für das Vereinsgebiet bestimmten Briefen das Vereinsporto und hatte hinsichtlich des zum Durchgang durch das Vereinsgebiet bestimmten Briefverkehrs die ausschließliche Befugnis, sich mit den genannten Staaten zu einigen, was man als das System der eigenen Austaxierung bezeichnete. Auf der fünften Postkonferenz zu Karlsruhe 1865/66, an der die bekannten badischen Verkehrsmänner Zimmer, Eckardt und Heß teilgenommen haben, kam es zu dem vom Verkehrspublikum freudig begrüßten Beschlusse der Einführung eines zweistufigen Briefportotarifs mit den Sätzen von ein und zwei Silbergroschen für das Lot bei Entfernungen bis und über 20 Meilen, der indes infolge der kriegerischen Ereignisse des Jahres 1866 nicht in Wirksamkeit getreten ist.

Die Verbesserung des **Fahrposttarifs** im Vereinsverkehr gelang erst auf der dritten Postkonferenz zu München im Jahre 1857, die unter Beseitigung der für die Fahrpost bestehen gebliebenen politischen Grenzen die im allgemeinen noch jetzt gültigen Grundlagen des Fahrpostdienstes im Wechselverkehr geschaffen hat.[97] Nunmehr[98] sollte der Postverein auch hinsichtlich der Fahrpost ein einziges Postgebiet bilden, die Gesamteinnahme aus dem Vereinsfahrpostverkehr in einer Summe festgestellt und unter die einzelnen Vereinsverwaltungen mit eigenem Fahrpostwesen nach den Entfernungen geteilt werden, die die Sendungen im Gebiete der betreffenden Verwaltungen zurückgelegt hatten. Zur Ermittelung der für die Portoberechnung maßgebenden Entfernungen wurde das gesamte Vereinsgebiet in Quadrate von vier[99] deutschen Meilen Seitenlänge eingeteilt, allen in demselben Quadrate gelegenen Orten

---

[96] Vgl. A. Meyer, „Die Deutsche Post im Weltpostverein". Berlin 1901.

[97] Zur Fahrpost wurden nicht nur Paket- und Wertsendungen, sondern auch die Postvorschüsse (Nachnahmen) und baren Einzahlungen (Postanweisungen) gerechnet.

[98] Vom 1. Januar ab.

[99] Nach Gründung des norddeutschen Bundes blieben die Grundsätze in Wirksamkeit, die Seitenlängen der Taxquadrate wurden indes jetzt auf zwei Meilen herabgesetzt und die Entfernungen ausschließlich nach den Taxquadraten gemessen. Vgl. A. Meyer, a. a. O., S. 228/231.

die gleiche Taxe zugewiesen und die Entfernung der Orte des einen Quadrats von den Orten jedes anderen nach den Diagonalkreuzungspunkten beider Quadraten bestimmt. Nur die Entfernungen bis zu 20 Meilen wurden nach der geraden Linie vom Abgangs- bis zum Bestimmungsorte gemessen. Aus dem Verhältnisse aller für die einzelnen Postgebiete ermittelten Portosummen zueinander wurde durch eine Kommission von zwanzig Beamten der an der Fahrpost beteiligten Verwaltungen auf Grund des Kartenmaterials aus 1856 Prozentsätze festgestellt, nach denen die einzelnen Verwaltungen an der gemeinschaftlichen Fahrposteinnahme teilzunehmen hatten. In dieser zu Frankfurt (Main) 1857/58 tagenden Taxierungskommission des deutsch-österreichischen Postvereins war die badische Postverwaltung durch zwei Beamte vertreten. Die schwierige Aufgabe der Vermessung erforderte zeitraubende Vorbereitungen; zunächst waren die nötigen Karten herzustellen; die große Vereinskarte bestand aus zwölf Blättern, die insgesamt 7000 deutsche Postanstalten enthielten. Die Vermessung der direkten Entfernungen innerhalb zwanzig Meilen zwischen Baden einer-, Österreich und Preußen andrerseits erfolgte in Wien und Berlin, die Entfernungen zwischen Baden und den übrigen Vereinsländern gemeinschaftlich durch die Taxierungskommissäre in Frankfurt. Gleichzeitig wurde ein einheitlicher Vereinsfrachtportotarif mit dem Satze von $1/_6$ Sgr. für jedes Pfund und je vier deutsche Meilen für Sendungen bis 120 Pfund auf 240 Meilen mit 60 Progressionssätzen nebst einem neuen Wertportotarif eingeführt. Als Hilfsmittel dienten statt des bisherigen Lokalmeilenzeigers der Generalmeilenzeiger, der die Entfernungen in Progressionssätzen ausgedrückt enthielt, sowie der Gewichtsmeilenzeiger. Im Verkehre mit der Schweiz und Frankreich galt Baden als Postgebiet des Aufgabe bzw. Bestimmungsortes. Immerhin war mit diesem Vertrage das Eine erreicht worden, daß die absatzweise Portoberechnung bei den Fahrpoststücken für jedes einzelne von einer Vereinssendung berührte Vereinsgebiet aufhörte und an Stelle verschiedenartiger Portosätze im ganzen Vereinsgebiet eine einheitliche Portoberechnung Platz griff.

Novemberverträge von 1867.

Die **politischen Umwälzungen** des Jahres 1866 machten dem deutsch-österreichischen Postverein, dessen Gültigkeitsdauer mit dem

Jahre 1870 abgelaufen wäre, **vorzeitig** ein Ende und schufen die Grundlagen zu einem engeren Zusammenschluß der im Gebiete des deutschen Bundesstaates selbständig verbliebenen Vereinsverwaltungen vom 1. Januar 1868. Die Umgestaltung des Postvereins erfolgte **durch die Novemberverträge von 1867** zwischen dem Norddeutschen Bund und den drei süddeutschen Staaten sowie zwischen diesem Gesamtbund und Österreich nebst Luxemburg. „Nunmehr ist an Stelle des Postvereins" — so berichtete das Großh. Handelsministerium am 20. Dezember 1867 an Großherzog Friedrich I. — „eine neue Ordnung für den deutschen Wechselverkehr getreten, nämlich die genehmigten Postverträge vom 23. November, die nicht nur viele bereits in den einzelnen deutschen Postgebieten eingeführte Verbesserungen in sich aufgenommen haben, sondern auch in einzelnen Punkten weiterer Ausbildung fähig und bedürftig sind, überhaupt als das Resultat aller neueren Erfahrungen, als der Ausdruck moderner Prinzipien von universellem Charakter betrachtet werden dürfen. Die Postverträge von 1867 schließen sich überdies enge an das Postgesetz bzw. Posttaxgesetz für den Norddeutschen Bund an und tragen somit zur Verbreitung gleicher Grundsätze über den größten Teil des deutschen Postverkehrs bei. Die Großh. Postverwaltung folgt dem Gewichte dieser Tatsachen mit dem Wunsche, die Bestimmungen über den Postverkehr im Innern des Großherzogtums in Einklang zu bringen mit jenen Postverträgen. Sie geht dabei von dem Gesichtspunkt aus, daß **zur Herstellung der Übereinstimmung neben Zweckmäßigem auch vielleicht minder Gutes und selbst Unbequemes adoptiert werden muß**, wenn nicht wichtige Interessen darunter notleiden und daß, nachdem wieder eine gute Grundlage für die Gesamtheit gewonnen, Abmachungen und Ausnahmen für den inneren Verkehr abgeschafft und höchstens da beibehalten werden sollen, wo ein unvermittelter schroffer Übergang von alten auf neue Bestimmungen wirkliche Störung des Verkehrs befürchten läßt."

Der wichtigste Fortschritt der Novemberverträge bestand darin, daß die Sätze des Posttaxgesetzes (vom 4. November 1867) nicht nur für das Bundesgebiet, sondern auch für den Verkehr mit Österreich und Luxemburg Geltung erlangten. Die Transitgebühren für Briefsendungen des Wechselverkehrs wurden aufgehoben.

Im Verkehr mit dem Ausland bildete Deutschland hinsichtlich des Transits und der Vertragschließung[100] ein einziges Postgebiet.

Im einzelnen ist über das Verhältnis der badischen Post den Vertragsbestimmungen gegenüber zu bemerken:

Das neue Brieftarifsystem von 1 Sgr. für einfache Briefe (bis 1 Zollot = 16²/₃ g) und von 2 Sgr. für alle Briefe über 1 Zollot bis 250 g (½ ℔) unter Wegfall der umständlichen lotweisen Progression bot außer der Verbilligung den Vorteil, daß bisher zur Fahrpost aufgegebene kleinere Paketchen gegen mäßige Gebühr der schnelleren Briefpost überliefert wurden und dadurch die Fahrpost von einer Menge kleiner, leicht abhandenkommender Sendungen zweckmäßig befreit wurde. Allerdings waren die Sätze von 7 und 11 Kreuzer (2 und 3 Sgr.) für unfrankierte Briefe zur Erhebung in süddeutscher Währung sehr unbequem; allein da die Sätze von 2 und 3 Sgr. im Gebiete des Norddeutschen Bundes galten und Preußen bei Abschluß der Verträge den dringenden Wunsch ausdrückte, daß seine Sätze von den süddeutschen Staaten angenommen würden, mußten letztere diese Unbequemlichkeit in Kauf nehmen.[101] Die Drucksachentaxe von 1 Kreuzer wurde von 1 auf 2½ Lot (41²/₃ g) ausgedehnt und der Frankierungszwang für Einschreibbriefe aufgehoben. Im weiteren mußte auch der zum 1. Januar 1865 eingeführte badische „Zeitungsspeditions-Gebührentarif" (12 Kreuzer für das jedesmalige Erscheinen in der Woche nebst 12 Kreuzer festen Zuschlags), obgleich er badischerseits als „rationeller" angesehen wurde, da er nicht den Preis der Zeitung, sondern die Leistung der Postanstalt der Gebührenberechnung zugrundelegte, dem neuen Vereinstarif (25 und 12½ % vom Nettopreise) weichen, weil er um 18 % höher als der neue Tarif die badische Presse empfindlich geschädigt hätte. Die bisher nach den §§ 11 und 13 der veralteten Verordnung vom 12. April 1851 gehandhabte Gewährleistung wurde durch die Bestimmungen des Postgesetzes des Norddeutschen Bundes ersetzt. Eine Ausnahme

[100] Das Recht des Vertragsabschlusses der einzelnen selbständigen Postverwaltungen mit dem Auslande (Art. 49 des Vertrags) war durch die Bestimmung, daß der Vertragsabschluß in Gemeinschaft bewirkt werden und die Vereinbarung mit dem Auslande für alle Postverwaltungen obligatorisch sein sollte, sobald nur nicht unter das deutsche Porto heruntergegangen würde, hinlänglich eingeschränkt, so daß es den Gedanken der postalischen Einheit Deutschlands nicht mehr beeinträchtigen konnte.

[101] Baden mußte jetzt statt seiner 6 kr.-Marke eine 7 kr.-Marke ausgeben.

wurde hingegen beim Postanweisungstarif im Sinne einer die Einrichtung fördernden Verbilligung in Baden beibehalten. Das im Norden schon länger mit Erfolg eingeführte Geldübermittelungsverfahren war bei den badischen Posten erst seit 1. Januar 1867 mit dem Höchstbetrag von 100 fl. und dem Einheitssatze von 6 Kreuzer in Aufnahme gekommen in der Voraussetzung, daß im Jahre der Einführung bei den anerkannten Vorzügen des Verfahrens 30000 Stück eingezahlt würden; in Wirklichkeit sind aber nur 6000 Stück aufgegeben worden. Bei der großen Bedeutung, die die badische Postverwaltung der weiteren Ausdehnung dieser Geldübermittelungsform beimaß, hielt sie den zweistufigen Vereinstarif von 7 und 14 Kreuzer bei Beträgen bis 25 und 50 Talern (43 fl. 45 kr. und 87½ fl.) für unannehmbar, verstand sich aber im Interesse der Einheitlichkeit zur Herabsetzung des Höchstbetrages von 100 auf 87½ fl. und zur Erhöhung ihrer Einheitsgebühr von 6 auf 7 Kreuzer. Ungleich schwieriger gestaltete sich der Versuch, eine Übereinstimmung des badischen Fahrposttarifs mit dem des Vereins herzustellen. Es lag auf der Hand, das zufolge Artikel 6 des Postvertrags über das Großherzogtum ausgebreitete Netz von Quadraten zu zwei Meilen Seitenlänge auch zur Feststellung der inländischen Entfernungen mitzubenutzen[102], wodurch das ganze Taxsystem sich viel einfacher gestaltete und mit dem norddeutschen Posttaxgesetz übereinstimmte, die Schwierigkeit lag aber darin, daß die Sätze des badischen Pakettarifs überaus nieder waren, namentlich solange der Minimaltarif für kleine Pakete in Anwendung zu kommen hatte. Dieser betrug:

bisher in Baden:		nach dem neuen Postvertrage: Für Pakete Art. 74:	Für Geldbriefe Art. 35:
bis 5 Meilen	4 Kreuzer	7 Kreuzer	6 Kreuzer
„ 10	4 „	11 „	7 „
„ 15	8 „	11 „	7 „
„ 20	8	14	11 „
„ 25 „	11	14	11 „
„ 30	11	18 „	14 „
„ 40	11	18	14
„ 50	11	18 „	14 „.

[102] Bisher waren die Meilenzahlen von jeder Postanstalt nach jeder anderen im Inland nach der geradlinigen Entfernung berechnet worden, so daß ebensoviele

„**Nun hat zwar**" — so heißt es im Bericht an Großherzog Friedrich I. — „die Großherzogliche Postverwaltung längst erkannt, daß ihre bisherigen Minimalsätze im Vergleiche mit den Tarifen anderer deutschen Staaten zu **nieder bemessen sind** und sie hält den jetzigen Zeitpunkt, wo im Brief- und Zeitungsverkehr so wichtige und bedeutende Portoherabsetzungen und Erleichterungen eintreten werden, zu einer angemessenen Erhöhung des Fahrpostportos für besonders geeignet. Allein diese Erhöhung darf nicht sofort und in dem Maße eintreten, daß der Verkehr, namentlich der Lokalverkehr, zwischen naheliegenden Orten benachteiligt und die bisher von Jahr zu Jahr eingetretene erfreuliche Zunahme der Fahrpostsendungen gestört würde. Dieser Fall dürfte aber schwerlich ausbleiben, wenn von den jetzt sehr niederen Minimalsätzen[103] zu den hohen Paketsätzen des deutschen Wechselverkehrs geschritten und alsdann für ein Paket von Mannheim nach Karlsruhe anstatt 4 Kreuzer 11 Kreuzer Porto — also beinahe das Dreifache erhoben würde. Ein Ausweg läge darin, daß die Minimaltaxen für Geldbriefe (Art. 33) auf alle Pakete bis drei Pfund einschließlich, im übrigen aber unverändert die neuen Sätze des Gewichtsportotarifs im Inland angewendet würden. Die dadurch eintretende Erhöhung des Porto beträgt ungefähr 10% und würde eine, bei dem großen sonstigen Ausfalle immerhin erwünschte Mehreinnahme von 12—15000 Gulden abwerfen, ohne dem Verkehr fühlbar zu werden." In diesem Sinne fiel auch die Entscheidung Großherzogs Friedrich. Die Bestimmungen hinsichtlich der Landposttaxen blieben unverändert, während diejenigen über die Portofreiheiten ganz in Übereinstimmung mit dem Inhalt der Vereinsartikel 26 und 47 (Brief- und Fahrpostportofreiheit) geregelt wurden.

Was von diesen Änderungen erhofft worden, ist in vollem Maße eingetroffen. „Bei Genehmigung dieser Anträge wird eine Reihe wichtiger Neuerungen, die die neueste Umgestaltung des Postwesens in Deutschland hervorrief, dem Postverkehr im Innern des

---

verschiedene Meilenzeiger existierten als einzelne Postorte. Baden wurde von 115 solcher Quadrate berührt; die 170 Postanstalten verteilten sich auf 84 dieser Quadrate, so daß durchschnittlich zwei Postorte in einem Quadrat lagen.

[103] Solange beim Fahrpostportotarif die dem ersten Postvereinsvertrage von 1851 entnommene Grundtaxe ein gewisses Minimum an Porto nicht abwarf, wurde eine Minimaltaxe, die bei der großen Zahl der ihr unterliegenden kleinen Pakete sehr wichtig war, angewendet.

Großherzogtums einen neuen Impuls zu gedeihlicher Entwicklung geben und die Wirkung, welche von den Reformen für die Gesamtheit erwartet werden darf, im eigenen Lande erhöhen, außerdem aber würden in einer den Interessen des Publikums wie der Postverwaltung angemessenen Weise die Bestimmungen über den Postverkehr im Innern des Großherzogtums mit denen für das Postgebiet des Norddeutschen Bundes und für den deutschen Wechselverkehr fast völlig in Einklang gebracht." Hinsichtlich des Abrechnungsverfahrens sollten sämtliche Gebühren für Briefsendungen vorerst noch dem Aufgabegebiet verbleiben, während später jede Verwaltung die erhobenen Gebühren behielt, so daß die Abrechnung über das Porto auf unfrankierten Briefen wegfiel. Die Teilung der gemeinschaftlichen Fahrposteinnahme erfolgte nach den bisherigen Grundsätzen, zur Ermittlung der einzelnen Anteile wurden indes nur noch die Sendungen aus den mit den Abgangsdaten des 6., 11., 16., 21., 26., und letzten der einzelnen Monate versehenen Karten in Berechnung gezogen.[104]

Noch war somit die **Einheit auf postalischem Gebiet nicht vollständig erreicht**, noch waren im neugegründeten engeren deutschen Bundesstaat mehrere Einzelpostverwaltungen mit eigener Zentralverwaltung, eigenen Postwertzeichen und Sonderbestimmungen vorhanden, noch hinderten lästige Schranken die leichte Bewältigung des immer mehr anschwellenden Verkehrs zwischen Nord und Süd des deutschen Vaterlandes. Ein neuer energischer Anstoß von außen mußte kommen, um das Verlangen zum engeren

---

[104] Finanzielle Wirkung der vielfachen Portoherabsetzungen: „Nach dem früheren Stand der Dinge betrug die Einnahme aus § 1a und b (Porto, Franko einschl. Transitporto) netto:

1867 = 884 187 fl.	Die durchschnittliche Jahreszunahme von 1860—1867 einschl.
1866 = 864 615 „	beträgt 47 000 fl. Ohne den Eintritt der Taxermäßigung
1865 = 805 716 „	hätte daher bei gleichbleibender Zunahme des Verkehrs am
1864 = 770 246 „	1. April 1869 die Einnahmeziffer von 884 187 + 1 1/2
1863 = 717 859 „	× 47 000 = 954 687 fl. erreicht sein können. Gegen die
1862 = 639 971 „	obigen 779 704 fl. ergibt sich ein Portoausfall von rund
1861 = 597 964 „	175 000 fl. (= rund 300 000 Mark). Für große zeitgemäße
1860 = 554 813 „	Reformen gebracht wird auch dieses Opfer allmählich die Aus-
1850 = 524 033 „	gleichung finden in der sich immer weiter ausbreitenden Be-

nützung der Posten, zumal die der günstigen geographischen Lage des Landes zu verdankenden wichtigen Transite die Einnahmequellen des Großh. Postverwaltung in reichlichem Maße verstärken". Begründung zum ordentlichen Budget der Postverwaltung für 1870/71.

Zusammenschluß der deutschen Stämme lebhafter und so kräftig zu gestalten, daß es sich **hinwegsetzen half für alle Zukunft** über die auftretenden Bedenken wegen Wahrung unbestrittener und **uneingeschränkter Selbständigkeit.** Dieser Anstoß kam von eben der Seite, die rechnend auf die in der Vergangenheit so oft betätigte Uneinigkeit deutscher Stämme, darauf vertraute, das vaterländische Gift der Zwietracht nochmals hervorrufen zu können. Das Hoch auf den neuerstandenen Kaiser deutscher Nation in jenem weltgeschichtlich berühmten Spiegelsaale zu Versailles durch Großherzog Friedrich I. von Baden, den allberühmten Fürsten des Landes, dem in eben jenem Spiegelsaale so oftmals Demütigung und Verderben unter dem ohnmächtigen Kaisertum römischer Nation zugedacht worden, war die glanzvollste Antwort auf die zum letzten Mal erhoffte Eifersucht deutscher Bruderstämme. Auf dem Umwege über Weißenburg—Saarbrücken, über Straßburg—Sedan—Metz—Paris schuf Blut und Eisen das neudeutsche Kaisertum, aus dem deutschen Bundesstaat ein einiges deutsches Vaterland und in diesem die weitere Einigung auf postalischem Gebiet zwischen Nord und Süd des Mains bis auf einen kleinen Rest in Bayern und Württemberg erhalten gebliebener Sonderrechte für den eigenen inneren Verkehr. Baden hat durch seinen Beitritt zum Gebiet der Norddeutschen Bundesverwaltung den Ausschlag gegeben, um dieses zum Reichspostgebiet zu erweitern und ist in der Folge in der neudeutschen Reichspost völlig aufgegangen.

An dieser Stelle müssen wir kurz noch der Leistungen der badischen Feldpost gedenken.

Badische Feldpost 1866 und 1870/71.

Die Stelle eines Feldpostexpeditors bei der in mobilen Stand gesetzten badischen Felddivision wurde im Jahre 1866 dem Postkontrolleur Speyerer übertragen, der sich zunächst ins Hauptquartier nach Frankfurt (Main) zu begeben hatte. Der Postverkehr scheint bald erheblich angewachsen zu sein, wie aus dem Verlangen Speyerers zu ersehen ist, ihm zwei Praktikanten (Donsbach und Harrer) zuzuteilen, denen später ein dritter (Münch) folgte. Das weitere Feldpostpersonal setzte sich aus Kondukteuren und Fourieren zusammen. Die ganze Ausrüstung bestand in einem Datumstempel mit der Umschrift „Großh. Bad. Feldpost“ und einem

Siegel mit der Inschrift „Gr. Bad. Feldpostexpedition". Die Postämter in Mannheim, Heidelberg und Karlsruhe wurden zu Feldpostämtern bestimmt. Von Frankfurt ging es zwischen Gießen und Butzbach teilweise zusammen mit den württembergischen und hessischen Feldpostexpeditionen hin und her, dann wieder nach Frankfurt zurück und weiter nach Darmstadt, worauf sich ein Teil zur Aufarbeitung der Sendungen nach Heidelberg begab, während der andere zwischen Auerbach—Hundheim—Wertheim—Tauberbischofsheim—Würzburg—Mosbach seine Tätigkeit fortzusetzen versuchte. Da nähere Aufzeichnungen nicht geführt wurden, läßt sich nachträglich nicht beurteilen, welchen Verkehr sie im ganzen zu bewältigen hatten. Soweit sie die Eisenbahn nicht benützen konnten, bedienten sie sich der Leiterwagen zur Fortschaffung der Briefschaften und Päckereien. Aus dem kurzgehaltenen Berichte Speyerers geht das Eine zur Genüge hervor, daß im Hauptquartiere eine nicht zu leugnende Unentschiedenheit über die zu ergreifenden Maßnahmen vorgeherrscht haben muß, die auch in sich widersprechenden Befehlen an die Feldpostexpedition zum Ausdruck gekommen ist.

Wesentlich andere Leistungen hat die badische Feldpost während des großen Krieges 1870/71 aufzuweisen. Die Errichtung der badischen Feldpost hatte am 16. Juli 1870 zugleich mit der Mobilmachung der badischen Felddivision begonnen.[105] Organisation und und Geschäftstrieb waren den im Norddeutschen Bunde maßgebenden Bestimmungen der preußischen Dienstordnung für die Feldpostanstalten genau angepaßt. Es wurden zwei Feldpostexpeditionen errichtet, deren Personal aus einem Feldoberpostsekretär als Vorsteher, fünf Feldpostsekretären, vier Feldpostschaffnern, fünf Feldpostillionen, vier Trainfahrern und sechs Trainsoldaten als Pferdewächtern bestand. Die Feldpostsekretäre und Schaffner waren badische Postbeamte, Postillione und Fahrer wurden dem aktiven Militär entnommen. Die zum Dienste nötigen zweispännigen Feldpostwagen, Zug- und Reitpferde nebst Ausrüstung und das gesamte Betriebsinventar waren nach preußischem Muster bereits im Frieden beschafft worden. Die erste der Feldpostsammelstellen, auf die die aufgekommenen Sendungen für die Truppen zu leiten, hier zu bearbeiten und abzuholen waren, wurde in Karlsruhe errichtet und blieb so lange bestehen, als der Feldpostverkehr über

[105] Siehe „Die badische Feldpost" in Karlsruher Zeitung, Nr. 77, vom 20. Juli 1871.

Marau zu leiten war. Während der Belagerung Straßburgs, während der die Post über Selz—Drusenheim—Gambsheim—Wanzenau geleitet wurde, befanden sich in Rastatt und Karlsruhe, und während der folgenden Feldzugsperiode noch in Kehl Sammelstellen; badische Feldpostrelais längs der Etappenstraße zur Beifuhr der Feldpostgegenstände bestanden in Drusenheim, Hagenau und Vendenheim. Die weiteren für den Dienst des XIV. Armeekorps erforderlichen Relais in Blainville, Charmes, Epinal, St. Loup und Vesoul stellte die norddeutsche Postverwaltung. Solange die Truppen vor Straßburg lagen, erfolgte die Beifuhr der Postsachen regelmäßig täglich zweimal, später nur noch einmal täglich während des ganzen Feldzugs. Der Armeepostdirektion im Elsaß wurde bald ein badischer Etappenpostinspektor beigegeben, der für die Dauer der Belagerung Straßburgs das Kurswesen und die Beaufsichtigung des Relaisdienstes in Feindesland anfangs für die badische und württembergische Division gemeinsam zu besorgen hatte. Die Beaufsichtigung und Inspizierung des technischen Feldpostdienstes in allen seinen Zweigen wurde durch einen höheren badischen Postbeamten wahrgenommen.

Mit der Verlegung des Operationsgebietes der badischen Truppen in die Vogesen konnte die Eisenbahn bis Luneville und später bis Blainville und Epinal für den Feldpostverkehr nutzbar gemacht werden, indem die Postversandte durch badische Postschaffner bis zur Abstoßstation begleitet wurden. Nach Eröffnung des Bahnbetriebs über die Kehler Rheinbrücke — 20. November 1870 — errichtete die badische Postverwaltung zur möglichsten Beschleunigung der Zuführung auf der Strecke Appenweier—Blainville im Anschluß an die Hauptzüge der badischen Bahn ein besonderes Feld-Eisenbahnpostbureau, in dem die Feldpostgegenstände durch besonderes Personal während der Fahrt bearbeitet wurden. Diese nur der badischen Postverwaltung möglich gewordene Einrichtung des Bahnpostbetriebs auf feindlichem Gebiet blieb bis zur Beendigung des Feldzugs in Tätigkeit.

Bis zur Einrichtung eines preußischen Feldpostamts für das XIV. Armeekorps am 17. November 1870 hat die badische Feldpostexpedition den gesamten Postdienst für die preußischen Truppenteile mitbesorgt. Beim weiteren Vordringen der Truppen nach Süden (17. Oktober 1870) wurde die Feldpostexpedition in Epinal zurückgelassen, um die Verbindung mit der Heimat fortzuerhalten und die bearbeiteten Posten jeweils nach dem Hauptquartier nachzusenden. In dieser Weise bestanden unter starker militärischer Bedeckung täglich Verbindungen bis zum 26. Oktober, worauf diese infolge der regelmäßigen Angriffe feindlicher Abteilungen abgebrochen werden mußten. Am 2. November wurden die Trains nebst der Feldpost nach Vesoul nachgezogen und am 3. November die regelmäßige Feldpostverbindung von da auf wieder aufgenommen. Die Beförderungszeit der mit den Nachtzügen der badischen Bahn abgehenden Postsendungen betrug bis Epinal 1, bis Vesoul 2, bis Dijon 3 Tage; die Entfernung von Epinal bis Dijon — 180 km — mußte mittelst gewöhnlichen Landfuhrwerks zurückgelegt werden. Im ganzen hat die badische Feldpostexpedition während des Feldzugs an 47 Orten teils ständig, teils vorübergehend, Posten abgefertigt und ausgegeben.

Die portofreie Versendung von Bedürfnisgegenständen aller Art als gewöhnliche Briefe im Gewichte bis zu mehreren Pfund hatte schon in den ersten Wochen des Ausmarsches eine bedeutende Ausdehnung gewonnen; solange es ohne Beeinträchtigung des übrigen Feldpostverkehrs anging, wurde gegen die Beförderung der Paketbriefe keine Einwendung erhoben, obschon die Betriebsmittel der Feldpostanstalten auf die Beförderung von Päckereien nicht berechnet waren. Nachdem aber Ende Dezember 1870 die andauernden Marschbewegungen des XIV. Armeekorps begonnen hatten, wodurch die Truppen die Gegenstände oft längere Zeit nicht abnehmen konnten, und außerdem die Sachenversendung mittelst der Feldpostbriefe so bedeutend geworden war, daß die Briefpost von der Sammelstelle Kehl allein täglich 25—30 Zentner wog, wurde anfangs Januar 1871 die bei der norddeutschen Postverwaltung bestehende Gewichtsgrenze für Feldpostbriefe bis zu vier Lot eingeführt.

Einen interessanten Einblick in die Erfordernisse und Leistungen des Feldpostdienstes geben die Zahlen der beförderten Gegenstände. Vom 3. August 1870 bis 31. März 1871 wurden befördert: an gewöhnlichen Briefen, Postkarten, mit Sachen beschwerten Briefen und Paketen nach und von der Armee sowie im Verkehr der Truppen untereinander 1470500 Stück, somit im Durchschnitt täglich 6100 Stück; an Zeitungen 114400 Exemplare, darunter im Wege des Postbezugs durch die Feldpostexpedition 18240, an Gratisexemplaren und direkt versandten Blättern 96160 Exemplare.

An Geldern in Militärdienstangelegenheiten 1908100 Gulden in 2083 Briefen und Paketen und zwar nach der Armee 1871110 Gulden in 1894 Briefen und Paketen, von der Armee 36990 Gulden; in Privatangelegenheiten der Militärs 1023110 Gulden in 109540 Briefen, somit im Tage durchschnittlich 454 Stück mit 4245 Gulden und zwar nach der Armee 645620 Gulden in 94774 Briefen, von der Armee 377490 Gulden in 14766 Briefen.

An Paketen in Militärdienstangelegenheiten nach und von der Armee 1950 Stück; nach Einstellung des Dienstes der Militärpaketbeförderungsanstalt sind durch die Feldpost vom 8. bis 22. Februar 1871 = 3917 Stück befördert worden. Ferner sind durch die Postanstalten Kehl vom Oktober 1870 bis Februar 1871 an die Militärpaketbeförderungsanstalt zur Weiterbeförderung nach den Standorten der badischen Division 36378 Privatpakete übergeben worden; umgekehrt hat die genannte Anstalt 4116 Stück in Kehl eingeliefert. Der Gesamtverkehr dieser Anstalt vom 1. September 1870 ab hat betragen 51500 Stück nach und 5700 Stück von der Armee, im ganzen 57200 Stück. Hiervon blieben 4100 Stück unbestellbar und 3700 Stück mußten in Vesoul beim plötzlichen Abrücken aus Mangel an Transportmitteln zurückgelassen werden. Der Päckereiverkehr der badischen Truppen war ein verhältnismäßig weit stärkerer als derjenige der norddeutschen Truppen; der Paketempfang der letzteren verhält sich zu dem der badischen Truppen wie 1 zu 33[106], wobei die als Feldpostbriefe mit den regelmäßigen badischen Feldposten versandten Päckereien nicht mitgerechnet sind.[107]

Daß infolge des Krieges vielfache Störungen in den Postverbindungen eingetreten sind, die zur Errichtung außerordentlicher Postkurse genötigt haben, ist naturgemäß. Der gesamte Postverkehr nach und von Frankreich ging über Basel—Mont Cenis—Mâcon, wodurch dem badischen Post- und Eisenbahnamt in Basel eine gewaltige Arbeit erwachsen ist. Aus den besetzten Landesteilen kamen ganz beträchtliche Posten an, ebenso unterhielten die gefangenen Franzosen einen sehr lebhaften Verkehr mit ihrer Heimat. Als sich das Großh. Gefolge und die Kommissare im Hauptquartier zu Versailles aufhielten, ging täglich ein Briefpaket aus Karlsruhe über Kehl—Vendenheim sowie ein Kurier ins große Hauptquartier.

---

[106] Siehe „Die badische Feldpost" in der Karlsruher Zeitung, a. a. O.

[107] 1853686 Stück nach der norddeutschen Fahrpoststatistik.

Über die oben erwähnte Militärpaketbeförderungsanstalt ist noch folgendes nachzutragen. Das Großh. Kriegsministerium hatte gegen Ende August 1870 mit dem Transportunternehmer Aal[108] aus Karlsruhe ein vertragsmäßiges Übereinkommen zur Einrichtung eines Militärpaketpostdienstes getroffen, wobei die Beförderung der Päckereien von einer bestimmten Postanstalt aus nach dem Hauptquartier Sache des Transportunternehmers, die Gewährung des nötigen Schutzes und der erforderlichen Beihilfe Sache der Militärkommandos und des badischen Divisionsstabes war. Der badische Postinspektor Schneider, der das Ganze zu organisieren, die Transporte im Feindesland selbst zu leiten und zu begleiten hatte, begann seine erste Ausreise am 2. September über Drusenheim nach Oberschäffolsheim, wo er fünf Wochen lang den Feldpäckereidienst selbst wahrnahm. Als nach der Übergabe Straßburgs die badischen Truppen in die Vogesen abrückten, trat naturgemäß bis zur Gewinnung der erforderlichen Operationsstützpunkte ein Stillstand im Feldpostpäckereiverkehr ein. Am 22. Oktober begaben sich Schneider und Aal nebst einem Dienstgehilfen mit den in Säcken verwahrten Päckereien von Straßburg über Luneville—Blainville—Charmes mit der Eisenbahn, von hier auf Wagen nach Epinal—Vesoul—Dijon, wo sie jeweils eine umfangreiche Tätigkeit entfalteten; einschließlich der Bedeckungsmannschaft bestand die Kolonne allmählich aus 23 Wagen. Am 23. November trafen sie,

[108] Nach den glorreichen Siegen von Wörth und Saarbrücken und dem Beginne der Belagerung von Straßburg, zu der zunächst die badische Division bestimmt wurde, erschienen in der Presse Artikel wegen Einrichtung einer Beförderungsanstalt zur Beförderung von Kleidungsstücken, Leibwäsche usw. an die Truppen. Die durch Übereinkommen mit dem Privat-Transportunternehmer Aal geschaffene Anstalt hatte mehr staatlichen als privatlichen Charakter; von der Kriegsverwaltung gegründet hatte sie zur Aufgabe, unter Mitwirkung der badischen Postanstalten die für die Truppen im Felde bestimmten Postpäckereien, die von der Beförderung mit der Feldpost ausgeschlossen waren, von bestimmten Poststellen zur Beförderung in Empfang zu nehmen, in das Hauptquartier zu verbringen und den Ordonnanzen auszuhändigen. Bei Abschluß des Vertrages dienten die postalischen Grundsätze und Bestimmungen als Grundlage und das Institut selbst war in postalischer Beziehung der Aufsicht und Leitung der Großh. Postdirektion unterstellt; ihre Leistungen sind daher hier kurz anzuführen. „Die badische Militärpaketbeförderungsanstalt kann als das erste in einem Kriege bestandene derartige Institut betrachtet werden." Vgl. Hch. Schneider, „Die badische Militärpaketbeförderungsanstalt im deutsch-französischen Kriege". Karlsruhe (bei Gerbracht) 1872.

da die weitere Versendung von Paketen nach dem Feldlager vorübergehend untersagt worden war, in Kehl wieder ein, wo sie 12000 Stück Päckereien aus der Heimat zur Bearbeitung vorfanden. Die erste Reise hatte Schneider in Zivilkleidung und mit jeweils im Wege der Requisition verschafften Fuhrwerken gemacht, was beides zu verschiedenen Unzuträglichkeiten geführt hatte. Zur zweiten am 12. Dezember beginnenden Ausfahrt verschaffte er sich Uniform, acht Fuhrwerke nebst Führern aus der Heimat und sechs Aushilfskräfte, alle bewaffnet, mit denen er sich mit einer Gesamtladung von 13000 Stück bei der bekannten hohen Kälte jenes Winters über Epinal, wo noch 18 französische Fuhrwerke requiriert werden mußten, nach Vesoul begab; seine Kolonne war bis hier auf 38 Mann und 60 Pferde angewachsen. Als beim Heranrücken der Bourbakischen Übermacht Vesoul vorübergehend geräumt werden mußte, während die eigenen Fuhrwerke mit Paketen nach der Heimat unterwegs waren, übergab Schneider bei der Unmöglichkeit, Fuhrwerke zu erlangen, die noch nicht ausgegebene Ladung, die er auf 60000 Gulden wertete, dem Maire gegen eine Bürgschaftsurkunde, daß die Mairie die übernommenen Pakete gegen Beraubung schützen werde, und zog sich mit den unterwegs eingeholten Fuhrwerken bis zum Siege der Truppen über Bourbaki nach Mülhausen zurück. Am 25. Januar reiste er mit 16 Wagen sortierter Pakete über Giromagny, Lure nach Vesoul zurück, wo er erfahren mußte, daß die zurückgelassenen Päckereien von den Franzosen geraubt worden waren. General von Werder hatte deshalb gleich nach Wiederbesetzung den Maire gefangen abführen lassen und der Stadt den Ersatz der 60000 Gulden binnen 14 Tagen auferlegt. Die Weiterfahrt erfolgte über Marey nach St. Vit, Orchamps, Dôle, wo die letzten Päckereien am 27. Februar ausgehändigt worden sind. Wie bereits erwähnt, sind im ganzen 57200 Stück durch die Militärpaketbeförderungsanstalt aus und nach der Heimat befördert worden. Die Leistungen, die während des Krieges ungünstige Beurteilung in der Presse gefunden haben, verdienen bei Berücksichtigung des geringen Personals und der unvermeidlichen Schwierigkeiten eines Landtransportes auf verschneiten und eingefrorenen Wegen in Feindesland mit erbitterten feindlichen Fuhrleuten und zwischen operierenden Truppen entschiedene Anerkennung.

Rückblick auf die wichtigsten Ereignisse von 1830—1865.

Die weiteren Daten der wichtigeren Ereignisse in den Postbeziehungen Badens zu den übrigen deutschen und den außerdeutschen Postverwaltungen, soweit sie noch nicht besprochen sind, sind kurzgefaßt folgende:

1830 Unterhandlungen zwischen Preußen und Baden zu Karlsruhe eingeleitet[109] wegen unmittelbarer Auswechslung des gegenseitigen Postverkehrs sowie des preußisch-schweizerischen durch Baden unter Wegfall der Umleitung durch die Taxisschen Posten;

1832 Verhandlungen zwischen Baden, Bayern, Taxis in München, die

1833 in Frankfurt (Main) fortgesetzt wurden, worauf

1834 (28. Febr.) Abschluß des Postvertrags erfolgte;

a) Verkehr der Rheinprovinz bzw. Westdeutschland nach Baden, Schweiz und Italien über die nähere Linie Bingerbrück—Mannheim unter Vermeidung von Frankfurt. Die Transitpakete nach und von Mailand mit der preußisch-italienischen Post liefen zweimal wöchentlich über Schaffhausen—St. Gotthard und einmal über Schaffhausen—Splügen. Die Beförderungsdauer Karlsruhe—Mailand betrug noch vier Tage.

b) Verkehr Ostdeutschland—Baden über Frankfurt erlitt hier, wo die Umarbeitung der gesamten Korrespondenz bisher stattgefunden hatte, eine eintägige Verzögerung, so daß die Amtsbriefpakete Berlin—Karlsruhe vier Tage und 11 bzw. 16 Stunden gebrauchten im Gegensatze zu den direkten Kartenschlüssen, die zwischen Berlin und Karlsruhe drei Tage 16 Stunden unterwegs waren. Die Einführung direkter Kartenschlüsse zwischen Berlin—Halle—Erfurt einer- und Karlsruhe—Mannheim—Heidelberg andrerseits kürzte die Beförderungsdauer Berlin—Schweiz um 24 Stunden ab. Die Routen zwischen Ostdeutschland und Baden wurden über Görlitz—Zeitz—Hof—Kulmbach—Bamberg—Tauberbischofsheim festgelegt. Übereinstimmung zwischen Preußen, Bayern und Baden, die das Taxische Postgebiet umgehen konnten, zwang Taxis zur Zustimmung.

1835 (20. Febr.) Übereinkunft zu Karlsruhe zwischen der badischen und Thurn und Taxisschen Postverwaltung und Beendigung des badisch-taxisschen Postkrieges.

Taxis hatte das Postregal im Kanton Schaffhausen käuflich erworben und suchte das weiterer Kantone an sich zu ziehen. Dadurch drohte Baden vom direkten Verkehr mit Schweiz und Italien abgeschnitten zu werden und erwiderte die Taxisschen Machenschaften mit der Aufhebung des Taxisschen Transits Frankfurt—Schweiz, der Forderung der Einzelauslieferung der Briefe und Erhöhung der bisher sehr nieder bemessenen Durchgangsvergütung bei Ablauf des badisch-taxisschen Postvertrags. Taxis antwortete mit Anlegung eines Sonderkurses Worms—Rheinbayern—

---

[109] Zwischen von Nagler und von Stöcklern.

Frankreich (Elsaß)—Schweiz vom 1. September 1834 zur Ablenkung eines großen Teils des italienisch-schweizerischen-deutschen Postverkehrs von den badischen Posten, wodurch diese eine jährliche Mindereinnahme von rund 20000 fl. erlitten haben würden, und suchte auch den sächsisch-norddeutschen Verkehr auf seinen linksrheinisch-französischen Kurs zu ziehen. Baden brach hierauf sämtliche Beziehungen mit Taxis ab, drohte Transit Frankfurt—Würzburg, Württemberg[110]—Frankreich aufzuheben und die Zahlung der Lehensrente von 25000 fl. an Taxis einzustellen. Um sich an Baden zu rächen, stellte sich Taxis der Beschleunigung des preußisch-badischen Reitpostkurses Kreuznach—Mannheim (über die Taxisschen Posten) in den Weg und zog so Preußen in den Streit herein. Dieses veranlaßte Bayern, zu der „undeutschen Umleitung" über Frankreich nicht weiter die Hand zu bieten, worauf unter preußischer Beteiligung zu Karlsruhe die Übereinkunft erfolgte: Taxis hebt den linksrheinischen Sonderkurs auf, Baden gestattet den Transit geschlossener Amtspakete nach und aus der Schweiz gegen Erhöhung der früheren Transitvergütung.[111]

1834/6 Postvertrag mit Bayern. Baden wünscht, daß Königreich Sachsen seine französische Korrespondenz über Hof-Tauberbischofsheim leite.

1835 Postvertrag mit Sachsen. Herstellung einer unmittelbaren Verbindung über Hof—Würzburg mittelst direkter Amtspakete. Grenzpostämter Tauberbischofsheim und Hof. Die Fahrpostsendungen nach Osten und Nordosten, die bisher ausschließlich über Frankfurt (Taxis) geleitet worden waren, liefen jetzt teilweise über Heidelberg—Würzburg und Königreich Sachsen.

1838 Postinspektor Eberlin stellt fest, daß die holländisch—belgische Briefpost nach der Schweiz nur zum Teil über Baden, zum Teil über Frankreich, das dem Durchgangsverkehr jetzt viel mehr Bedeutung beilegte als früher, geleitet wurde; er dringt auf größere Beschleunigung der Briefposten auf preußischem Gebiet und Ermäßigung des preußisch-badischen Durchgangsportos, die vom 1. September 1838 ab Platz greift.

1842 Postvertrag mit Österreich, demzufolge die Durchgangs-Briefpakete Österreich—Straßburg unter Einschluß in die bayerischen Briefpakete Augsburg—Straßburg durch Baden transitieren. Fertigung geschlossener Amtspakete Wien—Karlsruhe, Linz—Tauberbischofsheim, Eger—Tauberbischofsheim, Feldkirch—Konstanz, Chiavenna—Konstanz, Mailand—Konstanz.

1846 Postvertrag mit Sachsen betreffs des Durchgangs der sächsisch-französischen Korrespondenz durch Baden, demzufolge vom 1. August 1847 an Stelle der bisherigen Portotaxen ein gemeinschaftlicher, halbscheidlich zu teilender Briefportosatz in zwei Abstufungen in Geltung trat.

---

110 Wo damals taxische Posten waren.

111 Vgl. auch Stephan, a. a. O., S. 424/28.

1851 Badisch-Preußischer Postvertrag (Preußen einschließlich Hohenzollern). Vollzugsvertrag über Beitritt Badens zum Deutschen Postverein. Preußen sichert ferner den Transit verschlossener Briefpakete nach Frankreich über Kehl—Straßburg zu.[112]

1851 Postvertrag mit Württemberg zufolge des Übergangs des württembergischen Postwesens in Staatsverwaltung.

1852 Infolge des Beitritts der einzelnen Postverwaltungen zum Deutsch-Österreichischen Postverein und der Zentralisierung des schweizerischen Postwesens war eine Neuregelung der Verhältnisse zwischen dem Vereinsgebiet und der Schweiz geboten; daher am 23. April 1852 Postkonferenz zu Lindau zwischen Österreich, Bayern, Württemberg, Baden und Taxis einer-, der Schweiz andrerseits. Der Postverein verpflichtete sich, zwischen dem Vereinsgebiet und der Schweiz die schnellsten Beförderungsmittel einzustellen. Als Taxgrenzpunkte wurden bestimmt die Mitte zwischen Basel—Schaffhausen, Konstanz—Schaffhausen und Konstanz—Lindau.

Unter Festhaltung der Reziprozität soll jede Ermäßigung der inländischen Taxen auch dem Wechselverkehr zugute kommen.

1852/3 Vorschlag und Verhandlungen zwischen den fünf Postverwaltungen von Österreich, Preußen, Bayern, Baden und Taxis, mit Frankreich einen gemeinschaftlichen Postvertrag abzuschließen, erfolglos; es kam zu fünf Sonderverträgen, denen zufolge Frankreich ein Übergewicht über die einzelnen Vereinsverwaltungen, die bei einem einheitlichen geschlossenen Vorgehen die Bedingungen hätten diktieren können, behauptete.

1856 Badisch-französischer Sonder-Postvertrag, der auch für Württemberg maßgebend war.

1865 Abermaliger Vorschlag eines gemeinschaftlichen deutsch-französischen Postvertrags. Insbesondere dringt Württemberg auf Lösung des badisch-französischen Sondervertrags. Baden damit einverstanden. In der Folge vertrauliche Besprechungen in Karlsruhe, an denen badischerseits der Direktor der Verkehrsanstalten Zimmer und Postrat Eckardt — der nachmalige Oberpostdirektor von Konstanz — teilnahmen. Auf der V. Postkonferenz (zu Karlsruhe) Übereinkunft, der Postverein solle als ein Ganzes Frankreich gegenübertreten. Es müsse gemeinsam bis zum Ende, auch wenn es zum Bruch mit Frankreich kommen sollte, zusammengehalten werden, weil sich naturgemäß beim abermaligen Abschluß von Sonderverträgen die Lage der einzelnen Verwaltungen Frankreich gegenüber verschlimmern mußte. Hier war der deutsch-österreichische Postverein endlich auf der richtigen Bahn angelangt und es berührt eigenartig, daß er erst dann seine Aufgabe völlig erfaßte, als seine Auflösung zufolge des ausbrechenden deutsch-österreichischen Krieges besiegelt war.

---

[112] Vgl. auch Stephan, S. 428.

Beitritt Badens zum norddeutschen Postgebiet.

Der Beitritt Badens zum Norddeutschen Bunde war in Gemeinschaft mit Südhessen durch das Protokoll vom 15. November 1870 zu Versailles erfolgt, in dem die zuerst die Bezeichnung „Deutsches Reich"[113] enthaltende Verfassung des „Deutschen Bundes" vereinbart wurde. Laut Artikel 80 dieser Verfassung sollten vom 1. Januar 1872 ab die Gesetze über das Postwesen des Norddeutschen Bundes vom 2. November 1867[114], über das Posttaxwesen vom 4. November 1867[114], über die Portofreiheiten vom 5. Juni 1869 ꝛc. in Baden als Gesetze des Deutschen Bundes erklärt werden. Die Überleitung des Post- und Telegraphenwesens selbst erfolgte auf Grund besonderer Vereinbarungen zwischen Kommissarien des Reichskanzleramtes und solchen der badischen Regierung, die zu dem Vertrage über die Abgabe des badischen Postwesens vom 6. Juli 1871 und den Vereinbarungen über das der badischen Landesregierung zustehende Anstellungsrecht der Post- und Telegraphenbeamten in Baden vom 16. Dezember 1871 führten.[115]

Die Erweiterung des Norddeutschen Postgebiets zum deutschen Reichspostgebiet vollzog sich ohne jegliche Änderung organischer Einrichtungen; es war dies nur möglich, weil die Einrichtung der preußischen bzw. norddeutschen Post eine hervorragend geeignete Grundlage bot, derzufolge der Schwerpunkt des Verwaltungsdienstes schon seit 1848 bei den Provinzialbehörden — Oberpostdirektionen — ruhte, während die Einheitlichkeit der Gesamtleitung durch das Generalpostamt gewährleistet war. Die Telegraphie hatte damals noch (seit 1868) eine eigene Zentralbehörde mit zwölf Telegraphendirektionen. Für Baden einschließlich Hohenzollern wurden zwei Oberpostdirektionen zu Karlsruhe und Konstanz und eine Telegraphendirektion zu Karlsruhe[116] zum 1. Januar 1872 errichtet. Soweit die badischen Post- und Telegraphenbeamten nicht im badischen Staatsdienste

---

[113] Dieser Bund soll den Namen „Deutsches Reich" führen.

[114] Vor diesem Zeitpunkt wurden die entsprechenden Reichsgesetze mit Wirkung vom 1. Januar 1872 ab erlassen.

[115] Siehe in den Anlagen.

[116] Die, als der Telegraphendienst im ganzen Reichsgebiete mit dem Postdienst vereinigt wurde, wieder aufgehoben und mit den beiden Postdirektionen verschmolzen worden ist.

verbleiben wollten oder von diesem benötigt wurden, sind sie unter den im Vertrage näher ausgeführten Bedingungen in die entsprechenden Kategorien der Norddeutschen Bundespostbeamten übernommen worden, wobei sie, insbesondere die bereits etatsmäßig angestellten mittleren Beamten, im allgemeinen zu ihrem Vorteil abgeschnitten haben. Der Chef des Kaiserlichen Generalpostamts, Generalpostmeister Stephan, begrüßte sie am Tage des Übergangs mit nachstehender herzlich gehaltenen Ansprache, die der Vergessenheit entrissen zu werden verdient:

„An die Herren Beamten der Postverwaltung im Großherzogtum Baden.

Es gereicht dem Generalpostamt zur Freude, an dem heutigen Tage, wo durch den Eintritt des Großherzoglich Badischen Postbezirks in die Kaiserliche Verwaltung die ehrenwerte Postbeamtenschaft des Deutschen Reichs einen ansehnlichen Zuwachs achtbarer und tüchtiger Mitglieder erhält, dieselben mit einem herzlichen Willkommen! zu begrüßen.

Bei den Traditionen, welche die Herren Beamten der Großherzoglich Badischen Postverwaltung aus ihrem bisherigen Wirkungskreise in das jetzige Amtsverhältnis mit hinübernehmen, und bei den freundschaftlichen Gesinnungen, welche ihnen aus den Kreisen des übrigen Reichspostpersonals in kollegialer Weise entgegengebracht werden, darf das Generalpostamt versichert sein, daß auch die erweiterte Aufgabe des Deutschen Reichspostwesens in Einmütigkeit und Vertrauen ehrenvoll gelöst werden wird.

Gleichwie die Verbesserung der persönlichen Verhältnisse, welche infolge der Einreihung in den weiten Rahmen des Reichspostetats bei der Überleitung im großen und ganzen hat durchgeführt werden können, oder angebahnt ist, das Generalpostamt mit besonderer Genugtuung erfüllt: so wird es demselben auch ferner zur erfreulichen Aufgabe gereichen, den berechtigten Wünschen der Herren Beamten rc., soweit es mit den dienstlichen Interessen **irgend** vereinbar ist und im Bereich der Mittel liegt, zur Erfüllung zu verhelfen, und namentlich auch während der schwierigen Übergangsperiode besondere Verhältnisse tunlichst zu berücksichtigen. Das Generalpostamt darf auch in dieser Beziehung auf die verständnisvolle Unterstützung der für den Badischen Postbezirk eingesetzten Kaiserlichen Oberpostdirektionen in Karlsruhe und Konstanz mit Sicherheit rechnen.

Es entspricht nur der naturgemäßen Entwicklung unseres Zeitalters, daß bei der erhöhten Schwungkraft der befreiten Elemente des Verkehrs auf dem geistigen und dem materiellen Gebiet die Schwierigkeiten der Aufgaben des Postwesens zusehends wachsen. Aber es liegt auch ebensosehr in den natürlichen Konsequenzen der Zunahme wahrer Bildung, daß in dem Beamtenkörper die Überzeugung von der Wichtigkeit dieser Aufgabe für die Wohlfahrt und Gesittung der Nation an Stärke zunimmt, und das Bewußtsein sich befestigt, daß jeder Einzelne durch pünktliche Erfüllung der ihm obliegenden speziellen Amtsverrichtungen, gerade bei einem in so hohem Maße auf den Zusammenhang berechneten Organismus, zum Gedeihen des Ganzen auf das Wirksamste beiträgt.

So wird den gerechten Erwartungen entsprochen werden, welche sich im gesamten Vaterlande und bis über dessen Grenzen hinaus an die Herstellung des einheitlichen Deutschen Reichspostwesens knüpfen.

Das Generalpostamt darf die vertrauensvolle Erwartung aussprechen, daß die Herren Beamten, von diesem Geiste durchdrungen und von Hingebung für ihren Kulturberuf beseelt, ihre Ehre darein setzen werden, die hohen und schönen Zwecke des vaterländischen Instituts, welchem sie hinfort angehören, mit deutscher Kraft, Ausdauer und Gewissenhaftigkeit zu erfüllen."

Zur besseren Einarbeitung der badischen Postbeamten in die neuen Verhältnisse wurden Beamte der Norddeutschen Postverwaltung entsandt, die sich bei den Vorstehern der beiden Direktionen Mitte Januar 1872 zu melden hatten, um hierauf die in Baden und Hohenzollern befindlichen Postanstalten zweimal zu bereisen und mündliche Unterweisung zu erteilen. Als Ausnahmen von den Bestimmungen der Norddeutschen Postverwaltung blieben vorerst die badischen Vorschriften über die Personenbeförderung, die Personen- und Gepäcktaxen bei den Postomnibusunternehmungen, Einziehung der Zeitungsgelder durch das Bestellpersonal, über die Höhe der Bestellgebühren sowie die bestehenden Tarife für den Verkehr mit dem Ausland in Kraft. Am 15. März kehrten die Ausbildungsbeamten an ihre Beschäftigungsorte zurück.

Die Überleitung des badischen Post- und Telegraphenwesens gestaltete sich insbesondere deshalb recht schwierig, weil in Baden bis zum Übergang Post-, Bahn- und Telegraphendienst vereinigt war und sich bisher unter einheitlicher Leitung in denselben Gebänden abgewickelt hatte. Nunmehr galt es in erster Linie, den Reichspost- und Telegraphendienst vom badischen Bahn- und Telegraphendienst, ohne Härten hervorzurufen, alsbald zu trennen, wo es das Bedürfnis erforderte, und die weitere Trennung bei den übrigen Anstalten für die folgenden Jahre in die Wege zu leiten und durchzuführen. Jede Loslösung der drei Dienstzweige voneinander war an jedem einzelnen Orte eine Aufgabe für sich. Denn es handelte sich in jedem Einzelfalle um räumliche Unterbringung, Personalfeststellung, Ausstattung fast wie bei völliger Neueinrichtung und abgesehen von den keineswegs zu unterschätzenden örtlichen Schwierigkeiten um die Verständigung zwischen **drei Zentralverwaltungen** (Generaldirektion der badischen Staatsbahnen, Generalpostamt, Generaltelegraphenamt). Zunächst wurde die Betriebstrennung bei sämtlichen Post- und Bahnämtern (Postämtern I), den sechzehn Post- und Bahnverwaltungen (Postämtern II) in Achern, Appenweier, Bühl, Donaueschingen, Durlach, Emmendingen, Hausach, Lahr, Lörrach, Meßkirch, Mosbach, Radolfzell, Schopfheim, Singen, Tauberbischofsheim, Wertheim sowie den zehn wichtigsten Post- und Bahnexpeditionen (Postämtern III) in Engen, Gernsbach, Kenzingen, Langenbrücken, Neckargemünd, Renchen, Riegel, Schwetzingen, Sinsheim, Thiengen durchgeführt. Schon Mitte der achtziger Jahre des vorigen Jahrhunderts war die Organisation soweit vorgeschritten, daß im ganzen Lande nur noch einige wenige Postanstalten vorhanden waren, bei denen die Bahnvorsteher den Postdienst mitversahen.

Hinsichtlich des künftigen Verhältnisses zwischen Reichspost und Staatsbahn verwies die Konvention in Ziffer 26 auf eine besondere Verständigung, die am 25. August bzw. 1. September zu Berlin und Karlsruhe vollzogen worden ist. Nach dieser hatte das Reglement über die Verhältnisse der Post zu den Staatseisenbahnen vom 1. Januar 1868 für die Dauer der achtjährigen Übergangsperiode auf allen Staatseisenbahnen sowie den von der Staatsverwaltung übernommenen Privatbahnen in Wirksamkeit zu treten. Da aber die hiernach zahlbare Vergütung wesentlich hinter der von der badischen Postverwaltung an die badische Staatsbahn geleisteten Transportvergütung zurückblieb, wurde aus der Reichskasse für die achtjährige Übergangszeit noch eine feste Entschädigung von jährlich 48900 Talern zugesichert. Dafür stand der Postverwaltung bei allen Personenzügen die unentgeltliche Einstellung eines Postwagens, von regelmäßig zwei Postwagen bei einem Personenzug Mannheim—Konstanz in beiden Richtungen zu. Die aus den Fonds der badischen Eisenbahnverwaltung angeschafften Bahnpostwagen wurden von der Reichsverwaltung gegen Erstattung des Zeitwertes übernommen. Für die Postsachenbeförderung mittels der badischen Bodenseedampfer zahlte die Reichspostverwaltung die bisher von der badischen Eisenbahn geleistete Vergütung von jährlich 4000 Gulden. Die dem Fürsten von Thurn und Taxis gezahlte Ablösungsrente von jährlich 25000 Gulden ging vom Jahre 1872 mit 42857 Mk. 14 Pfg. auf die Reichskasse über.

Hiermit waren die Übergangsverhältnisse geregelt und für die Zukunft verbrieft. Das unzweifelhaft gut geleitete, auf der Höhe einer neuzeitigen Verkehrsverwaltung stehende badische Postinstitut hatte seine Zeit erfüllt und ging, wie einstens die Städteboten und Landkutschen in den alten Reichsposten Thurn und Taxisschen Gepräges, in den neudeutschen Reichsposten kaiserlicher Oberleitung unter, um als Bestandteil dieser im Reichs- und Weltverkehr seine neue größere Aufgabe zu erfüllen.

War die Absperrung der Landesgrenzen durch Polizeimaßregeln, durch Stadttore und Zollschranken recht eigentlich das Kennzeichen des von deutscher Eigenbrödelei nur zu deutlich redenden Mittelalters, so ist die ungehemmte Verkehrsentfaltung auf breitester Grundlage unzweifelhaft das naturnotwendige Erfordernis der Neuzeit, und wenn seiner Zeit die Weltgeschichte über die widerstrebenden, die neuere Zeit nicht verstehenden Duodezstaaten unbarmherzig hinweggeschritten ist, so ist das völlig freiwillige Aufgeben des ausgedehnten und hochentwickelten Landespostwesens zum Wohle eines größeren Ganzen an dem denkbaren Wendepunkte deutscher Geschichte wie deutschen Nationalgefühls eine nationale Tat, die beredter als Worte den unzerstörbaren heiligen Glauben an die deutsche Einheit und ihre Zukunft unseres in der Geschichte des deutschen Vaterlandes ewig fortlebenden Landesvaters Friedrichs des Deutschen bekundet. Unsere, der Epigonen Sache ist es, jene große Zeit und ihre Erfordernisse in der Gegenwart nicht weniger zu verstehen, ohne auf den Platz an der Sonne verzichten zu brauchen oder zu wollen.

Wie man sich aber auch immer zu dem Aufgehen der badischen

Post in den neudeutschen Reichsposten stellen mag, soviel steht fest, daß damit in Wirklichkeit ein Fortschritt im Sinne des Reichseinheitsgedankens erzielt war, wie er seit langem im Verkehrswesen nicht mehr erlebt worden war. Man braucht sich nur in die Zeiten von 1850 an zu vertiefen, in jenes Verkehrselend, das noch bei Schließung des deutsch-österreichischen Postvereins obwaltete, wo 17 Territorialpostanstalten Verträge unter sich abschlossen, wo die große Zahl dieser Postverträge den Überblick über die Versendungsbestimmungen für das verkehrende Publikum unmöglich machten, in die Schwierigkeiten, zwischen den verschiedenen Systemen der Portoberechnung bei den widerstreitenden Ansprüchen hinsichtlich der Porto- und Transitgebührenteilung eine Einigung zustande zu bringen, in jene Zeiten, wo die berechtigten Klagen über Mangelhaftigkeit des Postwesens eine ständige Rubrik in den Handelsberichten, Tagesordnungen der Handelstage und Sonderbroschüren bildeten, wo insbesondere noch die Thurn und Taxissche Lehenspost in 11 Staaten Postgerechtsame ausübte und dem Verkehrsfortschritte nicht selten Hindernisse aller Art entgegenstellte — und man muß anerkennen, daß in dem kurzen Zeitraum von 20 Jahren ein geradezu gewaltiger Verkehrsfortschritt erreicht war, der durch den Beitritt Badens zum norddeutschen Bundespostgebiet seinen würdigen Abschluß gefunden hat. Insbesondere waren nunmehr erzielt: **einheitliche Rechtsverhältnisse** durch das Postgesetz des Norddeutschen Bundes bezw. das darauf begründete Reichspostgesetz vom 28. Oktober 1871, **einheitliche** Regelung des **Tarifwesens** unter Mitwirkung der **Volksvertretung** auf gesetzlicher Grundlage, einheitliche Regelung des **Portofreiheitswesens** wie der **Portovergünstigungen**, einheitliche Regelung des Verhältnisses zwischen **Staatsbahn und Reichspost** und endlich einheitliche **Oberleitung** für das ganze Reichspostgebiet nebst Einheitlichkeit in dem gewaltigen **Beamtenkörper** auf verfassungsmäßig verbriefter Grundlage.

Daß nicht etwa realistische Berechnungen auf bessere Erträgnisse Landesherrn und Regierung bei der Entscheidung beeinflußt haben, daß Beide vielmehr geneigt gewesen sind, auf Erfordern dem Einheitsgedanken auf dem Gebiete des Verkehrswesens finanzielle Opfer zu bringen, zeigen die Bestimmungen des Versailler Protokolls zu Artikel 52 der Verfassung. Hierzu bemerkten die badischen Bevollmächtigten ausdrücklich, daß die finanziellen

Ergebnisse der Post- und Telegraphenverwaltung des Bundes, wie sie sich bisher gestaltet hätten und in dem Bundeshaushalt für 1871 veranschlagt seien, keine Gewähr dafür leisteten, daß der auf Baden fallende Anteil an den Einnahmen dieser Verwaltung auch nur annähernd diejenige Einnahme ergeben werde, die es gegenwärtig aus seiner eigenen Verwaltung zum Betrage von durchschnittlich 130000 Talern[117] beziehe. Im weiteren verfügte bekanntlich Baden schon damals über ein gut entwickeltes Staatsbahnnetz und es war zu befürchten, daß sich dieses nach Abtrennung von Post und Telegraphie aus der gemeinsamen Verwaltung der drei Verkehrszweige nicht mehr in derselben Weise rentierte wie bisher. Hierzu kommt noch der großartige Aufschwung des Postwesens, den dieses seit Ablösung der Taxisschen Postgerechtsame in Baden, insbesondere aber in dem letzten Jahrzehnt vor seiner Abgabe genommen hat und der zu einer wesentlich beträchtlicheren Steigerung des Verkehrs wie der Einnahmen nach glücklicher, siegreicher Beendigung eines großen Krieges berechtigte. Die Zahl der Postanstalten war von 96 im Jahre 1814 auf 268 Ende 1860 (nebst 94 Postställen) gestiegen; sie stieg in dem 10jährigen Zeitraum 1861—1870 von 268 auf 499 (nebst 74 Postställen); die Zahl der Expeditions- und Betriebsverwaltungsbeamten war von 951 (426 Beamte und 525 Unterbeamte) im Jahre 1861 auf 1678 (nebst 143 Posthaltern) im Jahre 1871 gestiegen, die Zahl der Postanstalten und Beamten hatte sich somit von 1861 bis 1871 beinahe verdoppelt. Die Briefpostsendungen waren in dem Zeitraume 1859—1869 von 9½ auf 23½ Millionen, somit um 147,4%, die Fahrpostsendungen von 1567000 auf 2185000, somit um 39%, die Anzahl der durch die Post beförderten Zeitungen von 5 auf 14½ Millionen Stück gestiegen. Die allgemeine mit dem Wohlstand des Landes von Jahr zu Jahr steigende Zunahme des Postverkehrs kommt ziffernmäßig im Wertzeichenverkauf zum deutlichen Ausdruck. Während im Jahre 1865 insgesamt 9798000 Stück Frankierungszeichen im Werte von 595570 Gulden verkauft worden sind, waren es bereits 1869 14743000 Stück im Gesamtwert von 745885 Gulden. Die Reineinnahmen (Überschuß) der Postverwaltung, die nach Übernahme des Postwesens in Staatsverwaltung auf 78395 Mk. (46115 fl.) berechnet worden waren, beliefen sich, wie erwähnt, in

[117] Reineinnahme 1870: 314477 fl. 17 kr. = 534610 Mark.

den Jahren vor Übergang des Postwesens in Reichsverwaltung auf jährlich durchschnittlich 390000 Mk. (130000 Taler)[118], wobei noch besonders zu berücksichtigen ist, daß die vielfachen mit großen Kosten verbundenen Verbesserungen und Neueinrichtungen vorübergehend einen wesentlichen Rückschlag in den Überschüssen herbeigeführt haben.

Das badische Telegraphenwesen von 1846—1872.

Im Innern.

Die ersten Leitungen.

Auf Antrag der Oberdirektion des Wasser- und Straßenbaues wurde im Jahre 1846 der Hofrat Professor Dr. Wilhelm Eisenlohr am Lyceum in Karlsruhe vom Ministerium des Innern beauftragt, sich in London mit den neuesten elektromagnetischen Telegraphen so vollständig vertraut zu machen, daß die Oberdirektion nach seinen Angaben und unter seiner Mitwirkung einen solchen Telegraphen mit aller Sicherheit herstellen könne; auch sollte er zweckdienliche Modelle und Schriften mitbringen.[119] Eisenlohr, der am 1. April 1846 nach London abreiste, wurde von Wheatstone und anderen englischen Ingenieuren zwar freundlich aufgenommen, einen Einblick in die Grundsätze der Herstellung der Telegraphenanlagen sowie des dort allgemein angewendeten, 1837 patentierten Zeigertelegraphen von Wheatstone ließen sie ihn indes nicht gewinnen. Der Ankauf eines Apparates war nicht möglich; nur einige Zentner verzinkten Eisendrahtes konnte er erstehen und nach Baden mitbringen. Nach seinem Reisebericht sind auch alle Versuche, bei den Betriebsbeamten auf den verschiedensten Stationen in und um London das Innere des Zeigertelegraphen in Augenschein nehmen zu dürfen, vergeblich gewesen. Indes gelang es ihm wenigstens durch Anknüpfung einflußreicher Bekanntschaften sowie den

---

[118] Wegen der tatsächlichen Reineinnahmen siehe in den Anlagen, dabei ist zu beachten, daß die Postverwaltung an die badische Staatsbahn damals für Transportleistungen, Anschaffung und Unterhaltung der Bahnpostwagen rund 235000 fl. zu zahlen hatte und die staatlichen Behörden usw. Portofreiheit genossen.

[119] Vgl. Zusammenstellung aus den Akten der Generaldirektion der Großh. Staatseisenbahnen.

Umgang mit Ingenieuren und Betriebsbeamten, deren Ansichten über die Einrichtung der Telegraphenanlagen zu hören und die Sicherheit der Wirkungsweise bestätigt zu finden. Nachdem er noch in Glasgow den Bainschen, in Bugley den Higthonschen und auf der Rückreise in Kassel den Fardelyschen Telegraphen besichtigt hatte, fertigte er in Karlsruhe drei Stück Wheatstonesche und einen Higthonschen Telegraphen an und führte unter Einschaltung künstlicher Widerstände und einer eigenen Batterie an der Hand der Modelle die Brauchbarkeit des Telegraphen für Eisenbahnzwecke in mehreren Vorträgen vor einer ausgewählten Zuhörerschaft überzeugend vor Augen. Hierauf erhielt er von dem sich lebhaft für jeglichen Fortschritt auf dem Gebiete des Verkehrswesens interessierenden Großherzog Friedrich I. am 26. Juni 1847 die Ermächtigung, zusammen mit Oberbaurat Keller zwischen Mannheim und Heidelberg einen elektromagnetischen Telegraphen einzurichten, dessen Herstellungskosten sich nach dem Voranschlage unter Verwendung galvanisierten Eisendrahtes aus England für die badische Stunde auf 500 Gulden stellten. In der Zwischenzeit erhielt er noch die Genehmigung, zwischen Karlsruhe und Durlach einen Telegraphen herzustellen, der am 11. Oktober 1847 in Betrieb genommen werden konnte. Am 27. April 1848 zeigte Eisenlohr an, daß auf der Strecke Mannheim—Heidelberg der Telegraph in folgender Weise fertiggestellt sei: In den Stationshäusern in Mannheim, Friedrichsfeld und Heidelberg sei je ein vollständiger Telegraph eingerichtet und in Abständen von je einer halben Stunde in drei Bahnwartshäuschen zwischen Mannheim und Friedrichsfeld und ebenso zwischen Friedrichsfeld und Heidelberg die Anschlußvorrichtung in der Weise getroffen, daß im Zuge vom Kondukteur mitgeführte Zeigertelegraphen in die Leitung eingeschaltet und Zeichen nach allen Stationen gegeben werden könnten. Die Batterien bestanden aus Kupfer- und Zinkplatten, die in kleinen Glaströgen stehend durch in die Zwischenräume festgepreßten Quarzsand erregt wurden, der mit einer Mischung aus 88 Teilen Wasser auf 12 Teile Schwefelsäure angefeuchtet war. In der weiteren Entwickelung des Telegraphenwesens führten die politischen Ereignisse eine Verzögerung herbei, die indes durch um so rascheres Vorgehen Anfangs der fünfziger Jahre eingeholt wurde. Durch Großh. Verordnung vom 20. Juli 1850 wurde der Bau und die Betriebsleitung für den Telegraphen längs der badischen Eisenbahn der Direktion der

Posten und Eisenbahnen übertragen und dieser 33150 Gulden zu Bauzwecken überwiesen. Die Leitungen sollten aus Kupferdraht hergestellt und für 28 Stationen Buchstabentelegraphen von Siemens und Halske in Berlin bezogen werden. Am 11. Januar 1851 wurde der Uhrmacherschule in Furtwangen der Auftrag erteilt, 34 Stück Morse-Schreibapparate nach angekauftem Muster herzustellen, und ihr vertragsmäßig die fernere Lieferung von Schreibapparaten übertragen. Auch fand eine größere Organisation des Baues statt, mit dessen Oberleitung Postrat Ruppert und Ingenieur Hoffmann betraut wurden. Die Eisenbahnwerkstätte erhielt die Weisung, alsbald eine Werkstätte für Mechaniker zur Anfertigung und Instandhaltung der Telegraphenapparate einzurichten. Bereits am 15. Oktober 1851 war die Telegraphenlinie zwischen Mannheim und Haltingen längs der Eisenbahn soweit hergestellt, daß der telegraphische Verkehr auf den wichtigeren Stationen eröffnet werden konnte.[120]

Verordnung über die Benutzung des Telegraphen.

Nach der unter dem 6. Oktober dieses Jahres erlassenen ministeriellen Verordnung stand die Benützung des Telegraphen täglich von 7 Uhr morgens bis 9 Uhr abends jedermann gegen Zahlung der Gebühren zu. Die Weiterbeförderung von Telegrammen über die Endpunkte der Telegraphenlinien hinaus konnte nach Wahl des Absenders brieflich, mittelst Estafette oder bei geringen Entfernungen mittelst besonderer Boten erfolgen. Privatdepeschen mußten deutsch, ohne Anwendung von Chiffernschrift abgefaßt sein und durften in der Regel aus nicht mehr als 100 Worten bestehen. Den Vorrang in der Beförderung genossen die Telegramme des Großherzogs sowie die Staats- und Eisenbahndienstdepeschen. Die Telegraphenbeamten waren auf strengste lebenslängliche Geheimhaltung der Telegramme vereidigt; auch war fremden Personen im Interesse des Telegraphengeheimnisses der Zutritt zum Dienst-

[120] Seit 1845 war das Richten der öffentlichen Uhren in Baden, der als Normaluhren geltenden Bureauuhren der Post- und Eisenbahnstationen mittels der Eisenbahn- und Postkurse, der Reitposten und Omnibusfahrten, soweit sie Kursuhren führten, erfolgt, indem durch diese wöchentlich zweimal die „mittlere Sonnenzeit", wie sie die als Norm geltende Uhr des Mannheimer Kaufhauses anzeigte, mitgeteilt wurde. Da hierdurch die nötige Übereinstimmung der Uhren nicht immer erzielt wurde, erfolgte seit 1851 die Zeitmitteilung an sämtliche Orts-, Stations- und Bureauuhren jeden zehnten Tag durch ein Schlag 12 Uhr mittags dreimal wiederholtes Z. — — . .

zimmer streng verboten. Die den Telegraphenbetrieb gefährdenden Verbrechen und Vergehen wurden mittels Gesetzes vom 20. April 1854 besonders unter Strafe gestellt (§ 569a—e des Strafgesetzbuches). Vorsätzliche Störungen waren mit Gefängnis nicht unter drei Monaten oder mit Arbeitshaus bis zu vier Jahren, fahrlässige Störungen des Telegraphenbetriebs mit Geldstrafe oder Gefängnis bis zu sechs Monaten bedroht; sofortige Selbstanzeige machte im letzteren Falle unbeschadet der Schadensersatzpflicht straffrei.

Erster Gebührentarif.

Die Gebühr wurde nach Entfernung und Wortzahl in der Weise berechnet, daß für den deutschen Wechselverkehr eine Normaltaxe von 1 fl. 12 kr. für 20 Worte (einfache Depesche) auf eine Entfernung bis 10 Meilen zugrunde gelegt wurde. Für die weiteren 15, 20, 25, 30 und 35 Meilen stieg die Gebühr jedesmal um denselben Betrag (von 1 fl. 12 kr.); für Depeschen über 20 bis 50 Worte wurde das Doppelte, für solche über 50—100 Worte das Dreifache erhoben, so daß sich folgender Tarif ergab:

Auf Meilen	Bis 20 Worte.		Von 21—50 Worten.		Von 51—100 Worten.	
	fl.	kr.	fl.	kr.	fl.	kr.
bis 10 einschl.	1	12	2	24	3	36
über 10—25 „	2	24	4	48	7	12
„ 25—45 „	3	36	7	12	10	48
„ 45—70 „	4	48	9	36	14	24
„ 70—100 „	6	—	12	—	18	—

Bei der Ermittelung der Wortzahl wurden als die Höchstgrenze eines Wortes sieben Silben angenommen, ebenso zählten einzelne Buchstaben oder Zahlen — diese bis zu fünf Ziffern — als ein Wort. Die Gebühr für Vergleichung betrug die Hälfte, für Nachtdepeschen das Doppelte der gewöhnlichen Taxe, die Vervielfältigungsgebühr für jede weitere Ausfertigung 24 kr. Wir sehen, die zunächst zur Erhebung kommenden Gebührensätze waren sehr hoch, so daß die Benützung von vorneherein nur dem wirtschaftlich gutgestellten Teile der Bevölkerung möglich wurde. Für den innerbadischen Verkehr kam indes der nachstehende Tarif zur Anwendung:

Tarif innerhalb Badens bis zu zwanzig Worten.

Nach und von	Heidelberg		Bruchsal		Carlsruhe		Rastatt		Baden		Kehl		Offenburg		Freiburg		Haltingen		Nach und von
	Taxe für Depeschen bis zu 20 Worten		Taxe für Depeschen bis zu 20 Worten		Taxe für Depeschen bis zu 20 Worten		Taxe für Depeschen bis zu 20 Worten		Taxe für Depeschen bis zu 20 Worten		Taxe für Depeschen bis zu 20 Worten		Taxe für Depeschen bis zu 20 Worten		Taxe für Depeschen bis zu 20 Worten		Taxe für Depeschen bis zu 20 Worten		
	fl.	kr.	fl.	kr.	fl.	kr.	fl.	kr.	fl.	kr.	fl.	kr.	fl.	kr.	fl.	kr.	fl.	kr.	
Mannheim	—	36	—	36	—	36	—	48	—	48	1	12	1	12	1	30	1	48	Mannheim
Heidelberg			—	36	—	36	—	48	—	48	1	—	1	—	1	30	1	30	Heidelberg
Bruchsal					—	36	—	36	—	36	—	48	—	48	1	12	1	30	Bruchsal
Carlsruhe							—	36	—	36	—	48	—	36	1	—	1	30	Carlsruhe
Rastatt									—	36	—	36	—	36	1	—	1	12	Rastatt
Baden											—	36	—	36	—	48	1	12	Baden
Kehl													—	36	—	48	1	—	Kehl
Offenburg															—	36	1	—	Offenburg
Freiburg																	—	36	Freiburg
Haltingen																			Haltingen

dessen Sätze ausnahmslos niedriger bemessen sind und, wie eine Vergleichung der Sätze zwischen Mindest- und Höchstentfernung beweist, zwischen 1,8 und 5,04 kr. (5,4 und 15,1 Pfg.) für das Wort bei Telegrammen bis zu 20 Worten schwankte.

Weitere Ausgestaltung des Telegraphennetzes.

Dem ertragreichen Depeschenwechsel Paris—Wien über Baden drohte durch die norddeutschen Linien ein gefährlicher Wettbewerb zu entstehen. Um diesem wirksam zu begegnen, wurde ein zweiter Draht zwischen Kehl und Bruchsal und weiter über Mannheim nach Frankfurt gelegt. Mit der Schweiz wurde unmittelbare Verbindung durch Fortführung der Linie von Haltingen bis an die Schweizer Grenze sowie Aufstellung eines Apparates in Basel hergestellt. Die Verbindung der badischen Telegraphen mit denen des deutsch-österreichischen Telegraphenvereins war am 14. März 1853 in Bruchsal dergestalt hergestellt, daß nunmehr mit allen Hauptstationen des Vereins ein direkter Verkehr von Bruchsal aus möglich war. Hier fand die Überleitung der Telegramme zwischen den beiderseitigen Verwaltungen ursprünglich in der Weise statt, daß auf dem Bahnhofe für die badischen und württembergischen Beamten zwei nebeneinanderliegende Telegraphendienstzimmer eingerichtet waren, deren Scheidewand einen bloß den beiderseitigen Beamten zugänglichen Schalter zum Austausch der Telegramme von Hand zu Hand hatte. Um Mißverständnissen vorzubeugen, wurden die Schriftzeichen des deutsch-österreichischen Alphabets benutzt. Am 6. Februar 1854 wurden die ersten Depeschen von Paris nach Frankfurt, Stuttgart und Ulm gemeldet, die durchtelegraphiert wurden. Am 1. Juli 1854 wurde Karlsruhe Vereinsstation des deutsch-österreichischen Telegraphenvereins und durch eine dritte Leitung Karlsruhe—Bruchsal in die internationale Verbindungslinie gebracht.

Beitritt Badens zum deutschösterreichischen Telegraphenverein.

Zur Vorbereitung des Staatsvertrages über den Beitritt Badens zum deutsch-österreichischen Telegraphenverein waren zwischen Württemberg und Baden am 14. Februar 1854 Verhandlungen über die Änderungen gepflogen worden, die in dem badisch-württembergischen Staatsvertrag vom 6. Januar 1852 über die telegraphische Verbindung beider Länder notwendig wurden. Hierbei verpflichtete sich die badische Regierung, die von Württemberg für den internationalen Verkehr hergestellte Drahtleitung Stuttgart—Bruchsal bis Karlsruhe fortzuführen und hier dergestalt anzuschließen, daß das Durchtelegraphieren in der Richtung nach Mannheim wie in der nach Kehl und Haltingen stattfinden konnte. Es folgten der Staatsvertrag zwischen Württemberg in Vertretung der Vereinsregierungen und Baden vom 25. Februar 1854 über den Beitritt Badens[121], der am 1. Juli 1854 wirksam wurde, sowie die Sondererklärungen wegen der Aufnahme des Main—Neckar-Telegraphen. Das Vereinstelegraphennetz in Baden erstreckte sich zunächst nur auf die Linien Karlsruhe—Bruchsal zum Anschlusse an die württembergischen, Bruchsal—Frankfurt zum Anschluß an die preußischen und bayrischen Linien, Karlsruhe—Kehl—französische Grenze und Kehl—Haltingen—Schweizergrenze zum Anschluß an die französischen und schweizerischen Linien. Auch war auf der ganzen Linie von Haltingen bis Mannheim und Frankfurt für den Eisenbahnbetriebsdienst noch eine weitere Leitung hergestellt, die bei Unterbrechung oder Beschäftigung der übrigen Drähte für den Privatverkehr benutzt wurde. Beim Eintritt Badens betrug die Länge der zehn Vereinsleitungen in Baden 40,3, die der Drähte 64,1, nach Einbeziehung der Main—Neckar-Staatstelegraphenlinien 51,5 und 74,9 geographische Meilen.

Nach ihrem Beitritt zum deutsch-österreichischen Telegraphenverein brachte die badische Postverwaltung die Vorschriften des inneren Verkehrs mit den Vereinsvorschriften — die Tarifbestimmungen ausgenommen — in Einklang und ordnete an, daß diese Übereinstimmung dauernd erhalten werden müsse. Hiermit war zwar ein wesentlicher Schritt zur Vereinfachung der Bestimmungen getan; doch wie überaus umständlich erscheint uns das Ganze heutzutage. Bei dem Hinzutritt jeder einzelnen neuen Vereinsstation mußte das Zonenverhältnis von dieser für jede der vorhandenen Vereinsstationen ermittelt und mitgeteilt werden. Die Anträge der verschiedenen Vereinsregierungen auf Änderung einzelner Vereinsbestimmungen, der schriftliche Meinungsaustausch hierüber sowie über neuauftauchende Fragen, die Beseitigung entstandener Zweifel im Abrechnungswesen (Reduktionsverhältnis) ver-

---

[121] Ursprünglich gab es nur vier badische Vereinsstationen, nämlich Mannheim, Karlsruhe, Kehl und Haltingen.

ursachte noch größeren Schriftwechsel zwischen den Regierungen und zwischen diesen und den obersten Postbehörden. Dazu kamen die weiteren Schwierigkeiten wegen der Nichtvereinsstationen, zu denen alle Eisenbahnbetriebstelegraphenstationen zählten. Beispielsweise mußten alle Telegramme, die in Baden auf inländischen Nichtvereinsstationen zur Aufgabe nach Württemberg, Bayern, Sachsen, Österreich und teilweise Italien kamen, über Karlsruhe geleitet, hier aufgenommen und als neu aufgegeben behandelt werden. Dem Vereine gegenüber war diesen die laufende Nummer des Karlsruher Verzeichnisses zu geben, sofern nicht über Karlsruhe hinaus gesprochen werden konnte; war das Durchsprechen möglich, so war die Karlsruher Nummer zu verlangen und der Aufnahmestation zu übermitteln. Telegramme nach den übrigen Vereinsländern wurden, sofern sie von Stationen aufwärts Karlsruhe kamen, ebenfalls in Karlsruhe aufgenommen, erhielten aber wie die abwärts Karlsruhe aufgegebenen Depeschen, die in Mannheim aufzunehmen und als neu aufgegeben zu behandeln waren, die Mannheimer Nummer, entweder von Mannheim aus, wenn dahin abgesetzt werden mußte oder nach Rückfrage von der Zwischenstation, wenn die Verbindung über Mannheim hinausreichte. Die Verwaltung suchte für den Dienstbetrieb eine Erleichterung dadurch herbeizuführen, daß sie die Bahntelegraphenstationen gruppenweise einer größeren Vermittelungsanstalt zuteilte, die den telegraphischen Verkehr nach und von den Bahnstationen zu erledigen hatten. Die völlige Beseitigung der Umständlichkeiten aus dem Vorhandensein verschiedener Arten von Telegraphenstationen wurde erst vom Jahre 1866 ab erreicht, indem hier sämtliche badische und Main—Neckar-Bahnstationen als Vereinsstationen erklärt wurden.

Taxwesen.

In der Buntheit der Tarife, die in rascher Folge einander ablösten, finden wir uns heute kaum mehr zurecht. In Baden bestand damals der innere und der Vereinstarif, der kombinierte badisch-württembergische Tarif von und nach den beiderseitigen Zwischenstationen, der badisch-französische, der badisch-schweizerische Tarif für den unmittelbaren Austausch, der Tarif über den Durchgangsverkehr zwischen Frankreich, der Schweiz und der Main—Neckarlinie. Nimmt man noch das umständliche Abrechnungsverfahren, die Verschiedenheit und die Änderungen der

Währungen[122] hinzu, so gewinnt man einen Einblick in die vielen Hemmnisse und Schwierigkeiten, die sich dem neuen Verkehrszweige entgegenstellten. Man darf indes der Direktion der Verkehrsanstalten das Lob nicht vorenthalten, daß sie ebenso mit Eifer und Nachdruck wie mit Sachkenntnis und Umsicht für eine wesentliche Vereinfachung wie insbesondere für die Herabsetzung der Telegrammgebühren andauernd eingetreten ist, wenn es ihr auch nicht immer gelang, ihre Vorschläge bei dem Ministerium der auswärtigen Angelegenheiten durchzusetzen. Bei dem Eintritt Badens in den deutsch-österreichischen Telegraphenverein war für den inneren Verkehr der ermäßigte, bereits angeführte Tarif in Geltung. Die Direktion der badischen Verkehrsanstalten hielt diesen für zu hoch und brachte bereits im Jahre 1854 unter dem Hinweise, daß eine Herabsetzung der Taxen für den Telegraphenverkehr im Innern des Großherzogtums zur Vermehrung und Belebung der Korrespondenz notwendig sei, ein anderes Taxsystem in Vorschlag, wonach eine feste Expeditionsgebühr von 12 Kreuzern nebst einer mit der Entfernung fortschreitende Gebühr von 12, 24, 36 kr. zu erheben sei, ohne indes damit beim vorgesetzten Ministerium durchzudringen. Dieses hegte insbesondere das Bedenken, daß das vorgeschlagene System weder mit dem des Telegraphenvereins noch

[122] Man vergleiche den Tarif für den Vereinsverkehr nach Ermäßigung der Taxen vom Jahre 1858.

Entfernung		Beförderungs-Gebühr für																					
Zonen	Meilen	eine einfache Depesche von 1 bis 20 Worte											Zuschlag für jede folgenden 10 Worte										
		Thlr.	Sgr.	C.M.		südd.		niedl.		Frcs.	Cts.	Thlr.	Sgr.	C.M.		südd.		niedl.		Frcs.	Cts.
				fl.	kr.	fl.	kr.	fl.	Cs.					fl.	kr.	fl.	kr.	fl.	Cs.		
I.	bis 10	—	12	—	36	—	42	—	70	1	50	—	6	—	18	—	21	—	35	—	75
II.	über 10 bis 25	—	24	1	12	1	24	1	40	3	—	—	12	—	36	—	42	—	70	1	50
III.	„ 25 „ 45	1	6	1	48	2	6	2	10	4	50	—	18	—	54	1	3	1	5	2	25
IV.	„ 45 „ 70	1	18	2	24	2	48	2	80	6	—	—	24	1	12	1	24	1	40	3	—
V.	„ 70 „ 100	2	—	3	—	3	30	3	50	7	50	1	—	1	30	1	45	1	75	3	75
VI.	„ 100 „ 135	2	12	3	36	4	12	4	20	9	—	1	6	1	48	2	6	2	10	4	50
VII.	„ 135 „ 175	2	24	4	12	4	54	4	90	10	50	1	12	2	6	2	27	2	45	5	25
VIII.	„ 175 „ 220	3	6	4	48	5	36	5	60	12	—	1	18	2	24	2	48	2	80	6	—
IX.	„ 220 „ 270	3	18	5	24	6	18	6	30	13	50	1	24	2	42	3	9	3	15	6	75
X.	„ 270 „ 325	4	—	6	—	7	—	7	—	15	—	2	—	3	—	3	30	3	50	7	50

mit dem eines anderen Bundesstaates übereinstimmte; es sprach sich dahin aus, daß die Gebühr für den inneren Verkehr aus der Hälfte der Vereinsgebühr zu bestehen habe und dabei nur zwei Zonen gebildet werden sollten. Die Direktion der Verkehrsanstalten verfehlte nicht, auch diesen Tarif, den sie als einen immerhin erfreulichen Fortschritt betrachtete, und der am 1. Februar 1856 in Kraft trat, als zu hoch zu bezeichnen und begann ihre Bemühungen um Ermäßigung der inneren Taxen im Jahre 1858 von neuem. „Die Erfahrung hat alsbald gezeigt", so schrieb sie unter dem 6. März 1858 an das Ministerium, „daß die Herabsetzung der Taxen vom Jahre 1856 ab eine erhebliche Vermehrung der Depeschen zur Folge hatte; denn es ergab sich, um nur einige größere Stationen zu erwähnen, folgendes Ergebnis:

	1855			1856		
	auf einfache Depeschen reduziert			auf einfache Depeschen reduziert		
	abgegangen	angekommen	insgesamt	abgegangen	angekommen	insgesamt
Mannheim	1236	1018	2254	1865	1751	3616
Heidelberg	659	782	1441	928	909	1837
Bruchsal	471	381	852	572	601	1173
Karlsruhe	1179	1424	2603	2018	2083	4101
Baden	857	704	1561	901	923	1824
Kehl	320	338	658	413	337	750
Freiburg	400	476	876	573	644	1217
			Zus. 10.245			Zus. 14.518.

Es dürfte wohl überflüssig erscheinen, darlegen zu wollen, daß die Annahme des neuen Taxsystems[123] eine Folge der allgemein im Vereine um sich greifenden Meinung war, wonach die früheren bzw. gegenwärtig noch bestehenden Taxen als viel zu hoch angesehen wurden und es fand deshalb der Grundsatz der Gebührenherabsetzung überall nur Anklang. . . . Vor der Hand aber scheint Eines richtig und unwiderlegbar zu sein: die jetzt gültigen internen Taxen können vom 1. April (1858) an als unbillig und inkonsequent nicht wohl fortbestehen. . . . Es ist bekannt und läßt sich nachweisen, daß der Haupttelegraphenverkehr in unserem Lande zwischen Städten von kleinerer Entfernung vorzugsweise sich bildet

[123] Ermäßigung der Taxe im Vereinsverkehr für ein Telegramm bis zu zwanzig Worten von 1 fl. 12 kr. auf 42 kr.

und daß die Anzahl der Depeschen innerhalb eines Umkreises von etwa 10 Meilen in ungleich größerem Verhältnis zu der Anzahl der diesen Umkreis überschreitenden Depeschen steht, so zwar, daß, wenn nicht noch höhere Rücksichten vorlägen, die Einführung einer Lokaltaxe vielleicht am angemessensten erscheinen dürfte. . . . Auch ist die Benützung des Telegraphen noch nicht so allgemein verbreitet als zu wünschen wäre; es ist notwendig, diesem Verkehrsmittel eine größere Lebhaftigkeit zu geben. Unsere gegenwärtigen Einrichtungen reichen aber hin, um einer viel größeren Depeschenfrequenz gerecht zu werden. Darüber scheint überall nur eine Stimme zu herrschen, daß der Telegraph nur deswegen wenig in Anspruch genommen wird, weil die Gebühren zu hoch sind. Namentlich wird dies in denjenigen Landesteilen ausgesprochen, wo infolge der eigentümlichen Gestalt unseres Landes die zweite Taxstufe Platz greift. Es läßt sich nicht verkennen, daß die Annahme des vom Ministerium unterm 9. Juni 1855 ausgesprochenen Grundsatzes, wonach die Telegraphentaxe für den inneren Verkehr aus der Hälfte der Vereinsgebühr zu bestehen habe, am rationellsten erscheinen dürfte und auch den Vorteil hätte, die Auswertung in der Frankenwährung zu erleichtern. Allein da die Halbierung von 21 kr. bei den Progressionen über 20 Worte untunlich und der Ausdruck dieses Geldsatzes in der Volkssitte und im allgemeinen Gebrauch nicht üblich ist, so erscheint es angemessen, auf einen Normalsatz zu greifen, welcher sich der halben Gebühr möglichst nähert, dagegen sich von dem zu hohen Satze von 30 kr. mehr entfernt — und dies ist die Gebühr von 24 kr. für eine einfache Depesche (bis 20 Worte), welche wir ohne Rücksicht auf die Entfernung im Großherzogtum angenommen zu sehen wünschen. (Denn) . . . . wir vermögen immer noch nicht einzusehen, warum die Bewohner unseres Gebietes nicht gleichmäßig (vermittelst der Einheitstaxe) behandelt werden sollten, während dies doch in größeren Ländern stattfindet; es wäre unbillig, ihnen entgelten zu lassen, daß das Land eine langausgedehnte gestreckte Fläche bildet. Da nun außerdem die Festhaltung des Einheitssatzes von 24 kr. unzweifelhaft den telegraphischen Verkehr befördern wird, da ferner die Mühewaltung für die Verbringung einer Depesche innerhalb eines Kreises von 30 Meilen nicht größer als für die Beförderung derselben auf eine kurze Distanz erscheint und da endlich die Kapitalanlage für die größeren Linien durch den internationalen Durchgangsverkehr voraussichtlich stets reichlich sich verzinsen wird, und dies der günstigen Lage Badens zu verdankende Verhältnis den Landesangehörigen zugut kommen sollte, so schlagen wir den Antrag zur Annahme vor, vom 1. April (1858) ab für eine telegraphische Depesche bis zu 20 Worten nach allen Stationen des Großherzogtums nur noch die Taxe von 24 kr. zu entrichten." Das Ministerium entschied sich dagegen für die Einheitstaxe von 30 kr.[124], die man für die damaligen Verhältnisse immerhin als recht annehmbar bezeichnen muß. Wie die Direktion der Verkehrsanstalten es vorausgesagt hatte, konnte sich auch dieser Satz nicht lange behaupten. Im Vereinsverkehr ließ man eine wesentliche Ermäßigung eintreten, indem man zunächst nur noch vier Zonen (bis 10, über 10—45, über 45—100 und über 100 Meilen) beibehielt und für diese die Normalsätze von 28, 56 kr., 1 fl. 24 und 1 fl. 52 kr. für die einfache Depesche von 20 Worten festsetzte; endlich ging man dazu über, die 4. Zone wegfallen zu lassen. Im inländischen Verkehr ermäßigte sich die Gebühr für ein Wort bis zu 10 Worten auf 18 kr. und 1 kr. für jedes weitere Wort. So war man also in kurzer Zeit von den abschreckend hohen Sätzen zu einem, wenn auch umständlichen, so doch mäßigen Tarife im Vereinsverkehr gekommen, während die inländisch-badischen Gebühren, soweit Telegramme bis 10 Worte in Frage kommen, nicht höher waren, diejenigen für Telegramme mit größerer Wortzahl sich sogar erheblich billiger stellten als die heutigen Sätze der Reichspostverwaltung.[125]

Abrechnungsverfahren im Vereinsverkehr.

Das Abrechnungswesen gestaltete sich bei den verschiedenen Währungen der Vereinsländer und den dadurch notwendig fallenden Umrechnungen sehr umständlich, wozu noch kam, daß Österreich im Jahre 1857 zum 45 Guldenfuß überging. Baden geriet bei der Abrechnung insofern in eine mißliche Lage, als nach dem ursprünglichen Reduktionsverhältnis $2\frac{1}{2}$ Franken gleichgesetzt wurden 1 fl. 12 kr. rheinisch, während der wirkliche Wert 1 fl. 10

[124] Für die einfache Depesche bis zu zwanzig Worten.

[125]

Telegramme bis	10 Worte damals	18 kr.	=	51 Pf.,	heute	50 Pf.
" "	20	28 "	=	79 "	"	100 "
"	50	58 "	=	163 "	"	250 "
"	100	108 "	=	306 "	"	500 "

kr. betrug. Baden, das von den Ländern mit Frankenwährung nur 2½ Franken = 1 fl. 10 kr. vergütet bekam, mußte der Vereinskasse 1 fl. 12 kr., somit 2 kr. über den empfangenen Betrag vergüten, und brachte daher diese Angelegenheit auf der Konferenz zu Stuttgart zur Sprache. Zur weiteren und wesentlichen Vereinfachung des Abrechnungswesens einigten sich die Verwaltungen auf der Konferenz im Haag, über den Vereinsverkehr genaue Ermittelungen in der Weise anzustellen, daß jede Verwaltung im Jahre 1862/63 in den ersten drei Tagen jedes Monats für alle Vereinsdepeschen die tatsächlich in ihrem Gebiet durchlaufene Meilenzahl feststellte. Diese Ermittelungen sollten zur Grundlage für die Verteilung der Vereinseinnahmen genommen werden. Die badischen Linien sind hiernach durchschnittlich mit 22,2 geographischen Meilen an dem Vereinsverkehr beteiligt gewesen.

Main-Neckar-Telegraph.

Bereits am 12. Februar 1852 war zwischen Baden, Hessen und der freien Stadt Frankfurt eine Übereinkunft zur Vervollständigung der Betriebsanlagen der Main—Neckar-Eisenbahn und zur Beförderung telegraphischer Depeschen zustande gekommen, derzufolge eine zweifache gemeinsame Telegraphenleitung — Eisenbahn- und Staatstelegraph — hergestellt werden sollte. Der Eisenbahntelegraph wurde längs der Main—Neckarbahn über die Stationen Weinheim, Ladenburg, Friedrichsfeld und Heidelberg auf badischem Gebiet, der Staatstelegraph über Mannheim zum Anschluß an das badische Telegraphennetz geführt. Die Herstellung und Instandhaltung des Staatstelegraphen, ebenso die obere Leitung des Dienstes übertrug man der Direktion der Main—Neckarbahn. In Frankfurt und Darmstadt wurden besondere Bureaus für den Staatstelegraphendienst errichtet, während die badische Regierung, die für ihren Staatstelegraphen in Mannheim schon ein Bureau besaß, diesem die Besorgung des Telegraphendienstes der Main—Neckarlinie übertrug. Bei den Eisenbahntelegraphenstationen hatten die Beamten der Main—Neckarbahn den Telegraphendienst in der Regel ohne besondere Vergütung wahrzunehmen. Diese Verhältnisse blieben so, bis im Jahre 1867 Preußen das ausschließliche Recht zur Anlage und zum Betriebe von Staatstelegraphen im Großherzogtum Hessen erlangte. Nunmehr wurde diese Übereinkunft durch Vereinbarung vom 31. März 1869 dahin geändert, daß der „Staatstelegraph" aufhörte, gemeinschaftliches Eigentum der drei Staaten zu sein. Die Anlagen auf badischem Gebiet gingen in das alleinige Eigentum des badischen Staates über.

Beziehungen der badischen Telegraphenverwaltung zum Ausland.

Zur Schweiz.

Der erste badisch-schweizerische Telegraphenvertrag stammt aus dem Jahre 1852. In diesem verpflichtete sich die badische Regierung, ihre Telegraphenleitung von Haltingen aus bis nach Kleinbasel zum Anschluß an die schweizerischen Telegraphenlinien fortzuführen und in ihrem Bahnhofe daselbst eine Telegraphenstation zu errichten, die jedoch nicht in unmittelbaren Verkehr mit dem schweizerischen Publikum treten durfte; andererseits erhielt Baden das Recht, die Verbindung dieser Leitung mit anderen auf badischem Gebiet noch anzulegenden Telegraphenleitungen von Kleinbasel aus auf dem rechten Rheinufer über Schweizergebiet herzustellen. Die Gebühren für den badisch-schweizerischen Wechselverkehr wurden nach der auf jedem Gebiet durchlaufenen Strecke bemessen, für jede Verwaltung besonders in Ansatz gebracht und bei der Aufgabe der Depesche mit dem Gesamtbetrage vorauserhoben; sie betrugen für eine Depesche bis 20 Worte einschl. — in jeder Richtung vom Grenztaxpunkt ab nach der Drahtlänge gerechnet — 24 Cts., 36, 48 Cts., 1 Fr., 1 Fr. 12, 1 Fr. 30 und 1 Fr. 48 Cts. bei Entfernungen bis 2, 10, 15, 20, 25, 35 und 45 geographischen Meilen, während Depeschen über 20 bis 50 sowie über 50 bis 100 Worte das Doppelte und Dreifache dieser Sätze kosteten. Diese Taxen hatten auch für den Verkehr mittels der beiderseitigen Linien über das Gebiet eines der beiden sowie über das Gebiet beider Länder Gültigkeit. Nachdem vom 1. Februar 1856 ab in Baden der Telegrammtarif ermäßigt worden war, wurden auch die badisch-schweizerischen Sätze durch die Übereinkunft vom 30. Juli 1856 herabgesetzt und dreistufig (24 Cts., 36 Cts., 1 Fr. 12 Cts. auf 2, 25 und über 25 geographische Meilen) gestaltet. Als nach der Erbauung der Eisenbahn Winterthur-Romanshorn der letztere Ort und Weinfelden in das schweizerische Telegraphennetz aufgenommen wurden, waren alle wichtigeren Ortschaften des Bodenseeufers mit Telegraphenbureaus versehen; es machte sich jetzt das Bedürfnis geltend, in Konstanz eine Telegraphenstation mit dem Anschlusse an die schweizerischen Leitungen zu errichten (1854). Auswechselungsstationen wurden Zürich und Konstanz; in Betracht kam hauptsächlich der Telegrammverkehr zwischen östlicher Schweiz, Rhein- und Kinzigtal. Im Jahre 1863 folgte ein Übereinkommen über die Besorgung des Privattelegraphendienstes seitens der auf Schweizer Gebiet gelegenen badischen Bahndienst-Telegraphenstationen durch badische Beamte, Apparate und Leitungen. Danach verpflichtete sich die badische Eisenbahnverwaltung, auf den Eisenbahnbetriebs-Telegraphenstationen in Neunkirch, Thayngen, Schaffhausen und Basel (Bahnhof) die Beförderung von Privatdepeschen gegen eine Gebühr von 50 Cts. für jede abgehende oder ankommende Depesche ohne Rücksicht auf die Wortzahl zu übernehmen. Endlich wurde im Jahre 1864 das dritte Auswechselungsbureau zwischen Baden und der Schweiz in Schaffhausen eröffnet. Im weiteren ging man zu einer Einheitstaxe von 56 kr. = 2 Fr. für eine einfache Depesche im badisch-schweizerischen Verkehr über und ermäßigte diese für den Grenzverkehr (gegens. Entfernung der Stationen bis zu 5 geogr. Meilen) auf 28 kr. bzw. 1. Fr.

Zwischen den Telegraphenverwaltungen der beiden Länder herrschten stets die besten Beziehungen.

Telegraphenverbindung zwischen Baden und Frankreich.

Die telegraphische Verbindung zwischen Baden und Frankreich über Straßburg—Kehl ist am 26. August 1852 hergestellt worden. Von diesem Tage an trat ein badisch-französisches Telegraphenbureau (bureau mixte) in Straßburg in Wirksamkeit mit einem badischen und einem französischen Telegraphisten, die den Telegraphendienst gemeinsam zu besorgen hatten. Es war von vorneherein trotz der damals abschreckend hohen Taxen auf einen regen Verkehr zu rechnen, da für die meisten Stationen Süddeutschlands, Österreichs sowie der Schweiz unter den damaligen Verhältnissen der Weg über Kehl—Straßburg für Depeschen nach Paris, England (über Calais—Dover) und Belgien (über Quiévrain) der kürzeste und immerhin noch der billigste war. Sache des badischen Telegraphisten war es zunächst, den französischen Beamten in der Bedienung des Morseapparats zu unterweisen. Die Apparate wurden auf Wunsch der französischen Verwaltung von dem Uhrenfabrikanten Lorenz Bob in Furtwangen zum Preise von 210 und nach Anbringung weiterer Verbesserungen 252 Gulden geliefert. In bezug auf die Dienstführung war der badische Telegraphist dem Eisenbahnamte in Kehl unterstellt; hinsichtlich der Dienststunden 2c. hatte er sich den Anordnungen der französischen Telegraphenverwaltung zu unterwerfen. Das Nähere über die Tragung der Unkosten des gemeinsamen Bureaus, das Abrechnungswesen regelte die provisorische Übereinkunft vom 25. August 1852. Im internationalen Verkehr kam für jede einfache Depesche (1—20 Worte) von Frankreich nach Baden und umgekehrt eine Taxe von 1 fl. 12 kr., für Depeschen von 21—50 und 51—100 Worten der doppelte und dreifache Satz für badische Rechnung zur Erhebung. Für Telegramme von Kehl nach Straßburg bestand eine badische Lokaltaxe von 24 kr. Die Depeschen aus Deutschland wurden in Straßburg ins Französische übersetzt mit Beibehaltung der Wortzahl der Aufgabeanstalt; diejenigen aus Frankreich wurden in Deutschland in der französischen Sprache weitergegeben. Die Gebühren waren, wie schon erwähnt, ursprünglich sehr hoch. So kostete damals ein Telegramm von 20 Worten aus Baden nach Mülhausen

badische Zuschlagsgebühr 1 fl. 12 kr. =	2 Fr. 50 Cts.
französische Gebühr	4 Fr. 44 Cts.
Bestellgebühr	50 Cts.
Zusammen	7 Fr. 44 Cts.

somit rund 5 Mk. 95 Pfg. Nachtdienstdepeschen, also solche nach 9 Uhr Abends, kosteten das Doppelte. Die Gebühren für Telegramme nach England waren noch wesentlich höher. So kostete ein Telegramm aus Baden nach London:

die badische Zuschlagsgebühr (anderenfalls die Vereinsgebühr)	2 Fr. 50 Cts.
französische Gebühr (Straßburg—Calais)	13 Fr. 68 Cts.
englische Gebühr (Calais—London)	10 Fr.
somit mindestens	26 Fr. 18 Cts.

oder rund 20 Mk. 95 Pfg. Dabei wickelte sich der internationale Verkehr anfangs sehr umständlich ab; die französische Wortzählung stimmte nicht mit der deutsch-österreichischen und englischen überein; die für englische Depeschen festgestellte Wortzahl mußte telegraphisch nach Kehl, von hier über Bruchsal nach dem Aufgabeort gemeldet werden. Jede Station in Frankreich führte ihre eigenen Nummern, so daß eine von London kommende Depesche in Calais, Paris und Straßburg jeweils eine andere Nummer erhielt, was die Erledigung von Rückfragen verlangsamte. Auf dem Bureau in Straßburg befanden sich zwei Uhren zur Angabe der Pariser und der badischen Stunden, die rund 25 Minuten differierten. In den nach Deutschland bestimmten Telegrammen wurde nur die badische Zeit angegeben. Im weiteren gab die Ungeübtheit der französischen Ablösungstelegraphisten in der Bedienung des Morseapparates vielfach zu Klagen Anlaß, die sich nach der Einrichtung des „Durchtelegraphierens" mehrten. Der badischen Postverwaltung war es nicht möglich, nachhaltig im einzelnen einzugreifen, weil sie nur mit der Generaladministration in Paris in Geschäftsverkehr treten sollte. Mit ihrem Vorschlage, zur Behebung des Übelstandes einen weiteren badischen Telegraphisten anzustellen, drang sie nicht durch, da die Besetzung dieser dritten Stelle laut Vereinbarung[126] Frankreich zustand, während der Gehalt zur Hälfte von Baden zu bestreiten war. In der Folgezeit hatte die badische Telegraphie im Verkehr mit Frankreich einen schweren Stand, um sich des dreifachen Wettbewerbs durch die norddeutschen Linien (nach Abschluß des französisch-belgisch-preußischen Übereinkommens), durch die bayrischen (nach Einrichtung eines bayrischen Telegraphenbureaus in Straßburg und Weißenburg) und die schweizerischen Telegraphenlinien (für den Verkehr aus Frankreich nach Österreich und Italien) zu erwehren. Bayern insbesondere hatte auch nach dem Eintritt Badens in den deutsch-österreichischen Verein ein lebhaftes Interesse daran, Baden in der Telegrammbeförderung Eintrag zu tun, da nach den Bestimmungen der Berliner Konferenz nicht nur die Gesamtlänge der Linien, sondern auch die Anzahl der verarbeiteten Telegramme die Faktoren waren, nach denen die Quoten der Gesamteinnahme des Vereins an die einzelnen Verwaltungen verteilt wurden. Nach dem Beitritt Badens zum Telegraphenverein erklärte Frankreich, der Spezialvertrag von 1852 habe dadurch sein Ende erreicht und erhob die Taxen nicht mehr nach der direkten Entfernung, sondern nach einem höheren Tarif. Dadurch verteuerte sich beispielsweise die Gebühr für ein einfaches Telegramm von Kehl nach Paris von 3 fl. 54 kr. auf 4 fl. 48 kr. Immerhin blieben nach diesem Tarif die badischen Stationen von der französischen Grenze ab noch in der 1. Zone,

[126] Danach sollte der dritte Telegraphist eingestellt werden, sobald sich die durchschnittliche Tageszahl an Telegrammen auf 30—40 Stück belief.

mit einer Gebühr von 2 Fr. 50 Cts. = 1 fl. 12 kr. badischerseits. Dieser Betrag galt als Transitgebühr für den Verkehr nach den Main-Neckarstationen, wobei noch ein Zuschlag von 48 kr. für Frankfurt, 36 kr. für Darmstadt miterhoben wurde. Bald nachher brachte Frankreich eigenmächtig die von Wien ausgegangene Zoneneinteilung in Anwendung, derzufolge Frankfurt, Darmstadt, Mannheim, Heidelberg und Bruchsal von Kehl aus in die zweite Zone, bei der Leitung über Straßburg—Weißburg in die erste Zone fielen. Auf Grund der Bestimmung in der vereinbarten Instruktion (§ 69), die Telegramme auf dem billigsten Wege, bei Gleichheit der Preise über die der französischen Verwaltung einträglichste Grenze zu leiten, wurden zum Nachteil Badens die künstlichsten Umleitungen vorgenommen; so wurden Telegramme nach Frankfurt über Saarbrücken—Köln—Berlin, Telegramme nach Bruchsal und Heidelberg oft mit erheblicher Verzögerung über München, solche nach Mannheim über Ludwigshafen (Rhein) geleitet und von da durch Boten auf Kosten des Empfängers ausgetragen. Erst der unter dem 21. Januar 1855 an Stelle der gekündigten provisorischen Übereinkunft abgeschlossene Vertrag machte diesem Zustand ein Ende. Für den Verkehr zwischen Frankreich und dem Vereinsgebiet über Baden sollten fernerhin die Bestimmungen des Vertrags zwischen Frankreich, Belgien und Preußen Anwendung finden, mit der Maßgabe, daß Telegramme aus Frankreich nach Baden selbst und umgekehrt nur über Straßburg—Kehl geleitet werden durften. Das bureau mixte in Straßburg, bei dem seit dem 25. Januar 1854 nach Einführung des Nachtdienstes vier Telegraphisten, darunter zwei badische beschäftigt worden waren, wurde zufolge dieses Vertrages aufgehoben. Einen wesentlichen Fortschritt in der Entwickelung und Verbilligung des deutsch-französischen Telegrammverkehrs erzielte der Brüsseler Vertrag vom Jahre 1858, durch den als Grundsatz aufgestellt wurde, daß die Grenztaxpunkte bei Saarbrücken, Weißenburg und Kehl für den Verkehr zwischen dem deutsch-österreichischen Verein und Frankreich als ein einziger einheitlicher Vereinsgrenzpunkt anzusehen seien. Die Taxe für ein einfaches Telegramm aus Frankreich betrug für alle badischen Telegraphenstationen 42 kr. (= 1 Fr. 50 Cts.) badischen Anteils bei direkter Leitung über Straßburg—Kehl und eine Zuschlagsgebühr von 20 kr. als Anteil der Main—Neckareisenbahn für die Stationen des Main—Neckartelegraphen. Nahm dagegen die telegraphische Korrespondenz den Weg über die Grenzpunkte Saarbrücken und Weißenburg nach Baden, so wurde sie eine vereinsländische, da sie die Leitungen zweier Länder — Preußen oder Bayern und Baden — berührte, wofür so viele Zonen zu berechnen waren, als von Saarbrücken oder Weißenburg nach der Bestimmungsanstalt entfielen. Während also ein einfaches Telegramm aus Frankreich nach Lörrach über Kehl für den deutschen Anteil 1 Fr. 50 Cts. = 42 kr. kostete, war für dasselbe Telegramm über Weißenburg oder Saarbrücken 3 Fr. (1 Fr. 50 Cts. preuß. oder bayrischen und 1 Fr. 50 Cts. badischen Anteils) neben der französischen Taxe zu bezahlen. Ebenso war für eine Reihe badischer sowie an der Main—Neckarbahn gelegener Eisenbahntelegraphenstationen im Vereinsverkehr von dem Grenzpunkt Weißenburg oder Saarbrücken noch eine Weiterbeförderungsgebühr von 2 Fr. 25 Cts. an die Bahn zu erheben, die bei direkter Leitung über Straßburg—Kehl wegfiel. Eine weitere Verbilligung der Taxen für den unmittelbaren badisch-französischen Verkehr brachte der Vertrag Badens mit Frankreich vom 9. Dezember 1859, in dem bestimmt war, daß für Telegramme zwischen den beiderseitigen nicht über 50 Kilometer (= 6¾ geogr. Meilen) voneinander entfernten Stationen eine ermäßigte halbscheidlich zu teilende Grenztaxe von 42 kr. = 1 Fr. 50 Cts. für die einfache Depesche zu erheben war.[127] Diese Errungenschaft mußte allerdings bei dem folgenden Sondervertrage von 1864 — in Kraft getreten am 1. Januar 1865 — preisgegeben werden, um für den gesamten Verkehr[128] aus Baden und von der Main—Neckarlinie (also einschl. Darmstadt und Frankfurt) nach Frankreich mit Korsika den Vorteil der einheitlichen und wesentlich billigeren Taxe von 3 Fr. = 1 fl. 24 kr. für eine einfache Depesche ohne Unterschied der Entfernung zu erreichen, wovon 1 Fr. auf Baden, der Rest auf Frankreich entfiel.

Im Jahre 1865 waren, die an der Main—Neckarlinie gelegenen Stationen eingerechnet, 170 badische Anstalten dem inter-

---

[127] Die einfache Depesche (bis zwanzig Worte) kam also im badisch-französischen Grenzverkehr billiger als heute, wo zwanzig Worte 2 Mark gegen 1 Mark 20 Pf. von damals kosten.

[128] Bis dahin hatte eine einfache Depesche (bis zwanzig Worte) aus Karlsruhe nach Paris 6 Fr. (1½ Fr. badischer und 4½ Fr. französischer Anteil) gekostet.

nationalen Verkehr geöffnet. Die Steigerung des badisch-französischen Verkehrs hatte zur Herstellung mehrerer Leitungen Karlsruhe—Paris — darunter einer direkten — geführt, die indessen französischerseits nicht immer für den unmittelbaren Verkehr zwischen den beiden Zentralstationen erhalten blieb. Es ergaben sich zahlreiche Klagen über die ungenügende Bedienung der Schreib- und Translatorapparate in Straßburg, über Stromableitungen und Drahtverschlingungen auf französischem Gebiete. So berichtete die Telegraphenexpedition Karlsruhe am 5. Oktober 1866, daß sie in den letzten sechs Monaten Paris kaum an zehn Tagen direkt gehabt, in der übrigen Zeit aber völlig von der Station Straßburg abgehangen hätte. Es war nur natürlich, daß sich bei den vielfachen Verzögerungen der Telegramme der vordem überaus lebhafte Depeschenverkehr von den badischen Leitungen ab- und den preußischen bzw. bayrischen zuwandte, die über Saarbrücken und Weißenburg ungestört direkt mit Paris arbeiteten. Es bedurfte oftmaliger dringender Schreiben der Direktion der Verkehrsanstalten, um einigermaßen Wandel zu schaffen.

Der Vertrag von 1864 galt noch bei Ausbruch des deutsch-französischen Krieges 1870/71, während dessen der Privattelegrammverkehr naturgemäß auf Depeschen zwischen den Angehörigen und ihren im Felde stehenden Söhnen und Brüdern beschränkt war. Erst nachdem am 20. April 1871 die Telegraphenstationen in Elsaß-Lothringen als Vereinsstationen eröffnet waren, wurde die Beförderung privater Depeschen zwischen Deutschland und Frankreich vom 16. Juni 1871 ab wieder aufgenommen. Für Telegramme aus Baden kam ebenso wie für diejenigen aus Bayern, Württemberg sowie Norddeutschland westlich der Weser und Werra eine Gesamtgebühr von 3 Fr. zur Erhebung, wovon 2 Fr. dem Ursprungsland verblieben und 1 Fr. an Elsaß-Lothringen zu vergüten war. Die badisch-französischen Sonderbeziehungen hatten nunmehr ihr Ende gefunden, die Verhandlungen mit Frankreich waren auf das Deutsche Reich übergegangen.

Die Herstellungsjahre der wichtigsten Linien in Baden, ihre Beschaffenheit.

Zufolge der tatkräftigen von Jahr zu Jahr fortschreitenden Ausgestaltung des Telegraphennetzes sind im Januar 1861 in

Baden 165,5 Meilen Länge mit Telegraphenleitungen vorhanden gewesen, so daß das Großherzogtum in die siebente Zone des deutsch-österreichischen Vereins aufgenommen wurde. Da durch die Hinzufügung weiterer zehn Meilen die Einreihung in die achte Zone und damit eine höhere Jahreseinnahme zu erreichen war, wurde der alsbaldige Ausbau des Netzes auf den Strecken Meersburg—Pfullendorf, Lenzkirch—Stühlingen, Freiburg—Breisach und Heidelberg—Schwetzingen mit zusammen 13 Meilen Länge und einem Bauaufwande von 16000 Gulden in Angriff genommen. Im gleichen Jahre folgte die Verbindung der Bahnhöfe Mannheim und Ludwigshafen mittelst dreiadrigen durch den Rhein gelegten Kabels.

Die Einnahmen aus den Telegrammgebühren mehrten sich mit der Zunahme der für den allgemeinen Verkehr geöffneten Stationen ganz erheblich. Während sie noch im Jahre 1858 um 3828 Gulden hinter den Ausgaben zurückblieben, ergab sich im folgenden Jahre bereits ein Überschuß von 4061 Gulden, der im Jahre 1860 auf 20355 Gulden emporstieg.[129]

Bis zum Jahre 1871 wurde rastlos an der Ausdehnung des Telegraphennetzes durch das ganze Land gearbeitet; ursprünglich der Landstraße entlang geführte Leitungen mußten mit dem Ausbau des Schienenweges an die Bahn verlegt und zwischen den bedeutenderen Stationen neue Leitungen gezogen werden. Die Eröffnung der Stationen erfolgte zeitweilig so rasch hintereinander, daß beispielsweise im Jahre 1862 von der Telegraphenwerkstätte in Bern 45 Apparate bezogen werden mußten, die in Baden bei

---

[129] In den Jahren 1862, 1863 und 1864 betrug die Gesamtsumme der Telegraphengebühren 145205 fl., 123716 fl., 221042 fl., nach Abzug der für fremde Rechnung erhobenen Gebühren nur 95581 fl., 97246 fl., 105866 fl. gegen die Ausgaben unter Berechnung der Verzinsung des Anlagekapitals ein Weniger von 8990 fl. In dieser Berechnung war die Summe der gebührenfrei beförderten Dienstdepeschen mit $^1/_8$ aller Telegramme und 15000 fl. angenommen. Ende 1866 betrug das Telegraphen-Anlagekapital 405540 fl. Noch für 1869 wurde von der Budgetkommission ein wahrscheinliches Weniger von 4558 fl. angenommen. 1868/69 betrugen die Telegraphengebühren insgesamt 434953 fl. 53 kr., die Ausgaben 289913 fl. 17 kr., 1870/71 544438 fl. 7 kr. und 367643 fl. 54 kr. In den Jahren 1866/67 betrug der Zuwachs des Erträgnisses von einem Jahr zum andern 10%, 1868/69 nur 7%.

Die Stückzahl der beförderten Telegramme betrug 1864 307399, 1865 395367, 1866 593000, davon $^1/_5$ als gebührenfreie Dienstdepeschen angenommen.

der großen Anzahl von Aufträgen nicht fertiggestellt werden konnten.

Bis zum Übergange des badischen Telegraphenwesens auf das Reich gab es drei Arten von Stationen, nämlich solche für den Bahnbetriebsdienst, solche für den innerbadischen Verkehr und Stationen des deutsch-österreichischen Telegraphenvereins. Am 1. Januar 1872 ging laut Staatsvertrag die Trennung der für den allgemeinen Verkehr bestimmten Telegraphenstationen von denen für den Bahnbetriebsdienst der badischen Staatsbahnen vor sich und es erfolgte die Übergabe der ersteren an die Kaiserlich Deutsche Reichstelegraphenverwaltung. Beim Übergang[130] wurde für Baden ein Telegraphendirektionsbezirk in Karlsruhe, zu dem die bisher zum Bezirke der Direktion in Frankfurt gehörigen Reichstelegraphenlinien und Stationen in den Hohenzollernschen Landen traten, unter dem Großh. Baurat Schwerd eingerichtet, während mit der Oberleitung des Baues neuer Linien rc. der preußische Telegraphendirektionsrat Maron betraut wurde. Bei dem Übergange sind in Baden 112 Telegraphenstationen vorhanden gewesen, von denen 92 teils mit den Ortspostanstalten allein, teils zusammen mit diesen und den Eisenbahnämtern vereinigt waren und zunächst als „combinirte Post- und Telegraphenstationen" beibehalten worden sind.

---

[130] Die Verhandlungen wegen des Übergangs der badischen Telegraphenverwaltung auf das Reich sind reichsseitig von Chauvin und Blindow, badischerseits von Zimmer, Poppen und G. von Stoeßer am 1. Juli 1871 zu Karlsruhe abgeschlossen worden. Die Grundbedingungen stimmen teilweise wörtlich mit den Vereinbarungen wegen Übergangs der badischen Postverwaltung überein. Im besonderen ist anzuführen: Von den badischen Telegraphenleitungen verbleibt der Eisenbahnverwaltung die für den Eisenbahntelegraphendienst erforderliche Anzahl von Leitungen; a) die Telegraphenlinien samt den übrigen Leitungen gehen in das Eigentum der Reichstelegraphenverwaltung über. Die badische Eisenbahnverwaltung übernimmt an Orten ohne Reichstelegraphenstation die Beförderung des Privatdepeschenverkehrs, hierzu wird ihr die erforderliche Leitung überwiesen. b) (Während also vertragsmäßig die Telegraphenlinien [Gestänge] ohne Ausnahme Reichseigentum wurden, verblieben der Badischen Eisenbahnverwaltung die in der Telegraphenkarte (siehe in Anlagen) schwarz [a] und punktiert [b] gezeichneten Leitungen.) Die Telegraphengehilfinnen, sowie die Gehilfen nach bestandener Prüfung rückten in Telegraphistenstellen, die Telegraphisten in die der Obertelegraphisten, diese in die der Telegraphensekretäre und -Inspektoren ein, die Beamten des statistischen und des Kontrollbureaus wurden als Bureaubeamten I. und II. Klasse in die Reichstelegraphenverwaltung übernommen. Die für die Bedürfnisse des Telegraphendienstes erforderlichen Lieferungen sollen tunlichst an badische Staatsangehörige vergeben werden.

Was im einzelnen die Reihenfolge der Erbauung der wichtigsten Linien unter badischer Verwaltung betrifft, so kommen folgende Daten in Betracht:

1851. Mannheim—Heidelberg—Karlsruhe.
1851/53. Karlsruhe—Offenburg—Haltingen(—Basel).
1851. Oos—Baden-Baden.
1852. Friedrichsfeld—Heppenheim.
1855. Basel—Singen—Konstanz.
1857. Offenburg—Hausach, Villingen—Singen, Radolfzell—Meßkirch.
1858. Lauda—Wertheim.
1859. Freiburg—Lenzkirch—Donaueschingen, Stockach—Meersburg—württemb. Grenze.
1860. Denzlingen—Villingen, Appenweier—Rippoldsau.
1860/63. Durlach—Pforzheim—Mühlacker.
1857/61) (1863, 1870). Haltingen—Schopfheim—Lenzkirch—Stühlingen.
1861. Rastatt—Gernsbach, Mühlhofen—Pfullendorf.
1858/63, 1866/67. Heidelberg—Mosbach in der Richtung nach der bayrischen Grenze.
1861/62. Mosbach—Buchen.
1863. Bahnhof Wölchingen—Boxberg—Krautheim.
1865. Tauberbischofsheim—Hardheim.
1868. Meckesheim—Sinsheim—Jagstfeld.
1870. Karlsruhe—Mannheim.
Freiburg—Altbreisach.
1871/72. Friedrichsfeld—Schwetzingen.

Die allgemeine Beschaffenheit der badischen Telegraphenlinien war folgende: Es waren 7,5—11 m lange kyanisierte Stangen mit einer Zopfstärke von 9—12 cm verwendet, die in Entfernungen von 30—60 m durchschnittlich 0,75—1,5 m tief in den Boden eingesetzt und nur ausnahmsweise mit Streben und Ankern versehen waren. Für die obersten Leitungen waren meist Pfahlkappen, die mittelst je vier Nägel an die Stangen befestigt waren, mit geraden Stützen, für die übrigen Leitungen sog. Bogenstützen verschiedener Form verwendet. Die größtenteils mit Gips auf die Stützen aufgekitteten Isolatoren bestanden meistens aus Porzellan, zu einem ganz geringen Prozentsatz ($^1/_8$ bis $^1/_{10}$ beim Übergang auf die Reichsverwaltung) aus Glas. Die Leitungen wurden aus 3,5, einige auch aus 5 mm starkem verzinkten Eisendraht hergestellt; zu den seit 1869 ausgeführten Neuanlagen war verzinkter Leitungsdraht verwendet. Gründliche Reparaturen der Telegraphenlinien haben im allgemeinen unter badischer Verwaltung nicht stattgefunden. Die Bahningenieure sowie die Wasser- und Straßenbauinspektoren, denen der Neubau wie auch die Unterhaltung der Linien und Leitungen oblag, überließen diese bei ihrer nicht zu leugnenden Überhäufung mit anderen Dienstgeschäften in der Hauptsache den Bahn- und Straßenmeistern, die bei den knapp vorgesehenen Mitteln jeweils nur die dringendsten Ausbesserungen vornehmen konnten; beispielsweise sind in den Jahren 1867/68/69 nur 6,7, 7,5 und 5,0% der Telegraphenstangen zur Auswechslung gekommen. Während der Kriegsjahre 1870/71 ist naturgemäß ohnehin Stillstand in Reparaturarbeiten wie in Neuanlagen eingetreten. Eine Bezeichnung der Leitungen des badischen Telegraphennetzes durch Nummern hatte nicht stattgefunden.

Übergang des badischen Telegraphenwesens auf das Reich.

Nach dem Übergang des badischen Telegraphenwesens auf das Reich bestimmte die Generaldirektion der Telegraphen, daß die übernommenen Leitungen während der Jahre 1874/76 „behufs normaler Herstellung nach den Grundsätzen der Spezialinstruktion vom Jahre 1868" einer gründlichen Reparatur unterworfen würden, deren Kosten auf rund 130000 Gulden veranschlagt worden sind.

Bezüglich der badischen Apparate wurde von der Kaiserlichen Telegraphendirektion anerkannt, daß sie den Anforderungen des Dienstes entsprechen, solid und schön gearbeitet sind und wohl nicht teurer als andere zu stehen kommen.[131] Nach dem Übergange des badischen Telegraphen- und Postwesens in die Reichsverwaltung sollten in einer Reihe von Orten die Reichstelegraphenstationen

[131] In Baden kosteten um 1870/72:

1 Schreibapparat	130 fl.	
1 Taste . .	10 „	
1 Galvanometer	15 „	
1 Papierträger . . .	7 „	
1 Übertragungsumschalter	4 „	40 kr.
1 Linienumschalter .	4 „	40 „
1 Relais	42 „	
1 Blitzableiter-Apparat (2 Ltg.)	9 „	

mit den Postanstalten vereinigt werden. Die Durchführung dieser Maßnahmen erwies sich als recht schwierig, weil nur an verhältnismäßig wenig Orten selbständige Postbureaus bestanden, während in den meisten weniger verkehrsreichen Orten der Postdienst, wie es ganz natürlich war, mit dem Eisenbahndienst vereinigt war. Bevor somit zur Einrichtung vereinigter Reichspost- und Telegraphenanstalten übergegangen werden konnte, mußte zunächst die Trennung des Post- und Eisenbahndienstes sowie die Anmietung besonderer Posträume erfolgen. Weiterhin war mit dem Mißstande zu kämpfen, daß sich bei den vereinigten Post- und Telegraphenstationen meist Beamte nicht befanden, die im Besitze des vorgeschriebenen Befähigungsnachweises zur selbständigen Verwaltung einer Telegraphenstation waren. Es hatte dies darin seinen Grund, daß bei der badischen Postverwaltung ein solches Zeugnis nicht verlangt worden war und nach Einrichtung der beiden Direktionen in Karlsruhe und Konstanz dauernd fühlbarer Beamtenmangel obwaltete, der es zunächst unmöglich machte, Postbeamte zum Besuche der Telegraphenkurse abzugeben.

Wenn diese nicht geringen Schwierigkeiten überwunden worden sind, ohne daß bei dem beteiligten Personal oder der Bevölkerung Mißstimmung oder Klagen laut geworden sind, wie solche bei unvorhergesehenen Neuerungen leicht einzutreten pflegen, so ist dies neben der Einsicht des für eine größere Einigung begeisterten badischen Volkes dem sachgemäßen und schonenden Vorgehen der in Betracht gekommenen Behörden zuzuschreiben.

Schlußwort.

So haben wir denn die Geschichte des Nachrichten-, Personen- und Sachenverkehrs, soweit diese Zweige in das Gebiet des Boten-, Post- und Telegraphenverkehrs gehören, in den zum heutigen Großherzogtum Baden vereinigten Gebietsteilen und in diesem selbst an uns in teilweise unzusammenhängenden Abrissen vorbeieilen lassen.

Wenn wir rückblickend die organische E n t w i c k l u n g der **Verkehrsträger** ins Auge fassen, so verdanken wir unzweifelhaft der Verwendung des gegenüber dem Pergament unvergleichlich billigeren P a p i e r s den ersten Anstoß, ja die ureigenste Unterlage, die ein nationaler Briefverkehr, im Sinne der Gesamtheit der Bevölkerung, zur Voraussetzung haben mußte. In Verbindung mit Buchdruck und Reformation, insbesondere dem von dieser der Germanenwelt zugerufenen Grundsatze, nicht Klöster zu gründen und zu beschenken zur Förderung für die Allgemeinheit unfruchtbarer Sonderbestrebungen von Einzelkreisen und sich abschließenden Schichten der Gesellschaft, sondern **Schulen für die große Masse des werktätigen Volkes**, um diesem aus dem Zustande durch Feudaladel und Geistlichkeit eifersüchtig erhaltener Unwissenheit herauszuhelfen, schuf die Verbreitung des Papiers, die, seit der Germane dieses Schreibmittel von den Semiten übernommen hatte, immer allgemeiner wurde, den ersten großen Fortschritt in der Entwicklung des Verkehrswesens, das seinen ersten Höhepunkt noch zu Lebzeiten der großen Reformatoren erreichte. Im Grunde erlitt von da an die Art der Verkehrsübermittelung drei Jahrhunderte lang Stillstand; ein wirklich großartiger Fortschritt zu etwas Neuem ist weder in der Art der Verkehrsbewältigung noch in der Art der Versendungsgegenstände zu verzeichnen; im Gegenteil ist später, als an Stelle der Postritte, die zunächst zur Nachrichten- wie Personen- und Gepäckbeförderung gedient hatten, die Postwagen traten, eine Verlangsamung in der Überkunft der Briefe festzustellen. Eine größere Regelmäßigkeit ist das Wichtigste, was erreicht wurde. Im übrigen bleibt das gleiche Bild, der langsame Postwagenverkehr für Briefsäcke wie Postreisende und deren Gepäck, der Haudertwagen für die Privatreisenden, der naturgemäß noch langsamer verkehrende Frachtwagen für den Päckerei- und Güterverkehr, während die Depeschenbeförderung der mäßig schnelle Postreiter weiter besorgte, bis die neuzeitigen großen Erfindungen der Anwendung der Dampfkraft wie des elektrischen Funkens eine gänzliche Umgestaltung des Verkehrswesens brachten. Hatte früher der Postreiter den Postwagen um ein Geringes überholt, so eilt nunmehr der **Drahtbrief** dem langsameren Schreibebrief wie dem Dampfwagen- und Dampfschiffreisenden in b i s h e r u n g e a h n t e r S c h n e l l i g k e i t voraus, und seit der Erfindung des T e l e p h o n s und M i k r o p h o n s läßt das gesprochene **Fernwort** auch den Drahtbrief hinter sich. Inzwischen haben auch die Träger der **brieflichen** Übermittelung wie des Versendungsverkehrs überhaupt durch Einführung der Postkarten, Postanweisungen, Postaufträge, Nachnahme(Vorschuß)-Sendungen), in der neuesten Zeit durch Kartenbriefe, Zahlkarten und Schecks, durch Ausdehnung der Drucksachen-

und Warenprobentaxe auf Erzeugnisse der verschiedensten Art, Ordnung und Ausdehnung des Postbezugs auf Zeitungen und Zeitschriften jeder Art usw. ihre mannigfaltigste Bereicherung erfahren und schon stehen wir in der allerneusten Zeit vor einem weiteren unvergleichlichen Fortschritt durch **drahtlose Telegraphie und Luftschiffahrt**, von denen die erstere alle bisherigen Errungenschaften im Übermittelungsverkehr in Schatten zu stellen geeignet ist. Alles in Allem hat sich der Fortschritt im Verkehrswesen in erster Linie auf den epochemachenden Erfindungen und Entdeckungen aufgebaut, die es sich mit unvergleichlicher Anpassungsfähigkeit zunutze gemacht hat, während die Verkehrsbelebung den Großtaten der Nationen, Entdeckungen neuer Weltteile, Abschüttelung des welschen Jochs durch die Reformation, sowie die Volkskriege von 1813 und 1870/71, die Verkehrsdichtigkeit der Hebung der Massen des Volks durch allgemeine Volksbildung und Volkswohlfahrt gefolgt ist. In dieser Hinsicht bildet die Größe und Lebhaftigkeit des Verkehrs einen untrüglichen Maßstab für die geistige Höhe der Nationen wie für die wirtschaftliche Lage und das soziale Verständnis innerhalb der Gesamtbevölkerung.

Die Geschichte des Verkehrs gibt uns gleichzeitig ein Spiegelbild der politischen Geschichte der Landesteile wie des Großherzogtums, der Entwicklung des nationalen Gedankens wie der allmählich sich veredelnden Auffassung der Stellung einer Verkehrsverwaltung gegen Staat und Staatsbürger. Solange die einzelnen Gebietsteile unseres früher so sehr zersplitterten engeren Vaterlandes nicht unter dem tatkräftigen Zähringer Herrscherhaus geeinigt waren, finden wir auch das Verkehrswesen für geringere Entfernungen in völliger Zersplitterung, und die Ausübung der so wichtigen und einträglichen Nachrichten-Fernvermittelung den landesfremden Familien der Brüsseler und Innsbrucker Taxis als Monopolstellung überlassen, gegen die die städtischen sowie die landesherrlichen Botenanstalten und Landkutschen schließlich den Wettkampf aufgeben mußten. Allerdings haben die Markgrafen von Baden wie die Pfalzgrafen ihren landeseingebornen Untertanen vertragsmäßig einen wesentlichen Anteil an den Postdienststellen, namentlich an den Posthaltereien und Postwagenexpeditionen zu sichern gewußt, deren Vergebung an Einheimische ohnehin im Bedürfnis lag oder wenigstens erwünscht erscheinen mußte — einen wesentlichen Einfluß auf die Gestaltung der Verkehrsverhältnisse, auf Verkehrsverbesserung und Tarifverbilligung zur Entfaltung des Verkehrs wie zum Wohle der Untertanen haben sie indes kraft der eigenartigen Lage zwischen Landesfürst und den unter höherem Schutze stehenden landesfremden Postregierungen nicht auszuüben vermocht. Überdies galt damals **als erster Grundsatz** eines annehmbaren Postvertrags der **Vorteil des Landesfürsten**, seiner Regierungskanzlei und Beamten, für den sich die Taxische Postverwaltung hinlänglich bei den Sendungen **der Untertanen** schadlos zu halten wußte. Kaum aber waren die einzelnen Gebietsteile des heutigen Großherzogtums zu einem einheitlichen Staatswesen vereinigt, da entriß auch die neuzeitigere Auffassung von der Wichtigkeit des Verkehrswesens, der Aufgaben der Staatsverwaltung wie der Rechte der Krone diese Monopolstellung dem Privatbetriebe und schuf eine **einheitlich geleitete Staatsverkehrsanstalt** zum Besten des Staates wie der Staatsbürger. Es war dies der **erste große Fortschritt** in der Organisation und Verwaltung des Verkehrswesens, der Übergang von der Privatpostwirtschaft zum Staatspostbetrieb. Der badische Staat gewann nun erst die notwendige uneingeschränkte Einwirkung auf die Gesetzgebung über das Verkehrswesen, insbesondere die Taxen, sowie die Nutznießung aus Postregal und Postzwang, die Allgemeinheit ihr gutes Recht, eine gleichmäßigere Berücksichtigung bei Einrichtung von Kursen und Anstalten zu verlangen und nach Einführung der Verfassung an der Gestaltung des Verkehrswesens durch ihre Vertreter mitzuarbeiten. In einem kraftvoll geleiteten Staatswesen mit selbstbewußter Bürgerschaft hatte das Monopol einer Privatfamilie auf das Verkehrswesen keine Berechtigung mehr. Nunmehr hatten Herrscherhaus und Regierung volle Portofreiheit innerhalb Badens, ohne daß die Staatsbürger dies durch höhere Taxen für ihre Sendungen büßen mußten, nunmehr erst ermöglichten die in die Staatskasse fließenden Reineinnahmen die Einrichtung von Verkehrsgelegenheiten auch auf sich nicht rentierenden Linien. Das waren Vorzüge, die uns unter Taxisschen Posten niemals zuteil geworden wären. Wenn es auch an sich zu beklagen war, daß die einheitliche Leitung des Postwesens in Süd- und Mitteldeutschland durch die einzelstaatlichen Postverwaltungen beseitigt worden ist, so ist es andrerseits nach Lage der Verhältnisse eine gebieterische Notwendigkeit gewesen, daß das Postwesen in der Zeit des deutschen Staatenbundes von den größeren Einzelstaaten selbst betrieben und im gegenseitigen Wettbewerb, insbesondere aber im Wettbewerb mit Taxis in der Entwickelung gefördert wurde, wenn das Verkehrswesen nicht rückständig bleiben sollte. Wie viele Mängel den sich bekämpfenden Einzel-Staatspostwesen anhaften mochten, wir werden dem Abgeordneten Weller für die damalige Zeit nicht Unrecht geben können, wenn er 1846 ausführte:

„Ein weiterer Antrag geht dahin, daß nach Möglichkeit auf ein **allgemeines deutsches Postsystem** hingearbeitet werden möge, um die vielen Nachteile, welche aus der Verschiedenartigkeit desselben für den deutschen Handel entstehen und ihm die Konkurrenz mit dem Auslande erschweren, zu beseitigen.

Das Wort „**Einheit**" hat dermalen in Deutschland einen so guten Klang und das Beispiel des Zollvereins ist so lockend, daß dieser Vorschlag im ersten Augenblicke nur verführen kann. Allein die Repräsentation der Einheit Deutschlands gerade in dieser Beziehung **durch das Haus Thurn und Taxis** hat uns solche seit Jahrhunderten nicht sehr anziehend erscheinen lassen. Die Post gehört vielmehr gerade zu denjenigen Anstalten, die jeder Staat als einen wichtigen Teil der inneren Verwaltung selbst in Händen behalten muß. Allein insofern diese Einheit in einem allgemeinen gleichen Posttarife für ganz Deutschland bestehen würde, der den Bedürfnissen und Anforderungen der Neuzeit entspräche, würden wir denselben mit Freuden begrüßen. Ein solcher kann aber auch durch Verträge erreicht werden.

Wir stellen den Antrag: in der vorgeschlagenen Adresse die Regierung zu ersuchen, sich zu bemühen, daß durch abzuschließende Staatsverträge ein den Bedürfnissen der Zeit entsprechender allgemeiner Posttarif für ganz Deutschland eingeführt werde." Die Mängel der vielen selbständigen Einzel-Postverwaltungen bildeten sicherlich im Verhältnis zum Einheitspostwesen nach altem Muster das kleinere Übel. Indessen in den vielen Einzel-Staatspostverwaltungen neben dem Reste der alten Reichsposten konnte das Heil des Verkehrswesens eines großen bundesstaatlichen Reiches auf die Dauer nicht gesucht werden, das erkannten

---

[132] Weller in dem Bericht der Budget-Komm. der zweiten Kammer, 31. Juli 1846.

gerade die Besten der deutschen Nation am frühesten. Die aus den Mitte des vorigen Jahrhunderts aufgetretenen Wirren wohltuend hervorragenden Einheitsbestrebungen auch auf dem Gebiete des Verkehrswesens wie die nachfolgenden Gründungen des deutsch-österreichischen Post- sowie des Telegraphenvereins zeigten die neueste Richtung gesunden nationalen Volksempfindens wie der Opferwilligkeit der deutschen Fürsten, sie zeigten auch, daß die Einzelstaatspostverwaltungen nur Mittel zum Zweck sein sollten, zur Einheit des Verkehrswesens im neu zu errichtenden Kaiserreich, in welcher Form diese auch ihren Ausdruck erhalten mochte.

Mit der durch das Staatsgrundgesetz verbrieften Reichsoberleitung über das Postwesen ist ein weiterer **epochemachender Fortschritt in der Organisation des Verkehrswesens erreicht.** Einheitlichkeit in der Gestaltung des Nachrichtenwesens durch das ganze neuerstandene Reich wie im Verkehr mit dem Ausland. Die weitere Ermäßigung der Taxen machte jetzt erst die allgemeine Zugänglichkeit der Posten zur vollendeten Tatsache — denn die Taxen sind so mäßig gehalten, daß sie auch dem Nichtbemittelten nicht schwer fallen können, ein hochbedeutsamer Faktor im Zeitalter des Verkehrs wie der praktischen Sozialpolitik —, und die bedeutenden Überschüsse sowie die hohen Ausgaben sächlichen und personellen Betreffs kommen der Allgemeinheit in den verschiedensten Formen wieder zugut. Hier stehen wir auf dem Höhepunkt des Gegensatzes zu den Reichsposten alten Angedenkens. Im Gegensatz zu Frankreich, wo das Postwesen bereits 1676 einen Pachtschilling von 1200000 Livres (320000 Talern), 1733 einen solchen von 3 Millionen Franken ergab und die reinen Einnahmen 1791 11 Millionen Franken betrugen, im Gegensatze zu England, wo es nach der Postreformation Karls I. (1635) um 7000 Pfund Sterling verpachtet wurde und die Einnahmen 1783 3 Millionen Taler betrugen, ist im alten deutschen Reiche das Reichspostmonopol dem an stets leeren Kassen krankenden Reiche niemals nutzbar gemacht und die Taxissche Familie mit ihren verbrieften Erbrechten nicht abgefunden worden. Die gewaltigen Einnahmen flossen in die Kassen des Fürsten von Thurn und Taxis, dem nicht einmal die selbstverständlichste Verpflichtung auferlegt wurde, alljährlich von den überreichlichen Reineinnahmen einen angemessenen Teil zur Herstellung neuer Kurse zu verwenden. Die Portofreiheit des

Kaisers wie der Reichskanzlei, ebenso die Portovergünstigungen der regierenden Häuser und ihrer Regierungskanzleien darf man nicht zu hoch in Gegenrechnung bringen, denn sie mußten durch Vorrechte aller Art[133] aufgewogen werden, die größtenteils der Bürgerschaft in Stadt und Land zur Last fielen. Auch waren noch gerade die Kreise mit anerkannt regem Postverkehr wie die Männer- und Frauenorden ganz oder teilweise vom Postgelde befreit, von denen irgendwelche Gegenleistungen dafür an Reich oder Bundesstaaten ausgeschlossen waren. Die Allgemeinheit außer den regierenden und kirchlichen Kreisen steuerte dagegen die Reineinnahmen durch hohe Portosätze und es war unter diesen Verhältnissen natürlich, daß die Taxen hoch waren und blieben.[134]

---

[133] Sicherung des Monopols, freies Geleit, Zoll-, Weggeld-, Frond-, Wachtdienst-, Einquartierungsbefreiung, Verpflichtung der Pferdebesitzer zu Vorspann- und Aushilfsleistungen usw.

[134] Die Höhe der Taxisschen Brieftaxen noch in der zweiten Hälfte und gegen Ende des 18. Jahrhunderts tritt besonders zutage, wenn wir sie in Vergleich setzen zu den damaligen Handarbeitslöhnen. Natürlich bleibt ein solcher Versuch Stückwerk, da es damals keine Einheitsbrieftaxe, ebensowenig einen einheitlichen Arbeitslohn oder ein gleiches Arbeitsmaß wie heute gab. Beispielsweise konnten 1778 bei der Firma Wohnlich Grab & Co., Pforzheim (Tuchindustrie), die fleißigsten und tüchtigsten Arbeiter im Stücklohn $10^1/_2$ kr. verdienen, statt dessen wurde ein allgemeiner Taglohn von 6 kr. eingeführt. Ungefähr zur gleichen Zeit konnten es die besten Weber in den Kilianschen Seiden- und Baumwollfabriken des Schwarzwalds auf einen Taglohn von 30 kr. bringen, die Hauensteinischen Vögte hatten ferner (um 1794) selbst angegeben, daß ein fleißiger Weber, der von morgens 4 bis abends 10 Uhr!! schaffe, 15—18 kr. verdiene (Gothein, a. a. O.), also hätten wir einen Durchschnittslohn von $(6 + 30 + 16^1/_2 = 52^1/_2 : 3 =)$ $17^1/_2$ kr., wogegen die Brieftaxe des einfachen Briefs damals auf durchschnittlich $8\,^1/_2$ kr. angenommen werden muß. Ein Arbeiter mußte also für das Franko eines einfachen Briefes einen halben Tag (6—7 Stunden) arbeiten und überdies noch die Beförderung des Briefes zur nächsten vielleicht einige Stunden entfernten Poststation besorgen, während dem Empfänger noch die Tragung des Bestellkreuzers oder gar des Halbfrankos verblieb. Die Spinnerin verdiente in der Kilianschen Seiden- und Baumwollspinnerei im Durchschnitt 8 kr., die fleißigste 12, in der Baar und St. Blasien eine Frau beim Hanfspinnen 4 kr., in der Baumwollspinnerei 5—7 kr., im Bezirk Neufra die Spinnerin (einschl. Nebenarbeiten) 9—10 kr., im Fürstenbergischen 12 kr., somit Durchschnittslohn: $(10 + 4 + 6 + 9^1/_2 + 12 = 41^1/_2 : 5 =)$ $8^3/_{10}$ kr., d. h. das Franko für einen einfachen Brief erforderte durchschnittlich den vollen Tagelohn einer fleißigen Spinnerin. Die allgemeine Benutzbarkeit der Posten war somit damals, wo der weniger Bemittelte kaum die Gebühr für den einfachen Brief erschwingen konnte, eine leere Redensart. Heute wendet

War die Wahrung und Erhaltung des Taxisschen Posterbrechts das unverständlichste und für die Reichskasse wie die Allgemeinheit unrentabelste Monopol, dessen Bestehen die Zersplitterung der deutschen Lande, die ausgeprägte Kleinstaaterei zur Voraussetzung hatte, und zur Folge, daß die Allgemeinheit einen Einzigen bereicherte, während heute die Postüberschüsse ihr selbst in Form der Reineinnahmen wieder zugut kommen, so war die Übernahme des Postwesens in Staatsverwaltung innerhalb Süddeutschlands zu Beginn oder im Laufe des neunzehnten Jahrhunderts die Folge der Bildung größerer Staatswesen mit voller Souveränität wie der Betätigung moderner Staatsgrundsätze, die nach Wiederherstellung des deutschen Reichs zur Reichsverkehrsverwaltung führen mußten. Ein einiges Weltreich wie das neuerstandene deutsche Vaterland mit ungehindertem Verkehr in den entferntesten fremden Weltteilen — und bundesstaatliche Sonderposten, die sich gegenseitig innerhalb des Reichs, die sich in der Heimat selbst lästige Schranken setzen, erscheinen uns heute gleichsam als der letzte Rest aus der Vergangenheit unverstanden in die Neuzeit hereinragender Anschauungen, als ein letzter Versuch, sich dem immer mehr geltend machenden Einheitsgedanken entgegenstemmen zu wollen. Im Zeitalter des Verkehrs gilt für das Verkehrswesen in erster Linie: Ein Reich, Ein Volk!

der Arbeiter bei — nieder veranschlagt — einem Durchschnittslohn von 3 Mk. $^1/_{30}$ bzw. $^1/_{60}$, die Arbeiterin bei einem Durchschnittslohn von 2 Mk. $^1/_{20}$ bzw. $^1/_{40}$ für das Franko eines einfachen Briefs oder einer Postkarte innerhalb Deutschlands und Österreich-Ungarns auf oder in Arbeitszeit $^1/_3$ bzw. $^1/_6$, $^1/_2$ bzw. $^1/_4$ Stunde, in allerneuester Zeit genügt die Zehnpfennig-Marke für die Beförderung eines einfachen Briefes sogar über den Ozean hinüber.

Anlagen.

Postpatent Kaisers Joseph II. von 1768

(zu Seite 216).

WIR JOSEPH der Andere von GOttes Gnaden erwählter Römischer Kaiser, zu allen Zeiten Mehrer des Reichs, in Germanien und zu Jerusalem König, Mit-Regent, und Erb-Thronfolger der Königreiche Hungarn, Böheim, Dalmatien, Croatien, und Sclavonien, Erzherzog zu Oesterreich, Herzog zu Burgund, und Lothringen, Großherzog zu Toscana, Großfürst zu Siebenbürgen, Herzog zu Mayland und Bar rc. Gefürsteter Graf zu Habsburg, Flandern, und Tyroll rc. rc.

Entbiethen N. N. allen und jeden Churfürsten, Fürsten, Geist- und Weltlichen Prälaten, Grafen, Freyen, Herren, Ritteren, Knechten Landvögten, Hauptleuten, Vitzdomen, Vögten, Pflegeren, Verweseren, Amtleuten, Landrichteren, Schultheissen, Burgermeisteren, Richteren, Räthen, Bürgeren, Gemeinden, und sonst allen anderen Unseren und des Reichs Unterthanen, und Getreuen, auch allen Unseren hohen und niederen Kriegs-Offizieren und gemeinen Befehlshaberen, zu Roß und Fuß, den einquartiert oder durchreisenden Völkeren, wie nicht weniger allen und jeden Postmeistern, Verwalteren, Post-Beförderern, ihnen und allen denen, so bey dem Post-Wesen bestellet, und denenselben verwandt seynd, sodann ebenmäßig allen und jeden auf der Post hin- und wieder- reisende bekannt- und unbekannten Personen, Courieren, was Würden, Stand, oder Wesens dieselbe seynd, denen dies von Weil. Kaisers Leopoldi Maj. den Siebenzehenden Octobris, Sechzehen Hundert Acht und Neunzig erkauntes, von Weil. Kaisers Josephi Maj. den Sieben und Zwanzigsten Octobris, Siebenzehen Hundert und Sechs, von Weil. Kaisers Carl des Sechsten Maj. den Zehenden Martii Siebenzehen Hundert und Dreyzehen, von Weil. Kaisers Carl des Siebenden Maj. den Vier und Zwanzigsten April Siebenzehen Hundert Vier und Vierzig, dann von Unsers in GOtt ruhenden nächsten Herrn Vorfahrers am Reich, und Herrn Vaters Kaisers Franz Maj. glorwürdigsten Andenkens den Dritten Maji Siebenzehen Hundert Sechs und Vierzig, auch von Uns anjetzo wiederum renovirtes Kaiserl. Patent, oder glaubwürdiger Nachdruck davon zu sehen, zu lesen, oder zu hören vorkommt, Unser respective Freund- Vetter- und Oheimlichen Willen, Kaiserl. Huld, Gnad, und alles Gutes.

Klagen:

1. Daß die Ordinari- und Extra mit Truhen, Küsten und andern schweren Sachen nicht beladen werde.

Nachdeme uns auch hiebevoren mit Beschwerde vor- und angebracht worden, wie daß die lauffende Ordinari- und Extra Ordinari-Posten mit Aufgebung ungebührlicher schweren Sachen und Truhen, Schachteln und dergleichen allzusehr beladen, und dadurch mit solchen schweren Bürden die Posten in mehr Wege verhindert und verabsaumet worden.

2. Daß theils Grundherrschaften, die zur Post bestellte Pferd mit Fron-Dienst und Robathen nicht belegen.

Dann auch im anderten, daß sich unterschiedliche Grund-Obrigkeiten der Post-Beförderer anmassen, mit ihnen Post-Beförderern gar zu schaffen, und die zur Post bestellte Roß, ihres Gefallens, zu gelegener- und ungelegener Zeit, ihnen mit Gewalt zu nehmen, und ihrer Gelegenheit nach, dort- und dahin, auch zur Feld- und anderer Robathen zu gebrauchen.

3. Daß der Courier, und andere Postierer die Ordinarien und Extra-Speditionen, nicht mit sich führen, oder befördern lassen wollen.

Fürs Dritte, daß die hin- und wider reisende Couriers, und andere, so sich des Post-Ritts gebrauchen, wann sie die Ordinari- oder andere Extra-Ordinari-Posten gleich antreffen, doch dieselbe nicht mitnehmen oder führen, sondern das Widerspiel mit Pochen, Poldern bedrohlichen Worten, groben Schlägen, und harten Verwundungen, von denen Post-Beförderern erzwingen wollen, daß dahero offtmals sowohl die Ordinari-Post, als auch andere Unsere eigene Sachen bisweilen in zehen bis zwölf Stunden aufgehalten werden, und verliegen bleiben müssen, indem unter andern auch die Post-Beförderer, bey so üblen Tractament keine Knechte mehr überkommen können.

4. Daß die Posthalter in Marchirung der Völker mit der Einquartierung nicht überhebt werden.

Ueber dieses und für das Vierte, wann an ein- oder andern Ort, Kriegs-Volk am Ein- und Abzug, durch die Städte, Märkte und Dörfer geführet wird, daß ihrer der Post-Beförderer nicht verschonet, sondern dieselbe mit gleichmäßiger Einlogierung des fremdem Kriegs-Volks sowohl zu den vorfallenden Auflagen und Anzügen, in gleicher Bürde, ohngeachtet sie sonsten mit dem mühesamen Post-Wesen genugsam beladen und zu thun, gezogen werden wollen.

5. Daß sich etliche unterstehen, nach Belieben, sich bey denen unter Wegs-Posten einzudringen.

Und Fünftens, daß vielmal etliche mit ihren eigenen Rossen, Kutschen, und dergleichen, theils wohl gar zu Fuß ihre Reise anstellen, aber unversehens, wo es ihnen zu Sinnen kommt, an diesem oder jenem Ort, ein- oder mehr Roß von denen Posten begehren und haben wollen, da man ihnen aber dieselbe, vermög der alten Ordnung und Unserer Gnädigster Resolutionum, um willen sie nicht von der Haupt-Post aufgesessen, oder von derselben keine Verwilligung, oder Annehmungs-Zettul haben, billig- und schuldiger massen verweigert und abschläget, sie die Roß mit Gewalten selbsten aus denen Ställen nehmen, und damit ihres Gefallens, wegzureiten, sich vermessen.

Sechstens, wann zu Zeiten Gefürstete Personen, Bothschaften, oder andere zu Unserer Kaiserl. Hof-Staat, oder von dar, und sonsten aufzu- und abreisen wollen, und dieselbe etwa mehr Roß, als man bey der Post in der Ordinari-Bestallung zu halten schuldig, bedürftig seyn, daß man, wegen der Nachbaren Widerspenstigkeit und Verweigerung ihrer Roß, damit langsam oder gar nicht aufkommen können.

6. Daß theils Orten im Nothfall, die Pferde auf die Post zu lehnen verweigern.

Zum Siebenden, daß etliche Land-Leute und Unterthanen, auf ihren Herrschaften, Güthern, Gründen und Böden, die alte und lange Jahr hero gebrauchte Post-Strassen, oder Steigen verbauen, solches aber an Reit- oder Beförderung Unserer und des gesamten Publici Diensten sehr verhinderlich ist.

7. Daß die alte Post-Wege vermacht und vergraben werden.

Item und fürs Achte, daß unterschiedliche, so sich des Post-Wesens gebrauchen, die Pferde mit grossen Truhen und schweren Felleisen beladen, daß sie sich unter einer solch- ohngewöhnlichen Last biegen müssen, auch dergestalten über Berge und Thäler, und bisweilen ohne Abwechslung zwey oder drey Posten wohl außer der Post-Strassen, wider allen Gebrauch und Herkommen dergestalt reiten und abrennen, daß die Roß nicht allein krumm und untüchtig, sondern wohl gar zu todt geritten werden, wodurch dann nicht nur die Post-Beförderer in grossen Schaden gerathen, sondern auch verursachet wird, daß sie aus Ermanglung der Roß, ihre Dienste, wie sie sonsten gebühret, nicht versehen können.

8. Wider die Excess der großen, schweren Truhen, Felleisen, und Päcke.

Neuntens, daß sich auch die Lehn-Rößler, Stadt-Kauf-Leute, und andere Bothen, die hin- und wieder per Posta reisende Personen von der Post abwendig zu machen, und dieselbe eben auf die Art und Weise, wie die Post, mit vor- und hinterreitenden Knechten, und aufgebundenen Felleisen, ja wohl auch mit Führung des Post-Horns in- und ausser Land, durchs Reich und sonsten zu führen, unterstehen, durch welches denen Post-Beförderen, als die Tag und Nacht, in Hitz, Kälte und grossem Ungewitter, auch wegen der Wässer und Schnee, in größter Leib- und Lebens-Gefahr mit Roß und Leuten das ganze Jahr in Bereitschaft stehen müssen, ihr Stuck Brod entzogen, nichtweniger hierdurch unterschiedliche verdächtige Leute mit- und ausser Lands geführet, auch Unser selbst eigenes Post-Regale, so fürnehmlich zu Unsern selbst- eigenen, wie auch des Heiligen Römischen Reichs hohen Angelegenheiten bestellet, und mit grossen Unkösten dem allgemeinen Wesen zum Besten, tanquam Cursus publicus erhalten werden muß, in Gefahr gesetzet wird, indem nemlichen, weilen man die Post von den Lehn-Rößlern und Boten, und die von der Post solcher Gestalten auf der Strassen nicht erkennet, die Post so leicht als ein Lehn-Rößler, oder Both angegriffen werden möchte, so sonst nicht geschehen würde.

9. Wider die Excess der Botten, Metzger, und Lehen-Rößler.

10. Daß man denen Posthaltern ꝛc. die nothwendige Behausung, Stallung und anderes nicht zukommen lassen wolle.

Item, und zum Zehenden, wann an ein- oder andern Ort durch Unsers General-Erb-Reichs-Postmeisters des Fürstens von Thurn und Taxis Liebden, auf Unseren Gnädigsten Befehl neue Posten zu Unserer Nothdurft eingelegt, oder aber, durch das Ableben eines Post-Beförderers, ein- oder andere vacirende Post wiederum ersetzet wird, daß man selbigen Post-Beförderer an Ort und Enden, wo die Posten liegen, die gehörige Quartier, Wohn- und Stallung nicht erfolgen lassen wolle:

Welchen Verordnungen und Beschwerden abzuhelfen, hiebevoren schon mehrmahlen scharf- verpönte Mandata ausgangen, anjetzo aber besagt- Unsers und des Heiligen Reichs General-Erb-Postmeisters des Fürsten von Thurn und Taxis Liebden, daß denen nicht nachgelebet würde, allerunterthänigst angezeigt, und sowohl um die Erfrisch- und Verschärfung erst- bemeldter Patenten, wie auch um allergnädigste Confirmation einer umständlichen denen gesammten Reichs-Post-Verwandten, nichtweniger, als allen und jeden sich der Post- bedienenden Personen zur Nachricht und Warnung dienenden Post-Ordnung gebetten worden.

Damit nun solche jetzt erzehlte Verhinderungen, Beschwernissen, Unordnungen und Mißbräuche, Aufhaltung, Versaumnissen Unser eigenen und des allgemeinen Wesens antreffenden Sachen abgestellt, denen Posten mehrere Beförderungen und in allen eine geziemende bessere Ordnung gemacht, und beyderseits sowohl von Post-Beförderern, als Post-Reitenden vorgeschriebener massen, auf daß sich niemand mit der Unwissenheit entschuldigen könne, gehalten werde.

Resolutiones.

1. Keine schwere Truhen, Felleisen, oder Pack bey der Post anzunehmen.

Als haben Wir, nach reifer Ueberlegung der Sachen, Erstlich, die in diesen Fällen noch vorhin publicirte und ausgegangene General-Mandaten, Kraft dieses Allergnädigst erfrischen, und so ernstlich, als gnädigst befehlen wollen, daß keiner, wer, oder was Standes der seye, ausser Unser eigenen Sachen, und so von Uns selbsten aufgegeben werden möchte, weder Truhen, noch dergleichen schwere Sachen denen Posten ferners aufgeben, noch die Post-Beförderer solche annehmen, sondern selbige gleichwohl mit anderen Gelegenheiten fortschicken sollen.

2. Die Post-Beförderer, ausser was sie von ihren Gründen und Häusern schuldig weiter nicht zu beschweren.

Nichtweniger wollen Wir Andertens allen und jeden Grund-Herrschaften, unter welchen ein oder mehr Postmeistere, oder Post-Beförderere gesessen und wohnhaft seynd, gemessen auferlegt haben, daß sie dieselbe ausser dessen, so sie ihnen von ihren Gründen und Häusern zu reichen schuldig, im wenigsten weiter nicht beschweren, noch mit ihren Personen und haltenden Post-Rossen (als welche bloß zu Unserer und des Cursus publici Bedienung bestellet seynd) das Geringste schaffen, noch ein solches durch andere beschehen lassen, sondern da es von Jemanden, wer der auch seye, beschehe, und sie bedrangt würden, solches an mehrbesagte Unsers und des Reichs belehnenden General-Erb-Postmeisters des Fürsten von Thurn und Taxis Liebden gelangen lassen sollen, der hernach bei Uns die erforderende weitere Hülf und Assistenz schon zu suchen, und darum anzuruffen, wissen wird, Ihro auch solche jederzeit würklich widerfahren und geleistet werden solle.

Ferners und im Dritten, wollen Wir allen und jeden, so sich des Post-Reitens, oder Fahrens bedienen, sie seyen Stands oder Würden, wie sie immer wollen, ausdrücklich aufgelegt haben, daß sie zu weniger Verhinderung Unserer Sachen, die antreffende Ordinari- oder Extra-Ordinari-Posten jederzeit ohne Weiger- und Entschuldigung gestracks annehmen und mitführen, sich auch aller anderer Drohung- und Thätlichkeiten, als Schlägen und Verwunden gegen denen Post-Beförderern, und denen Ihrigen gänzlich enthalten, im Widrigen zu anderen ernstlichen Einsehen nicht Ursach geben sollen; Wie sie dann bey solcher der Posten Mitnehmung erzeigender Verweigerung, oder anderen Thätlichkeiten, als Schläg und Wundungen bey anderen Posten gar nicht befördert, noch einige Post-Roß ihnen weiters gegeben, sondern noch darzu, wie in dem Punct hernach mehrers gemeldet wird, würklich bestraft werden sollen.

3. Die Couriers sollen die Ordinarien und Extra mitnehmen, und sich alles Drohens oder Schlagens enthalten.

So wollen Wir Viertens, bey allen Grund-Obrigkeiten, Städten, Märkten und Gerichten hiemit dieses statuiret und geordnet haben, daß ins Künftig einigen Postmeisteren, Verwalteren, oder Post-Beförderern, in denen Durchzügen mit Einquartierung eines Kriegs-Volks, oder Soldatens, durchaus keine Ungelegenheit oder Beschwerung angethan, oder zugefügt, sondern wie mit demselben Einquartierungen, also auch zur fürfallenden Auflagen verschonet werden sollen, angesehen, daß sie ohnedessen, zu Unserer und des gemeinen Wesens Nothdürften, Tag und Nacht in Bereitschaft stehen, und mehr, als andere, bemühet seyn müssen, sie auch durch dieses zu desto emsig- und fleißiger Abwart- und Verrichtung ihrer Diensten bewegt werden.

4. Die Post-Beförderer sollen weder mit Einquartierung, noch Auflagen beschweret werden.

Fünftens, wollen Wir ernstlich eingestellet haben, daß hinführo keinem mehr, wer der auch seye, gestattet und zugelassen werden solle, eigenes Gewalts, oder mit Bedrohung ein- oder mehr Roß aus denen Ställen zu nehmen, oder auch die Post-Beförderer darzu nöthigen, sondern da einer über diese Warnung mit dergleichen eigenthätigen Frevlen und Muthwillen betretten wurde, der soll zu Strafe drey Mark-Löthiges Goldes unnachläßlich zu bezahlen, derselbe aber, so es nicht im Vermögen hat, solche Strafe mit dem Leib auszustehen, und zu büssen, schuldig seyn, wie Wir dann nicht allein denen Postmeistern, Verwaltern, und Beförderern wider diejenigen, welche

5. Bey Strafe drey Mark-Löthigen Goldes soll sich keiner der Post-Pferde mit Gewalt bemächtigen.

Gewalt brauchen, die Noth- und Gegenwehr hiemit Gnädigst verstatten, sondern auch allen Obrigkeiten und Gerichten in denen Städten, Flecken, und andern Orten hiebei gemessen und ernstlich anbefehlen, daß sie denen Post-Verwaltern, und Post-Beförderern, auf ihr Anruffen und gegen Fürweisung dieses Unsers General-Mandati, wider dergleichen Gewalt-Uebende alle gebührliche, und im Nothfall manu forti bedürftige Assistenz leisten, und schuldige Ausrichtung thun, ja selbige wohl gar aufzuhalten, und selbst an Unsern Kaiserl. Hof zu liefern, um alsdann ohne einigen Respect der Person, andern zum Abschen und Exempel, mit unnachläßlich- ernstlichen Bestraffung gegen sie zu verfahren, widrigen Falls, und da sie gedachte Post-Beförderer solche gesuchte Hülf-Leistung weigern würden, sie den ihnen Post-Beförderern, oder ihren Knechten daraus entstehenden Nachtheil und Schaden selbsten abzustatten schuldig seyn, und noch darzu von Uns unverschont und ganz ernstlich bestraft werden sollen.

6. Die Obrigkeiten sollen in Mangel der Post-Pferden ihre Unterthanen zur Hergebung der Pferde gegen Gebühr anhalten.

Und wann es Sechstens sich begiebt, daß etwa Fürstliche Personen, derselben Bothschafter, und andere Leute, die auf der Post reisen, und etwa mehr Roß, als die Post-Verwalter, und Post-Beförderer in der Bestallung zu erhalten schuldig, bedürfen, und die Obrigkeiten, oder Gerichte von ihnen Post-Beförderern um Hülfe angesprochen werden möchten, daß ihnen in solchen Begebenheiten jedesmal, ohne alle Verweigerung und Ausflucht, bey den unterhabenden Burgern und Nachbarschaften mit Verschaffung der nothwendigen Roß und anderen Nothdurften, jedoch gegen billige Bezahlung alle schuldige Hülfe und Assistenz erweisen sollen.

7. Die verschlagene Post-Wege zu eröffnen, zu repariren, und im bösen Weg den Postillionen durchzubrechen erlaubt seyn.

Und nachdem Siebendens, auch durch Verbauung der alt- gewöhnlicher Post-Steig an Beförder- und Ueberbringung Unserer und des gemeinen Wesens anbetreffenden Ordinari-Posten und Estaffetten bishero merklich und überaus viel verhindert worden, als wollen Wir Gnädigst, daß nicht allein diejenige Post- Steig und Strassen, so bis dato gebraucht worden, und noch unverbauet seynd, noch ferners also unverbauet gelassen, sondern auch jene, so entweder schon würklich verbauet und zugeschlossen worden, alsobalden auf Begehr- und Anzeigung ein- oder des anderen Post-Beförderers, wiederum eröffnet, und beständig offen gelassen, förderist aber beyde in guten Stand erhalten, und zu dem Ende die nothwendige Reparirung derselben jederzeit zu rechter Weil vorgekehret, nichtweniger die Posten, da bey unstät- und bösen Wetter die Strassen also verderbt, mit Wasser und Koth überschwemmet, auch die Wege also Grund- los, oder auch harte, steinerne, oder tiefe und lange Hohl-Wege seynd, daß daselbsten die Posten weder Tag noch Nacht, weder mit Reiten noch Fahren füglich für einander, oder sonsten, durchkommen können, dieselbe auf abseitige Rein und Wege durchgelassen, und sie Post-Beförderere, auf solchen Fall, die Zäune durchzubrechen, von sich selbsten befugt seyn sollen.

Und weilen Achtens, durch so vielfältige Aufladen grosser Truhen und schweren Felleisen, auch so ungewöhnliches Ueberreiten der Posten, die Roß krumm, untüchtig, und manchesmal gar zu Boden geritten werden, so wollen Wir hiemit ernstlich anbefohlen haben, daß man von einer Post- reisenden Person dem uralten Gebrauch nach, einige Truhen oder Felleisen, so über dreißig meistens vierzig Pfund schwer ist, mit der Post zu führen, nicht annehmen, und da eine oder andere, aus Muthwill- oder Frevel und übermäßiger Strapacierung, ein Roß untüchtig, oder gar zu Boden reiten würde, derselbe dem Post-Beförderer um solchen Schaden Satisfaction zu geben schuldig, und keiner befugt seyn solle, die von voriger Post gehabte Roß weiters, als bis auf die nächst- gelegene Post zu gebrauchen, sondern bey jeder Post sowohl, als auch unter Wegs abzuwechslen.

8. Keine Truhen, Küsten, oder dergleichen über 30. meist 40. Pf. schwer nicht anzunehmen, noch weiters, als nächste Post, zu befördern.

Gleicher Gestalten Neuntens, befehlen wir alles Ernstes, daß sich die Lehn-Rößler und Bothen ins Künftige nicht unterstehen sollen, einige Briefe, so ihnen, vermög Unserer ins Reich publicirten Patenten nicht anständig, noch gebühren, weder unter Wegs, noch in Orten, wo sie abgehen, und ankommen, annehmen, weniger selbst, oder durch andere sammlen lassen, Brief-Träger, Nacht-Zunder, Neben-Bothen und dergleichen, weder gehend, reitend noch fahrend zu halten, die Pferde zu verwechslen, Briefe voraus zu schicken, oder des Post-Horns zu gebrauchen, noch die Leute von der Post abspenstig zu machen, oder mit vorreitenden Knechten, und aufgebundenen Felleisen die reisende Personen zu führen, da aber einer oder der andere in derley Occasionen begriffen wurde, solle demselben das Post-Horn und die Roß, wie vor Alters gebräuchlich und statuiret ist, nicht allein hinweggenommen, sondern auch noch ferners bestraft werden.

9. Den Lehn-Rößlern, Bothen, &c. so sie wider die Kaiserliche Patent handeln, alles confiscirt, und noch darzu gestraft werden.

Zehendens, wollen Wir Gnädigst und ernstlich, so oft sich begiebt, daß oftgedachte Unsers General-Reichs-Postmeisters, Fürsten von Thurn und Taxis Liebden entweder aus Unserm Gnädigsten Befehl, neue Posten einleget, oder eine vacirende ersetzet, daß demselben Post-Beförderen, wann sie nicht mit eigener Wohnung und Stallung selbsten versehen seynd, jederzeit das gehörige Quartier, oder Accommodement zur Wohnung und Stallung, jedoch gegen Bezahlung leidentlichen Bestands, unweigerlich erfolget werde, dabey dann

10. Gegen Gebühr aller Orten für die Kaiserliche Post das Unterkommen zu verschaffen. Item: auf alle ins Reich publicirte Post-Patent ernstlich zu halten.

Schlüßlichen, neben allen obigen Innhalt, sowohl die von Unserm in GOtt ruhenden Herren Vorfahreren am Reich Römischen Kaiseren, als auch noch lezthin von Unserm in GOtt ruhenden nächsten Herrn Vorfahrer am Reich, und Herrn Vater Kaisers Franz

Majestät, glorwürdigsten Andenkens, zu Behuf dieses Unseres Reichs-Post-Regalis, und Special-Reservati emanirte, und in das Heil; Römische Reich publicirte, auch von Zeit zu Zeiten erheischender Nothdurft nach, verbesserte Patenten, Mandata, und Rescripta, als wann solche von Wort zu Wort hier inserirt, nicht allein comfirmirt, sondern auch die Post-Ordnung in Kraft dieses allergnädigst bestättigt, und darob vest zu halten, aus Kaiserlicher Macht ernstlich befohlen wird. Deme dann sie alle und jede Anfangs benannte, und sonsten jedermänniglich allergehorsamst nachzukommen, und sich vor Schaden zu hüten wissen werden. Mit Urkund dieses Briefs besiegelt mit Unserm anhangenden Kaiserlichen Insiegel, der geben ist zu Wien den Acht und Zwanzigsten Novembris Anno Siebenzehen Hundert Acht und Sechzig, Unsers Reich im Fünften.

Joseph.

Vt. R. Fürst Colloredo.

Ad Mandatum Sacræ Cæsareæ Majestatis proprium.

Johann Georg Reizer.

Urkunden aus dem F. Z.-A. Regensburg.

(Zu Seite 125[71] und 128[76].)

Kaiser Karl V. bestätigt dem Seraphim und dessen Sohne Bartholomäus von Taxis die ihnen durch die Generaloberstpostmeister Johann Baptista und Franz von Taxis im Jahre 1540 bzw. 1543 übertragenen Postämter zu Bobenheim, Diedelsheim und Rheinhausen[1] sowie zu Augsburg und Roßhaupten.

Dd. Brüssel, 22. Dez. 1543.

Carolus Quintus, divina favente clementia Romanorum imperator Augustus ac rex Germaniae . . . . comes Habspurgi, ... Recognoscimus et notum facimus tenore praesentium universis, quod

[1] Die ersten Oberpostmeister von Rheinhausen (und zugleich von Bobenheim, Diedelsheim, Augsburg und Roßhaupten) waren von 1543—1672 Seraphim I. und II., Octavio und Johann Baptista von Taxis (vgl. auch die nachfolgenden Urkunden).

quum nobis exposuerit fidelis nobis dilectus Seraphinus de Taxis[2], ex praefectis tabellariorum nostrorum, quod alias Baptista de Taxis[3], consiliarius noster et supremus tabellariorum nostrorum profectus, ipsi Seraphino in remunerationem benemeritorum erga se et totam familiam Taxiorum concessit atque in eum transtulit irrevocabiliter officium postarum in Pobenhaim, Didilzheim et Reinhausen[1] cum salariis, commodis et emolumentis aliisque iuribus et pertinentiis ad ea officia spectantibus, pro ipso Seraphino ac Bartholomeo eius filio ad utriusque eorum vitam; et hoc sub modis, formis, poenis et aliis clausulis, promissionibus, renunciationibus, in literis huiusmodi concessionis sub dato Bruxellis, die vigesima prima mensis Dezembris, anno Domini millesimo quingentesimo quadragesimo, latius contentis, Quodque deinde postquam praefatus Baptista in fata concessit, olim Franciscus illius filius, et in eo munere supremi tabellariorum praefecti successor, paternam concessionem non tantum ratam esse voluit et confirmavit, verum etiam eidem Seraphino officia postarum in civitate nostra imperiali Augusta et loco de Rochapt[4] illi addidit atque ea officia una cum stipendiis, praeeminentiis, libertatibus, emolumentis et aliis iuribus quibuscumque de novo concessit, una cum facultate, officium praedictum Augustae et in loco Rochapt per se vel

---

[2] Seraphim I. von Taxis begann seine Wirksamkeit im Dienste der Post unter der Oberleitung seines Onkels Franz 1507. 1514 erhielt er den erblichen Reichsadel, 1520 war er der „römischen und hispanischen Kay. Mayestät Postmeister zu Augsburg". 1531 erhielt er den Titel eines Hofpfalzgrafen und am 21. Dezember 1540 vom Generaloberstpostmeister Johann Baptista von Taxis die drei Posten in Bobenheim, Diedelsheim und Rheinhausen, zu deren Besitz Generaloberstpostmeister Franz von Taxis (1541—1543) am 4. Juni 1543 noch die Postämter Augsburg und Roßhaupten hinzufügte.

[3] Baptista de Taxis war der erste Reichs-Generaloberstpostmeister 1517 bis 1541. 1518 betrauten ihn Königin Johanna und ihr Sohn Karl I. von Spanien mit der Verwaltung des Postwesens auf Lebenszeit für alle von ihnen beherrschten Reiche. Ihm wurde die ausschließliche Berechtigung zur Ausübung der Postgerechtsame und die Jurisdiktion über die nach seinem Ermessen anzustellenden und abzusetzenden Postbeamten zugesichert. Die von ihm feierlich in Eid und Pflicht zu nehmenden Beamten und Kuriere waren zur Führung des königlichen Wappens sowie zum Tragen von Waffen berechtigt. Sein Patent als chief et maistre general de noz postes par tous noz royaumes, pays et seigneuries (Union postale, Vol. XVII, Nr. 9) erhielt er zu Gent am 14. Juni 1520. Er organisierte den Feldpostdienst bei den kaiserlichen Armeen in Italien und bei dem gegen die Türken kämpfenden Heere. Vgl. Biographische Skizzen über Glieder des fürstlichen Hauses Thurn und Taxis von Dr. Rübsam, Sonderabdruck aus dem XXXVII. Bande der Allg. d. Biographie, Leipzig 1894.

[4] Diese Poststation lag nördlich von Füßen im Lechtal auf der Poststraße von Innsbruck nach Augsburg.

substitutum exercendi, transferendi, vendendi seu cedendi cuicumque alteri personae sibi gratae, quae quidem persona eodem officio et emolumentis gaudeat et gaudere possit, vita sua durante, ... prout haec omnia in instrumento desuper confecto .... sub hoc praesenti anno .... 1543 mensis vero Junii die quarta latius continentur.

Et proinde humiliter supplicaverit praefatus Seraphinus, ut .... litteras et instrumenta desuper confecta imperiali autoritate nostra approbare, ratificare, validare et auctorizare dignaremur.

Nos vero ... attendentes in primis ipsius Seraphini Taxii in nos et sacrum Romanum imperium et domos nostras Austriae et Burgundiae fidem, studium et sedulitatem, quibus in exercitio muneris praefecti tabellariorum nostrorum jam supra annos triginta sex laudabiliter versatus est et etiamnum versatur, ... eidem Seraphino praenarratas concessiones officiorum postae in Pobenhaim, Didiltzheim et Rheinhausen nec non Augustae et Rochapt .... approbavimus .....

Datum in oppido nostro Bruxellis die 22. mensis Decembris anno Domini 1543.

Carolus m. p.

Ad mandatum Caesareae et Catholicae Maiestatis proprium
Obernburger m. p.

Originalurkunde auf Pergament mit anhängendem zur Hälfte zerstörten Siegel.

(Zu Seite 128[76].)

Kaiser Karl V. bestätigt dem Seraphin von Taxis und dessen beiden Neffen, Georg und Seraphim (le ieusne) von Taxis, den Besitz bzw. die Anwartschaft auf die Postämter zu Bobenheim, Diedelsheim, Rheinhausen sowie zu Augsburg und Roßhaupten, die ihnen durch den Generaloberstpostmeister Leonard von Taxis unterm 15. Januar 1545 auf Lebenszeit übertragen worden waren.

Dd. Regensburg, 23. Mai 1546.

Carolus Quintus, divina favente clementia Romanorum imperator Augustus ac Germaniae, Hispaniarum .... rex .... Recognoscimus et notum facimus tenore praesentium universis, Quod, cum noster et imperii sacri fidelis dilectus Seraphinus de Taxis[5] nobis obtulerit literas concessionis et confirmationis officii postarum in Hausen, Didelsheim, Bobenhaim, Augustae et Rochati, ipsi per fidelem nobis dilectum Leonardum de Taxis[6], cursorum seu po-

[5] Siehe Anm. 2 zur Urkunde v. 22. Dez. 1543.

[6] Leonardus de Taxis ist Leonard I. Reichs-Generaloberstpostmeister 1543 bis 1612; er war der vierte Sohn des Generaloberstpostmeisters Johann Baptista. Kaum zwanzig Jahre alt, erhielt er die oberste Leitung der Posten Kaiser Karls V.;

starum nostrarum praefectum generalem concessas, et humiliter supplicaverit, ut easdem literas .... approbare .... dignaremur. Quarum quidem literarum tenor sequitur in haec verba:

A tous ceulx qui ces presentes lettres verront, Leonard de Taxis, conseillier et maistre des postes general de l'empereur nostre sire, salut. Comme pour les longs et beaulx services, que mon treschier cousin Seraphin de Taxis a faict a .... mon pere e messire Francisco de Taxis mon frere, mes predecesseurs, que dieu pardoint, audit estat, office et conduicte des postes, lespace de XXXVII ans, feu mondit pere luy avoit donné et accordé loffice des postes de Hausen, Didelsem et Pobenhain, Et mondit frere en confirmant ledit don et accord, auroit davantage accorde audit Seraphin loffice des postes D'Ausbourg et Rochat, le tout dependant de mon office general avec les proffitz, gaiges et emolumens y appertenants .... Scavoir faiz, que ce Leonard dessus dit veullant favorablement traicter le dit Seraphin de Taxis, pour les respectz et services que dessus, y coinct ceulx quil a depuis fait a moi, et espere fera encoires a lavenir, ay conferme, ratiffie et valide les accordz et concessions desdits offices des postes .... par ces presentes, pour par luy exercer ou faire exercer lesdits offices sa vie durant .... consentant davantaige, quil puist disposer du dict office Daugsbourg et de Rochat, soit par don, cession, transport ou vente en faveur .... de celuy, qui bon luy semblera. Et en cas quil ne vendist ledit office .... je veulx .... et consens, ... que icelluy office, quant il vacquera par son trespas, succede en ce cas a ses deux nepueux George et Seraphin de Taxis le ieusne freres conivinctement, et au survivant deulx pour le tout .... aux mes gaiges, proffitz et conditions, que faict a present icelluy Seraphin. ....

En tesmoing de ce iay signe cesdites presentes de ma main et scelle de mon seel en la ville de Bruxelles le 15. iour du mois de Janvier XV^{c} quarantecinq.

Folgt die Kaiserliche Bestätigung „una cum auctoritate, salario, juribus et emolumentis eidem muneri postarum spectantibus et per ipsum hactenus rite perceptis[7] et per alios ipsius praedecessores in dictis officiis percipi solitis ....

---

eine energische Natur brachte er, von seinem Vetter Seraphim (Oberpostmeister in Rheinhausen) mit Rat und Tat unterstützt, das Postwesen bald zu hoher Blüte. Durch die niederländischen Wirren erlitt das Postwesen einen schweren Schlag. Unter Leonard I. die sog. Postreformation (Hennot). Dr. Rübsam, a. a. O.

[7] Es unterliegt keinem Zweifel, daß darunter in erster Linie die Erträgnisse des Portos für Privatbriefe zu verstehen sind.

.... Datum in civitate nostra imperiali Ratispona die 23. mensis Maii anno Domini 1546 ....

Carolus m. p.

Originalurkunde auf Pergament, Siegel abgefallen.

Ad mandatum Caesareae et
Catholicae Maiestatis proprium
Obernburger m. p.

(Zu Seite 129[77].)

Einfache Abschrift.

Karl V. sichert als Deutscher Kaiser und König von Spanien seinem langjährigen Postmeister Seraphim von Taxis sowie dessen Untergebenen und Besitzungen seinen besonderen Schutz (salva guardia) zu und befreit ihn von allen Abgaben.

Dd. Augsburg, 1. April 1548.

Carolus quintus divina favente clementia Romanorum imperator augustus ac rex Germaniae, Hispaniarum, utriusque Siciliae, Gerusalem, Hungariae, Dalmatiae, Croatiae, etc. etc. recognoscimus et notum facimus tenore praesentium universis, quum reges et principes deceat, eos sibi in familiares adsumere, quorum fides, probitas et industria comprobata sit, nos igitur attenta vitae ac morum honestate ac sincerae fidei affectu nostri et imperii sacri fidelis dilecti Seraphini de Taxis ex praefectis tabellariorum nostrorum, nec non gratis et acceptis obsequiis, que nobis in multos iam annos fideliter et accurate praestitit, in dies praestat, et posthac praestare poterit et debebit, tenore praesentium et ex certa nostra scientia eundem Seraphinum de Taxis in familiarem nostrum et tabellariorum nostrorum praefectum et una cum famulis, ministris, bonis et rebus suis universis ubilibet constitutis et non tam nunc possessis quam in futurum iusto titulo acquirendis, in nostrum ac sacri imperii tuitionem, protectionem et salveguardiam specialiter eligimus, adsumimus et recepimus, decernentes authoritate nostra imperiali et hoc nostro edicto statuentes, ut idem Seraphinus de Taxis tamquam familiaris noster et postarum director et una cum famulis, ministris bonisque et rebus suis ante dictis sub speciali nostra et imperii protectione, tuitione et salvaguardia constitutus salvus et securus sit ab omni gravamine et onere, exemptus penitus et immunis possit et debeat omnibus et singulis privilegiis, gratiis, praerogativis, immunitatibus, libertatibus, exceptionibus, franchetiis, honoribus, dignitatibus, commodis et emolumentis, uti, frui et gaudere, quibus alii familiares et aulici nostri continui domestici et sub simili tuitione, protectione et salvaguardia nostra imperiali constituti gaudent et fruuntur, consuetudine vel jure absque omni impedimento et contradictione, mandantes propterea universis et singulis principibus, tam ecclesiasticis quam saecularibus, archiepiscopis, episcopis, ducibus, marchionibus . . . . civibus, communitatibus civitatum, oppidorum, terrarum, villarum et quorumvis aliorum locorum rectoribus . . . . ut praefatum Seraphinum de Taxis pro vero familiari nostro et veredariorum nostrorum prefecto habeant, immunitatibus, honoribus, prerogativis, gratiis et aliis premissis, et contra prefatae salvaguardiae et protectionis privilegium ipsum una cum famulis et ministris suis in personis aut in bonis et rebus nec molestent, nec impediant aut perturbent, nec ab aliis molestari seu perturbari sinant, verum illis supra dicto modo uti, frui et gaudere sinant, et in ipsis nostro nomine et authoritate, tueantur et defendant, nec non dum et quotiens ipse Seraphinus de Taxis ad loca, passus seu districtus tam nostrae quam alienae iurisdictionis, tam nostrarum quam suarum rerum causa pervenerit, aut ibi domicilium elegerit, ipsum tamquam verum familiarem nostrum contiguis tractent honoribus et una cum famulis, equis, bonis et rebus suis omnibus, quas secum libere absque omni impedimento et sine solutione alicuius pedagii, pontegii, passagii, gabellae, contributionis aut alterius cuiuscumque oneris realis sive personalis solutione ire, transire, habitare, recedere et redire permittant et quotiens requisiti fuerint, de salvo et securo conductu, nunciis, quibus et aliis rebus necessariis, illi provideant et provideri faciant, in eo nostram expressam voluntatem facturi, secus vero facientes gravissimam nostram indignationem et penas nostro arbitrio imponendas incursuri. Harum testimonio litterarum manu nostra subscriptarum et sigilli nostri appensione munitarum, datum in civitate nostra Imperiali Augusta Vindelicorum die primo mensis aprilis, anno Domini milesimo quingentesimo, quadragesimo octavo, imperii nostri vigesimo octavo, et regnorum nostrorum trigesimo tertio.

Carolus

ad mandatum Caesareae et
Catholicae maiestatis proprium.
J. Obernburger.

Kaiser Ferdinand I. transsumiert und bestätigt für den jüngeren Seraphim von Taxis[8] die seinem verstorbenen Oheim Seraphim dem Älteren über

[8] Somit war der Nachfolger im Postmeisteramte zu Rheinhausen Seraphim II. (der jüngere), der Neffe Seraphims I. (vgl. Urkunde von 1543). Seraphim II. war der jüngere Sohn des Bartholomäus von Taxis, des Bruders Seraphim I. Da dieser keine Nachkommen besaß, so hatte er seinen Neffen S. II., der bei ihm in Brüssel wohnte, zum Universalerben seines bedeutenden Vermögens ausersehen. S. II. kam somit auch in den Besitz der wichtigen Postämter zu Rheinhausen und Augsburg und wurde der Stammvater des Augsburg—Neuburger Zweiges der Familie Taxis. Ihm folgte im Amte eines

die Postämter Hausen (Rheinhausen), Diedelsheim, Bobenheim, Augsburg und Roßhaupten verliehenen Urkunden vom 15. Januar 1545 und 23. Mai 1546, jedoch mit dem Vorbehalt:

„ut haec nostra confirmatio iuribus supremi aulae nostrae Caesareae postarum magistri Christophori de Taxis [9] fidelis nobis dilecti, quae in supranominatis postis habet, nihil praejudicii inferre intelligatur".

dd. Augsburg, 10. Juli 1559.

Originalurkunde auf Pergament mit anhängendem Kaiserlichen Siegel.

(Zu Seite 133[91].)

Lamoral Claudius Franciskus de la Tour Graf von Tassis, Erb. General-Obrist-Postmeister im Reich, den Niederlanden, Burgundt und Lothringen bestätight nach tötlichem Abgang seines Vaters, Leonhard Grafen von Taxis, die seinem Vetter Johann Baptist von Taxis verliehenen Postämter zu Augsburg und Rheinhausen, d. Brüssel 27. Februar 1646.

„Wir Lamoral Claudius Franciscus de la Tour Graff von Tassis vondt des Heyligen Römischen Reichs, der Röm. Kayserl. Mayestät Erb-General Oberster-Post-Meister im Reich, den Niederlanden, Burgundt, vndt Lothringen thun kundt vndt zue wissen: Demnach durch thöttlichen Abgang .... unseres hochgeehrten ... Herrn Vaters .... alle ... über die von vnserem generalat dependirenden Ämpter vndt Posten ertheilte Commissiones erloschen vndt also Uns als rechtmäßigen successorn ... gedachte Commissiones zu confirmiren vndt zu erneueren zustehen thuett; Also haben wir .... in sonderlicher erwegung seiner Herren vorforderen .. bey viel vndt „langjähriger administration der PostÄmpter zue Augspurg vnd Rheinhausen, so dann auch seiner vnserns Herrn Vetter ... aigenen Verdinsten ... vndt sorgfalt, mit welcher Er ahngeregte PostÄmpter zue Augspurg vndt Rheinhausen, nuhn geraume

---

k. k. spanischen Oberpostmeisters zu Augsburg und Rheinhausen sein Sohn Octavio, nachdem er zuvor Kleriker gewesen war. 17. Februar 1603 übertrug ihm sein Vetter Leonhard I. die Oberaufsicht über das Postwesen in Deutschland. † 1626. Ihm folgte sein Sohn Joh. Baptista, Reichsfreiherr von Thurn und Taxis in der Würde des Oberpostmeisters von Augsburg und Rheinhausen, daneben verwaltete er das wichtige Postamt in Straßburg. Während seiner Minderjährigkeit führte seine treffliche Mutter, Susanne Jacobe geb. von Staudinger in schwerer Zeit die Vormundschaft. Er starb 1672 (Rübsam, a. a. O.).

[9] Christophorus de Taxis war der Vorsteher der Hofpost Ferdinand I. in Augsburg. Zwischen Leonhard I., Inhaber des niederländisch-deutschen Generalats und dem kaiserlichen Hofpostmeister gab es alsbald Streitigkeiten. Um diesen ein Ende zu machen, entfernte Maximilian II. am 24. August 1564 seinen Hofpostmeister von Augsburg. (Rübsam, Dr. Joh. Baptista von Taxis ein Staatsmann und Militär 1889. Freiburg Br., Herdersche Verlagshandlung.

Jahr an hero dirigirt, administrirt, vndt verwaltet, wohlgemeltem vnserm Herrn Vetter . . . die weitere administration, vndt Verwaltung mehr ahngeregter PostÄmpter zue Augspurg vndt Rheinhausen, mitt dieser ahngehefften condition daß Er obahngedeutes Postmeister Ampt zue Augspurg, selbsten, daß ander aber zue Rheinhausen durch einen solchen Substitutum vndt Ahnwaldten, so wir durch vnser Patent darzu bestellt vndt authorisirt, ferners wie bishero exerciren vndt üben möge, committirt vndt ahngetragen; Committiren vndt respective confirmiren auch . . . hiermitt vndt geben Ihm alle vollkommene macht obahngeregte Ämpter . . . bey vnserer abwesenheit, in Unserm nahmen . . . zu dirigiren, verwalten, administriren vndt zue bedihnen . . . mit bestell — überfuhr — vndt einsamlung, spedition vndt austheilung der Brief vndt Pacquetten . . . zu verrichten, den Posthaltern, so aus osternantem Ampt zue Augspurg bezahlt werden zue commandiren; . . . jedoch daß Er darbey keine Veränder- oder neuerung ohne vnser hinzuthun vndt einwilligen fürzunehmen auch mit diesem beding vndt condition, was von drey zue drey monaten von seiner verwaltung vndt empfang mehrberichter Ämpter zue Augspurg vndt Rheinhausen, gutt vndt getrewe Rechnungen, vndt reliqua zu geben auch daßjenige von solcher administration vns zuständige aduanzo[10] ahn den ortt, vndt dahin wir es verordnen werden, gutt zue thun, vndt zue zahlen, schuldig vndt gehalten sein solle: Vndt dieses alles auf die Jährliche Besoldung, so Er Herr Johann Baptista von Taxis bis ahnhero, sodan sein Herr Vatter seeligen, vor diesem gehabt vndt genossen, nebenst allen anderen gewöhnlichen vndt darzue gehörigen gerechtigkeitt, vndt Freyhaitten, auch nutzungen, vndt emolumenten, Ehren, dignitten, vndt praeminentien. Welchem allem also gebührlich . . . nachzukommen, vndt ahngeregter PostÄmpter zue Augsburg vndt Rheinhausen . . . in vnserm nahmen . . . abzuwarten hatt Er . . . was den hierfür erfordertten nottwendigen Aydt praestirt vndt abgelegt: Gelangett dem nach ahn alle vndt jede . . . Obrigkeiten . . . (formelhafte Aufforderung) alle Hülf vndt nothwendige assistenz zu leisten.

So geben zue Brüssel den Sieben vndt zwantzigsten monatstag Februarty . . . Im Ein Tausendt, Sechshundert, Sechs vndt Viertzigsten Jahre.

Lamoral de la Tour Graff von Taxis. m. p.

Original-Urkunde auf Pergament im F. Zentralarchiv zu Regensburg mit gut erhaltenem Siegel aus rotem Wachs.

Lamoral Claudius Franz, Graf von Thurn-Valsassina und Tassis, KK. Kämmerer und Erb General Obrist Post Meister im Reich, denen Niederlanden, Burgund pp. verleiht auf Ableben Johann Baptistas von

[10] Avánco Überschuß, Gewinn.

Taxis dessen Sohn Sebastian Franz von Taxis die Postmeisterämter zu Augsburg und Rheinhausen.

Datiert Brüssel 4. Januar 1673.

Original-Urkunde auf Pergament im F. Zentralarchiv Regensburg mit gut erhaltenem Siegel aus braunem Wachs.

(Zu Seite 124[68].)

Die 1563 gedruckte römische Ausgabe des da l'Herba beschreibt auf Seite 11 bis 14 den Postweg von Rom nach Brüssel in folgender Weise. Die ein Jahr später in Venedig erschienene Ausgabe bringt diese Straße auf Blatt 8 bis 10. Die Abweichungen in der Schreibweise der einzelnen Stationen sind in den Anmerkungen verzeichnet.

Poste da Roma et da Trento a Bruselles per via di Augusta et Spira.

1	Roma Citta.		
2	a l'Isola, hosteria	miglia	9
3	a Baccano, borgo	mi	7
4	a Monte rosi borgo	mi	6
5	a Roncilione, castello	mi	8
6	a Viterbo, Città	mi	10
7	a Monte Fiascone, Città	mi	8
8	a San Lorenzo, castello	mi	9
9	a Ponte centino, borgo	mi	8
10	a la Paglia, borgo e fiumara	mi	9
11	alla Scala, hosteria	mi	8
12	a Tornieri, borgo	mi	8
13	a Lucignano, castello	mi	8
14	a Siena, Città	mi	8
15	a Staggia, castello	mi	9
16	a le Tavernelle, borgo	mi	8
17	a San Casciano, castello	mi	8
18	a Fiorenza, Città	mi	9
19	a Vaglia ò Fonte bona, hosteria	mi	9
20	a Scarperia, castello	mi	8
21	a Rifredo, borgo	mi	7
22	a Pietra mala, borgo	mi	7
23	a Locano borgo	mi	8
24	a Pianora, borgo	mi	8
25	a Bologna, Città	mi	7
26	a Lauino, borgo	mi	9
27	a la Crocetta, borgo	mi	10
28	a Bon porto, hosteria	mi	9
	Et qui si passa una Fiumara per barca.		
29	a San Martino, borgo	mi	8

30	a la Concordia, borgo	mi 9
31	al Pò, hosteria	mi 9
	Qui sí passa per barca.	
32	a San Benedetto, borgo et Monasterio bello	mi 12
33	a Mantoua, Città bellissima	mi 10
34	a Roueré bella, borgo	mi 12
35	a Castel nouo, castello	mi 9
36	a Valarni, borgo	mi 9
37	al Bò, ò al Borghetto, borgo	mi 10
38	a Roverè, castello	mi 10
39	a Trento Città	mi 12

Qui è il contino de Italia et Terra Todesca et la metà di questa Città è Tatiana et la metà Todesca.

40	a San Michele, borgo	leghe 2
41	a Egna, castello	le 2
42	a Bronzollo, castello	le 2
43	a Bolzan, Terra grossa belliss. loco	le 3
44	a Vernol ò à Chelcheler, borgo	le 2
45	a Colmar, borgo	le 2
46	a Brexanon[11], Città	le 3
47	a Mettinfol, ò à Mettimbol[12], hoster.	le 2
48	a Sterzingh, castello grosso	le 3
49	a la Montagna, ò Preuner, borgo	le 2
50	a Stohanach[13], borgo	le 2
51	a Mattera ò à Sompergh, hosteria	le 3
52	a Ispruch[14], Città	le 2
53	a Retnau, hosteria	le 3
54	a Memigen ò Paraisi, villa	le 3
55	a Forestan, castello	le 3
56	a Lermes villa	le 3
57	a Esperg, ò à la Chiusa, hosteria	le 2
58	a Fiessen, castello	le 2
59	a Forstat, hosteria	le 2
60	a Pruch, villa	le 2
61	a Tiessen, villa	le 3
62	a Vrlach[15], villa	le 3
63	a Mercausen, villa	le 3
64	Augusta[16], ò Auspurg, Città	le 3

[11] Brezanon.

[12] Mettinbol.

[13] Siohanach.

[14] Von Innsbruck nach Wien führt da l'Herba 32 Poststationen auf.

[15] Vilach.

[16] Rugusto.

65 a Urbach, villa le 3
66 a Sepach, villa le 3
67 a Gempugh, villa le 3
68 a Elighen ò Eligen, villa le 3
69 a Eberstat, villa le 3
70 a Altestat[17], castello le 3
71 a Eberspach, villagio le 2
72 a Terrauch, villa le 2
73 a Constat, villa le 3
74 a Nizteigen, villa le 3
75 a Chintlingh[18], villa le 3
76 a Brussell, villagia le 3
77 a **Reinhausen**, appresso à Spira à mezza legha,
et li sí passa il Fiume le 2
78 a Maulach, villa le 3
79 a Boben villa le 3
80 a Namobers, villa le 3
81 a Bilstain, ò Vilstain villa le 3
82 a Iquiler, villa le 3
83 a Vstbeller, villa le 2
84 a Liser, ò Fisviller ò Musella, villa, fiume grosso le 3
85 a Peusbelt, ò Bitzfel[19] villa le 3
86 a Natam, villa le 4
87 a Arzfelt villa le 3
88 a Selchborne[20], villa le 3
89 a Borzi[21] ò Mistau, villa le 3
90 a Flammisol, hosteria le 3
91 a Lenguiera, villa le 3
92 a Zoui, villa le 3
93 a Tutinem, ò Amptren, hosteria le 3
94 a Namur, Città le 4
95 a Lucasier, ò Shosi villa le 3
96 a Baur, ò Isca villa le 3
a Bruselles, città nu. 96 le 4

Über die Kosten der Briefpostkurse — Reitenden Posten — ist folgender Überschlag ohne Datum im Zentralarchiv Regensburg vorhanden:

1. über Rheinhausen

Entzweihingen	150 fl.	
Knittlingen	150 „	
Bruchsal	150 „	wöchentlich 2 Ritte.
Rheinhausen pro officio	300 „	
	750 fl.	

[17] Die Ausgabe 1562 hat hier Ltestat.

[18] Chinthugh. — [19] Puesbeli, ò Bitzfel.

[20] Ausgabe 1562 hat hier „Jolborne“. — [21] Borgi.

Übertrag	750 fl.	
a) Frankfurt	150 „	
b) Straßburg	200 „	
c) Augsburg	150 „	
Mandelah (Maudach)	150 „	
Bobenheim	150 „	
Hangenweisheimb (Hangenwiesen)	150 „	
Wöllstein	150 „	
2. gegen Straßburg		
Linkenhein	200 „	
Rastatt	200 „	wöchentlich 2 Ritte.
Lichtenau	200 „	
Fergen zu Rheinhausen	24 „	
dem zu Loschain	96 „	
für Paget Wachs, Papier	24 „	
Hauszins jährlich	75 „	
3. Straßburg—Rastatt		
Entzweihingen	60 „	
Pforzheim	90 „	
Ettlingen	80 „	
Rastatt	44 „	
4. Schaffhausen—Straßburg	1025 „	
	3968 fl.	

Der alte Kurs Ulm—Straßburg über Krummschiltach einschl. des Zweigkurses Meßkirch—Schaffhausen hat eine jährliche Ausgabe von 7920 Gulden erfordert.

a) Besoldung der Posthalter in Laubheim 100 fl.

Hauptkurs	Biberach	130 „	
	Saulgau	125 „	
	Mengen	100 „	
	Meßkirch	136 „	
	Tuttlingen	130 „	
	Geisingen	81 „	
	Donaueschingen	65 „	viertel-
	Villingen	75 „	jährlich
	Krummschiltach	110 „	
	Hornberg	108 „	
	Haslach	130 „	
	Offenburg	130 „	
	Kehl	100 „	
Seitenkurs	Meßkirch	36 „	
	Stockach	75 „	
	Radolfzell	78 „	
	Schaffhausen	56 „	
		1765 × 4 = 7060 fl. jährlich	

	Übertrag 7060 fl.	
b) Vorspannkosten	115 „	viertelj.
c) In Offenburg pro Expeditione	100 „	jährlich
d) Wagen und Reparaturen	300 „	jährlich

× 7060 + (4 × 115 =) 460 + 400 = 7920 fl. jährlich.

Die ständigen Kosten für die vorgeschlagene Route Memmingen—Konstanz schlägt Oberpostmeister von Hayssdorf (1779) nebst der Ausgabe für einen Kondukteur auf 2200 Gulden an; nämlich

a) Besoldungen der Posthalter (45 kr. pro Pferd für eine einfache Post. Wagen mit 4 Pferden)

Memmingen—Wurzach	1½	Posten	234 fl.
Wolfegg	¾	„	117 „
Ravensburg	¾		117 „
Stadel	1		156 „
Meersburg	1		156 „

b) Überfahrt Meersburg—Konstanz		
für Kondukteur und Passagiere	52 „	
für Effekten nach Konstanz und retour[22]	832 „	
c) für Kondukteur in Memmingen	150 „	
für zwei Packer in Memmingen und Meersburg	32 „	
d) Pro Expeditione in Memmingen	25 „	
Ravensburg	50 „	
Meersburg	50 „	
Konstanz	50 „	
e) Für den Bau eines Wagens 220 fl.		
Da dieser höchstens 9 Jahre anhält, pro Jahr	25 „	
Reparaturen	100 „	
Packmaterialien	18 „	
f) Weggeld jährlich 65 fl.; die Hälfte tragen die Passagiere, somit	32 „	30 Kr.
g) Den Postillionen in Memmingen, Wurzach, Wolfegg, Ravensburg, Stadel, Meersburg alle 2 Jahre eine Livree à 9 fl. beträgt jährlich (6 × 9 = 54/2 =)	27 „	
	2223 fl.	30 Kr. jährl.

a) Der internationale Postlauf Rom—Brüssel in der zweiten Hälfte des 16. Jahrhunderts.

Samstag Nachts verließ die Ordinaripost das königl. spanische Posthaus in Rom und nahm ihren Weg wie folgt:

[22] Wagen blieb in Meersburg stehen.

Rom

Viterbo

Florenz

Bologna

Mantua

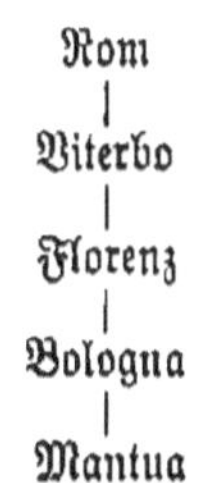

Hier zweigte sich die für Deutschland und Flandern bestimmte Post ab und ging über

Cremona — Lodi — Mailand — Como — Chiavenna — Chur — Lindau

Trient — Botzen — Innsbruck — Füssen

Innsbruck — Salzburg — Wien

Lindau — Augsburg — Füssen

Augsburg

Bruchsal — Rheinhausen

Rheinhausen — Straßburg Els.

Rheinhausen — Frankfurt M.

Rheinhausen — Namur — Brüssel

Brüssel — Paris — Madrid

Brüssel — (England).

Saal — Regensburg — Pilsen — Prag

b) Stationen des Kurses Augsburg—Brüssel nach einer Aufzeichnung im Regensburger Zentralarchiv vom Jahre 1625.

Augsburg
Heppach
Güntzburg
Flehingen
Altenstatt
Ebersbach

Cannstatt
Entzweihingen
Knittlingen
Bruchsal
Rheinhausen
Maudach
Bobenheim
Hangenwiesen
Wildstein (Wöllstein)
Eckerweiler
Leisersweiler (Leistenweiler)
Lieser
Buchsfeld
Bickendorff
Artzfeld
Asselborn
Mischamp
Flamiseul
Grandchamp
Linier
Hogny
Emtin
Vivier laneau
Namur
Gemblour
Wawre
Bruxelles.

Der Zettel trägt noch den Vermerk: „Binnen 5×24 Stunden ist diese Ordinari von Augsburg nach Brüssel geloffen".

Stundenzettel von 1628 und 1627 Augsburg—Brüssel.

Original im F. Zentralarchiv Regensburg.

Postzetel.

Gegenwärtige Kay. Ordinary solle vnverzogenlich ohne Jemandts Verhindern auch bey Tag und Nacht nacher Reinhausen vnnd Brüssel gefürth vnd nürgents nicht, bey hoher straff aufgehalten noch verabsaumbt, auch der empfang vnd die Versendung hieher vleisig verzeichnet werden, weilen sehr vil vnd hoch daran gelegen. Abgefertiget zu Augspurg den Neunter Marty A° 1628 vmb ain Uhr nachmitternacht.

Ain verschlossenes Velleißen darinnen obbemelte ordinari zway Pageth nach Günzburg

Ains nacher Elchingen
Ains nach Altenstat
Ains nach Canstatt

Hans Battist von Taxis.

Weilen gegenwärtige ordinari, durch vngewitter ungebürch vil versaumbt hat, als wolle ein yeder mit fortführung derselben vleisig sein, vnd wo möglich von dem verabsaumbten etwas herrin bringen helfen

zu Scheppach empfangen den 9/10. Marty zwischen 7 und 8 Uhr Vormittags ain verschlossen Velleis vnd sambt 5 paggeth vnd von Stundt hier wechgefertigt, ...

zu Günzburg empfangen den 10. Marty Mittags umb zwelf Uhr ain verschlossen Velleis sampt drei Paget vnnd von Stundt an hingefertigt

Ain Paget von mir nach Reinhausen

zu Elchingen Empfangen eodem die Nachmittags vmb zway Uhr ain verschlossen Velleiß sampt drey Paget vnd gleich abgeförtigt.

Von mir ain paget nach Canstatt ains nach Reinhausen.

NB. Elchingen.

Auf ain stundt von hier Ist das Kayserlich Ordinary Velleiß von zehen Reuter angegriffen worden vnd das Velleiß auf geschnitten. Vnd die Paget herauß gethon. Das Nancer Paget verrissen vnd sonst etlich welches.

4000 Reiter, vmb vnns herumb ainloschiert. Bei vnns 3. Companiae Reiter, was quortier haben werden: nit hob könndt vleisiger zu machen. Dem Postillon erst das dritmal das Velleiß verschnitten wie zu sehn. Vnd Jme die Pistol an das Herz gesetzt. Vnd Nidergeschlagen vnnd gestoßen. Der Postillon also erschrocken das er die Gewißhait nit sagen kann ob etwas von besagtem Velleiß kommen sey oder nit. Bit deßwegen zum Aller höchsten bey dem Kriegsobristen bessere Verordnung thun sonst werden wir keinen knecht mehr hinaus bringen können.

Vmb vier Uhr das Velleiß widerumb mit vier Verdugisch . . . hierhergebracht. Zerschnitten vnd zertrimbert vnd etliche Paget aufgerissen (am Rand mit andrer Tinte: connoyer) worden welches ich in höchster vnd größter Gefahr . . . der 3. Compania Reiter zu erkennen gemacht, vnd einpegiert. Auch widerumb Im 10 Merzen, Abends vmb halber siben Uhr bestens Vleiß abgeförtigt

zu Elchingen den 10. Merz diß obgeschriben vnd verpetschierte Velleiß

ſampt 3 Paget nach Reinhauſen
1 ains Canſtat
1 ains Altenſtat

zu Weſterſtetten empfangen vmb halber zehen Uhr in der nacht Ein verſchloſſen Velleis ſampt 6 parkgett vnd von ſtund an hin weggefertigt Anno 1628.

zu Altenſtat den 11 Marty umb ain Uhr in der Nacht Ein Velleißen verſchloſſen fünf Packet gleich verſchloſſen

Ains von hier nach Reinhauſen.

zu Ebersbach, die ut supra, morgens vmb halb ſyben Uhren, ein verpitſchiert Velleis vnd ſechs Pagget gleich weggefertigt.

NB. Oberhalb Göppingen, haben etliche Reiter meinem Knecht daß Velleis auch auffhauen wollen vnd wann vnder ſolch ohndisciplinirte Soldaten kein Anderes gemacht, Exempel ſtatuiert vnd in allen Quartieren mit Ernſt ausgeblaßen wirdt, daß man die Poſt beſſer reſpektieren ſoll, wird das Poſtweſen bald gar in Veracht kommen vnd Niemand mehr ſicher durchkommen können, Herr Poſtverwalther zu Reinhauſen wolle doch ſolches nach vnſerm gnd. Herrn Lamoral berichten. Auch nach Augspurg . . .

zu Cantſtatt den 11 Marty Nachmittag zwiſchen zwölf vnd ain Uhr, ein velleis verpitſchiert ſambt vier Packhet gleich weggefertigt

Brief von hier aus gehen Reinhauſen Bobenheim, vnd Frankfurt.

zu Enzweihingen den Elften Marty Nachmittag vmb fünf Uhren Ein Velleis verpitſchiert vnd nein Paget gleich wegefertigt.

zu Knittling den 1 Martz nachmittag vmb nein Uhr ein felleis nit woll verſehen . . .

zu Bruchſall den 11 Martzi nachts umb ein Uhr bemelte Ordinari ibel verſehen vnd daß ich nich weiß ob etwas davon mangelt oder nich ſampt acht Paget . . .

Zu Rheinhauſen iſt gegenwärtige Kayl. Ordinari den 12. Marty Morgens zue 5 Uhren angelangt Und zue 7 Uhren wird fortgefertigt Actum ut supra.

Ein Velleis mit Schnurr zuſammengebunden

Paggeth 1 Bobenheim
1 Wöllſtein
1 Eckhweiler
1 Lyſer
1 Flamiſeul
2 Nancy

Hans Baptiſt von Taxis. m. pr.

Auszug aus dem Stundenzettel von 1627 Niederlande—Italien über Rheinhauſen—Augsburg. Original im F. Zentralarchiv zu Regensburg.

Gegenwertige Ordinary aus Niderlandt solle unverzucklich auch bey Tag vnd Nacht gegen Rheinhausen, Augspurg vnd vorters ahngehorige orter geliefert vnd nirgentwo nicht aufgehalten noch verabsaumbt werden. Gegeben vnd abgefertigett den 5. Juny 1627, Abgangen vmb 5 Uhr nachmittag

Leonardt Graff von Tassis.

L.-S. m. pr.

Ein verschlossen Velleisen darinnen diese bemelte ord vb Frankforter vnd Eckweiler Pagett.

Ce present ordinaire part de Brusselles a cincquième du juing 1627 a cincq heures du soir.

Un pacquet pour Francfort.

Un pour Eckwyler.

Un p Namur.

Nun folgen die Eintragungen der Stationen in Wawre, Gembour, Namur, Vivrier-laneau, Emtin, Hogny, Linier, Grandchamp, Flamiseul, Michamp in französischer Sprache,

die der Stationen Wickendorf, Buchsfeld, Lieser, Leistenweiler, Eckweiler, Kreuznach, Wöllstein, Hangenwiesen, Bobenheim, Maudach in deutscher Sprache; dann heißt es weiter:

Zue Rheinhausen ist diese Kays. Ordinari den 9 Juny Mittags um zwey Uhr angelangt vnd zue zwey Uhr wieder fortgefertiget. Actum ut supra

C
ito ito ito
ito ito issime
ito ito ito

Ein Velleis verschlossen drinnen 6 Kays. Ordinary Paggeth

1 Knittlingen
1 Entzweyingen
1 Eberspach
1 Altenstat
1 Elchingen

Hans Baptist von Taxis.

NB. Ein Paggeth nach Augspurg so nit in das Velleis kont sambt einem langen pryglen so nacher Elchingen gehörig in Duch eingemacht in den Velleis Deckhel.

zu Bruchsal den 9 Juny 6. 27 bemeldte Ordinary verschlossen sambt 8 Paget nachmitag vmb sechs Uhren gleich wegfürt.

Cannstatt vermerkt: Brief von hier aus (nach) Elchingen Güntzburg Augspurg Inspruckh vnd Wien.

NB. Die Brief sein wegen Regenwetters naß bei mir ankommen hab solche vor fernerem Verderben mit einem sackh verwart.

Eberspach: Es ist aber eine solche Wassers Noth gewesen, daß ich die Beysorg getragen, der Postknecht werde schwerlich mit dem Velleis fortkhommen können . . . hat die Ordinary mit höchster Gefahr nach Eberspach gebracht.

Zu Schoppach — 1 Station vor Augsburg — ist die Ordinari am 11. Juni 7 Uhr vorm. anzukommen. (Der Rest des Stundenzettels ist nicht erhalten.)

Brieftaxordnung von 1718
der Reichspoststation Durlach und Pforzheim
für Briefe und Pakete nach dem Gewicht.

	Briefe einfach	Briefe doppelt	Unzen
Nach Ettlingen, Pforzheim, Rastatt, Baden	2	4	4
Kehl, Offenburg, Kenzingen, Freiburg, Breisach, ganz V.-Ö., Schwarzwald, über Straßburg nach Elsaß-Lothringen und Frankreich franco Kehl .	4	6	6
Cannstadt, Stuttgart, Eßlingen, Tübingen, Göppingen und ganz Württemberg franco Cannstadt	4	6	6
Ulm, Ehingen, ganz Schwaben, Allgaeu, Bodensee und Schweiz franco Ulm	10	12	12
Augsburg, Ingolstadt, München, ganz Bayern, Salzburg, Tirol, Wien, ganz Oesterreich-Ungarn, Siebenbürgen, Italien franko Augsburg .	10	12	12
ebenso franco Nürnberg	10	12	12
Rheinhausen Speyer ganz franco	4	6	6
Heidelberg, Mannheim, Weinheim	6	8	8
ebenso franco Heilbronn	6	8	8
ebenso franco Frankfurt	10	12	12
Aachen, Niederland, Luxemburg, England, Spanien franco Köln	12	16	16

Pass- und ordinaire Stunden-Zettul
Nacher Mannheim.

Gegenwärtige Kayserliche höchst-eylende ordinaire soll unverzüglich, bey Tag und Nacht nacher Mannheim geführet, und nirgends, keineswegs im geringsten aufgehalten, gehindert, noch versäumet werden, dann Ihrer Kayserlichen Majestät, unserem allergnädigsten Herrn, auch allen Chur-Fürsten, Fürsten und Ständen des Heil. Röm. Reichs hoch und merklich daran gelegen. Es sollen auch alle Post-Halter den Tag und Stund des Empfangs und Abfertigung fleißig hierunter verzeichnen

Wirtzburg, den 24ten 9ber 1762.

Abfertigung um $2^{1}/_{2}$ Uhr Nachmittags

Dero Röm. Kayserl. Majestät Reichs-Post-Meister.
J. G. Kirchmayer.

Paqueter
I. Mannheim.
I. Heydelberg.
I. Neckarelz.
I. Adelsheim.
I. Boxberg.
I. Mergentheim.
I. Büttert.

Wer länger, als die hierunter ausgeworffene Stunden angesetzt seynd, reiten wird, derjenige solle vor eine Viertel-Stund mit 15. Kr. vor eine halbe Stund mit 30. Kr. vor $^{3}/_{4}$ Stund 45. Kr. vor eine Stund 1. Fl. für $1^{1}/_{2}$ Stund 4 Fl. und wann die Versäumniß noch grösser wäre, mit 10 Fl. bestraffet, und solche nach Verfluß des Quartals, an dem Salario abgezogen werden.

Büttert. Diese 3. Meilen müssen in 3. Stunden längstens abgeritten werden.

Ankommen zu Büttert um $5^{3}/_{4}$ Uhren,
Und wieder abgangen um 6 Uhren abents.

6 Paqueter Alle richtig.

Mergentheim. Diese 2. Meilen müssen in 2. Stunden abgeritten werden.
Ankommen zu Mergentheim um $10^1/_2$ Uhren,
Und wieder abgangen um $10^2/_3$ Uhren

6 Paqueter 1 Heydelberger heraus.

Boxberg. Diese $1^1/_2$ Meilen müssen in 2. Stunden abgeritten werden.
Ankommen zu Boxberg um 1 Uhren,
Und wieder abgangen um $1^3/_4$ Uhren

6 Paqueter 3 Heydelberg, 1 Mannheim, 1 adelsheim, 1 Neckarelz alle wohl Conditionirt.

Adelsheim. Diese 3. Meilen müssen längstens in 4 Stunden abgeritten werden.
Ankommen zu Adelsheim um 7. Uhren morgends,
Und wieder abgangen um 1. Uhren Nachmittags,

Weilen die Neckarelzer Postpferd die ordinaire abzuhohlen, erst ankommen waren.

6 Paqueter, 4. Heidelberg, 1. Mannheim, 1. Neccar-Elz.

Neckarelz. Diese 3. Meilen müssen längstens in 4. Stunden abgeritten werden.
Ankommen zu Neckarelz um 5 Uhren
Und wieder abgangen um 11 Uhren den 26te mitag.

Weillen vergebens auf die Abhollung der ordinair gewartet.

Paqueter 6, 1 Mannheim, 5 Heidelberg.

Wimmersbach. Diese 2. Meilen müssen längstens in 3. Stunden abgeritten werden.
Ankommen zu Wimmersbach um 2 Uhren,
Und wieder abgangen um $2^1/_4$ Uhren mit.

6 Paqueter 1 Manheim, 5 Heidelberg.

Heydelberg. Diese 2. Meilen müssen längstens in 3. Stunden abgeritten werden.
Den 26.do Ankommen zu Heydelberg um 5. Uhren Abends,
Und wieder abgangen um $5^1/_2$ Uhr mit

2 Paqueter p. Mannheim.

Mannheim. Diese 2. Meilen müssen längstens in $2^1/_2$ Stund abgeritten werden.
Ankommen zu Mannheim um $7^1/_2$ Uhren.
Und wieder abgangen um   Uhren

Paqueter

Auszug aus den „Visitationsberichten des Kommissars von Pauerspach über die Routen Mannheim—Bruchsal, Bruchsal—Straßburg, Basel—Schaffhausen, Straßburg—Basel 1783".

1. Heidelberg (Briefpost).

Personal: 1 Administrator, 2 Officiale, 1 Exspectivierter Official, 1 Briefträger (seit 1762), 1 Exspectivierter Briefträger (außer Dienst), 1 Posthalter, 7 Postillione,

22 mittelmäßige Pferde, 1 viers. Kutsche, 3 Halbchaisen, 1 halbbedeckte Kalesche, 1 Postkarren.

Briefportoertrag: 1780: 3479 fl. 4 kr., 1781: 3640 fl. 22 kr. und einschl. der 4 ihr Porto dahin verrechnenden Stationen Heppenheim, Wiesloch, Sinsheim, Wimmersbach nach Abzug des Portodrittels:

1780: 3948 fl. 34 kr. — 1781: 4111 fl. 2 kr.
Ausgaben: 1780: 1623 fl. 58 kr. — 1781: 1622 fl. 51 kr.

Boni pro aerario (Reineinnahme) 2324 fl. 36 kr. — 1781: 2488 fl. 11 kr.

2. Heidelberg (Fahrpost).

1 Expeditor, dem sein Sohn adjungiert,
1 Posthalter wie oben,
1 Packer.

Der Stuttgarter, Baseler, Heilbronner Wagen Einnahmen:

1780: 3130 fl. 15 kr. — 1781: 3016 fl. 32½ kr.
Ausgaben: 1780: 556 fl. 31 kr. — 1781: 571 fl. 1 kr.

Boni 1780: 2573 fl. 44 kr. — 1781: 2445 fl. 31½ kr.

Von 51 umliegenden Städtchen, Dörfern und Flecken haben Dilsberg, Hirschhorn, Neckarsteinach eigene Boten, alle übrigen erhalten die Briefe gelegentlich.

3. Wiesloch. Posthalterei Koch, Gasthaus zum Löwen, hält sich Gehilfen auf eigene Rechnung; 1 Packer, 4 Postknechte, 3 Beiläufer, 22 Pferde, 1 viers., 1 halbgedeckte viersitzige Kutsche, 1 offene Kalesche, 1 Postwagen.

Von 34 Ortschaften erhielten Altwiesloch, Bayenthal, Gauangelloch, Langenbrücken, Malschberg, Reilingen, Walldorf ihre Briefe durch den Briefträger, Stettfeld, Ubstadt durch den Bruchsaler Postillion, die übrigen gelegentlich. 6 Zeitungen.

4. Sinsheim. Posthaus zum Adler, Adam Koch, hält sich 1 Briefträger, 3 Postknechte 1 Postjungen. 13 Pferde, 1 ganze Chaise, 3 halbgedeckte Kaleschen, 1 offene Kalesche. Von 30 Ortschaften hatten Andersbach, Ehrstadt, Elsenz, Eschelbrunn und Riehen einen Boten; die anderen holten gelegentlich ab.

Posthalter bei reitender Post $^1/_3$ pro Expeditione,

bei fahrender Post $^1/_{10}$ vom Porto; schlechte Wege, schwere Bauart und Beladung der Wagen. 10 Zeitungen.

5. Fürfelden. Posthalter Straus, Gastwirt zum Ritter, hält einen Briefträger; sein Bruder begleitet nachts den Postwagen. 3 Postknechte, 1 Ordinari Reiter, 1 Beiläufer, 17 Pferde, 1 ganze Chaise, 1 Schwimmer, 2 halbgedeckte Kaleschen.

Von 19 umliegenden Orten werden 17 durch den Postboten und 2 durch eigenen Boten bestellt.

Zu Obringen (Neckarelz) Überfahrt über Neckar
bei kleinem Wasser 8 kr. tour et retour,
bei großem „ 16 „ „ „ „

6. Eppingen hat nur reitende Post. Gasthaus zum Ochsen. 1 Postknecht, 3 Beiläufer, 10 Pferde, 2 halbgedeckte, 1 offene Kalesche.

Von 22 Orten erhalten Gemmingen, Kürnbach, Menzingen, Ravensburg ihre Briefe durch wöchentlichen Botengang, die übrigen gelegentlich.

7. Bretten. Gasthaus zum Ritter St. Georg, Posthalter Paravicini; 1 Postknecht, 2 Jungen, 6 Pferde, 1 viers. Chaise, 1 halbgedeckte und 1 offene Kalesche. Von 15 Orten erhalten ihre Briefe 7 durch den Ordinari Postjungen, 8 gelegentlich.

In Bretten war die Wagen-Expedition, die Umspannung aber erfolgte zu Knittlingen, weil dieses ältere Station war als Bretten.

8. Bruchsal. Postmeister Müller, Post im Müllerschen Hause, Müller befindet sich in Regensburg, Postkomm. Grundt verwaltet Postamt. 2 Officiale, 1 Postwagen Expeditor, 1 Briefträger, 1 Posthalter Volk. Gasthaus zum Hirsch, 5 Postknechte, 2 Ordinari Reiter, 4 Beiläufer, 28 Pferde, 3 gedeckte viers. Kutschen, 3 Halbchaisen, 1 halbgedeckte Kalesche.

Briefportoertrag: Bruchsal allein 1000—1200 fl. einschl. der Stationen Philippsburg, Ettlingen, Eppingen, Waghaeusel

1780: 1878 Gulden
1781: 2099 „

Die Postwagen-Expedition ist nicht im Müllerschen Posthause, sondern im „Hirsch".

Fahrpostüberschuß 1780: 591 fl. 31 kr.
1781: 550 „ 32 kr.

Von 30 Ortschaften werden 28 durch Boten und Bötinnen, 2 gelegentlich bestellt.

9. Durlach. Posthalter Herzog (Gasthaus zur Blume) 1756 †. Seine Witwe und sein Sohn. 1 Privat-Administrator (Cannstatter Postverwalter, 1 Briefträger (Nappschneider) „dermalen Fischer bloß zum fürstlichen Postdienst gewidmet", 3 Postknechte, 2 Beiläufer. 26 sehr gute Pferde, 1 ganz gedeckte, 3 halbgedeckte Chaisen, 1 offene Kalesche.

Alle Postbediente in Markgrafschaft Baden-Durlach müssen Landeskinder sein. Briefertrag 22—2300 fl. Boni 1300 fl.

Von 29 Orten werden Weingarten durch die Ordinari, Grötzingen durch Boten bestellt; die anderen holen gelegentlich.

10. Karlsruhe. Posthalter Kreglinger gab über Reitende Post keine Auskunft, schützte markgr. Verbot vor.

Briefporto: Überschuß = 2000 fl.

Fahrende Post (Fischerin) Ertrag 1781 = 2252 fl. 33 kr., Ausgaben: 396 fl. 37 kr., mithin Reineinnahme 1729 fl. 49 kr. Von 22 umliegenden Orten holen alle gelegentlich.

11. Ettlingen. Posthaus ist Gasthaus zur Krone, Posthalter Kramer, vorher Stein, auf Kramer Stein jr. exspectiviert.

Briefertrag: 204 fl. 16 kr. (1781).

Postwagenertrag: 107 fl. 1 kr.

Von 13 Orten hat nur Frauenalb eigenen Boten.

12. Rastatt. Posthalter Kramer, vorher sein Vater, im „Badischen Hof". 1 Official, 1 Briefträger u. Packer zugleich, 3 Postillione, 2 Ordinari Reiter, 1 Beiläufer, 18 Pferde, 1 viers. Kutsche, 1 Schwimmer, 3 halbgedeckte Chaisen, 1 Postkarren.

Briefportoreinertrag: 1781 = 282 fl. 49½ kr.

13. Stollhofen. Posthalterei, 13 Pferde. Von 15 Orten werden 7 durch Klosterbriefträger von Schwarzach, die anderen durch den Stollhofener und Bischofsheimer Postillion bestellt.

14. Rheinbischofsheim. Posthalter Wetzel seit 40 Jahren, sein Sohn exspektiviert, 12 Pferde, 10 Orte durch „Postbothen" bestellt.

15. Kehl. Tridant jr. Posthalter. 1 Administrator (weil Tridant minderjährig), 1 Amanuensis, 1 Briefträger, zugleich Packer, 3 Postillione, 1 Ordinari Reiter, 14 gute Pferde. Von 27 Orten werden 8 durch den Postillion, 1 durch den Briefträger bestellt; die übrigen gelegentlich.

Briefportoüberschuß zwischen 140 und 300 fl.

Zeitungsemolumente: 400 Stück à 1 fl.

Postwagenerträgnis: Weniger 400 fl.

Unter Zugrundelegung des 4. Quartals 1780 kommt der Commissarius zu dem Ergebnis, daß die Fahrende Postroute Basel—Rastatt Seremissimo nostro jährliches Bonum von 8000 fl. einträgt.

16. Straßburg. Taxisches Posthaus in der Nähe des Gasthauses zum hl. Geist. Die Kais. Fahrende Reichspost im Ebertschen Hause. Jakob Ebert ist Postexpeditor seit 1752.

17. Offenburg. Postverwalter Horadam seit 1766 (war vorher Official in Nürnberg, Erfurt, Duderstadt und 3 Jahre bei der comb. Reichsexecutionsarmee.).

Von Plittersdorf exspect. Postverwalter ohne Activität. 1 Official, 1 Briefträger, zugleich Packer, hat auch Postbotengang nach Kehl zu machen.

Posthalter Wwe. Reissin (ihr Mann † 1761). Posthaus im Wirtshaus zum Adler. 10 umliegende Orte durch Briefträger, Bauern und Marktleute bestellt.

18. Friesenheim. Posthalterei Vollmer, 10 Pferde, von 23 Orten werden 18 durch den Ettenheimer, Lahrer, Kippenheimer, Seelbacher, Schutterner Boten und den Ordinari Postillion, 5 gelegentlich bestellt.

19. Kenzingen. Posthalter Werwag zum Löwen, 9 Pferde. Von 27 umliegenden Orten werden einzelne durch den Endinger, Riegeler, Hecklinger Boten und Ordinari Postillion bestellt.

20. Emmendingen. Posthalter Sander Wwe., Schwiegersohn Kreglinger exspektiviert, Gasthaus zur Krone, 11 Pferde. Von 39 umliegenden Orten werden einzelne durch den wöchentlich 2 mal verkehrenden Oberamtsboten, die Amtsbötin und den Waldkircher Boten bestellt.

21. Freiburg. KK. V-Ö Ober-Postamt seit 1. 4. 1777. OPA.-Verwalter Siegler, exsp. von Kleinsorge, Controleur Schreiner, 2 Officiale 1 Briefträger, zugleich Packer. Von 92 umliegenden Gemeinden hatten Altbreisach, Burkheim, Elzach, Triberg einen wöchentlich 1 mal, Waldkirch und Staufen einen wöchentlich 2 mal verkehrenden eigenen Boten.

Zeitungsemolumente 600 fl.

Briefportoreinüberschuß einschl. der zugeteilten Stationen 1780 = 5248 fl. 10¼ kr., 1781 = 4373 fl. 57¼ kr.

Postwagenüberschuß 1199 fl. 56 kr. Postwagentarif: nach Emmendingen 30 kr., Offenburg 2 fl. 20 kr., Heidelberg 7 fl., Frankfurt (Main) 10 fl. 20 kr., Trier, Cöln 18 fl., Aachen 20 fl. 40 kr., Koffer mit 40—50 Pfd. frei.

22. Müllheim. Posth. Familie Heidenreich im Gasthaus zum Postschild, hält auf eigene Kosten 1 Briefträger, 3 Postillione, 12 Pferde, 5 Chaisen, 2 Wagen. Probstei Bürglen hat eigenen Schaffner, von den übrigen umliegenden 55 Orten werden die meisten durch den Badenweiler, Krotzinger, Wolfenweiler, Heitersheimer, Sulzburger, Neuenburger Boten, den Kaltenherberger Postillion und Marktleute bestellt.

23. Krotzingen. Posthalter und Briefsammler Schlegel (vorher Litschgi — 1774) läßt die zu bestellenden Briefe durch seine Kinder austragen; 9 Pferde. 40 umliegende Orte werden teilweise durch Neuenburger, Staufener, Heitersheimer Boten und Staufener Marktleute begangen.[28]

24. Rheinfelden[29]. KK. V-Ö. Postmeister Kehny im Gasthaus

---

[28] Hier kämen noch in Betracht die Posthalterei Kalteherberg, 14 Pferde, Posthalter Vernan und die Reichs-Postwagen-Expedition Basel in dem berühmten Gasthaus zum Drei König (Reitende Post in Basel war schweizerisch). „Bonum pro aerario gegen 5000 fl. qurtaliter nach Kehl eingeschickt."

[29] In den Erblanden wurden die Posthalter „Postmeister" genannt. Wenn die Postanstalt abrechnete mit dem „Postaerario", wurde ein Postverwalter gesetzt. Die Farbe der Montierung blieb auch während des Admodiationsvertrages in den vorderösterreichischen Landen rot mit gelben Überschlägen und gelbem Futter.

zum weißen Rössel. 3 Postillione, 1 Beiläufer, 13 sehr gute Pferde, 1 viersitziger Wagen, 2 halbgedeckte und 1 offene Kalesche. Von 18 umliegenden Orten hält sich Zisterzienser Kloster Asberg eigenen Boten, 2 werden durch Marktleute, 7 durch Postillione bestellt.

Posthalter beschwert sich, daß ein Bote öfters mit Briefen nach Freiburg abgehe und die Schiffsleute Briefe nach Basel und zurück beförderten.

25. Säckingen. 1782 Brieferpedition von Mumpf nach Säckingen verlegt. 1782 Expeditor Weyer, früher Briefträger. Von 11 umliegenden Ortschaften werden 8 durch Boten oder Postillion begangen. Expeditor erhält vom fürstlichen Stift für Abholung der Briefe alle 14 Tage 1 Laib Brot.

26. Laufenburg (Lauffenburg). KK. Reichs- u. V-Ö. Postmeister Scholl seit dem 1774 erfolgten Tode seines Vaters, hält eigenen Briefträger; 12 Pferde, 2 halbgedeckte, 1 offene Chaise. Von 33 Ortschaften 4 durch Boten, die übrigen gelegentlich bestellt bz. holen ab. Dreifache Abrechnung mit OPA. Freiburg, PA. Waldshut und Schweizerischem PA. Basel.

27. Waldshut. V-Ö. u. Reichspostmeister Kilian, hält auf eigene Kosten Gehilfen, 4 Postillione, 14 Pferde, 3 halbgedeckte, 3 offene Kaleschen. Von 90 Orten werden durch den Postillion Albbruck, Bernau, Dogern, Hauenstein, Krenkingen, Luttingen, Mettau, Thiengen bestellt, 15 Orte durch Blasianischen Stiftsboten, 12 durch eigene Boten, 11 durch den Zurzacher, 4 durch den Züricher Boten, 6 bei täglicher Gelegenheit, die übrigen 42 gelegentlich bz. holen ab. Abrechnung mit Freiburg, Augsburg, Nürnberg, Ulm, Memmingen. Briefertrag 1780: 9628 fl. 20 kr., 1781: 9288 fl. 22 kr.

28. Lauchingen. Posthalter Würtenberger im Gasthaus zum schwarzen Adler seit 1778.

29. Schaffhausen. 3 Postmeister, 1 Offizial, 1 Poststallmeister, 6 Postknechte, 2 Beiläufer. Die sämtlichen Beamten „solariren sich selbst, erhalten nichts von aerario". Von Schaffhausen gehen aus die Reitkurse nach Frankfurt über Fürfelden, Sinsheim, Wiesloch, Heidelberg, nach Offenburg über Blumberg—Donaueschingen, nach Memmingen, nach Cannstatt und nach Ulm; von den Fahrkursen berührten es der Stuttgarter, Straßburger und Augsburger Wagen.

---

1. Auszug aus

„Gem. Vermögen. Hierin ist vermerkt allwas Ritgelt und Bottenlön von ettlicher unser Burger wegen ußgeben vnd dargelihen ist." 1439—1444 (Constanz).

Item. Lang Ulrich Blarer sol als man ihm Ulrichs Blarer sin

Ritt gen Bregenz zu dienste gesandt hat III tag mit drey der Stadt pfaerit des tags XVIII β δ = II lib 5β δ

(ain Rat wolt nút von im nemen.)

Item. Cunrat Ehinger sol als man den Wetzel der Stadtknecht in haimlicher sach von sint wegen ußsant vnd er die zit verzart I lib VIII β δ

Item sol aben als man hansen von Cappel vogt und Ulrich Blarer die baid zu den egg sant als Cunrat ehinger gevangen ward die burg zu versehen und ettwas kuntschafft inzunemen jetlicher II tag mit sin aignen pfaerit ietlichem aim des tags XIIII β δ = II lib II β δ

Item sol aben als man ludwigen härdler gen Überlingen sant von Cunrat ehingers wegen mit aim Raut zu reden als dan aim Raut wol wissent ist, tagrait mit drin (3) pfärit tut XII β δ

Item sol III β δ gen twiel als man dem hoptman schraib ettlich herren der gesellschafft zu im zu beruffen, den ain Raut mit in zu reden hätt von Cunrat ehingers wegen u II β δ von aim tag zu warten umb ain antwurt den er nit dahaim war V β δ

Item sol VII β δ als man schraib gen Zossnegg gen Bodman da dannen zu Hoben Bodman von dem Zins wegen so sy Cunrat ehinger schuldig wären die von hand nit zu gebent den der statt damit zu warten tut VII β δ

Item sol XIIII Den gen Überlingen als man dem Retzen und dem Gamerswanger schrieb der statt zu warten mit den Zinßen so sy ehinger zu geben pflichtig wären XIIII δ

Sa IIII lb XV β 11 dy hät im ain Rat halb abgelaßen dz ander tail sol er bezaln.

Item Ulrichen Blarer sinen sold gen Nürenberg als graf hans von wardenberg die statt hie vnd ach Cunraten Ruhen gen Nürenberg geladen hatt, in und die statt zu verantwurten XVIII tag mit drin pfäriten der warent zwai sin, dez tags uff jetlich pfärit 1 gulden.

Item 1 gulden vnd VIII Behemisch umb ain instrument, vnd zu gelait gelt, vnd sol Cunrat Ruh sin anzal daran gen (= geben), füro hat im ain Raut von thuri wegen haissen geben dez tags uff 1 pfärit 1 β δ tut also XXII lib XI β IIII δ

Item aben. Ulrichen Blarer sinen sold gen nürenberg vom andren mal, die statt vnd Curaten Ruhen da selbz zu verantwurten von grauf Hansen wegen XVII tag mit drin pfäriten, der warent zwai sin. dez tags uff ain pfärit VIII β δ als von den es thur waz. Item XVI Behemisch umb ain taedings brief zwischent graf hansen vnd der statt.

Item XX Behemisch umb ain instrument von Cunrat Ruhen wegen, die Cunrat Ruh bezalen sol und ach sin anzal an der zaerung tut also XXI lib XVII β δ

(Ain Raut hätz geschenkt)

Item Hans Schulthaiß sol 1 lib XVII β VI δ als man im Ulrichen Blarer gen Ravenspurg lieh mit drin pfaeriten III tag als sy tagsatzten ain spruch zu geben zwischen uns vnd den von lindow
I lib XVII β VI δ

Item sol aben. XVI β δ bottenlons als man von sins begerens wegen schraib gen Überlingen, Pfullendorf, Bibrach vnd gen Wangen umb ir bottschafft zu demselben tag XVI β δ

(Ain Raut hätz geschenkt)

Item min herr von petershusen sol als man im von sin bitwegen ulrich Blarer vnd Hansen Grafschinder gen Ravenspurg sant als er von des leutpriesters selbigen wegen da richten sol II tag den sy min herr verzart XV β VIIII δ

weitere Botenlöhne

gen Ravenburg II tag III Stadpferd XII β δ
Nellenburg „als man der ritterschafft schraib" III β δ
Tengen „als man den von tengen schraib" III β δ
Wil — Vogt sinen sold — II Tag III Pferde des Tags XV β δ tut I lib II β VI δ
Kaiserstuhl II Mann II Pferde III Tag „ainer des tags XII β δ und XV β δ hand verzehrt II knecht, die mit im ritten tut also IIII lib VII β δ
Veltpach I Tag II Mann XII β δ
Zell (Radolfzell) I Tag II Mann halben Sold X β δ
„ Wil II Tag II Mann 1 lib XI β VI δ
„ Tranenfeld II Tag „des tags XII β δ" XVIII β δ
Frauenfeld II Mann III Tag II Pferde des Tags XIII β δ tut I lib XII β VI δ
Frauenfeld I Mann III Tag des Tags V β VI δ halben sold tut XIII β VIIII δ
Zell I Mann II Tag XV β δ
Sigmaringen I Mann III Tag II lib —
„ Äppishusen „ — XVIII β δ
„ Häwen (Höwen) „vnd XVIII δ von still zu ligen umb ain antwurt VI β VI δ
Buchhorn „ain bott tag über nacht umb ain antwurt III β δ
Überlingen „aim botten als man schraib" I β II δ
„ St. Gallen I Mann II Tag des Tags XI β δ tut I lib II β δ

Item der dienstman sol XVIIII β δ als er XVIIII tag in vankmusse gelegen ist XVIIII β δ

Item laeferli von Steckborn sol XV β δ, als er in vankmusse gelegen ist die er verzart hat XV β δ

usw.

2. Auszug aus „Botten und Fuorlon" des Rentamts Donaueschingen.

Item 5. Sept. ao 1570 mit Entschuldigungsschreiben nach Wurzach und der Glocken halb zur Uhr nach Biberach geschickt geben Pottenlon tut | 10 batzen
„ Oktober mit Schreiben Vormittags halber nach Tettnang geschickt | 8 b
Zum Generalstag der Bilstatt zu Villingen | 2 b
„ November Boten nach Tettnang und Lindau | 10 b
Item 23. Januar 1571 Boten gen Tuttlingen zu lon 2 b Wartgeld 1 b thut | 3 b
nach Wolfach | 7 b
„ 28. Januar ao 71 nach Schaffhausen pottenlon 3 b Wartgeld 2 b thut | 5 b
„ 3. Feb. 71 Schaffhausen | 4 b
ein ander Mal nur | 3 b
nach Meringen 1 b, Bodmann 4 b, Pfullendorf | 5 b
Rottweil 3 b, Tettnang 9 b, Rapperschwil (2 Mal) 12 b, Schwäbisch Gemünd 1 fl 6 bz.

1575. Item einem von Geisingen, welcher Doctor Graffen Pferd wider gen Strassburg geritten zum Pottenlon geben 1 fl 5 btz.

Item auf Neu Jahrs Abend ein Pott von Geisingen welcher das Pferd, so Doctor Graff gen Strassburg geritten, wider herauf bracht und vermeldt was er und Roß unterwegen verzert, verzollet und verschlagen 17 bz und zum Pottenlon 17 bz, darauf er vom Doctor empfangen $7^1/_2$ bz, Rest bezahlt mit 1 fl 11 batzen 5 Rappen.

Item 9. Januar ao 76 Theysen meines gn. Herrn Potten auf den Lauf gen Lich (Oberhessen) und in Westpfalen geben 8 fl nach Engen 3 bz, (Neu(en)stadt 4 bz, Hechingen und Thiengen 1 fl, Geisingen—Stuttgart zum Doctor 1 fl 3 bz, für briefe gen Hornberg, Sigmaringen je 6 bz, auf den Lauf gen Lindau 10 bz
wider gen Strassburg geritten zum Pottenlon geben 1 fl 5 bz.

Summa an Bottenlone thut	1575 = 27 fl	9 bz $2^1/_2$ Rappen
„ „	1576 = 12 fl	3 bz 6 Rappen
„ „	1577 = 54 fl	13 bz 2 Rappen
„ „	8 = 25 fl	2 bz —

Item (1577) einem Potten von Strassburg. umb geld angehalten und allhie (Donaueschingen) gelegen 21 tag jeden tag für stillig geld 3 bz. mehr für 10 meyl Pottenlon jede per 2 bz thut 5 fl 8 batzen.

Item Hans Glaser so dreimal nach einander nach Sigmaringen geloffen, ist 6 meil, von jeder meil pottenlon 6 kr thut 1 fl 10 bz.

1693 laut Quittungszettel

Botengang Donaueschingen—Heiligenberg 2 fl 6 bz
1 Tag Wartgeld 6 bz
zus. 2 fl 12 bz

dagegen 1658/9 nur 1 fl 9 bz

1598/99 Meßkirch—Neufra 18 kr., Meßkirch—Heiligenberg 12 kr., Meßkirch—Sigmaringen 8 kr., Meßkirch-Straßburg = 15 kr. (1644), Meßkirch—Konstanz 48 kr, M-Deelfingen 28 kr, M-Engen 48 kr.

Summa der Pottenlöne in Meßkirch 1644 = 49 fl 56 kr. — hlr.

1692 finden wir beim Rentamt Heiligenberg „Ausgabegeld denen Postmeistern

17. Juni 1691 Kais. Postverwalter in Basel das verfallene Postgeld bis letzten X 1690 für Spedition herrschaftlicher (fürstenbergischer) Briefe 70 Gulden.

10. Jänner 1692 Postverwalter zu Markdorf vom 1. Jenner — letzten X 1691 35 fl. 24 kr.

22. dito Postverwalter für Mörspurg für solche Zeit 60 fl. 7 kr.
— —

Sa. 165 fl. 31 kr.

Ferner für Einzelgänge mit Postbriefen von Heiligenberg nach Markdorf, Meersburg je 15 kr., nach Buchhorn 31 kr., Buchau 1 fl. 30 kr., Trochtelfingen 1 fl. 12 kr., sodann Zahlungen an den Ordinari Potten von Meersburg pp., sowie die Kanzleiboten für unterschiedliches Pottengehen in herrschaftlichen Geschäften auf die Posten nacher Markdorf, Meersburg, Buchhorn, Lindau, Überlingen.

Nach dem „Extractus aus denen Donaueschingenschen Rentambts-Rechnungen 1731—45, was immer solcher Zeit an Bothenlöhn und Postgelder ausgelegt worden" erhielt der Baaremer Ordinari Bote (Philipp Boos) 1731—36 jeweils einen Jahreslohn von 10—11 fl., der Ordinari Mößkircher Bote (Math. Fries) 69 fl. 20 kr. nebst „Tuch und alle zugehörde zu einem neuen rock samt Macherlohn" mit 13 fl. 58 kr. (1736/37), 1741 bezieht er 79 fl. 44 kr.

---

3. Auszug aus dem Ausgabenbuch des Churfürsten Friedrich IV. von der Pfalz anno 1576 — siehe ZOB. 33, S. 201 —.

a) Zu Beylstein einem botten, so s. ch. Gn. brieffe von Simmern bracht zu potten lohn geben 6 btz

Einem Lakaien, als er von Simmern nacher Braubach lauffen müssen 11 btz 7 ₰

b) einem botten von Darmstadt, so s. ch. Gn. einen baumfalck gebracht, aus deren beuel geben 1 R = 1 fl 7 btz 7 ₰

c) einem botten von Ambergk, welcher einige winde (Windhunde) bracht, verert 3 Goltfl = 4 fl 7 btz 7 ₰

d) einem Lakai für Reise von Amberg nach Homburg 10 goltfl. = 15 fl. für Reise Amberg-Heidelberg-Adelsheim 20 goltfl. = 30 fl.

Die Boten brachten Briefe, vergoldete Gewehre, Kaninchen, Hunde, Windspiele, Uhren, Kleider, wurden in besonderen Angelegenheiten abgesandt und erhielten auch Warte- und Zehrgelder.

Auszüge über die Reisekosten des Hofpostmeisters Mathias de Taxis.

1537.	Wien—Linz Passau und zurück nach Wien. Hin und zurück 26 Meilen.	20 fl. 6 kr. rh.
1540.	Von Hagenau (Elsaß) bis Rheinhausen 3 Posten.	3 „ 44 „
	„ Rheinhausen bis Amur 14 Pgten .	22 „ 30 „
	über die Musl (Mosel) ein Pazen	
	Von Amur bis Brüssel . . .	3 „ 4 „
	„ Brüssel bis Prügg (Brügge)	8 „ 50 „
	Zurück nach Brüssel . .	8 „ 50 „
	Von Brüssel bis Rheinhn. .	26 „ 12 „
	Rheinhn bis Hagenau. . . .	3 „ 44 „ „
	Zusammen:	76 fl. 54 kr. rh.

Baden.

Jährliche allgemeine statistische Notizen

über den

Post-Betrieb.

$18^{60}/_{61}$.

Nach dem Stand vom Januar 1861.

A. Zahl der Poststellen.

1) Eigentliche Postanstalten 159
nämlich: 12 Postämter,
5 Postverwaltungen,
43 Posthaltereien (Expeditionen mit Poststall),
98 Postexpeditionen (ohne oder getrennt von dem Poststall),
1 Fahrpostexpedition im Ausland (Straßburg).

2) Post-Ablagen 109
nämlich: 94 mit unbeschränkter Annahme,
15 mit beschränkter Annahme.

zusammen: 268

3) Postställe behufs Ueberführung der regelmäßigen und Extraposten 94
nämlich: 43 der obigen Posthaltereien,
42 in Orten mit getrenntem Expeditionsdienst,
7 „ Postablagen,
2 ohne Expedition bzw. Postablage.

B. Zahl der im Postdienst beschäftigten Expedirenden und Unterbeamten.

1) Betriebsverwaltungs- und Expeditionsbeamte 426
nämlich: 13 Vorstände der Postämter einschl. der Eisenbahnpostbüreaux,
13 Cassiere (Vorstände der Postamtsexpeditionen),
5 Postverwalter,
18 Postoffiziale,
142 Posthalter und Postexpeditoren,
49 Postpraktikanten,
13 Postaspiranten,

12 Postgehülfen,
109 Postabnehmer (Beamte der Postablagen).
zus.: 374 Beamte im unmittelbaren Dienste der Postverwaltung,
52 verpflichtete Postgehülfen im Dienste der Posthalter und Postexpeditoren.

2) Unterbedienstete 525
nämlich: 62 Briefträger und Packer,
29 Local-Büreaudiener,
11 Eisenbahnpostbüreaudiener,
3 Wagenwärter,
278 Landpostboten.
zus.: 383 Unterbedienstete im unmittelbaren Dienste der Postverwaltung,
142 verpflichtete Unterbedienstete im Dienste der Posthalter und Postexpeditoren.

C. Zahl der beim Posttransport Verwendung findenden Wagen, Pferde, Postillone und Conducteure.

1) Wagen . . . . 364 Stück mit 1932 Plätzen.
nämlich: 124 ärarische . mit 684 Plätzen,
240 der Fahrtunternehmer „ 1248 „
2) Pferde 725
3) Postillone 233
4) Conducteure 57
nämlich: 45 im unmittelbaren Dienste der Postverwaltung,
12 Conducteure im Dienste der Fahrtunternehmer.

D. Zahl der Meilen, welche die Posttransporte sowohl auf der Eisenbahn als auf gewöhnlichen Wegen und auf den See-Verbindungen durchlaufen.

1) auf Eisenbahnen . . täglich 497 Meilen oder jährlich 181,400 Meilen.
nämlich: 243 Meilen täglich nur mit Briefpost,
61 „ „ „ Fahrpost,
193 „ „ mit Brief- u. Fahrpost.

2) auf gewöhnlichen Wegen mit 111 Postcursen in 145 täglichen Tour- und ebensoviel Retourfahrten täglich 720 Meilen oder jährlich 262,800 Meilen.
nämlich: mit 6 Eilwagencursen, wovon 2 ausschließlich auf badische Rechnung täglich . . . $42\frac{1}{2}$
70 Postomn.-Curs. in 103 Fahrten tägl. $616\frac{1}{2}$
11 Carriolpostcurs. in 15 Fahrten „ $40\frac{1}{2}$

3 sonstigen Cursen zur Postbeförderung . . .	1	
1 Packwagencurs	$1^1/_2$	
4 Reitposteursen in 9 Fahrten	10	
8 Botenpostcursen . . . . . . „	8	

3) mittelst der Landpostboten-Anstalt in 274 Landpostboten-Bezirken . täglich 1061 Meilen oder jährlich 293,500
[Sonntags ꝛc. ꝛc. ausgenommen.]

4) auf See-Verbindungen täglich 20 Meilen oder jährlich 7,300 „

zusammen täglich: 2,298 Meilen oder jährlich 745,000 Meilen.

Baden.

Jährliche allgemeine statistische Notizen
über den
Post-Betrieb.

$18^{70}/_{71}$.

Nach dem Stand vom Januar 1871.

A. Zahl der Postanstalten.

1) Postanstalten zur Annahme und Ausgabe aller Gattungen von Postsendungen 187
nämlich: 15 Postämter, 3 Eisenbahn-Postämter, 2 Postverwaltungen, 23 Posthaltereien (Expeditionen mit Poststall) und 144 Postexpeditionen (ohne oder getrennt vom Poststall).

2) Postanstalten, welche in der Annahme und Ausgabe von Postsendungen beschränkt sind . . . . . . Postablagen in Landorten 303

3) Sonstige zur Expedition von Posten eingerichtete Postanstalten, woselbst eine Annahme oder Ausgabe von Postsendungen nicht stattfindet —

4) Eisenbahnpostbureaux 7
nämlich: Heidelberg resp. Heppenheim-Basel, Straßburg-Appenweier, die Fahrpost-Speditionsbureaux Heidelberg-Basel und die Brief- und Fahrpost-Speditionsbureaux Ludwigshafen, Würzburg, Ludwigshafen-Jaxtfeld, Constanz-Basel und Constanz-Villingen.

5) Postanstalten im Auslande 2

nämlich: das Postamt im bad. Bahnhof zu Basel und die Fahrpostexpedition Straßburg (letztere bis 10. Mai 1871).

Auf 1 Quadratmeile kommen 1,84 Postanstalten.

Auf 1 Postanstalt kommen 0,54 Quadratmeilen. zusammen: 499

6) Briefkasten an Posthäusern und Privatgebäuden in Stadt- und Landbezirken 1843

und zwar: 316 in den 187 Postorten und 1527 in den Landorten (1 in jeder Landgemeinde).

7) Pferde-Posthaltereien (Postställe):

a. mit Postanstalten verbunden . . . . . . Posthaltereien 23

b. für sich bestehend oder getrennt von Postanstalten Poststallmeistereien 51

zusammen: 74

B. Zahl der Postbeamten.

8) a. Im technischen Postdienste bei den Postanstalten beschäftigte Beamte einschließlich der Vorsteher und der Hülfsbeamten . . 879

nämlich: 713 im unmittelbaren Dienste der Postverwaltung (15 Postamtsvorstände, 3 Eisenbahn-Postamtsvorstände, 35 Postverwalter, 18 Controleure, 150 Posthalter und Expeditoren, 189 Dienstgehülfen, 303 Postabnehmer)

und 166 verpflichtete Postgehülfen im Dienste der Posthalter und Postexpeditoren.

b. im technischen Postdienste beschäftigte Unterbeamte . . . 752

nämlich: 590 im unmittelbaren Dienste der Postverwaltung (107 Briefträger und Packer, 62 Postamtsdiener, 10 Postschaffner, 52 Bahnpostschaffner, 2 Wagenwärter, 337 Landpostboten)

und 162 verpflichtete Unterbedienstete der Posthalter und Postexpeditoren (hierunter 16 Postschaffner).

9) a. Nicht im technischen Postdienste beschäftigte Beamte . 40

Beamte der Oberpostbehörde.

b. nicht im technischen Postdienste verwendete Unterbeamte 7

Schreiber und Kanzleidiener der Oberpostbehörde.

C. Zahl der für den Postdienst Verwendung findenden Posthalter, Postillone, Pferde und Wagen.

10) Posthalter 143

nämlich: 74 Posthalter resp. Poststallmeister und 69 sonstige Postfuhrunternehmer.

11) Postillone 275

12) Pferde 869

13) a. Aerarische Wagen 198 Stück mit 1385 Sitzplätzen,

b. nicht ärarische Wagen 310 „ „ 1552 „

zusammen 508 Stück mit 2937 Sitzplätzen.

D. Zahl der von den Posten zurückgelegten Meilen.

14) Auf Poststraßen täglich 975 Meilen oder jährlich 355,875 Meilen.
und zwar mit

1 Eilwagencurs (gemeinschaftlich mit einer fremden Verwaltung,	in 3 Fahrten	täglich	7 Meilen
160 Postomnibus- und Carriolpostcursen	„ 287	„	956
1 sonstigen Curse . .	3	„	1
6 Botenposten . .	„ 10 Gängen	„	11 „
zus. 168 Postcurse mit täglich . . .	„ 287 Tour- und ebensoviel Retourfahrten.		

Länge der Poststraßen 286 Meilen.
Auf eine Straßenmeile kommen 3,40 Transportmeilen täglich.
Hierzu mittelst der Landpostboten-Anstalt in 337 Landpostboten-Bezirken . täglich 915 Meilen oder jährlich 274,500 Meilen.
[Sonntags ꝛc. ꝛc. ausgenommen.]

15) Auf Eisenbahnen . täglich 1356 Meilen oder jährlich 498,940
nämlich 299 Meilen täglich nur mit Briefpost,
179 „ „ „ „ Fahrpost,
878 „ „ mit Brief- und Fahrpost.
Länge der Eisenbahnen 134 Meilen.
Auf 1 Bahnmeile kommen 10 Transportmeilen täglich.

16) Auf Wasserstraßen (Bodensee) täglich 39 Meilen oder jährlich 14,000 Meilen.
zusammen täglich: 3255 Meil. oder jährl. 1,128,100 Meilen.

E. Finanzielles Ergebnis.

Für das Jahr 1870:

a. Einnahme 2,014,181 fl. 24 kr.
b. Ausgabe 1,699,704 „ 7 kr.

c. Reine Einnahme 314,477 fl. 17 kr. = 13,1 kr. auf den Kopf.

Die in Summe a inbegriffene Porto-Einnahme von den Brief- und Fahrposten, einschließlich des Erlöses aus dem Verkauf der Freimarken und Franco-Converten beträgt netto	1,867,373 fl. 58 kr.
Nach Abzug der Porto-Vergütung an fremde Posten mit	391,257 fl. 30 kr.
verbleiben als Porto-Einnahme netto	1,476,116 fl. 28 kr.

Zusammenstellung der Ergebnisse
des Briefpost-, Fahrpost-, Postvorschuß-, Postanweisungs- und Zeitungs-Verkehrs sowie der Personenfrequenz bei den Großherzoglich Badischen Posten im Kalenderjahr 1871.

A. Briefpostsendungen.

Ursprung bezw. Bestimmung der Briefpost=Sendungen.	Gewöhnliche Briefe		Recomm. Sendung	Druck- sachen	Waaren- Proben	Portofreie Briefe	Corresp. Karten	Summa aller Briefpost- sendungen.
	frankirt	unfrankirt						
Aufgabe.								
1. Local=Verkehr	977,121	95,334	5,229	160,584	8,694	571,738	72	1,818,772
2. Weitergehend nach Bestimmungs- orten:								
a) im Großherzogtum Baden	7,871,026	306,338	79,566	1,363,328	78,544	2,344,118	3,486	12,046,406
b) in Norddeutschland, Luxemburg, Württemberg, Bayern und Oesterreich.	6,563,528	110,416	94,970	1,027,217	60,396	331,734	2,520	8,190,781
c) in fremden Ländern	1,123,212	165,550	23,238	179,280	19,612	240,534	—	1,751,426
	16,534,887	677,638	203,003	2,730,409	167,246	3,488,124	6,078	23,807,385
Hiervon wurden bei Landpostboten und Postablagen aufgegeben	1,817,272	93,026	9,856	82,028	11,880	643,336	—	2,657,398

Ursprung bezw. Bestimmung der Briefpost-Sendungen.	Gewöhnliche Briefe		Recomm. Sendung	Druck-sachen	Waaren Proben	Portofreie Briefe	Corresp. Karten	Summa aller Briefpost-sendungen
	frankirt	unfrankirt						
Ankunft.								
1. Bei Badischen Postanstalten aufaufgegeben	7,045,525	341,743	86,024	1,150,364	80,178	2,424,278	2,430	11,130,542
2. In Norddeutschland, Luxemburg, Bayern, Württemberg und Oesterreich aufgegeben	4,386,132	109,792	89,306	960,728	173,555	305,258	2,080	6,026,851
3. In fremden Ländern aufgegeben	1,074,961	91,568	20,797	252,311	28,675	92,850	—	1,561,162
	12,506,618	543,103	196,127	2,363,403	282,408	2,822,386	4,510	18,718,555
Hiervon wurden:								
1. durch Briefträger in loco bestellt								11,764,674
2. an den Schaltern abgegeben								3,088,471
3. durch Landpostboten und Postablagen bestellt.	2,562,326	154,722	19,296	316,498	15,246	796,890	432	3,865,410
Die Aufgabe beträgt:	16,534,887	677,638	203,003	2,730,409	167,246	3,488,124	6,078	23,807,385
die Ankunft beträgt:	12,506,618	543,103	196,127	2,363,403	282,408	2,822,386	4,510	18,718,555
Mithin Summe aller beförderten Briefpostsendungen	29,041,505	1,220,741	399,130	5,093,812	449,654	6,310,510	10,588	42,525,940

B. Fahrpost-Sendungen.

Ursprung bezw. Bestimmung der Fahrpostsendungen.	Ordinäre Pakete.		Geld- und Werthsendungen.		
	Stück	Pfund	Stück	Pfund	Werth.
Aufgabe.					
1. Local-Verkehr portopflichtig	19,348	96,528	9,726	34,506	483,338
" " portofrei	10,380	36,490	10,170	6,444	266,066
2. Weitergehend nach Bestimmungsorten					
a) im Großherzogtum Baden portopflichtig .	640,592	3,368,378	362,658	704,964	83,065,018
portofrei	99,498	439,954	47,924	217,303	36,661,512
b) in Norddeutschland, Württemberg, Bayern und Oesterreich	341,736	2,229,470	311,594	856,914	100,390,932
c) in fremden Ländern	23,094	146,526	25,244	113,958	9,740,704
Ganze Aufgabe	1,134,648	6,317,346	767,316	1,934,089	230,607,570
Ankunft:					
1. Bei Badischen Postanstalten aufgegeben portopflichtig	629,304	3,145,698	369,920	661,369	69,795,632
portofrei	94,638	420,188	37,306	219,318	25,582,658
2. Von Aufgabsorten in Nordeutschland, Württemberg, Bayern und Oesterreich . . .	407,306	3,022,768	269,164	670,912	80,329,138
3. Aus fremden Ländern	17,952	136,234	31,388	124,896	9,545,383
Ankunft im Ganzen	1,149,200	6,724,888	707,778	1,676,495	185,252,808
dazu die Aufgabe	1,134,648	6,317,346	767,316	1,934,089	230,607,570
Gesammter Fahrpostverkehr	2,283,848	13,042,234	1,475,094	3,610,584	415,860,378

Gesammtzahl aller beförderten Fahrpostsendungen 3,758,942 Stücke
im Gewicht von 16,652,818 Pfund.

	Stück	Pfund	Werth.
Durch Landpostboten und Postablagen wurden aufgegeben: portopflichtig .	190,126	694,922	8,675,220
portofrei . .	25,830	55,052	747,090
Bei Landpostboten und Postablagen wurden bestellt: portopflichtig .	322,706	1,163,040	12,877,140
portofrei	29,318	80,562	483,482
Durch das Bestellpersonal in Postorten wurde bestellt:	1,339,552	6,237,790	163,067,992
Umspediert wurden von Badischen Postanstalten:	699,858		

C. Postvorschuß (Nachnahme-)Sendungen.

	Stück	Betrag
Aufgabe.		
1. Nach Orten im Großherzogtum Baden Briefpost	328,618	242,636
Fahrpost	89,940	548,584
2. Nach Orten in Norddeutschland, Württemberg und Bayern	45,884	246,816
3. Nach Orten in der Schweiz und in Frankreich	9,706	36,028
4. Nach andern fremden Ländern .	954	7,416
Ganze Aufgabe	475,102	1,081,480
Ankunft.		
1. Von Badischen Orten Briefpost	257,976	216,126
Fahrpost	84,188	485,396
2. Von Orten in Norddeutschland, Württemberg und Bayern	59,252	382,342
3. Von Orten in der Schweiz .	9,298	78,014
4. Von andern fremden Ländern .	702	6,822
Ganze Ankunft	411,416	1,168,700
dazu die Aufgabe	475,102	1,081,480
Mithin Summe aller beförderten Postvorschußsendungen:	886,518	2,250,180

D. Postanweisungsverkehr.

	Stück	Betrag
Bei den Postanstalten aufgegeben	488,776	12,989,940
„ „ „ erhoben	438,828	11,885,856
Gesammter Postanweisungsverkehr	927,604	24,875,796

E. Zeitungsverkehr.

Anzahl der beförderten Zeitungsnummern: 15,730,160 Stück.

F. Personenverkehr.

Anzahl der mit den Postomnibuscursen beförderten Reisenden: 599,158.

Baden.

Übersicht des Postverkehrs in den Jahren 1859—69.

Briefpost-Sendungen.

Correspondenzverkehr		Gewöhnliche Briefe. Frankierte.	Gewöhnliche Briefe. Unfrankierte.	Recommandierte Briefe.	Briefe mit Warenproben.	Kreuzbandsendungen.	Portofreie Briefe.	Summe aller Sendungen.
		Stück.	Stück.	Stück.	Stück.	Stück.	Stück.	Stück.
im Inland	1869	6549894	449694	84654	64494	1165230	2064456	10378422
	1868	5756522	465138	73494	45216	905040	1677132	8922546
	1867	5386693	526149	79443	36205	828854	2172079	9029423
	1866	4812470	462683	68900	24063	711945	2017587	8197648
	1865	4789798	448513	62543	33254	684814	2178072	5196994
	1864	4234204	422916	52582	27794	585988	1975740	7299227
	1863	3405545	439764	43589	29913	443950	1739075	6101836
	1862	3013507	502385	33865	22087	329313	1773927	5675084
	1861	2858200	501702	29309	18336	311403	1657172	5376122
	1860	2679989	442564	28695	14254	236707	1599384	5001593
	1859	2543178	370329	29099	12175	223596	1505051	4683428
nach und aus anderen Ländern . .	1869	9411408	423792	181008	190008	2500776	307728	13014720
	1868	7847028	624456	148644	129348	1929780	194040	10873296
	1867	6210906	837434	150072	76154	1738464	212342	9225372
	1866	5404958	870246	147628	57720	1489982	249626	8220160
	1865	5607966	947492	144586	65520	1542502	236314	8544380
	1864	5078840	971854	121420	47190	1301144	210600	7731048
	1863	4103840	969878	97422	54080	1157520	234780	6617520
	1862	3727160	1115478	96720	36218	976534	205322	6157432
	1861	3245740	1084938	80706	35386	767608	233322	5447700
	1860	3025626	1028058	70780	22116	672964	160264	4979808
	1859	2835548	978980	65400	21194	588990	156258	4646370
im Ganzen (Der Transitverkehr ist hierunter nicht begriffen.)	1869	15961302	873486	265662	254502	3666006	2372184	23393000
	1868	13603554	1089594	222138	174564	2834820	1871172	19796000
	1867	11597599	1363583	229515	112359	2567318	2384421	18255000
	1866	10217428	1332929	216528	81783	2201927	2267213	16318000
	1865	10397764	1396005	207129	98774	2227316	2414386	16741000
	1864	9313044	1394770	174005	74984	1887132	2186340	15030000
	1863	7509385	1409642	141011	83993	1601470	1973855	12720000
	1862	6740667	1617863	130585	58305	1305847	1979249	11833000
	1861	6103940	1586640	110015	53722	1079011	1890494	10824000
	1860	5705615	1470622	99475	36370	909671	1759648	9981000
	1859	5378726	1349309	94499	33369	812586	1661309	9330000

	1869	1868	1867	1866	1865	1864	1863	1862	1861	1869	1859
Zunahme von Jahr zu Jahr .	% 18,2	% 8,4	% 11,8	% $2\frac{1}{2}$	% 11,4	% 18,1	% 7,5	% 9,3	% 8,4	% 7	"
Zunahme im Ganzen	150,7	112,1	95,6	74,9	79,4	61,0	36,3	26,8	16,0	"	"
Auf einen Kopf der Bevölkerung kommen Briefe	$16\frac{1}{3}$	$13\frac{4}{5}$	$12\frac{3}{4}$	$11\frac{2}{5}$	$11\frac{1}{2}$	$10\frac{1}{2}$	9	$8\frac{1}{2}$	8	7	7

Zeitungs-Verkehr.

Jahr.	Badische Zeitungen.	Ausländische Zeitungen.			Zusammen.
		aus dem Auslande direct bezogen.	aus deutschen Staaten bezogen		
			für Baden.	für das Ausland.	
	Stück.	Stück.	Stück.	Stück.	
1869	10859372	497200	2806573	469594	14633000
1868	9147028	493317	2569638	461893	12672000
1867	8278408	470425	2487591	452047	11688000
1866	7990053	427592	2411702	400879	11230000
1865	6909403	428520	1766330	281975	9386000
1864	6297086	442982	1774600	243982	8758000
1863	5176227	404733	1738115	286314	7605000
1862	4690364	333046	1702987	273975	7000000
1861	4491815	265579	1555512	266896	6579000
1860	4094170	188782	1605457	220318	6108000
1859	3258187	165891	1446710	210992	5081000

Ordinäre Pakete, Geld- und Wert-Sendungen.

Fahrpostverkehr		Ordinäre Pakete		Briefe und Pakete mit declariertem Werte.			Summe aller Fahrpostgegenstände.	
		Stückzahl.	Gewicht. ℔	Stückzahl.	Gewicht. ℔	Werth fl. süddeutsch.	Stückzahl.	Gewicht. ℔
im Inland a) portopflichtige	1869	543762	2502936	373086	700074	33422166	916848	3203010
	1868	516834	2371788	433890	996444	56273490	950724	3368232
	1867	574795	2251951	494247	1043991	55190720	1069042	3295942
	1859	277623	1042359	409140	846409	34966312	686763	1888768
b) portofreie . . .	1869	94014	391662	44136	204246	43767144	138150	595908
	1868	83538	430254	26838	215082	19248426	110376	645336
	1867	103363	473122	129233	410489	40499264	232596	883611
	1859	64560	422246	108673	580898	33884868	173233	1003144
c) zusammen . . .	1869	637776	2894598	417222	904320	77189310	1054998	3798918
	1868	600372	2802042	460728	1211526	75521916	1061100	4013568
	1867	678158	2725073	623480	1454480	95689984	1301638	4179553
	1859	342183	1464605	517813	1427307	68851180	859996	2891912

Fahrpostverkehr		Ordinäre Pakete		Briefe und Pakete mit declariertem Werte.			Summe aller Fahrpostgegenstände.	
		Stückzahl.	Gewicht. ℔	Stückzahl.	Gewicht. ℔	Werth fl. süddeutsch.	Stückzahl.	Gewicht. ℔
nach anderen Ländern . .	1869	265050	810852	268380	456966	67103406	533430	1267818
	1868	241344	1098216	297900	555804	66579534	539244	1654020
	1867	239551	960388	345072	632840	66825603	584623	1593228
	1859	125545	543034	260925	572771	36033548	386470	1115805
aus anderen Ländern . .	1869	332028	1615608	264798	551484	65622274	596826	2167092
	1868	288036	1566594	241200	553734	57459690	529236	2120328
	1867	268866	1367163	277407	630628	60056308	546273	1997791
	1859	144246	698811	176596	510382	31077844	320842	1209193
im Ganzen	1869	1231854	5321058	950400	1912770	209915000	2185000	7234000
	1868	1129752	5466852	999828	2321064	199561000	2130000	7788000
	1867	1186575	5052624	1245959	2717948	222572000	2433000	7771000
	1866	1106183	4862728	1230827	2459379	206526000	2337000	7322000
	1865	1164501	5114564	1265966	2637401	208853000	2430000	7752000
	1864	1112137	4769622	1250964	2624258	200338000	2363000	7394000
	1863	993260	4439849	1193612	2870507	171640000	2187000	7310000
	1862	866176	3876709	1106332	2601443	185000000	1982000	6478000
	1861	778073	3573496	1039901	2698668	159043000	1818000	6272000
	1860	711121	3280766	981853	2524810	137348000	1693000	5806000
	1859	611974	2706450	955334	2510460	135963000	1567000	5217000

Die Ziffern des Jahres 1869 ergeben im Vergleiche mit denjenigen des Jahres 1859 eine Verkehrszunahme:

in der Anzahl der Sendungen von 39 %,
im Gewicht „ „ „ 39 %,
im declarierten Werte . „ 54 %.

Auf 1 Einwohner kommen:

im Jahre 1869 1,52 Sendungen,
im Jahre 1859 1,16 Sendungen.

Postvorschuß-Sendungen und Postanweisungen.

Verkehr		Postvorschuß-Sendungen.		Post-anweisungen.	
		Stückzahl	Betrag fl. süddeutsch.	Stückzahl	Betrag fl. süddeutsch.
im Inland .	†1869	361110	685560	222563	5355614
	1868	278606	556754	142061	3364300
	1867	83434	453986	65760	1742316
	1859	38908	172320	975	22651
nach anderen Ländern	1869	50292	269632	72656	2525762
	1868	45306	213300	46695	1418803
	1867	46995	243386	4617	123214
	1859	27076	107011	689	3665
aus anderen Ländern .	1869	74790	442332	72013	2200009
	1868	64782	372942	46509	1438642
	1867	58279	348725	4654	67535
	1859	30616	170328	819	20147
im Ganzen (ohne Transitverkehr) .	1869	486200	1397000	384200	10081000
	1868	388700	1143000	238300	6222000
	1867	188700	1046000	77000	1933000
	1866	183800	963000	55000	1015000
	1865	180300	968000	53000	935000
	1864	180300	966000	46000	850000
	1863	165300	930000	38000	719000
	1862	143600	800000	28000	497000
	1861	121600	567000	3900	46000
	1860	107300	500000	3000	32000
	1859	96600	450000	2000	28000

† Unter den inländischen Postvorschuß-Sendungen vom Jahr 1869 sind inbegriffen: 282000 mittelst der Briefpost beförderte Briefe mit 219000 fl. Postvorschuß.

Bei den Postanstalten sind im Jahre 1869	auf Postvorschuß-Sendungen	auf Postanweisungen
eingezahlt	1128000 fl.	7882000 fl.
erhoben	955000 fl.	7555000 fl.
Ganzer Geldumsatz	2083000 fl.	15437000 fl.

Personen-Verkehr.

Es sind beförd. word. im Jahr			Pers., som. 1 Reis. auf		Einwohner.
Es sind beförd. word. im Jahr	1869 .	632572	Pers., som. 1 Reis. auf	2,27	Einwohner.
" "	1868 .	589763	"	" 2,43	"
" "	1867 .	573993	"	" 2,18	"
" "	1866 .	570804	"	" 2,50	"
" "	1865 .	568984	"	" 2,53	"
" "	1864 .	484450	"	" 2,96	"
" "	1863 .	428059	"	" 3,3	"
" "	1862	388599	"	" 3,58	"
" "	1861 .	386788	"	" 3,54	"
" "	1860 .	375850	"	" 3,61	"
" "	1859 .	271068	"	" 4,97	"

Freimarken und Freicouverten.

Bei den Postanstalten sind verkauft im Rechnungsjahr:

(Das Rechnungsjahr beginnt am 1. October.)

Sorte.	1869	1868	1867	1866	1865	1869	1868	1867	1866	1865
	Freimarken.					Freicouverten.				
kr.										
1	3164738	2862654	1893324	1557342	1330677	—	—	—	—	—
3	4672274	4648116	4059191	3907995	3786290	5328634	4570164	3526414	3194011	2824390
6	363947	828603	809239	726105	672243	39374	76956	233309	219096	213152
7	808512	—	—	—	—	—	—	—	—	—
9	326322	428930	702585	690152	669265	30007	96948	274429	260863	260284
18	—	35932	33680	30698	29850	—	—	—	—	—
30	9974	10289	13203	13882	11863	—	—	—	—	—
rund	9345000	8814000	7511000	6926000	6500000	5398000	4744000	4034000	3674000	3298000
	14743000	13558000	11545000	10600000	9798000	Gesammt-Stückzahl } aller verkauften Frankierungszeichen.				
	745885 fl.	693986 fl.	678348 fl.	634378 fl.	595570 fl.	Gesammt-Wert } aller verkauften Frankierungszeichen.				

Vertrag über die Abgabe des Badischen Postwesens.[23]

Die Verhandlungen, welche aus Anlaß des zum 1. Januar bevorstehenden Ueberganges der Gr. badischen Postverwaltung auf das Deutsche Reich zwischen den Commissarien des Reichskanzleramtes und derjenigen der Gr. badischen Regierung im Laufe des Monats Juni d. J. geflogen worden sind, haben zu folgenden Vereinbarungen geführt:

1. Die Reichspostverwaltung tritt in das Verhältnis eines General-Successors der Gr. badischen Postverwaltung. Sie übernimmt vom 1. Januar 1872 die Rechte und Verpflichtungen der Großherzogl. Badischen Postverwaltung.

2. Sämmtliche Gr. badische Postgebäude und Postgrundstücke verbleiben Eigentum der Gr. Regierung. Sie werden der Reichspostverwaltung zur unentgeltlichen freien Benutzung übergeben und auf Kosten derselben unterhalten.

3. Das bisher in ausschließlichem Gebrauche der Postverwaltung gestandene bewegliche Inventar derselben, also namentlich auch die Postwagen[24] und Bureau-Utensilien gehen vom 1. Januar 1872 ab in das Eigentum des Reiches über, ebenso die sämmtlichen Materialien-Vorräte.

Nur diejenigen Bureau-Materialien, welche aus Aversen angeschafft worden sind, verbleiben Eigentum der betreffenden Postbeamten.

6. Die bei der Großherzoglichen Postverwaltung angestellten Beamten und Unterbediensteten werden, soweit sie nicht selbst ein Anderes wünschen, in den Reichspostdienst mit ihren dermaligen Dienstbezügen

---

[23] In dem Prozesse Hammes-Reichsfiskus (1877) führte die Verteidigung des Reichspostfiskus aus: Die Vereinbarung vom 6. Juli und 16. Dezember 1871 sei lediglich eine Administrativ-Konvention, die Bestimmungen von Reichsgesetzen nicht abändern, somit auch nicht auf Rechtsverhältnisse bezogen werden könne, über die schon vorher durch Reichsgesetze entgegenstehende Anordnungen getroffen wären; dagegen führte der Ankläger u. a. aus: Es handle sich um einen Vertrag zwischen zwei gleichberechtigten Staaten oder Regierungen. Das Reichsgericht entschied u. a., daß keine reichsgesetzliche Bestimmung verletzt erscheine, wenn die Reichsverwaltung durch besondere Verträge in die Verbindlichkeit eines Einzelstaates seinen Beamten gegenüber eingetreten sei, die mit Übergang des Postwesens auf das Reich mittelbar in dessen Dienst eingetreten seien. In § 7 der Konvention sei der Grundsatz des Sukzessionsverhältnisses in seiner letzten Konsequenz anerkannt. Im Prozesse Reininger-Landesfiskus (1880) entschied das Reichsgericht: Einen besonderen Rechtstitel für den badischen Fiskus hätten sodann noch die Konventionen vom 6. Juli und 16. Dezember 1871 geschaffen, in denen das Prinzip des Art. 49 der Verfassung angewendet worden sei und denen der Art. 18 der Verfassung nebst der Erläuterung im Protokoll vom 15. November 1870 nicht entgegengehalten werden könne.

[24] Gegen Erstattung des Zeitwerts laut Vereinbarung vom 25. August bis 1. September 1871.

und erworbenen Ansprüchen übernommen. Ebenso übernimmt die Reichspostverwaltung das auf Grund von Dienstcontracten verwendete untere Personal nach Maßgabe dieser Contracte.

7. Die bis zum 1. Januar 1872 bewilligten Pensionen und Ruhegehalte ehemaliger Postbeamten, sowie die Pensionen und Ruhegehalte derer, welche nach diesem Zeitpunkte unmittelbar in Folge des Uebergangs der badischen Post in Reichsverwaltung in Pension treten, werden auf die Reichspostkasse übernommen. Ebenso werden die nach gesetzlichen Bestimmungen aus der Postkasse zu leistenden Zuschüsse zu den Pensionen der Hinterbliebenen von vor dem 1. Januar 1872 verstorbenen Großh. Badischen Staatsdienern auf die Reichspostkasse übernommen. Ebenso werden die nach gesetzlichen Bestimmungen aus der Postkasse zu leistenden Zuschüsse zu den Pensionen der Hinterbliebenen von vor dem 1. Januar 1872 verstorbenen Großherzoglichen Badischen Staatsdienern auf die Reichskasse übernommen.

8. Als Dienststellen, deren Besetzung vom Kaiser ausgeht, werden angesehen diejenigen der Ober-Postdirektoren, Ober-Posträte und Posträte, der Post-Inspektoren und der Rendanten der Ober-Postkasse.

Bei der Besetzung dieser Stellen wird vorzugsweise auf Badische Landesangehörige Rücksicht genommen werden.[25]

11. Den Großh. Badischen Postbeamten, welche nach ihren Leistungen

[25] Das Recht zur Anstellung der Reichs-Post- und Telegraphenbeamten in Baden ist zwischen dem Kaiser und der Landesregierung geteilt. Die Grenzen der beiderseitigen Befugnisse sind durch Artikel 50 der Reichsverfassung (vom 16. April 1871) gegeben:

„. . . Die Anstellung der bei den Verwaltungsbehörden der Post und Telegraphie in den verschiedenen Bezirken erforderlichen oberen Beamten (z. B. Direktoren, Räte, Ober-Inspektoren), ferner die Anstellung der zur Wahrnehmung des Aufsichts- usw. Dienstes in den einzelnen Bezirken als Organe der erwähnten Behörden fungierenden Post- und Telegraphenbeamten (z. B. Inspektoren, Kontrolleure) geht für das ganze Gebiet des Deutschen Reichs vom Kaiser aus, welchem diese Beamten den Diensteid leisten. Den einzelnen Landesregierungen wird von den in Rede stehenden Ernennungen, soweit dieselben ihre Gebiete betreffen, behufs der landesherrlichen Bestätigung und Publikation rechtzeitig Mitteilung gemacht werden.

Die anderen bei den Verwaltungsbehörden der Post und Telegraphie erforderlichen Beamten, sowie alle für den lokalen und technischen Betrieb bestimmten, mithin bei den eigentlichen Betriebsstellen fungierenden Beamten usw. werden von den betreffenden Landesregierungen angestellt. . . .“

Um eine Richtschnur für die Auslegung dieses Artikels 50 zu besitzen, ist zwischen der Großh. Badischen Regierung und der Reichsregierung (Reichskanzleramt) noch das zweite Übereinkommen vom 16. Dezember 1871 geschlossen worden, das sich allein auf die Art der Ausübung des der Landesregierung zustehenden Anstellungsrechtes bezieht. (Vgl. § 1 der folgenden Vereinbarung.)

und nach dem von ihnen bisher bekleideten Amte befähigt sind, in ein vom Kaiser zu besetzendes Reichsamt einzurücken, wird die Aussicht eröffnet, zu einem solchen Amte auch außerhalb Badens berufen zu werden.

12. Die Einrangierung der zur Zeit bei der Großherzoglichen Badischen Postverwaltung in Function stehenden Beamten und Unterbediensteten in die bei der Reichspostverwaltung zur Zeit bestehenden durch den Nachtragsetat für das Jahr 1871 zum Teil veränderten Beamtenkategorien wird nach folgenden Grundsätzen erfolgen.

a) Die Großherzogl. Badischen Postgehilfen behalten diese Eigenschaft;

b) die Gr. Badischen Postassistenten treten in die Klasse der Post-Amts-Assistenten ein; die älteren von ihnen und zwar zunächst die bis zum Schlusse des Jahres 1864 in den Postdienst aufgenommenen sollen bei guter Führung und genügender Brauchbarkeit als Postsekretäre angestellt werden, die später eingetretenen werden ebenfalls nach und nach zu Postsekretären befördert werden, sie haben jedoch zuvor diejenige Prüfung abzulegen, welche von den bisherigen Norddeutschen Post-Expedienten erfordert wird, wenn dieselben in die Klasse der Post-Sekretäre aufrücken wollen;

c) die Großherzogl. Badischen Postpraktikanten werden, soweit sich nicht bei einzelnen aus der Führung und Leistungsfähigkeit Bedenken dagegen ergeben, sämmtlich als Postsekretäre angestellt;

d) die Großherzogl. Badischen Postcontroleure werden zu Ober-Postsekretären ernannt;

e) die Großherzogl. Badischen Postverwalter und die ganz in den Postdienst übertretenden Post- und Bahnverwalter werden als Ober-Postsekretäre, Postmeister und Kassierer nach Umständen auch als Postdirektoren Verwendung finden;

f) die Großherzogl. Badischen Post-Expeditoren ingleichen die etwa ausschließlich zur Reichspostverwaltung übertretenden Post- und Eisenbahn-Expeditoren werden in die Klasse der Post-Expediteure eingereiht. Es soll dabei nicht ausgeschlossen sein, die mit Ministerial-Decret angestellten Post-Expeditoren bezw. Post- und Eisenbahn-Expeditoren (1. Klasse) bei vorhandener persönlicher Qualifikation in Post-Sekretärstellen einrücken zu lassen;

g) Die Vorsteher der Großherzogl. Badischen Postämter, welche in diesen Stellungen verbleiben, werden zu Postdirektoren ernannt;

h) der Großherzogl. Badische Post-Inspektor würde zunächst in gleicher Eigenschaft in den Reichsdienst übernommen werden;

i) die Großherzogl. Badischen Post-Revisoren werden, je nach ihrer Persönlichkeit und Qualifikation, zu Ober-Postdirektions-Sekretären, Ober-Postkassen-Buchhaltern und Expeditionsvorstehern

(Ober-Postsekretären) bei Postämtern ernannt. Es soll auch nicht ausgeschlossen sein, einzelne dieser Beamten in Berlin bei dem Control-Bureau für Postanweisungen oder bei dem Post-Abrechnungsbureau mit dem Auslande zu verwenden, sofern dies mit den Wünschen der Betreffenden zusammentrifft;

k) der Vorstand des Revisions-Bureaus, Ober-Rechnungsrat Werner, wird unter Belassung seines Titels als Bureaubeamter erster Klasse einrangiert.

Der Postmaterialverwalter wird als Bureau-Assistent übernommen.

Soweit die Gr. Badischen Beamten bisher die Aussicht hatten, ohne Ablegung eines weiteren Examens in solche höhere Dienststellen einzurücken, für welche nach den allgemeinen Verwaltungsnormen der Reichspostverwaltung das Bestehen des höheren Postverwaltungs-Examens gefordert wird, tritt in diesem Verhältnis eine Aenderung nicht ein.

Es bezieht sich dies namentlich auf die vorhandenen badischen Postpraktikanten.

l) Die Unterbediensteten und contractlichen Diener werden in die ihren Dienstfunktionen entsprechenden Kategorien der Reichspostverwaltung einrangiert. Die bisher nicht auf Kündigung sondern auf Wohlverhalten Angestellten werden in dieser Eigenschaft übernommen.

15. Ueber Regelung der Ausübung des der Großherzogl. Badischen Regierung aus Artikel 50 der Reichs-Verfassung zustehenden Anstellungsrechtes von Postbeamten bleibt eine besondere Vereinbarung vorbehalten.[26]

21. Die Reichspostverwaltung wird darauf Bedacht nehmen, die Material-Lieferungen für den Postdienst auch künftig thunlichst an Großh. badische Staatsangehörige zu vergeben.

24. Die wichtigeren Einrichtungen der badischen Posten, welche Gegenstand reglementarischer Festsetzung und administrativer Anordnung sind, werden nach dem Uebergang in die Bundes-Verwaltung im wesentlichen fortbestehen, namentlich wird die Zahl der Poststellen (Expeditionen und Ablagen), die Zahl der Postkurse und Postbeförderungsgelegenheiten, sowie der Landpostdienst wesentlich nicht beschränkt werden, die Bestellung der Briefe nach den Landorten und die Bestellung der Briefe aus den Landorten nach den Postorten unentgeltlich erfolgen und die Taxe für die Ortsbriefe wird nicht erhöht werden; auch wird die jetzt bestehende Einrichtung, „wonach alle Fahrpostsendungen, mögen sie nach Postorten oder Landorten adressiert sein, von der Postanstalt den Adressaten ins Haus gebracht werden (nach den Landorten mit der bisher üblichen Beschränkung)" ohne vorhergegangene Verständigung mit der Gr. Badischen Regierung nicht geändert werden.

---

[26] Vgl. Vereinbarung v. 16. Dezember 1871.

25. Aus der in Baden bestehenden Unterstützungskasse für niedere Postbedienstete wird ein Kapitalbestand von 17000 Thalern an die Postarmen- und Unterstützungsfonds in Berlin überwiesen.

27. Durch die gegenwärtige Vereinbarung soll der künftigen Reichsgesetzgebung über die darin behandelten Materien in keiner Weise präjudiciert werden.

Von den Commissarien wurde zu den vorstehenden Festsetzungen die Genehmigung einerseits des Herrn Fürsten-Reichskanzlers, andererseits der Großherzoglichen Badischen Regierung vorbehalten.

So geschehen Karlsruhe, den 6. Juli 1871.

(gez.) Zimmer, Geheimrath
„ Poppen, Ministerialrath
„ G. von Stösser, Ministerialrath

(gez.) H. Stephan
„ G. Dunkel

Vereinbarungen über das Anstellungsrecht der Badischen Landesregierung.

Die Verhandlungen, welche über die Art der Ausübung des nach Artikel 50 der Reichsverfassung der Landesregierung zustehenden Anstellungsrechts gepflogen wurden, haben zu folgenden vom 1. Januar 1872 an in Wirksamkeit tretenden Vereinbarungen unter den beiderseitigen Kommissären geführt:

1. die im Großherzogtum errichteten Kaiserlichen Oberpostdirektionen verfügen im Auftrag und im Namen der Gr. Regierung die Aufnahme, Ernennung und Anstellung sowie Versetzung und Entlassung:

a) der Unterbeamten bei den Oberpostdirektionen, den Oberpostkassen und den Postanstalten, zu welchen gehören die Briefträger, Bureaudiener, Packetbesteller, Packetträger, Landbriefträger u. a.

b) der Postgehilfen, Postexpediteure, Kanzlisten, Postamtsassistenten, Bureauassistenten, Posteleven und Postpraktikanten.

3. Vor Aussprechung der Entlassung einer dieser Diener, mit Ausnahme der blos auf die Probe oder auf Tagegeld angenommenen Personen, (§§ 1 und 2), wird die betreffende Kaiserliche Direktion die Untersuchungsakten der Gr. Regierung zur Einsichtnahme und Aeußerung mitteilen.

4. Nichtbadenern werden Stellen im Großherzogtum nur dann übertragen, wenn keine für die betreffende Stelle geeignete badische Landesangehörige vorhanden sind.

5. Ueber die vorgenommenen Aufnahmen, Ernennungen, Anstellungen, Versetzungen, Pensionierungen und Entlassungen werden die Kaiserlichen Direktionen der Gr. Regierung vierteljährige Uebersichten mitteilen.

6. Ueber die Anstellung von Beamten vom Post- und Telegraphensekretär an aufwärts werden die Kaiserlichen Direktionen der Gr. Regierung jeweils ihre Vorschläge zukommen lassen. Die Ernennung der im Range über den Post- und Telegraphen-Sekretären stehenden Beamten wird auf einen bestimmten Ort geschehen, die Zuweisung der Post- und Telegraphen-Sekretäre auf eine bestimmte Dienststelle im Großherzogtum wird auf vorausgegangenen Vorschlag der betreffenden Kaiserlichen Direktion von dem Handelsministerium ausgesprochen.

7. Die in den Absätzen 1, 2 und 6 genannten Beamten werden nach Orten außerhalb des Großherzogtums gegen ihren Willen[27] und mit Vorbehalt ihrer badischen Anstellungsbedingungen ohne Zustimmung der Gr. Regierung nicht versetzt werden.

8. Wird eine von der Landesregierung zu besetzende Stelle einem andern, als einem badischen Landesangehörigen übertragen, so behält derselbe seine bisherige Staatsangehörigkeit und gelten bezüglich seiner Anstellungs- bzw. Dienstverhältnisse die in seinem Heimatlande maßgebenden Bestimmungen.

Carlsruhe, den 16. Dezember 1871.

(gez.) G. von Stösser
Ministerialrath.

(gez.) Dunkel
Geheimer Ober-Postrath.

---

[27] Seit Erlaß des Reichsbeamtengesetzes ist naturgemäß das mit diesem nicht verträgliche Einspruchsrecht des Beamten gegen eine Versetzung nach dem außerbadischen Teil des Reichspostgebietes weggefallen.

Telegrammverkehr nach und durch Frankreich über Karlsruhe.

	1860	1861	1862	1863
1. Aus Baden nach Frankreich und durch Frankreich (England Belgien usw.) . .	3388	4665	5098	5962
2. Aus Frankreich usw. nach Baden . . .	2692	3681	4300	5065
3. Von der Main-Neckarlinie nach und durch Frankreich	2326	2105	2531	3983
4. Aus Frankreich nach der Main-Neckarlinie	1033	851	1496	2930
Zusammen:	9439	11302	13425	17940
Zunahme:		20%	19%	34%

Telegrammverkehr mit Frankreich über Karlsruhe.

	1867	1868	1869
Karlsruhe-Frankreich	559	524	503
und umgekehrt . . .	637	494	506
Übrige badische Stationen	6299	5638	4918
über Karlsruhe	5519	4657	3537
Main-Neckar-Stationen	519	358	165
über Karlsruhe	2773	743	162
Verein—Frankreich .	18237	11441	8825
über Karlsruhe . . .	11730	9435	6169
Zusammen:	46273	33290	24785

Na

über die bei den Großh. Badischen Telegraphenstationen seit Beginn des Bet
Privatdepeschen. (Aus

Es wurden Depeschen bei Badischen Stationen aufgegeben bestimmt für:	1851 (v. 15. Okt. an) Depeschen Stück	%	1852 Depeschen Stück	% mehr als 1851	1853 Depeschen Stück	% mehr als 1852	1854 Depeschen Stück	% m 1
Badische Stationen . .	462		2329		4026	72,9	6423	5
Nicht Badische Stationen	—		1290		3939	205,3	5059	2
In Summa	462		3619	—	7965	120,1	11 482	4

1. Vom Beginn des Betriebs (15. Oktober 1851) anfangend wurde die einfache Depesche bis zu 20 Worten im internationalen Verkehr mit 1 fl. 12 kr. per Zone berechnet. Eine Depesche von 21 bis 50 Worten zählte für eine doppelte und eine solche von 51 bis 100 Worten für eine dreifache Depesche. Ausnahmsweise kam für den internen Verkehr ein mäßiger Tarif in Anwendung, welcher ungefähr die Hälfte der vorstehenden Gebührensätze betrug.
2. Für die Correspondenz zwischen badischen und württembergischen Stationen, sowie mit jenen des Main-Neckar-Staatstelegraphen wurde der interne Tarif in Berechnung gebracht.
3. Die gleichen Tarifsätze wurden nach dem am 1. Mai 1853 erfolgten Anschluße an die Schweizerischen Telegraphenlinien bei Leopoldshöhe für die Correspondenz mit der Schweiz eingeführt.
4. Vom 25. Januar 1854 an wurde für den Verkehr innerhalb des Großherzogtums und durch dasselbe die Wortzahl einer einfachen Depesche, den Bestimmungen des deutsch-österreichischen Telegraphenvereins entsprechend, von 20 auf 25 Worte erhöht.
5. Am 1. Juli 1854 erfolgte der Beitritt der Großherzoglichen Telegraphenlinien zum deutsch-österreichischen Vereine.
6. Für den Correspondenzverkehr mit Frankreich trat mit dem 1. März 1855 eine Taxermäßigung in der Art ein, daß die Beförderungsgebühr von sämtlichen badischen Stationen bis zur Grenze bei Kehl auf 1 fl. 12 kr. für die einfache Depesche von 1 bis 25 Worten festgesetzt wurde.

isung

Oktober 1851) bis einschl. 1859 zur Aufgabe gekommenen Staats- und
des G. L. Karlsruhe).

1855		1856		1857		1858		1859	
	%		%		%		%		%
eschen Stück	mehr als 1854	Depeschen Stück	mehr als 1855	Depeschen Stück	mehr als 1856	Depeschen Stück	mehr als 1857	Depeschen Stück	mehr als 1858
991	—	9544	59,3	12305	29,0	16771	36,3	22352	33,3
403	26,6	9562	49,3	9867	3,2	12822	29,9	16325	27,3
2394	7,9	19106	54,2	22172	16,0	29,593	33,5	38,677	30,7

7. Der Tarif für den internen Verkehr wurde mit dem 1. Februar 1856 in der Weise ermäßigt, daß eine einfache aus 25 Worten bestehende Depesche auf eine Entfernung bis zu 25 Meilen mit 36 kr. und für eine solche über 25 Meilen mit 1 fl. 12 kr berechnet wurde, Depeschen von 26 bis 50 Worten zählten für doppelte und von 51 bis 100 Worte für dreifache Depeschen.
8. Am 1. April 1858 fand für die Vereinscorrespondenz eine Ermäßigung der Taxe auf 42 kr. für eine einfache Depesche statt, gleichzeitig wurde die Wortzahl einer einfachen Depesche auf 20 Worte festgesetzt und für je 10 Worte mehr die Hälfte der Beförderungsgebühr mit 21 kr. per Zone erhoben.
9. Mit dem gleichen Tage trat auch für die interne Correspondenz ein neuer Tarif in Wirksamkeit, wonach für eine einfache Depesche (von 1 bis 20 Worten) im ganzen Umfange des Großherzogtums ohne Unterschied der Entfernung 30 kr. erhoben und für jede weitere 10 Worte oder bis zu 10 Worten mit 15 Kreuzer berechnet wurden.
10. Mit dem 15. August 1858 wurde diese interne Taxe auch für die Correspondenz mit den Stationen des Main-Neckar-Staats- und Bahntelegraphen und mit dem 1. April 1859 für den Verkehr mit den schweizerischen Stationen eingeführt.
11. Seit 1. Februar 1859 wurde im Verkehr mit Frankreich von sämtlichen badischen Stationen bis zum Grenzpunkte bei Kehl die Vereinstaxe für die erste Zone erhoben.

Reineinnahmen der badischen Postverwaltung (ohne Telegraphie)[30]

Jahr	Betrag				Bemerkung
1819	168 649	fl.	32	kr.	
1820	185 919	„	30		während des Jahrzehnts 1820—1829 durchschnittlich 189 425 fl. 60 Kr.
1821	167 755	„	24		
1822	166 869	„	$7\frac{1}{2}$		
1823	168 640	„	17		
1824	163 085	„	$45\frac{1}{2}$		
1825	160 000	„	—		
1826	167 539	„	56		
1827	164 715	„	$52\frac{4}{8}$		
1828	181 267	„	3		
1829	199 814	„	$1\frac{4}{8}$		
1830	190 874	„	20		
1831	206 060	„	$29\frac{1}{2}$		
1833	228 469	„	31		
1834	236 811	„	33		
1835	[237 152	„	12		474 304.24 für die 2jährige Budgetperiode
1836	237 152	„	12]	„	
1837	[172 462	„	47		344 925.34 für die 2jährige Budgetperiode (Verlegung Rechnungstermins anderenf. 428 299.35).
1838	172 462	„	47]		
1839	254 340	„	43		
1840	283 260	„	36		
1842	[244 999	„	45		489 999.30 für die 2jährige Budgetperiode
1843	244 999	„	45]	„	
1844	292 016	„	27		
1845	303 717	„	7		
1846	327 093	„	34		
1847	264 436	„	54		
1848	218 806	„	48		Statt der durchschnittlichen Steigerung der Reineinnahmen um 10% während der Budgetperiode 1848/9 ergab sich für 1848 nur eine solche von 2%, für 1849 eine Mindereinnahme von 4%.
1849	223 079	„	22		
1850	326 609	„	17		

[30] In dem Budget für 1828/30 ist zum ersten Mal der Bruttoeinnahme (415 000) die Brutto-Ausgabe (247 000) gegenübergestellt, und so die Netto-Einnahme ermittelt (168 000). Vorher ist unter Einnahmen nur der reine Ertrag der Postämter aufgenommen, die Überschüsse zur Gen. Postkasse abzuliefern hatten; als Ausgabe nur der Betrag, der einzelnen Postämtern nach Abzug der Einnahmen noch als Zuschuß geliefert werden mußte.

1851	312 849 fl.	15 kr.	
1852	254 085 „	26	D. Ö. Postverein, Ermäßigung der Brief- und Fahrpostaxen.
1853	263 386 „	34	
1854	243 352 „	51	
1855	276 918 „	2	
1856	351 108 „	42	
1857	313 299 „	16	
1858	362 915 „	25	
1859	365 905 „	9	
1860	412 622 „	9	
1861	457 036 „	54	
1862	500 709 „	41	
1863	461 827 „	19	
1864	439 907 „	15	
1865	442 306 „	06	
1866	464 190 „	04	
1867	457 234 „	24	
1868	368 314 „	55	Norddeutsche Postverträge, Taxermäßigungen.
1869	246 873 „	29	
1870	314 477 „	17	
1871	530 124 „	33	5/4 Jahr, 1/10 1870 — 31/12 1871.

Ordentliches Budget für 1870 und 1871 Handelsministerium.

I. Postverwaltung

Einnahme	1870	1871	Summe 1870	Summe 1871
	fl.	fl.	fl.	fl.
§ 1. Erträgnisse aus dem Briefpost- und Zeitungsverkehr				
a) Porto und Franko b) Transitporto	1,002,000	1,036,000		
c) Zeitungsporto (Provision)	62,000	62,000		
d) Verschiedene Gebühren:				
α) Zustellgebühren von Zeitungen 24,500 fl.				
β) Fach- und Accontirungsgebühren 1,600 fl.	26,100	26,000	1,090,700	1,124,700
§ 2. Fahrposterträgnisse				
a) von Personen und Reisegepäck b) von Fahrpoststücken c) von durchgehenden Fahrpoststücken	780,000	780,000		
d) verschiedene Gebühren:				
α) Zustellgebühren von Fahrpoststücken und Reisegepäcke 71,500 fl.				
β) Schein-, Einschreib- und andere Gebühren 19,100 fl.	90,600	90,600	870,600	870,600
§ 3. Porto-Aversen der Gemeinden und Kreisverbände			13,200	13,200
§ 4. Mietzinse für Dienstwohnungen			1,750	1,750
§ 5. Strafen			1,350	1,350
			1,977,600	2,011,600

Einnahme	1870	1871	Summe 1870	Summe 1871
	fl.	fl.	fl.	fl.
Übertrag			1,977,600	2,011,600
§ 6. Erlös aus abgängigen Postwagen, Gerätschaften und Materialien			1,700	1,700
§ 7. —			—	—
§ 8. Verschiedene und zufällige Einnahmen			4,700	4,700
			1,984,000	2,018,000

Ausgabe	1870	1871	Summe 1870	Summe 1871
	fl.	fl.	fl.	fl.
Titel I. Lasten.				
§ 1. Porto Abgang:				
a) Briefpost	1,500	1,500		
b) Fahrpost	2,450	2,450	3,950	3,950
§ 2. Portovergütung an auswärtige Postanstalten				
a) Briefpost	63,400	63,400		
b) Fahrpost	285,300	285,300	348,700	348,700
§ 3. Entschädigung und Ersatz				
a) für Postsendungen	2,400	2,400		
b) Fürstlich Thurn und Taxis'sche Rente	25,000	25,000	27,400	27,400
§ 4. Umlagen und Brandversicherungsbeiträge			240	240
§ 5. Strafen an den Unterstützungsfond			1,350	1,350
§ 6. Verschiedene und zufällige Ausgaben			120	120
§ 6 a. Pensionen und Sustentationen			25,140	27,420
Summe Titel I. Lasten.			406,900	409,180

Ausgabe	1870	1871	Summe 1871	Summe 1881
	fl.	fl.	fl.	fl.
Titel II. Verwaltungs- und Betriebskosten				
a. Centralverwaltung.				
§ 7. Besoldungen			33,700	33,700
§ 8. Gehalte			21,975	21,975
§ 9. Bureaukosten			4,000	4,000
§ 10. Commissions- und Inspektionskosten			2,000	2,000
§ 11. Verschiedene und zufällige Ausgaben			1,400	1,400
Summe Titel II a.			63,075	63,075
b. Bezirksverwaltung.				
§ 12. Besoldungen			84,350	84,350
§ 13. Kasseneinbußen			5,600	5,600
§ 14. —			—	—
§ 15. Mietzinse			5,800	7,250
§ 16. Baukosten			3,150	3,150
§ 17. Diäten und Reisekosten			3,100	3,100
§ 18. —			—	—
§ 19. Gehalte der Dienstgehilfen			184,150	184,150
§ 20. Gehalte und Diensteinkommen der nicht als Staatsdiener angestellten Beamten:				
a) Gehalte	76,680	77,930		
b) Zustellgebühren 1. Briefpost 6,875 fl. 2. Fahrpost 21,225 fl.	28,100	28,100		
c) Aufwand für die Bureau und das Bestellpersonal der Expeditionen	27,700	27,700		
d) Schein-, Einschreib- und sonstige Gebühren: 1. Briefpost 150 fl. 2. Fahrpost 3,950 fl.	4,100	4,100	136,580	137,830

Ausgabe	1870	1871	Summe 1870	Summe 1871
	fl	fl.	fl.	fl.
§ 21. Gehalte des Fahrpersonals			78,100	78,100
§ 22. Gehalte des unteren Hilfspersonals				
a) fixe Gehalte und Monturgeld	88,200	94,600		
b) Bestellgebühren				
1. Briefpost 4,200 fl.				
2. Fahrpost 32,600 fl.	36,800	36,800	125,000	131,400
§ 23. Kosten der Landpostanstalt				
a) Bezüge der Postabnehmer und Postboten				
1. Gehalte	106,150	106,150		
2. Bestellgebühren	26,550	26,550		
	132,700	132,700		
b) Kosten für Monturen und Ausrüstungen der Boten	9,000	9,000		
c) Verschiedene Ausgaben	300	300	142,000	142,000
§ 24. —				
§ 25. Postillonsmonturen			7,100	7,100
§ 26. Bespannungskosten			185,000	185,000
§ 27. Für den Transport auf Eisenbahnen und Dampfschiffen	175,400	175,400		
§ 28. Anschaffung der Postwagen	16,000	16,000		
§ 29. Unterhaltung der Postwagen	32,400	32,400		
§ 30. Verschiedene Kosten des Transports	11,000	11,000	234,800	234,800
§ 31. Bureaukosten			30,000	30,000
§ 32. Druck- und Buchbinderkosten			57,000	57,000
§ 33. Packmaterial			14,000	14,000
§ 34. —			—	—
§ 35. Verschiedene und zufällige Ausgaben			14,000	14,000
§ 36. Zur Verteilung von Remunerationen			5,000	5,000
			1,314,730	1,323,830

Ausgabe	1870	1871	Summe 1870	Summe 1871
	fl.	fl.	fl.	fl.
Summe Titel II b			1,314,730	1,323,830
Summe Titel II a			63,075	63,075
Summe Titel II			1,377,805	1,386,905
Summe Titel I.			406,900	409,180
Summe der Ausgabe			1,784,705	1,796,085
Abschluß				
Einnahme	1,984,000	2,018,000		
Ausgabe .	1,784,705	1,796,085		
Reine Einnahme	199,295	221,915		

Titel II. Verwaltungs- und Betriebskosten.

a. Centralkosten

§ 7 Besoldungen

Der letzte Budgetsatz betrug für 62 Beamte . . . . 97,000.

Nach dem Effektiv-Etat bezogen am 1. Juni 1869:	Im Ganzen		Hiervon kommen auf den Post-Etat		Eisenbahn-Betriebs-Etat	
	Anzahl	Betrag	Anzahl	Betrag	Anzahl	Betrag
		fl.		fl.		fl.
1 Direktor, einschließlich 500 fl. Funktionsgehalt	1	4,000	1/2	2 000	1/2	2,000
1 Ministerialmitglied, als Stellvertreter des Direktors (Funktionsgehalt)	—	600	—	200	—	300
11 Collegialräthe						
3 Räte zu 2,400 fl.	3	7,200	1/2	1,200	2 1/2	6,000
2 Räte zu 2,200 fl.	2	4,400	—	—	2	4,400
2 Räte zu 2,000 fl.	2	4,000	1	2,000	1	2,000
2 Räte zu 1,900 fl.	2	3,800	1 1/2	2,850	1/2	950
1 Rat zu 1,800 fl.	1	1,800	—	--	1	1,800
1 Assessor zu 1,500 fl.	1	1,500	1	1,500	—	—
Summe Collegialbeamte	12	27,300	4 1/2	9,850	7 1/2	17,450
1 Hauptkassier	1	2,200	1/2	1,100	1/2	1,100
1 Obergüterverwalter (einschl. 400 fl. Funktionsgehalt)	1	2,400	—	—	1	2,400
9 Fach-Inspektoren						
1 (Telegraph-) zu 1,800 fl.	1	1,800	—	—	1	1,800
2 (Bahnbau- und Transport- zu 1,700 fl.	2	3,400	—	—	2	3,400
2 (Kassen- und Transport-) zu 1,600 fl.	2	3,200	—	—	2	3,200
2 (Güterdienst- und Post-) zu 1,400 fl.	2	2,800	1	1,400	1	1,400
1 (technischer Transportdienst-) zu 1,300 fl.	1	1,300	—	—	1	1,300
1 (Hochbau-) zu 1,200 fl.	1	1,200	—	—	1	1,200
	11	18,300	1 1/2	2,500	9 1/2	15,800

Nach dem Effektiv-Etat bezogen am 1. Juni 1869:	Im Ganzen		Hiervon kommen auf den Post-Etat		Eisenbahn-Betriebs-Etat	
	Anzahl	Betrag	Anzahl	Betrag	Anzahl	Betrag
		fl.		fl.		fl.
Übertrag	11	18,300	1 ½	2,500	9 ½	15,800
2 Bureauvorstände (Oberrechnungsräte) (Eisenbahn-Rechnungs-Revision, Controlbureau) zu 1800 fl.	2	3,600	½	900	1 ½	2,700
3 Sekretäre						
1 zu 1,200 fl.	1	1,200	—	—	1	1,200
2 zu 1,000 fl.	2	2,000	1	1,000	1	1,000
27 Revisoren						
1 zu 1,700 fl. (einschl. 100 fl. Funktionsgehalt)	1	1,700	1	1,700	—	—
6 zu 1,500 fl.	6	9,000	2	3,000	4	6,000
4 zu 1,400 fl.	4	5,600	—	—	4	5,600
3 zu 1,300 fl.	3	3,900	1	1,300	2	2,600
4 zu 1,200 fl.	4	4,800	1	1,200	3	3,600
7 zu 1,100 fl.	7	7,700	2	2,200	5	5,500
2 zu 1,000 fl.	2	2,000	2	2,000	—	—
1 Zeichner zu 1,200 fl.	1	1,200	—	—	1	1,200
2 Registratoren						
1 zu 1,400 fl.	1	1,400	—	—	1	1,400
1 zu 1,100 fl.	1	1,100	1	1,100	—	—
1 Expeditor zu 1,500 fl.	1	1,500	½	750	½	750
1 Kanzlist zu 1,000 fl.	1	1,000	½	500	½	500
1 Bahnverwalter als zweiter Ober-Beamte der Verwaltung der Magazine zu 1,000 fl.	1	1,000	—	—	1	1,000
zusammen	49	67,000	14	18,150	35	48,850
Für die zur Zeit vakante Stelle eines Vorstands der Post-Rechnungs-Revision sind zu reserviren	1	1,900	1	1,900	—	—
Summe der Direktions- und Balleibeamte	50	68,900	15	20,050	35	48,508
Hierzu Summe d. Collegialbeamten.	12	27,300	4 ½	9,850	7 ½	17,450
im Ganzen	62	96,200	19 ½	29,900	42 ½	66,300
laut Budget pro 1868 und 1869	62	97,000	19 ½	29,850	42 ½	68,150

Nach dem Effektiv-Etat bezogen am 1. Juni 1869:	Im Ganzen		Hiervon kommen auf den Post-Etat		Eisenbahn Betriebs-Etat	
	Anzahl	Betrag	Anzahl	Betrag	Anzahl	Betrag
		fl.		fl.		fl. 61
Hiernach dem Budget gegenüber weniger verwendet	—	800				
welcher Betrag die Stelle eines Oberbeamten der Verwaltung der Magazine betrifft.						
Für 1870 und 1871 kommen in Ansatz:						
I. für die Direktoren samt Balleien						
A. Vorstand und Mitglieder der Direktion nach dem Effektivetat	12	27,300	4½	9,850	7½	17,450
laut Ziffer 1 der Begründung Funktionsgehalte für 4 Abteilungsvorstände zu 400 fl. 1600 fl. unter Zurückziehung des seitherigen Funktionsgehalts für den Vertreter des Direktors mit 600 fl. Rest 1,000 fl.	—	1000	—	300	—	700
zwei weitere Respizienten für Eisenbahnbetrieb und Rechnungswesen unter Wegfall der Stelle des Obergüterverwalters	2	3,800	½	700	1½	3,100
ein weiterer Respizient für das Telegraphenwesen	1	1,800	—	—	1	1,800
Summe A.	15	33,900	5	10,850	10	23,050
B. Inspektoren und Bureaubeamte nach dem Effektivetat	50	68,900	15	20,050	35	48,850
davon gehen ab laut Begründung:						
O. Z. 4 u. 5 der Hauptkasse mit 2,200 fl.						

Nach dem Effektiv-Etat bezogen am 1. Juni 1869:	Im Ganzen		Hiervon kommen auf den Post-Etat		Eisenbahn Betriebs-Etat	
	Anzahl	Betrag	Anzahl	Betrag	Anzahl	Antrag
		fl.		fl.		fl.
Übertrag	50	68,900	15	20,050	35	48,850
O. Z. 1 der Obergüterverwalter 2,400 fl. 1 der Telegrapheninspektor mit 1,800 fl. „ 4 u. 7 3 Bureauvorstände mit 5,500 fl. „ 4 u. 6 der 2. Beamte der Magazinsverwaltung mit 1,000 fl. „ „ 4 u. 7 17 Bureaubeamte (Revisoren) der Haupt-Controlen mit 22,300 fl.	23	35,200	11	15,300	12	19,900
Rest	27	33,700	4	4,750	23	28,950
dazu						
laut O. Z. 2 der Begründung für einen zweiten Bahnbauinspektor	1	1,600	—	—	1	1,600
laut O. Z. 7 Begründung für 6 weitere Bureaubeamte zu 1,200 fl.	6	7,200	1	1,200	5	6,000
für 8 Bureaubeamte, welche laut Ziff. 3 u. 7 der Begründung als Bureauvorsteher funktionieren, Funktionsgehalte von je 200 fl.	—	1,600	—	200	—	1,400
Summe B. Inspektoren und Bureaubeamte	34	44,100	5	6,150	29	37,950
dazu A. Collegialbeamte	15	33,900	5	10,85	10	23,050
Summe I. Direktion	49	78,000	10	17,000	39	61,000
II. Für die sonstigen Centralstellen:						
1. die 3 Haupt-Controleure für den Post- und Telegraphen-Verkehr,						

Nach dem Effektiv-Etat bezogen am 1. Juni 1869:	Im Ganzen		Hiervon kommen auf den Post-Etat		Eisenbahn-Betriebs-Etat	
	Anzahl	Betrag	Anzahl	Betrag	Anzahl	Betrag
		fl.		fl.		fl.
für den Personen- 2c. Verkehr für den Güterverkehr						
3 Vorstände nach dem Effektivetat } und Ziff. 7 der Begründung	3	5,500	1	1,900	2	3,600
17 Bureaubeamte nach dem Effektivetat } und Ziff. 7 der Begründung	17	22,300	9	11,400	8	10,900
1 weiterer Bureaubeamter laut Ziffer 7 der Begründung	1	1,200	—	—	1	1,200
2. Die Hauptkasse laut Ziffer 6 der Begründung Vorstand nach Effektivetat	1	2,200	1/2	1,100	1/2	11,00
1 Oberbuchhalter und 2 Zahlmeister zu 1,700 fl.	3	5,100	1	1,700	2	3,400
3. Die Magazinsverwalter laut Ziffer 4 und 6 der Begründung 1 Vorstand zu 1,800 fl., 1 Verwalter und 1 Controleur zu 1,300 fl.	3	4,400	—	—	3	4,400
Summe II.	28	40,700	11 1/2	16,100	16 1/2	24,600
dazu I. Direktion	49	78,000	10	17,000	39	61,000
Summe Besoldungen	77	118,700	21 1/2	33,100	55 1/2	85,600
dazu Mittel zur Aufbesserung der Besoldungen	—	2,000	—	600	—	1,400
Summe § 7.	—	120,700	—	33,700	—	87,000
§ 8. Gehalte. Es kommen in Anforderung: A. für die Direktion						
1. Technische Assistenten und Zeichner nach der früheren Verwilligung zu 800 fl.	5	4,000	1/2	400	4 1/2	3,600
2. Bureau-Assistenten laut O. Z. 7 zu 800 fl.	41	32,800	5	4,000	36	28,800
	46	36,800	5 1/2	4,400	40 1/2	32,400

Nach dem Effektiv-Etat bezogen am 1. Juni 1869:	Im Ganzen		Hiervon kommen auf den Post-Etat		Eisenbahn-Betriebs-Etat	
	Anzahl	Betrag	Anzahl	Betrag	Anzahl	Betrag
		fl.		fl.		fl.
Übertrag	46	36,800	5 1/2	4,400	40 1/2	32,400
3. Vorsteher der Postmaterial-Verwaltung und Billetdruckerei, sowie der Impressen Verwaltung, wie früher	1	1,200	1/2	600	1/2	600
4. Gehilfen desselben statt früherer 5 jetzt 6 laut Ziff. 11. {1 zu 800 fl. 2 zu 600 fl. 3 zu 500 fl.}	6	3,500	1	600	5	2,900
5. Schreibstube statt früherer 15 jetzt 17 laut Ziff. 9 zu 500 fl.	17	8,500	5	2,500	12	6,000
6. Kanzleidiener statt früherer 7 jetzt 6 laut O. Z. 8 zu 525 fl.	6	3,150	2	1,050	4	2,100
7. für Geschäftsaushilfe wie früher	—	2,150	—	1,000	—	1,500
Summe Direktion	76	55,650	14	10,150	62	45,500
B. für die sonstigen Centralstellen.						
8. Bureau-Assistenten laut O. Z. 7	39	31,200	11	8,800	28	22,400
9. 11 Buchhalter laut O. Z. 8 800 fl.	11	8,800	2	1,600	9	7,200
10. 6 Kanzleigehilfen und Schreiber laut O. Z. zu 600 fl.	6	3,600	1	600	5	3,000
11. 2 Kassendiener zu 525 fl. laut O. Z. 8	2	1,050	1	525	1	525
12. Kasseneinbußen laut O. Z. 10	—	300	—	100	—	200
13. Gebühr für Verwaltung der Briefmarken wie bisher	—	200	—	200	—	—
Summe § 8	134	100,800	29	21,975	105	78,825

Vergleichende Darstellung der Postverwaltung für 1870 und 1871

Verhandlungen der Ständeversammlung des Großherzogtums 1873.

Budgets- und Rechnungs-Rubriken.	Budgets-Sätze		Rechnungs-Soll					
			Rechnungs-Abteilung.				Summe	
			III. 1870 und II. 1871		III. 1870			
	fl.	kr.	fl.	kr.	fl.	kr.	fl.	kr.
Einnahme.								
§ 1. Erträgnisse aus dem Zeitungs- und Briefpostverkehr:								
a) Porto und Franko b) Transitporto	2,039,200	—	969,367	10	1,164,873	49	2,134,240	59
c) Zeitungsporto (Provision)	124,000	—	59,313	59	87,687	10	147,001	9
d) Verschiedene Gebühren:								
α) Zustellgebühren von Zeitungen	49,000	—	28,534	44	49,119	9	77,653	53
β) Schein-, Einschreib- und sonstige Gebühren	3,200	—	1,855	38	2,378	35	4,234	13
§ 2. Fahrposterträgnisse:								
a) von Personen- und Reisegepäck,	—	—	—	—	—	—	—	—
Zu übertragen	2,215,400	—	1,059,071	31	1,304,058	43	2,363,130	14

Budgets- und Rechnungs-Rubriken.	Budgets-Sätze		Rechnungs-Soll					
			Rechnungs-Abteilung				Summe	
			III. 1870 und II. 1871		III. 1871			
	fl.	kr.	fl.	kr.	fl.	kr.	fl.	kr.
Übertrag	2,215,400	—	1,059,071	31	1,304,058	43	2,363,130	14
b) von Fahrpoststücken, c) von durchgehenden Fahrpoststücken,	1,560,000	—	838,692	49	1,397,554	32	2,236,247	21
d) verschiedene Gebühren: α. Zustellgebühren v. Fahrpoststücken u. Reisegepäck	143,000	—	69,394	14	101.747	36	171,141	50
β. Schein-, Einschreib- und sonstige Gebühren	38,200	—	18,784	10	25,978	8	44,762	18
§ 3. Aversen für die Landpostbeförderungen	26,400	—	13,871	20	14,159	40	28,031	—
§ 4. Mietzinse für Dienstwohnungen	3,500	—	1,646	43	1,909	45	3,556	28
§ 5. Strafen	2,700	—	1,511	30	1,132	31	2,644	1
§ 6. Erlös aus abgängigen Postwagen-Gerätschaften und Materialien	3,400	—	1,236	30	5,670	36	6,907	06
§ 8. Verschied. u. zufäll. Einnahmen	9,400	—	9,972	37	26,823	26	36,796	3
Summe der Einnahme	4,002,000	—	2,014,181	24	2,879,034	57	4,893,216	21

Budgets- und Rechnungs-Rubriken	Budgets-Sätze		Rechnungs-Soll					
			Rechnungs-Abteilung				Summe	
			III. 1870 und II. 1871		III. 1871			
	fl.	kr.	fl.	kr.	fl.	kr.	fl.	kr.
Ausgabe.								
Titel I. Lasten								
§ 1. Portoabgang								
a) Briefpost	3,000	—	2,302	46	16,142	11	18,444	57
b) Fahrpost	4,900	—	2,733	43	2,929	1	5,662	44
Summe	7,900	—	5,036	29	19,071	12	24,107	41
§ 2. Portovergütung an auswärtige Postanstalten								
a) Briefpost	126,800	—	55,425	18	41,439	38	96,864	56
b) Fahrpost	570,600	—	335,832	12	507,746	16	843,578	28
Summe	697,400	—	391,257	30	549,185	54	940,443	24
§ 3. Entschädigung und Ersatz	54,800	—	30,962	47	42,811	31	73,774	18
§ 4. Umlagen und Brandversicherungsbeiträge	480	—	203	38	261	30	465	8
§ 5. Strafen an den Unterstützungsfond	3,100	—	1,511	30	1,132	31	2,644	1
Zu übertragen	763,680	—	428,971	54	612,462	38	1,041,434	32

Budgets- und Rechnungs-Rubriken	Budgets-Sätze		Rechnungs-Soll					
			Rechnungs-Abteilung				Summe	
			III. 1870 und II. 1871		III. 1871			
	fl.	kr.	fl.	kr.	fl.	kr.	fl.	kr.
Übertrag	763,680	—	428,971	54	612,462	38	1,041,434	32
Ausgabe.								
§ 6. Verschiedene und zufällige Ausgaben	240	—	591	21	1,229	38	1,820	59
§ 6. a Pensionen und Sustentationen	52,560	—	—	—	62,484	30	62,484	30
Summe Titel I.	816,480	—	429,563	15	676,176	46	1,105,740	1
Titel II. Verwaltungs- und Betriebskosten.								
a. Der Zentralverwaltung								
§ 7. Besoldungen	66,800	—	29,087	30	35,931	52	65,019	22
§ 8. Gehalte	43,750	—	18,027	14	27,228	6	45,255	20
§ 9. Bureaukosten	8,000	—	4,204	25	4,202	21	8,406	46
§ 10. Kommissions- und Inspektionskosten	4,000	—	2,194	47	1,707	43	3,992	30
§ 11. Verschiedene und zufällige Ausgaben	2,800	—	2,151	27	4,262	59	6,414	26
Summe Titel II a.	125,350	—	55,655	23	73,422	31	129,087	54

Budgets- und Rechnungs-Rubriken	Budgets-Sätze		Rechnungs-Soll					
			Rechnungs-Abteilung				Summe	
			III. 1871 und II. 1871		III. 1871.			
	fl.	kr.	fl.	kr.	fl.	kr.	fl.	kr.
Ausgabe.								
b. Bezirksverwaltung.								
§ 12. Besoldungen der Beamten	167,200	—	72,982	48	92,207	43	165,190	31
§ 13. Kasseneinbußen	11,200	—	2,550	—	10,235	55	12,785	55
§ 15. Mietzinse	13,050	—	5,745	51	7,761	13	13,507	4
§ 16. Baukosten	6,300	—	1,937	30	2,504	39	4,442	9
§ 17. Diäten und Reisekosten	6,200	—	3,852	47	5,531	12	9,383	59
§ 19. Gehalte der Dienstgehilfen	351,800	—	159,407	12	205,769	4	365,176	16
§ 20. Gehalte und Gebühreneinkommen der nicht als Staatsdiener angestellten Beamten:								
a) Gehalte	154,610	—	72,700	3	94,438	30	167,233	33
b) Zustellgebühren:								
1. Briefpost	13,750	—	10,590	52	14,191	49	24,782	41
2. Fahrpost	42,450	—	17,635	23	29,648	8	47,283	31
c) Aufwand für die Bureaus und das Bestellpersonal	55,400	—	24,920	33	32,808	20	57,728	53
Zu übertragen	821,960	—	372,322	59	495,096	33	867,419	32

Budgets- und Rechnungs-Rubriken	Budgets-Sätze		Rechnungs-Soll					
			Rechnungs-Abteilung				Summe	
			III. 1871 und II. 1871		III. 1871.			
	fl.	kr.	fl.	kr.	fl.	kr.	fl.	kr.
Übertrag	821,960	—	372,322	59	495,096	33	867,419	32
Ausgabe.								
d) Schein-, Einschreib- u. sonstige Gebühren:								
a. Briefpost	300	—	280	46	437	45	718	31
b. Fahrpost	7,900	—	3,303	29	4,590	22	7,893	51
§ 21. Gehalte des untern Hilfspersonals	156,200	—	67,557	43	92,643	20	160,201	3
a. fixe Gehalte und Monturgeld	182,800	—	87,230	37	116,725	19	203,955	56
b. Zustellgebühren:								
1. Briefpost	8,400	—	4,762	5	7,482	50	12,244	55
2. Fahrpost	65,200	—	36,824	25	50,470	34	87,294	59
§ 23. Kosten der Landpostanstalt:								
a) Bezüge der Postabnehmer und Postboten.								
1. Gehalte	212,300	—	107,557	24	143,642	30	251,199	54
2. Bestellgebühren	53,100	—	28,107	—	43,855	8	71,962	8
Zu übertragen	1,508,160	—	707,946	28	954,944	21	1,662,890	49

Budgets- und Rechnungs-Rubriken	Budgets-Sätze		Rechnungs-Soll					
			Rechnungs-Abteilung				Summe	
			III. 1871 und II. 1871		III. 1871.			
	fl.	kr.	fl.	kr.	fl.	kr.	fl.	kr.
Übertrag	1,508,160	—	707,946	28	954,944	21	1,662,890	49
Ausgabe								
b) Kosten für Monturen und Ausrüstungen der Boten	18,000	—	3,061	20	11,937	—	14,998	20
c) Verschiedene Ausgaben	600	—	1,411	52	1,438	12	2,850	4
§ 25. Postillionsmonturen	14,200	—	694		12,649	13	13,343	13
§ 26. Bespannungskosten	370,000	—	178,657	32	239,800	35	418,458	7
§ 27. Für den Transport auf Eisenbahnen und Dampfschiffen	350,800	—	162,370	9	180,588	59	342,959	8
§ 28. Anschaffung der Postwagen	32,000	—	12,851	25	10,503	2	23,354	27
§ 29. Unterhaltung der Postwagen	64,800	—	32,124	50	31,657	4	63,781	54
§ 30. Verschiedne Kosten des Transportes	22,000	—	12 269	28	24,564	15	36,833	43
§ 31. Bureaukosten	60,000	—	23,857	47	53,238	34	77,096	21
§ 32. Druck- und Buchbinderkosten	114,000	—	45,273	14	37,686	1	82,959	15
§ 33. Packmaterial	28,000	—	11,313	1	16,458	44	27,771	45
§ 35. Verschiedene und zufällige Ausgaben	28,000	—	17,644	23	23,845	7	41,489	30
Zu übertragen	2,610,560	—	1,209,475	29	1,599,311	7	2,808,786	36

Budgets- und Rechnungs-Rubriken	Budgets-Sätze		Rechnungs-Soll					
			Rechnungs-Abteilung				Summe	
			III. 1871 und II. 1871		III. 1871.			
	fl.	kr.	fl.	kr.	fl.	kr.	fl.	kr.
Übertrag	2,610,560	—	1,209,475	29	1,599,311	7	2,808,786	36
Ausgabe								
§ 36. Zur Verteilung von Remunerationen an das Gesamtpersonal	10,000	—	5,000	—	—	—	5,000	—
Summe Titel II b.	2,620,560	—	1,214,475	29	1,599,311	7	2,813,786	36
Summe Titel II a.	125,350	—	55,655	23	73,422	31	129,087	54
Summe Titel II.	2,745,910	—	1,270,140	52	1,672,733	38	2,942,874	30
Zusammenstellung.								
Summe Titel I.	816,480	—	429,563	15	676,176	46	1,105,740	1
Summe Titel II.	2,745,910	—	1,270,140	52	1,672,733	38	9,942,874	30
Summe der Ausgaben	3,562,390	—	1,699,704	7	2,348,910	24	4,048,614	31
Abschluß								
Einnahme	4,002,000	—	2,014,181	24	2,879,034	57	4,893,216	21
Ausgabe	3,562,390	—	1,699,704	7	2,348,910	24	4,038,614	31
	439,610	—	314,477	17	530,124	33	844,601	50

Karlsruhe, den 6. Februar 1873.

Generaldirektion der Großherzoglichen Staatseisenbahnen.

Rechnungs-Abteilung. gez. Gmelin.

Beilage zur vergleichenden Darstellung der Postverwaltung.

Budgets- und Rechnungs-Rubriken	Zuschlag für 1871. Monate	Budgets-Sätze		Rechnungs-Soll					
				Rechnungs-Abteilung				Summe	
				III. 1870 und II. 1871		III. 1871			
Einnahme		fl.	kr.	fl.	kr.	fl.	kr.	fl.	kr.
§ 1. Erträgnisse aus dem Briefpost- und Zeitungsverkehr:									
a. Porto und Franko b. Transitporto	3	2,298,350	—	969,367	10	1,164,873	49	2,134,240	59
c. Zeitungsporto (Provision)	3	139,500	—	59,313	59	87,687	10	147,001	9
d. Verschiedene Gebühren									
α) Zustellgebühren von Zeitungen	3	55,120	—	28,534	44	49,119	9	77,653	53
β) Fach- und Accontierungsgebühren	3	3,600	—	1,855	38	2,378	35	4,234	13
§ 2. Fahrposterträgnisse:									
a. von Personen- und Reisegepäck									
b. von Fahrpoststücken	—	—	—	—	—	—	—	—	—
c. von durchgehenden Fahrpoststücken	3	1,755,000	—	838,692	49	1,397,554	32	2,236,247	21
Zu übertragen		4,251,570		1,897,764	20	2,701,613	15	4,599,377	35

Budgets- und Rechnungs-Rubriken	Zuschlag für 1871. Monate	Budgets-Sätze		Rechnungs-Soll					
				Rechnungs-Abteilung				Summe	
				III. 1870 und II. 1871		III. 1871			
		fl.	kr.	fl.	kr.	fl.	kr.	fl.	kr.
Übertrag		4,251,570	—	1,897,764	20	2,701,613	15	4,599,377	35
Einnahme									
d. verschiedene Gebühren									
α) Zustellgebühren von Fahrpoststücken und Reisegepäck	3	160,870	—	69,394	14	101,747	36	171,141	50
β) Schein-, Einschreib- andere Gebühren	3	42,970	—	18,784	10	25,978	8	44,762	18
§ 3. Porto-Aversen der Gemeinden und Kreisverbände	—	26,400	—	13,871	20	14,159	40	28,031	—
§ 4. Mietzinse für Dienstwohnungen	2	3,790	—	1,646	43	1,909	45	3,556	28
§ 5. Strafen	—	2,700	—	1,511	30	1,132	31	2,644	1
§ 6. Erlös aus abgängigen Postwagen, Gerätschaften und Materialien	—	3,400	—	1,236	30	5,670	36	6,907	6
§ 8. Verschiedene und zufällige Einnahmen	3	10,575	—	9,972	37	26,823	26	36,796	3
Summe der Einnahme		4,502,275	—	2,014,181	24	2,879,034	57	4,893,216	21

Budgets- und Rechnungs-Rubriken	Zuschlag für 1871. Monate	Budgets-Sätze		Rechnungs-Soll					
				Rechnungs-Abteilung				Summe	
				III. 1870 und II. 1871		III. 1871			
		fl.	kr.	fl.	kr.	fl.	kr.	fl.	kr.
Ausgabe									
Titel I. Lasten									
§ 1. Porto-Abgang									
a. Briefpost	3	3,370	—	2,302	46	16,142	11	18,444	57
b. Fahrpost		5,510	—	2,733	43	2,929	1	5,662	44
Summe		8,880	—	5,036	29	19,071	12	24,107	41
§ 2. Portovergütung an auswärtige Postanstalten									
a. Briefpost	3	142,650	—	55,425	18	41,439	38	96,864	56
b. Fahrpost		641,920	—	335,832	12	507,746	16	843,578	28
Summe		784,570	—	391,257	30	549,185	54	940,443	24
§ 3. Entschädigung und Ersatz	3								
a. Für Postsendungen 2,400 fl.									
b. Fürstl. Thurn- und Taxis'sche Rente 25,000 fl.									
27,400 fl.		61,650	—	30,962	47	42,811	31	73,774	18
Zu übertragen		855,100	—	427,256	46	611,068	37	1,038,325	23

Budgets- und Rechnungs-Rubriken	Zuschlag für 1871. Monate	Budgets-Sätze		Rechnungs-Soll					
				Rechnungs-Abteilung				Summe	
				III. 1870 und II. 1871		III. 1871			
		fl.	kr.	fl.	kr.	fl.	kr.	fl.	kr.
Übertrag		855,100	—	427,256	46	611,068	37	1,038,325	23
§ 4. Umlagen und Brandversicherungsbeiträge	—	480	—	203	38	261	30	465	8
§ 5. Strafen an den Unterstützungsfond	—	3,100		1,511	30	1,132	31	2,644	1
§ 6. Verschiedene und zufällige Ausgaben	3	270	—	591	21	1,229	38	1,820	59
§ 6 a. Pensionen und Sustentationen	2	57,130	—	—	—	62,484	30	62,484	30
Summe Titel I.		916,080	—	429,563	15	676,176	46	1,105,740	1
Titel II. Verwaltungs- und Betriebskosten									
a. Zentralverwaltung									
§ 7. Besoldungen	2	72,370	—	29,087	30	35,931	22	65,018	52
§ 8. Gehalte	1	45,573	—	18,027	14	27,228	6	45,255	20
§ 9. Bureaukosten	—	8,000	—	4,204	25	4,202	21	8,406	46
§ 10. Kommissions- und Inspektionskosten	—	4,000	—	2,194	47	1,797	43	3,992	30
Zu übertragen		129,943	—	53,513	56	69,159	32	122,673	28

Budgets- und Rechnungs-Rubriken	Zuschlag für 1871. Monate	Budgets-Sätze		Rechnungs-Soll					
				Rechnungs-Abteilung				Summe	
				III. 1870 und II. 1871		III. 1871			
		fl.	kr.	fl.	kr.	fl.	kr.	fl.	kr.
Übertrag		129,943	—	53,513	56	69,159	32	122,673	28
§ 11. Verschiedene und zufällige Ausgaben	—	2,800	—	2,151	27	4,262	59	6,414	26
Summe Titel II a.		132,743	—	55,665	23	73,422	31	129,087	54
b. Bezirksverwaltung									
§ 12. Besoldungen	3	188,100	—	72,982	48	92,207	43	165,190	31
§ 13. Kasseneinbußen	3	12,600	—	2,550	—	10,235	55	12,785	55
§ 15. Mietzinse	3	14,860	—	5,745	51	7,761	13	13,507	4
§ 16. Baukosten	—	6,300	—	1,937	30	2,504	39	4,442	9
§ 17. Diäten und Reisekosten	3	6,970	—	3,852	47	5,531	12	9,383	59
§ 19. Gehalte der Dienstgehilfen	3	395,770	—	159,407	12	205,769	4	365,176	16
§ 20. Gehalte und Gebühreneinkommen der nicht als Staatsdiener angestellten Beamten	3								
a. Gehalte		174,090	—	72,700	3	94,438	30	167,138	33
b. Zustellgebühren									
1. Briefpost		15,469	—	10,590	52	14,191	49	24,782	41
2. Fahrpost		47,756	—	17,635	23	29,648	8	47,283	31
Zu übertragen		861,915	—	347,402	26	462,288	13	809,690	39

Budgets- und Rechnungs-Rubriken	Zuschlag für 1871. Monate	Budgets-Sätze		Rechnungs-Soll					
				Rechnungs-Abteilung				Summe	
				III. 1870 und II. 1871		III. 1871			
		fl.	kr.	fl.	kr.	fl.	kr.	fl.	kr.
Übertrag	—	861,915	—	347,402	26	462,288	13	809,690	39
c. Aufwand für die Bureaus und das Bestellpersonal der Expeditionen	3	62,320	—	24,920	33	32,808	20	57,728	53
d. Schein-, Einschreib- und sonstige Gebühren									
1. Briefpost		340	—	280	46	437	45	718	31
2. Fahrpost		8,890	—	3,303	29	4,590	22	7,893	51
§ 21. Gehalte des Fahrpersonals	3	175,720	—	67,557	43	92,643	20	160,201	3
§ 22. Gehalte des untern Hilfspersonals									
a. Fixe Gehalte und Monturgeld	3	206,450	—	87,230	37	116,725	19	203,955	56
b. Bestellgebühren									
1. Briefpost		9,450	—	4,762	5	7,482	50	12,244	55
2. Fahrpost		73,350	—	36,824	25	50,470	34	87,294	59
§ 23. Kosten der Landpostanstalt									
a. Bezüge der Postabnehmer und Postboten									
Zu übertragen		1,398,435	—	572,282	04	767,446	43	1,339,728	47

Budgets- und Rechnungs-Rubriken	Zuschlag für 1871. Monate	Budgets-Sätze		Rechnungs-Soll					
				Rechnungs-Abteilung				Summe	
				III. 1870 und II. 1871		III. 1871			
		fl.	kr.	fl.	kr.	fl.	kr.	fl.	kr.
Übertrag	—	1,398,435	—	572,282	04	767,446	43	1,339,728	47
1. Gehalte	3	238,840	–	107,557	24	143,642	30	251,199	54
2. Bestellgebühren	3	59,740	—	28,107	—	43,855	8	71,962	8
b. Kosten für Monturen und Ausrüstungen der Boten	—	18,000	—	3,061	20	11,937	—	14,998	20
c. Verschiedene Ausgaben	3	675	—	1,411	52	1,438	12	2,850	4
§ 25. Postillionsmonturen	—	14,200	—	694	—	12,649	13	13,343	13
§ 26. Bespannungskosten	3	416,250	—	178,657	32	239,800	35	418,458	7
§ 27. Für den Transport auf Eisenbahnen u. Dampfschiffen	—	350,800	—	162,370	9	180,588	59	342,959	8
§ 28. Anschaffung der Postwagen	—	32,000	—	12,851	25	10,503	2	23,354	27
§ 29. Unterhaltung der Postwagen	—	64,800	—	32,124	50	31,657	4	63,781	54
§ 30. Verschiedene Kosten des Transports	3	24,750	—	12,269	28	24,564	15	36,833	43
§ 31. Bureaukosten	3	67,500	—	23,857	47	53,238	34	77,096	21
§ 32. Druck- und Buchbinderkosten	—	114,000	—	45,273	14	37,686	1	82,959	15
§ 33. Packmaterial	3	31,500	—	11,313	1	16,458	44	27,771	45
Zu übertragen		2,831,490	—	1,191,831	06	1,575,466	—	2,767,297	06

Budgets- und Rechnungs-Rubriken	Zuschlag für 1871. Monate	Budgets-Sätze		Rechnungs-Soll					
				Rechnungs-Abteilung				Summe	
				III. 1870 und II. 1871		III. 1871			
		fl.	kr.	fl.	kr.	fl.	kr.	fl.	kr.
Übertrag	—	2,831,496	—	1,191,831	06	1,575,466	—	2,767,297	06
§ 35. Verschiedene und zufällige Ausgaben	3	31,500	—	17,644	23	23,845	7	41,489	30
§ 36. Zur Verteilung von Remunerationen	—	10,000	—	5,000	—	—	—	5,000	—
Summe Titel II b.		2,872,990	—	1,214,475	29	1,599,311	7	2,813,786	36
Summe Titel II a.		132,743	—	55,665	23	73,422	31	129,087	54
Summe Titel II.		3,005,733	—	1,270,140	52	1,672,733	38	2,942,874	30
Zusammenstellung									
Summe Titel I.		916,080	—	429,563	15	676,176	46	1,105,740	1
Summe Titel II b.		3,005,733	—	1,270,140	52	1,672,733	38	2,942,874	30
Summe der Ausgabe		3,921,813	—	1,699,704	7	2,348,910	24	4,048,614	31
Abschluß									
Einnahme		4,502,275	—	2,014,181	24	2,879,034	57	4,893,216	21
Ausgabe		3,921,813	—	1,699,704	7	2,348,910	24	4,048,614	31
Reineinnahme		580,462	—	314,477	17	530,124	33	844,601	50

Karlsruhe, im April 1873.

Generaldirektion der Großherzoglichen Staatseisenbahnen.
Rechnungs-Abteilung. gez. Gmelin.

„Das Budget 1870/71 umfaßt die Zeit vom 1. Oktober 1869 bis 30. September 1871. Der Übergang des Badischen Postwesens an das Reich fand nun aber erst auf 1. Januar 1872 statt. . . Es empfiehlt sich, die Ergebnisse des letzten Rechnungsquartals (1. 10. 1871—31. 12. 1871) der badischen Postverwaltung in die Hauptrechnung pro 1871 aufzunehmen, wonach diese ausnahmsweise 5 Quartale umfaßt.

Eine Folge hiervon ist, daß die vergleichende Darstellung der für 8 Quartale berechneten Budgetsätze mit dem Rechnungssoll der 9 Quartale umfassenden Etatsjahre 1870/71 . . . bedeutende Differenzen aufweist. Um ein richtiges Bild der Rechnungsergebnisse der Postverwaltung für die gedachte Rechnungsperiode zu erhalten, müssen den 1871er Budgetsätzen aller jener Einnahme- und Ausgabe-Paragraphen, unter welchen die Vereinnahmungen und Verausgabungen auf 1. Oktober, 1. November und 1. Dezember stattfanden, entsprechende Quoten für 3, 2 Monate oder 1 Monat beigeschlagen werden. Um diese Zuschläge mußten die Budgetsätze für 1871 erhöht werden.

Die als Beilage angeschlossene Aufstellung weist hiernach gegenüber dem in der vergleichenden Darstellung berechneten Überschuß über die budgetmäßige Reineinnahme im Betrag von 404091 fl. 50 kr. nur noch einen solchen Überschuß von 264139 fl. 50 kr. nach . . . . Im weiteren ist . . . des deutsch-französischen Krieges zu gedenken, dessen Einwirkungen auf die Rechnungsergebnisse der badischen Postverwaltung teils in verminderten Einnahmen bei der Briefpost und vermehrten Ausgaben für außerordentliche Kurseinrichtungen für die Feldpost, teils aber auch in vermehrten Einnahmen beim Zeitungsverkehr und der in Folge der Stockungen im Eisenbahntransport in außerordentlichem Maße in Anspruch genommenen Fahrpost zusammenzufassen sind.

Schließlich sei erwähnt, daß der Übergang des badischen Postwesens an das Reich . . . durch beschränkte Anschaffung von Vorräten, Verwertung von abgängigem Material, teilweisen Nachlaß noch ausstehender Schuldforderungen und dergl. von wesentlichem Einfluß auf die Rechnungsergebnisse des letzten Betriebsjahres sein mußte."

Vorbemerkung zu den Erläuterungen der einzelnen Etatspositionen.

Personenverzeichnis.

Sach- und Ortsverzeichnis.

(Nur die Ortsnamen sind im allgemeinen aufgeführt, die größeres Interesse beanspruchen).

Berichtigungen.

Seite	17,	Zeile	11	von	unten	lies	Belloc.
„	19,	„	10	„	„	„	Parangariae.
„	47,	„	18	„	oben	„	Bolsweil.
„	58,	„	7	„	unten	„	Kirchenheim.
„	82,	„	10	„	oben	„	Velbert.
„	87,	„	12	„	unten	„	Gerardo.
„	145,	„	18	„	oben	„	Waldstädte.
„	252,	„	7	„	unten	„	Reinöhl
„	255,	„	6, 7	„	„	„	Karl Ludwig statt Philipp Wilhelm.
„	285,	„	1	„	oben	„	Haslach.
„	305,	„	4	„	„	„	1811.
„	305,	„	6	„	„	„	Postgerechtsame.
„	355,	„	1, 4, 6	„	„	„	Kautt.
„	362,	„	1	„	„	„	Förderung statt Beförderung.

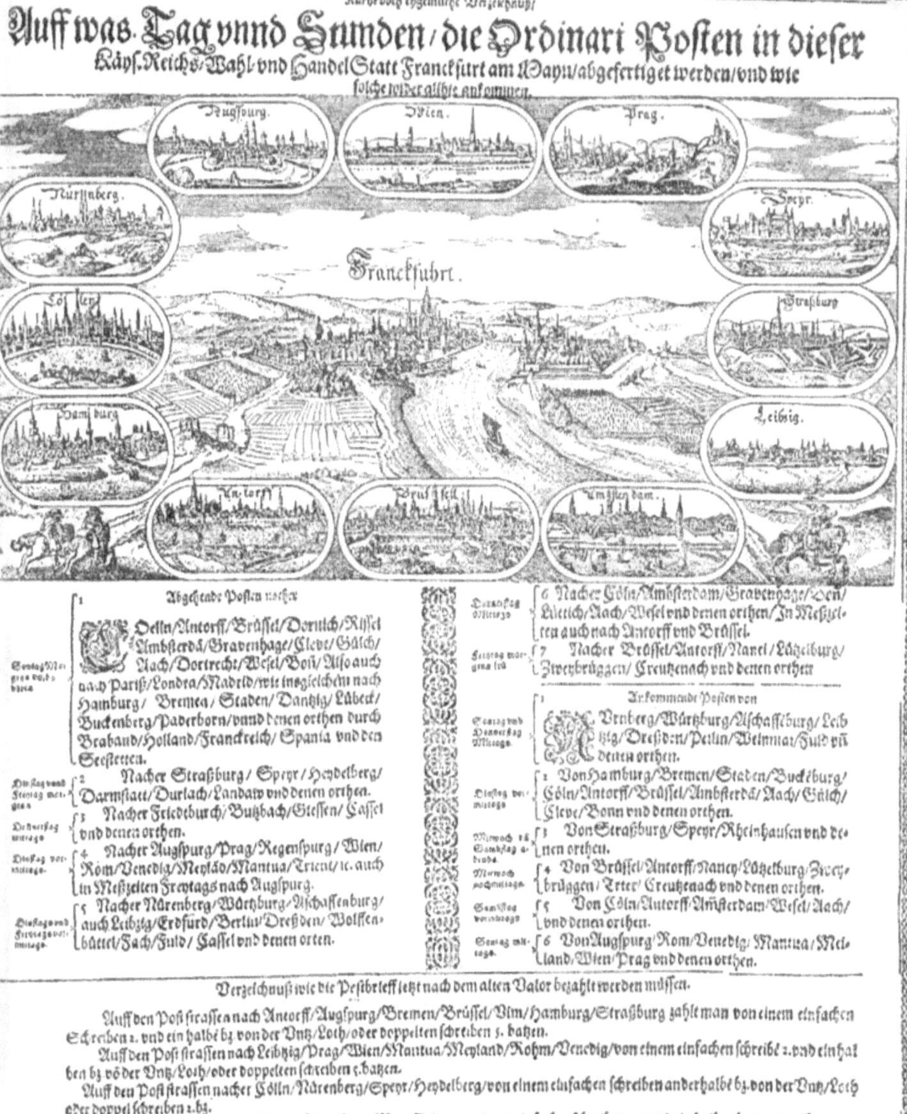

Kurtze doch eygentliche Verzeichnuß/

Auff was Tag vnnd Stunden/ die Ordinari Posten in dieser Käys. Reichs/ Wahl- vnd Handel Statt Franckfurt am Mayn/ abgefertiget werden/ vnd wie solche wider allhie ankommen.

Abgehende Posten nacher

1 (Sontag Morgens …) Cölln/Antorff/Brüssel/Dornich/Ryssel/Ambsterdã/Gravenhage/Clevt/Gülch/Aach/Dortrecht/Wesel/Boñ/ Also auch nach Pariß/Londra/Madrid/wie insgleichem nach Hamburg/ Bremen/ Staden/ Dantzig/ Lübeck/ Buckenberg/Paderborn/vnnd denen orthen durch Braband/Holland/Franckreich/ Spania vnd den Seestetten.

2 (Dinstag vnnd Freytag morgens) Nacher Straßburg/ Speyr/ Heydelberg/ Darmstatt/Durlach/Landaw vnd denen orthen.

3 (Donnerstag mittags) Nacher Friedeburch/ Butzbach/Giessen/ Cassel vnd denen orthen.

4 (Dinstag vormittags) Nacher Augspurg/Prag/Regenspurg/ Wien/ Rom/Venedig/Meylãd/Mantua/Trient/ rc. auch in Meßzeiten Freytags nach Augspurg.

5 (Dinstag vnd Freytag vormittags) Nacher Nürenberg/Würtzburg/Aschaffenburg/ auch Leibzig/Erdfurd/Berlin/Dreßden/ Wolffenbüttel/Fach/Fuld/ Cassel vnd denen orten.

6 (Donnerstag Mittags) Nacher Cöln/Ambsterdam/Gravenhage/Den/ Lüttich/Aach/Wesel vnd denen orthen/ In Meßzeiten auch nach Antorff vnd Brüssel.

7 (Freytag morgens frü) Nacher Brüssel/Antorff/Nancy/Lützelburg/ Zweybrüggen/ Creutzenach vnd denen orthen

Ankommende Posten von

1 (Sontag vnd Donnerstag Mittags) Nürnberg/Würtzburg/Aschaffeburg/ Leibzig/Dreßden/Berlin/Weinmar/Fuld vñ denen orthen.

2 (Dinstag vormittags) Von Hamburg/Bremen/Staden/Buckeburg/ Cöln/Antorff/Brüssel/Ambsterdã/ Aach/ Gülch/ Cleve/Bonn vnd denen orthen.

3 (Mitwoch vñ Sambstag abends) Von Straßburg/Speyr/Rheinhausen vnd denen orthen.

4 (Mitwoch nachmittags) Von Brüssel/Antorff/Nancy/Lützelburg/Zweybrüggen/ Trier/ Creutzenach vnd denen orthen.

5 (Sambstag vormittags) Von Cöln/Antorff/Amsterdam/Wesel/Aach/ vnd denen orthen.

6 (Sontag mittags) Von Augspurg/Rom/Venedig/ Mantua/ Meiland/Wien/Prag vnd denen orthen.

Verzeichnuß wie die Postbrieff jetzt nach dem alten Valor bezahlt werden müssen.

Auff den Post strassen nach Antorff/Augspurg/Bremen/Brüssel/Vlm/Hamburg/Straßburg zahlt man von einem einfachen Schreiben 2. vnd ein halbe bz. von der Vntz/Loth/oder doppelten schreiben 5. batzen.

Auff den Post strassen nach Leibzig/Prag/Wien/Mantua/Meyland/Rohm/Venedig/von einem einfachen schreibẽ 2. vnd einhalben bz. võ der Vntz/Loth/oder doppelten schreiben 5. batzen.

Auff den Post strassen nacher Cölln/Nürenberg/Speyr/Heydelberg/von einem einfachen schreiben anderhalbe bz. von der Vntz/Loth oder doppel schreiben 2. bz.

Auff den Post strassen nacher Nancy/Lützenburg/Metz/Trier/von einem einfachen schreiben 2. vnnd ein halben bz. von der Vntz/oder Loth 5. bz. sonsten allen nach Advenant/gelegenheit des wegs/vnd darauff gehenden vncosten.

Wegen d Röm. Käy. M. vnd 6 H. Reichs / Bin ich bestellt/vnd wart mit fleiß/ — Die Posten in all land zuschicken/ Vnd das man meine trew thut spüren/ — Acht ich kein Wind/Wetter noch Regen/ Weiln an diesen sachen viel glegen/ — Wer Brieff geben will der thu es/ Dann ich gar eylends reiten muß.

Gedruckt zu Franckfort / bey Johan Hofern/ Im Jahr 1623.

Carl Winter's Universitätsbuchhandlung, Heidelberg.

Dreispänniger Packwagen 1/20 N.

Höhe des Coupe im Licht gemessen 4'8"
Breite des Coupes im Licht gemessen 4'2"
Breite des hintern Kastens, oben u. unten 4' gemessen
Breite der Spur im Licht 4'5 (mittelspur)

Carlsruhe im Dezember 1841. Ochsner

Carl Winter's Universitätsbuchhandlung, Heidelberg.

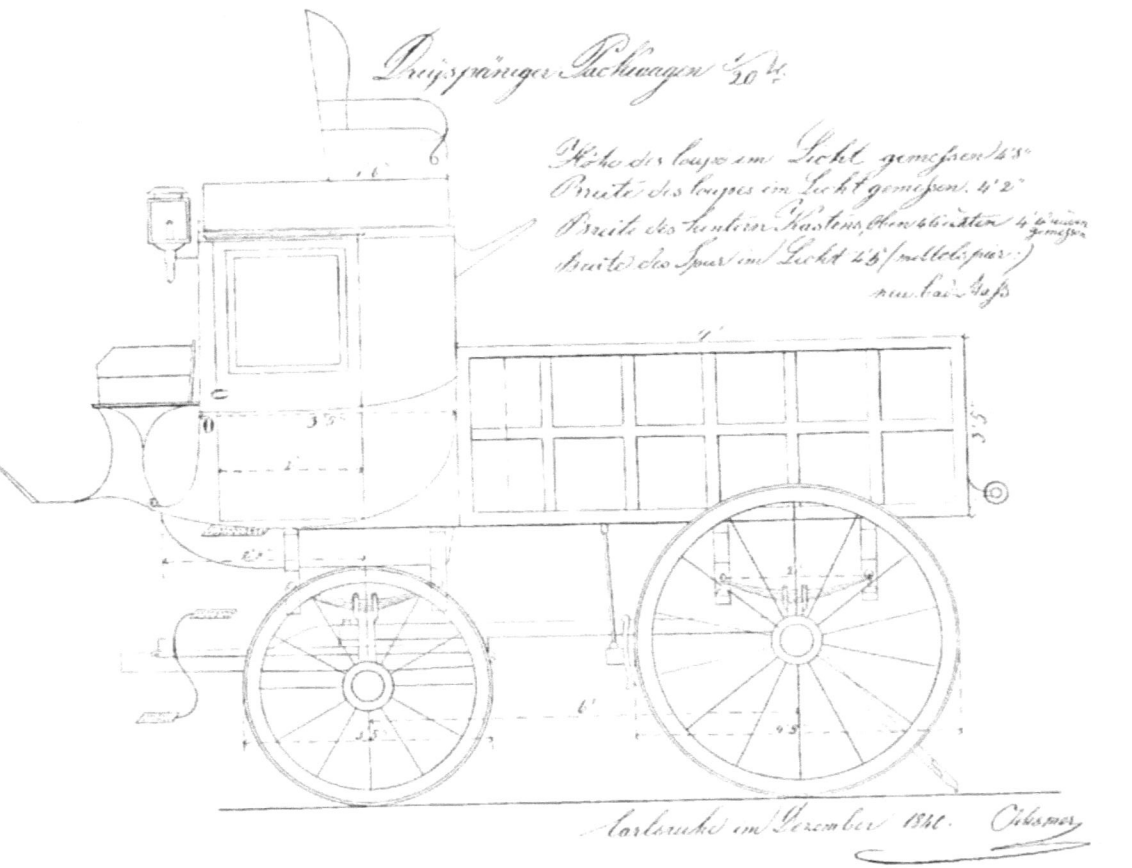

Die erste Eisenbahn in Baden, Bahnhof zu Heidelberg.
(Nach einer Lithographie in den Sammlungen des Mannheimer Altertumsvereins.)

Carl Winter's Universitätsbuchhandlung, Heidelberg.

Brief-Tax-Ordnung,

Bey dem Kayserlichen Reichs-Post-Amt zu Heydelberg.

Reichs-Cours.		Einf. Kr.	Dopp. Kr.	Unzen Kr.
[illegible], [illegible], Amberg u. der Ober-Pfalz, Donauwerth,	Franco Nürnberg.	10.	12.	16.
Augsburg, Passau, Linz und ganz Ober-Oesterreich, Wien und ganz Nieder-Oesterreich, Presburg u. ganz Ungarn, Prag, Breslau und ganz Schlesien, Mähren und Böhmen,	Muß zahlt werden Franco halb.	12.	16.	20.
Bayrisch und Schwäbischer-Cours.				
Salzburg, München und ganz Ober-Bayern,	Muß zahlt werden Franco Augsburg.	10.	12.	16.
Nördlingen, Augsburg, Ulm, Tübingen, [illegible], Memmingen, Schorndorf, Canstadt,	Franco Canstadt.	8.	10.	12.
Stuttgard, Ellwangen, [illegible], Oehringen,	Franco Heilbronn.	6.	8.	10.
Heilbronn,	Franco nach belieben.	6.	8.	10.
Pfälzischer-Cours.				
Mannheim, [illegible], Wiesloch, Wimmersbach,	Franco nach belieben.	2.	4.	6.
Speyer, Worms, Türkheim, Neustadt, Frankenthal, [illegible], Eppingen, [illegible], Lindenfels, Schriesheim, [illegible], Umstadt, Bensheim, [illegible], Weinheim, [illegible],	Franco nach belieben.	4.	6.	8.
[illegible], [illegible]lautern, [illegible]weiler,	Franco nach belieben.	6.	8.	10.

Orte		Einf. Kr.	Dopp. Kr.	Unzen Kr.
Alzey, Kirchheim, Oppenheim, Ingelheim, Zweybrücken, Saarbrücken, Creutznach,	Franco nach belieben.	6.	8.	10.
Simmern, Lautrecken, Mertzingen, Bingen, Bacharach, Caub,	Franco nach belieben.	8.	10.	12.
Italienischer-Cours.				
Venedig, Mantua, Rom, Livorno, Neapel, Mayland und ganz Italien,	Muß zahlt werden Franco Trente.	12.	16.	20.
Inspruck, Brixen, Botzen und ganz Tyrol, Kärnten und Algey,	Muß zahlt werden Franco Füßen.	12.	16.	20.
Schweitzer-Cours.				
Basel,	Franco nach belieben.	12.	16.	20.
Schafhausen, Zürch, Bern, Lausane, Neufchatel, Geneve und in die ganze Schweitz und Bodensee.	Muß zahlt werden Franco Canstadt.	8.	10.	12.
Freyburg und ganz Breißgau,	Franco Offenburg.	10.	12.	16.
Französischer-Cours.				
Paris und ganz Frankreich, Lothringen und Ober-Elsas, Spanien und Portugal,	Muß zahlt werden Franco Straßburg.	10.	12.	16.
Straßburg, Weissenburg, Landau und Unter-Elsas,	Werden ohnbezahlt spedirt, die Retouren aber zahlen.	10.	12.	16.
Kehl,	Franco nach belieben.	10.	12.	16.
Rastatt, Durlach, Carlsruhe,	Franco nach belieben.	6.	8.	10.
Knittlingen, Bruchsal, Philippsburg, Waghäusel,	Franco nach belieben.	4.	6.	8.
Frankfurter und Fränkischer-Cours.				
Heppenheim, Darmstadt,	Franco nach belieben.	4.	6.	8.

Orte		Einf. Kr.	Dopp. Kr.	Unzen Kr.
Frankfurt, Maynz, Aschaffenburg, Miltenberg, Bischofsheim, Mergentheim,	Franco nach belieben.	6.	8.	10.
[illegible], Lohr, Wertheim, Würzburg,	Franco nach belieben.	8.	10.	12.
Bamberg und ganz Franken,	Franco Würzburg.	8.	10.	12.
Cöllner-Cours.				
Wißbaden, Königstein, Würges, Schwalbach, Nassau, Coblenz, Rheinfels, Bonn, Limburg, Den ganzen Rheinstrom u. Westerwald bis Cölln,	Franco Frankfurt.	6.	8.	10.
Cöllen, Düsseldorf, Elberfeld, Burdscheid, Jülich, Düren, Achen, Brühl, Lüttich, Mastricht, London und ganz England, Cleve, Wesel, [illegible], Stolberg, Verviers, [illegible], Brüssel, Ganz Brabant u. Flandern,	Muß zahlt werden Franco Cöllen.	10.	12.	16.
Trarbach, Carden, Cochheim, Berncastel und den ganzen Moselstrom, Trier,	Muß zahlt werden Franco Coblenz.	8.	10.	12.
Luxenburg und was über Trier geht,	Muß zahlt werden Franco Trier.	10.	12.	16.
[illegible], Amsterdam, Rotterdam, Utrecht, Dortrecht, Ganz Holland,	Muß zahlt werden Franco Coblenz.	8.	10.	12.

Orte		Einf. Kr.	Dopp. Kr.	Unzen Kr.
Dünkirchen, Lille und Französisch Flandern,	Muß zahlt werden Franco halb.	12.	16.	[illegible]
Sächsischer-Cours.				
Gelnhausen, Salmünster, Schlüchtern, Fuld,	Franco Frankfurt.	6.	8.	[illegible]
Gotha, Erfurt, Eisenach,	Muß zahlt werden Franco Würzburg.	8.	10.	[illegible]
Jena, Naumburg, Weymar, Leipzig,	Muß zahlt werden Franco Erfurt.	10.	12.	[illegible]
Dreßden und was in Sachsen über Leipzig geht,	Muß zahlt werden Franco Leipzig.	12.	16.	[illegible]
Cracau, Warschau und ganz Pohlen,	Muß zahlt werden Franco halb.	12.	16.	[illegible]
Nordischer-Cours.				
Mühlhausen, Duderstadt,	Franco Frankfurt.	6.	8.	[illegible]
Berlin, Halle, Halberstadt, Magdeburg, Zerbst, Dessau, Bernburg, Potsdam, Aschersleben, Wernigerode, Ellerich, Hanover, Göttingen, Braunschweig, Danzig,	Muß zahlt werden Franco Duderstadt.	10.	12.	[illegible]
Hamburg, Altona, Bremen, Hildesheim,	Muß zahlt werden Franco Cassel.	10.	12.	[illegible]
Stockholm und ganz Schweden, Coppenhagen und Dännemark, Petersburg, Ganz Rußland,	Muß zahlt werden Franco Hamburg.	12.	16.	[illegible]
Westphälischer-Cours.				
Friedberg, Butzbach, Giessen, Wetzlar, [illegible], Marburg, Fritzlar,	Muß zahlt werden Franco Frankfurt.	6.	8.	[illegible]
Cassel, Paterborn, Arnsberg, Münster,	Muß zahlt werden Franco Cassel.	10.	12.	[illegible]

NB. Zu wissen: daß vor angesetztes Gewicht, nur die mit Skripturen, nicht aber mit einzeln Briefen beschwerte Paquete zu verstehen seye; gleiche Beschaffenheit, es auch mit den doppelten Briefen hat.

Heydelberg, gedruckt bey Johann Jacob Häner, Hof- und Universitäts-Buchdrucker (wohl 1753.)

Winter's Universitätsbuchhandlung, Heidelberg 1910.

Verzeichnuß
An welchen Tägen die Posten in Dero Römisch-Kayserlichen Majestät Reichs-Post-Ambt zu Heydelberg ankommen und wieder abgehen.

Ankunffts-Stunde.			Stunde des Abgangs.	
Sonntags, Dienstags, Donnerstags und Freytags	Morgens 9. Uhr	Von Hamburg, Bremen, Schweden, Churland, Pohlen und gantz Norden, aus den Brandenburgisch- Preussisch- und Braunschweigischen Landen, aus Sachsen und Thüringen. Item Fuld, Mühlhausen, Eisenach, Duderstatt, Langensaltz, Gotha, Bach, Schlüchtern, Sallmünster und Gelnhausen.	Abends 5. Uhr	Sonntags, Montags, Donnerstags und Freytags.
Montags und Donnerstags	Morgens 9. Uhr	Von Hamburg, Bremen, Münster, Oßnabrück, Paderborn, und gantz Westphalen. Item von Cassel, Fritzlar, Amöneburg, Giessen und gantz Hessen. Von Wetzlar, Butzbach und Friedberg.	Abends 5. Uhr	Dienstags und Sambstags.
Donnerstags und Sonntags	Morgens 9. Uhr	Von Arenberg, Brilen, dem Sauerlande, Wetzlar, Dillenburg, Siegen, Herborn, Butzbach, Friedberg.	Abends 5. Uhr	Sonntags und Mittwochs.
Dienstags, Mittwochs, Sambstags und Sonntags	Abends 5. Uhr	Von Schaffhausen, Zürch, Bern, der gantzen Schweitz und Savoyen.	Morgens 7. Uhr	Sonntags, Dienstags, Mittwochs und Sambstags.
Montags, Mittwochs, Freytags und Sambstags	Abends 5. Uhr	Von Basel, Freyburg und dem gantzen Breißgau. Von Waghäusel und Philippsburg.		
Dienstags, Freytags und Sonntags	Abends 5. Uhr	Von Rom, Genua, Venedig, Inspruck, gantz Italien und Tyrol.		
Sonntags und Mittwochs	Abends 5. Uhr	Von Prag, Pilsen, Grätz, gantz Böhmen und Schlesien. Item von Amberg, Sultzbach, und der oberen Pfaltz.	Morgens 7. Uhr	Sonntags und Mittwochs.
Montags und Donnerstags	Abends 5. Uhr	Aus gantz Ungarn, Mähren und Steyermarck.		
Sonntags und Mittwochs	Morgens 9. Uhr	Von Altzey, Oppenheim, Bingen, Creutznach, Simmern, Meissenheim, und dem gantzen Rheingau.	Abends 5. Uhr	Dienstags und Freytags.
Dienstags und Sambstags	Morgens 9. Uhr	Von Dürckheim, Lauthern, Zweybrücken, Saarbrücken, und dem gantzen Westerich.	Abends 5. Uhr	Mittwochs und Sambstags.
Sonntags Donnerstags	Mittags 12. Uhr Nachm. 3. Uhr	Von Wemmerspach, Moßbach, Adelsheim, Boxberg, Mergentheim, Würtzburg und Bamberg.	Abends 4. Uhr	Dienstags und Sambstags.
Mittwochs und Sonntags	Morgens 9. Uhr	Von Luxenburg, Metz, Trier, Trarbach, und dem gantzen Mosel-Strohm.	Abends 5. Uhr	Montags, Mittwochs und Sambstags.
Dienstags und Sambstags	Morgens 9. Uhr	Über den Wester-Wald, von Cöllen, gantz Braband, Holland und Engeland, Limburg, Dietz, Hachenburg, Weilburg, Altenkirchen. Item von Cleve, Wesel, Geldern, Venlo, Nimwegen, Rüremond, Duisburg.	Abends 5. Uhr	Mittwochs und Sambstags.
Sonntags und Mittwochs	Morgens 9. Uhr	Von Weinheim, Furt, Reichelsheim, Lengfeld, Dieburg, Oberroda. Item von Neustatt und Edenkoffen.	Abends 5. Uhr	Dienstags und Sambstags.
	Abends 5. Uhr	Von Speyer und Germersheim.	Morgens 7. Uhr Abends 5. Uhr	Sonntags und Mittwochs. Montags, Mittwochs und Sambstags.
	Abends 5. Uhr	Von Knittlingen und Enthweigingen.	Morgens 7. Uhr	Dienstags und Sambstags.
Alle Täge	Morgens 9. Uhr	Von Franckfurt, Mayntz, Hanau, Aschaffenburg und Würtzburg. Von Mannheim, Worms, Weinheim, Heppenheim, Darmstatt, und der Bergstrassen. Von Wiesbaden, Schwalbach, Nastetten, Nassau, Coblentz, Bonn, Cöllen, Düsseldorff, Elberfeld, Sohlingen, Jülich, Cleve, Bervier, Mastrich, Lüttig, gantz Holland, und denen Oesterreichischen Niederlanden.	Abends 5. Uhr	Alle Täge.
Alle Täge	Abends 5. Uhr	Von Sintzheim, Heilbronn, Eppingen, Bretten, Bruchsal, Rastatt, Straßburg, Pariß, gantz Franckreich, und Lothringen, Stuttgard, Canstatt, Ulm, Augspurg, München, Nürnberg, Anspach, Erlangen, Donauwerth, Neuburg, Regenspurg, Lintz, Passau, Wien, und denen Ober-Oestreichischen Landen.	Morgens 7. Uhr	Alle Täge.

NB. Die aufzugebende Brieffe müssen jedesmal vor bestimmter Zeit zum Post-Ambt getragen werden, indeme die Ordinarien besonders des Morgens offtmahlen vor bestimmter Zeit abgepediret werden.

NB. auf diejenige Brieffe so nach kleinen Flecken, Adelichen Höfen, Schlösseren, Dörfferen, oder sonst nicht allzubekannten Oertheren hingehen, die nächste Stadt beyzusetzen, damit solche um da besser bestellt werden können.

Brieff-TAXA.

	Brieffe. Einfache Kr.	Doppelte Kr.	Untzen. Kr.
Nacher Wien, Prag, Breßlau, Worschau, gantz Böhmen, Schlesien, Pohlen, Siebenbürgen, Mähren, Steyrmarckt, Ober- und Nieder-Oestreich und gantz Ungarn, muß zahlt werden franco	12	16	20

	3. Uhr			
Mittwochs und Sonntags	Morgens 9. Uhr	Von Luxenburg, Metz, Trier, Trarbach, und dem gantzen Mosel-Strohm.	Abends 5. Uhr	Montags, Mittwochs und Sambstags.
Dienstags und Sambstags	Morgens 9. Uhr	Über den Wester-Wald, von Cöllen, gantz Braband, Holland und Engelland, Limburg, Dietz, Hachenburg, Weilburg, Altenkirchen. Item von Cleve, Wesel, Geldern, Venlo, Nimwegen, Rüremond, Duisburg.	Abends 5. Uhr	Mittwochs und Sambstags.
	Morgens 9. Uhr	Von Weinheim, Furt, Reichelsheim, Lengfeld, Dieburg, Oberrode. Item von Neustatt und Edenkoffen.	Abends 5. Uhr	Dienstags und Sambstags.
Sonntags und Mittwochs	Abends 5. Uhr	Von Speyer und Germersheim.	Morgens 7. Uhr	Sonntags und Mittwochs.
			Abends 5. Uhr	Montags, Mittwochs und Sambstags.
	Abends 5. Uhr	Von Knittlingen und Gultzweigingen.	Morgens 7. Uhr	Dienstags und Sambstags.
Alle Täge	Morgens 9. Uhr	Von Franckfurt, Maynntz, Hanau, Aschaffenburg und Würtzburg. Von Mannheim, Worms, Weinheim, Heppenheim, Darmstatt, und der Berg-strassen. Von Wiesbaden, Schwalbach, Nastetten, Nassau, Coblentz, Bonn, Cöllen, Düsseldorff, Elberfeld, Sohlingen, Jülich, Cleve, Vervier, Mastrich, Lüttig, gantz Holland, und denen Oesterreichischen Niederlanden.	Abends 5. Uhr	Alle Täge.
Alle Täge	Abends 5. Uhr	Von Sintzheim, Heilbronn, Eppingen, Bretten, Bruchsal, Rastatt, Straßburg, Paris, gantz Franckreich, und Lothringen, Stuttgard, Canstatt, Ulm, Augspurg, München, Nürnberg, Anspach, Erlangen, Donauwerth, Neuburg, Regenspurg, Lintz, Passau, Wien, und denen Ober-Oestreichischen Landen.	Morgens 7. Uhr	Alle Täge.

NB. Die aufzugebende Brieffe müssen jedesmal vor bestimmter Zeit zum Post-Ambt getragen werden, indeme die Ordinarien besonders des Morgens offtmahlen vor bestimmter Zeit abspedirt werden.

Ist auf diejenige Brieffe so nach kleinen Flecken, Adelichen Höfen, Schlösseren, Dörfferen, oder sonst nicht allzubekannten Ortheren hingehen, die nächste Stadt beyzusetzen, damit solche um da besser bestellt werden können.

Brieff-TAXA.

	Brieffe. Einfache Kr.	Doppelte Kr.	Untzen Kr.
Nacher Wien, Prag, Breßlau, Warschau, gantz Böhmen, Schlesien, Pohlen, Siebenbürgen, Mähren, Steyrmarck, Ober- und Nieder-Oestreich und gantz Ungarn, muß zahlt werden franco	12	16	20
Nacher Rom, Neapolis, und alles was in Italien gehet, muß zahlt werden. Franco per Trento	12	16	20
Nacher Insprug, ins Tyrol, Saltzburg, München, und alles was über Augspurg gehet, muß bezahlt werden. Franco Augspurg	10	12	16
Nacher Ulm, Augspurg, und was sonsten über Canstatt gehet. Franco per Canstatt	8	10	12
Nacher Genff, Bern, Zürich, Schaffhausen, und alles was in die Schweitz gehet, muß zahlt werden. Franco per Canstatt	8	10	14
Nacher Basel, franco nach belieben	12	16	20
Nacher Canstatt, Stuttgard, Ludwigsburg, Oehringen, Anspach und gantz Schwaben Franco per Heilbronn	6	8	10
Nacher Heilbronn, Baaden, Rastatt, Durlach, Landstuhl, nach Altzey und Oppenheim. Franco nach belieben	6	8	10
Nacher Bruchsal, Speyer, Philippsburg, Sintzheim, Heppenheim, Darmstatt, Worms, Dürckheim, Bergberg und Mosbach am Neckar. Franco nach Belieben	4	6	8
Nacher Paris, Nancy, gantz Franckreich und Lothringen, muß zahlt werden. Franco per Straßburg	10	12	16
Nacher Straßburg, Landau und ins Elsaß werden beym Aufgeben ohnbezahlt angenommen, die Retouren aber zahlen	10	12	16
Nacher Brüssel, gantz Holland, Braband, Flandern und Engelland, muß bezahlt werden. Franco per Cölln	10	12	16
Nacher Düsseldorf, Gülich, Aachen, Cölln, Bonn, Coblentz, Fritzlar, Marpurg, Fuld und der Orthen. Franco Franckfurt	6	8	10
Nacher Münster, Paderborn, gantz Westphalen, Braunschweig, Bremen, Hamburg, Hanover, ins Holsteinische, Dännemarck, Schweden, Pommern, und was sonsten Cassel überreichet, muß zahlt werden. Franco per Cassel	10	12	16
Nacher Berlin, ins Brandenburgische und Preußische, muß zahlt werden. Franco per Duderstatt	10	12	16
Nacher Franckfurt, Maynntz. Franco nach Belieben	6	8	10
Nacher Wetzlar, Hanau, Würtzburg, Wißbaden, Schwalbach. Nach Creutznach, Simmern, Zweybrücken und Saarbrücken. Franco nach Belieben	8	10	12
Nacher Trier, franco per Coblentz. Muß zahlt werden	8	10	12
Nacher Luxenburg, Metz rc. rc. muß zahlt werden. Franco per Trier	10	12	16
Nacher Dreßden, Schneeberg, und was über Leipzig geht, muß zahlt werden. Franco per Leipzig	12	16	20
Nacher Leipzig, Jena, gantz Sachsen, und alles was über Erfurt gehet, muß zahlt werden. Franco per Erfurt	10	12	16
Nacher Regenspurg, Amberg, Sultzbach, Neuburg an der Donau, muß zahlt werden. Franco per Nürnberg	10	12	16
Nacher Nürnberg, Fürth, Bamberg, Schweinfurt. Franco per Würtzburg	8	10	12
Nacher Mannheim, Weinheim, Wießloch, Wimmersbach. Franco nach Belieben	2	4	6
Nacher Lindenfels, Lengfeld, Umstatt, Altzey, Erbach. Franco nach Belieben	4	6	8

NB. Eine gleiche Bewandnuß hat es mit denen Ankommenden, bis obige Orther francirter Brieffen, ausser denen Anslag-Schreiben, welche von denen ausländischen Aembteren vor das jenige gelöset werden müssen, wie sie dem hiesigen Ambt zugerechnet worden.

Heydelberg, gedruckt bei Johann Jacob Häner, Hof- und Universitäts-Buchdrucker 1753.

Carl Winter's Universitätsbuchhandlung, Heidelberg 1910.

Kaiserliche Reichs-Post-TAXA.

Nach welchem der dem Kayserl. Reichs-Post-Ambt zu Mannheim untergebene Posthalter / wie auch die Courriers, und andere sich der Post bedienende Persohnen zu reguliren, und was vor das Pferd zu einer Station zur anderen zu zahlen seye; Alles nach der unterm 18. Octobris 1698. ausgegangen, und von Ihrer Kayserl. Majestät allergnädigst approbirten Post-Tax-Ordnung eingerichtet.

Franckfurter Straß. Von Mannheim biß	Poste.	fl.	kr.
Heppenheim.	$1\frac{1}{2}$	1	30
Darmstadt.	$1\frac{3}{4}$	1	45
Franckfurth.	$1\frac{1}{2}$	1	30

Zweyte Franckfurter Straß. Von Mannheim biß	Poste.	fl.	kr.
Weinheim.	1	1	
Fürth.	1	1	
Bergfeldt.	$1\frac{1}{4}$	1	15
Oberradto.	1	1	
Franckfurth.	$\frac{3}{4}$		45

Straßburger Straß. Von Mannheim biß	Poste.	fl.	kr.
Rheinhausen	$1\frac{1}{2}$	1	30
NB. Bey schlimmen Wetter oder Anlauff des Wassers über Waghäusel.	$1\frac{3}{4}$	1	45
Linkenheim.	$1\frac{1}{2}$	1	30
Grünwinckel.	1	1	
Rastatt.	$1\frac{1}{4}$	1	15
Stollhofen.	1	1	
Bischoffsheim.	1	1	
Kehl.	1	1	
Straßburg.	$\frac{1}{2}$		30

Nürnberger Straß. Von Mannheim biß	Poste.	fl.	kr.
Heydelberg.	1	1	
Sinßheim.	$1\frac{3}{4}$	1	45
Fürfeldt.	1	1	
Heilbronn.	1	1	
Oehringen.	$1\frac{1}{2}$	1	30
Hall.	$1\frac{1}{2}$	1	30
Crailsheim.	$1\frac{1}{2}$	1	30
Feuchtwangen.	1	1	
Anspach.	$1\frac{1}{2}$	1	30
Closter Heilsbronn.	1	1	
Nürnberg.	$1\frac{1}{2}$	1	30
Rickersdorff.	1	1	
Eichenbach.	1	1	
Sulzbach.	$1\frac{3}{4}$	1	45

Neuburger Straß. Von Mannheim biß	Poste.	fl.	kr.
Heydelberg.	1	1	
Sinßheim.	$1\frac{3}{4}$	1	45
Fürfeldt.	1	1	
Heylbronn.	1	1	
Oehringen.	$1\frac{1}{2}$	1	30
Hall.	$1\frac{1}{2}$	1	30
Crailsheim.	$1\frac{1}{2}$	1	30
Dinckelspiel.	1	1	
Oettingen.	$1\frac{1}{2}$	1	30
Monheim.	$1\frac{1}{2}$	1	30
Neuburg.	$1\frac{1}{2}$	1	30

Augspurger Straß. Von Mannheim biß	Poste.	fl.	kr.
Heydelberg.	1	1	
Sinßheim.	$1\frac{3}{4}$	1	45
Fürfeldt.	1	1	
Heylbronn.	1	1	
Bietigheim.	$1\frac{1}{2}$	1	30
Canstatt.	$1\frac{1}{2}$	1	30
Plochingen.	1	1	
Göppingen.	1	1	
Geißlingen.	1	1	
Westerstetten.	1	1	
Elchingen.	1	1	
Güntzburg.	1	1	
Sommerhausen.	$1\frac{1}{2}$	1	30
Augspurg.	$1\frac{1}{2}$	1	30
Dögernbach.	$1\frac{1}{2}$	1	30
Fürstenfeldbruck.	$1\frac{1}{2}$	1	30
München.	2	2	

Alte Landauer Straß. Von Mannheim biß	Poste.	fl.	kr.
Speyer.	1	1	
Germersheim.	1	1	
Landau.	1	1	

Neue Landauer Straß. Von Mannheim biß	Poste.	fl.	kr.
Wintzingen.	$1\frac{1}{2}$	1	30
Landau.	1	1	

Würtzburger Straß. Von Mannheim biß	Poste.	fl.	kr.
Heydelberg.	1	1	
Wimmerspach.	1	1	
Neckar-Eltz.	1	1	
Adelsheim.	$1\frac{1}{2}$	1	30
Schweigern.	$1\frac{1}{2}$	1	30
Grünsfeldt.	1	1	
Würtzburg.	2	2	

Zweybrücker Straß. Von Mannheim biß	Poste.	fl.	kr.
Dürckheim.	$1\frac{1}{2}$	1	30
Diemerstein.	1	1	
Lautern.	1	1	
Landstuhl.	$1\frac{1}{4}$	1	15
Zweybrücken.	$1\frac{1}{4}$	1	15

Maintz und Cöllnische Straß. Von Mannheim biß	Poste.	fl.	kr.
Wormbs.	1	1	
Oppenheim.	$1\frac{1}{4}$	1	15
Maintz.	1	1	
Schwalbach.	$1\frac{1}{2}$	1	30
Nastätten.	1	1	
Nassau.	1	1	
Coblentz.	$1\frac{1}{4}$	1	15
Sintzig.	$1\frac{3}{4}$	1	45
Bonn.	$1\frac{1}{4}$	1	15
Cölln.	$1\frac{1}{2}$	1	30
Düsseldorff.	2	2	

Creutznacher Straß. Von Mannheim biß	Poste.	fl.	kr.
Wormbs.	1	1	
Altzey.	$1\frac{1}{2}$	1	30
Creutznach.	$1\frac{1}{2}$	1	30
Simmern.			

NOTANDUM.

Bey Entwerffung dieser Tax ist noch zu erinnern, daß hierunter das Trinck-Geld vor die Postillionen nicht begriffen, sondern von denen Courriers, und zwar von einer einfachen Post fünff Groschen, und also nach Proportion von anderthalb und doppelten Posten zu zahlen seye: so sollen auch die Courriers, wo über die Flüß zu setzen ist, das Schiff- und Brücken-Geld zu zahlen schuldig seyn.

II. Da ein oder anderer Courrier an einigen Orthen lieber fahren als reiten wolte, soll er über die gewöhnliche Ritt-Gelder vor die Post-Chaise zehen Groschen von einer einfachen, und vor anderthalb Posten 15. Groschen à parte zahlen.

III. Weilen durch Auffladung grosser Truchen und schweren Fell-Eisen, auch ungewöhnliches Ubereilen der Posten, die Pferde krumm, untüchtig und öffters zu Boden geritten werden, so soll keinem Courrier noch anderer der Post zu Pferd sich bedienender Persohn über 30. höchstens 40. Pfund schwer mitzuführen, noch weniger die von voriger Post gehabte Pferde weiters als auf die nechst-gelegene Post zu gebrauchen, erlaubet seyn.

IV. Bleibet es bey dem uhr-alten Herkommen und der Universal-Ordnung, daß nemlich so offt einer, der seye wer er wolle, auf einer Post-Chaise ankommet, derselbe alsdann nach Anzahl der bey sich habenden Persohnen, und über dieses vor den Postillion à parte (ungehindert die Post-Chaise nur mit zwey Pferden bespannet wäre) das im Reich gewöhnliche Ritt-Geld, id est von der Persohn einen Gulden, als zum Exempel: wann zwey auf einer mit zwey Pferden bespannten Chaise sich befinden, für die zwey Persohnen und den Postillion drey Gulden auf einer einfachen Post, auf anderthalb vier und ein halben, auf doppelten aber sechs Gulden zahlen. Wann aber wegen des bösen Wegs oder üblen Wetters mehr Pferd eingespannt werden müssen, als Persohnen seynd, so soll das Ritt-Geld nach Anzahl der Pferden genommen, auch nicht mehr als 50. Pfund schwer von einer Persohn frei passiret, das übrige aber nach advenant, und zwar von 50. Pfund auf einer Post ein halben Gulden bezahlt werden.

V. Weilen einige Courriers die Post-Pferd verlangen, selbige vor den Wirths-Häusern öffters 2. à 3. und mehr Stunden warten lassen, wodurch dann die Pferde müd und zum Reiten oder Fahren untüchtig werden. So solle der Posthalter nicht mehr als eine halbe Stund zu warten verbunden seyn.

VI. Solle hergegen der Posthalter sich mit guten und sowohl zu Reiten als Fahren tüchtigen Pferden versehen, die auf der Post ankommenden Courriers und Persohnen wohl bedienen, und selbigen mit aller Höfflichkeit und guten Willen (dessen man sich von Saiten deren Courriers gleichfalls versiehet) auffs möglichste begegnen, auch die Post-Tax-Ordnung zu jedermanns Wissen und Regulirung offentlich aufhängen.

Mannheim, gedruckt in der Churfürstlichen Hoff-Buchdruckerey, durch Matthiam Oberholtzer. 1748.

Carl Winter's Universitätsbuchhandlung, Heidelberg 1910.

Allgemeiner Tarif der Porto-Taxen

für die nicht mehr als dreiviertel Loth wiegenden Briefe
nach und von sämtlichen
Großherzoglich Badischen Postanstalten 1841.

Ort	Achern	Adelsheim	Aglasterhausen	Altbreisach	Altdorf	Appenweier	Baden	Beuggen	Biberach	Bischofsheim a. Rh.	Bischofsheim a. Tbr.	Blumberg	Bonndorf	Boxberg	Bretten	Bruchsal	Buchen	Bühl	Burg	Carlsruhe	Constanz	Dinglingen	Donaueschingen	Durlach	Durmersheim	Dürrheim	Eberbach	Elzach	Emmendingen	Endingen	Engen	Eppingen	Ettenheim	Ettlingen	Forbach	Freiburg	Furtwangen	Gaggenau	Geisingen	Gengenbach	Gerlachsheim	Gernsbach	Graben	Griesbach	Hardheim
Achern																																													
Adelsheim	8																																												
Aglasterhausen	8	4																																											
Altbreisach	6	12	12																																										
Altdorf	8	12	10	8																																									
Appenweier	2	10	8	6	8																																								
Baden	2	8	6	8	8	4																																							
Beuggen	8	14	12	6	6	8	10																																						
Biberach	4	10	8	6	6	2	6	6																																					
Bischofsheim a. Rh.	2	10	8	6	8	2	4	8	4																																				
Bischofsheim a. Tbr.	10	4	6	14	12	10	10	14	12	10																																			
Blumberg	8	12	10	6	2	6	8	6	6	8	12																																		
Bonndorf	8	12	10	6	4	6	8	6	6	8	14	2																																	
Boxberg	10	2	6	14	12	10	8	14	10	10	2	12	12																																
Bretten	6	6	4	10	8	6	6	10	8	6	8	10	10	6																															
Bruchsal	6	6	4	10	10	6	6	12	8	6	8	10	10	6	2																														
Buchen	10	2	4	12	12	10	8	14	10	10	4	12	12	2	6	6																													
Bühl	2	8	8	6	8	2	2	8	4	2	10	8	8	10	6	6	8																												
Burg	6	12	10	4	6	6	8	6	4	6	12	6	4	12	8	10	12	6																											
Carlsruhe	6	6	6	8	8	6	4	10	6	6	8	8	8	8	2	2	8	4	8																										
Constanz	10	12	12	8	4	8	10	8	8	10	12	6	6	12	10	10	12	10	8	10																									
Dinglingen	4	10	10	4	6	4	6	6	2	4	12	6	6	12	8	8	10	8	4	6	8																								
Donaueschingen	6	10	10	6	2	6	8	6	6	6	12	2	2	12	8	8	12	6	4	8	6	6																							
Durlach	6	6	6	8	8	6	4	10	6	6	8	8	8	8	2	2	6	4	8	2	10	6	8																						
Durmersheim	4	8	6	8	8	6	2	10	6	4	8	8	8	8	4	4	8	4	8	2	10	6	8	2																					
Dürrheim	6	10	10	6	4	6	6	6	6	6	12	2	4	12	8	8	12	6	4	8	6	6	2	8	8																				
Eberbach	8	4	2	12	12	8	8	14	10	8	6	12	12	6	6	6	4	8	12	6	12	10	10	6	6	10																			
Elzach	6	10	10	4	6	4	6	6	2	6	12	6	4	12	8	8	10	6	4	8	8	4	4	8	6	4	10																		
Emmendingen	6	12	10	2	6	6	6	6	4	6	12	6	6	12	8	8	12	6	2	8	8	4	6	8	8	6	10	2																	
Endingen	6	12	10	2	6	6	6	6	4	6	12	6	6	12	8	8	12	6	4	8	8	4	6	8	8	6	10	4	2																
Engen	8	12	10	8	2	8	8	6	6	8	12	2	4	12	8	10	12	8	6	8	4	6	2	8	8	4	12	6	6	6															
Eppingen	6	6	4	10	10	8	6	12	8	8	6	10	10	6	2	2	6	6	10	4	10	8	10	4	6	8	4	8	10	10	10														
Ettenheim	6	10	10	4	6	4	6	6	2	6	12	6	6	12	8	8	12	6	4	8	8	2	6	8	6	6	10	2	2	2	6	8													
Ettlingen	4	6	6	8	8	6	2	10	6	6	8	8	8	8	4	4	8	4	8	2	10	6	8	2	2	8	6	8	8	8	8	4	6												
Forbach	2	8	6	8	8	4	2	8	4	4	10	8	8	8	6	6	8	2	6	4	8	6	6	4	4	6	8	6	6	6	8	6	6	4											
Freiburg	6	12	10	2	6	6	8	6	4	6	14	6	4	12	8	10	12	6	2	8	8	4	6	8	6	6	12	4	2	2	6	10	4	8	6										
Furtwangen	6	10	10	6	6	6	6	6	4	6	12	4	4	12	8	8	12	6	2	8	6	4	4	8	6	4	10	2	4	4	6	8	4	8	6	4									
Gaggenau	4	8	6	8	8	4	2	10	6	4	8	8	8	8	4	4	8	2	8	4	10	6	6	4	2	6	6	6	6	6	8	8	6	2	2	8	6								
Geisingen	8	10	10	6	2	6	8	6	6	8	12	2	4	12	8	10	12	8	6	8	6	6	2	8	8	2	10	6	6	6	2	10	6	8	6	6	4	8							
Gengenbach	4	10	8	6	6	2	4	8	2	4	12	6	6	10	6	8	10	4	6	6	8	2	6	6	6	6	10	4	4	4	6	8	4	6	4	6	4	6	6						
Gerlachsheim	10	4	6	14	12	10	10	14	12	10	2	12	12	2	8	8	4	10	12	8	12	12	12	8	8	12	6	12	12	12	12	6	12	8	10	14	12	8	12	12					
Gernsbach	4	8	6	8	8	4	2	10	6	4	10	8	8	8	4	6	8	2	8	4	10	6	8	4	2	6	8	6	6	6	8	6	6	2	2	8	6	2	8	6	10				
Graben	6	6	4	10	10	6	6	12	8	6	8	10	10	8	2	2	6	6	10	2	10	8	8	2	4	8	6	4	8	8	10	4	8	4	6	10	8	4	10	8	8	4			
Griesbach	4	10	8	6	6	2	4	8	2	4	10	6	6	10	6	6	10	4	6	6	8	4	4	6	6	6	8	4	6	6	6	8	4	6	4	6	6	4	6	2	10	4	6		
Hardheim	10	4	6	14	12	10	8	14	10	10	2	12	12	2	6	6	2	10	12	8	12	12	12	8	8	12	4	12	12	12	12	6	12	8	8	12	12	8	12	10	2	8	6	10	
Haslach	4	10	10	6	6	4	6	6	2	4	12	6	6	10	8	8	10	6	4	6	8	2	6	6	6	4	10	2	4	4	6	8	2	6	6	4	4	6	6	2	12	6	8	4	12

Meilenzeiger

der direkten Entfernungen nach und von sämtlichen
Großherzoglich Badischen Postanstalten
nach geographischen Meilen, zur Berechnung des Großherzoglich Badischen
Fahrpost-Portos 1841.

Ort	Achern	Adelsheim	Aglasterhausen	Altbreisach	Altdorf	Appenweier	Baden	Beuggen	Biberach	Bischofsheim a. N.	Bischofsheim a. Tbr.	Blumberg	Bonndorf	Boxberg	Bretten	Bruchsal	Buchen	Bühl	Burg	Carlsruhe	Constanz	Dinglingen	Donaueschingen	Durlach	Durmersheim	Durrheim	Eberbach	Elzach	Emmendingen	Endingen	Engen	Eppingen	Ettenheim	Ettlingen	Freiburg
Achern.																																			
Adelsheim.	17½																																		
Aglasterhausen.	14	4																																	
Altbreisach.	10½	27½	24½																																
Altdorf.	13½	24½	22½	12½																															
Appenweier.	1½	19	16	9	13																														
Baden.	2½	15	11½	13	14½	4½																													
Beuggen.	16	31½	29	7	10½	14½	18½																												
Biberach.	4½	21	18	6½	10½	3	7	11½																											
Bischofsheim a. N.	1½	18½	15	10	14½	2	3½	16	5																										
Bischofsheim a. Tbr.	21½	4	7½	21½	28	23	19	35½	25	22½																									
Blumberg.	13	25	23½	10	2½	12	14½	8½	9	13½	29																								
Bonndorf.	12½	26	24	8	4½	11½	14½	6½	8½	13	30½	2½																							
Boxberg.	20½	3	7	30½	26½	22	17½	34	24	21	2	27½	28½																						
Bretten.	8½	9	5½	19	18	10½	6½	23½	12½	9½	13	18½	18½	11½																					
Bruchsal.	9	9	5	19½	19½	11	6½	24½	13	10	12½	19½	20	11½	2																				
Buchen.	18½	2½	4½	28½	25	20	15½	33	22	19	3½	26½	27½	3	9½	9½																			
Bühl.	1½	16½	13	11½	14	3	1½	17	5½	2½	20½	13½	13½	19	7½	8	17																		
Burg.	10	25½	23	4	8	8½	12½	6½	5½	10½	30	6½	4½	28½	17½	18½	27	11																	
Carlsruhe.	6½	11½	8	17	17½	8	4	22½	11	7	15½	17½	18	14½	3	3	12½	5½	16																
Constanz.	18½	26½	25½	17	5	18	19	13½	15½	19½	30	7	9	28½	21	23	28	18½	13	21½															
Dinglingen.	5	22	19	5½	11½	3½	7½	11½	2	5	26	10½	9½	25	13½	14	23	6½	5½	11½	16½														
Donaueschingen.	11	23½	21½	9	3	10	12½	9	7½	12	27½	2	2½	26	16½	17½	25	11½	5½	16	8	8½													
Durlach.	7	11	7½	17	17½	8½	4	22½	11	7½	15	17½	18	14	2½	2½	11½	5½	16½	1	21½	11½	15½												
Durmersheim.	5	13	9½	15½	17	6½	2½	21	9½	5½	17	16½	17	16	4½	4½	14	4	14½	2	21	10	15	2½											
Durrheim.	10	22½	20½	9½	3½	9½	11½	9½	7	11	26½	3	3½	25	15½	17	24½	11	5½	15	8½	8½	1	14½	14										
Eberbach.	15½	4	1½	25½	24½	17	12½	30½	19	16	7	24½	25½	6½	7	6½	3½	14	24½	9	27	20	23	8½	10½	22									
Elzach.	7	22½	20	5½	8½	5½	9	9½	2½	7½	27	7	6	25½	14½	15½	24	8	9½	13	13½	3½	5½	13	11½	5	21								
Emmendingen.	8	24½	22	3	10	6½	10½	8½	4	8	29	8½	6½	27½	16	17	26	9	2½	14½	15	3½	7	14½	13	7	23	2½							
Endingen.	8½	25½	22	2½	11½	6½	11	8½	4½	8	29½	9½	8	28	16½	17½	26½	9½	3½	15	16½	3½	8½	15	13	8½	23½	3½	1½						
Engen.	13½	24½	22½	12½	½	13	14½	10½	10½	14½	28	2½	4½	26½	18	19½	26	14	8	17½	5	11½	3	17½	17	3½	24½	8½	10	11½					
Eppingen.	11½	6½	3½	21½	19½	13	8	26	15	12½	10½	20	20½	9	2½	3	7½	10	20	5½	22½	16	18½	5	7	17½	5	16½	18½	19	19½				
Ettenheim.	6½	23½	20	4	11½	4½	9	10	2½	6½	27½	9½	8½	26	14½	15½	24½	7½	4½	13	16½	1½	8	13	11	8	21½	3	2	2	11½	17			
Ettlingen.	6	12	8½	16	17	7½	3	21½	10	6½	16	16½	17	15	3½	3½	12½	4½	15½	1	21	10½	15	1	1½	14	9½	12½	13½	14	17	6	12		
Freiburg.	10	26	23½	3	9½	8½	12½	6½	5½	10	30½	7½	5½	29	18	18½	27½	11	1	16	14	5½	6	16½	14½	6½	24½	3½	2	3	9½	20	4	15½	
Furtwangen.	9	23½	21	6½	6½	7½	11	8	4½	9½	27½	5	4	26	15½	16½	25	10	2½	14½	11½	5½	3½	14½	13½	3½	22½	2½	4	5	6½	18	5	13½	3½

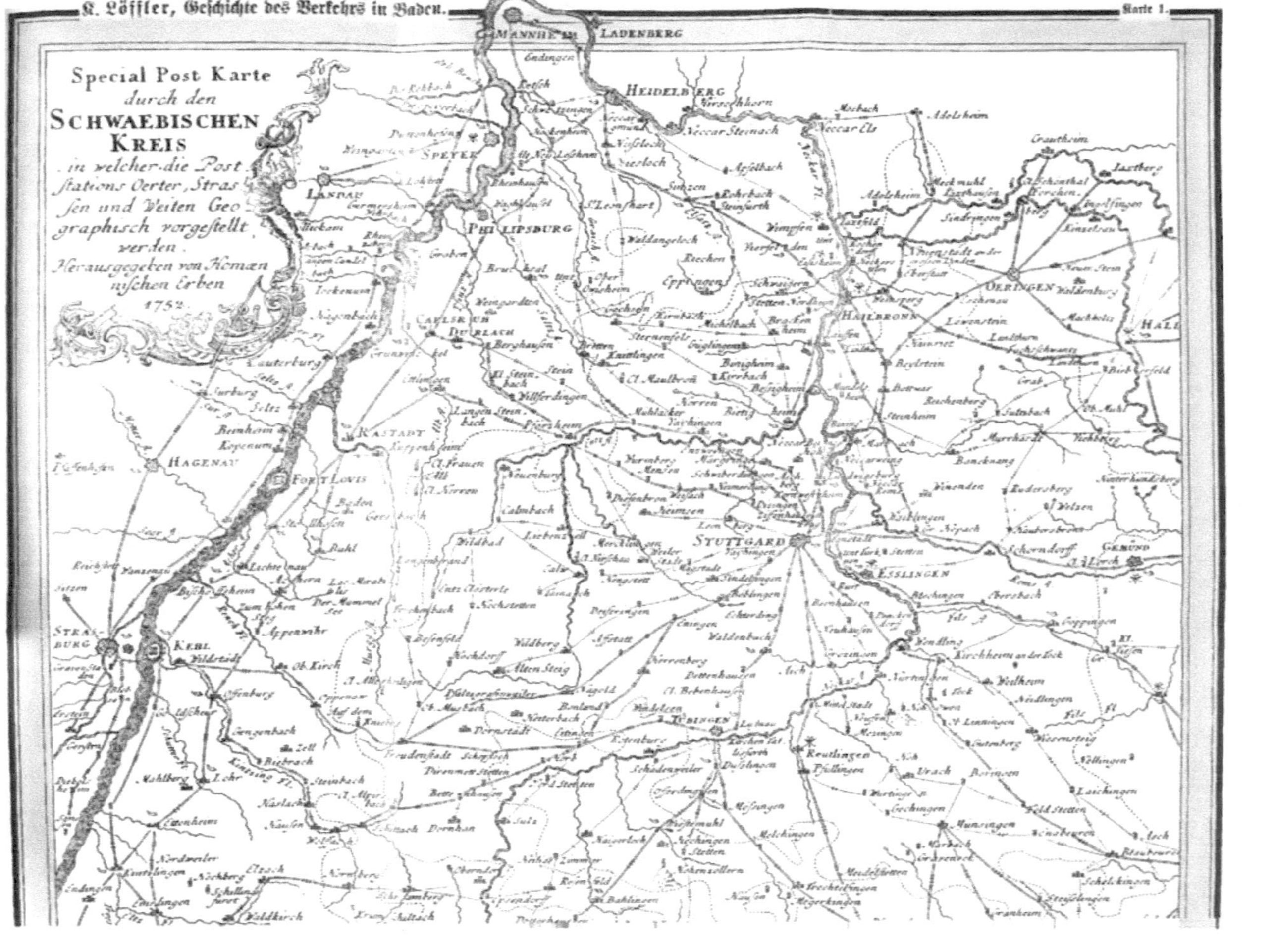
Special Post Karte
durch den
SCHWAEBISCHEN
KREIS
in welcher die Post stations Oerter, Strassen und Weiten Geographisch vorgestellt werden.
Herausgegeben von Homænnischen Erben
1752.
MANNHEIM
LADENBERG
HEIDELBERG
SPEYER
PHILIPSBURG
LANDAU
CARLSRUH
DURLACH
RASTADT
FORT LOUIS
HAGENAU
STRASBURG
KEHL
HAILBRONN
OERINGEN
STUTTGARD
ESSLINGEN
TÜBINGEN
GEMÜND
Neckar Fl.

Zeichen Erklærung
Große Stadt
kleine Stadt
ein Dorf.
fahrend
reitend
eine gantze Stunde
eine halbe Stunde
eine Viertel Stunde
STRASBURG
KEHL
BREISACH
FREYBURG
HÜNINGEN
KL. BASEL
BASEL
RHEINFELDEN
LAUFFENBURG
SCHAFHAUSEN
COSTANZ
TÜBINGEN
ESSLINGEN
HOHEN TWIEL
Reutlingen
Rotweil
Offenburg
Der Boden See

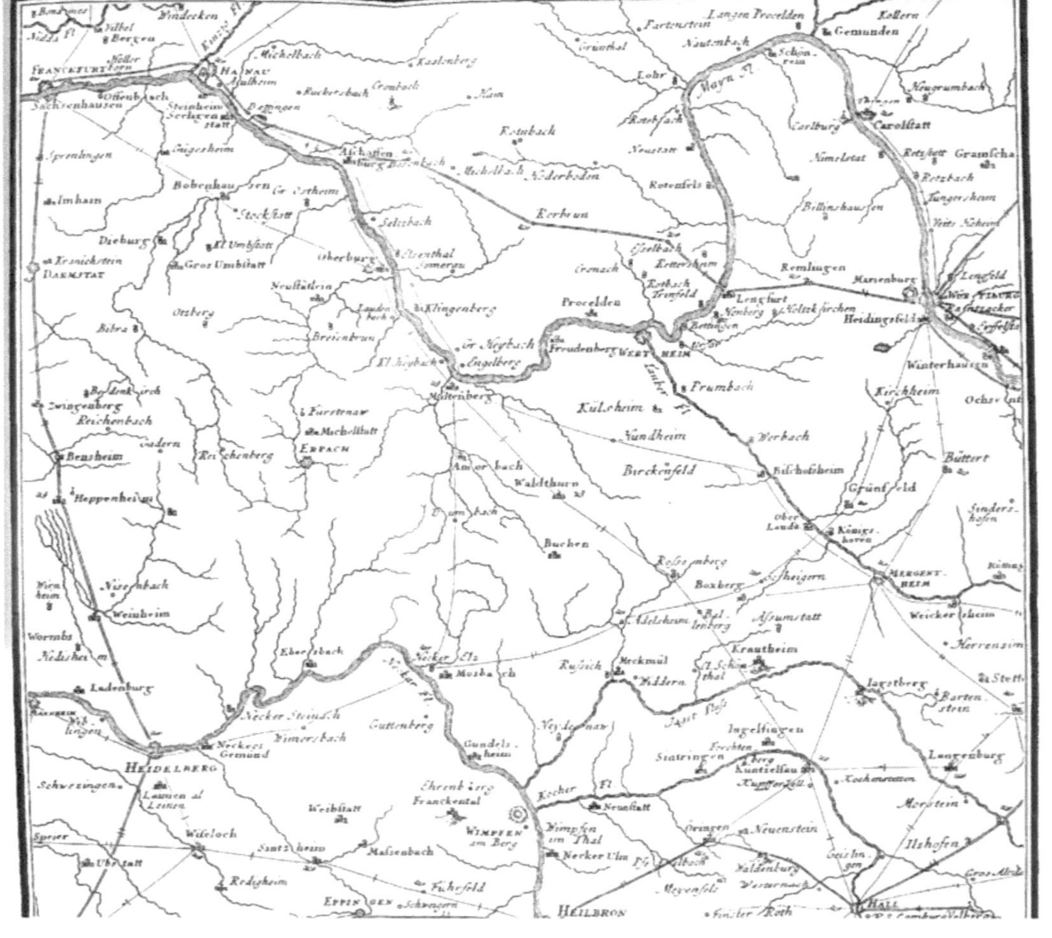

FRANCKFURT
Sachsenhausen
Offenbach
HANAU
Seligenstatt
DARMSTAT
Dieburg
Bensheim
Heppenheim
Weinheim
Ladenburg
HEIDELBERG
Schwezingen
Wiseloch
Neckers Gemünd
Eberbach
Mosbach
Gundelsheim
WIMPFEN am Berg
Wimpfen im Thal
Necker Ulm
HEILBRON
HALL
Ilshofen
Langenburg
Ingelfingen
Krautheim
MERGENTHEIM
Weickersheim
Bischofsheim
Grünsfeld
Königshoven
Boxberg
Adelsheim
Buchen
Waldthurn
Amorbach
Miltenberg
ERBACH
Klingenberg
Külsheim
WERTHEIM
Frudenberg
Tauber Fl.
Necker Fl.
Mayn Fl.
Kocher Fl.
Jagst Fl.
Lohr
Gemunden
Carolstatt
Marienburg
Heidingsfeld
Winterhausen
Kirchheim
Neuenstein
Kuntzelsau
Neustatt
Eppingen

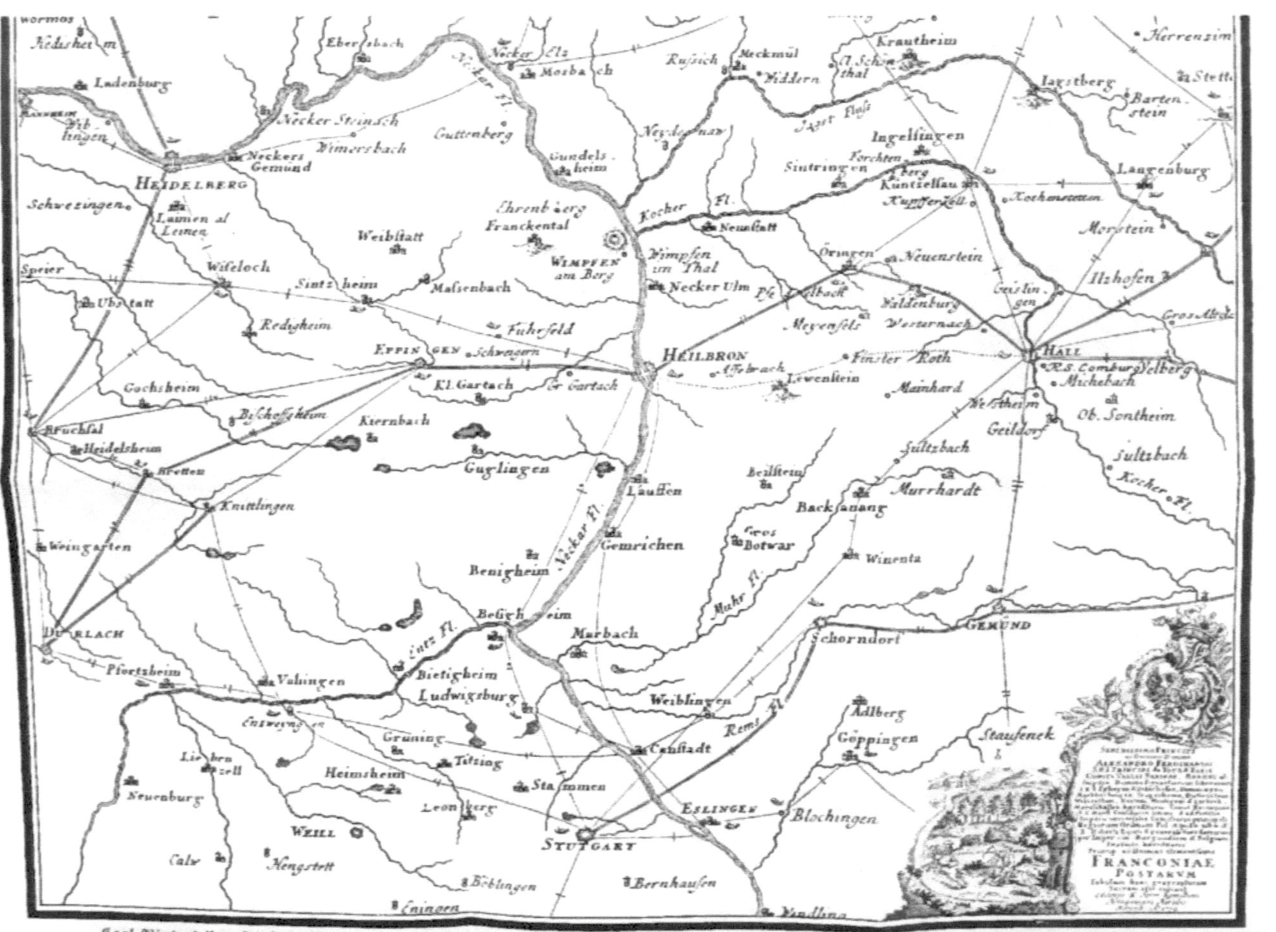

HEIDELBERG
Ladenburg
Necker Steinach
Neckers Gemünd
Eberbach
Mosbach
Guttenberg
Gundelsheim
Schwezingen
Wiseloch
Weibstatt
Sintzheim
Massenbach
Speier
Ubstatt
Redigheim
Fuhrfeld
EPPINGEN
Schwegern
Kl. Gartach
Gr. Gartach
Gochsheim
Bruchsal
Heidelsheim
Bretten
Knittlingen
Kiernbach
Guglingen
Weingarten
DURLACH
Pfortzheim
Vahingen
Bietigheim
Ludwigsburg
Besigheim
Benigheim
Gemrichen
Lauffen
Murbach
Neckar Fl.
Entz Fl.
HEILBRON
WIMPFEN am Berg
Wimpfen im Thal
Necker Ulm
Franckental
Neustatt
Kocher Fl.
Ingelfingen
Sintringen
Kuntzelsau
Kupferzell
Krautheim
Iaxtberg
Barten-stein
Langenburg
Jaxt Fluss
Neuenstein
Öringen
Waldenburg
Westernach
Meyenfels
Finster Roth
Lewenstein
Mainhard
HALL
Michelbach
Ob. Sontheim
Sultzbach
Geildorf
Murrhardt
Backnang
Beilstein
Gros Botwar
Winenta
Muhr Fl.
Schorndorf
GEMÜND
Weiblingen
Rems Fl.
Canstadt
Adlberg
Göppingen
Staufenek
Blochingen
ESLINGEN
STUTGART
Bernhausen
Böblingen
Leonberg
Stammen
Tizing
Grüning
Heimsheim
Entweingen
Liebenzell
Neuenburg
WEILL
Hengstett
Calw
Eningen
FRANCONIAE
POSTARUM

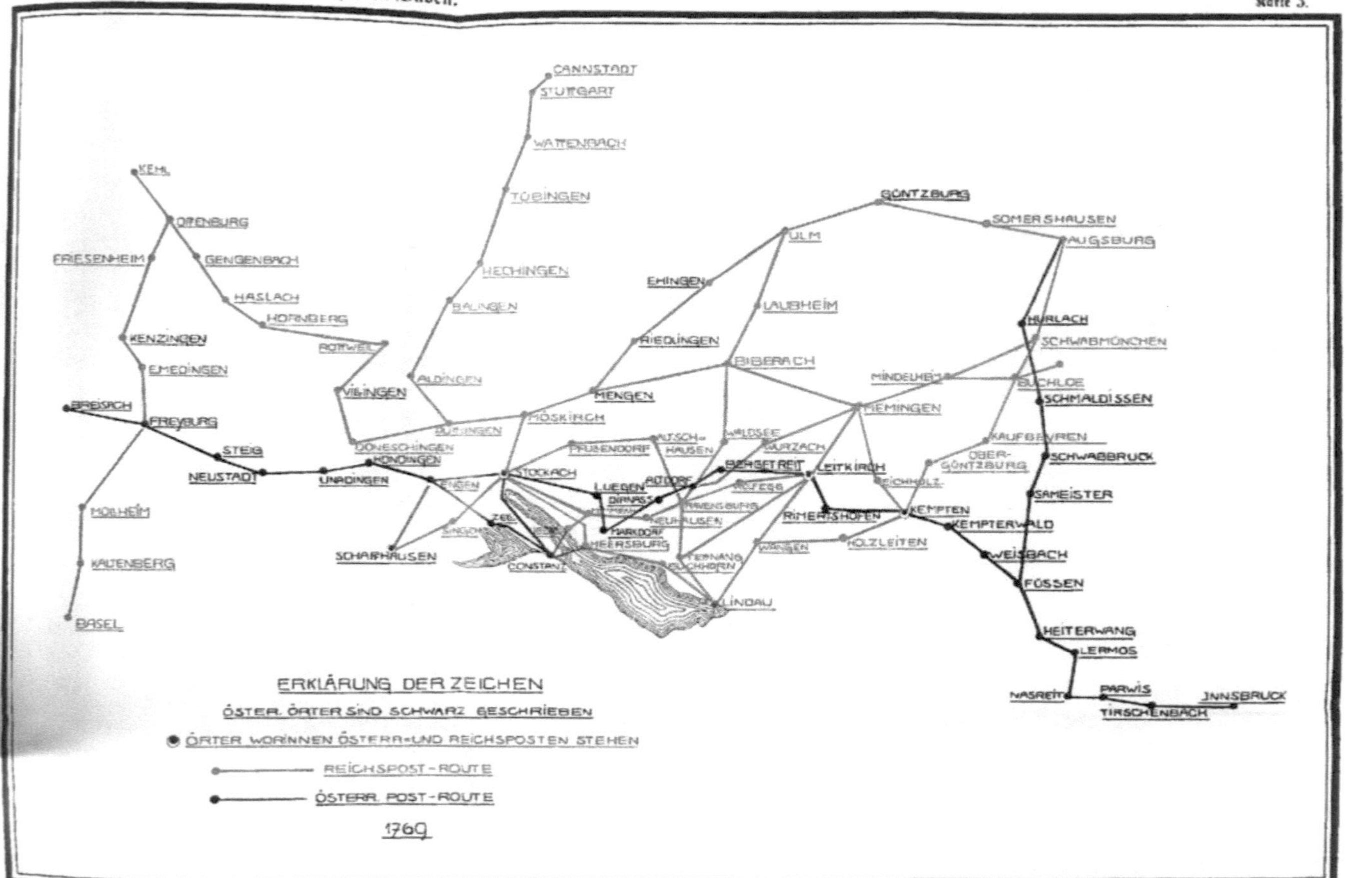

Carl Winters Universitätsbuchhandlung, Heidelberg.

K. Löffler, Geschichte des Verkehrs in Baden.

Karte 4.

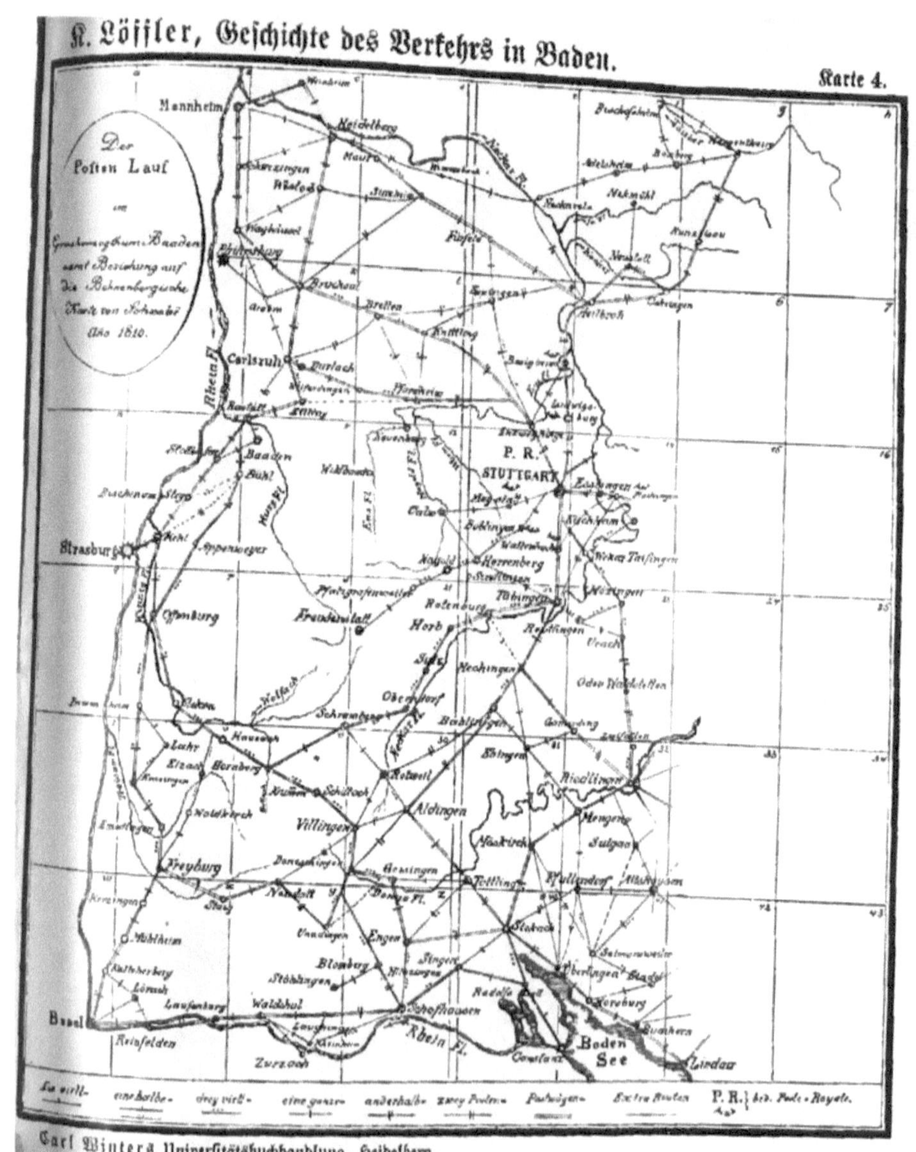

Carl Winters Universitätsbuchhandlung, Heidelberg.

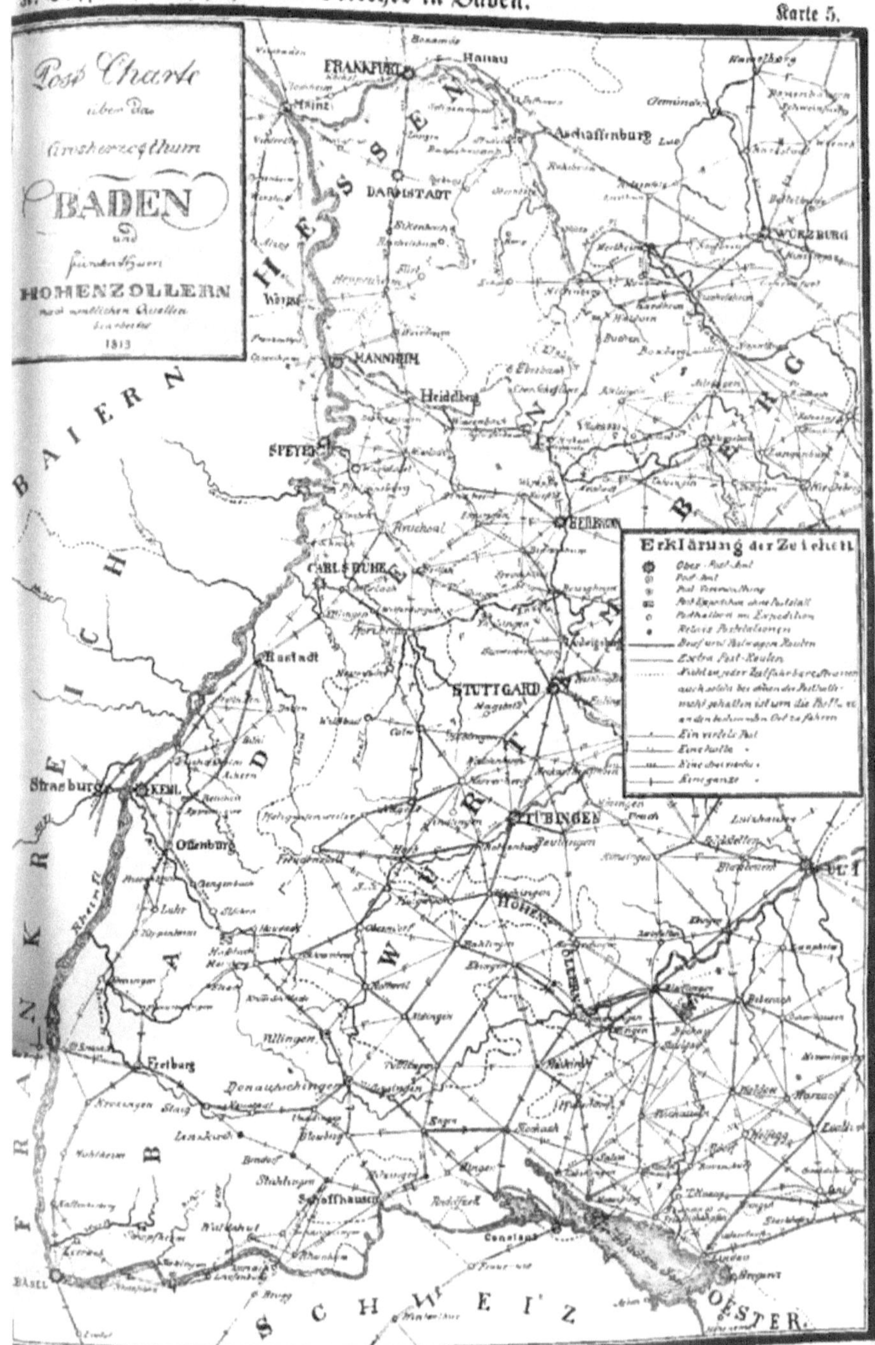
Post Charte
BADEN
HOHENZOLLERN
Erklärung der Zeichen
FRANKFURT
Hanau
Aschaffenburg
DARMSTADT
WÜRZBURG
MANNHEIM
Heidelberg
SPEYER
CARLSRUHE
Rastadt
STUTTGARD
TÜBINGEN
Strasburg
KEHL
Offenburg
Freiburg
Donaueschingen
Schaffhausen
Constanz
BASEL
HESSEN
BAIERN
FRANKREICH
BADEN
WÜRTEMBERG
SCHWEIZ
OESTER.

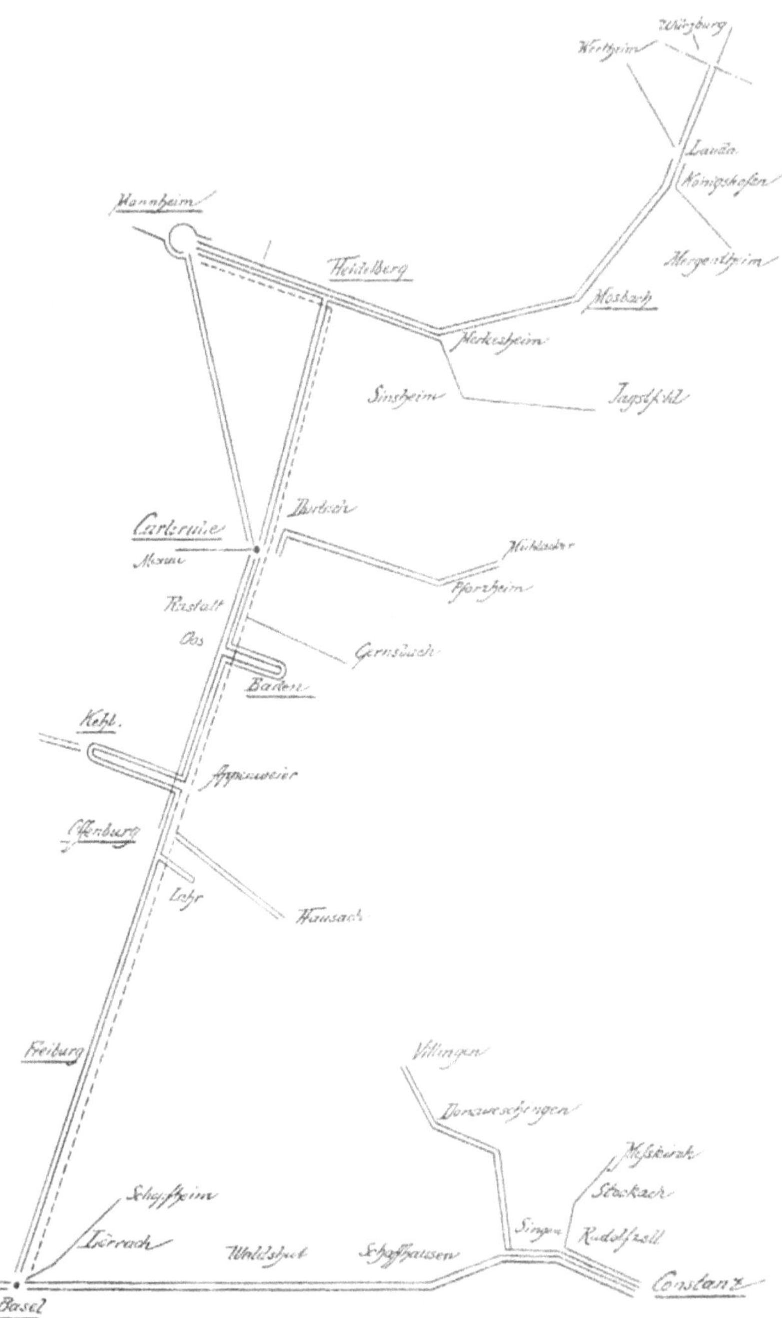

Telegraphenkarte von 1871 (zu Seite 468).

Carl Winter's Universitätsbuchhandlung Heidelberg.

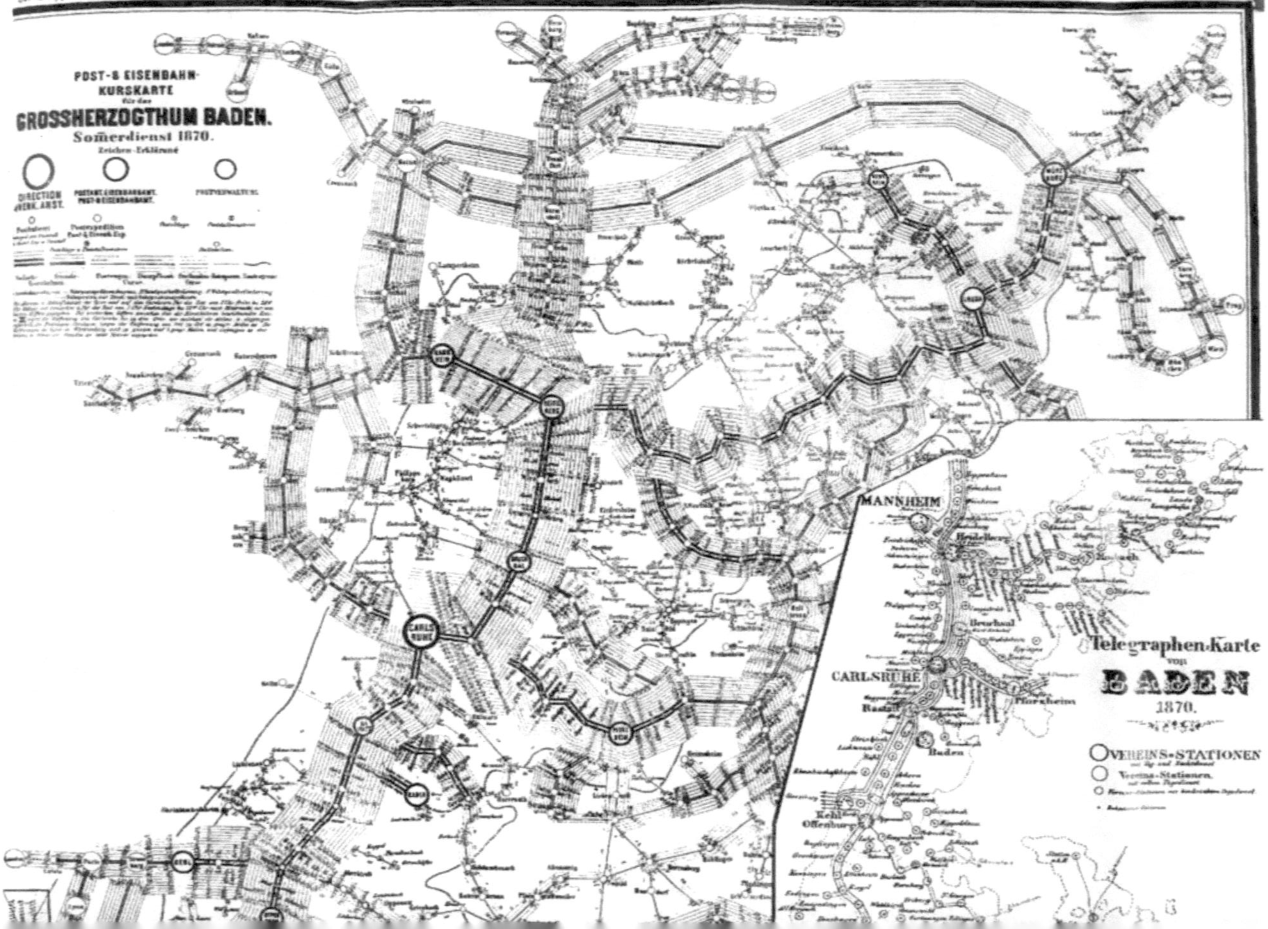

POST- & EISENBAHN-
KURSKARTE
für das
GROSSHERZOGTHUM BADEN.
Somerdienst 1870.
Zeichen-Erklärung

DIRECTION VERK. ANST.
POSTAMT, EISENBAHNAMT, POST- & EISENBAHNAMT.
POSTVERWALTUNG.
Postexpedition Post- & Eisenb. Exp.

MANNHEIM
Heidelberg
Bruchsal
CARLSRUHE
Rastatt
Pforzheim
Baden
Kehl
Offenburg

Telegraphen-Karte
von
BADEN
1870.

VEREINS-STATIONEN
Vereins-Stationen

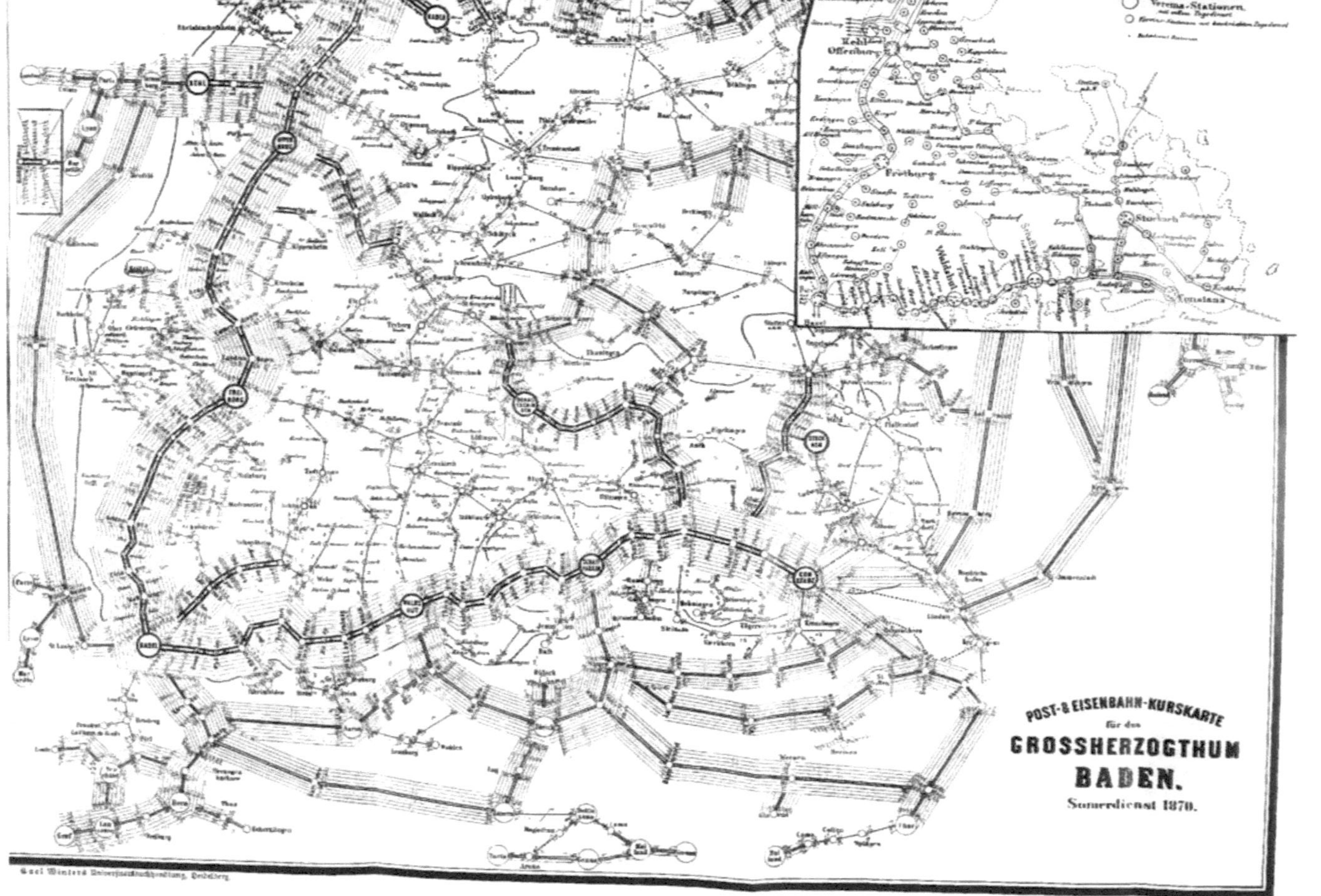
POST- & EISENBAHN-KURSKARTE
für das
GROSSHERZOGTHUM
BADEN.
Sommerdienst 1870.
Kehl
Offenburg
Freiburg

www.ingramcontent.com/pod-product-compliance
Lightning Source LLC
Chambersburg PA
CBHW031932290426
44108CB00011B/527
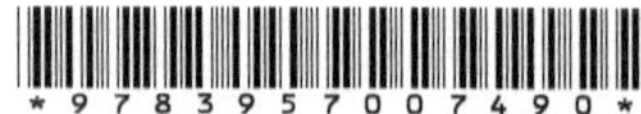